복혜전서 3

복혜전서 3

초판 1쇄 발행 2020년 7월 30일

지은이 황육홍
옮긴이 김형종
펴낸이 오세정
편집 최유식
디자인 장혜원
인쇄 한영문화사

펴낸곳 서울대학교출판문화원
주소 08826 서울 관악구 관악로 1
도서주문 02-889-4424, 02-880-7995
홈페이지 www.snupress.com
페이스북 @snupress1947
인스타그램 @snupress
출판등록 제15-3호

ISBN 978-89-521-1822-6 94350
978-89-521-1782-3 (세트)

복혜전서 3

황육홍 지음 | 김형종 옮김

福惠全書

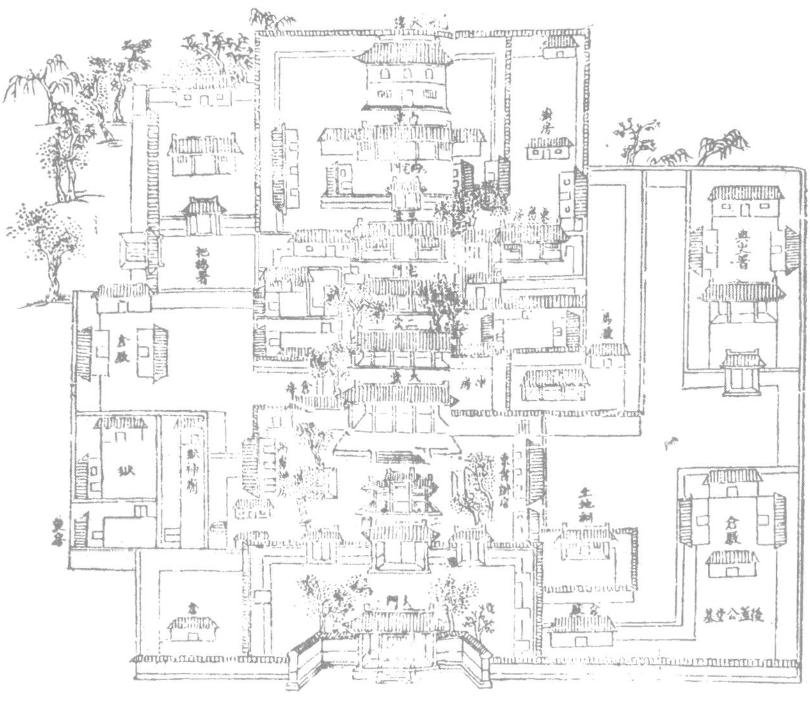

서울대학교출판문화원

머리말

『복혜전서(福惠全書)』를 처음 읽게 된 것은 벌써 15년 전의 일이었다. 서울대학교 동양사학과에서 근무하게 된 이래 명청사나 중국 근현대사를 전공하는 대학원생들과 함께 1·2주마다 한 번씩 강독회를 하다가 『청대문서(清代文書)』·『신관문건록(新關文件錄)』·『석거여기(石渠餘記)』 등 청대사·근대사 당안(檔案)을 독해하기 위한 원전에 뒤이어 그 네 번째쯤 교재로 선택된 것이 바로 이 황육홍의 『복혜전서』였다. 물론 이를 통해 학생들의 사료를 읽는 해독 능력을 제고시키고, 동시에 청대 사회 전반에 대한 이해의 수준을 높이고자 하는 의도였다. 「역자해설」에서 소개하듯이 『복혜전서』는 충분히 그럴 만한 가치가 있는 책이었고, 이 책은 그렇지 않아도 기초적인 연구가 부족한 우리 학계에 그래도 훌륭한 고전·원전의 소개 사례를 제공할 수 있는 좋은 기회가 될 수도 있다고 여겼기 때문이다. 다만 그 분량이 얼마나 되는지는 염두에 두지 않았는데, 열두어 명 정도의 학생들과 강독을 해 나가던 중, 마침 2006년 8월 인문대학 인문학연구원에서 이러한 고전의 번역을 지원하는 2년 기한의 사업('고전 번역 사업―현대 사회 속에서의 "고전"의 새로운 이해―)을 추진한다고 해서 깊은 생각 없이 일단 덜컥 지원신청을 해 보았던 것이 결국 이 책 전체를 번역하게 된 출발점이 되었다.

사실 그보다는 강독을 마친 다음 학생들과 식사를 할 수 있는 비용이라도 마련하겠다는 섣부른 욕심이 앞선 이 무모한 시도는 다음 해까지 초고를 제출해야 한다는 엄청난 부담을 짊어지는 것으로 연결되었다. 원래는 약 2,000~3,000매 정도면 될 것이라 생각했던 번역 원고는 강독에 참가한 학생들의 도움으로 원문 383쪽(2단 조판, 1면 4쪽의 東京 汲古書院 影印版)의 『복혜전서』가 2008년에 200자 원고지 약 8,665매 분량의 초벌 원고로 완성됨으로써 여하튼 연구사업의 결과 보고를 제때에 할 수 있었다(다행스럽게도 도중에 인터넷 검색을 통해 강독에 참가한 박민수 군의 도움으로 『복혜전서』의 텍스트 파일을 얻을 수 있었기 때문에 원문을 입력하는 수고가 크게 덜어질 수 있었다). 하지만 이것을 제대로 다듬어서 출판하는 사업은 또 다른 수고의 출발점이었다. 너무 분량이 많아 다른 번역서의 출간에 장애가 된다는 이유로 출판 지원이 거절당하기도 하였던 점은 어차피 원고가 완성되지 않았던 당시로서는 나중에 생각해 볼 수 있는 문제였다. 그렇지만 본문 텍스트 자체의 입력이나 그것을 우리의 표준에 맞게 변환하는 과정에서 생긴 오·탈자, 번역 원고에서의 오류나 오·탈자, 잘못된 구두점을 다시 여러 판본의 원문과 대조하면서 일일이 확인하고, 초벌 원고의 내용과 각주를 다시 전면적으로 검토하면서 가능한 한 번역의 오류를 줄이고, 나아가 일관성 있는 체제와 문장으로 다듬어 일반 독자에게도 접근하기 쉬운 글을 만드는 일은 역자 본인의 온전한 의무로 남겨졌기 때문이다.

각주만 따로 계산하면 200자 원고지로 약 4,300장이 넘고, 역자의 소개와 번역문을 포함하면 1만 1,420장 정도로 이제 겨우 완성된 모습을 갖추게 된 이 책은 그야말로 역자가 10년 동안 상당히 많은 시간을 투자하지 않을 수 없는 과제로 남아 있었다. 실제 역자의 전공시대와는 그대로 좀 거리가 있다고 할 수밖에 없는 이 번역을 하는 과정에서 다른 논문이나 번역·저술·연구과제 수행으로 이 번역 작업을 반년이나 1년씩 내팽개친 경우도 여러 번 있었고, 그 때문에 필요한 것은 역자의 능력이나 재능·열정보다는 오로지 시간, 그리고 또 시간이라고 느끼지 않을 수 없었다. 처음부터 끝까지 한 번 일독하면서 문장이나 내용, 각주를 다듬는 작업은 일상생활과 교육활동을 제외한 나머지 모든 시간을 여기에만 투입하더라도 최소한 반년은 얼추 걸리는 일이었기 때문이다. 이런 일을 세 번쯤 하다 보니 거의 15년 가까운 세월이 흘렀다.

더구나 『복혜전서』에는 이 책에서만 볼 수 있는 독특하고 생경한 용어·제도·명칭이나 난삽한 구절이 한두 가지가 아니었고, 그것을 온전히 풀이할 수 없는 필자의 제한된 능력을 여실히 실감할 수밖에 없는 시간이기도 하였다. 사전으로서 주로 이용한 『한한대사전(漢韓大辭典)』·『한어대사전(漢語大詞典)』·『한화대사전(漢和大辭典)』이란 방대한 분량의 항목 속이나 '한전(漢典: http://www.zdic.net)'이란 대표적 인터넷 한자사건 사이트에서도 용례를 찾을 수 없는 단어는 빈번히 출현하였다. 이런 단어들은 다른 분야의 인터넷 검색에서도 역시 그 뜻을 확인하기 어렵기는 마찬가지였다(이러한 사전이 물론 이 번역원고를 작성하는데 엄청난 도움이 되었다는 점은 두말할 것도 없다). 여기서 찾을 수 있지만『복혜전서』에서만 그 용례가 있는 경우도 꽤나 많은데다가 실제 본문의 내용과 어울리는 적절한 해석으로 여겨지지 않는 것도 가끔 있었다. 한편으로는 이 책의 절반 부분을 차지하는 '형명' 부분이 또한 상당한 부담을 가져다주었는데, 마침 최근 몇 년간 같은 과의 구범진 교수 주도로 시작된 '대청률례(大淸律例)' 강독 모임에 참여하면서 많은 도움을 받을 수 있었다. 청대 법률·법제와 용어 및 율례의 조문에 대한 해석에서 새롭게 돌아볼 수 있는 많은 경험을 얻을 수 있었고, 부적절한 부분도 상당히 보완할 수 있었기 때문이다. 하지만 이 책 전체 번역원고의 거대한 분량이 가져오는 부담 문제 때문에 하나하나의 자구나 본문의 줄거리와 큰 관계가 없는 자질구레한 부분에 너무 많은 시간을 투입할 수도 없었다는 점을 고려한다면, 전체적으로 볼 때 그래도 여전히 상당한 부분은 어색하거나 부적절한 해석일 가능성을 배제하기 어려운 것도 사실이다. 이 점은 모두 필자의 역량 부족 때문이지만, 앞으로도 가능하면 지속적인 보완이 필요할 것이다.[1]

여하튼 이렇게 대강 완성된 이 책의 원고가 출판의 기회를 확보할 수 있게 된 것은 인문대학의 '2013년도 인문학 명저 번역·교감·주해 지원 사업'이 시작되면서 '출판 지원' 분야에 대한 지원 신청이 통과되었기 때문이다. 이 자리를 빌려 출판의 지연에도 불구하고 적극적인 도움으로 이 책이 공간될 수 있게 도와주신 인문대학과 인문학연구원의 관계자 여러분께 깊은 감사의 뜻을 전하고 싶다. 물론 이러한 과정에서 오랫동안 관심과 지원을 베풀어 준 같은 과의 여러 선생님들께도 같은 심정을 전한다. 그리고 전혀 시장성이 없는데다가 분량까지도 지나친 이 책에 대해 '학술서'라는 이유로 2014년 가을 출판을 허용해 준 서울대학교출판문화원에 대해서도 이 점은 마찬가지다. 더구나 이전 두 차례의 출판에서도 기나긴 원고 수정과 교정 작업으로 상당히 오랜 기간에 걸쳐 많은 폐를 끼친 적이 있기 때문에 여기서 다시 한 번 감사를 드린다.

1 이 책은『복혜전서』전체의 완역이지만, 황육홍이 부록으로 실은 몇 가지 문장은 생략할 수밖에 없는데, 대부분 형식적이거나 수사로 가득한 인사의 글이나 점성술 자료, 제사문 등으로 그다지 큰 의미가 없는 내용이라 생각되는 것들이다. 특히 마지막 권(또는 바로 그 앞 권)에 수록된 사륙변려체의 상사에게 보내는 인사 글은 그 대표적인 경우다.

나아가 이미 원고를 제출한 지 15년이 지나 아마도 자신이 번역한 부분이나 내용도 모두 까맣게 잊어버렸을 김도진, 김두현, 이원준, 이지영, 윤형진, 박민수, 조병식, 하주형 군 등 동양사학과의 대학원생 여러분에게도 뒤늦게나마 이 책의 출간본을 넘겨줄 수 있게 되어 매우 다행으로 생각한다. 물론 지난 10여 년 이상 이 책의 번역과 수정 작업을 최우선 과제로 삼다 보니 가정사에 대해 무관심과 무능력으로 점철할 수밖에 없었던 남편을 묵묵히 지켜 준 아내와 두 아이에게도 미안한 마음을 전달하는 것이 꼭 필요한 순서가 될 것이다. 가족이라는 버팀목이 있었기에 이 책의 원고를 완성할 수 있었다는 점에 대해서는 정말로 고맙게 생각하지 않을 수 없다.

2020년 7월 11일

옮긴이 김형종

차례

| 복혜전서 1 |

| 복혜전서 2 |

일러두기

* 주·현의 지방관은 보통 지주·지현으로 표기되어야 하지만, 여기서는 편의상 대부분 지현으로 통일하여 표기하였다. 또한 관원·관부나 주현(관), 재판관(問官), 윗사람(在上者), 사목(司牧), 군자(君子) 등 지방관을 나타내는 다양한 여러 표현 역시 특별한 경우가 아니면 보통 지현이나 지방관으로 표시하여 혼동을 피하였다.
* 본문에 인용된 공문의 경우 원문에서는 황제나 조정, 또는 상관에 관련되는 것을 언급할 때 대두법(擡頭法)을 사용하여 문장을 중단하고 다음 줄에서 시작하거나, 아니면 그 글자 앞에 한두 칸씩 공란을 둔 경우가 많지만, 여기서는 모두 생략하여 번잡함을 피하였다.
* [ ]안의 부분은 역자가 본문의 이해에 필요하다고 해서 따로 추가한 부분이다. [ ]의 내용은 한자이거나 본문에 원래 들어가 있는 부분이다.
* 용어에 대한 중복 설명은 피할 수 없는 부분이기도 하다. 자주 나오는 것도 있고 가끔 나오는 것도 있어 약간의 차이가 있지만 주제별로 가능한 한 중복을 피하려고 하였다. 하지만 이 책을 처음부터 쭉 읽는다는 것을 가정하지 않았기 때문에 불규칙적으로 반복하여 출현하는 용어에 대한 중복 설명도 적지 않다.
* '、'부호를 써서 나열하는 도중 '、'이 다시 그 안에 들어가야 하는 경우 '·' 부호로 대치하였다. 즉 병렬 안에 다시 병렬이 들어갈 경우 '·' 부호 를 쓴 것이다. 병렬 중에 생략부호를 겸한 경우도 마찬가지다(이를테면 보장·보정을 보장·정이라 쓴 경우를 가리킨다). '、'를 써서 나열하는 경우 일상적으로 자주 쓰이는 용어(이를테면 高低와 같은 경우)나 단음절 용어의 병렬일 경우 문맥에 따라 특별하게 구분해서 표시해야 하는 경우가 아니면 그냥 생략한 경우도 적지 않다.
* ';' 부호는 문장이 대구로 구성되거나 연속적으로 나열하는 경우에 사용되기도 하였다.
* 문장 속의 대화나 용어에 대한 규정, 짧은 인용문의 경우 앞에 ':'부호를 넣어 그것을 쉽게 구분할 수 있도록 표기하였다.
* 본문에 인용된 각종 공문서나 책자의 명칭에는 모두 「 」이나 『 』의 부호를 붙였다. 다만 한 글자로 생략되어 지칭된 경우는 모두 이 부호를 생략하였다.
* 본문마다 부록으로 공문의 다양한 양식이 추가된 경우가 있는데, 그 경우 그 양식은 원래의 형식 그대로를 보여 줄 수 없으므로, 가능한 한 원래의 형식을 유지하는 형태에서 대략적인 모습만을 보여 주는 데 그쳤다. 따라서 원래의 형식은 원본의 내용을 참고해야 할 것이다.

| 제24권 |

전례부 典禮部

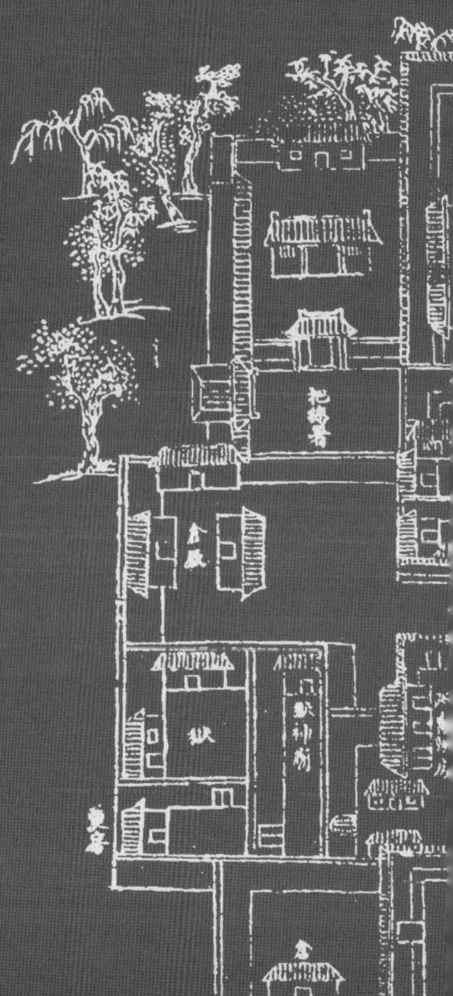

福惠全書

24-01. 총론(總論)

무릇 [지방관의] 전례(典禮)에서[1] [가장] 큰 것으로는 군주를 알현하는 조근(朝覲)과 계리(計吏), 즉 지방관에 대한 업무평가인 대계(大計)가 있다. 이것은 신하가 상서로운 옥(瑞玉)을 들고 그 직무(職守)를 황제 폐하께 진술하는 일로서, 신하에 대한 천자의 형벌과 포상, 좌천과 승진은 모두 이에 근거하게 된다. 따라서 이것은 또한 모든 관리로 하여금 법을 받들어 백성을 다스리고, 사해를 또한 안정시키면서 천하를 유지하게 하는 매우 중요한 전례이다. 그래서 이를 가장 먼저 언급하였다.

그다음은 바로 천자의 명령을 받아 이 땅을 관리하는 일이다. 거기에는 경내의 산천·사직·문묘·사당에 대해서 해마다 정해진 대로 제사를 지내는 규정이나, 어진 인재를 발탁하여 양성하고 덕을 갖춘 자와 연장자를 존중하며 과거 응시자를 위로하고 향음주례(鄕飮酒禮)를 행하는 등 해마다 정해진 대로 치르는 의례가 포함되어 있다. 국법을 존중하고, 문치(文治)를 일으키고, 풍속을 힘써 장려하는 일은 모두 여기에 달려 있다. 그리고 비나 맑은 하늘을 내려 달라고 기도하고, 재해를 없애 달라고 비는 것은 하늘의 마음을 바꾸어 농사를 위기에서 구해 내고자 하는 것으로 백성에 관한 일 가운데 아주 중요한 것이다. 그래서 그다음에 차례로 서술하였다.

현명한 지방관은 성실함과 공경함을 다하는 데 힘써, 천자의 위엄을 엄격히 세움으로써 백성을 기르고 아끼며, 그 뜻과 기운을 깨끗이 함으로써 신명(神明)에게 제사를 올리고, 전장제도(典章制度)를 잘 정리함으로써 교화(敎化)를 장려하되, 이런 것들은 단순한 위정(爲政)의 도구로만 생각하지는 않는 법이다. 이렇게 하면 곧 훌륭한 성과가 나타나는 것으로 이어질 것이다. 시절은 화평하고 추수는 풍년이 들 것이며, 신과 인간이 함께 기뻐할 뿐만 아니라, 지방관에게는 [이러한 선정에 대한 대가로] 높은 관직이 내려지고 지방에서는 영원토록 숭배의 대상이 될 것이니, 이 또한 기쁜 일이 아니겠는가! 그 밖의 전례에 대해서는 여기서 모두 자세하게 싣지 못하였지만, 무릇 응당 행해야 할 바는 오로지 성실함과 공경함으로 미루어 행하면 될 뿐인 것이다.

---

1 전례(典禮)는 제도·예의(制度禮儀)나 융중한 의식을 가리킨다. 또는 예의(禮儀)를 관리한다거나 그런 관리를 가리키기도 한다.

夫禮之大者, 覲君與計吏,[2] 所以輯瑞玉而述職守也.[3] 天子之刑賞、黜陟因之, 俾群吏奉法以理民, 而四海又安, 保有萬國, 甚盛典也.[4] 故首列之. 其次, 受天子明命, 司牧此土,[5] 其境內山川、社稷[6]、文廟[7]、祠壇,[8] 歲有常祀, 升賢造士[9]、尊德尙齒[10]、賓興[11]、鄕飮之禮,[12] 歲有常儀. 所以崇邦典, 隆文治,[13] 而敦勵風俗, 皆在乎是. 至于祈禱雨暘、弭禳災變,[14] 換天心而補救農功, 是又民事之大者也. 乃用並次于左. 惟良有司務竭其誠敬,[15] 嚴天威以愛養百姓, 肅志氣以對越明神,[16] 修典文以崇奬敎化,[17] 毋徒以爲爲政之具, 則續用有成, 時和年豊, 神人胥悅, 而顯秩錫于明廷,[18] 尸祝永于畏壘,[19] 不亦休哉![20] 其他典禮, 未能備載, 凡所應行, 亦惟以是誠與

---

2 근군(覲君)은 바로 조근(朝覲)을 말하는데, 신하가 군주를 찾아가 뵙는다는 뜻이다. 『예기(禮記)』「악기(樂記)」에 따르면 "조근을 한 다음에야 제후가 천자의 신하가 됨을 안다(朝覲, 然後諸侯知所以臣)"고 하였다. 계리(計吏)는 관리에 대한 업무평가를 말한다. 지방관의 경우 3년마다 한 번씩 업무평가가 이루어지는데, 이것을 대계(大計)라고 한다. 『주례』「천관(天官) 태재(太宰)」에도 "3년마다 모든 관리의 업적을 크게 평가하여 처벌하거나 상을 준다(三歲則大計群吏之治, 而誅賞之)"고 하였는데, 명·청대에도 지방관(外官)에 대한 고핵(考核)은 3년마다 한 번씩 이루어졌다. 상세한 내용은 바로 다음 부분을 참조.

3 서옥(瑞玉)은 제후나 번국(藩國)에서 조빙(朝聘)할 때 지참하던 옥으로 만든 신물을 가리킨다. 따라서 여기서 집서옥(輯瑞玉)은 천자를 만난다는 뜻으로 보인다. 한편 집서(輯瑞)는 속하를 회견하는 전례(典禮)를 가리킨다고도 하므로, 이렇게 하면 집(輯)의 주체는 천자가 되지만, 여기서는 이 해석을 따르지 않았다.

4 성전(盛典)은 중대한 전장제도(典章制度), 성대한 전례, 융중한 은전(恩典) 등을 가리킨다.

5 사목(司牧)은 관리하다, 통치하다는 뜻이다.

6 사직(社稷)은 제왕이나 제후가 제사를 지내는 토지신(社)과 곡신(稷)을 말하지만, 나아가 나라를 대칭(代稱)하기도 한다.

7 당대(唐代)에 공자를 문선왕(文宣王)에 봉하고 그 묘를 문선왕묘라 칭했는데, 이후에는 줄여서 문묘라 부르게 되었다. 문묘(文廟)는 20세기 중반 중화민국 시대에 와서는 공자묘(孔子廟)로 개칭되기도 하였다.

8 사단(祠壇)은 세단·사당을 말한다.

9 승조(升造)는 인재를 선발·배양하는 일종의 방법으로, 뛰어난 학생이 국학에 들어가 실력을 닦음으로써 재덕(才德)을 성취한다는 뜻이다.

10 덕치(德齒)는 현덕(賢德)과 연령(年齡)을 갖춘 사람을 말한다.

11 빈흥(賓興)은 지방관이 연회를 베풀어 응모한 선비들을 접대하는 것, 또는 향시(鄕試)를 가리킨다.

12 향음(鄕飮)은 향음주례(鄕飮酒禮)를 가리킨다. 주대에 덕행이 뛰어난 사람을 불러 술자리를 마련하면서 빈객의 예로 대접하던 것을 가리키며, 이후 지방관이 유학에서 거행하는 일종의 경로의식을 가리키게 되었다. 자세한 내용은 바로 이 권에 나오는 「24-11. 향음주례(鄕飮酒禮)」 부분을 참조.

13 방전(邦典)은 나라를 다스리는 육전(六典), 즉 국가의 법전을 가리킨다.

14 미양(弭禳)은 신에게 기도하여 재앙을 없애고자 하는 것을 가리킨다.

15 유량(惟良)은 현량(賢良)·현능(賢能)한 관리를 가리킨다.

16 대월(對越)은 답사를 통해 칭송하다, 또는 제왕이 천지신령(天地神靈)에게 제사를 지내는 것을 가리킨다.

17 전문(典文)은 경전이나 전장제도(典章制度)를 다룬 문헌을 가리킨다.

18 현질(顯秩)은 높고 찬란한 관위(官位)를 가리킨다. 명정(明廷)은 한대(漢代)의 현령(縣令)에 대한 경칭(敬称)으로 명공(明公)·명대부(明大夫)라고도 하였다.

敬推之而已.

24-02. 조근과 대계(朝覲大計)

무릇 3년마다의 대계(大計), 즉 지방관에 대한 업무평가를 시행할 때 각 성 총독과 순무[이하 독무(督撫)로 약칭]는 규정에 따라 '탁이(卓異)'라는 평가를 받은 지방관을 추천하거나, 팔법(八法)에 걸리는 지방관을 규참(糾參)한다. 그러면 중앙의 이부(吏部)에서는 도찰원(都察院)과 이과(吏科)·하남도(河南道)와 함께 그 내용을 검토한 다음 황상께 제본(題本)을 올린다. 특출한 관원은 황제가 직접 망복(蟒服)을 하사하고 곧바로 승진이나 전근을 시키는데, 이것을 통해 훌륭한 지방관을 표창하고 발탁하는 지극한 뜻이 밝게 드러나는 것이다. 팔법에 해당되는 사람은 규정에 따라 각기 따로 논의하여 처벌한다. 그런데 '탁이'로 사람을 추천할 때에는 대상자가 반드시 3년 이상 근무해야 하고, 완결하지 못한 전량(錢糧)과 도안(盜案)이 없어야 하며, 과거에 무슨 일 때문에 직급이 강등되거나 혁직을 당하였다가 복직한 적이 없어야만 그 자격에 해당한다. 또한 그 추천문서에는 "청렴하고 백성을 사랑하며, 교화를 크게 일으키고, 화모(火耗)를 없앴으며, 결코 혹형을 가하거나 뇌물을 받은 일이 없다"는 자구가 반드시 들어가야만 비로소 규정에 맞는 것으로 인정되어, 추천이 받아들여진다. 만약 이전에 죄에 연루되어 강등되거나 혁직을 당한 적이 있다면, 비록 독무가 제본을 올려 천거하더라도 이부는 규정을 위반한 것으로 간주하여 인정하지 않으니 헛되이 많은 노력과 비용을 기울일 필요가 없다. 고위 관료가 파격적으로 특별히 상소를 올리거나, 황상께서 직접 골라 뽑겠다고 하신 경우가 아니라면 불가능하기 때문이다.

추천을 받는 요체는 평상시에 관직에 있으면서 청렴함과 유능함으로 상관에게 쓸 만한 지방관으로 인정받는 것인데, 그 평가의 권한을 독점하는 것은 바로 독무다. 총독이 없는 성(省)에서는 순무가 중심이 되는데, 총독이 있는 성에서는 평상시에 두 상관[즉, 총독과

19 시축(尸祝)은 제사를 지낼 때 신에 대한 축도를 관장하는 사람, 주제인(主祭人), 또는 제사나 숭배를 말한다. 외루(畏壘)는 향야(鄉野)를 가리키거나 굉대(宏大)하다는 것을 형용한다.

20 여기서의 휴(休)는 경축·경사·복록(福祿)·찬미·칭찬 등의 뜻으로 쓰인 것으로 보인다.

순무]에게 업무지시를 받으니 이 두 분에게 더욱 공경해야만 추천될 즈음에 서로 다른 평가가 나오지 않게 된다. 만약 두 상관 사이에 조금이라도 의견 차이가 있다면 아마도 짧은 기간 안에 그 문제를 해결하기는 대단히 곤란할 것이다. 그런데 오늘날의 이른바 '탁이'라는 평가는 사실상 아주 평범하고 남다를 것이 없다. 대체로 [상관에게 올라가는] 예물의 두텁고 엷음이 [업무평가의] 우열을 구분하고, 아첨의 뛰어남과 미숙함이 [상관이 부하를] 좋아하거나 싫어하는 기준이 된다고 해야 할 것이다.

그래서 추천문서에 관련된 사실을 늘어놓을 때에는 "상유를 강독하였다"고 하지만 실제로는 사묘(寺廟)를 빌려서 간단히 한 번 만났을 뿐이며, "의학(義學)을 건립하였다"고 하지만 시장 바닥의 대로변에 패방(牌傍)을 하나 높이 세웠을 뿐이며, "문묘(文廟)를 수리하였다"고 하지만 영성문(欞星門)과 담장에 대략 붉은 칠을 한 번 했을 뿐인 것이다. 그러면서도 이른바 "백성의 풍속이 크게 변하였다"거나, "선비들의 습속이 다시 순박해졌다"거나, "교화(敎化)가 크게 일어났다"고 하는 실질을 찾는다면 과연 그것이 어디에 있겠는가? 만약 지방 고위 관료가 진실로 마음을 비우고 공정하게 살필 수 있다면, 정말로 특이한 점이 겉으로도 드러나는 관원이 아니라면 함부로 추천을 받는 영광을 입지 못할 것이다. 완고하고 탐욕스러운 사람은 곧고 청렴해지고, 나약한 사람은 뜻을 분명히 세울 수 있을 것이며, 백성도 실제로 의지할 사람을 얻게 될 뿐만 아니라, 훌륭한 인재가 끝내 조용히 묻혀버리는 일도 없을 것이다.

'탁이'라는 업무평가를 받는 지방관은 선례에 따르면 큰 성에서도 서너 명만이 특별히 상소로 추천되는 데 지나지 않는다. '탐(貪)'과 '혹(酷)'이라는 규정에 걸린 사람들에 대해서는 독무가 팔법에 따라 규참하는 공문을 올리면, [이부에서] 함께 모아 보고한다. [이렇게 추천받는 사람과 규참을 당하는 사람을 제외하고 나머지] 유임될 사람들은 모두 『오화책(五花冊)』이라는 업무평가서에 [그 업무평가의 내용을 간략히] 기입하는데, 대체로 좋은 평가를 받은 사람이 대부분이고, 나쁜 평가를 받는 사람은 포함되지 않는다.

『평가서(賢否冊)』의 네 가지 자기평가(품평) 항목[21]은 스스로 기입해야 하는데 신중을 기하여 자신의 좋지 못한 행적을 기입해 넣어서는 안 된다. 앞길이 아득한데 나중에 어느 것이 영욕에 관계되지 않을지 어찌 알 수 있겠는가? 한편 다른 사람이 나에 관해 기입하는 항목의 경우 위에 태산같이 든든한 뒷배가 있음을 믿고 자만하면서 조금이라도 두루 원만

21 이것은 이미 제4권 부임부 3 「4-12. 여러 문서의 양식(文移諸式)」에 나온 바 있다.

하게 교제하는 일을 소홀히 하였다가는 졸지에 큰일을 그르치게 되는 수가 있다. 왜냐하면 제문(題文)은 비록 독무가 올리는 것이지만, 지방관에 대한 「업무평가 품평(考語)」은 지부·도대가 포정사·안찰사에게 올리면, 포정사·안찰사가 함께 검토하여 추천하는 것이기 때문이다. 또한 본 주현의 좌이관·수령관과 교관(敎官)에 대한 업무평가는 모두 지현이 그 『오화책』을 기입하여 이부로 보내지만 관례상 각급 상관이 각기 품평을 덧붙이는 것을 기다려야 하고, 또한 지현이 반드시 그 「이력서」도 작성하여 올려 보내야 한다. 만약 상관에게 이런 부하의 나쁜 점을 열거하는 경우가 되면, 모름지기 그 좋지 못한 행적을 열거하여 직접 작성한 문서를 따로 보고하거나, 아니면 지부·포정사 쪽에서 비밀리에 받아 갈 수 있게 해야 한다.

대계(大計)에 관련된 문서들은 비록 차례대로 부(府), 그리고 성의 포정사(司), 순무(院)를 거치면서 종합적으로 작성되어 경사로 올라간다. 그리고 [추천을 받은 사람이] 조근(朝覲)을 할 때에는 본 주현에서 만들어 부(府)로 올려 보낸 다음 종합하여 올려 보내는 문서책자가 있지만 각기 그 양식이 다르기 때문에, 이때에는 각지의 기존 관례에 따라 해도 괜찮다. 조근을 하게 된 관원은 대계 관련 문서가 이부로 보내진 다음, 반드시 그해 안에 경사에 도착해서 다음 새해 첫날(元旦)에 조신(朝臣)들과 함께 황상께 경하를 드릴 수 있도록 해야 한다. 종래 보통 포정사·안찰사 등이 경사에 올라가 입근(入覲)을 하게 되면, 이부에서 황상께 여쭈어 인견(引見)을 요청하였다. 황상께서 이때 친히 지방의 이익과 폐해에 대해서 물으시는데 각기 그에 대한 조목을 갖추어 아뢸 수 있다면, 이 문제를 해당 부서에 내려 보내 그에 대한 의논 결과를 보고하라는 황상의 지시가 떨어진다. 이 경우 지방관의 의견 개진이 조정에서 채택되는 경우가 많고, 해당 지역 백성이 입는 은혜도 적지 않다. [그런데] 최근 조정 관료들은 지방 고위 관리(大吏)의 입근을 중단할 것을 논의하게 되었다.[22] [이때 그들을 위해] 문서를 떠받들고 오는 사람은 모두 보좌관원(佐員)이므로, 대계와 『오화책』 등의 작성을 중지시킴으로써 이것을 빌미로 지방관이 부당한 세금을 거두는 폐단을 막고자 하였던 것이다. 그렇지만 옛 제도가 전해지지 않아 아는 사람도 드물어졌기 때문에, 아래에 늘어놓음으로써 큰 제도의 일부나마 엿볼 수 있도록 기록해 두고자 한다.

22 강희 24(1685)년 경찰은 정지되었다가 옹정 원(1723)년 다시 부활되었는데, 이때부터 6년이 아닌 3년 1회가 정제(定制)가 되었다. 경찰 가운데 열제(列題)의 3품 이상 대신의 자진(自陳)은 강희 3(1664)년 정지되었다가, 옹정 원년 부활되었으며, 건륭 연간 다시 폐지되었다.

夫三年大計,[23] 各省督撫例有薦擧卓異與八法糾參,[24] 而吏部會同都察院、吏科、河南道,

23 중앙과 지방의 관리에 대한 업무평가인 경찰(京察)과 대계(大計)는 이부(吏部)의 고공사(考功司)에서 맡았는데, 청대 업무평가의 주된 특성은 거핵병행(擧核並行), 즉 추천(推薦)과 규참(糾參)을 동시에 한다는 것이었다. 경찰의 경우도 시대에 따라 변화가 있지만, 관품에 따라 열제(列題)·인견(引見)·회복(會覆. 공동검토)의 세 종류로 나뉘었다. 열제는 1·2품 대신과 도찰원부도어사(都察院副都御使) 및 총독과 순무(이들은 京官은 아니지만 품급이 높고 보통 상서나 시랑 직함을 가지고 있어 경관의 고핵에 포함되었다), 인견은 3품 이하 경당(京堂)·내각시독학사(內閣侍讀學士)·한림원시독학사(翰林院侍讀學士)·시강학사(侍講學士)·순천부윤(順天府尹) 등이 포함되었다. 이들은 통상 군주와 마주칠 일이 없어 이때 인견을 통해 황제가 직접 고핵을 하였던 것으로 보인다. 경찰의 경우 청초에는 3품 이상의 고관에 대해서는「자진(自陳)」이라고 하는 자기평가서의 제출이 있었지만 이후 폐지와 부활을 거듭하다가 건륭 연간에 완전히 중지되었다(艾永明,『淸朝文官制度』, 商務印書館, 2003, p.218). 한편 회복에는 그 아래의 경관들이 대부분 포함되어 있었다. 회복의 경우에는 각 아문에서 응고(應考)하는 관원에 대한 상세한 평가를 하였는데, 평가내용(考語)을 담은 문서가 3월 15일 이전 이부·도찰원·이과(吏科. 도찰원의 六科 가운데 하나로 文官의 銓衡을 監察하고 吏部 및 順天府의 문서를 검열하는 기구였다)·경기도(京畿道. 도찰원의 15道 가운데 하나로 도찰원의 업무와 直隷·盛京의 재판 사무를 관리하고, 內閣·順天府·大平縣·宛平縣의 사무를 감찰하였다) 등에 보내졌고, 이부의 주재로 이들에 의한 공동의 검토가 이루어진 다음 업무평가가 공개되었다. 한편 대계의 경우는 인(寅)·사(巳)·신(申)·해(亥)의 연도에 이루었는데, 이것도 포정사와 안찰사에 대한 고찰인 고제(考題)와 그 이하 지방관에 대한 고핵인 회복(會覆)으로 구분되었다. 고제는 독무가 평가결과를 이부에 통보하여 심사를 받게 하는 것이고, 회복은 보통 포정사·안찰사·도대·지부가 순서대로 자신의 속관에 대한 업무평가의 결과를 독무에게 보고하면, 독무가 이 내용을 검토한 다음 평가 결과를 기입한 책(五花冊)을 만들어 이부로 보내는 것이었다. 독무의 평가서는 탁이(卓異)로 평가된 지방관에 관한 것 한 부, 육법(팔법)에 의한 규참의 대상이 된 지방관에 관한 것 한 부, 그리고 이러한 거핵에 포함되지 않은 지현 이상의 인원에 대한 것 한 부 등 3부의 책자가 포함된 제본이 이부·도찰원과 이과에 제출되었다. 한편 여기서는 이부에서의 회복에는 경찰과는 달리 경기도(京畿道) 대신 하남도(河南道. 도찰원의 15道 가운데 하나로 河南의 재판 사무를 관리하고, 吏部·詹事府·五城步軍統領 사무를 감찰하였다)가 참여한 것으로 되어 있다(織田萬 等,『청국행정법(淸國行政法)』第4編「관리법(官吏法)」제4장「관리분한(官吏分限)」제1절「출척(黜陟)」에는 京畿道로 되어 있으나『흠정광서대청회전사례(欽定光緖大淸會典事例)』(『續修四庫全書』史部 政書類 798-814. 上海古籍出版社, 2002) 권80「이분처분례(吏部處分例)」에는 河南道라는 기술이 나오므로 시대에 따른 변화가 있었던 것으로 보인다).

24 문관에 대한 평가의 기준은 사격(四格)과 육법(六法. 또는 八法)을 들 수 있다. 사격은 수(守. 淸·謹·平)·재(才. 長·平)·정(政. 勤·平)·년(年. 靑·壯·健) 네 가지에 대한 평가로 문관의 업무에 대해 평가를 내리고 등급을 매기는 것으로, 평가의 대상이 된 지방관의 신상과 이 네 항목에 대한 평가, 그리고 각급 상사의 평가(考語)가 담긴 간략한 문서가 바로 오화책(五花冊)이다(오화책 양식 참조). 이를테면 경관의 경우 1등급인 칭직(稱職)은 수청(守淸)·재장(才長)·정근(政勤)·연혹청혹장혹건(年或靑或壯或健)이었고, 2등급은 정근(政勤)이 정평혹정근(政平或政勤), 재장(才長)이 재평(才平)으로 바뀐 것, 3등급은 수근(守謹)·재평(才平)·정평(政平) 또는 재장(才長)·정근(政勤)·수평(守平)이라는 식이었다. 지방관은 탁이(卓異)와 공직(供職) 두 등급이었지만, 경관처럼 구체적인 등급 체계가 있지는 않았다.『대청회전(大淸會典)』에 따르면 재(才)와 수(守)가 모두 우수한데다, 가파(加派)·남형(濫刑)·도안(盜案)·전량타흠(錢糧拖欠)·휴공창고은미(虧空倉庫銀米) 등이 없고, 경내의 민생이 안정되고 시방에 활기가 있어야 탁이라는 평가를 받을 수 있었다. 탁이에 들어가지 못하지만 육법의 대상도 아니고, 전량과 창고의 관리에 문제가 없으면 공직이란 평가를 받을 수 있었다. 또한 경력부족(歷俸未滿), 복직 후 반년미만(未逾年寒), 혁직되었지만 유임된 경우(革職留任), 전량을 완납하지 못한 경우(錢糧未完)의 경우는 경찰의 1등이나 대계의 탁이에 들어갈 수 없었다. 또한『대청회전』권11에 따르면 경찰의 1등이나 대계의 탁이에 뽑히는 것을 '거(擧)'라고 하였는데, 여기에도 일정한 비율이 있었다. 즉 경관은 7명당 1명, 필첩식(筆帖式)은 8명당 1명, 도·부·청·주·현은 15명당 1명, 좌잡과 교직은 30명당 1명이 기준이었다. 그리고 팔법은 원래 명초 이래 관리의 업무를 평가할 때 쓰이던 기준으로 제대로 업무수행을 하지 못하는 것(不稱職)을 노질(老疾)·피연(疲軟)·탐혹

考核具題.[25] 卓異官員, 欽賜蟒服,[26] 卽與陞遷,[27] 以昭示褒擢循良至意. 其八法, 照例分別議處. 然薦擧卓異, 必歷俸三年, 並無未完錢糧盜案及從前亦無緣事降革復還級職之處, 方可薦擧. 其薦牘中,[28] 又須有"淸廉愛民、敎化興行、革除火耗,[29] 並無酷刑、黷貨"等字樣,[30] 方合例准薦. 若前經罣悞降革,[31] 雖督撫題薦, 吏部以違例不准, 徒滋多費, 非大上臺破格特疏、天語親蒙甄錄不能也.[32]

至于薦擧之要, 在平日居官廉能, 爲上司所器重,[33] 而太阿獨秉者,[34] 則在督撫. 無督省分, 撫爲主, 有督省分, 須平日承事兩臺,[35] 並加敬謹, 則臨時彼此無殊. 若兩臺有一參差, 恐倉卒難爲料理. 然而今之所謂: '卓異', 乃平平無奇, 大約以禮意之厚薄爲優劣, 以諂媚之工拙爲喜慍.

(貪酷)·불근(不謹) 네 가지로 구분하였는데, 그다음 재력불급(才力不及) 항목이 추가되었다. 청대에는 탐(貪)·혹(酷)·피연무위(疲軟无爲)·불근(不謹)·연로(年老)·유질(有疾)·부조(浮躁)·재력부족(才力不足)의 여덟 항목으로 나누어 업무평가를 시행하였다. 이것이 팔법이다. 하지만 청대 중기 이후에는 탐·혹의 경우는 엄중한 결함으로 대계를 기다리지 않고 규참해야 한다는 이유로 이 두 가지가 빠진 육법(六法)으로 칭하는 경우가 이후 일반화되었다.

25 제(題)는 황제에게 올리는 공문 주장(奏章)을 가리키며, 특히 명·청대에는 제본(題本)을 가리킨다. 제본은 명·청대 주장의 일종으로 병·형·전량(兵刑錢糧) 및 지방민무(地方民務) 등 대소 공사는 모두 제본을 사용하여 보고하였는데, 관원이 직인을 찍어 제본을 갖추어 올리면(이것을 具題라고 한다) 통정사(通政司)에서 내각으로 보내 황제에게 전달하였다. 보다 개인적인 형식의 보고는 주본(奏本)을 사용하였는데 여기에는 직인을 사용하는 것이 허락되지 않았다. 청초에는 제본(題本)과 주접(奏摺)이 사용되었는데, 직접 황제에게 진주(陳奏)하거나 긴급한 사항을 보고할 때는 일반적으로 주접이 사용되었고, 통정사를 통해 내각으로 전달되는 일상 행정에는 제본이 사용되었다. 광서(光緖) 28(1902)년에는 통정사와 제본이 폐지되고 주접만 사용되었다. 구제(具題)는 제본을 갖추어 올린다는 뜻이다.

26 망복(蟒服)은 망포(蟒袍)를 말한다. 관원의 예복으로 위에 이무기 형태가 수놓아져 있으며, 화의(花衣)라고도 한다.

27 승천(陞遷)은 관직의 승진과 이동을 가리킨다.

28 천독(薦牘)은 인재를 추천하는 문서를 말한다.

29 화모(火耗)는 금속을 녹여 부어 화폐를 만들 때 발생하는 소모분을 가리키는데, 보통 백은(白銀)을 은정(銀錠. 銀塊, 또는 馬蹄銀)으로 만들 때 소모되는 분량을 가리킨다. 지방주현이나 각 성에서는 거둔 세금을 성이나 중앙의 호부로 올려 보낼 때 50냥 무게의 원보(元寶)로 만드는데, 백성은 은으로 세금을 낼 때 부스러기를 내므로 이러한 부스러기를 녹여 원보로 만드는 과정에서 소모되는 부분이나 주현에서 위로 올려 보낼 때 필요한 운송비 등을 예상하여 세금을 징수할 때 미리 받는 것을 화모라고 한다. 보다 상세한 설명은 제3권 부임부 2「3-09. 누규 혁파(革陋規)」부분을 참조.

30 독화(黷貨)는 부정을 저질러 뇌물을 받는다는 뜻이다.

31 괘오(罣悞)는 남의 죄에 연루되어 처분을 받거나 손해를 입는다는 뜻이다.

32 천어(天語)는 천자의 조유(詔諭)나 황제의 발언을 가리킨다. 견록(甄錄)은 심사하여 채용한다는 뜻이다.

33 기중(器重)은 중요시하다, 중시한다는 뜻이다.

34 태아(太阿)는 춘추시대 구야자(歐冶子) 간장(干將)이 만들었다고 하는 보검을 가리킨다. 나아가 권력이나 권한을 비유하는 데 쓰이기도 한다. 태아도지(太阿倒持)는 남에게 권력을 주어 스스로 피해를 받는다는 것을 의미하는 것으로 쓰인다.

35 승사(承事)는 일을 맡아서, 받아서 처리한다는 뜻이다.

至其開列事實, 以云"講讀上諭," 假寺廟爲約所偶一循故事而已, 以云"建立義學", 于闤市通衢高立門牓而已,[36] 以云"修理文廟", 于櫺星門垣略施丹堊而已,[37] 而求其所謂: "民風丕變"[38]、"士習還淳"[39]、"敎化興行"之實, 果何在哉? 夫大吏誠能虛公體察, 非卓有表見之員, 不獲濫邀大典, 將見頑廉懦立,[40] 而斯民實有攸賴, 賢才弗致終淹矣.

其卓異, 大省例不過三四員特疏薦擧. 貪酷, 露章糾參八法,[41] 彙疏入告.[42] 其應留任者, 均列『五花冊』,[43] 大約優考居多, 而劣者不與也. 其『賢否冊』四柱考語,[44] 自我塡者, 非甚不肖, 愼毋以劣蹟加人, 藐爾前程, 孰非榮辱所關? 人塡我者, 勿恃上有泰山, 少不周旋,[45] 卒致耽延大事. 蓋具疏雖出院臺,[46] 而考語則自府、道申送, 藩、臬而會薦也.[47] 凡本州縣佐貳[48]、首領及敎官賢否,[49] 俱印官開塡其『五花冊』乃送部者,[50] 例俟上臺各加考語, 亦須印官開造「脚色」呈

---

36 문방(門榜. 門牓)은 문 앞에 내건 패편(牌匾)이나 문 위에 붙이는 공고나 고시의 글을 말한다.

37 영성(櫺星)은 영성문(櫺星門)을 가리킨다. 즉 학궁(學宮)과 문묘(孔墓. 文廟)의 외문(外門)을 가리킨다. 원래 영성문(靈星門)으로 천전성(天田星)에 대한 제사를 지내던 것에서 비롯되었는데, 나중에 격자창문처럼 생겼다고 해서 이렇게 이름이 바뀌었다.

38 비변(丕變)은 대변(大變)이라는 뜻이다.

39 환순(還淳)은 원래의 순박한 상태를 회복한다는 뜻이다.

40 완렴나립(頑廉懦立)은 『맹자』「만장(萬章) 하(下)」에 나오는 구절("故聞伯夷之風者, 頑夫廉, 懦夫有立志.")에서 비롯되었다. 완고하고 탐욕스러운 사람을 청렴결백하게 만들고, 나약하고 겁 많은 사람이 뜻을 세우게 만든다는 뜻으로 감화(感化)의 역량이 아주 큰 것을 비유한다.

41 노장(露章)은 공개적인 주장(奏章)을 통해 규참함으로써 탄핵을 당하는 사람이 알고 죄를 털어놓게 하는 것, 또는 주장(奏章)을 가리킨다.

42 입고(入告)는 사실을 위에 아뢰는 것을 말한다.

43 오화판사(五花判事)는 당·송대에 관원들이 군국대사(軍國大事)에 대한 의견이 각기 다르기 때문에 이것을 각자 문서에 담고 서명하게 하였던 것을 가리킨다. 혹시 여기에서 비롯되었는지 모르지만, 오화책은 양식에서 알 수 있듯이 지방관에 대해 각급 상관이 간략한 평가내용(考語)을 기입하는 문서다.

44 고어(考語)는 품덕과 행위에 대한 평가어를 가리킨다.

45 주선(周旋)은 교왕(交往)·교제(交際)·응수(應酬)를 가리킨다.

46 원대(院臺)는 여기서 상사에 대한 존칭이다.

47 번얼(藩臬)은 번사(藩司)·얼사(臬司), 즉 명·청대의 포정사(布政使)와 안찰사(按察使)를 말한다.

48 좌이(佐貳)는 주무관(主司)을 보좌하는 관원으로 주로 지부·지주·지현의 보좌관을 말한다. 즉 통판(通判)·주동(州同)·현승(縣丞) 등을 좌이관이라고 통칭하는데, 그 품급은 주무관보다 약간 낮다.

49 수령관(首領官)은 보통 좌이관보다 한 등급 낮은 하급 관리를 가리킨다. 수령관은 금·원 이후 중앙 및 지방 각 관청에서 문서를 관리하고 이원(吏員)을 관할하며 주무관 또는 장관(長官)을 보좌하여 정무를 처리하는 관원을 통칭하는 명칭으로 쓰였다. 주관(主官)·당상관(堂上官)과 대비되는 명칭으로, 오늘날의 경우 총무 업무를 맡는 사무관이라고 볼 수 있을 것이다. 원대에는 각 기구의 경력(經歷)·지사(知事)·주사(主事) 등 다양한 하급 관리를 수령관이라 하였고, 명·청대에도 조정 각 부(部)·부(府)의 주사(主事)·사행(司行)이나 지방 아문의 경력(經歷)·사무(司務)·전부(典簿) 등을 수령관이라고 불렀다. 지방관의 경우 보통 8-9품의 관원에 해당된다. 교관(敎官)은 학교를 담당하는 관리로 부학(府學)에는 교수(敎授), 주학(州學)에는 학정(學正), 현학(縣學)에는 교유(敎諭)·훈도(訓導) 등이 있었는데 이들을 통칭하여 교관(敎官) 또는 교관(校官)·학관(學官)이라 불렀다. 좌이관과 수령관, 교관은 보통 좌잡교직(佐雜敎職)으로 통칭되면서 지현을 보좌하는 지방의 하급관리였다.

送.[51] 若有上司開壞者, 須另將劣款開具手本揭報, 或聽司府密取計冊. 雖送府、司、院攢造解京, 而朝覲乃有本州縣攢造解府彙解之冊, 其式不一, 照各處舊例行可也. 若夫朝覲官員, 于計冊齎部之後, 總于歲內到齊, 元旦同朝臣慶賀. 向皆藩臬監司入覲,[52] 吏部請旨引見. 上親詢以地方利弊, 乃得各陳條奏, 下部議覆, 朝廷多所採用, 率土群黎沾恩不淺. 近以廷臣議停其大吏入覲, 齎捧皆係佐員,[53] 而大計、五花各冊俱行停造, 以杜地方官借端科派之弊. 然而舊章不傳, 知者或鮮, 故並列于左, 聊以志大典之一班云.

○ 대계책(大計冊) 목록

1. 『평가서(賢否冊)』【양식은 보통 사용하는 『평가서』와 같은데, 이미 「위임부」에 나와 있다. 무릇 대계 이후의 관원은 정우(丁憂), 승진과 좌천, 재임·퇴임을 막론하고 모두 제시해야 한다.】

2. 『오화책(五花冊)』【양식은 바로 뒤에 보이는데. 이력을 갖추어 나열하지만 고어(考語) 부분은 아무것도 덧붙이지 않아 상사가 써넣기를 기다린다.】

모성 오화책
모주 부현
승임·현임·서리·정우 모현 지현 모인

연령 몇 세, 모성 부주현인으로, 모종의 방식을 통해 모년 모월 모일 현재의 직책을 제수받았고, 모년 모월 모일 부임하였습니다.

수(守) [ ] 재(才) [ ] 정(政) [ ] 년(年) [ ]
지부 모 고어 [ ]

---

50 개전(開塡)의 개(開)는 나열하다는 뜻이고, 전(塡)은 메운다는 뜻이다. 따라서 기입한다는 뜻이다.

51 「각색(脚色)」은 「이력서」를 가리킨다. 송대에 관리가 되려면 반드시 향관(鄕貫)·호주(戶頭) 및 조상 3대의 서명과 직함, 가구·연령·경력 등에 대해 보고를 해야 했는데, 이것이 바로 「각색(脚色)」이었다.

52 감사(監司)는 '감찰을 책임지는 관리'라는 뜻인데, 안찰사나 포정사 등을 통칭하여 '감사'라고 부르기도 한다.

53 재봉(齎捧)은 '받들고, 떠받쳐들고(捧着)'라는 뜻이다.

분도 모 고어 [ ]

안찰사사 모 고어 [ ]

포정사사 모 고어 [ ]

독·무 고어 [ ]

사실(사실)

一. 본관

응(應)

3.『조근책(朝覲冊)』【각기 통정사·도찰원·육부와 그 밑의 육과에 제출하는데, 각기 정례에 따라 다음처럼 제출해야 할 분량이 정해져 있다. 그 양식에 첨부되지 않는 경우는 보통처럼 작성하면 되며 다른 양식은 없다.】

통정사(通政司)

「주본(奏本)」1봉(封)【부 양식】「부본(副本)」1봉「주책(奏冊)」 1본(本)

도찰원(都察院)

『수지문책(須知文冊)』1본『현임관원책(見任官員冊)』1본『위서관원책(委署官員冊)』1본

『보민오사책(保民五事冊)』1본【부 양식】『지방번간책(地方繁簡冊)』1본

『지정간명책(地丁簡明冊)』1본『거공책(擧貢冊)』1본『현역전리책(見役典吏冊)』1본

『개준하공책(開濬河工冊)』1본

이부(吏部)

『수지책(須知冊)』1본『청리문직첩황책(淸理文職貼黃冊)』3본

『현임관원책』1본『위서관원책』1본『고찰관원책(考察官員冊)』1본

『보민오사책』1본『지방번간책』1본『향환이력책(鄕宦履歷冊)』1본

『거공문책(擧貢文冊)』1본『현역전리책』1본

이과(吏科)

『수지책』1본『현임관원책』1본『고찰관원책』1본『위서관원책』1본

『보민오사책』1본『현임전리책』1본『지방번간책』1본

호부(戶部)

『지정간명책』1본『적곡사주책(積穀四柱冊)』1본『염인책(鹽引冊)』1본

『도인책(逃人冊)』1본『전세책(典稅冊)』1본『양저우려세책(羊猪牛驢稅冊)』1본

호과(戶科)

위와 같음

예부(禮部)

『향환책(鄕宦冊)』 1본 『거공책(擧貢冊)』 1본 『늠·증·부생원책(廩增附生員冊)』 1본

『승도화명책(僧道花名冊)』 1본

병과(兵科)

『도인책(逃人冊)』 1본

형부(刑部)

위와 같음

공부(工部)

『개준하도책(開濬河道冊)』 1본

독포청(督捕廳)

『도인책』

【이상 각 책 외에 따로 『저책(底冊)』 1본씩을 따로 더 준비하여 보존해야 한다.】

4. 주본(奏本) 양식

주본은 높이 한 자 한 치 구 푼, 너비 세 치 한 푼의 크기다. 제본과 같은 경우는 높이가 여덟 치인데 지금은 한 자 또는 한 자 한 치에 너비 세치 세 푼짜리를 쓴다.

봉투의 앞면에는 다음과 같이 쓴다.

모 포정사사 모부·주·현의 모 지현으로 실봉(實封)된 신 모인이 삼가 밀봉하여 올리는 바입니다.

봉투의 뒷면에는 다음과 같이 쓴다.

모년 모월 모일【한가운데에 쓴다. 주본 속에서는 소자(小字)를 쓴다. 주본 중 응당 점을 찍어야 하는 부분은 『사례(事例)』를 참조할 것】

봉투 앞면과 뒷면 접속부분에 도장을 찍고, 연·월 도장을 찍은 다음 날짜를 기입한다. 앞뒤로 신(臣)을 칭한 부분이나 서리가 배서(背書)한 부분에는 서명을 한다. 주본은 관인 하나를 쓰는데, 본문 뒷부분 마지막 장에는 본문의 내용을 알려 주는 간략한 내용을 몇 줄

적는다. 본문이 이미 끝났다면 단지 글자 수만을 계산하여 적고 연·월·일을 표시하면 되며,[54] 이 장으로 넘어와 계속 내용을 쓰는 것은 형식에 어긋난다. 그리고 종이가 접히는 부분마다 관인을 찍는다.

5.『보민오사책(保民五事冊)』

모성·부【주현】지현[지주] 모인이 대계 전례를 위해 다음과 같은 자료를 올립니다. 지금 비직이 부임 이래 행한 바 보민오사(保民五事)의 실제 성과에 대하여 사실에 기초하여 다음과 같이 나열하는 바입니다. 이상입니다.

다음:

1. 호구 충실하게 하기(實戶口)

본현의 지난 호적에 실린 백성은 모두 몇 정구(丁口)였는데, 비직이 부임한 이래 이렇게 저렇게 불러들이고 초무를 한 결과 지금 현재 책에는 몇 정구가 기록되어 있으니, 과거에 비하면 실로 얼마가 증가한 것입니다.

2. 황무지 개간하기(開荒蕪)

경지면적은 과거와 비교하면 얼마를 더 개간하였습니다.

3. 부역 제공

징수(徵輸)는 과거와 비교하면 모두 얼마를 절감하였습니다.

4. 흥례(興禮)

무엇과 무엇을 바꾸고 수리하였습니다.

5. 재황 대비

사창은 과거와 비교하면 얼마를 축적하였습니다.

【사례에 따라 책의 연·월·일을 갖춘다. 생각건대, 지금 이 형식은 옛날의 것이고, 지금은 늘리고 바꿔서 이와 같지는 않으므로 응당 새로운 사례에 따라야 할 것이다.】

○ 동지·원단, 황상·황태후·황후·태자의 생신에는 정례에 따라 반드시 「표(表)」나

54 이렇게 본문 내용을 간략하게 요약하거나 본문의 글자 수를 계산하여 적는 것은 남이 주본의 내용을 고치는 것을 방지하기 위한 것이었다.

「전(箋)」을 올려 축하를 드려야 한다. 포정사 아문에서는 본 연도의 세량 은냥을 올려 보낼 때 「표」나 「전」의 유무에 상관없이 모두 모아 한꺼번에 관원 한 사람을 파견하여 전달한다. 그 문장은 해당 방에 자연히 정해진 형식이 있다. 그런데 본항 은냥을 운반하는 데 드는 경비 외에도 추가적인 보조경비가 필요하다. 이를테면 직계 상사가 조근을 하게 되면 당연히 그것을 축하하는 성의를 보여 주어야 하는데, 대체로 지방의 구례에 따라서 처리하되 또한 사람에 따라서 덜거나 늘려 지출을 줄여 보겠다고 너무 인색하게 굴다가 상사의 불쾌감을 사서는 안 된다.

생각건대, 『흠정[육부]처분칙례』에 따르면 다음과 같이 실려 있다. "관원이 축하의 뜻을 올리는 「표문(表文)」이나 『조근계책』에 실수를 하여, 혹은 빠뜨리고 상주를 올리지 않거나 혹은 글자를 빠뜨리거나, 또는 구실을 빌어 미루거나 지체시키거나, 적절하지 못한 사람을 보내 도중에 농땡이를 치다가 종이가 물에 젖거나 불에 타거나 아니면 도난을 당한 경우 모두 1년 동안 벌봉(罰俸) 처분을 받는다. 만약 관인을 찍는데 삐뚜름하게 찍거나 내용이 뭉개지거나 뒤집어 찍어 쓸모없게 만들거나, 내용을 갈겨쓰거나 직위를 빼먹거나, 종이가 찢어지거나 물들어 더럽혀진 경우는 모두 반년 동안 벌봉 처분을 받는다. 독무 역시 이에 비추어 처벌을 받는다." 이 가운데 글자를 빠뜨리거나, 관인을 찍는데 삐뚜름하게 찍거나 내용이 뭉개지거나 뒤집어지나, 옮겨 쓸 때 글자를 갈겨쓰는 일이 가장 쉽사리 저지르는 잘못이다. 지방관은 이런 것을 응당 직접 점검해야 한다. 상사가 벌봉을 받도록 누를 끼치게 되면 모두 스스로 배상해야 하니 신중하지 않을 수 없다.

○ 大計冊目

一. 賢否冊』【式與常用『賢否冊』同, 已見「蒞任部」. 凡自人計以後之官, 不論丁憂、陞降、在任、去任, 俱要開】

一.『五花冊』【式附. 俱開履歷, 不加考語, 俟上司註】

某省五花冊

某州府縣

陞任[見任·署印·丁憂] 某縣知縣　某人

年若干歲 某省府州縣人, 由某道, 於某年月日除授今職, 某年月日到任

守[　] 才[　] 政[　] 年[　]

知府某考語

分道某考語

按察使司某考語

布政使司某考語

督撫院考語

事實

一. 本官

應

一.『朝覲冊』【分投司、院、部、科, 各有定例數, 如左. 其不附式者, 如常開造, 無異式也】

通政司

「奏本」一封【附式】「副本」一封「奏冊」一本

都察院

『須知文冊』一本『見任官員冊』一本『委署官員冊』一本

『保民五事冊』一本【附式】『地方繁簡冊』一本

『地丁簡明冊』一本『擧貢冊』一本『見役典吏冊』一本

『開濬河工冊』一本

吏部

『須知冊』一本『清理文職貼黃冊』三本

『見任官員冊』一本『委署官員冊』一本『考察官員冊』一本

『保民五事冊』一本『地方繁簡冊』一本『鄕宦履歷冊』一本

『擧貢文冊』一本『見役典吏冊』一本

吏科

『須知冊』一本『見任官員冊』一本『考察官員冊』一本

『委署官員冊』一本『保民五事冊』一本『見任典吏冊』一本

『地方繁簡冊』一本

戶部

『地丁簡明冊』一本『積穀四柱冊』一本『鹽引冊』一本

『逃人冊』一本『典稅冊』一本『羊猪牛驢稅冊』一本

戶科

仝上

禮部

『鄕宦冊』一本『學貢冊』一本『廩增附生員冊』一本[55]

『僧道花名冊』一本

兵科

『逃人冊』一本

刑部

仝上

工部

『開濬河道冊』一本

督捕廳

『逃人冊』

【已上各冊外, 要多備另幷存『底冊』一本】

一. 奏本式[56]

---

55 『늠증부생원책(廩增附生員冊)』은 늠선생(廩膳生)·증광생(增廣生)·부생(附生) 등 다양한 자격의 생원 명단으로 보인다. 생원(生員. 秀才. 諸生)은 각급 고시를 통해 부·주·현학에 들어간 학생을 가리키는데, 이들은 현지 교관(敎授·學正·敎諭·訓導) 및 성의 학정(學政)이 감독·고핵(監督·考核)하는 대상이었다. 생원은 처음 입학 단계는 부학생원(附學生員)이고 매년 정기적인 여러 시험(歲考나 科試)의 성적이 우수하면 늠생(廩生)·증광생(增廣生. 增生)의 정액에 들어갈 수 있었다. 늠생(廩生. 廩膳生)은 늠미(廩米)가 주어지기 때문에, 증생(增生)은 늠생 외에 증액되었기 때문에 이런 이름이 붙었다.

56 주본(奏本)의 출현은 진·한대까지 거슬러 올라가는데, 명대에 이르러 신민(臣民)의 주사(奏事)를 주본이라 칭하게 되고, 나아가 관원이 정례에 따라 주보하는 일이나 자기 개인의 일에 관한 경우 주본을 쓰고, 본문에서 쓴 글자 수를 정문 뒤에 붙이게 되었다. 청초에는 상주문서의 경우 사적인 일에는 주본, 공적인 일에는 제본(題本)을 사용하였으며, 제본에는 관인을 사용하였으나 주본에서는 관인의 사용이 허용되지 않았다. 형명·전곡에 관한 것 이외에 본문의 내용은 300자를 넘을 수 없었으며, 첩황(貼黃)이란 요약문도 100자를 넘어서는 안 되었다. 하지만 실제 집행과정에서는 제본은 대부분 글자 수를 계산하지 않았고 주본에도 관인을 쓰는 경우가 있었다. 건륭 13(1748)년 주본은 취소되고 제본으로 대치되었다. 제본은 광서 27(1901)년 취소되고 주접(奏摺)으로 대체되었다. 중국제일역사당안관(中國第一歷史檔案館) 편저(編著), 『청대문서당안도감(淸代文書檔案圖鑑)』(岳麓書社, 2004), p.23, pp.126-127.

本高一尺一寸九分, 闊三寸一分 若題本, 高八寸, 今用一尺或一尺一寸, 闊三寸三分

封套正面寫

實封 某布政使司某府州某縣知縣 臣 某人謹封

進呈

封套後面寫

某年某月某日 【中心字. 本中用小字, 本中宜點, 看事例】

面印、背縫印、年月印, 塡小日. 前後稱臣、書吏背書畫字. 奏本用印一顆, 本後接尾紙要有本中情節字幾行, 若本已完, 止有計字年月, 過張接者係違式, 遇縫各坐鈐印.

一.『保民五事冊』

某省府 【州縣】 知州縣某人, 呈爲計典事. 今將卑職任事以來所行保民五事實政, 理合據實開造. 須至冊者.

計開:

一. 實戶口

按本縣舊籍人民計若干丁口, 自卑職任事以來如何招徠, 如何撫字, 今現冊丁口若干, 較舊實增若干

一. 開荒蕪

田畝, 比舊開墾若干

一. 供賦役

徵輸, 比舊裁減若干

一. 興禮

化修若干

一. 備荒災

社倉, 比舊積儲若干

【具冊年月俱照例, 按此式係舊本. 今增易不同, 宜遵新例】

○ 冬至、元旦、聖壽[57]、萬壽[58]、千秋[59], 例須進「表箋」慶賀.[60] 司、府提解本項銀兩, 無論「表箋」俱彙齊, 差官一員總進, 其文章該房自有定式. 但本項經費外有貼, 如本管上司入覲, 更有賀儀, 總照地方舊例, 且又因人斟酌之, 不可以小節過吝, 致不懌于上官也.

按: 『欽定[六部]處分則例』內: "一. 官員將慶賀「表文」、『朝覲計冊』舛錯, 或遺漏不奏, 或遺漏字樣, 及借端推諉或遲延及不差的當人耽悞, 途中以致水火盜失者, 俱罰俸一年. 如用印歪斜、糢糊、顚倒失用及繕寫潦草、不列職名及破裂染汚者, 俱罰俸六個月. 督撫亦照此例處分" 等語.[61] 此中遺漏字樣、用印歪斜、糢糊、顚倒及繕寫潦草之處最易犯. 本官宜親加檢點, 貽累上司、罰俸, 皆係自賠出, 不可不愼.

24-03. 매월 두 차례 문묘 행향(行香)

지방관이 초하루와 보름에 [문묘, 즉 공자묘에] 분향하는 것은 기존의 관례를 그대로 따르는 것이다. 그렇다고 해서 이 일을 상투적인 것으로 대해서는 안 된다. 공자께서는 영원한 도덕적인 모범이자 문교(文教) 방면에서 가장 존중을 받는 분으로써, 직접 몸을 드러내어 우리 지역을 보우해 주시는 정신(正神)이시니, 실로 뭇 백성의 복을 주관한다고 할 수 있다. 어찌 감히 성의를 다하고 또한 공경하지 않을 수 있겠는가? 문묘에 들어갈 때에는 마치 공자께서 친히 임하신 것처럼 엄숙한 마음가짐을 갖고, 용모를 단정히 하고 허리를 굽혀 절을 한다. 읍(揖)을 하여 예의를 표명할 때에도 모름지기 단정해야 하며, 큰 절을 할 때에는 모름지기 머리를 조아려 땅에 대었다가 천천히 일어나야 한다. 절이 끝나면 공손하

---

57 성수(聖壽)는 황제의 생일을 가리킨다.

58 만수(萬壽)는 황제나 황태후의 생일을 가리킨다.

59 천추(千秋)는 황후(皇后)나 태자(太子)의 생일을 가리킨다.

60 「표(表)」·「전(箋)」은 즉 「표문(表文)」과 「전(表文)」이다. 왕공백관(王公百官), 문무대신(文武大臣) 또는 조공국이 축하용으로 황제·황태후에게 올리는 문서를 「표」, 황후에게 올리는 문서를 「전(箋)」이라고 하였다.

61 『흠정(중수)육부처분칙례(欽定(重修)六部處分則例)』(上海: 圖書集成印書局, 光緒 16年) 권9 「본장(本章) 경하표문지연(慶賀表文遲延)」, 5b에 실려 있는 부분은 이와는 약간 다르지만 대체로 같은 내용이다. "一. 官員將慶賀表文舛錯遺漏遲延, 及不差的當人役齎送以致流失者, 俱罰俸一年[公罪]. 其遺漏蓋印, 或用印歪斜、糢糊、顚倒及繕寫潦草、破裂染汚者, 俱罰俸六個月[公罪]."

게 물러나되, 다른 곳을 보아서는 안 된다. 반드시 예관(禮冠)을 써야 하고, 반드시 공식 복장(公服)을 착용해야 하며, 사복을 입어서도 안 되고, 구실을 대면서 직접 배알을 피해서도 안 된다. 이를 어기는 것은 모두 지성선사(至聖先師)인 공자에 대한 커다란 모독이 된다. 성신(聖神)을 모독하는 것은 그보다 더 큰 죄가 없고, 스스로도 복을 받지 못할 것인데 어찌 백성을 감싸 줄 수 있겠는가? 지방관 개인이 복을 받지 못하면, 그 허물은 백성에게까지 미친다. 백성을 감싸 주지 못하면 재해가 발생할 것이니, 어찌 두렵지 아니하겠는가!

牧宰朔、望行香,[62] 跡于套矣.[63] 然未可以套視也. 至聖爲萬世師表,[64] 乃文教之攸尊, 顯佑爲本治正神,[65] 實蒸民之司福,[66] 豈敢不誠且敬乎? 入其廟, 儼兮若臨, 肅容鞠躬.[67] 揖必翼如,[68] 拜必俯首至地, 徐而起. 禮畢, 踧踖而退,[69] 毋他視. 冠必禮冠, 服必公服,[70] 毋褻衣,[71] 毋託故不親謁. 反此, 皆誣慢之大者也.[72] 誣聖慢神, 罪莫大焉, 無以福身, 何能庇民? 身弗福, 愆咎及之民.[73] 弗庇, 災變生之, 可不畏哉!

---

62 목재(牧宰)는 주현 장관을 가리킨다. 주관(州官)은 목(牧), 현관(縣官)은 재(宰)라고 칭한다. 행향(行香)은 지방관이 매달 1일과 15일에 문묘에 들어가 분향(焚香)하면서 고배(叩拜)하는 것, 또는 신임관이 부임 후 입묘하여 분향하는 의식을 가리킨다.

63 적(跡)은 따른다, 모방한다는 뜻이고, 투(套)는 이미 고정된 격식을 갖춘 방법이나 언어, 또는 기존의 격식을 따르거나 모방한다는 뜻이다. 따라서 여기서는 기존의 고정된 관행을 그대로 따른다는 뜻이다.

64 지성(至聖)은 공자(孔子)를 가리킨다. 당의 현종(玄宗) 개원(開元) 27년에 공자에 대해서 문선왕(文宣王)이라는 시호가 내려졌고, 송 진종(眞宗) 때에는 지성문선왕(至聖文宣王)이라는 시호(諡號)가, 원의 무종(武宗) 때에는 대성지성문선왕(大成至聖文宣王)이라는 시호가 내려졌다. 그 후 명의 세종(世宗) 가정(嘉靖) 9년 공자를 지성선사(至聖先師)라 고쳐 부르게 되었다. 사표(師表)는 표본·모범, 즉 도덕적 또는 학문적 학습의 모범이라는 뜻이다.

65 현우(顯佑)는 현령보우(顯靈保佑)한다는 뜻이다. 현령(顯靈)은 신귀(神鬼)가 모습을 드러내거나 소리를 내거나 해서 사람들로 하여금 위력을 느끼게 한다는 뜻이다.

66 증민(蒸民)은 백성을 가리킨다.

67 국궁(鞠躬)은 허리를 굽혀서 절을 한다는 뜻이다.

68 익여(翼如)는 마치 새가 날개를 편 것처럼 자태가 단정하고 아름다운 것을 말한다.

69 축적(踧踖)은 삼가고 공경하면서 불안해하는 모습을 가리킨다.

70 공복(公服)은 관복을 말한다.

71 설의(褻衣)는 사복, 집에서 있는 편한 복장을 말한다.

72 무만(誣慢)은 업신여기고 오만하게 군다는 뜻이다.

73 연구(愆咎)는 죄과(罪過)를 말한다.

24-04. 봄과 가을의 제사(春秋祭祀)

[『좌전』에서는] "나라에서 가장 큰 일은 바로 제사와 전쟁이다."라고 하였다. 그중에서도 봄·가을 매달 상순의 정일(上丁日)에 올리는 제사가 특히 크다. 주현의 지방관이 된 사람은 실제적으로 백성이 열심히 농사를 짓도록 권장하고, 독서인이 학문을 일으키고 덕을 증진시키도록 성의를 쏟아야 한다. 그래서 백곡이 무르익고 바람직한 풍속이 이루어진 다음 희생물을 바치고 종과 북을 울려 제사를 지내면, 신께서 이 제물을 흠향(歆饗)한 다음 복을 내려 주신다. 만약 그해 수확이 순조롭지 않고 풍속이 순박하고 아름답지 않다면, 비록 맑은 술과 아름다운 음악을 날마다 앞에 늘어놓은들 어찌 신께서 이를 토해 내지 않으시겠는가? 따라서 봄에 기원하는 제사를 지내고 가을에 그 결과를 알리는 일은 그 실제 내용이 중요하지 겉치레 형식이 중요한 것이 아니다. 하물며 제사를 주관하는 사람[즉 지방관]이 그것을 항상 있는 연례행사로 생각해서 대충 가볍게 넘겨 버린다면 더 이상 말할 필요도 없다.

제사 열흘 전에는 예산을 지급하여 제물(祭物)을 준비하게 하는데, 삼가 제사에 관련된 규정(祀典)에 근거하되 감히 멋대로 늘리거나 줄여서는 안 된다. 제사를 실시하기 전에는 사흘 동안 재계(齋戒)를 한다. 제사하는 당일 제사상에 올리는 곡물은 풍족하고 청결해야 하고, 제물은 모름지기 살찐 고기여야 하고, 술 역시 반드시 향기가 좋은 것이어야 한다. 제사는 순서에 따라 집행해야 하며, 법도 있게 제사를 지내고, 부제(附祭) 역시 최대한 예의를 갖추며, 너무 빠르지도 늦지도 않아야 한다. 예식이 제대로 끝났음을 알리면 신과 사람들이 함께 기뻐할 것이니, 이에 때는 평화롭고 수확은 풍요로워 뭇 백성이 경축하게 될 것이다. 유명(幽冥)한 지하 세계는 비록 현세와 따로 떨어져 있지만 마치 메아리가 울리는 것처럼 신속하게 반응하니, 귀신(鬼神)의 도(道)를 어찌 함부로 생각할 수 있겠는가? 『상서』에 이르기를 "기장의 향기가 널리 퍼지는 것이 아니라, 오로지 밝은 덕의 향기만이 널리 퍼질 수 있다."라고 하였다. 백성의 일이 제대로 이루어진 다음, 경건하게 제사를 드리는 것을 바로 덕이라고 하는 것이다.【무릇 단묘(壇廟)에서 제사를 행할 때에는 관례적으로 축문을 쓰는 목판과 제사 후에 태우는 비단이 있기 마련이다. 축문을 쓰는 목판은 그 자획을 단정한 해서체로 써야 하며, 씻어서 고치거나 틀리거나 빠진 글자가 없어야 한다. 이에 대해서는 지방관이 마땅히 직접 살펴보아 검사함으로써 공경하고 신중한 자세를 보여야 한다. 태우는 비단은 궤에 보관하거나 혹은 봉인되어 있다. 제사를 행할 때에는 비단이 그 안에 있는지 없는지 점검해야 하며, 태울 때에는 궤의 수도 분명히 세어야 한다. 혹시나 간사한 서역들이 숨겨서 다른 곳에 사용함으로써, 자칫하면 빈 궤를 태워 신명(神明)을 모독할 수 있기 때문이다.

○ 근래 묘단(廟壇)에 올리는 제물은 모두 문지기와 경승(經承)이 비용을 지급받아 준비하는 것인데, 매번 허술하게 대충 해치우는 경우가 많으니, 특히 불경스럽기 짝이 없다. 내가 생각하기에 문묘의 제물은 학관(學官)이 직접 일하는 사람을 지휘하여 정성을 들여 단사(壇社)를 만들게 하고, 제물은 응당 지현이 좌이관에게 맡겨 제작을 감독하게 함으로써, 정성과 청결에 힘쓰고 도움을 보태 주어 경건하고 성의를 들여 처리해야만 귀신을 모독하고 제사를 더럽히는 죄를 짓지 않을 수 있다. 이 글을 읽는 사람이 유념해 주면 다행이다.】

國之大事, 惟祀與戎.[74] 春秋上丁,[75] 祀典尤鉅.[76] 爲牧宰者, 在民有勸穡課農之實,[77] 在士有興學迪德之誠.[78] 百穀登而六行擧,[79] 然後薦以犧牲,[80] 饗以鐘鼓,[81] 而神歆于祀, 而降之福. 若年弗順成而俗不淳美,[82] 雖淸酤諸樂, 日陳于前, 神其不吐之乎? 故春而祈, 秋而報, 貴有其實, 不貴有其文也. 況乎主祀者視爲歲事之恒, 而褻越從之耶![83] 于祭前十日, 給支款備祭物, 謹依祀典, 罔敢增減. 未祭之先, 致齋三日. 祭之日, 粢盛必豐潔,[84] 牲牷必肥腯,[85] 醴酒必馨香. 執事有序, 對越以度,[86] 陪祀盡儀,[87] 不舒不迫. 禮卒告成, 神人胥悅, 于是時和年豊, 而庶民臻慶. 幽冥雖隔, 捷若響應,[88] 鬼神之道, 豈可誣乎? 『書』云: "黍稷非馨,[89] 明德惟馨."[90] 民事有成,

---

74 이 구절은 원래 『좌전(左傳)』 성공(成公) 13년조에 나온다("國之大事, 在祀与戎, 祀有執膰, 戎有受脤, 神之大節也.").
75 상정(上丁)은 농력(農歷) 매월 상순의 정일(丁日)을 가리킨다.
76 사전(祀典)은 제사의례나 그것을 기재한 전적을 가리킨다.
77 권색(勸穡)은 농사를 권한다는 뜻이고, 과농(課農) 역시 농사에 힘쓰도록 독촉하는 것을 말한다.
78 적덕(迪德)은 도덕을 이끈다, 끌어올린다는 뜻이다.
79 육행(六行)은 여섯 가지 선행(善行)을 가리킨다. 『주례』 권3 「지관(地官) 사도(司徒)」에 "육행은 효도(孝)·우의(友誼)·[가족의] 화목(睦)·[친인척의] 친애(姻)·[친구끼리의] 신임(任)·[가난한 사람의] 구제(恤)이다(六行: 孝·友·睦·婣·任·恤)."라고 기록하고 있다.
80 천(薦)은 여기서 올려 바치다(進獻), 제물을 올린다(祭獻)는 뜻이다.
81 향(饗)은 술과 음식으로 대접한다, 제사를 올린다, 신명이 제물을 흠향(歆饗)하거나 맛본다, 음복한다는 뜻이다.
82 순성(順成)은 바람과 비가 순조로워 오곡이 대풍을 거둔다는 뜻이다.
83 설월(褻越)은 가볍게 여기 예법을 어긴다는 뜻이다.
84 자성(粢盛)은 제기에 담는 제사용 곡식을 말한다
85 생전(牲牷)은 희생을 말한다.
86 대월(對越)은 답사로서 칭송한다, 또는 제왕이 천지신령에게 제사를 지낸다는 뜻이다.
87 배사(陪祀)는 제사에 배종(陪從)하다, 아울러 제사를 지낸다는 뜻이다.
88 향응(響應)은 메아리가 울린다, 반응이 민첩하다는 뜻이다.

虔其有享, 德之謂也. 【凡壇廟祭祀, 例有祝版[91]、焚帛.[92] 其祝版, 宜字畫端楷, 無洗補錯落, 須親加省覽, 以昭敬愼. 其焚帛, 有貯匣, 或有印封. 祭時宜檢點帛幅有無在內, 焚時宜數明匣數, 恐奸役藏匿, 另爲他用, 以空匣欺瀆明神.

○ 邇來, 廟壇祭物, 皆門斗、經承領銀備辦, 每多草率不堪, 殊爲褻慢. 愚謂文廟祭物, 宜學官親率執事者, 虔製壇社, 祭物宜印官委佐貳監製, 務期精潔, 加以主助, 將事敬誠, 庶幾無慢神瀆祀之愆矣. 覽者幸爲留意】

24-05. 성황신 경배(敬禮城隍)[93]

무릇 지현은 지상의 밝은 세계(明)를 관리하고 성황신은 지하의 어두운 세계(幽)를 관리한다. 백성을 위하여 이로움을 일으키고 해악을 제거하는 것이 지현의 임무라고 한다면, 백성을 위하여 복을 내려 주고 재해를 없애 주는 것은 성황신의 임무다. 그러나 신명(神明)은 사람을 통해 신령함을 드러내고, 제사는 정성을 통해 느낌이 연결되며, 어둠의 세계는 밝은 세계를 통해 드러난다. 따라서 주현의 지방관이 신명에게 매우 공경해야만 호응해 주며, 매우 정성스럽게 제사를 지내야 이를 받아 흠향해 주며, 밝은 세계에서 크게 노력해야만 어두운 세계와 통할 수 있다. 생각하건대 신명이 호응해 주는 것은 영험함이 나타나는 것이며, 그 영험함이 나타나는 것은 사람을 통해서이다. 신명이 제물을 받아 흠향하는 것은 느낌이 연결되는 것이고, 느낌이 연결되는 것은 정성을 통해서이다. 밝은 세계와 어두운 세계가 통하였다는 것은 드러나는 것이고, 드러나는 것은 밝은 세계를 통해서이다. 이렇지 않다면 신명이 있다고 하더라도 호응하지 않을 것이고, 제사가 있더라도 받아 주지 않을 것이며, 어두운 세계가 있더라도 통하지 못할 것이다. 그리하여 어두운 세계를 맡는

---

89 서직(黍稷)은 기장, 즉 서(黍)과 직(稷)을 말하는데 고대의 중요 농작물로, 오곡을 통칭하기도 한다.
90 『상서』「주서(周書) 군진(君陳)」편에 나오는 구절이다. "我聞曰, 至治馨香, 感于神明. 黍稷非香, 明德惟馨."
91 축판(祝版. 祝板)은 축문을 쓰는 목판이나 종이로 제사 때 쓴다.
92 분백(焚帛)은 지백(紙帛)을 불태우는 제례의 한 의식을 가리킨다.
93 여기 나오는 메뚜기 문제는 제31권 서정부 2 「31-16. 메뚜기 유충 박멸(捕滅蝗蝻)」을 참조할 수 있다.

성황신과 밝은 세계를 맡는 지방관이 서로 문을 닫아 걸고 믿지 못한다면, 비록 이로움을 일으키고 해악을 제거할 권한이 있다고 하더라도, 이로움을 일으키고 해악을 제거하는 실제 성과는 나타나지 못할 것이다.

어떻게 그렇게 된다는 것을 알 수 있는가? 사람이 뜻은 있지만 결과를 얻지 못하면, 결국 신명께 이를 구하며 묵묵히 따른다. 만약 그런 뜻이 없다면 신명께 구하는 일도 없을 것이다. 이렇게 구하는 바가 없다면 어둠과 밝음의 세계를 주관하는 관리가 서로 문을 잠가 걸게 되니, 서로 무슨 관계가 있을 수 있겠는가? 무릇 백성의 고통을 없애는 데 간절한 뜻을 둔 지방관이라면 비록 날마다 두려워하면서 백성의 고통을 없애기 위해 힘쓰고, 백성의 즐거움과 이익만을 추구하면서도 여전히 황공한 모습으로 스스로를 낮추면서 자신의 덕이 얇어 하늘을 감동시키기에 부족하다고 생각한다. 오직 신명만이 어둠의 세계를 관장하고, 따라서 상제(上帝)와 가까이에서 통할 수 있어, 사람들을 대신하여 그 상황을 전달해 주면서 아래 백성을 위하여 목숨을 보존하거나 고통을 제거해 달라고 청구할 수 있다. 그렇게 함으로써 재해를 없애 주시고 복을 내려 주시니, 복이 내려지면 이로움이 곧 일어나고, 재해가 없어지면 해악이 바로 제거된다. 사람들이 원하는 바가 있으면 신명은 곧 이를 들어주신다. 백성을 위하여 신명을 섬기고, 신명의 뜻을 따라서 직무를 수행하면 백성이 즐거워하고 직무는 성취되니, 어찌 감히 불경스러운 자세를 취할 수 있겠는가?

나는 담성현(郯城縣)과 동광현(東光縣)에서 근무하면서 스스로 역량이 부족함을 부끄러워하여, 오로지 성황신에게 복을 청하여 백성을 풍족하고 편안하게 만들려 하였다. 그래서 그 묘단(廟壇)의 모습을 새롭게 하고, 제사상을 정성스럽게 차렸으며, 그 장식과 의식을 잘 꾸미고, 신명께 감사드리는 제사를 성대하게 치렀는데, 오로지 성의와 경의로 이를 시행하였다. 그래서 메뚜기 떼가 경내에 들어왔으나 농작물은 피해를 입지 않았고, 얼음우박의 재해가 닥쳤으나 바람이 곧바로 갑자기 멎어 버렸다. 하늘이 맑기를 기도하면 찬란한 해가 푸른 하늘에 걸렸고, 비가 오기를 기도하면 단비가 충분히 내렸으니, 신명께 청구하면 호응해 주시지 않는 것이 없었으며, 이런 사례는 이루 다 헤아릴 수 없을 정도로 많았다. 요컨대 성황신도 역시 땅을 관리하는 관리로서, 아래로는 이 나라를 다스리는 것을 직무로 삼고 있음을 알고 있어야 하는 것이다. 그렇기 때문에 성황신은 다른 신명과 비교하면 감응하는 것이 훨씬 빠르다. 주현의 지방관이 된 사람이 또한 사람과 성의, 밝음의 세계, 이 세 가지에 유의하면서 시험해 본다면 내 말이 틀리지 않았음을 알게 될 것이다. 【내가 담성현·동광현에 부임하였을 때 썼던 「성황신에게 올리는 글」을 부록으로 첨부하였다.[여기서는 생략되었다]】

夫牧宰職明, 城隍職幽.[94] 爲民興利除害, 牧宰之職也. 爲民降福澹災,[95] 城隍之職也. 然神以人靈, 祀以誠格,[96] 幽以明顯. 故州邑之長, 必克敬于神而神則應之,[97] 必克虔于祀而祀則歆之, 必克致于明而幽則通之. 蓋應則靈, 靈以人也. 歆則格, 格以誠也. 通則顯, 顯以明也. 非是, 雖有神而不爲之應, 雖有祀而不爲之歆, 雖有幽而不爲之通矣. 于是, 幽明之職, 相閡而不孚,[98] 雖有興利除害之權, 而無興利除害之實. 何以知其然也? 人有志而弗獲, 遂乃求乎神而黙相之,[99] 無其志, 則無其求矣. 無其求, 則幽明之職閡矣, 又何相之與有? 夫志切民瘼者,[100] 雖日鰓鰓焉,[101] 閭閻之疾苦務去, 蒸黎之樂利是圖,[102] 乃惶然自歉,[103] 以爲德薄而不足以感動乎天也. 惟神職幽, 近通于帝, 而能代人以達情, 爲下民而請命.[104] 于是, 澹乎災而降之福, 福旣降, 利乃興矣. 災旣澹, 害乃除矣. 人之有願, 神則遂之. 爲民而事神, 因神而奉職, 民熙職擧, 敢弗敬乎? 鴻待罪郯東, 自慚薄劣, 惟邀福于城隍, 以阜康黎庶.[105] 新其廟貌, 虔其豆籩,[106] 飾其儀衛,[107] 隆其

94 성황(城隍)은 본래 성벽(城牆)과 해자(護城河), 즉 성지(城池)를 가리키지만, 나아가 성지를 수호하는 성황신(城隍神. 城隍爺)을 뜻하게 되었다. 성황의 숭배는 주대(周代)까지 거슬러 올라갈 수 있으나 위·진남북조 시대 이후 대체로 도교나 민간신앙으로서 점차 출현하였고, 송대에 이르면 국가사전(國家祀典)의 범위에 들어가 각 지방에 모두 보급되었다. 명대에는 태조가 직접 경사와 각 부주현의 성황신에게 작위와 복식을 내려서 규정해 주고 각 지 지방관이 정기적으로 제사를 주지하게 하였다. 청대에는 성황의 지위가 더욱 높아져 신임관은 부임 전에 반드시 성황묘에서 재숙(齋宿)해야 했으며, 부임하는 날 성황묘 앞에서 제례를 치른 다음에야 취임할 수 있었다(이에 대해서는 이 책의 제2권 부임부 1 「2-05. 재숙(齋宿)」을 참조). 이리하여 성황신은 도시(城池)나 국가의 수호신으로서 생인망령(生人亡靈)의 징선벌악(獎善罰惡)·생사화복(生死禍福和)·행복이익(幸福利益)을 주재하는 것으로 인식되었으며, 명·청대 이후에는 하나의 신의 관직(官職)이 되어 성도(省都)의 성황은 지하세계인 음간(陰間)의 순무, 부의 성황은 음간의 지부, 현의 성황은 음간의 지현이나 마찬가지였다

95 담재(澹災)는 재해를 제거한다는 뜻이다.

96 격(格)은 감동(感動)하다, 감통(感通)하다, 추측하다, 헤아리다, 충격을 주다, 제한하다.

97 극(克)은 '능히, 충분히'라는 뜻이다.

98 애(閡)는 문을 삼근다는 뜻이고, 부(孚)는 남에게 믿음을 주다, 믿을 만하다는 뜻이다.

99 상(相)은 관찰한다, 관상을 본다, 따른다, 선택한다는 뜻이다.

100 민막(民瘼)은 백성의 질고(疾苦)를 말한다

101 새새(鰓鰓)는 두려워하는 모습을 가리킨다

102 증려(蒸黎)는 백성·서민을 말한다

103 황연(惶然)은 두려워하면서 불안해하는 모습을 말한다. 자겸(自歉)은 스스로 부족함을 느낀다는 뜻이다.

104 청명(請命)은 생명을 보존하거나 고통을 제거해 달라고 청구하는 것을 뜻한다. 보통 위민청명(爲民請命)이란 용어로 쓰이는데, 백성을 위해 대신 고통을 호소한다는 뜻이다. 원래 『사기(史記)』 권92 「회음후열전(淮陰侯列傳)」에서 비롯되었다. "백성이 바라는 바를 따라 서쪽으로 향해 (유방과 항우의 전쟁을 저지하여) 백성의 고통을 제거하자고 한다면, 천하 사람들이 이 소식을 듣고 모두 향응할 것이니, 누가 감히 듣지 않겠는가!(因民之欲, 西鄕爲百姓請命, 則天下風走而響應矣, 孰敢不聽?)."

105 부강(阜康)은 부유하고 즐겁다는 뜻이다.

106 두변(豆籩. 籩豆)은 대나무와 나무로 만든 제기를 가리킨다.

107 의위(儀衛)는 의장(儀仗)과 위사(衛士)를 통칭하는 것이다.

報賽.[108] 惟以誠敬將之. 乃飛蝗入境而禾稼無傷, 氷雹爲災而風旋立止. 祈晴則旭日麗空,[109] 禱雨則甘霖沾足,[110] 求無弗應, 難更僕數.[111] 要知城隍亦守土之司, 下隸是邦, 以爲職者也. 故感應較諸神更捷. 爲牧宰者, 亦留意于以人、以誠、以明三者而試之, 則知鴻之言爲不謬矣. 【鴻任郯東「告城隍文」附[112]】

24-06. 맑은 날씨와 비를 청하는 기도(祈禱晴雨)

비가 오거나 아니면 맑은 날씨가 되는 것이 제멋대로여서 오곡이 무르익지 못하고 백성에게 전염병이 발생하면, 이 땅을 다스릴 임무를 맡은 관리는 제사를 지내 기도를 하지 않을 수 없다. 그래서 도살을 하거나 술을 파는 것을 금지하는 것은 재해를 두려워하고 음식을 절제하기 위함이다. 삼가 재계하는 것은 몸을 청결히 하여 경건함을 알리기 위해서이다. 제단을 세우기 사흘 전에는 잡념을 버리고 마음을 가다듬어 반성하며, 아문 전체의 남녀들도 함께 고기요리와 술을 멀리하여 잘못을 뉘우치고 반성하는 주인[지방관]의 뜻에 함께 부응한다. 그리고 감히 성황과 사직, 풍운(風雲)·뇌우(雷雨) 및 경내의 산천(山川)·선농(先農)·팔사(八蜡) 등께 알려 신력(神力)을 통해서 하늘에 [아래의 사정을] 전달함으로써, 다만 아래의 신하(下臣)에게만 화를 내리시어 부덕함을 징벌하시되 땅을 지키는 관리의 잘못 때문에 애꿎은 백성에게는 재해가 미치지 않게 해 주실 것을 기원한다. 그리하여 그 지극한 정성으로 느낌이 연결되면 하늘의 마음을 감동시킬 수 있으니, 한여름의 큰 가뭄을 때

---

108 보새(報賽)는 농사가 끝난 다음 지내는 신에게 감사드리는 제사, 또는 제신(謝神)을 가리킨다.

109 여공(麗空)은 공중에 걸려 있다는 뜻이다.

110 첨족(沾足)은 비가 충분히 내린다는 뜻이다.

111 난경복수(難更僕數) 또는 경복난수(更僕難數)는 『예기(禮記)』「유행(儒行)」편에 나오는 구절이다. "애공이 말하기를 감히 유행에 대해 묻고자 합니다. 공사는 대답하여 말하였다. 갑작스레 그것을 세사 하니 전부 다 얘기할 수 없습니다. 그렇다고 하나하나 모두 이야기하자면, 아주 많은 시간이 걸리고, 종복을 대신 시킨다고 해도 언제 끝날지 모릅니다(哀公曰: '敢問儒行'. 孔子對曰: '遽數之不能終其物, 悉數之乃留, 更僕未可終也.')." 여기서 '경복난수(更僕難數)'나 '경난복수(更難僕數)'·'경복난종(更僕難終)'·'경복난진(更僕難盡)'은 모두 사물이 번다하여 이루다 헤아릴 수 없다는 것을 가리키게 되었다.

112 「蝗災告城隍文」 2편과 「旱災告城隍文」이 실려 있는데, 단지 메뚜기나 가뭄 재해를 만나 성황신에게 도움을 요청하는 간단한 내용이라 굳이 수록·번역하지 않고 모두 생략하였다.

맞춘 비로 바꾸게 하고, 모든 계곡에 물이 넘칠 정도로 비가 쏟아지던 날씨가 갑자기 햇볕이 쨍쨍한 날씨로 바뀔 수도 있다. 한편 토룡(土龍)을 맞이하여 연못의 물을 구걸하는 것은 비를 애걸하기 위해 병자를 뙤약볕에 내놓는 폭왕(暴尫)처럼 망령스럽기 짝이 없는 일이다. 무지개를 칼로 끊고, 천둥이 내려치는 주문을 외우는 것은 실로 더더욱 재앙을 불러오는 일이다. 뛰어난 식견을 가지고 있는 지방관이라면 원컨대 이를 모방하지 않기를 바란다. 백성을 위하여 하늘에 고통을 호소할 때는 오로지 그 제물과 준비를 통해 성심을 분명하게 밝히는 자세를 취하고, 지방관이 스스로 반성하며 자신을 탓해야 할 뿐이다.

雨暘弗時, 五穀不登, 四民興癘, 官斯土者, 于是有祈禱之事焉. 禁屠沽,[113] 所以懼災節味也. 謹齋戒, 所以潔躬告虔也. 于設壇三日之前, 滌心肅慮,[114] 閤署男女皆屛去葷酒,[115] 以共副主人省愆悔罪之意焉. 敢告城隍、社稷、風雲、雷雨, 以及境內山川、先農[116]、八蜡,[117] 用祈神力, 上達倉穹, 式降禍于下臣,[118] 以懲不德, 毋以守土臣之戾, 災及斯民. 乃致篤誠所格, 克感天心, 俾雲漢之歌,[119] 易爲靈雨,[120] 百谷之漏,[121] 遽炳三踆.[122] 至于迎土龍乞潭水,[123] 何異暴尫之妄.[124] 斬虹霓, 呪雷霆, 實爲招沴之尤.[125] 卓識之主, 願弗效焉. 爲民請命, 惟在于玉帛、

---

113 도고(屠酤. 屠沽)는 희생용 동물을 잡는 것과 술을 파는 것, 또는 직업이 미천한 사람을 가리키기도 한다

114 척심숙려(滌心肅慮)는 세심척려(洗心滌慮)와 같은 뜻으로 사심과 잡념을 씻어 낸다, 철저하게 회개한다는 뜻이다. 세심(洗心) 역시 악념이나 잡념을 제거한다, 잘못을 반성하여 스스로를 바꾼다는 뜻이다. 세심혁면(洗心革面)이라고도 한다.

115 합서(閤署)는 관서·관청 전체를 가리킨다. 병거(屛去)는 퇴제(退除)·제거를 말한다. 훈주(葷酒)는 고기 요리와 술을 말한다.

116 선농(先農)은 백성에게 농사를 가르쳤다는 전설 속의 농신(農神), 또는 신농(神農)이나 후직(后稷)이라고도 한다

117 팔사(八蜡)는 주나라 때 매년 농사가 끝난 다음 건해(建亥)의 달(十二月)에 거행하던 제사의 명칭이다. 다만 팔사의 신에 대해서는 사람들의 해설이 제각기라 통일되지 않았다.

118 식(式)은 여기서는 이(以)의 뜻이다, 또는 부사나 어조사로 쓰인 것 같다.

119 운한(雲漢)은 은하(銀河), 또는 고공(高空)이나 제왕의 미덕을 가리킨다. 하지만 『시경』「대아(大雅) 운한(雲漢)」편에 "倬彼雲漢, 昭回於天"이라는 구절이 있는데 정현(鄭玄)이 이에 대해 "당시 가뭄이 들어 몹시 비를 갈망하였기에, 선왕이 밤에 은하를 우러러보며 날씨를 살폈다(時旱渴雨, 故宣王夜仰視天河, 望其候焉.)."라고 하였으므로, 이후에는 운한을 무더운 여름의 가뭄에 비유하게 되었다. 여기서는 바로 그러한 뜻으로 사용된 것으로 보인다.

120 영우(靈雨)는 좋은 비, 군왕(君王)의 은택을 가리킨다.

121 백곡(百谷)은 모든 계곡의 물이 산 아래로 흘러간다는 것을 가리킨다. 백곡왕(百谷王)은 모든 계곡의 물이 반드시 강과 바다로 흘러간다는 뜻에서 강과 바다를 가리키기도 한다.

122 준(踆)은 아마 준조(踆烏)인 것 같다. 즉 태양 속에 있다고 하는 고대 전설 속의 삼족오(三足烏)를 가리킨다. 준(踆)은 준(蹲)과 같고, 이것이 바로 삼족오인데, 준조는 이 때문에 태양을 가리키기도 한다

123 토룡(土龍)은 흙으로 만든 용으로 비를 요청하는 데 쓰였다

124 폭왕(暴尫)은 옛 풍속으로 큰 가뭄이 들어 비가 오지 않을 경우 마르고 병든 사람을 뙤약볕에 내보내, 하늘이 그들을 불쌍히 여겨 비를 내리도록 기원하였던 것을 가리킨다

昭虔,[126] 修省自責而已.

24-07. 일식과 월식 맞이하기(救護日月)

해는 우주의 모든 양기(陽氣) 중에서 으뜸으로, 군주의 모습(象)이다. 달은 순음(純陰)의 정수로, 신하의 모습이다. 일식이 일어난다는 것은 달이 해를 덮는 것을 말한다. 초하루(朔)에는 달이 정확히 [지구와 태양 사이의] 황도(黃道)에 위치하게 되는데, 이것은 "신하가 군주가 보고 듣는 것을 가로막는다"는 것으로, 바로 양기가 음기에게 침식당하는 것이다. 반면 월식이 일어나는 것은 해가 달에 가까이 간 것이다. 보름에 정확히 [지구가 태양과 달 사이의] 황도에 위치하게 되는데, 이것은 "신하가 군주의 영명한 결단을 간섭한다"는 것으로, 바로 양기가 음기를 침식하는 것이다.

『주례(周禮)』의 「지관(地官) 사도(司徒) 고인(鼓人)」조에서는 "일식과 월식이 일어나면 왕에게 알려 북을 두드리게 하였다"고 한다. [송대의] 호안국(胡安國)은 또한 "제후들이 토지신의 사당(社)에 옥백으로 제사를 지내고 조정에서 북을 두드린다"고 하였는데 이것은 모두 양기를 받쳐 주고 음기를 억누르는 뜻이니, 군주를 강하게 하고 신하를 약하게 하는 것이다. 또한 [호안국은] 말하기를 "물러나 스스로를 꾸짖으면서, 모두 두려워하며 뉘우쳐서 하늘의 뜻에 보답하려는 것이었다."라고 하였다. 대저 "군주가 조금이라도 덕을 잃게 되면 하늘에서 곧 어떤 모습을 드러내 주어 경고의 의사를 보여 준다."라는 뜻이라는 것이다. 그러므로 군주는 하늘의 위엄을 공경하여 두려워하고 지나간 잘못을 참회하고 반성함으로써, 군주를 사랑하는 하늘의 뜻에 보답해야 한다. 당(唐) 개원(開元) 12(724)년 7월 무오(戊午) 초하루는 역법에 따르면 응당 일식이 일어나 절반쯤 해가 가려져야 하였다.

---

125 려(沴)는 천지사시(天地四時)의 기(氣)가 조화롭지 못하여 발생하는 재해를 가리킨다.

126 옥백(玉帛)은 옥으로 만든 홀(圭璋)과 비단 묶음(束帛)으로 제사나 회맹(會盟)·조빙(朝聘) 등의 경우에 호의와 평화를 상징하기 위해 사용하였다. 소건(昭虔)은 아마도 공경(恭敬)·성심(誠心)을 밝힌다는 뜻으로 보인다. '옥백소건(玉帛昭虔)'이란 표현은 『복혜전서』 이외에는 발견되지 않는 표현이다(『중국기본고적고(中國基本古籍庫)』 데이터베이스의 검색 결과).

그러나 황상께서 음식을 물리치고, 음악을 연주하지 않고, 우산도 쓰지 않고, 흰옷(素服)을 입었더니 일식이 일어나지 않았다. 그러자 모든 신하가 경하하며 황상의 덕이 하늘을 감동시켜 종일토록 기다리지 않게 되었다고 일컬었다. 이것은 춘추시대 송(宋) 경공(景公)의 지극한 덕을 보여 주는 말 세 마디가 있자, 화성(火星)이 세 별자리를 옮겨 갔다고 한 것과 무엇이 다르겠는가?

무릇 주현의 지방관은 일식이나 월식이 나타나면, 재계한 다음 흰옷을 입고 아문 청사의 왼쪽에 제단을 세우고 향과 비단을 늘어놓은 다음 고두(叩頭)의 예를 행하고 친히 북을 두드리며, 학관(學官)이나 보좌관들이 이 일을 돕게 한다. 승려·도사·기로(耆老)들도 계단 아래에서 고두를 하고 북을 치며, 일반 백성도 모두 거리에서 북을 치면서 [해나 달이] 동그랗고 밝은 빛을 회복하기를 기다린다. 이 또한 양기를 북돋아 주고 음기를 억누르기 위한 것이다. 게다가 해는 군주의 모습으로 일식이나 월식이 발생하였다는 것은 군주에게 어려움이 생겼음을 의미하므로 신하로서 급히 막아서 구하려 하지 않는 사람이 있겠는가? 이 또한 충(忠)을 가르치는 길인 것이다. 최근 주현에서는 이 의례를 지킨 지가 오래되자 술과 안주를 차려 놓고 함께 마시면서 거리낌 없이 희희낙락하는데, 이는 매우 불경스러운 일이며, 또한 군주를 수호한다는 뜻에도 맞지 않으니 응당 신속히 금지해야 한다.

日者, 衆陽之宗,[127] 君象也. 月者, 太陰之精,[128] 臣象也. 日有蝕, 月掩日也. 朔而正于黃道,[129] 是謂: "臣擁君明," 則陽爲之食. 月有蝕, 日近月也. 望而正于黃道, 是謂: "臣干君明," 則陽斯食.[130] 『周禮』鼓人,[131] "救日月, 則詔王鼓." 胡安國曰[132]: "諸侯用幣于社,[133] 伐鼓于

127 중양(衆陽)은 우주에서 만물을 싹트고 성장하게 만드는 각종 양기(陽气)를 가리킨다.

128 태음(太陰)은 북방이나 북극, 북방의 신, 겨울이나 물을 가리킨다. 또한 어두움이나 순음(純陰), 달을 가리키기도 한다. 여기서는 순음이라는 뜻인 것 같다.

129 삭(朔)은 합삭(合朔)으로 달이 태양과 지구 사이에 들어가 일직선을 이루는 때이다. 달이 빛을 반사하지 않아 보이지 않으며, 흔히 일식현상이 일어난다. 황도(黃道)는 지구에서 볼 때 태양이 1년간 한 바퀴 이동하는 노선을 가리킨다.

130 이 구절은 바로 조금 아래 나오는『신당서(新唐書)』권 27(하)「지(志) 제17 하 역(曆) 3하(三下)」(p.625)에서 인용된 부분 바로 위에 나오는 구절이다. 여기서는 옹(擁)이 옹(壅)으로 되어 있다. "『시경』에서 이르기를 '월식이 발생하는 것은 보통의 일이다. 하지만 일식이 발생하는 것은 군왕의 행위에 문제가 있기 때문이다'고 한다. 해는 군주의 덕행을 상징하며, 밝고 어두운 변화가 없다. 달은 신하의 덕행을 대표하는데, 해에서 멀리 떨어질수록 더욱 밝아지며, 해에 가까워질수록 더욱 빛을 잃게 된다. 보름에 달은 해와 같은 궤도에서 만나며, 이때 달은 해에게서 가장 멀리 떨어져 있다. 이후 다시 해와 가까워져 다시 만나니, 바로 신하의 특징을 잘 보여 주는 것이다. 보름에는 바로 황도에 정확히 위치하고 있는데, 이것은 신하가 군주의 영명한 결단을 간섭하는 것이니, 양기가 음기를 침식한다. 초하루에도 달이 정확하게 황도에 위치하고 있는데, 이것은 신하가 군주가 보고 듣는 것을 가로막는 것이니 양기가 음기에게 침식당한다. 또한 시월에 해와 달이 교차하면서 만날 때 역법으로 따지면 당연히 일

朝,"[134] 皆扶陽抑陰之義, 所以强君而弱臣也. 又曰: "退而自責, 皆恐懼修省, 以答天意."[135] 蓋謂: "君稍有失德, 而天見之象以示警." 故人君敬天威而恐懼, 悔已過而修省, 以仰答天心仁愛人君之意也. 唐開元十二年七月戊午朔, 于曆當食大半. 皇帝徹膳,[136] 不擧樂, 不蓋, 素服, 日不食.

식이 있어야 하는데, 군자는 이것을 천변이라고 생각하며, 시인은 이를 애도한다. 하지만 옛날의 태평성대에는 일식이 일어나지 않았으며, 혜성도 나타나지 않았는데, 실제로는 아마 있었을 것이다.(『詩』云: '彼月而食, 則維其常. 此日而食, 云何不臧.' 日, 君道也, 无朏魄之變; 月, 臣道也, 遠日益明, 近日益虧. 望與日軌相會, 則徙而浸遠, 遠極又徙而近交, 所以著臣人之象也. **望而正于黃道, 是謂臣干君明, 則陽斯蝕之矣. 朔而正于黃道, 是謂臣壅君明, 則陽爲之蝕矣**. 且十月之交, 于歷當蝕, 君子犹以爲變, 詩人悼之. 然則古之太平, 日不蝕, 星不孛, 盖有之矣).''

131 고인(鼓人)은 악관(樂官)의 명칭이다. 『주례』「지관(地官) 사도(司徒)」의 '고인(鼓人)'조에 "고인은 육고사금을 소리내는 것을 가리키는 직무를 가지고 있으며, 목소리와 악기소리를 절제함으로써 군대를 단합시키고 밭에서 일하는 사람들을 통제한다. 북을 치는 것을 가르쳐 그 소리가 쓰임을 구분되게 하는데 …… 온갖 신령에게 제사를 지낼 때, 군무를 추게 하여 병사들의 힘을 북돋울 때, 군대가 밤에 순찰을 돌 때, 군대가 전진할 때 그 무리를 조종하며, 밭일을 할 때 또한 이와 같다. 일식과 월식이 있으면 왕에게 고하여 북을 치게 하며, 왕이나 왕비의 상이 있을 때는 태복에게 알려 북을 치게 한다(鼓人掌敎六鼓四金之音聲, 以節聲樂, 以和軍旅, 以正田役. 敎爲鼓而辨其聲用. …… 凡祭祀百物之神, 鼓兵舞帗舞者, 凡軍旅夜鼓鼜, 軍動則鼓其衆, 田役亦如之. **救日月則詔王鼓**. 大喪則詔大僕鼓)."라고 그 직무를 설명하고 있다.

132 호안국(胡安國, 1074-1138)은 자가 강후(康候)로 건녕 숭안(建寧 崇安. 오늘날의 福建 崇安) 사람이며 북송대의 학자다. 시호는 문정(文定)이다. 일생동안 성인(聖人)을 목표로 『춘추(春秋)』를 열심히 연구하였으며, 아들 호굉(胡宏)과 더불어 호상학파(湖湘學派)의 개창자가 되었다. 저작에는 『춘추(호씨)전(春秋(胡氏)傳)』·『자치통감거요보유(資治通鑒擧要補遺)』 등이 있다

133 용폐우사(用陛于社)는 토지신의 사당에서 옥백(玉帛)을 가지고 제사를 지낸다는 뜻으로 『좌전』 장공(莊公) 25년조에 다음과 같은 구절이 나온다. "6월 초1일에 일식이 발생하였다. 북을 두드리고 희생을 써서 토지신의 사당에 제사를 지냈다. 이것은 [제후가 아닌 천자의] 예에 맞는 것이다. 일식이 발생하면 천자는 음식을 줄이고 음악을 물리치며 토지신의 사당에서 북을 두드린다. 한편 제후의 경우는 옥백으로 토지신의 사당에서 제사를 지내며, 조정에서 북을 두드린다. 그렇게 하여 신령을 받듦을 표명하고 백성에게 교훈을 주고 군왕을 받드는 것이고, 위엄에는 등급이 있음을 표시하는데, 이것이 옛적의 제도다(六月辛丑朔, 日有食之. 鼓、用牲于社, 非禮也. 日有食之, 天子不擧, 伐鼓于社; **諸侯用幣于社, 伐鼓于朝**, 以昭事神、訓民、事君, 示有等威, 古之道也)."

134 벌고우조(伐鼓于朝)는 조정에서 북을 친다는 뜻이다. 원래 제후의 예는 이런 것인데, 『좌전』에 나오는 문공은 일식이 발생하였을 때 조정이 아닌 토지신의 사당에서 북을 두드리게 하였으니, 이것은 제후가 천자의 예를 참용(僭用)한 경우다.

135 여기서 인용된 두 구절 가운데 앞의 구절은 호안국의 『춘추호씨전(春秋胡氏傳)』에 앞부분만 나오고, 뒤의 구절은 모두 나온다. 『춘추호씨전(春秋胡氏傳)』(『欽定四庫全書薈要』, 臺北: 世界書局, 1985 經部 春秋傳. 또는 浙江古籍出版社, 2010) 제9권 「장공(莊公) 하(下) 장공(莊公) 25년(二十五年)」에는 다음과 같은 기사가 있다. "二十有五年…六月辛未朔, 日有食之, 鼓, 用牲于社. 按禮, 諸侯旅見天子, 入門不得終禮者四, 而日食與焉. 古者固以是爲大變, 人君所當恐懼修省, 以答天意, 而不敢忽也. 故夏書曰: 乃季秋月朔, 辰弗集于房, 瞽奏鼓, 嗇夫馳, 庶人走. 周官鼓人救日月, 則詔王鼓. 太僕, 凡軍旅田役, 贊王鼓, 救日月亦如之. **諸侯用幣于社, 伐鼓于朝, 退而自責, 皆恐懼修省, 以答天意**, 而不敢忽也. 然則鼓用牲于社, 何以書? 譏不鼓于朝, 而鼓于社, 又用牲, 則非禮矣." 『춘추호씨전』에 다시 설명을 덧붙인 원대(元代) 왕극관(王克寬)의 『춘추호씨전부록찬소(春秋胡氏傳附錄纂疏)』(四庫全書 經部 春秋類) 권9 27a-28b에도 이에 관한 상세한 설명이 있으나 마찬가지로 앞 구절 뒷부분의 발언은 발견되지 않는다. 이 구절은 다른 서적에서도 확인되지 않으므로(『중국기본고적고(中國基本古籍庫)』 데이터베이스의 검색 결과) 황육홍 자신의 표현으로 보인다.

136 철선(徹膳)은 재이(災異)가 있을 때 제왕이 음식을 줄이거나 물리침으로써 자책함을 보이는 것을 말한다.

群臣稱慶, 以爲德之動天, 不俟終日.[137] 此與宋景公一言協德, 營惑遂移三舍,[138] 何異哉!

凡州邑當日月之食, 齋心素服, 于廳事之左, 設壇陳香幣,[139] 行叩頭禮,[140] 親擊鼓, 師儒寮屬贊之. 釋道、耆老亦叩首于階下, 擊鼓, 庶民皆鼓于衢巷, 俟復明圓乃已. 亦所以扶陽抑陰. 且日爲君象, 譬之君有急難, 而臣子有不急切救禦者乎![141] 又所以敎忠之道也. 邇者, 州縣因守候良久, 設酒殽共飮, 諠笑無忌, 甚爲不敬, 且于救禦之意, 殊未脗合,[142] 宜亟禁之.

24-08. 배패(拜牌)[143]와 접조(接詔)

정월 초하루에는 [모든 신하들이] 조정에서 황상을 알현하고, 황상의 생신날(聖節)에도 경하를 드리지만, 오직 지방관(外臣)만은 직접 황궁에 이르러 조회에 참석하는 것이 곤란하다. 그러나 지방관 역시 마찬가지로 황명을 받아 일하는 몸이므로, [이때가 되면 지방관은 자기 아문에서] 아득히 멀리 황궁 쪽을 살피면서 오경(五更)에 종종 걸음으로 가서 대기를 한다. 마치

137 이 구절은 『신당서(新唐書)』 권27(하) 「지(志) 제17 하 역(曆) 3하(三下)」(p.626)에 나오는 구절이다. 이에 따르면 황육홍의 인용은 중간에 약간이 생략되었으므로 날짜를 틀리게 잡은 셈이다. 즉 개원 12년 7월 무오 초하루가 아닌 13년 12월 경술 초하루인 셈이다. "開元十二年七月戊午朔, 于曆當蝕半强, 自交趾至于朔方, 候之不蝕. 十三年十二月庚戌朔, 于曆當蝕太半, 時東封泰山, 還次梁、宋間, 皇帝徹饍, 不擧樂, 不盖, 素服, 日亦不蝕. 時群臣與八荒君長之來助祭者, 降物以需, 不可勝數, 皆奉壽稱慶, 肅然神服. 雖算術乖舛, 不宜如此, 然后知德之動天, 不俟終日矣. 若因開元二蝕, 曲變交限而從之, 則差者益多."

138 송 경공에 대한 고사는 『사기』 권 38 「송미자세가(宋微子世家)」(p.1631) 등에 나온다. 송대 소식(蘇軾)의 「술재려논상벌급수하사격진구양수의상차자(述災沴論賞罰及修河事繳進歐陽修議狀箚子)」(『소문충공전집(蘇文忠公全集)』 「동파주의(東坡奏議)」 권5 所收)에도 "홍수나 가뭄은 천재이지만, 군주가 덕을 닦으면 전화위복이 될 수 있다. 따라서 송의 경공이 한마디를 하자 화성이 별자리를 옮겼다(水旱雖天數, 然人君修德, 可以轉災爲福, 故宋景公一言, 熒惑退三舍.)."라는 구절이 있다. 형혹(熒惑)은 화성(火星)의 별칭이며, 삼사(三舍)는 이십팔수(二十八宿)로 일수(一宿)가 일사(一舍)이므로 삼사(三舍)는 세 성좌의 위치를 말한다. 따라서 퇴삼사(退三舍)는 별자리가 자리를 이동하는 것을 비유한다.

139 향폐(香幣)는 향과 폐백으로 제사에 쓰이는 물건이다.

140 고두(叩頭)는 엎드려 무릎을 꿇고 절을 하면서 이마를 땅에 두드리는 것을 말한다. 전통시대에 가장 정중한 예절 가운데 하나였다.

141 구어(救禦)는 저지하다, 방어하다는 뜻이다.

142 문합(脗合)은 꼭 맞아떨어진다, 들어맞는다는 뜻이다.

143 배패(拜牌)는 배룡패(拜龍牌)로 지방관이 절일(節日)이나 경사(慶典)를 만났을 때 황제의 용패(龍牌)에 궤배(跪拜)하는 예절을 통해 경축(朝賀)의 뜻을 표시하는 행위를 가리킨다.

엄숙한 모습으로 조배(朝拜) 시간을 기다리면서 조심스럽게 문·무 관원의 양반(兩班) 대열에 들어서는 것처럼, 그리고 마치 황상을 지척에서 뵙는 것처럼 공경함을 표시하면서 신하로서의 책무를 다할 수 있어야 하는 것이다. 만약에 금계(金鷄)의 입에 물린 「상유(上諭)」가 내려지고 그 조서를 천하에 널리 전하기 위해 부절(玉節)을 지닌 사자(使者)들이 역참의 수레와 말을 몰고 질주하면서 멈추지 않고 계속 달리는 상황이 전개되면, 지현은 사자의 말과 수레가 일으키는 먼지를 바라보며 똑바로 서 있어야 황상의 「조서」보다 뒤늦게 도착하는 죄를 피할 수 있으며, 기꺼이 귀빈을 맞이하는 예절을 다함으로써 이런 실수 때문에 탄핵을 당하는 허물을 벗어날 수 있다. 만약 임지가 요충지라면 더더욱 이 점에 주의해야 한다.

내가 담성현에 근무할 때 황상의 「조서」를 받들고 사자가 온 적이 있었다. 내가 현성 밖으로 나가 오랫동안 기다려도 오지 않아서 공무 때문에 관아로 돌아가면서 마부를 보내서 찾아보라고 하였다. 그런데 사자는 마부를 유인하여 붙잡아 포박하고, 이어서 홀로 「조서」를 들고 재빨리 사관(使館)으로 들어가 버렸다. 내가 찾아가서 「조서」를 받들겠다고 하자 허락하지 않으면서, 규정을 어기고 영접하지 않았기 때문에 이부에 보고하여 탄핵하겠다고 하였다. 그래서 나는 그 좌우 사람들에게 말하였다. "[사자를 우선] 찾아본 다음 영접하는 것이 관례입니다. 찾으러 간 사람을 붙잡아 포박하고 「조서」를 들고 사관으로 달려 들어오면서 용정(龍亭)과 어개(御蓋)는 모두 뒤에서 천천히 오고 있으니, 이는 무엇을 의미합니까? 이것은 황상의 체신을 무시하고 모독한 것으로 매우 불경스러운 일인 데다가, 또한 이것을 끼고 남을 협박하려 하고 있습니다. 나 또한 순무께 보고서를 올려 이부에 내용을 전달해 달라고 하겠습니다." 그러자 갑자기 사자는 두려워하면서 들어와 「조서」를 받으라고 하였고, 은근히 내 호감을 사려고 노력하였다. 따라서 요충지에 부임하게 되면 「조서」를 지닌 사자들이 왕래할 때 공개적인 탐방꾼(明探) 외에도 따로 몰래 잠행하는 탐방꾼을 뽑아 보내야 실수를 저지르지도 않고, 구실을 잡히는 일도 피할 수 있을 것이다.

元日朝正,[144] 聖節慶賀,[145] 惟外臣不及蹈舞龍墀.[146] 而一命亦獲, 遙稽鳳闕,[147] 趨蹌五

144 원단(元日)은 정월 초하루를 말한다. 조정(朝正)은 제후나 신하가 정월에 천자를 뵙는 것을 가리킨다. 한대 이후 보통 원단에 진행하였기 때문에 대조회(大朝會)라고도 한다.

145 성절(聖節)은 당 현종 때 황제의 생일을 천추절(千秋節)로 부르게 된 다음부터 황재의 생일은 모두 성절(聖節)로 부르게 되었다.

146 도무(蹈舞, 蹈儛)는 무도(舞蹈)로 신하가 조하(朝賀)를 할 때 황제에게 경의를 표하는 일종의 예절을 가리킨다. 용지(龍墀, 丹墀)는 붉은 칠을 한 궁전 앞의 섬돌, 또는 황제를 가리킨다. 따라서 '도무용지'는 조회에 참가하는

夜,[148] 儼然待漏之肅雍,[149] 踧踖兩班,[150] 宛若瞻天於咫尺,[151] 是用敬恭, 爰申篤棐.[152] 若乃金鷄銜詔,[153] 十行遍布寰區,[154] 玉節馳傳,[155] 四牡爭騑,[156] 孔道望塵鵠立,[157] 免貽後至之愆, 負弩梟趨,[158] 莫致失參之咎. 任居衝劇,[159] 尤當三致意焉.[160]

鴻待罪郯子國,[161] 有齎捧者經臨, 出郭候久未至, 以公事返署, 遣馬夫往探之. 齎捧者乃誘

것을 가리킨다.

147 봉궐(鳳闕)은 황궁이나 조정을 말한다.

148 추장(趨蹡)은 또는 추창(趨蹌)이라고도 한다. 조배(朝拜)나 진알(進謁)의 경우에 발걸음을 조절하는 것, 분주하게 모시거나, 걸음이 불안한 모습을 가리키기도 한다. 오야(五夜)는 오경(五更)을 말한다

149 대루(待漏)는 백관이 새벽에 입조하여 천자에 대한 조배(朝拜)를 기다리는 것을 말한다. 루(漏)는 시계를 말한다. 숙옹(肅雝. 肅雍. 肅邕)은 차분한 얼굴과 가지런한 몸가짐을 말하는데, 보통 제사를 지낼 때의 기분과 소리를 가리킨다

150 축적(踧踖)은 공경하면서도 불안해하는 모습, 배회하면서 앞으로 나가지 못하는 모습을 말한다. 양반(兩班)은 제왕의 조회 때 관원이 문무(文武)의 구분에 따라 차례로 동서로 늘어선 대열을 말한다. 문무관원을 가리키는 말로도 사용된다

151 완약(宛若)은 마치 방불한다는 뜻이다.

152 독비(篤棐)는 신하된 사람이 임금을 충성스럽게 돕는 행위를 뜻한다.

153 금계(金雞)는 전설 속의 신계(神雞), 또는 일종의 금으로 만든 닭 모형(金首雞形)을 가리키는데, 이것은 사면의 조서를 반포할 때 쓰던 기구다. 금계는 또한 영계(靈雞)라고도 하는데, 마찬가지로 사면의 조서를 반포할 때 금계를 장대에 꽂아 길진(吉辰)을 보였다고 한다. 이것은 '목봉함서(木鳳銜書)'의 고사에서 비롯된 용어인 것 같다. 진(晉)의 육홰(陸翽)의 『업중기(鄴中記)』에 "석계룡과 황후가 관상에서 오색지로 조서를 만들어 나무 봉황의 입에 끼웠다. 봉황이 부리에 조서를 문 다음, 시종 수백 명이 수백 장의 붉은 비단 줄을 이용하여 도르레를 굴림으로써 봉황이 날아 내리게 했는데, 일컬어 봉조라고 하였다. 봉황은 나무로 만들었는데, 오색으로 예쁘게 칠하였고 다리는 모두 금을 사용하였다(石季龍與皇后在觀上爲詔書五色紙, 著鳳口中, 鳳旣銜詔, 侍人放數百丈緋繩, 轆轤回轉, 鳳凰飛下, 謂之鳳詔.鳳凰以木作之, 五色漆畫, 脚皆用金.)."라는 고사가 있다. 이후 목봉함서(木鳳銜書)는 천자가 조서를 내리는 것을 멋지게 표현하는 바가 되었다고 한다.

154 십행(十行)은 황제의 수찰(手札)이나 조서(詔書)를 가리킨다. 『후한서(後漢書)』 권106 「순리전(循吏傳)」에 나오는 고사에서 비롯되었다. "광무제가 손으로 써서 제후나 지방관에게 내리는 글은 모두 한 줄에 열 자씩 세심한 글씨로 문장을 이루었다. 근검절약의 기풍이 위아래에서 모두 이루어졌다((光武帝)以手跡賜方國者, 皆一箚十行, 細書成文. 勤約之風. 行于上下.)." 환구(寰區)는 천하·세간(世間)을 가리킨다.

155 옥절(玉節)은 옥으로 만든 부절(符節)로 천자나 왕후의 사자가 증거로서 지니는 것을 말한다. 또는 이것을 가지고 부임하는 관원을 가리키기도 한다. 치전(馳傳)은 역참의 수레나 말을 몰아 빠르게 달린다는 뜻이다.

156 비(騑)는 곁에서 예비로 몰고 가는 말, 즉 곁마를 뜻한다. 여기서는 비비(騑騑)란 뜻, 즉 말이 달리면서 멈추지 않는 모습을 가리키는 것으로 보인다. 『시경』 「소아(小雅) 녹명지십(鹿鳴之什) 사모(四牡)」에 "네 마리 말이 멈출 줄 모르고 달리는데, 큰길은 험하고도 구불구불. 어찌 돌아갈 생각을 하지 않겠는가. 왕의 일이 아직 끝나지 않았으니, 내 마음이 슬플 뿐(四牡騑騑, 周道倭遲. 豈不懷歸, 王事靡盬, 我心傷悲.)."이라는 구절이 있는데, 바로 이런 뜻이다.

157 곡립(鵠立)은 똑바로 반듯이 선다는 뜻이다.

158 부노(負弩)는 등에 활과 화살을 지고 길을 열면서 앞을 간다는 뜻으로, 귀빈을 영접하는 예절이다. 부추(梟趨)는 기뻐 날뛰다, 기꺼이 간다는 뜻이다.

159 충극(衝劇)은 충요번극(衝要煩劇)으로 일이 많고 번잡한 지역을 가리키는 용어다. 충요(衝要)는 군사나 교통 방면의 요지라는 뜻이다, 또는 지리나 교통의 위치가 요지라는 뜻이다. 번극(繁劇, 煩劇)은 번잡한 사무를 가리킨다.

160 치의(致意)는 관심을 갖다, 마음을 집중한다는 뜻이다.

馬夫, 執而縛之, 因獨負「詔書」, 疾馳入使館, 鴻請拜詔, 不許, 語以違例失接, 須報部參處. 鴻乃謂其左右曰: "探而後接, 例也. 夫執縛探人, 而荷詔奔馳入館, 其龍亭、御蓋俱踉蹌于後,[162] 此何意耶? 慢君褻體, 已屬不敬, 而又挾以詐人. 吾且具詳于撫憲, 轉達大部矣." 賫捧者懼, 乃命入拜, 幷慇懃示好云. 故處通衢, 于詔使往來之際, 除明探之外, 尤宜另撥潛探, 庶無失悞, 免致藉爲口實.

24-09. 봄맞이(迎春)[163]

『예기(禮記)』에 따르면 "입춘일에는 천자가 친히 삼공(三公)과 구경(九卿)·제후(諸侯)·대부(大夫)들을 이끌고 동쪽 교외(東郊)에서 봄을 맞이하며, 재상에게 덕화령(德和令)을 선포케 하여 경축하면서 은혜를 베풀고, 그것이 아래로 모든 백성에게 미치게 한다."라고 하였다. 또한 이르기를 "음력 섣달에는 지방관에게 명령하여 토우(土牛)를 내서 추위(寒氣)를 돌려보내게 한다."라고 하였다. 오늘날 주현에서는 매년 입춘 전에 토우를 만든다. 거기 쓰는 물과 흙은 동지절(冬至節) 다음의 진일(辰日)에 만물을 생성하는 기운인 세덕(歲德)이 있는 것을 취해야 한다. 토우의 발밑에 대는 판은 주현 아문의 대문을 사용하는데, 양의 해에는 왼쪽 것을 사용하고 음의 해에는 오른쪽 것을 사용한다. 토우의 색깔은 그해의 간지(干支)와 오행(五行)에 따른다. 봄을 다스린다는 망신(芒神)의 복색도 역시 입춘의 간지와 진

161 남사국(郯子國)은 춘추시대 마지막까지 존속하였던 24제후국 가운데 하나인 담자(郯子)의 나라라는 뜻이다. 『좌선』의 기재에 의하면 노(魯) 소공(昭公) 17(B.C 525)년 담국(郯國)의 담자(郯子)가 노에 와서 조견(朝見)을 하였는데, 공자(孔子)가 주와 노의 관료기구가 제대로 기능하지 못한다고 생각하여 담자에게 그의 조상인 소호(少昊)의 관제(官制)가 어떠하였는지를 물었다고 한다. 여기서 공자가 "담자에게 관직에 대해 물었다(問官于郯)"는 고사가 나왔다. 『진서(晉書)』 권15 「지리지(地理志) 하(下)」의 서주(徐州)조에 의하면, "담은 옛날의 담자국이다(郯故郯子國)"고 하고 있다 즉 여기서 담자국은 바로 담성현이며, 현재 담성현성 북부에 담국고성(郯國故城)의 유적이 일부 남아 있으며, 담자묘(郯子廟)·담자림(郯子林) 등도 현재 담성현의 주요 문화유적 가운데 하나다.

162 용정(龍亭)은 본래 천자의 위패가 있는 건물(宮)을 말한다. 여기서는 황제의 위패를 모신 향정(香亭. 또는 香輿·香車)을 가리키기도 한다. 즉 희경(喜慶)을 표시하는 채색 비단이나 끈으로 장식한 정자와 향로와 황제의 위패, 또는 그것들을 싣고 있는 수레나 마차를 말한다. 어개(御蓋)는 제왕의 의장 가운데 하나인 황색 우산(黃羅傘蓋)을 가리킨다. 양창(踉蹌)은 걸음이 불안정하여 뒤뚱뒤뚱하는 모습을 가리킨다.

163 원문에는 부록으로 '용주 경도(競渡)'를 덧붙이고 있다.

일 중에서 상극이 되는 쪽을 따라서 만든다. 토우의 머리는 동쪽을 향하게 하여, 동쪽 목신(木神)의 방위에 제사를 지내고 절하여 영접하는데, 이는 생명의 기운(生氣)을 맞이하기 위함이다.

입춘 하루 전에 지방관은 속료들과 함께 관복을 입고 서리(胥吏)·기로(耆老)들을 이끌고 음악을 울리며 나가서 춘우(春牛)와 망신을 동쪽 교외에서 맞이하여, 아문 앞에 이르러 안치하고 다시 절한다. 이를 '봄맞이(迎春)'라고 한다. 다음날 지현과 속료들은 관복을 입고 서리와 기로들을 이끌고 예를 행하는데, 끝나면 각자 비단으로 장식한 몽둥이를 들고 소를 때리며, 이를 '편춘(鞭春)'이라 한다. 춘우는 건축력(建丑曆) 12월이 소에 속하는데, 추위가 장차 극에 달할 때이므로 그 형상을 만들어 쫓아 돌려보내는 시늉을 한다. 즉 한기(寒氣)를 돌려보내는 것이다. 또한 춘우를 때리는 것은 때려서 그 흙을 움직임으로써 동방이 생기(生氣)를 낳는 것을 돕고자 함이다. 동방은 목(木)에 속하고 그 덕은 '인(仁)'이라 한다. 그래서 『후한서(後漢書)』「의례지(儀禮志)」에서는 "입춘에 관대한 조서를 내린다"고 하였으니, 이는 곧 인덕(仁德)에 맞추어 그것을 더욱 키우고 기르기 위함이었다.

오늘날 주현에서는 봄맞이를 할 때마다 해당 서역들에게 공문을 내주어 돼지와 양, 제물, 대문 장식용 비단(門綵) 등을 준비하게 한다. 또한 각 상점에게 공연을 위한 대각(臺閣)을 꾸미게 하거나 기생들의 연극 따위를 벌이게 하는데, 이는 정말 가소롭게도 일을 늘리는 것이라고 하지 않을 수 없다. 심지어는 이때를 빌미로 뇌물을 받아 관원·서리들이 나눠 먹는 일까지 있는데 이는 더 파렴치한 일이다. 조정에서는 이때 포상을 행하고 시혜를 베풀며 관대한 조서를 내리는데, 주현에서는 오히려 이를 빌미로 백성을 괴롭혀 원성을 자아내서야 되겠는가? 봄맞이 때의 토우와 망신에 관한 풍습은 폐지할 수 없다. 이에 필요한 것은 많아도 비단으로 치장한 몽둥이 몇 개와 향촉 하나 정도뿐이니, 그 비용이 몇 푼이나 되겠는가? 어떤 사람은 말한다. "바야흐로 봄이 시작될 때에는 여러 잡기(雜技) 공연을 많이 시행하여 백성을 즐겁게 함으로써 풍년을 기원해야 한다." 하지만 상인들의 돈을 끌어다가 백성 남녀의 즐거움을 늘린다고 하는 것은 아마 위로는 하늘의 조화를 범하고 아래로는 사치한 풍속을 조장하니, 그야말로 잇따라 재앙이 찾아오지 않으면 그래도 다행이지, 어디에 풍년을 경축할 여지가 있겠는가?

한편 5월의 단오(端午)와 같은 경우는 5월의 명절로 속설에 의하면 [초(楚)의 시인이자 충신으로 유명한] 굴원(屈原)이 강에 몸을 던진 날로, 나중의 사람들이 이를 애도하여 용주(龍舟)를 만들어 강 건너기 경주를 함으로써 그 혼백을 불러내어 위로해 주려는 뜻이 깃들어 있다고 한다. 이는 비록 전례(典禮)에는 실려 있지 않지만, 이 역시 군주와 나라에 대한 충성

(忠君愛國), 죽어도 군주를 잊지 않는 마음가짐(死不忘君)이라는 고상한 뜻을 기리는 것이므로 이 용주 경기의 습속을 금지하여 백성이 삼대(三代)의 올바른 원칙을 유지하려는 뜻을 망가뜨려서는 안 될 것이다. 하지만 용주 경기가 있는 주현에서는 응당 미리 고시를 내어 모든 용주 경기에서는 영신새회(迎神賽會)나 기원(祈願), 강변을 왕래하며 노를 젓는 뱃놀이 등만 허용하고, 옆 사람들이 내기를 걸거나 서로 쟁탈하다가 말썽을 일으키는 일이 없게 해야 한다. 부녀자들은 강변의 건물에서 몰래 보는 것만 허락하고, 그녀들이 배를 타거나 돌아다니는 배에 섞여들어 고상한 풍속을 해치는 일이 없게 해야 한다. 용주 경기에서 말썽을 일으킨 경우는 그 주모자를 무겁게 처벌하며, 부녀자가 배에 탄 경우에는 그 가장을 무겁게 처벌한다.

무릇 관련된 전례나 오랜 관례들을 갑자기 폐지하는 것은 곤란하다. 다만 백성의 재물을 아끼고, 백성의 다툼을 금지하며, 풍속에 따르되 방탕함으로 흐르지 않게 할 뿐인 것이다. 옛날에 자공(子貢)이 납제(臘祭) 후의 잔치를 보면서 "온 나라 사람들이 미친 것 같다"고 말하자, 공자께서는 "일 년 내내 수고한 다음 마지막 날 하루를 즐기는 납제는 백성에게 내려지는 군주의 은택과 같은 것이니 폐지해서는 안 된다."라고 하셨다. 어찌 봄맞이 놀이나 강 건너기 시합의 풍속이 이와 다르다고 하겠는가?

『禮記』立春之日,[164] 天子親帥三公、九卿、諸侯、大夫, 以迎春于東郊, 命相布德和令, 行慶施惠,[165] 下及兆民.[166] 又曰: "季冬之月, 命有司出土牛, 以送寒氣." 今州邑, 每歲于立春之前, 作土牛. 其水土, 以冬至節後辰日歲德方取之.[167] 其牛足下板, 用州縣衙署大門, 陽年用左, 陰年用右. 其牛色, 按本年干支納音所屬.[168] 芒神服色,[169] 亦按立春日支辰受剋者爲之.[170] 其牛

---

164 이하의 구절은 『예기(禮記)』 권5 「월령(月令)」편에 나온다. "是月也, 以立春. 先立春三日, 大史謁之天子, 曰: "某日立春, 盛德在木." 天子乃齊. **立春之日, 天子親帥三公九卿諸侯大夫, 以迎春於東郊.** 還反, 賞公卿諸侯大夫於朝. **命相布德和令, 行慶施惠, 下及兆民.**" 뒷 구절 역시 같은 곳에 나온다. "(仲冬行夏令……) **命有司**大難, 旁磔, **出土牛, 以送寒氣.**"

165 행경(行慶)은 상을 준다는 것과 같다.

166 조민(兆民)은 천자의 백성, 뭇 백성을 가리킨다.

167 진(辰)은 지지(地支)의 제5위로 연·월·일·시를 기록할 때 쓴다. 따라서 진일은 다섯 번째 날을 가리키는 것 같다. 진의 의미가 너무 다양하여 그 뜻을 확정하기 쉽지 않다. 세덕(歲德)은 토지가 일 년 사계절 동안 만물을 키우고 자라게 한 공덕(功德)을 가리킨다.

168 납음(納音)은 오음(五音: 宮·商·角·徵·羽)과 십이율(十二律: 黃鐘·太簇·姑洗·蕤賓·夷則·无射·大呂·夾鐘·仲呂·林鐘·南呂·應鐘)을 서로 합쳐 육십음(六十音)으로 하는데, 이것을 육십갑자와 서로 배합한 것을 가리킨다. 금(金)·화(火)·목(木)·수(水)·토(土)라는 오행의 순서대로 번갈아 가며 서로 궁(宮)이 된다.

頭向東, 以東方木神之位, 祭拜朝之,[171] 所以迎生氣也.

立春前一日, 印官僚屬公服, 率吏、耆, 鼓樂出迎春牛[172]、芒神于東郊, 迎至衙前, 安位再拜, 謂之: '迎春'. 次日, 印官僚屬公服, 率吏、耆行禮, 畢, 各執綵仗鞭牛,[173] 謂之: '鞭春'. 春牛者以十二月建丑屬牛,[174] 寒將極, 爲其像以送之, 送寒氣也. 鞭之者, 使鞭動其土, 以助生東方之生氣也. 東方屬木, 其德曰: '仁', 故『後漢』「儀禮志」,[175] "立春之日, 下寬大之書," 所以合仁德而資長養也. 今州縣, 每值迎春, 聽該胥出票, 取辦猪羊、祭品、門綵等物.[176] 又令各行裝演臺閣, 娼優扮會之類,[177] 殊屬多事可笑, 甚至折乾,[178] 官吏分肥,[179] 更爲無恥. 夫朝廷于此時, 行慶施惠, 下寬大之書, 而縣反藉是以擾民斂怨, 可乎? 迎春土牛、芒神, 典不可廢, 餘不過綵仗數莖, 香燭一副而已, 所費寧值幾文乎? 說者謂: "方春之始, 宜盛設雜伎, 使庶民歡樂, 以兆豊年." 夫損行戶之財,[180] 而博士女之歡, 恐適足上干天和,[181] 下導侈俗, 災咎不旋踵及,[182] 尙何豊年之是慶乎?

若五月端陽,[183] 爲天中令節,[184] 俗傳三閭沉江之日,[185] 後人哀之, 爲龍舟競渡, 以象招魂

---

169 망신(芒神)은 구망(句芒)으로 봄을 관리하는 신이라고 하며, 경작과 목축을 신으로도 제사지낸다.

170 지진수극(支辰受剋)은 아마도 점치는 데 사용하는 전문 용어로 보이는데, 명확한 뜻은 알기 어렵다.

171 제배(祭拜)는 제사에서 배례(拜禮)하는 것을 말한다.

172 입춘 전날 흙(나중에는 갈대나 종이)으로 만든 소를 때려 쫓아 보내는 시늉을 하는 것을 타춘(打春)이라 하는데, 이것으로 봄을 맞이하고 농사를 장려하는 뜻을 보인다. 이때 쓰이는 소가 바로 춘우(春牛)다.

173 채장(綵杖)은 채색 비단으로 장식한 나무 몽둥이. 입춘 전날 토우(춘우)를 만들어서 이것으로 때렸다.

174 건축(建丑)은 하력(夏歷) 12월(丑月)을 한 해의 첫 달로 삼는 역법을 가리킨다.

175 『후한서(后漢書)』 권14 「의례(儀禮) 상(上) 입춘(立春)」에 나온다. "입춘 날에는 관대한 글을 내린다. 그 내용은 다음과 같다. '삼공에게 명령을 내린다. 바야흐로 봄의 농사가 시작되는 무렵이니 시작하는 것과 미세한 부분에 대해 삼가고 신중해야 하며, 노동이 그 뒤에 따라야 한다. 죽을죄가 아니고 또한 아직 사건 조사가 끝난 경우가 아니라면 반드시 가을까지 기다려야 한다. 옛 제도처럼 탐욕스럽고 잔혹한 사람을 내치고, 부드럽고 착한 사람을 끌어올리고, 응당 시행해야 할 사람을 내려 보낸다(**立春之日, 下寬大書**曰: '制詔三公: 方春東作, 敬始愼微, 動作從之. 罪非殊死, 且勿案驗, 皆須麥秋. 退貪殘, 進柔良, 下當用者, 如故事.)."

176 문채(門綵)는 춘절 등 명절에 문 위에 걸어놓는 채색 장식을 말한다.

177 창우의 우자는 원문이 '㜲'인데 지금은 쓰이지 않는 글자 같다. 분회(扮會)는 절기에 집회하여 연출하는 잡희나 연극 등을 말한다.

178 [영춘(迎春)]절건(折乾)은 금은 재물로 뇌물이나 예물을 보내는 것을 말한다.

179 분비(分肥)는 정당하지 못한 이익을 나누어 가진다.

180 행호(行戶)는 보통 상호(商戶)를 가리킨다.

181 적족(適足)은 충분하면서 지나치지 않다는 뜻이다.

182 선종(旋踵)은 발꿈치를 돌린다는 뜻인데, 시간이 아주 짧고 촉박하다는 것을 나타낸다.

183 단양(端陽)은 단오(端午)를 가리킨다.

184 천중(天中)은 5월의 별칭이다. 영절(令節)은 아름다운 절기를 말한다.

185 삼려(三閭)는 굴원(屈原)을 말한다. 굴원이 초나라의 삼려대부(三閭大夫)를 지냈기 때문인데, 그래서 초삼려(楚三閭)라고도 한다. 굴원(B.C. 340? - 278?)은 성은 굴(屈)이고 이름은 평(平), 자가 원(原)으로 전국시대 말기 초

思救之遺意. 雖非載在典禮, 然亦弔其忠君愛國、死不忘君之雅志, 此龍舟似不可禁革, 以隳斯民三代直道之風也.[186] 但有龍舟州縣, 宜預期出示, 凡龍舟止許賽神酬愿,[187] 往來遊櫂, 不得旁人擲采,[188] 互相爭奪, 致起釁端. 其婦女止許沿河樓舍窺視, 不得登舟雜遝遊航之中, 以傷雅化.[189] 龍舟爭釁者, 重懲會首, 婦女登舟者, 重懲家長. 凡有關典禮及相沿舊例, 不可遽廢者, 惟以惜民財, 禁民爭, 順乎俗, 而無流于蕩. 昔子貢觀蜡 謂: "一國之人若狂". 孔子以爲: "百日之蜡, 一日之澤, 未可廢也."[190] 又豈特迎春之典、競渡之風哉?

24-10. 빈흥고시(賓興考試)

독서인(士人)을 선발하는 제도는 오로지 성주(成周) 시대가 가장 뛰어났으며, 삼대(三代)

(楚)의 단양(丹陽. 오늘날의 湖北省 秭歸) 사람으로, 중국 최초의 가장 위대한 시인 가운데 한 사람으로 일컬어진다. 그는 일찍부터 초 회왕(懷王)의 신임을 받아 삼려대부(三閭大夫), 좌도(左徒) 등을 맡으면서 항상 국사에 참여하였고, 외교도 주지하였으나 점차 회왕과 멀어지면서 나중에는 수도인 영도(郢都)에서 추방당하기도 하였다. 이때 굴원은 대량의 문학작품을 남겨, 중국문학의 한 기원을 이루게 되었다. B.C. 278년 무렵 진국(秦國)의 대군이 남하여 영도를 함락시키자, 굴원은 절망과 비분 속에 큰 돌을 안고 멱라강(汨羅江)에 뛰어들어 죽었다. 전설에 의하면 당지 백성은 종자(粽子)를 던져 물고기들에게 먹임으로써 굴원의 시신이 물고기에게 뜯기는 것을 막고자 하였다. 이것이 점차 단오절의 의식으로 발전하게 되었다. 이후 단오절에 사람들이 종자를 먹고, 용주를 띄워 경주하는 풍습은 여기에서 비롯되었다는 것이다. 『초사(楚辭)』에 수록된 「이소(離騷)」·「구가(九歌)」·「구장(九章)」·「천문(天問)」 등의 대표작품을 남겼다.

186 삼대(三代)는 하(夏)·상(商)·주(周) 세 왕조를 가리킨다. 유가에 의하면 전설의 성왕(聖王)이 다스렸다는 최고의 이상시대로서, 역사적으로도 항상 유교적 개혁주의의 모델이자 기준이 되어 왔다. 직도(直道)는 정도(正道), 정확한 도리나 준칙을 말한다. 이 구절은 『논어』 「위령공(衛靈公)」편에 "삼대의 백성은 모두 이와 같았으니, 그들은 모두 곧바른 길을 따랐던 것이다(斯民也, 三代之所以直道而行也.)."라는 구절에서 나온 것 같다.

187 새신(賽神)은 제단을 만들어 신에게 제사를 지내는 것인데, 여기서는 의장(儀仗)·소고(簫鼓)·잡희(雜戲)·집회(集會) 등이 수반되는 일종의 축제인 영신새회(迎神賽會, 賽神會)를 가리키는 것 같다.

188 척채(擲采. 擲彩)는 놀이(博戲)의 일종이다.

189 아화(雅化)는 문아(文雅)·고아(高雅)한 방향으로 나간다, 또는 순정(純正)한 교화라는 뜻이다.

190 『예기(禮記)』 「잡기(雜記) 하(下)」에 나오는 구절이다. "자공이 납일의 제사(후의 잔치)를 보는데 공자께서 물었다. '사야, 즐거우냐?' 자공이 대답하여 말하였다. '온 나라의 사람들이 모두 미친 것 같아 (취하지 않는 사람이 없을 정도로 술을 마시면서 즐기는 것처럼) 보이니, 저는 왜 그렇게 즐거워하는지 모르겠습니다.' 공자께서 말씀하셨다. '일 년 내내 힘들게 일한 다음 이렇게 하루를 즐겁게 노는 것이니, 이는 군주께서 내리는 은택이다. 너는 그것을 아직 잘 모르는구나'(子貢觀於蜡, 孔子曰: '賜也樂乎?' 對曰: '一國之人皆若狂, 賜未知其樂也.' 子曰: '百日之蜡, 一日之澤, 非爾所知也.')."

이후로는 모두 이에 미치지 못한다. 『주례』에 의하면 대사도는 "향리의 삼물(三物)로 만민을 가르친 다음 현명하고 능력 있는 학생을 뽑아 예우하고 국학에 추천하였다."라고 한다. 삼물(三物)이라는 것은 육덕(六德)·육행(六行)·육예(六藝)를 말한다. 학생이 이 세 가지 덕(德)·행(行)·예(藝)의 방면에서 적절한 성취를 이루면 향리에서 그를 선발하여 추천하였던 것이다. 여서(閭胥)는 예의 바르고 명민하며 성실하고 남을 돕는 사람을 기록하였고, 족사(族師)는 효성스럽고 가족과 친척 사이에 화목하며 학식이 있는 사람을 기록하였다. 그리고 당정(黨正)이 그 덕·행·도예(道藝)를 기록하면, 주장(州長)이 그 덕·행·도예를 살펴서 그를 추천하였다. 향대부(鄕大夫)는 3년마다 큰 시험(大比)을 실시하는데, 학생을 시험하여 과연 육덕·육행을 갖추었으면 어진 것(賢)으로 평가하였고, 육예의 도에 통달하면 유능한 것(能)으로 평가하였다. 이렇게 하여 제대로 대사도의 가르침을 따를 수 있으면 제대로 된 인재를 육성할 수 있었다. 이 경우 향리의 기로들은 이 인재들을 빈객의 의례로써 대접하고 추천하면서, 그 이름을 적어서 조정에 올렸다.

이 인재들을 가르칠 때 반드시 덕과 행을 우선시하며 오로지 예만을 중시하지는 않았으니 이 얼마나 완비된 것인가! 선발하고 추천하는 것은 반드시 향리에서 하였고 스스로 나서지는 않았으니, 이 얼마나 신중한 것인가! 여서와 족사·당정이 기록하고, 주장이 살피고 향대부가 시험하였으며, 정말로 인재가 된 후에야 어질고 유능하다고 하여 취하였으니 이 또한 얼마나 엄격한 것인가! 게다가 향음 의례를 행하면서 그들을 빈객으로 예우하고 그 이름을 적어 조정에 올림으로써 평범한 부류와는 대접을 크게 달리하였으니, 또한 이 얼마나 우대한 것인가! 대개 육덕과 육행을 완비하고 육예를 겸비해야 비로소 인재가 되었다고 하면서 그 뛰어남을 가지고 그들을 우대하였으니, 이 또한 정말로 적절한 것이 아닌가!

[주대에는 이렇게 하였다] 그런데 한대(漢代)에 이르러서는 비록 '효렴(孝廉)'의 명목으로 천거하고 '현량(賢良)'의 명목으로 등용하는 제도가 있었지만, 겨우 그 이름만 세웠을 뿐이었고, 또한 주대의 그것처럼 실로 덕과 행·도예를 함께 갖춘 인재도 아니었다. 하지만 그래도 군국(郡國)에서 행하는 고찰과 추천(察擧)을 통해서 이루어졌기 때문에 벼슬길을 찾는데 스스로 급하게 나서는 것도 아니었다. [그러나] 순제(順帝) 때부터 좌웅(左雄)의 건의에 따라 관리 임용에 연령 제한을 두고, 유교 경전의 뜻(經義)을 물어보는 성시(省試)를 실시하게 되면서 고찰과 추천의 제도가 폐지되었다. 그리고 위(魏)의 진군(陳群)이 구품(九品)의 제도를 만들고 중정관(中正官)을 설치함으로써 성시(省試) 또한 폐지하였다. 수대(隋代)에 이르러서는 진사과(進士科)를 두어 전적으로 글을 짓는 솜씨(文詞)를 겨루는 시험만을 치르게 되었으므로, [응시자는] 모두 직접 이력서를 내고 [추천을 받지 않고] 자원하여 나서게 되었으니, 덕행을 가르친다거나 향

리에서 선출한다는 주대의 유풍은 완전히 사라져 버렸다. 송대(宋代)의 왕안석(王安石)이 시부(詩賦)에 대한 시험을 없애고 오로지 경전의 뜻(經義)에 대한 시험만을 실시한 것은 그나마 실학(實學)에 조금이라도 보탬이 되는 것으로 볼 수 있다. [그러나 명·청대에 이르러] 팔고문(八股文)으로 선비를 뽑는 제도가 정착하게 되자 천하가 헛된 말들만 숭상하게 되었는데, 비록 세 차례의 시험을 통해 책론(策論)을 보았지만, 대부분 외워서 대답하거나 남의 생각을 베껴 쓴 것으로서 실제적인 정사(政事)나 경세제민(經世濟民)에 도움이 되는 것은 아니었다. 그래서 인재는 열 명을 뽑아서 다섯 명을 건지는 것만으로도 큰 행운으로 여기게 되었다. 그렇지만 [이렇게 되자 오히려] 심성이 올바르고 도에 밝으며 요행을 바라지 않고 부끄러움을 아는 독서인이라면 벼슬길에 나가는 것을 감히 깊이 기대할 수도 없게 되었다.

오호라! 근세의 인재가 어찌 정말로 옛날만 못하겠는가? 위에서 좋아하는 바가 있으면, 아랫사람들은 반드시 이보다 더 심하기 마련이다. 만약 정말로 성주(成周) 시대의 인재 등용제도를 모방하려 한다면, 덕행과 문예를 함께 중시하여 향리에서는 덕행에 따라 천거하고, 군읍에서는 글재주(文藝)를 시험하며, 학정(學政)은 그 실질을 검토한 다음 모아서 비교(시험)해야 한다. 시험관은 그 덕·행의 두텁고 엷음을 헤아리고 그 글재주의 뛰어남과 모자람을 견줌으로써 덕·행이 두터운 사람과 글재주가 뛰어난 사람을 선발하여 조정에 바친다. 이러한 사람이 아니라면 아무리 재주가 뛰어나더라도 선발대상에 포함시켜서는 안 된다. [이와 같이 하면] 장차 학궁에 가득찬 사람들은 모두 뛰어난 인재일 것이니 어찌 성주 시대의 선발 방법을 오늘날에 시행할 수 없다고 걱정할 필요가 있겠는가?

그런데 비록 인재를 등용하는 제도가 정해지고 조정에서 옛것을 헤아려 오늘을 생각한다고 하더라도, 인재를 양성하는 핵심은 또한 지방관이 문교(文敎)를 숭상하고 진작시키는 데에 있다고 하지 않을 수 없다. 지현은 평상시에 행동으로 장려하고 문장으로 시험하여, 거의 마치 향시(鄕試)를 치르는 것처럼 미리 녹명연(鹿鳴宴)을 베풀어 주고 섬계(蟾桂)의 비녀를 꽂아 주는 등 합격자처럼 대해 주거나, 아니면 값비싼 붓과 초로써 지원해야 한다. 그렇게 함으로써 시험(會試)에 붙는 사람은 상려와 사랑을 받았음을 느끼고 은혜를 알게 될 것이며, 떨어지는 사람도 지원을 받았음에도 불구하고 낙방한 것에 대해 부끄러움을 느낄 것이니, 이 또한 문교를 숭상하고 진작시키는 데 도움이 되지 않겠는가?

그리고 처음 시험을 보는 동생(童生)에게는 그것이 바로 공명(功名)의 시작이다. 만약 뛰어난 재주를 지녀 무리보다 두드러진 동생이 있다면, 생원들의 계절별 시험(季課)에 끼어서 응시하는 것을 허락해 줌으로써, 그 호쾌한 기세를 장려해 준다. 평시에 지현은 「고시」를 내어 그 스승과 부모들에게 다음과 같이 깨우쳐 주어야 한다.

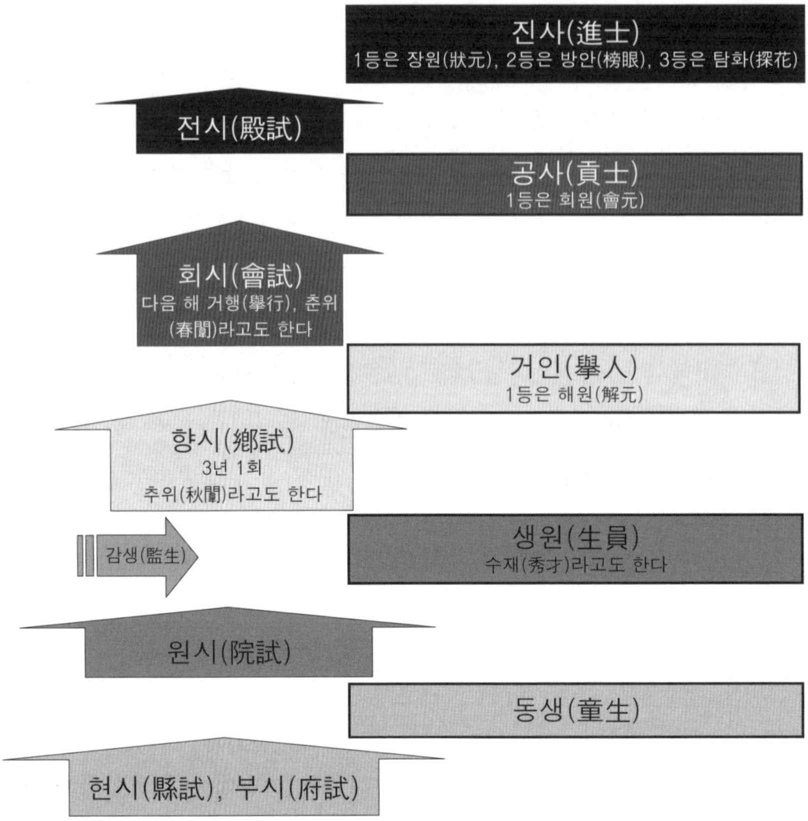

과거시험의 여러 단계

젊은이들은 모름지기 먼저 효제(孝悌)와 우공(友恭)의 도리를 극진히 하고 예의와 염치의 예절을 삼가 익힌 다음, 옛 성현의 도(道)와 우리 사대부들의 경세제민의 실질을 공부해야 한다. 아울러 경서(經書)와 사서(史籍)를 두루 읽어 과거시험에 필요한 문장을 연마해야 한다. 그 행실이 공자의 제자인 안회(顔回)와 민손(閔損)에 비견되고, 학문이 사마천(司馬遷)과 반고(班固)에 버금가도록 힘쓴다면, 덕행을 기록하면 모범이 될 만하고 문장을 고르면 바로 장원급제를 할 정도가 될 것이다. 그리하여 갈고 닦은 실력을 발휘하면 마치 간장검(干將劍)을 뽑아 들면 그 검기(劍氣)가 하늘에 솟구쳐 순식간에 용과 호랑이의 무늬를 이루는 것처럼 [과거시험에 쉽사리 합격]될 것이다. 뒤이어 관리가 되어 도장 끈(印綬)을 부여받고 조정에 나아가면, 태양을 떠받드는 붉은 마음으로 충성하여 머지않아 고요(皐陶)나 기(夔)와 같은 명신(名臣)에 버금가는 업적을 세울 수 있을 것이다. 이러한 사람이야말로 바로 문장(文)과 덕행(行)이 모두 뛰어난 독서인이자,

국가에서 모두 의존하는 현자라고 할 수 있다. [실제 이렇게 할 수 있다면] 어찌 부형에게 영광을 늘려 주고 스승에게 체면을 세워 주는 일이 아니겠는가?

그런데 평소에 안일함에 빠져 경전을 익히는 일에 힘을 쓰지 않는데다가 그 성정 또한 교만하여 젊은이가 지켜야 할 법도를 익히지 않는 생원들도 있다. 이들은 세고(歲考)나 과시(科試)를 보는 때가 되면 기한에 맞춰 부·현의 관학에 가서 응시하지만, 오로지 요행으로 추천서가 받아들여지거나 아니면 뇌물을 써서 정액 외로 통과되는 것만을 바랄 뿐이다. 그러면서도 친지나 벗들이 비웃고 부끄러워하는 것도 돌아보지 않으니, 어찌 이들이 책을 읽는 일은 평생 해야 할 일임을 알 수 있겠는가? 이러한 부류들을 품행을 단정히 하면서 몸을 닦고 옛것을 익히면서 마음을 비우는 사람들과 비교해 보면, 그 차이가 어찌 단지 하늘과 땅 사이의 차이에만 그치겠는가?

한편 주현에서 동생을 선발할 때에는 고시일이 다가왔을 때 먼저 공고문을 내고, 그들이 제출한 문장을 심사할 때 매우 공정해야 한다. 단, 개인적인 편지로 청탁을 하였다면 이를 곧바로 쫓아냄으로써 앞을 다투어 관계를 맺어 보겠다고 나서는 사람들에게 경고를 보내야 한다. 이래야만 독서인의 풍습을 바로잡고 염치를 도탑게 할 수 있기 때문이다. 그 문장이 거칠고 구멍이 많아 합격시킬 수 없는 경우에는 본문에 어떤 부분이 문제가 있는지를 기록해 준다. 만약 한두 마디가 자못 뛰어나다면, 이 역시 그 옆에 동그라미를 쳐서 표시해 줌으로써 열심히 향상을 위해 노력하는 마음을 장려해 준다. [이렇게 표시를 한 답안지는] 해당 경승에게 주어 응시자가 직접 확인하게 한다. 첫째는 답안지를 감별할 때 사사로운 마음이 없었음을 알게 하기 위함이며, 둘째는 합격·불합격 처리에 근거가 있었음을 보여 주기 위함이다. 이런 것이 바로 백성의 부모관(父母官)으로서 그 자제들을 이끌어 주려는 아름다운 마음가짐이 아니겠는가? 그런데 만약 그 답안지를 벽에 붙여서 부모와 스승을 벽보 앞의 무리 속으로 끌어낸다면, 이것은 이른바 "영광을 쫓다가 도리어 모욕을 당한다"는 것으로 아주 각박한 행동에 속하니, 어진 군자들은 이를 따라하지 않기를 바란다. 이 때문에 나는 빈흥고시에 대해 서술을 하면서 지방관이 문교를 숭상하고 진작시키기 위해 노력하고 마음가짐을 이처럼 충후(忠厚)하게 갖기를 바랐다.

나아가 글재주와 덕·행을 겸비한 진정한 인재를 발탁하는 문제는 또한 그 책임이 풍습과 교화를 주관하는 대인(大人), 즉 지방관에게 있다. 무릇 주현에서 생원과 동생에 대한 계절별 시험을 치를 때에는 미리 시기를 정하고 관학(官學)에 공문을 보내 생원들에게 알리도록 하며, 주현 아문에서도 사육문(四六文)으로 된 「고시」를 낸다. 시험 날에 이르러서는 답안지를 한 사람당 한 장씩 나눠 준다. 아침에는 간식거리를 준비하고 점심에는 탕과 밥을 준비한다. 답안지를 제출한 후에는 탁자 위에 차려 놓은 술통의 술 몇 잔을 돌려 마시고 흩어지게 한다. 이날은 동료인 유학 교관들에게도 참여를 요청한다. 1차 시험에서는 『사서(四書)』에서 두 문제를 내고 『경(經)』에서 한 문제를 내며, 2차에서는 간혹 책론(策論)이나 시부(詩賦) 또는 기·서(記序) 등의 문장에서 한 문제를 골라내면 『경』이나 『사서』에서 한 문제를 빼는데, 이것을 통해 그 학문의 깊이와 넓이를 보고자 하는 것이다. 정말로 탁월한 영재를 지닌 경우가 있으면 마땅히 그 포상을 배로 늘려 격려의 뜻을 보여야 한다.

동생의 정규시험에서는 성년이 되었는지 안 되었는지에 따라서 문제를 나누어 출제해야 한다. 그 문제는 참신하고 영활하되 논의가 포함되어 있어 응시자의 재능을 쉽게 알아볼 수 있는 것을 고르며, 너무 어렵고 복잡한 문제를 내서 젊은이들의 글재주를 막아서는 안 된다. 하지만 정규시험은 동생의 진취(進取)에 관계된 것이라 사람들이 요행을 바라는 마음을 품고 있으니, 마땅히 정문을 엄밀하게 봉쇄하고 좌우에서 순찰하여 아역과 수부(水夫)들이 [수험생에게 아무 것도] 전하지 못하게 하며, 대신 각 동생에게는 과자와 떡을 나눠 준다. 시험이 끝나면 답안지는 모두 책상 위에 제출하게 하고, [재시험을 치르게 해 달라고] 분분히 면담을 요청하는 것을 금지한다. 그 답안지를 열람할 때에는 힘써 뛰어난 것을 뽑아 상위 성적에 올릴 수 있게 한다. 재시험(覆試)으로 응한 경우에는 그 이름 옆에 동그라미 그림을 붙인 다음 고시를 하며, 정규시험에서 응당 합격시켜야 할 인원의 명단은 동그라미가 붙은 [재시험을 거친] 합격자의 명단과 함께 붙여 공고를 한다. 이것은 정규시험에는 합격자의 정원에 제한이 있음을 보여 줌으로써, 재시험을 요구하여 그것을 통해 좋은 성적을 얻으려는 수작을 막고자 함이다. 이렇게 하면 시험감독관도 역시 귀가 편안할 수 있고, 시끄러운 말썽을 늘리지 않을 수 있다.【재시험을 보는 동생은 많지 않으니, 마땅히 내아(內衙)에서 식사 한 끼를 대접함으로써 길러 주고 지원해 준다는 뜻을 보여야 한다.】

取士之制, 惟成周最爲得法,[191] 而三代以下皆不及也. 按『周禮』, 大司徒“以鄉三物教萬民,

191 성주(成周)는 서주(西周)의 동도(東都)인 낙읍(洛邑. 오늘날의 낙양 부근)을 가리키거나 주공(周公)이 성왕(成王)을 보좌하던 서주의 전성시대를 가리키기도 한다.

而賓興之."[192] 三物者, 六德、六行、六藝也.[193] 德、行、藝成, 而鄉學里選之.[194] 閭胥書敬敏[195]、任恤者,[196] 族師書其孝悌[197]、睦婣、有學者. 黨正書其德、行、道藝,[198] 州長則考其德、行、道藝而勸之.[199] 鄉大夫于三年大比,[200] 考其果有六德、六行而爲賢, 通夫六藝之道而爲能, 則是

---

192 빈흥(賓興)은 주의 현거지법(擧賢之法)으로 향대부(鄕大夫)가 향의 소학에서 현능(賢能)한 학생을 뽑아 빈례(賓禮)로 대우하면서 국학(國學)으로 진학할 수 있게 하는 것을 가리키고, 후대에는 지방관이 연회를 베풀어 시험에 응시한 독서인들을 초대하는 것 또는 향시(鄕試)를 가리키기도 한다.

193 이상의 대사도의 직능에 대한 기술은『주례』「지관(地官) 대사도(大司徒)」에 나온다. "以鄕三物敎萬民而賓興之. 一曰: 六德. 知、仁、聖、義、忠、和. 二曰: 六行. 孝、友、睦、婣、任、恤. 三曰: 六藝. 禮、樂、射、御、書、數. 以鄕八刑糾萬民. 一曰: 不孝之刑, 二曰: 不睦之刑, 三曰: 不婣之刑, 四曰: 不弟之刑, 五曰: 不任之刑, 六曰: 不恤之刑, 七曰: 造言之刑, 八曰: 亂民之刑, 以五禮防萬民之僞而敎之中. 以六樂防萬民之情而敎之和." 여기 나와 있듯이 육덕(六德)은 지(知)·인(仁)·성(聖)·의(義)·충(忠)·화(和)이고, 육행(六行)은 효(孝)·우(友)·목(睦)·인(婣)·임(任)·휼(恤)이며, 육예(六藝)는 예(禮)·악(樂)·사(射)·어(御)·서(書)·수(數)이다.

194 향거(鄕擧)는 향리에서 인재를 선발한다는 뜻이고, 이선(里選), 또는 향거리선(鄕擧里選) 역시 마찬가지의 뜻이다.

195 여서(閭胥)는 주대의 향관(鄕官) 명칭으로 여(閭)의 행정을 담당하는 하급관리다.『주례』「지관(地官) 여서(閭胥)」에서는 다음과 같이 그 직능을 기술하고 있다. "閭胥, 各掌其之徵令. 以歲時各數其閭之衆寡辨其施舍. 凡春秋之祭祀役政喪紀之數, 聚衆庶, 旣比則讀法, 書其敬敏任恤者. 凡事掌其比, 觥撻罰之事." 경민(敬敏)은 몸가짐이 조심스럽고 총명한 것을 말한다.

196 임휼(任恤. 任卹)은 신의를 지키고 남에게 도움을 주어 동정한다는 뜻이다.

197 족사(族師)는 주대의 관직명으로 백가(百家)의 우두머리다.『주례』「지관(地官) 족사(族師)」는 다음과 같이 그 직능을 설명하고 있다. "族師, 各掌其族之戒令政事. 月吉則屬民而讀邦法, 書其孝弟睦婣有學者. 春秋祭酺亦如之. 以邦比之法, 帥四閭之吏. 以時屬民. 而校登其族之夫家衆寡, 辨其貴賤老幼廢疾可任者及其六畜車輦. 五家爲比, 十家爲聯, 五人爲伍, 十人爲聯, 四閭爲族, 八閭爲聯, 使之相保相受. 刑罰慶賞相及相共, 以受邦職, 以役國事, 以相葬埋. 若作民而師田行役, 則合其卒伍, 簡其兵器, 以鼓鐸旗物帥而至, 掌其治令戒禁刑罰. 歲終則會政致事."

198 당정(黨正)은 주대 지방조직의 장관(長官)이다.『주례』「지관(地官) 당정(黨正)」에는 다음과 같이 그 직능을 설명하고 있다. "黨正, 各掌其黨之政令敎治. 及四時之孟月吉日, 則屬民而讀邦法, 以糾戒之. 春秋祭禜亦如之. 國索鬼神而祭祀, 則以禮屬民而飮酒于序, 以正齒位. 壹命齒于鄕里, 再命齒于父族, 三命而不齒. 凡其黨之祭祀喪紀婚冠飮酒, 敎其禮事, 掌其戒禁. 凡作民而師田行役, 則以其法治其政事. 歲終則會其黨政, 帥其吏而致事. 正歲屬民讀法. 而書其德行道藝. 以歲時涖校比. 及大比亦如之."

199 주장(州長) 역시 주대의 관명으로 주(州)의 장관(長官)이다. 주례(周禮)』「지관(地官) 주장(州長)」에 다음과 같이 그 직능을 설명하고 있다. "州長, 各掌其州之敎治政令之法. 正月之吉, 各屬其州之民而讀法, 以攷其德行道藝而勸之, 以糾其過惡而戒之. 若以歲時祭祀州社, 則屬其民而讀法, 亦如之春秋以禮會民, 而射于州序. 凡州之大祭祀、大喪皆涖其事. 若國作民而師田行役之事, 則帥而致之掌其戒令與其賞罰. 歲終, 則會其州之政令, 正歲, 則讀敎法如初. 三年大比, 則大攷州里, 以贊鄕大夫廢興."

200 대비(大比)는 주대에 3년마다 향리에 대해 업무평가(考核)를 실시하여 현능(賢能)을 선택하던 일을 가리킨다. 향대부(鄕大夫)는 주대의 관명으로 천자의 육향(六鄕)은 각기 경(卿) 한 사람이 그 정교금령(政敎禁令)을 관할하게 했으며, 지위는 사도(司徒) 아래였는데, 이것이 바로 향대부의 직능이었다. 향대부에 대해서는『주례』「지관(地官) 향대부(鄕大夫)」에서 그 직능을 설명하고 있다. "鄕大夫之職, 各掌其鄕之政敎禁令. 正月之吉, 受敎法于司徒, 退而頒之于其鄕, 吏使各以敎其所治, 以攷其德行, 察其道藝. 以歲時登其夫家之衆寡, 辨其可任者. 國中自七尺以及六十, 野自六尺以及六十有五, 皆征之. 其舍者, 國中貴者, 賢者、能者、服公事者、老者、疾者, 皆舍. 以歲時入其書. 三年則大比, 攷其德行、道藝, 而興賢者能者. 鄕老及鄕大夫帥其吏與其衆寡, 以禮禮賓之. 厥明, 鄕老及鄕大夫羣吏獻賢能之書于王, 王再拜受之, 登于天府, 內史貳之. 退而以鄕射之禮五物詢衆庶, 一曰: 和, 二曰: 容, 三曰: 主皮, 四曰: 和容, 五曰: 興舞. 此謂使民興賢, 出使長之, 使民興能, 入使治之. 歲終, 則令六鄕之吏皆會政致事. 正歲, 令羣吏攷法

能遵大司徒之敎而成材矣. 于是, 鄕老等用賓客之儀以興擧之, 書其氏名, 獻于天府.[201] 夫敎之必首德、行, 不專以藝, 何其備也! 選之, 擧之, 必于鄕里, 不自于進, 何其重也! 自閭胥、族師、黨正書之, 州長考之, 鄕大夫比之, 實有成材而後謂之: '賢', 謂之: '能', 取之又何其嚴也! 與夫行鄕飮之禮而賓興之, 書氏名而獻之, 以大異于恒流待之, 又何其優也! 蓋其六德 · 六行之全、六藝之備, 而始稱爲成材, 則其優以異之, 不亦宜乎?

迨夫漢, 雖有孝廉之擧、賢良之登, 亦僅立其名, 非如德、行、道藝實有兼備之材也. 然猶由于郡國之察擧,[202] 非自急于求進. 自順帝時, 左雄以限年,[203] 省試經義,[204] 而察擧廢. 自魏, 陳群立九品,[205] 置中正, 而省試又廢. 至于隋, 置進士科,[206] 專試文詞,[207] 皆投牒自進,[208] 而德 ·

于司徒, 以退, 各憲之於其所治之. 國大詢于衆庶, 則各帥其鄕之衆寡而致於朝. 國有大故, 則令民各守其閭, 以待政令. 以旌節輔令則達之."

201 천부(天府)는 조정을 말한다.

202 군국(郡國)은 군(郡)과 국(國)을 병칭한 것이다. 서한 초에 봉건제와 군현제를 함께 채용하여 천하를 군과 국으로 나누어, 군은 중앙에 직속하게 하고 국은 왕과 제후에게 분봉하여 왕국(王國)이나 후국(侯國)이라 불렀다. 남북조시대까지 군 · 국이 병치되었지만, 수대(隋代)에 국이 폐지되고 군만 남게 되었다. 군국은 나중에는 그냥 지방 행정구역을 지칭하는 말로도 사용된다.

203 좌웅(左雄, ?-138年)은 자가 백호(伯豪)로 동한(東漢) 하남성(河南省) 남양(南陽) 사람이다. 비록 자신이 효렴으로 선출되어 관리가 되었지만(매년 각 군에서 중앙으로 1-2명의 인재를 선발하던 제도로 부모를 잘 모시는 덕망 있는 인사나 청렴하여 스스로의 지조를 지키는 관리가 대상으로 우선 郎中 자리를 준 다음 이후 擢用하던 제도가 바로 '察擧孝廉'이었다), 각 군현의 효렴 선출이 가지는 갖가지 폐단에 대해 여러 차례 상서를 올려 고시를 통해 관리를 선발하는 제도를 실행할 것을 요청하였다. 그러면서 "사십이면 불혹(四十不惑)"이라는 공자의 말을 근거로 나이 사십이 되지 않은 사람은 찰거의 대상이 될 수 없다고 지적하였고, 찰거의 대상이 된 사람은 관청에서 엄격하게 고찰한 후 가법과 주장(奏章)을 고핵하고, 그다음에 고시성적을 선포하여 재능에 따라 관리를 선발하자고 제안하였던 것이다. 한의 순제(順帝)는 이에 따라 점차 고시를 통한 관료선발로 제도를 바꾸게 되었다. 한년(限年)은 관리 임용이나 고시에서 나이를 제한하는 것을 말한다. 여기서는 좌웅이 사십 세를 기준으로 삼은 것을 가리킨다.

204 여기서의 성시(省試)는 당 · 송 · 금 · 원대에 상서성(尙書省) · 예부(禮部)에서 주지하던 고시를 가리키는 것 같다. 또한 예부시(禮部試)라고도 한다. 명 · 청대에는 회시라고 불렀다.

205 진군(陳群, ?-236)은 자가 장문(長文)으로 영천(潁川)의 허현(許縣. 오늘날의 하남성 許昌) 사람으로 삼국시대 조조(曹操)의 위(魏)에서 고위관직을 지낸 대신이었다. 조비(曹丕)가 왕이 되었을 때 상서령(尙書令)이 되었고, 구품관인법(九品官人法)이란 제도를 만들어 냈다고 한다(『삼국지(三國志)』 권22 「위지(魏志) 진군전(陳群傳)」). 구품관인법은 구품중정제(九品中正制)라고도 하는데, 주요 내용은 각 주군(州君)의 일부 관리를 중정(中正)으로 임명하고, 중정이 가세(家世) · 도덕(道德) · 재능(才能) 등을 가지고 주군의 인사들을 9등급(上上에서 下下까지)으로 구분함으로써 이부(吏部)에서 관직을 내리는 주요한 근거로 삼는 방법이다. 서진(西晋) 시대가 되면 관원은 대부분 세가대족(世家大族) 가운데서 임명됨으로써 "상품에는 낮은 가문 출신이 없고, 하품에는 세족 출신이 없다(上品无寒門, 下品无世族)."라는 상황이 전개되었다. 위 · 진남북조 시대에 계속 시행된 이 제도는 수대(隋代)에 폐지되었다.

206 진사과(進士科)는 수 · 당(隋 · 唐) 시대 과거제도 가운데 과목의 하나로 수(隋) 양제(煬帝) 때 시작되어 당대에 특히 중요시되었으며, 이후 다른 과목은 겨우 이름만 남게 되어 결국은 과거제도 가운데 유일한 과목이 되었다. 이를테면 명경과(明經科)는 경학(經學)과 시무책(時務策)을 시험 보았으나 진사과는 이외에도 시부(詩賦)에 대한 추가 시험이 있었다. 이 때문에 당대 과거에서 진사과는 가장 어려웠고, 명경과는 비교적 쉬워 "나이 30에 명경과

行之敎、州里之選, 乃蕩然盡矣.[209] 宋王安石罷詩賦,[210] 而專經義, 似于實學稍有裨益.[211] 及帖括之制,[212] 與天下以浮詞相尙, 雖三場試之策論,[213] 多由記問、剽竊,[214] 而無當于政事、經濟之實.[215] 所以人材期于拔十而得五以爲大幸. 若夫正誼明道、絶倖重恥之士, 則未敢深望也.

嗚呼! 豈近世人材眞不古若哉? 上之所好, 下必有甚焉者. 誠能仿成周取士之制, 以德、行、文藝並重, 而鄕里擧乎德、行, 郡邑試其文藝, 而學使者考其實,[216] 彙而比之. 主司稽其德、行

에 합격하면 좀 나이가 든 편에 속하고, 50에 진사과에 합격하면 좀 어린 편에 속한다"는 말이 있을 정도였다고 한다. 진사과는 보통 20-30명밖에 뽑지 않아 명경과의 1/10에 지나지 않았기 때문에 가장 높은 평가를 받았던 것이다. 또한 진사과는 시험 전에 응모자가 스스로의 글을 유명한 관리나 문인에게 보내 그들을 통해 자신의 명예를 끌어올릴 수 있었는데, 이것을 통방(通榜)이라고 하였다. 송대 이전 진사는 단지 상서성(尙書省)에서 거행하는 성시(省試)만을 거치면 되었으나, 송대 이후 전시(殿試) 제도가 추가되었다. 하지만 인종 때 성시를 통과했지만 전시를 통과하지 못한 낙방생이 홧김에 서하(西夏)로 넘어가자, 이후 전시에서는 순서만 결정할 뿐 낙방을 시키는 일은 없어졌다고 한다.

207 문사(文詞)는 문사(文辭)와 마찬가지로 문장(文章)을 의미한다.

208 투첩(投牒)은 여기서는 글월(文辭)을 위로 올려 보낸다는 뜻이다. 자진(自進)은 추천을 거치지 않고 스스로 나아가 벼슬을 꾀하는 것을 가리킨다.

209 탕연(蕩然)은 파괴, 소실을 뜻하거나 아주 공적(空寂)한 모습을 가리킨다. 탕연무존(蕩然無存)은 전부 파괴되어 완전히 사라져 버렸다는 것을 표현한다.

210 왕안석(王安石, 1021-1086)은 봉호가 형국공(荊國公)으로 강서성(江西省) 임천(臨川) 출신의 북송대 정치가·사상가이자 저명한 문장가이다. 보통 왕형공(王荊公)이나 임천선생(臨川先生)으로 불리며, 『왕임천집(王臨川集)』, 『임천집습유(臨川集拾遺)』 등의 저작이 있다. 1058년 왕안석은 송 인종에게 「만언서(萬言書)」를 올려 시정의 폐단을 지적하면서 개혁을 요구하였고, 1069년 신종의 재위 기간 중 참지정사(參知政事)로서 청묘법(靑苗法)·농전수리법(農田水利法)·모역법(募役法) 등의 신정(新政)을 제안하였고, 다음 해 재상으로 승진하였다. 하지만 신법에 반대하는 지주나 관료 등 보수파('舊法黨')의 저항으로 개혁은 제대로 추진되지 못한 채 오히려 일반 백성에게 불리한 영향만을 주었다고 일컬어진다. 신종의 사후 반대파 사마광(司馬光)이 재상을 지내면서 왕안석의 신법 모두를 폐지하였다. 이러한 사정으로 줄곧 그와 신법 개혁에 대한 평가는 좋지 않은 방향으로 흘렀다. '조종(祖宗)의 법도(法度)'를 무너뜨리고 '나라와 백성에 재앙을 가져다주었다(禍國殃民)'고 해서 결국 북송의 멸망을 불렀다는 평가를 받기도 하였다. 시부(詩賦)는 시와 부를 말한다. 부는 문체(文體) 가운데 하나로 운문과 산문의 종합체, 일종의 고시류(古詩流)라고 할 수 있다. 전고(典故)나 대우(對偶)·운(韻)의 사용에 주목하며, 한대에서 위진남북조 시대까지 유행하였다.

211 실학(實學)은 진실한 학문, 뿌리가 튼튼하고 바탕이 있는 학문, 절실하고 실용적인 학문이라는 뜻이다.

212 당(唐)의 제도에서 명경과(明經科)는 첩경(帖經)으로 시험을 보았다. 즉 경문의 몇 글자를 가린 다음 응시자가 그것을 맞추도록 한 것이다. 나중에 수험생들은 외우기 어렵다고 해서 아예 경문 전체를 총괄해서 노래로 만들어 암송하였는데, 그것을 바로 첩괄(帖括)이라고 하였다. 여기서 과거에 응시할 때의 문장, 명·청대의 팔고문(八股文)을 가리키는 말로도 사용되었다. 첩괄지제(帖括之制)는 바로 팔고취사(八股取士), 즉 팔고문을 통해 관리가 될 사람을 뽑는 명·청대의 과거제도를 가리키고 있다.

213 책론(策論)은 당시의 정치 문제에 대해 논술하면서 그 대책을 제시하는 문장인데, 송대 이래 각 왕조에서 채택한 과거 항목 가운데 하나다.

214 기문(記問)은 『시경』·『상서』 등의 경전을 외워 질문이나 대담을 위해 대기하는 것을 말한다.

215 여기서 경제(經濟)는 경세제민(經世濟民)이나 나라를 다스리는 재간을 뜻한다.

216 학사자(學使者. 督學使. 督學使者)는 학정(學政. 提督學政)의 별명이다. 명·청대 각 성에 파견되어 교육행정과 각 부·주·현에서 동생(童生)과 생원(生員)의 고시를 치르는 일을 감독하였던 전문 관원으로 보통 한림원(翰林

之厚薄,[217] 較其文藝之純疵, 選其德·行之厚、文藝之純者, 而獻之天府. 非是, 藝雖工, 不得錄. 將見黌宮泮水,[218] 皆菁莪樸棫之賢,[219] 又何患成周選擧不克行之于今日哉! 雖然取士之制固, 朝廷之酌古準今, 而造士之心, 亦牧宰之崇文興敎. 其在平日, 勵之于行, 課之于文, 殆與名大比,[220] 預宴之以鹿鳴,[221] 蚤簪之以蟾桂,[222] 或更資之以綵筆藜光.[223] 俾獲雋者,[224] 蒙奬愛而懷恩, 見黜者負作養而含媿,[225] 謂非崇文興敎之一助乎?

院)이나 진사(進士) 출신의 경관(京官)이 담임하였다. 임기가 3년이었고, 학정의 지위는 독무와 거의 대등한 정도였다.

217 여기서 주사(主司), 즉 주무관은 과거시험을 주관하는 관리(主試官)를 가리킨다.

218 횡궁(黌宮)은 학궁(學宮)을 말한다. 횡(黌)은 횡(橫)과 통하는데, 고대의 학교를 가리킨다. 횡궁은 황궁(璜宮)이라고 하는 경우도 있는 이것은 반궁(泮宮)과 같은 뜻으로 제후의 학궁을 가리킨다. 반면 천자가 세운 학교는 벽옹(辟雍. 辟雝)이라 하였다. 교지는 원형이고 그것을 연못이 둘러싸고 있는 형태로 앞문 밖에 바로 다리가 있었다. 반수(泮水)는 학궁(學宮) 앞의 반월 모양의 연못을 가리킨다. 그래서 동생(童生)이 입학하여 생원이 되는 것을 입반(入泮)이라고 하였다.

219 청아(菁莪)는 원래 무성한 약초라는 뜻이다. 『시경』「소아(小雅) 청청자아(菁菁者莪)」의 서(序)에 "우거진 약초라는 구절은 인재를 키우는 것을 즐거워함이다. 군자가 능히 인재를 키워 기를 수 있다면 천하가 이를 기쁘고 즐거워할 것이다(菁菁者莪, 樂育材也, 君子能長育人材, 則天下喜樂之矣.)."라는 구절이 있어 청아(菁莪)는 인재 양성(育材)을 가리키는 말로 사용된다. 박역(樸棫)은 나무 이름으로, 주로 어진 이가 국가에 많이 기용되어 나라가 잘 다스려졌음을 무성한 이 나무에 비교한다. 따라서 어진 인재가 많은 것을 뜻하는 말이다.

220 태(殆)는 혹시·대개·거의·겨우·반드시 등 다양한 뜻이 있다. 대비(大比)는 주대에 3년마다 인구 및 재물에 대해 조사하던 것, 또는 3년마다 향리에 대해 고핵(考核)하여 현능(賢能)을 선택하던 것을 가리키는데, 수당(隋唐) 이후에는 주로 과거고시를 가리키게 되었다. 명·청대에는 특히 향시를 가리키게 되었다.

221 녹명(鹿鳴)은 군신의 연회에서 기뻐하며 즐길 때 사용하는 악가(樂歌)로 녹명연(鹿鳴宴)을 가리키기도 하지만, 과거고시(科擧考試)를 지칭하는 경우도 있다.

222 섬계(蟾桂)는 섬궁절계(蟾宮折桂)의 약어다. 섬궁절계(蟾宮折桂)는 『진서(晋書)』 권52 「극선전(郤詵傳)」에서 나오는 고사에서 비롯되었다. "무제가 동당에서 환송하면서 극선에게 물었다. '경은 자신을 어떻게 생각하오?" 극선은 대답하여 말하였다. '신은 현량을 천거하고 책문에 대답하는 데에는 천하제일입니다. 마치 계수나무 숲의 가지와 같고, 곤산의 옥 조각 같습니다.' 무제가 웃었다. 시중이 극선의 관직을 면직하라고 주청하자, 무제는 말하였다. '나하고 장난한 것이니, 이상할 것도 없소.'(武帝於東堂會送, 問詵曰: '卿自以爲何如?' 詵對曰: '臣擧賢良對策, 爲天下第一, 猶桂林之一枝, 崑山之片玉.' 帝笑. 侍中奏免詵官, 帝曰: '吾與之戲耳, 不足怪也.')." 섬궁(蟾宮), 즉 달에는 계수나무가 있다고 하는데, 당대 이후에는 이 두 가지를 끌어다가 '섬궁절계'를 과거에 응시하여 급제하는 것을 가리키게 되었다.

223 채필(綵筆)은 오색필(五色筆)을 가리키는데, 뛰어난 문재(文才)를 비유하는 말이다. 『남사(南史)』 권59 「강엄전(江淹傳)」에 "강엄이 일찍이 치정(治亭)에서 자고 있는데, 꿈에 곽박(郭璞)이라고 자칭하는 사람이 나타나게 엄에게 말하기 '내 붓이 그대의 처소에 오랫동안 있었는데, 이제 돌려주시오'라고 하였다. 강엄은 품속을 더듬어 오색 붓 한 자루를 찾아 그에게 건네주었다. 이후 시를 지어도 절대로 아름다운 구절이 나오지 않자 당시 사람들은 재주가 다하였다고 일컬었다((江淹)又嘗宿於治亭, 夢一丈夫自稱郭璞, 謂淹曰: '吾有筆在卿處多年, 可以見還.' 淹乃探懷中得五色筆一以授之. 爾後爲詩絶無美句, 時人謂之才盡.)."라는 고사에서 비롯되었다고 한다. 하지만 여기서는 그냥 붓 값 정도를 가리키는 것이 아닌가 싶다. 여광(藜光)은 촛불의 빛을 가리킨다.

224 획준(獲雋)은 회시(會試)에 합격한 것, 나아가 과거시험에 합격한 것을 가리킨다.

225 여기서 견(見)은 동사 앞에 쓰여 피동의 뜻을 나타내는 것으로 피(被)나 수(受)의 뜻과 같다. 따라서 견출(見黜)은 떨어지다, 밀려나다, 쫓겨난다는 뜻이다. 괴(媿)는 창피를 준다, 참괴(慚愧), 수치나 치욕 등을 뜻한다. 그 밖에

若初試之童子, 其功名之始也.[226] 如有奇才異類者, 准附諸生季課,[227] 以壯其食牛之氣.[228] 其平時, 牧宰宜出示, 曉其業師父兄:

> 爲子弟者,[229] 須先克盡其孝悌、友恭之誼, 致謹于禮義、廉恥之節, 而後講明其古昔聖賢之道、吾儒經濟之實, 兼博覽經書、史籍, 揣摩擧業文章.[230] 務期行齊顔、閔,[231] 學配馬、班,[232] 錄德則楽範可風,[233] 掄文則元魁立掇,[234] 而後干將出

감사(感謝)라는 뜻도 있다.

226 공명(功名)은 공업(功業)과 명성(名聲)을 뜻하기도 하지만, 과거 시험에서 얻은 학위나 관직의 명위(名位)를 가리키는 말이기도 하다.

227 제생(諸生)은 명·청대에 이미 입학한 생원(生員)을 가리키던 명칭이다. 성의 학정이 주지하는 고시인 원시(院試)를 통과한 동생을 생원이라 하는데, 생원부터는 공명(功名)을 얻었으므로 사대부계층에 들어가며 신사(紳士)의 일부로 간주되었다. 그래서 차요(差徭)가 면제되고, 지현을 만나도 궤배(跪拜)하지 않아도 되며, 지현도 이들에게 멋대로 형벌을 집행하지 못하는 등의 특권이 주어졌다. 생원의 정액은 인문환경 등에 따라 대·중·소학이 있어 대학에는 40명, 중학 30명, 소학 20명이 정원이었으나, 나중에는 부학(府學)을 대학으로, 큰 주현의 경우를 중학으로 그 절반, 작은 주현의 경우는 소학으로 4-5명으로 조정되었다. 강희 9년 다시 중학 12명, 소학 7-8명으로 개정되었고, 이후에도 누차 증가가 있었다. 생원은 또한 3등급이 있는데, 성적이 가장 좋은 것을 늠생(廩生)이라 하는데, 지방에서 매월 양식(廩米)을 지급하였기 때문이다. 그다음은 증생(增生)인데 양식을 지급받지는 못하였다. 늠생과 증생은 각기 정원이 있었으며, 양대 고시인 세고(歲考)나 과시(科試) 등의 성적에 의해 차곡차곡 채워졌다. 3등급은 바로 부생(附生)으로 이제 방금 입학한 생원을 가리킨다. 생원은 입학의 자격을 얻은 다음 부·주·현의 관학(官學)에서 독서를 하지만, 명·청대 관학은 기본적으로 형식에 지나지 않아 매일 다니면서 지식을 전달받는 장소가 되지 못하였다. 단지 입학 후 월과(月課), 계고(季考) 등을 정기적인 시험을 통해 교관의 교육을 받았다. 특별한 사정이 있는 경우가 아니면 월과에 세 차례 응하지 않으면 징계를 받았고, 1년 동안 응하지 않은 사람은 쫓겨났던 것이다. 이러는 과정을 거치면서 생원은 나중에 학정의 선발을 거쳐 향시에 참가할 수 있었고, 성적이 특출한 생원은 또한 공생(貢生)으로 선발되어 북경에 있는 국자감(國子監)의 학생이 될 수도 있었다. 국자감의 다른 '감생(監生)'과는 달리 공생은 정도(正途) 출신이며, 일종의 영예에 속하였다.

228 이미 실전되어 일부만 남아 있는 선진(先秦) 시대 잡가(雜家) 문헌의 하나인『시자(尸子)』하권(下卷)에 "어린 호랑이나 표범은 다 자라지 않아도 소를 잡아먹을 만한 기세를 가지고 있으며, 어린 기러기나 고니 역시 날개를 다 펴지 않았지만 사해를 나는 마음을 가지고 있다. 현자의 탄생 역시 그러하다(虎豹之駒, 未成文而有食牛之氣; 鴻鵠之鷇, 羽翼未全而有四海之心. 賢者之生亦然.)."라는 구절이 있다. 여기에서 이후 식우(食牛)는 청소년의 웅장한 심지나 호쾌한 기개를 찬미하는 용어로 쓰이게 되었다.

229 자제(子弟)는 아들과 동생, 또는 그 연배의 사람들, 나아가 나이가 젊은 후배들을 가리키기도 한다.

230 췌마(揣摩)는 반복하여 세심하게 따져보다, 헤아리다, 연구한다는 뜻이다.

231 안민(顔閔)은 공자의 제자인 안회(顔回)와 민손(閔損)을 병칭한 것이다. 안회(顔回, B.C. 521-491)는 자가 자연(子淵)이라 안연(顔淵) 또는 안자(顔子)라고 불리는데, 공자가 가장 마음에 두었던 제자로 공묘(孔廟)의 대성전(大成殿) 사배(四配)의 우두머리로 복성(復聖)이라고도 일컬어진다. 공자의 72제자 가운데 우두머리이자 공문십철(孔門十哲) 가운데 한 사람으로 덕행의 수양이 가장 높았다고 일컬어진다. 공자는 안회가 누추한 동네에 살면서 냉수에 찬밥을 먹어도 얼굴에 우울한 표정이 없다고 해서 그 현명함을 칭찬한 적이 있고, 안회가 요절하자 공자는 하늘이 나를 버리는가 하고 한탄하기도 하였을 정도였다. 민손은 자가 자건(子騫)으로 역시 노(魯) 사람인데, 공자의 제자로 공문십철 가운데 한 사람이다. 그 역시 덕행의 수양으로 이름이 높아 이 방면에서는 안회와 이름을 같이한다. 그는 계모의 학대를 받았는데, 마침내 그것을 알게 된 아버지가 계모를 내치려 하자 "어머니가 계시면 저 혼자 (겨울에) 홑옷을 입으면 되지만, 어머니가 가시면 세 사람이 춥게 지낼 수밖에 없다"면서 그것을 말

試,[235] 則冲霄劍氣,[236] 遽成龍虎之文. 繼之, 圭組登朝,[237] 則捧日丹心, 輒建皐夔之績.[238] 夫是之謂: "文行兼優之士, 國家共賴之賢." 豈不爲父兄增榮, 師長生色哉?

若夫素耽逸樂, 不事『詩』、『書』,[239] 性復驕奢, 未嫺幼則.[240] 一旦科歲届期, 府縣應試, 祇憑薦牘之倖收, 幷冀通賕之濫錄.[241] 不顧親朋之笑恥, 何知誦讀是生涯, 較之淑行禔躬[242]、稽古遜志者,[243] 弗啻天壤矣!

凡郡縣掄童, 于臨考之時, 亦先文告,[244] 衡文一秉至公.[245] 但屬私函囑託, 卽行屛黜,[246] 以爲奔競夤緣者戒,[247] 所以端士習而敦廉恥. 至于文義荒疏不堪收取者, 于本文批其孰爲疵纇.[248] 如一、二語頗佳, 亦當爲圈出,[249] 以鼓其上進之心. 發付該承, 令其覩示, 一以知鑒別之無私, 一以知舍取之有據. 夫非爲民父母者率迪子弟之盛念哉?[250] 若乃糊其卷于壁上, 拿父師于衆

린 효자였다고 한다.

232 마반(馬班)은 『사기(史記)』의 저자인 사마천(司馬遷)과 『한서(漢書)』의 저자인 반고(班固)라는 두 사람의 사가를 병칭한 것이다.

233 가풍(可風)은 교화나 풍기를 이룰 수 있다, 규범에 맞아 본받을 만한 것이 되는 몸가짐, 즉 풍범(風範)이라는 뜻이다.

234 원괴(元魁)는 전시에서의 일등, 즉 장원(狀元)을 가리킨다. 철(掇)은 줍다, 얻다, 고르다, 시험보다 얻다, 약탈한다는 등의 뜻이므로, 입철(立掇)은 곧바로 쟁취할 수 있다는 뜻이다.

235 간장(干將)은 고검(古劍)의 이름이다. 춘추시대 오(吳)의 간장(干將)·막야(莫邪) 부부가 검을 잘 만들었는데, 오왕 합려(闔閭)를 위해 음양검(陰陽劍)을 만들었으며, 양검은 간장(干將), 음검은 막야(莫邪)라고 불렀다고 한다,

236 충소(冲霄)는 하늘 높이 오른다는 뜻이다.

237 규조(圭組)는 도장 끈(印綬), 나아가서 관작(官爵)을 가리킨다.

238 고기(皐夔)는 순(舜)임금 때의 명신 고요(皐陶)와 기(夔)를 가리킨다.

239 시서(詩書)는 『시경』과 『상서』를 말하지만, 유교 경전을 중심으로 하는 서적 일반을 가리키기도 한다.

240 한(嫺)은 우아하다, 익숙하다, 익힌다는 뜻이다.

241 통구(通賕)는 통회(通賄)와 같은 뜻으로 뇌물을 주다, 선물을 보낸다는 뜻이다.

242 숙행(淑行)은 아름다운 품행을 말한다. 제궁(禔躬)은 제신(禔身)과 같은 뜻으로 안신(安身), 수신(修身)이란 뜻이다.

243 계고(稽古)는 옛날의 일을 고찰한다는 뜻이고, 손지(遜志)는 마음을 비우고 겸양(謙讓)한다, 마음의 뜻에 따른다는 뜻이다.

244 문고(文告)는 정부 기관이 발포하는 포고를 말한다.

245 형문(衡文)은 문장을 품평한다는 뜻으로, 특히 과거고시를 주지하는 일을 가리키기도 한다.

246 병출(屛黜)은 배척·포기를 말한다.

247 인연(夤緣)은 매달리다, 달라붙다, 연락하다, 따른다는 뜻으로 관계를 만들어 아부하고 뇌물을 주는 방법으로 끌어들이는 것을 가리킨다.

248 자뢰(疵纇)는 결점·폐해·착오를 뜻한다. 자뢰(疵纇)는 결점·폐해·착오를 뜻한다.

249 원래 권점(圈點)은 문장 옆에 동그란 원이나 점을 그려 문장의 구두점을 표시하거나, 훌륭하다거나 중요하다고 표시하는 것을 말한다. 권출은 바로 그런 뜻을 보인다는 것이다.

250 솔(率)은 이끈다는 뜻이고, 적(迪)에는 길, 개도(開導)하다, 인도(引導)하다, 움직이다, 실행하다는 뜻이 있으니,

中, 所謂: "求榮反辱," 類于刻薄所爲, 願仁人君子勿效之也.

鴻因論賓興考試, 欲牧宰之崇文興敎、居心忠厚如此. 至于文、行兼收眞才必拔, 又在主持風敎之大人矣.[251] 凡州縣季課生童,[252] 預先定期, 故牒本學, 令其曉諭諸生, 本州縣仍出四六告示.[253]

솔적(率迪) 역시 이끈다는 뜻으로 보아야 할 것 같다.

251 대인(大人)은 지위가 높은 왕공귀족, 관료사회에서 하급자가 상사를 관습적으로 부르는 호칭에서 연장자나 성년까지 다양한 의미를 가지고 있다.

252 생동(生童)은 생원(生員)과 동생(童生), 또는 학동(學童) 전체를 가리킨다. 동생은 유동(儒童)이나 문동(文童)이라고도 하는데, 명·청대에는 과거시험을 위해 공부하는 독서인으로 부·주·현에서 치르는 동시(童試)를 통과하여 생원 자격을 얻지 못한 사람은 연령에 상관없이 모두 동생이라고 불렀다. 명·청대의 과거고시는 고시 네 단계로 나눠졌는데, 동시(童試. 童生試)·향시(鄕試)·회시(會試)·전시(殿試)가 바로 그것이었다. 동시는 청대의 경우 각 성의 학정이 주지하는 지방 과거고시로 현시(縣試)·부시(府試)·원시(院試)의 3단계를 포함하였는데, 이것을 통과해야만 생원 자격을 취득하여 부·주·현의 학교에 입학하여 학습할 수 있었다. 생원은 또는 수재(秀才)나 제생(諸生)이라고도 일컬어지는 가장 하급의 학위였다. 생원은 본지 교관(敎授·學正·敎諭·訓導 등) 및 학정(學政)의 감독 아래 학습을 하면서 다음 단계의 학위를 얻기 위해 다시 시험을 치렀다. 이 시험이 바로 향시(鄕試)로 각 성의 성성(省城)에서 추팔월(秋八月)에 거행되었으므로 추위(秋闈)라고도 불렸는데, 여기서 합격해야 거인(擧人)이라고 불렸다(1등은 解元이라 불리었다). 한편 3년마다 한 차례 경사(京師)에서 치러지는 회시(會試)는 봄철에 거행되어 춘위(春闈)라고도 불리었는데, 이 고시는 예부(禮部)에서 주지하고 황제가 총재 및 부총재를 임명하였다. 각 성의 거인과 국자감의 감생(監生)이 여기에 응시할 수 있었다. 청대의 경우 경사의 국자감 학생은 공생과 감생으로 나뉘었는데, 생원 가운데 학정의 시험을 거치거나 지방의 추천을 받아 일부가 경사의 국자감에 선발된 이들이 공생(貢生)으로 불리었다(공생에도 다양한 명목이 있다). 한편 감생은 일반적으로 부·주·현학에 들어가지 못했으나 향시에 응시하고자 하려는 경우, 또는 이런 식으로 과거 학위를 얻지 않고 관리가 되는 사람이 연납(捐納)을 통해, 즉 돈을 주고 얻는 신분이었다. 감생이 남발되면서 청대 후기 감생은 상당히 사회적으로 경시를 당하는 신분이 되었다. 여하튼 회시 합격자의 정원은 300명으로 이들은 공사(貢士)라고 불리었다. 이들 공사는 마지막으로 황제의 앞에서 직접 치르는 전시(殿試)를 통해 진사(進士)로서의 등급이 정해졌다. 1갑(甲) 3명은 진사급제(進士及第)의 칭호가 주어졌고, 1등은 장원(狀元. 鼎元), 2등은 방안(榜眼), 3등은 탐화(探花)로 불렸다. 2갑 약간 명은 진사출신(進士出身), 3갑 약간 명은 동진사출신(同進士出身)의 칭호가 주어졌다. 이들은 모두 진사로 통칭되었다. 한편 과거시험의 출제내용은 기본적으로 유가 경전이었고, 사서(四書)의 문구(文句)가 출제의 대상이었으며, 답안 문장의 형식은 팔고취사(八股取仕)라고 해서 팔고문(八股文)이란 형식으로 정해져 있었고, 해석도 반드시 주희(朱熹)의 『사서집주(四書集注)』가 기준이 되어야만 하였다. 팔고문(八股文)은 시문(時文)·제의(制義)·제예(制藝)·팔비문(八比文) 등으로도 불리는데, 일정한 고정된 격식이 있어 파제(破題)·승제(承題)·기강(起講)·입수(入手)·기고(起股)·중고(中股)·후고(后股)·속고(束股)라는 여덟 부분으로 구성되었고, 각 부분의 구절 수나 형태 역시 모두 엄격하게 규정되어 있었다. 팔고문의 내용은 『사서(四書)』나 『오경(五經)』의 범위를 벗어나서는 안 되었다.

253 사육(四六)은 문체(文體) 이름으로 네 글자와 여섯 글자를 대우(對偶)로 삼기 때문에 이런 이름이 붙었다. 사륙문(四六文), 또는 사륙체(四六體)·사륙변려(四六駢儷)·사륙변려체(四六駢儷體)라고도 한다. 변이란 두 마리의 말이 나란히 마차를 끄는 것, 려는 사람이 나란히 경작한다는 데서 생긴 말로 짝, 부부라는 뜻이다. 변려문의 특징은 첫째, 각종 대우(對偶)를 사용하고, 둘째, 4자·6자의 구조를 기본으로 하며, 셋째, 사성(四聲)의 특성을 살려 평측(平仄)·압운(押韻) 등으로 성음의 조화를 도모하고, 넷째, 전고(典故)를 빈번하게 사용하여 문장의 함축성을 강조하며, 다섯째 문사가 화려하다는 것 등이다. 남조에서 시작되어 당·송대에 성행하였으며 이후 완전히 격식이 정해졌다. 하지만 변려문은 논리 전개나 의사 전달에 적합하지 않고 지나치게 장식적·형식적이라 하여 당대 이후에는 이른바 고문(古文) 운동에 의해 상당히 비판을 받고 거기에 밀리게 되지만, 공문서의 일종으로서는 계속해서 생명력을 유지하였다.

至試期分給試卷,[254] 人各一本. 早備點果, 午備湯飯. 交卷之後, 桌榼飮酒數巡而散. 是日仍請學師同事. 初次『四書』題二道、『經』題一道,[255] 後次或間拈策論[256]、詩賦、記·序等題一道而刪去『經』、『[四]書』各一道, 以觀其學問淹博.[257] 果有英才超卓者, 宜倍加優獎, 以示鼓勵. 其童生正考,[258] 宜分別已未冠出題, 其題擇虛靈,[259] 幷有議論, 易見才情者,[260] 勿出枯澁, 以阻遏少年文機.[261] 然正考關係進取, 人懷僥倖之心, 宜將頭門封鎖嚴密, 左右巡邏, 毋許衙役、水夫傳遞, 每童各給菓餠. 至做完之時, 試卷俱交案上, 不得紛求面閱. 其試卷, 務拔佳文, 以備前列. 應覆試者,[262] 作一圓圖出示, 其應取正案者, 與覆試圓圖, 一倂貼出. 彼知正案有名, 免致更求覆試希列前茅,[263] 而提調官亦得耳根淸靜,[264] 不滋纏擾矣.[265] 【覆試童生無多, 須內衙備飯一餐, 以示作養之意】

---

254 시권(試卷)은 시험답안지를 가리킨다.

255 사서(四書)는 『논어』·『대학(大學)』·『중용(中庸)』·『맹자』의 합칭이다. 남송의 주희(朱熹)가 『논어』에 주를 달면서 또한 『예기(禮記)』 속에서 「중용」과 「대학」을 끄집어내어 장·절을 나누고 주석을 붙인 다음 『맹자』와 함께 배합시킴으로써 사서라는 명칭이 시작되었고, 이후에는 유교 경전 학습의 입문서가 되었다. 원(元)나라 황경(皇慶) 2년 과거고시 과목을 정할 때 반드시 사서의 범위 내에서 출제하게 하면서 의견의 제시도 주희가 지은 『집주(集注)』를 근거로 하게 하였는데, 명·청대에도 그것이 이어지면서 사서는 이전 시대의 오경(五經)이 차지하던 유교 경전의 지위를 대신하게 되었다. 따라서 사서의 출현은 동시에 송학(宋學. 또는 理學, 性理學. 新儒學이라고 부른다)이 당나라 이전의 유학(보통 漢學이나 訓詁學이라고 부른다)을 압도하게 되었다는 것을 의미하기도 한다. 한편 당대까지 유가 경전을 대표하던 오경(五經)은 『시경』·『상서』·『역경(易經)』·『예기(禮記)』·『춘추(春秋)』를 가리킨다. 오경이란 명칭은 한(漢) 무제(武帝) 때 오경박사(五經博士)를 설치한 것에서 비롯된다. 한편 유가의 경전 전체는 보통 십삼경(十三經)이라고 부르는데, 오경 외에도 『주례』·『의례(儀禮)』·『춘추좌전(春秋左傳)』·『춘추공양전(春秋公羊傳)』·『춘추곡량전(春秋穀梁傳)』·『논어』·『효경(孝經)』·『이아(爾雅)』·『맹자』가 포함된다. 십삼경이란 명칭도 오경에서 시작되어 당대에 『주례』·『의례』·『춘추공양전』·『춘추곡량전』이란 구경(九經)의 명칭이 생기고 그다음에 『논어』·『효경』·『이아』가 추가되어 12경(十二經)이, 그리고 최후로 남송대에 『맹자』가 추가되면서 만들어진 것이다.

256 간념(間拈)은 가끔 취한다는 뜻이다. 념(拈)은 몇 손가락으로 집어 든다, 취한다, 든다는 뜻이다.

257 엄박(淹博)은 연박(淵博)하다, 즉 넓고 깊다는 뜻이다.

258 정고(正考)는 정규시험·정식고시라는 뜻이다.

259 허령(虛靈)은 공령(空靈)과 같은 뜻이다. 즉 참신하고 영활하다(淸新靈活), 또는 청정(淸淨)하다는 뜻이다.

260 재정(才情)은 재주나 재화(才華)를 가리킨다.

261 고삽(枯澀. 枯澁)은 아주 까다롭고 알기 어려운 시험문제를 말한다.

262 복시(覆試)는 재시험 또는 제2차 시험을 말한다.

263 전모(前茅)는 고시 성적이나 다른 방면에서 다른 사람과 비교하여 앞줄에 선다는 뜻이다.

264 제조(提調)는 관할·통솔한다, 조절한다는 뜻이고, 또한 그런 일을 맡은 관직을 가리키기도 한다. 여기서는 시험 감독관을 말하는 것 같다.

265 전요(纏擾)는 꼬이고 얽혀 어지러움을 가리킨다.

24-11. 향음주례(鄕飮酒禮)

무릇 향음주례를 베푸는 것은 겸양을 가르치고, 공경하게 만들고, 나이가 많은 사람을 존중하고, 노인을 부양하며, 어진 사람을 일으키게 한다는 뜻을 모두 갖추고 있다고 하지 않을 수 없다. 따라서 윗자리에 있는 사람은 직접 솔선수범하여, 백성으로 하여금 겸양할 줄 알게 하여 다투는 것을 바꾸고, 공경심을 알게 하여 불손함을 고치며, 자제들로 하여금 연장자와 노인에 대한 공경을 알게 하여 [집에] 들어가서는 효(孝)를 다하고 [밖에] 나와서는 공경함(悌)을 다하게 해야 한다. 또한 학업과 덕행에 힘쓰는 사람들이 어진 이를 우대하는 뜻이 귀함을 알게 하여 덕·행·도예를 더욱 갈고 닦게 해야 한다. 그래서 공자께서는 "내가 향촌에 들어가 보니 왕도를 실행하는 것이 아주 쉬움을 알겠더라"고 하셨던 것이다. 그러니 향음주례의 시행은 어찌 중요한 일이 아니겠는가! 『예기』에서는 다음과 같이 이르고 있다.

[향음주례의] 주인은 손님을 향학(鄕學. 庠)의 문 앞에서 맞이하여 들어오게 한다. 들어온 다음 세 번 읍을 하고 나서 계단에 이르며, 서로 세 번 양보한 후에 계단을 오르는데, 이는 상대방에 대한 존중과 겸양을 나타내기 위한 것이다. 대야에서 손과 잔을 씻고 잔을 들어 술을 마시는 것은 청결함을 나타내기 위한 것이다. 배지(拜至)와 배세(拜洗)·배수(拜受)·배송(拜送)·배기(拜旣) 등의 [절차를] 행하는 것은 공경함을 나타내기 위한 것이다.

또한 다음과 같이 이른다.

손님과 주인은 마치 하늘과 땅과 같다. 손님을 보좌하는 사람과 주인을 보좌하는 사람은 마치 음(陰)과 양(陽)과 같다. 삼빈(三賓), 즉 손님을 보좌하는 사람과 주인을 보좌하는 사람, 그리고 뭇 손님(衆賓)은 마치 해와 달, 별과 같다. 서로 세 번 양보하는 것은 마치 달이 초하루에서 사흘이 지나야 다시 밝아지는 것과 같다. 사방에 놓인 좌석에 앉는 것은 마치 사계절과 같다. 천지 사이에 엄숙하게 성장한 추운 기운은 서남쪽에서 시작되어 서북쪽에서 가장 강해지는데, 이것이 바로 천지의 의로운 기운(義氣)이다. 천지 사이에 온화하게 축적된 기운은 동북쪽에서 시작되어 동남쪽에서 가장 강해지는데, 이것이 바로 천지의 인자한 기운(仁氣)이다. 주인은 손님을 존중하여 손님 자리를 서북쪽에 배정하고, 손님을 보좌하는 사람을 서남쪽에 앉혀 손님을 보좌하게 한다. 손님은 의로움으로써 사람을 맞이하는 것이니, 따라서 서북쪽에 앉혀 의로운 기운에 호응하게 하는 것이다. 주인은 두터운 인자함과 덕으로 사람을 맞이하니, 동남쪽에 앉게 하며, 따라서 주인을 보좌하는 사람을 동북쪽에 앉혀 주인을 보좌하게 한다.

또한 다음과 같이 이른다.

향음주례에서 60세 이상 된 사람은 앉고 50세 이하의 사람은 곁에 서서 정사(政事)나 부역(賦役)에 관한 이야기를 듣는데, 이는 나이든 사람을 존중하는 뜻을 분명히 하기 위함이다. 60세가 된 사람에게는 음식그릇 세 가지를, 70세가 된 사람에게는 네 가지를, 80세가 된 사람에게는 다섯 가지를, 90세가 된 사람에게는 여섯 가지를 내놓고, 이는 노인을 봉양한다는 뜻을 분명히 하기 위함이다.

그리고 『주례』에 따르면 "향대부(鄕大夫)는 3년마다 큰 시험을 시행하여 그 덕·행·도예를 살핌으로써 어질고 유능한 사람들을 발탁한다." 또한 향음주례의 예로서 그들을 예우하여 대접한다고 했는데, 이는 어진 사람을 발탁하는 뜻을 밝히기 위함이다. 무릇 옛날의 향음주례로는 네 가지가 있었다. 첫 번째는 3년마다 어질고 유능한 사람들을 예우할 때이고, 두 번째는 향대부가 성내(國中)의 어진 이들과 향음(鄕飮)을 하는 것이며, 세 번째는 주장(州長)이 활쏘기 연습을 하면서, 네 번째는 당정(黨正)이 납제(臘祭) 때 하는 것이다. 또한 『주례』에 따르면, "당정은 성내에서 귀신을 찾아 제사를 드리는데, 이는 곧 예로써 백성을 모으는 것이며", 향에서 술을 마시면서 연령에 따라 자리를 바로잡았으니, 이것이 바로 [앞에서 언급한] 오십, 육십 운운한 나이든 사람을 존중하고 노인을 봉양하는 제도가 아니겠는가? 또한 『예기』「사의(射義)」편에 이르기를 "경(卿)·대부(大夫)·사(士)의 활쏘기에는 반드시 먼저 향음주례를 시행하도록 한다"고 했는데, 이것이 곧 주장이 봄과 가을에 예로써 백성을 모으고, 주의 관학(州序)에서 활을 쏘는 제도가 아니겠는가? 그러나 납제(臘祭)와 활쏘기 때 행하는 향음주례는 이루어지지 않은 지 오래되었다. 3년마다의 빈흥도 그 연회를 '녹명연(鹿鳴宴)'이라고 부르지, 역시 향음이라고는 부르지 않는다. 오늘날 남아 있는 것은 오로지 향대부가 성내의 어진 이들과 향음을 하는 것뿐이다. 그러나 명 태조의 『대고(大誥)』는 다음과 같은 기술이 있다.

향음주례는 나이 든 사람과 어린 사람의 순위를 매기고, 어질고 착함을 따지며, 간악하고 완고한 자들을 구별하고, 죄인을 차별하는 것이다. 그래서 나이가 많고 덕이 있는 사람은 상석에 앉고, 나이가 많고 순박한 사람은 그와 대등하게 앉히는 등 나이 순서대로 좌석을 배열한다. 이전에 법을 어겨 죄를 저지른 적이 있는 사람은 바깥 자리에 배치하여 같은 무리들끼리 앉힘으로써, 선량한 사람들이 앉는 자리로 넘어오지 못하게 한다. 이 또한 어진 이를 존중하고 나이든 사람을 떠받들고, 간사한 무리들을 멀리하고 태만한 자들을 경계하기 위해서이다.

하지만 오늘날 치러지는 향음주례는 역시 단지 어진 이들과만 향음을 나누고 간악한 자들은 참여하지 못하게 하는데 그치며, 해마다 두 번 실시하거나 혹은 맹동(孟冬) 초하루에 치르는 것이 정해진 제도로 되어 있다. 그러므로 지방관은 보통 이를 형식적인 행사로 생각해서 하거나 말거나 제대로 시기도 지키지 않으며, 그러다가 결국은 임기가 끝나도록 한 번도 치르지 않는 사람도 나온다. 무릇 주현의 정액 부세의 수입 가운데 지방에서의 사용이 허용된 항목에는 규정상 향음주례에 대한 지출이 허용되고 있는데, 어찌 이를 빼돌려 가로채면서 중요한 전례가 무너져 사라지게 만들 수 있다는 말인가?

설사 간간이 향음주례를 행하는 경우에도 관장(官長)이 서리(胥吏)들에게 지시하여 지방의 향약·지보를 통해 참석자에게 알리는데, 이 행사에 참석하는 사람들의 평소 행실이 어떤지는 전혀 묻지 않고 오로지 집안 살림이 부유한 사람만 고르는데 그치기도 한다. 이들이 향음주례가 끝난 다음 지현과 관학의 교관에게 두터운 재물로 사례하니, 일은 맡은 관리·서역은 이때를 큰 돈벌이로 생각하여 한몫 단단히 뜯어 내려 하지 않는 사람이 없다. 그렇기 때문에 시골사람들은 자신들이 참석자 명단에 들어갔다는 소식을 들으면 마치 스스로 뜨거운 물이나 불에 빠진 것처럼 생각하여, 언제나 자진하여 자신의 죄를 폭로하거나 아니면 옷을 벗어 곤장을 맞은 흔적을 내보여 [거기에서 빠져 보고자 하는 사람이] 나타나기 마련이니, 이 얼마나 가소로운 일인가! 그래서 조금이라도 스스로를 존중할 줄 아는 사람들은 향음주례를 중시하지 않고, 거기 참석하는 것을 부끄럽게 여기게 되었다. 따라서 지현도 종종 행사에 참석할 사람을 뽑기 어려워 시행을 포기하기도 한다.

향음주례가 오늘날에 이르러서는 이름만 있을 뿐 실질은 없어졌다고 말하는 사람도 있다. 그렇지만 나는 이렇게 말하고 싶다. "향음주례가 오늘날에 이르러 실질이 없어졌을 뿐만 아니라, 아울러 그 이름까지도 없어졌다." 그러나 백성으로 하여금 겸양을 알게 하고, 자제들이 연장자와 노인을 받드는 것을 알게 하며, 학업과 덕행에 힘쓰는 사람들이 어진 이를 우대하는 것이 귀함을 알게 하려면, 향음주례 외에 도대체 어떤 방법으로 이런 점을 스스로 보고 느끼게 할 수 있겠는가?

내 생각으로 주현의 크기는 기껏 100리를 넘지 않는데, 어찌 나이와 덕행을 겸비한 사람이 있는데도 끝내 모를 수가 있겠는가? 평소에 이런 점에 응당 주의를 기울여야 하며, 또한 때가 되면 혹시 벼슬을 했으나 지금은 집에 머물고 있는 신사나 관원, 아니면 숨어 지내면서 높은 덕행을 쌓은 처사들에 대한 소식을 널리 찾아서 모아야 한다. 그런 다음 지현은 엄숙하게 예물과 서신을 갖추어 그들을 초빙해야 한다. 향음 예법에 대해서는 옛날의 것과 절충시키되, 차라리 번잡하게 할지언정 간소하게 해서는 안 되며, 또한 지극히 공경하게 해야지 무례해서는 안 된다. 하지만 기왕에 재물로 사례를 하던 관행이나 서역들의 수탈은 근절시켜야 한다. 게다가 이 전례(典禮)는 조정의 지시를 받아 치르는 것이고 손님의 접대는 나이와 덕망을 기준으로 하는데, 어찌 공식 전례를 치르면서 개인적으로 사례를 받을 수 있고, 어진 손님들을 정중히 접대하면서 수고비를 요구하는 번거로움을 뒤집어씌울 수 있겠는가? 관리·서역이 사례를 받으면 군주를 섬기고 윗사람을 모시는 데 불충을 저지르는 것이다. 또한 향음에 참석한 사람들이 뇌물을 바치면 명성을 얻으려다 오히려 스스로를 욕되게 하는 것이니, "양쪽 모두 손해"라 하지 않을 수 없다. 업적이 탁월한 어진 지방관이 정말로 백성의 모범이 되고 풍속을 교화할 수 있다는 관점에서 진심을 가지고 향음주례를 거행한다면, 어찌 선량한 사람들이 초빙에 응하지 않거나 뭇 백성이 모두 기뻐하며 흠모하지 않는 일이 있겠는가?

夫鄉飲酒之設, 所以敎讓、致敬、尊長、養老、興賢之義備焉. 皆在上者, 以身率先之, 使民知有讓, 而化其所爭, 使民知有敬, 而化其弗恭, 使子弟知有長, 知有老, 而入能盡孝, 出能盡悌, 使務乎學行者, 知賓賢之可貴, 而砥志于德、行、道藝.[266] 故孔子曰: "吾觀於鄉, 而知王道之易易也."[267] 則鄉飲之設, 顧不重哉![268] 『禮記』曰: "主人迎賓於庠門之外,[269] 入三揖而後至

---

266 지지(砥志)는 지지연사(砥志研思)와 같은 뜻으로 온 마음을 다하여 뜻을 이루고자 노력하고 깊이 갈고 닦는다는 뜻이다.

267 이것은 『예기』 권45 「향음주의(鄉飲酒義)」에 나오는 구절이다. "공자께서 말씀하셨다. 내가 향촌에 들어가서 보니 왕도를 실행하는 것이 아주 쉬움을 알겠더라(孔子曰: '吾觀於鄉, 而知王道之易易也.')."

268 고부중재(顧不重哉)는 설마 아직도 중요하지 않는가? 설마 아직도 무겁지 않다는 말인가?라는 뜻으로 보인다. 『사기』 권100 「계포난포열전(季布欒布列傳)」(p.2732)에 처음 "고부중야(顧不重邪)"라는 표현이 나온다. 고(顧)는 다만, 도리어, 어찌 설마 …하겠는가라는 뜻이 있다.

269 상문(庠門)은 고대 향학(鄉學)의 문을 가리킨다.

階,三讓而後升, 所以致尊讓也. 盥洗揚觶,[270] 所以致潔也. 拜至[271]、拜洗[272]、拜受[273]、拜送[274]、拜旣,[275] 所以致敬也."[276] 又曰: "賓主, 象天地也; 介僎,[277] 象陰陽也; 三賓, 象三光也[278]; 四面之坐, 象四時也. 天地嚴凝之氣, 始于西南, 而盛于西北, 此天地之義氣也. 天地溫厚之氣, 始于東北, 而盛于東南, 此天地之仁氣也. 主人者, 尊賓, 故坐賓于西北, 而坐介于西南以輔賓. 賓者, 接人以義者也. 故坐于西北. 主人者, 接人以仁德厚者也. 故坐于東南, 而坐僎于東北以輔主人也."[279] 又曰: "鄕飮酒之禮, 六十者坐, 五十者立侍, 以聽政役,[280] 所以明尊長也. 六十者三豆, 七十者四豆, 八十者五豆, 九十者六豆, 所以明養老也."[281]

『周禮』, "鄕大夫之職,[282] 三年則大比, 考其德、行、道藝而興賢能者", 以鄕飮之禮禮而賓

---

270 관세(盥洗)는 대야에서 손과 술잔을 씻는다는 뜻이고, 양치(揚觶)는 잔을 들어 올린다, 즉 술을 마신다는 뜻이다.

271 배지(拜至)는 손님이 도착했을 때 주인과 방에 들어온 다음 주인이 손님에게 절하는 예의를 말한다.

272 배세(拜洗)는 주인이 손님을 위해 술잔을 씻을 때 손님이 서쪽 계단에서 북면을 향해 절을 하면서 감사의 뜻을 표현하는 것이다.

273 배수(拜受)는 주인이 술을 따를 때 손님이 서쪽 계단으로 자리에서 나와 절을 하면서 술을 받는 예의를 말한다.

274 배송(拜送)은 손님이 술을 받은 후 주인이 절을 하고 돌아가 자리에 앉게 하는 것을 가리킨다.

275 배기(拜旣)는 연회를 베풀어 손님을 접대할 때 손님이 술을 모두 마신 다음 주인에게 감사드리는 예절을 말한다.

276 역시 『예기』 권45 「향음주의(鄕飮酒義)」에서 나온 인용이다. "鄕飮酒之義, **主人拜迎賓于庠門之外, 入三揖而后至階, 三讓而后升, 所以致尊讓也, 洗揚, 所以致也. 拜至、拜洗、拜受、拜送、拜旣, 所以致敬也**. 尊讓敬也者, 君子之所以相接也. 君子尊讓則不爭, 敬則不慢. 不慢不爭, 則遠於鬪辨矣. 不鬪辨, 則無暴亂之禍矣. 斯君子所以免於人禍也."

277 개선(介僎)은 개(介)와 선(僎)으로 향음주례 의식을 보좌하는 사람으로 손님을 돕는 사람은 개, 주인을 돕는 사람을 선이라고 한다.

278 삼광(三光)은 해·달·별을 가리킨다.

279 역시 『예기』 권45 「향음주의(鄕飮酒義)」에 나온 것이다. "**賓主, 象天地也; 介, 象陰陽也; 三賓, 象三光也; 讓之三也, 象月之三日而成魄也; 四面之坐, 象四時也. 天地嚴凝之氣, 始於西南, 而盛於西北, 此天地之尊嚴氣也, 此天地之義氣也. 天地溫厚之氣, 始於東北, 而盛於東南. 此天地之盛德氣也, 此天地之仁氣也. 主人者尊賓, 故坐賓於西北, 而坐介於西南, 以輔賓. 賓者, 接人以義者也, 故坐於西北. 主人者, 接人以仁德厚者也, 故坐於東南. 而坐於東北, 以輔主人也.**" 황육홍의 인용은 밑줄 친 부분이 빠져 있다.

280 정역(政役)은 정사역사(政事役使)라고 하는데, 아마 행정사무와 부세·요역(즉 徵役)을 가리키는 것 같다.

281 역시 『예기』 권45 「향음주의(鄕飮酒義)」에 나온 것이다. "**鄕飮酒之禮, 六十者坐, 五十者立侍以聽政役, 所以明尊長也. 六十者三豆, 七十者四豆, 八十者五豆, 九十者六豆, 所以明養老也**. 民知尊長養老, 而后乃能入孝弟. 民入孝弟, 出尊長養老, 而后成敎, 成敎而后國可安也. 君子之所謂孝者, 非家至而日見之也, 合諸鄕射, 敎之鄕飮酒之禮, 而孝弟之行立矣." 이 문단과 다음 문단의 내용은 『예기』에서 따온 것이 대부분이고 거기에 황육홍 자신의 설명을 약간 추가하고 있지만, 명(明) 황도주(黃道周) 집(輯), 『박물전휘(博物典彙)』(明 崇禎刻本) 권3의 「군례(群禮) 향음수례(鄕飮酒法)」에 요약된 내용과도 상당히 유사하여(『중국기본고적고』의 검색 결과), 아마 이것을 참조한 것으로 보인다. 다만 황도주(黃道周. 1585-1646)는 자는 유평(幼平), 호는 석재(石齋)로 복건 동산(銅山)으로 천계(天啓) 연간의 진사이며, 명의 멸망 이후에도 남명정권에 참가하였다가 피살된 항청영웅(抗淸英雄)이며, 이 책은 만주족을 비난하는 내용이 많아 청초에 금훼(禁毁)되었다고 하므로, 확실하지는 않다. 두(豆)는 식기로 술이나 고기를 담는 제기로도 쓰인다. 다리가 높은 쟁반으로 대부분 뚜껑이 있다.

282 원문에는 경대부(卿大夫)라 되어 있으나 향대부(鄕大夫)의 잘못이다.

之, 所以明興賢也.[283] 夫古之鄕飮有四. 一則三年賓興賢能, 二則鄕大夫飮國中賢者,[284] 三則州長習射, 四者黨正蜡祭. 『周禮』, "黨正國索鬼神而祭祀, 則以禮屬民",[285] 而飮酒于鄕以正齒位,[286] 非卽六十、五十云云, 尊長養老之制乎?[287] [『禮記』]「射義」, "卿大夫士之射,[288] 必先行鄕飮酒之禮,"[289] 非卽州長春秋以禮會民, 而射于州序之制乎?[290]

然蜡射之飮禮久不行. 至于三年賓興, 其宴謂之: '鹿鳴', 而亦不以鄕飮爲名. 今所存者, 惟鄕大夫飮國中賢者耳. 然考之明太祖『大誥』有云[291]: "鄕飮酒禮, 敍長幼, 論賢良, 別奸頑, 異罪人. 其坐席間, 年高有德者居于上, 年高淳篤者並之,[292] 以次序齒而列.[293] 其曾有違條犯法之人, 列于外坐, 同類者成席, 不許干[雜]于善良之席."[294] 是又以尊賢尙齒, 而寓以遠奸警慝

---

283 향대부에 대해서는 『주례』「지관(地官) 향대부(鄕大夫)」에서 그 직능이 설명되고 있다. "鄕大夫之職, 各掌其鄕之政敎禁令. 正月之吉, 受敎法于司徒, 退而頒之于其鄕, 吏使各以敎其所治, 以攷其德行, 察其道藝. 以歲時登其夫家之衆寡, 辨其可任者. 國中自七尺以及六十, 野自六尺以及六十有五, 皆征之. 其舍者, 國中貴者, 賢者、能者、服公事者、老者、疾者, 皆舍. 以歲時入其書. **三年則大比, 攷其德行、道藝, 而興賢者能者. 鄕老及鄕大夫帥其吏與其衆寡, 以禮禮賓之.** 厥明, 鄕老及鄕大夫羣吏獻賢能之書于王, 王再拜受之, 登于天府, 內史貳之. 退而以鄕射之禮五物詢衆庶, 一曰: '和', 二曰: '容', 三曰: '主皮', 四曰: '和容', 五曰: '興舞'. 此謂使民興賢, 出使長之, 使民興能, 入使治之. 歲終, 則令六鄕之吏皆會政致事. 正歲, 令羣吏攷法于司徒, 以退, 各憲之於其所治之. 國大詢于衆庶, 則各帥其鄕之衆寡而致於朝. 國有大故, 則令民各守其閭, 以待政令. 以旌節輔令則達之."

284 국(國)은 여러 뜻이 있다. 나라·부락·국도(國都)·성읍(城邑)·봉지(封地)·지방·가향(家鄕) 등이 그것이다. 여기서는 성읍(즉 성벽도시)을 가리키는 것으로 보인다. 성읍 안의 주민을 국인(國人)이라고 하고, 이와 대비되는 성읍 밖의 지역인 교(郊)·야(野)의 주민을 야인(野人)이라고 부른다.

285 속민(屬民)은 백성을 모은다, 모이게 한다는 뜻이다.

286 치위(齒位)는 연령의 많고 적음에 따라 정해진 자리의 순서를 말한다.

287 이 부분도 바로 앞서 인용한 『주례』「지관 당정」부분을 참조.

288 원문에서 향대부(鄕大夫)라 되어 있으나 경대부(卿大夫)의 잘못이다.

289 『예기』 권46 「사의(射義)」에 나오는 구절이다. 「향음주의」 바로 다음 권이다. "古者諸侯之射也, 必先行燕禮. **卿大夫士之射也, 必先行鄕飮酒之禮**, 故燕禮者, 所以明君臣之義也. 鄕飮酒之禮者, 所以明長幼之序也."

290 주서(州序)는 주의 관학을 말한다.

291 『대고(大誥)』는 명 홍무(洪武) 18(1385)년에 반포된 법률문건으로 10종 항목으로 나뉘었으며, 학궁에 배포되어 독서인들에게 부과되어 모두가 익히게 하였다. 뒤이어 『속편(續編)』·『삼편(三編)』·『대고무신(大誥武臣)』도 반포되었다. 원래 『어제대고(御製大誥)』라는 이름으로 홍무 연간의 형사 안례(案例)나 『대명률(大明律)』과 다른 중형 법령의 반포, 황제의 백성과 관리에 대한 훈계 등으로 구성되어 있었다. 홍무제가 명 초기에 국가기강을 다지기 위해 반포한 『대고』는 『대명률』보다 법률적 지위가 높았고 양형(量刑) 역시 훨씬 무거워, 심지어는 잠시지만 육형(肉刑)이나 불법적인 혹형(酷刑)이 포함되기도 하였으며, 수천만 책을 인쇄하여 전국의 신민에게 모두 1책씩 보유하라고 요구하였다고 한다. 그래서 명대에는 가정에 『대고』를 수장하고 있는 경우에는 유방(流放) 이하의 범죄일 경우 1등급을 경감하여 처벌하였다고 할 정도다.

292 순독(淳篤)은 질박하고 중후하다는 뜻이다.

293 서치(序齒)는 연령에 따라 선후의 순서를 정하는 것을 말한다.

294 원문은 '干干'으로 되어 있으나 '干于'나 '雜于'가 보다 적절한 것 같다. 또한 원문은 중국명사학회(中國明史學會) 등편(等編), 『홍무어제전서(洪武御製全書)』(黃山書社, 1995)에 수록된 「대고(大誥)」의 「향음주례(鄕飮酒禮) 제58(第五十八)」, p.775를 참조할 수 있다("所以鄕飮酒禮, 敍長幼, 論賢良, 別奸頑, 異罪人. 其坐席間, 年高有德者

之意也. 然今世所行, 亦止飮賢而姦頑不與, 每歲以再行,[295] 或孟冬朔爲定制.[296] 乃司牧者恒視爲具文, 而擧廢無時, 竟有終其任未一擧行者. 夫額賦存留支款,[297] 例有鄕飮開銷, 豈徑沒爲中飽, 而使大典湮墜乎?[298] 卽間有行者, 官長聽吏胥指唆, 令約、地開報. 與斯典者, 不問素行何人, 而止擇其家道殷實. 鄕飮之後, 牧宰師儒, 具厚幣致謝, 而執事之人以及胥役莫不需索, 居爲奇貨. 以故鄕人聞其開報, 如陷身湯火, 每有自暴其過及褫衣以示杖瘢者, 不亦大可笑乎? 于是, 稍知自愛者, 以鄕飮爲不足重, 而恥于居之, 故司牧者, 往往難其人而罷之.

說者謂: "鄕飮至于今日, 名存而實亡矣." 鴻謂: "鄕飮至于今日實亡, 而倂其名亦亡矣." 然則, 雖欲使斯民知敬讓之風, 子弟明長老之奉, 務學行者欣然于興賢之可慕, 舍鄕飮而又何自觀感之哉? 鴻以爲州邑之大, 不過百里, 豈有年行俱優之人而竟不知之? 在平日所宜留意, 臨時博加採訪, 或致仕家居之紳宦, 或潛德高行之處士, 司牧者宜莊啓肅幣, 以聘請之. 至其飮禮, 亦折衷于古,[299] 寧繁勿簡, 至敬毋褻. 却止旣事之謝, 嚴絶胥役之求. 況典禮遵之朝廷, 賓介擧乎齒德,[300] 豈有公行典禮而私受謝儀, 敬筵賓介而擾索酬勞者乎? 官胥見納, 于尊君事上爲不忠, 飮者槪施于行賂, 邀名適自辱,[301] 可謂: "兩失之"矣. 夫循卓賢侯誠能于型民化俗起見,[302] 而實意擧行, 安在善良之不應聘, 而衆庶之群胥悅慕乎!

居于上, 年高淳篤者並之, 以次序齒而列. 其曾有違條犯法之人, 列于外坐, 同類者成席, 不許干于善良之席."). 또한 이와 관련된 내용은 『대명태조고황제실록(大明太祖高皇帝實錄)』 권135의 홍무(洪武) 14년 2월 정축(丁丑)조 기사에도 보인다. "太祖謂禮官曰: 鄕飮之禮, 所以序尊卑別貴賤, 先王擧以敎民, 使之隆愛敬識廉恥知禮讓也. 朕卽位以來, 雖以擧行而鄕閭里社之間, 恐未遍習. 今時和年豊, 民間无事, 宜申擧舊章, 其府州縣則令長官主之, 鄕閭里社則賢而長者主之, 年高有德者居上, 高年淳篤者次之, 以齒爲序. 其有違條犯法之人, 列于外坐, 同類者成席, 不許雜于善良之中. 如此則家識廉恥人知禮讓, 而父慈子孝兄友弟恭夫和婦順之道不待敎而興. 所謂宴安而不亂, 和樂而不流者也. 孔子曰: '吾觀于鄕而知王道之易易也', 謂此也." 또는 『황명보훈(皇明寶訓)』의 『명태조보훈(明太祖寶訓)』(中央研究院歷史語言研究所校印明實錄附錄之五, 臺北: 1962) 권2의 「흥예악(興禮樂)」, 33ab에도 같은 내용이 나온다.

295 재행(再行)은 따로 다른 활동을 꾀하는 것을 말한다.

296 맹동(孟冬)은 동계의 첫째 달, 음력 10월을 가리킨다.

297 액부(額賦)는 정액의 부세(賦稅)를 말한다. 즉 그해 징수가 허용된 액수의 부세를 말하는 것이다.

298 인추(湮墜)는 가라앉아 사라진다는 뜻이다.

299 절중(折中. 折衷)은 서로 다른 의견이나 다툼을 조화시킨다는 뜻이다.

300 빈개(賓介)는 대체로 현빈(賢賓)을 가리킨다.

301 요명(邀名)은 좋은 명성을 얻고자 하는 것을 말한다.

302 순탁(循卓)은 이치(吏治)가 청명(淸明)하고 정적(政績)이 탁월하다는 뜻이고, 현후(賢侯)는 덕이나 지위가 있는 사람에 대한 경칭이다. 여기서는 물론 지방관을 가리킨다.

24-12. 문묘 단장(修理文廟)

무릇 옛 현자들의 사당과 분묘를 널리 찾아서 새롭게 단장하고, 옛 사람들의 빼어난 흔적을 두루 찾아다니며 돋보이게 만드는 것은 모두 지방관의 직무다. 그러므로 선사(先師)를 존중하여 예를 올리고 두텁게 문교(文敎)를 숭상하는 데 있어 지성선사(至聖先師)이신 공자의 반궁(頖宮), 즉 문묘(文廟)에 대해서는 특히 주의해야 한다. 그러니 어찌 이를 황폐하고 누추한 채로 놓아두고 수리하지 않을 수 있겠는가? 이를테면 초하루·보름에 향과 촛불을 피우고 참배하는 의식 같은 경우 시기에 앞서 미리 관련 비용을 지급해야 한다. 계단과 섬돌의 무성한 잡초 역시 제때에 제거해야 한다. 담장과 지붕이 무너지고 기울어진 곳은 재빨리 수리해야 한다. 비바람이 스며들어 틈 사이로 빗물이 새는 것을 막기 위해서이다. 또한 붉은 칠로 치장하여 그 겉모습을 더욱 보기 좋게 꾸며야 한다. 이것이 바로 문묘의 제대로 된 모습이며, 이렇게 하는 것은 지방관의 영광이기도 하다.

제사상에 올리는 희생이나 과일을 담는 제기, 지방 제사용 음악과 춤은 반드시 미리 준비해 두어야 한다. 그 진열은 그릇의 수를 감안하여 정성을 다하여 제사를 지내면서 공경함을 펼칠 수 있어야 하며, 음악과 춤, 그리고 외부 치장 모두 성대한 모습을 갖춰야 한다. 큰제사를 지내는 옛 예법에 착오가 없다면 제사는 완벽하지 않겠는가? 하지만 더욱 심한 것은 문묘 안의 양쪽 곁채의 순서에 대해서 작은 현에서는 매번 실수하는 경우가 많다는 점이다. 응당 태학(太學)의 제도를 상세히 살펴보고 옛 서적들을 널리 참고하여, 공문(孔門) 제자들의 선후가 뒤바뀌었다는 조롱을 받지 말아야 하고, 역대 명유(名儒)들의 순서가 뒤섞이는 어지러움을 없애야 한다. 그리고 일단 바로잡으면 영구히 고정된 형식으로 만들어야 하는데, 이 또한 교화를 담당하는 지방관이 응당 주의해야 할 바이다. 그리고 존경각(尊經閣)의 장서는 공자의 옛 저택에서 발견된 고문자로 쓰인 귀중 도서와 무엇이 다르겠는가? 응당 제대로 검사하고 비단 두루마리 축(錦軸)과 아첨(牙籤)을 덧붙여 보관해야 한다. 규성루(奎星樓)의 빼어난 구조는 본래 학교의 녹명(祿命)이 달린 핵심이므로, 신속히 방법을 강구하여 독서인들이 문장을 갈고 닦는 것을 도울 수 있도록 다듬어야 한다. 이것이 이른바 '문화전통의 지도자(斯文領首)이자 모든 독서인의 모범'[이신 공자를 제대로 모시는 방법]이 아니겠는가? 요즈음 관직에서 신속한 출세를 바라는 사람들이 대문에 대충 푸른 색칠을 해 놓고 "문묘의 모습을 일신하였다"고 우기면서 최우수 관원의 명단에 포함되기를 희망하는 것과 비교한다면, 이 일은 결코 더불어 같이 이야기할 수 있는 것이 아니다.

夫博訪前賢之祠墓而新之，旁蒐古人之勝蹟而表之，皆有司之職也．然尊禮先師，敦崇文教，而至聖之頖宮,[303] 尤宜加意，又豈可任其荒陋之不治乎？若朔、望之香燭，先期支給也．階墀之茂草，以時剪剔也．垣廡之欹頹,[304] 亟爲繕葺也．風雨之浸霪,[305] 弗使罅漏也.[306] 乃其飾以丹雘,[307] 增之文采．此固廟貌之光、執事之榮也．至于牲核之豆籩,[308] 鄕祀之樂舞，必先備．其陳設，考其器數，俾祼獻申虔,[309] 歌容兼盛．夫非享禮不忒[310]、祀事孔明乎![311] 然更有其大者，兩廡位次，下邑每多失倫.[312] 宜詳考太學,[313] 博稽舊編，使孔門諸弟，無後先踰越之譏，歷代名儒，無世序凌躐之紊,[314] 一經訂正，永爲定式，斯亦司教化者所宜用心也．若夫尊經閣之藏書,[315] 何異魯壁之靈文、蝌斗?[316] 固宜檢閱，襲之錦軸、牙籤.[317] 奎星樓之勝構,[318] 原爲學

303 앞서 나왔지만, 지성(至聖)은 공자(孔子)를 가리킨다. 반궁(頖宮)은 서주 시대 제후가 설치한 학궁(學宮)을 말한다. 하에서는 학교를 교(校), 은에서는 상(庠), 주에서는 서(序)라고 불렀다고 한다.

304 원무(垣廡)는 담과 처마나 지붕을 말한다. 의퇴(欹頹)는 기울고 무너진다는 뜻이다.

305 침음(浸霪)은 스며든다는 뜻이다.

306 하루(罅漏)는 틈사이로 샌다는 뜻이다.

307 단확(丹雘)은 붉은색의 칠, 주사(朱砂) 종류의 광물을 가리킨다.

308 생(牲)은 희생, 즉 제사에 바치는 맹세와 식용 가축이나 희생을 제사에 바친다는 뜻이다. 핵(核)은 씨 있는 과일을 가리키는 것으로 보인다. 두변(豆籩)에서 두(豆)는 앞서 나온 대로 술이나 고기를 담는 식기·제기다. 변(籩) 역시 굽이 높고 뚜껑이 있으며 과일을 담는 제기를 가리킨다.

309 나헌(祼獻)은 대제사 때 왕과 왕후가 함께 수행하는 의식의 일부를 가리키는데, 여기서는 제사를 말하는 듯하다. 『주례』「천관(天官) 총재(冢宰) 하(下)」의 '내재(內宰)' 부분을 참조. "內宰，掌書版圖之法，以治王內之政令，均其稍食分其人民以居之．以陰禮教六宮．以陰禮教九嬪．以婦職之法，教九御，使各有屬，以作二事，正其服，禁其奇衺，其功緒．**大祭祀，后祼獻則贊，瑤爵**亦如之．正后之服位而詔其禮樂之儀．贊九嬪之禮事．凡賓客之祼獻瑤爵皆贊．**致后之賓客之禮．**" 신(申)은 늘린다, 연장한다, 표명한다는 뜻이 있다.

310 향례(享禮)는 대제(大祭)를 지내는 옛 예법을 말한다. 불특(不忒)은 변경이 없다, 착오가 없다는 뜻이다.

311 공명(孔明)은 완비(完備)·정결(淨潔)·선명(鮮明)·명석(明晰)·명백(明白) 등의 뜻이 있다.

312 하읍(下邑)은 국도(國都) 이외의 성읍이나 소현(小縣)·소지방(小地方)을 가리킨다.

313 태학(太學)은 서주 이래 경사에 설치된 교육행정 기구이자 최고학부를 가리키는데 위·진대부터 청대까지 태학이나 국가감이 설치되거나 아니면 병설되기도 하였다. 명칭이나 제도는 다르지만 모두 왕공귀족의 자제가 다니는 최고학부였고, 학생은 태학생이나 국자생이라 불렸다.

314 능렵(凌躐)은 밟고 넘어서다, 넘다는 뜻이다.

315 존경각(尊經閣)은 문묘(文廟)에 있는 장서관(藏書館)을 가리키는 것으로 보인다.

316 영문(靈文)은 옛날로부터 전래되어 희소하고도 신귀한 가치를 지닌 서적이나 문사를 가리킨다. 노벽(魯壁)은 노(魯)의 공왕(共王)이 궁전을 짓기 위해 공자의 고택(故宅)을 부쉈더니 벽에서 선인(先人)들이 남긴 선진시대의 기록이나 『논어』·『효경(孝經)』 등의 고문경전(古文經典)을 얻었다는 데서 비롯된다. 이것들은 모두 과두문(蝌蚪文)으로 쓰여 있었다고 하므로 노벽은 과두문의 서법(書法)이나 고대의 문화전적을 가리키기도 한다. 과두문은 고문자체의 하나로 필획의 대부분이 머리는 크고 꼬리는 작아 마치 올챙이 같기 때문에 이런 이름이 붙었다.

317 금축(錦軸)은 비단으로 장식한 두루마리 축을 말한다. 아첨(牙籤)은 책갈피에 꽂아 들춰 보기 쉽게 하려고 뼈나 가시 등으로 만든 첨패(簽牌)를 말한다.

校之祿命權衡,[319] 幷亟講求助其雕龍、綉虎.[320] 夫非所謂: "斯文領袖、多士之儀型"耶?[321] 較之邇來希終南之捷徑,[322] 于檽星門外略施紺色,[323] 便謂: "文廟聿新,"[324] 列之報最之書者,[325] 未可同日而語矣.[326]

24-13. 명현 제사(崇祀名賢)

생각건대, "예법에 따르면 선현(先賢)은 동서(東序)에서 제사를 지내고, 향리의 어진 선비는 토지신의 사당(社)에서 제사를 지낸다."라는 글이 있다. 이것이 곧 후세에 향리

---

318 규성(奎星)은 중국 천문학에서 말하는 이십팔수(二十八宿) 가운데 하나로 문장을 주지한다는 주장이 있어, 후세에 억지로 끌어 붙여 신으로 삼았다고 한다. 또한 규성각이나 신상을 세워 제사를 지내면서 문장의 흥쇠를 주관하는 신으로 삼았으므로, 과거시험에서도 시험 합격을 주관하는 신으로 치켜 올려지고, 괴성(魁星)으로 이름이 바뀌기도 하였다고 한다. 따라서 규성루나 괴성루는 모두 독서인에게 있어 지고무상의 지위를 차지하는 이 신을 모시는 건물이다.

319 녹명(祿命)은 녹식(祿食)과 운명(運命), 또는 그것을 추산하는 일을 가리키는데, 인생의 성쇠나 화복·귀천·수명 등은 모두 하늘이 정하였다고 하는 개념에서 나왔다. 권형(權衡)은 저울추(權: 秤錘)와 저울대(衡: 秤杆), 나아가 권력이나 추요(樞要)·법도(法度)·표준(標准) 등을 가리킨다. 저울질하거나 비교한다는 뜻도 된다.

320 조룡(雕龍)은 용무늬를 새겨 넣는다는 것으로 문장으로 장식하는 데 빼어나거나 심혈을 기울여 문장을 갈고 닦는다는 뜻으로 쓰인다. 수호(綉虎) 역시 시문에 뛰어나 글 솜씨가 화려함을 비유하는 말이다.

321 사문(斯文)은 예약교화(禮樂教化)나 전장제도(典章制度), 또는 이러한 문화적 전통을 가리킨다. 이 말은 『논어』 「자한(子罕)」편에 나오는 다음과 같은 구절에서 비롯되었다. "공자께서 광(匡) 지방에서 위기에 빠졌을 때 이렇게 말씀하셨다. 문왕이 이미 돌아가셨으니 그 문화의 전통이 내게 있지 아니한가? 만약 하늘이 이 문화의 전통을 없애고자 하신다면, 문왕보다 뒤에 죽은 존재인 나는 이에 대해 전혀 알지도 못했을 것이다. 하지만 만약 하늘이 이 문화의 전통을 끊고자 하지 않는다면 광 지방 사람들이 나를 어떻게 할 수 있겠는가?(子畏於匡, 曰: '文王旣沒, 文不在玆乎. 天之將喪斯文也, 後死者不得與於斯文也. 天之未喪斯文也, 匡人其如予何.')." 사문은 또는 유사(儒士)나 문인(文人)을 가리키기도 한다. 의형(儀型. 儀刑)은 모범·전범이라는 뜻이다.

322 종남지첩경(終南之捷徑)은 관리가 되는 첩경, 성공에 이르는 지름길이라는 뜻이다. 당(唐)의 노장용(盧藏用)이 관리가 되는 기회를 엿보며 수도 장안(長安) 부근의 종남산(終南山)에 은거하였는데, 후에 은자라는 큰 명성을 얻고, 마침내 왕의 부름을 받아 높은 관리가 되었다는 고사에서 유래한다.

323 영성문(檽星門)은 학궁(學宮)과 문묘(孔墓. 文廟)의 외문(外門)을 가리킨다. 원래 영성문(靈星門)으로 천전성(天田星)에 대한 제사를 지내던 것에서 비롯되었는데, 나중에 격자창문처럼 생겼다고 해서 이렇게 이름이 바뀌었다.

324 율(聿)은 드디어, 마침내, 스스로라는 뜻이다.

325 보최(報最)는 거최(擧最)와 같은 뜻으로 장관이 부하를 고찰할 때 성적이 가장 좋은 사람(最)을 조정에 보고하는 것을 말한다.

326 미가동일이어(未可同日而語)는 불가동일이어(不可同日而語)와 마찬가지로 양자의 차이가 아주 크다, 더불어서 같이 논의할 수 없다는 뜻이다.

의 어진 선비, 즉 향현(鄕賢)과 뛰어난 명성을 얻은 지방관료, 즉 명환(名宦)을 제사 지내게 된 발단이 된다. 그러나 모셔서 제사를 지내는 대상은 반드시 그 절개와 품행이 뒷사람의 모범이 되고 경박한 풍속을 제대로 바로잡을 정도가 되어야만 포함시켜 큰 제사에 부끄러움이 없을 수 있다. 근래에 집안이 좀 부유하거나 본인이 관직 생활을 좀 한 적이 있는 사람들 가운데 헛된 이름을 쫓는 경우는 그 조상을 향현의 반열에 올려놓고자 힘을 쓴다. 학교 교관이나 향리 기로들은 이들이 제공하는 두터운 뇌물로 이익을 얻고, 학정이나 지방관들은 인정에 이끌려 이를 허용한다. 그들이 올린 「공식청원서(公呈)」를 보면 종이 가득히 그 덕행과 업적을 칭송하여 더 이상 명예로울 수 없을 정도다. 관원의 그에 대한 「품평의견(看語)」을 보면 고금의 사례를 끌어들여 증명하다 보니 오래도록 그 현명함을 뛰어넘는 사람이 없을 정도다. 성의 고위 관료는 이 때문에 그대로 비준하여 지방관에게 제사를 지내도록 지시하게 된다. 이렇게 해서 봉사(奉祀) 대상이 된 사람이 사당의 제사 명단에 들어가면, 자손들에게는 조상의 명성을 향리에 널리 떨치는 데 지나지 않을 것이다. 하지만 누가 알겠는가? 그 명단에 올라 선철(先哲)과 더불어 제사를 받았던 향현 가운데에는 또한 [이들과 함께 제사를 받는 일이] 부끄럽다고 하여 자리를 피하려는 분이 나오지 않을까?

또한 무릇 명환(名宦)이라 함은 당시에 그 덕과 은택이 백성의 삶에 크게 미쳐 백세(百世)에 이르도록 오랫동안 추앙을 받고, 후세 사람들이 그가 남긴 업적을 생각하면서 오랫동안 잊지 않아 그를 위해 사묘를 건립하고 초상화를 그림으로써 그 공덕을 드러내어 보답하려는 지방관의 경우를 가리킨다. 이를테면 사천(蜀)에서 군수 직을 맡았던 문옹(文翁), 안휘성(安徽省) 동향(桐鄕)에서 하급 관리 생활을 한 주읍(朱邑), 복건(福建)에서 순무 직을 맡았던 상곤(常衮)은 모두 오랜 세월이 지나도 제사가 끊이지 않는 분이다. 이것은 사람들의 진실한 마음에서 우러나온 것이지 결코 누가 강요해서가 아니다.

오늘날 관직 생활을 하는 사람 가운에는 자기 임지에서 혹은 누구를 가리켜 자신의 선조라고 주장하는 사람도 있다. 그 대상은 사실 이미 시간이 오래 지나서 사대부·독서인 누구도 그 이름을 기억하지 못하는 경우가 많은데, 그래도 그 한두 사람의 호사가에게 부탁하여 이미 찾아볼 수도 없는 그 정치적 업적을 내세운다. 그 내용은 대부분 옛날 소문에 억지로 갖다 붙인 것에 지나지 않지만, 그래도 지방관에게 「공식청원서」를 올려 결국 향현으로 함께 제사를 지내는 명단에 올라가는 경우가 많다. 눈앞에 차려진 제사상은 현재의 지방관 덕분이기는 하지만, 나중에 시간이 좀 지나면 이후의 제사에서 결국 종사(從祀)·조묘(祧廟)처럼 모두 합동 제사(合祀)의 대상으로 전락할 것이니, 명단에 올라간 봉주(奉主)가 시시때때로 제대로 공양받기를 기대하기 어렵다는 점은 알지 못하는 것이다.

향현과 명환을 비교해 볼 때 명환을 너무 많이 제사로 모시는 것은 그 지방의 실정에 어긋나는 것이며, 향현을 제사에 잘못 모시는 것은 풍속·교화의 권장에 이롭지 못하다. 지방관의 경우 정말로 아름다운 규범과 덕행으로 향리에서 널리 칭송되는 사람이 있다면, 비록 독서인이나 백성의 요청이 없다고 하더라도 응당 찾아서 상부에 알려야 한다. 그렇지 않다면 반드시 상세히 알아보고 신중히 처리해야지, 사사로운 이익을 위해 전례를 팔거나, 아니면 뜨거운 위세에 눌려 억지로 상부에 요청하는 일이 있어서는 안 된다. 또한 지나치게 과장된 칭찬으로 제사 명단에 끼워 넣는 일은 실로 나중에 부끄러운 일이 될 것이니, 그 사이에서 잘 헤아려 옆에서 지켜보는 사람들에게 비웃음을 사는 일을 피해야 한다.

옛날 내 고향[강서성 신창현]에서는 추유련(鄒維璉) 선생이 [명말] 복건성 순무로 있다가 병으로 휴가를 내어 집에서 머물고 있었다. 마침 작고한 신창현 한 신사(紳士)의 아들이 현내 신사와 기로들에게 그 아버지를 향현으로 모셔 달라고 청탁하고 있었다. 선생께서는 이를 듣고 탄식하여 말씀하셨다. "관직에 있으면서 명환이 아니었는데, 본적에서 어찌 향현이 될 수 있는가?" 신사와 기로들이 이를 듣고 그 일을 중지시켰는데, 이는 그 신사가 지방관으로 있을 때 부정부패로 연루되어 처벌을 받은 적이 있었기 때문이었다. 추유련 선생은 위독해지자 그 아들에게 훈계하셨다. "죽고 나서 나를 향현으로 모시자고 요청하는 사람이 있더라도, 너는 응당 지방관에게 끝까지 사양해야 한다." 향현으로 모시는 사람이 너무 많아 선생은 그들과 함께하기를 꺼려 하셨던 것이다. 이로 말미암아 보건대 향현으로 모시는 일은 어진 이들에게는 중요한 것으로 여겨지지 않음을 알 수 있으니, 하물며 [단독으로 모셔지는 것도 아니고 겨우] 종사(從祀)되는 것 따위는 어떠하겠는가? 이것이 바로 내가 거듭해서 개탄하는 이유이며, 명환·향현을 제사를 지내는 제도에 대해 안타깝게 여기는 바이기도 하다.

按: "禮有祀先賢于東序,[327] 及祭鄉先生于社"之文,[328] 卽後世祠鄉賢、名宦所由昉也.[329] 然

327 동서(東序)는 궁전의 동쪽 상방(東廂房)으로 도서나 문서를 보관하는 장소를 가리킨다.

328 이 구절은 실제로는 『예기』 등에서는 나오는 것이 아니고, 송(宋) 웅화(熊禾), 『물헌집(勿軒集)』 권2 「삼산군반오현사기(三山郡泮五賢祠記)」(『사고전서(四庫全書)』 집부(集部) 별집류(別集類))나 허상경(許相卿), 『운촌집(雲村集)』 권8 「향현사기(鄉賢祠記)」(『사고전서』 집부 별집류), 또는 구준(邱濬), 『대학연의보(大學衍義補)』(林冠群

祀而祭者, 必其節行足以師表後進、軌範薄俗,[330] 方于大典無媿.[331] 近來家處素封,[332] 或身通仕籍,[333] 便務虛名, 欲躋其先于鄕賢之列. 學校、里耆,[334] 利其厚賂, 文宗守令,[335] 徇以面情. 據「公呈」, 則頌德稱功滿紙, 不能窮其譽, 出「看語」,[336] 則援今證古, 累世無以右其賢. 上憲因而允行, 批令有司致祭, 奉主入祠, 在子若孫, 不過謂揚芳祖考,[337] 著聲鄕閭. 而孰知端居几座,[338] 與先哲同其祼獻者, 不亦涊顔而思却避乎?[339] 夫所謂: '名宦', 必當時德澤及于民生, 愛戴深于百世, 後人思其遺烈,[340] 久而不忘, 爲之建祠繪像, 以表德報功. 如蜀之文翁,[341] 桐鄕之

等 校點, 京華出版社, 1999 中冊, p.568) 권66 「치국평천하지요(治國平天下之要) 질제사, 석전선사지례(秩祭祀, 釋典先師之禮) 하(下)」에 보인다. 구준의 『대학연의보』는 이 책의 다른 곳에서도 인용되고 있으니 아마 여기에서 인용된 것으로 보인다.

329 유방(由昉)은 발단·시작을 의미한다. 방은 상서로운 빛이 처음 나타난다는 뜻이다.

330 박속(薄俗)은 경박한 습속이나 좋지 못한 풍기를 가리킨다.

331 무괴(無媿)는 창피하지 않다는 뜻이다.

332 소봉(素封)은 관작(官爵)이나 봉읍(封邑)이 없지만 그 정도에 필적하는 재부를 가지고 있는 사람을 가리킨다.

333 사적(仕籍)은 관리의 명부를 기록한 책자를 말한다.

334 이로(里耆)는 향리의 기로(耆老)를 말한다.

335 문종(文宗)은 명·청대의 제학(提學)이나 학정(學政)을 존숭하여 부르던 명칭이다. 학정은 각 성에 파견되어 교육행정과 각 부·주·현에서 동생(童生)과 생원(生員)의 고시를 치르는 일을 감독하였던 전문 관원으로 보통 한림원(翰林院)이나 진사(進士) 출신의 경관(京官)이 담임하였다. 임기가 3년이었고, 학정의 지위는 독무와 거의 대등한 정도였다.

336 「간어(看語)」는 원래 사건에 대한 지방관의 「심리의견」을 뜻하지만, 여기서는 관리들이 내리는 평가내용을 가리킨다.

337 양방(揚芳)은 아름다운 향기를 전파한다, 아름다운 이름을 전파한다는 뜻이고, 조고(祖考)는 조상이나 돌아가신 조부를 말한다.

338 단거(端居)는 평상시의 거처를 가리키는데, 여기서는 사당에 모셔진 것을 뜻하고 있다. 궤좌(几座)는 안석(등받이) 자리를 말한다.

339 연안(涊顔)은 땀 흘리는 얼굴이나 더러운 얼굴을 가리키는데, 나아가 수치스럽고 부끄러워한다는 것을 뜻한다.

340 유열(遺烈)은 앞사람이 남긴 업적이나 뜨거운 절개, 몸가짐 등을 가리킨다.

341 문옹(文翁, B.C. 156-B.C. 101)은 이름은 당(党), 자는 중옹(仲翁)으로 전한대(前漢) (오늘의 안휘성) 노강(盧江)군 서(舒)현 사람이다. 경제(景帝) 말년 촉의 군수가 되어 교육을 일으키고 인재를 선발하거나 수리시설을 수리하는데 탁월한 업적을 올렸으며 "인애하고 교화를 좋아하였다(仁愛好敎化)"는 평가를 받았다. 문옹은 특히 교육을 중시하여 하급관리를 장안에 파견하여 박사(博士)로부터 수업을 받게 하거나 율령(律令)을 배우게 한 다음 복귀하게 하여 자리를 주었고, 성도(成都)에서 학궁(學官)을 세우고 입학자에게 요역을 면제시키는 한편 성적이 뛰어난 사람은 군현의 하급관리로 등용하였다고 한다. 또 그는 매번 순시를 나갈 때마다 학관이나 학생 가운데 경전에 밝고 행실이 두터운 사람들을 함께 참가시켜 교화 작업에 나서게 하였고, 이 때문에 촉군의 문풍(文風)이 크게 떨쳐지고 교화가 크게 일어났다고 한다. 후세 사람들은 그를 순리(循吏)의 표본으로 삼기도 하며, 『한서(漢書)』에서는 지금에 이르러 파촉(巴蜀) 지방이 문아(文雅)함을 좋아하는 것은 문옹의 교화덕분이라고 칭송하기도 하였다. 그의 전기 역시 『한서(漢書)』 권89 「열전(列傳) 순리(循吏) 문옹전(文翁傳)」에 실려 있다. 촉 지방에는 그의 전사(專祠)가 세워져 계속되는 제사의 대상이 되었고, 고향인 노강에도 향현사(鄕賢祠. 나중의 忠義祠)가 세워지기도 하였다.

朱邑,[342] 閩之常袞,[343] 皆歷千萬載, 而祀事弗絶者, 實出于人心之誠, 而非有所强迫之也.

若今之食祿其地, 或指某爲其先世, 至有年代久遠、士庶不能擧其名氏者, 而亦屬其一、二好事,[344] 按莫考之政績, 多牽附于舊聞, 公呈當事,[345] 共祀先賢. 不知眼前之籩豆,[346] 原爲現在之簪纓,[347] 及其日後之蒸嘗,[348] 究等從祧之毁主,[349] 安望其時歆而歲饗耶? 以鄕賢、名宦較之, 濫祠名宦, 猶不失爲地方之過情,[350] 謬祀鄕賢, 則有乖于風化之激勸.[351] 司牧處此, 果有

---

342 주읍(朱邑, ?-B.C. 61)은 자가 중경(仲卿)으로 전한대(前漢) 오늘날의 안휘성 노강군(盧江郡) 서(舒)현 사람이다. 젊어서 서현 동향(桐鄕)의 색부(嗇夫)를 지냈는데 청렴하고 공평한데다가 가혹하지 않았으며, 백성을 사랑하여 태형(笞刑)을 내린 적이 없고, 노인과 고아·과부를 돌보았기에 이곳 관리와 백성이 사랑하고 존경하였다고 한다. 이후 지방관으로서의 업적과 덕행으로 대사농(大司農)의 자리에까지 올랐는데, 병들어 죽게 되었을 때 아들에게 "나는 옛날 동향의 하급관리였는데 그 백성이 나를 사랑하였으니 반드시 나를 동향에 묻어 달라. 후세 자손들이 나를 받들더라도 아마 동향 백성만 못할 것이다(我故爲桐鄕吏, 其民愛我, 必葬我桐鄕. 后世子孫奉嘗我, 不如桐鄕民.)."라고 부탁하였다고 한다. 과연 동향에 묻혔는데, 백성이 그를 위해 사당을 세우고 제사를 지내는 일이 오랫동안 그치지 않았다고 전해진다. 그의 전기 역시 『한서(漢書)』 권89 「열전(列傳) 순리(循吏) 주읍전(朱邑傳)」에 실려 있다.

343 상곤(常袞, 729-783)은 섬서성(陝西省) 서안(西安) 출신으로 자가 이보(夷甫)이며 755년 장원 급제하여 관직에 들어선 이후 누차 문하시랑(門下侍郎)·동평장사(同平章事)를 지내면서 기무(機務)를 장악하였다. 그는 문사(文辭)가 뛰어나고 과거에 급제한 것을 용인(用人)의 표준으로 삼아 매관(買官)의 길을 막았다고 하며, 조정 관원의 봉록도 자신의 호오(好惡)에 따라 결정할 정도였다고 한다. 하지만 덕종(德宗)이 즉위한 다음 하남소윤(河南少尹)으로 쫓겨났다가 다시 조주자사(潮州刺史)·복건관찰사(福建觀察史)로 좌천되었다. 그러나 이곳에서 상곤은 교육을 중시하여 향교를 증설하고 스스로 강의에 나섰기에 복건성의 문풍(文風)이 새롭게 바뀌었다고 할 정도이다. 그는 임지에서 사망하였다. 그의 전기는 『구당서(舊唐書)』 권119 「열전(列傳) 상곤(常袞)」을 참조. 민(閩)은 복건성의 별칭이다.

344 호사(好事)는 일을 일으키는 것을 좋아하고 일이 많은 것을 즐기는 사람, 또는 열심히 일을 돕는 사람을 가리킨다.

345 당사(當事)는 임사(任事)·임직(任職)·당권자(當權者)라는 뜻이 있다. 따라서 지방당사는 바로 지방관, 또는 지방관으로 일한다는 것을 뜻한다.

346 제기인 두(豆)와 변(籩)을 이른다.

347 잠영(簪纓), 즉 비녀와 갓끈은 관리의 관모 장식으로 현귀(顯貴)함을 비유하기도 한다.

348 증상(蒸嘗)은 본래 가을과 겨울의 제사를 가리키던 것인데, 나아가 제사를 지칭하게 되었다.

349 종(從)은 더불어 부속으로 치르는 제사, 즉 부제(附祭)나 배제(陪祭)를 가리키는 것이고, 조(祧)는 조묘(祧廟)로 원조를 합사(合祀)하는 사당을 가리킨다. 한편 시대가 지남에 따라 새로운 사망자가 발생하면 조상의 사당에서 고조(高祖)의 묘(廟)를 없애고, 그 신주(神主)를 태묘(太廟)로 옮기는데, 그때 없애는 묘를 훼묘라고 하며, 훼묘지주는 바로 그 신주를 가리키는 것으로 보인다. 이에 대해서는 『춘추공양전(春秋公羊傳)』 문공(文公) 2년조 기사에 "대사란 무엇인가? 대협을 말한다. 대협이란 무엇인가? 합동제사를 말한다. 합동제사란 무엇인가? 폐지된 묘의 신주를 대조의 묘(太廟)에 함께 진열하는 것이다. 훼묘가 되지 않은 신주는 모두 위로 올리고, 태묘에서 함께 제사를 지낸다(大事者何? 大祫也. 大祫者何? 合祭也. 其合祭奈何? 毁廟之主, 陳於大祖; 未毁廟之主, 皆升, 合食於大祖.)."라는 내용을 참조할 수 있다. 하휴(何休)의 주(注)에서는 "훼묘라는 것은 직계존속이 고조를 넘으면 그 묘를 폐지하고 그 신주를 대조의 묘에 보존하는 것을 말한다(毁廟, 謂親過高祖, 毁其廟, 藏其主於大祖廟中.)." 라고 하였다.

350 과정(過情)은 실제 정황을 초과한 것, 또는 상정(常情)을 벗어난 것이라는 뜻이다.

351 풍화(風化)는 풍교(風教)·풍기(風气)·풍속(風俗) 또는 도덕규범에 대한 교육과 감화를 가리킨다. 격권(激勸)은

芳規、懿行,[352] 黨里著稱,[353] 雖無士民之請, 猶當訪而上聞. 否則, 務須詳愼, 勿以營私而黷典, 甚或勢焰熏灼,[354] 勉從詳請. 至于溢美之申,[355] 捧主之入, 實有餘慙,[356] 似亦宜斟酌其間, 免爲旁觀者所竊笑耳.[357]

昔鴻鄕少司馬鄒匪石先生,[358] 以撫閩, 告病家居. 邑有故紳子, 囑邑衿者, 爲其父請崇祀鄕賢. 先生聞而歎曰, "居官不能爲名宦, 在籍安能爲鄕賢?"[359] 衿者聞之, 事乃寢, 以此君外任簠簋不飾被論故也.[360] 及先生疾篤, 戒其子曰, "吾死後, 有以鄕賢請者, 汝當爲邑父母固辭之." 蓋因鄕賢濫廁者多, 先生不屑與居耳.[361] 由是觀之, 鄕賢不爲賢者重, 而從祀者又安足重乎?[362] 此鴻所以反覆致慨,[363] 爲秩典惜也.[364]

격발하고 장려한다는 뜻이다.

352 방규의행(芳規懿行)은 아름다운 모범과 행적을 뜻한다.

353 당리(黨里)는 향당인리(鄕黨鄰里), 즉 향리를 말한다.

354 세염(勢焰)은 세력과 기염을 말한다. 훈작(熏灼. 燻灼)은 태우다, 굽다, 불처럼 뜨겁다는 뜻으로 남을 압박하는 기세를 비유하기도 한다.

355 일미(溢美)는 지나친 찬미를 말한다.

356 여참(餘慚. 餘慙)은 다하지 못한 참회와 부끄럼을 말한다.

357 절소(竊笑. 竊咲)는 몰래 비웃는다는 뜻이다.

358 향(鄕)은 여기서는 황육홍의 고향 강서성(江西省) 신창현(新昌縣)을 말한다. 사마(司馬)는 원래 주대의 육경 가운데 하나로 군사문제를 장악하던 관리였다. 대사마는 나중에는 병부상서의 별칭으로 쓰이게 되었고, 소사마는 병무시랑(兵部侍郎)의 별칭이 되었다. 순무는 병무시랑 직함을 같이 가지므로 여기서 소사마는 바로 순무(巡撫)를 가리킨다. 이 책의 제1권 출사부 「1-10. 「품첩」의 우송(郵「稟帖」)」에 이미 나온 바 있지만(황육홍은 그를 장인[外父]이라고 부르고 있으니, 황육홍은 그의 사위다), 추비석(鄒匪石)은 복건순무(福建巡撫)를 지낸 추유련(鄒維璉)을 가리킨다. 비석(匪石)이나 달관루(達觀樓)는 그의 호이다. 자는 덕휘(德輝) 또는 덕요(德耀)로 강서성(江西省) 신창현(新昌縣) 사람으로 명의 만력(萬曆) 35년 진사 출신이다. 청엄(淸嚴)한 관료로 유명하여 당시 실권자였던 환관 위충현(魏忠賢)을 대간(大姦), 대악(大惡)으로 탄핵하는 상소를 올렸지만, 다행히 좌천당하는 것으로 그쳤나. 『명사(明史)』 권235 「열전(列傳) 추유련(鄒維璉)」에 있는 사가(史家)의 찬(讚)에는 "추유련이 환관 위충현에게 항거하고 역당(逆黨)의 무리를 거역하였지만, 처벌이 그나마 단지 유배로 끝난 것은 다행이다('鄒維璉抗魏奄,拒逆黨,僅坐謫戍, 幸矣.')."라고 평가하였다.

359 재적(在籍)은 본적지에 거주한다는 뜻이다.

360 외임(外任)은 지방관으로 부임한다거나 지방관직을 말한다. 보궤(簠簋)는 보와 궤라는 곡식을 담는 두 가지 예기(禮器)를 가리키지만, 뇌물을 가리키기도 한다. 그래서 보궤불식(簠簋不飾)은 관리생활을 하는데 청렴하지 못한 사람을 가리키는 완곡한 표현이기도 하며, 보궤지풍(簠簋之風)은 관리가 재물을 탐하여 뇌물을 받는 풍기를 가리킨다.

361 불설(不屑)은 가치 있다고 생각하지 않는다, 개의치 않는다, 경시한다는 뜻이다.

362 종사(從祀)는 정사(正祀)를 지낼 때 함께 부속으로 제사를 지낸다는 뜻이다. 즉 배향(配享) · 부제(附祭), 또는 배제(陪祭)를 가리킨다.

363 치개(致慨)는 개탄하다는 뜻이다.

364 질전(秩典)은 의례의 등급에 따라 거행되는 제사를 가리키며, 질사(秩祀)도 마찬가지 뜻이다.

24-14. 열녀와 효자의 표창(旌表節孝)

지방관의 업무에는 부녀자의 절개와 극진한 효자를 표창하는 규정이 있다. 그러나 벽지에서 고결한 덕행을 쌓지만 집안 형편이 좋지 않거나, 은거하여 스스로를 수행하면서 밖으로 드러내는 것을 바라지 않는 사람들도 많다. 그럴 경우 지방관은 어떻게 이들을 표창해 줄 수 있을 것인가? 그런데 오늘날 표창을 받는 경우는 대부분 현성 내의 갑부나 아니면 큰 가문의 신사로 누군가 공동으로 추천해 주거나 아니면 여기저기 지원해 주는 사람이 아주 많은 경우가 대부분이다. 이것이 바로 길가의 복숭아나무 아래에는 지름길이 생기지만, 깊은 골짜기 속 향기로운 난초(芝蘭)는 아무도 캐어 가지 않은 채 저절로 시든다는 뜻이 아니겠는가! 따라서 지방관이 된 사람은 마땅히 해마다 이장·기로에게 지시하여 벽지의 외진 곳까지 찾아다니며 정말로 절부(節婦)·열녀(烈女)·효자(孝子)·순손(順孫)으로 아름다운 행동이 매우 뛰어난 경우가 있으면, 관련 사실을 열거하여 그 친척·향약·지보 등과 더불어 연명하여 추천할 수 있도록 함으로써 사실 여부를 검토해야 한다. 그런 다음 기로 유생이 함께 「공식청원서」를 갖추어 올리고, 주현의 유학에서 같은 마을이나 이웃 사람들의 「확인서」를 받아 낸 다음 지방관이 각기 상관에게 보고해야 한다. 이렇게 해야만 비로소 윤리를 숭상하고 숨어 있거나 가려진 훌륭한 사람들을 드러내서 장려해 주는 현명한 지방관의 지극한 뜻이 실행에 옮겨질 수 있다. 만약 반드시 누군가가 요청하는 것을 기다린 다음에야 [지방관이 상사에게] 이것을 전달해 주는 데 그친다면, 이른바 '깊은 골짜기의 향기로운 난초'가 사람들의 눈에 띄는 날이 언제 오겠는가?

나는 또한 다음의 일을 염두에 두고 있다. 즉 노비나 첩 가운데에는 정실부인이 일찍 죽었지만 그녀를 대신해서 고아를 성년이 되도록 양육한 경우도 있고, 가장이 함께 죽었는데도 여전히 지조를 지키며 개가를 하지 않은 첩도 있으며, 늙은 노복 가운데 주인이 남긴 자식을 보필하여 힘써 가문을 일으킨 경우도 있고, 의로운 노복이 적의 창끝에 맞아 목숨을 버리면서 주인을 구한 경우도 있다. 이들의 행적은 정영(程嬰)·공손저구(公孫杵臼)·이선(李善)·왕안(王安)과 같은 의협(義俠)과 과연 무엇이 다른 것일까? 그렇지만 규정에 걸려 이들은 조정의 표창을 받는 은전을 입는 경우가 없다. 이것은 혹시 그 비천함 때문에 감히 황상의 귀를 더럽힐 이야기를 여쭐 수 없어서 그런 것일까? 지방관의 입장에서는 도덕 윤리를 장려하기 위해서라도 이들에게 높은 문설주로 만들어진 패방(牌坊)은 지어 주지는 못한다고 할지라도 대신 편액이라도 지급하여 내려 주는 것이 필요할 것이다.

【○ 최근에 남편이 죽자 아내가 따라 죽은 경우가 있고, 또한 정혼을 하였지만 아직 시집을 가지 않았는데 혼인 직전에 남편이 죽자 여자가 따라 죽은 경우도 있다. 이들은 모두 천성이 강직하여 죽고 사는 것 때문에 일부종사(一夫從事)하는 의로움을 버리지 않은 것이다. 그러나 정례(定例)를 살펴보면 이들은 모두 표창의 대상에 들어가지 못한다. 어찌 자신의 신체 일부를 훼손하고 스스로 그 생명을 끊어서 하늘이 내린 운명에 따르는 올바름을 버린다는 말인가? 어떤 사람은 말한다.

남편이 죽으면 시어머니가 남아 있고 아버지가 죽으면 자식이 있으니, 남편을 대신하여 시어머니를 모실 수 있고 아버지를 대신하여 자식을 양육할 수도 있는 게 아닌가? 왜 꼭 저승으로 따라가야만 비로소 뛰어난 절개라고 할 수 있다는 말인가? 그렇지만 신부될 여자가 친영(親迎) 날짜도 아직 정하지 않았고 합환주를 마시는 의식도 아직 치르지 않았다면, 여전히 처녀나 마찬가지인 셈이다. 그럼에도 결국 부인됨을 자처하면서 갑작스레 목숨을 끊는다면, 예법에 합당한 바가 아닌 것 같다. 만약 이 두 경우를 모두 표창한다면 아마도 생명을 가볍게 여기는 사람이 늘어날 것이니, 이는 힘써 생명을 온전하게 만들고자 하시는 황상의 지극히 인자한 뜻과도 크게 어긋난다.

내 생각은 다음과 같다.

나는 정말 어리석어 대도(大道)가 뭔지 모르지만 잠시 이 일에만 한정하여 추론을 해 보자. 세상에는 시어머니도 자식도 없지만 따라 죽는 것은 어렵다고 그래도 홀로 남아 미망인으로 살아남겠다는 여자들이 있지 않은가? 또한 정혼을 하여 이미 명분이 정해진 상태에서 불행히도 배우자가 죽었다면 여자가 시집에 가서 시어머니를 모시고 살려고 해도 부부가 함께 살지 못하는데 혼자만 살려고 달아났다는 비난을 피할 수 없다. 그렇다고 친부모에게 의탁하여 늙어 가려 하여도 결혼예물만으로는 과부가 된 슬하의 딸이 생계를 유지하기 곤란하니 부모는 오로지 [딸에게] 차분하게 죽음을 맞이하여 이 일생의 대사를 끝내라고 할 수 있을 뿐이다. 나는 남편이 죽었는데 시어머니와 자식이 없는 부인이나 아직 혼인하지 않았는데 남편이 죽은 여자가 남편의 뒤를 따라간 경우에 대해서는 그래도 표창을 해 줌으로써 윤리를 바로잡고 풍속과 교화를 유지해야 한다고 생각한다. 만약 "생명을 가벼이 여기는 것을 경계해야 한다"고 한다면, 확실히 매우 어진 생각이기는 하다. 하지만 나라가 어려움을 당했을 때 신하가 혹 비분강개하여 몸을 던지고 전 가족이 순국(殉國)하였다면, 이에 대해서는 목숨을 버려 의로움을 택하였다고 하지 않을 사람이 없을 것이고, 그에 대한 표창도 더욱 커질 터이다. 이런 경우에 생명을 가벼이 여겼다고 할 수 있을까? 내가 옛날에 중앙의 조정에서 근무할 때에는 여기까지 생각이 미치지 못하였다. 바라건대 훗날의 군자 가운데 황상을 가까이서 모실 수 있는 자리에 앉게 되면 앞서 말한 여자들이 일반 절부(節婦)처럼 똑같이 나라의 큰 표창을 받을 수 있도록 특별 상소를 올려 요청해 주는 사람이 있기를 기대한다. 그렇게 함으로써 이 열녀들의 빛이 영원토록 천지간에 밝게 빛날 수 있을 것이다.】

地方當事, 俱有旌表節孝之例.[365] 但幽芳僻處,[366] 家世寒微,[367] 潛行自脩, 不肯求表著者多矣. 當事何由而旌異乎?[368] 然今之表揚, 類皆城郭素封、搢紳巨族,[369] 或公擧之有人, 與援引之多力.[370] 非其道傍之桃李下可成蹊, 而深谷之芝蘭不採自萎耶? 爲司牧者, 宜歲令里耆, 訪其僻遠孤寒, 果有節婦[371]、烈女[372]、孝子、順孫懿行卓然者,[373] 許開列事實, 率其族屬鄕地, 連名擧報, 俟官察實. 然後衿耆具呈,[374] 州縣儒學取具里鄰「甘結」, 申詳各憲, 始見仁侯崇勵倫常, 闡拔幽隱之至意. 若必俟請求而後, 爲之轉達, 則所謂: '深谷芝蘭,' 又何有采芳之日哉?

---

365 정표(旌表)는 관부에서 충효절의(忠孝節義)가 뛰어난 사람을 위해 패방(牌坊)을 세우거나 편액(匾額)을 내려줌으로써 표창하는 것, 또는 그 패방이나 편액을 가리킨다. 절효(節孝)는 정절(貞節)과 효순(孝順)을 가리킨다.

366 유방(幽芳)은 그윽한 향기이지만, 여기서는 고결한 덕행(德行)을 비유한다.

367 가세(家世)는 가문이나 가족의 세계(世系)를 말한다. 한미(寒微)는 출신이 가난하고 천하며, 가세가 낮고 별 볼 일 없다는 뜻이다.

368 정이(旌異)는 정표(旌表)와 같은 뜻으로 표창한다는 뜻이다.

369 성곽(城郭)은 성시(城市), 여기서는 현성(縣城)을 뜻한다. 소봉(素封)은 관작(官爵)이나 봉읍(封邑)이 없지만 재부가 이에 비할 만한 사람을 가리킨다. 진신(搢紳)은 관복에 두르는 허리띠(紳)에 홀(笏)을 꽂고 있다는 뜻에서 비롯되었는데, 보통 신사(紳士)·향신(鄕紳)·신금(紳衿)·진신(縉紳)이라는 용어와 같은 뜻이다. 신사의 신(紳)은 허리띠를 가리키는데, 여기서 관직에 올랐다가 향리로 퇴거한 사람을 부르는 명칭이 되었다. 금(衿)은 청금(靑衿)으로 생원(生員)이 입는 복장인데, 결국 생원을 가리키는 말로 사용된다. 사(士)의 경우도 학위를 가지고 있지만 아직 관직을 경험하지 못한 독서인을 가리킨다. 향신은 향리에 거주하는 신사라는 뜻이다. 결국 이 모든 용어는 학위를 가지고 있고 관직을 경험했거나 아직 관직에 오르고자 준비하는 사람을 가리키는 것이다. 따라서 현직 관료는 일단 신사에서 제외되지만, 퇴직·휴직, 또는 병가 중인 관리는 신사에 포함된다.

370 원인(援引)은 추천한다는 뜻이다.

371 절부(節婦)는 절조를 지닌 부녀, 남편이 죽고 나서도 재가하지 않는 부녀를 가리킨다.

372 열녀(烈女)는 의를 중요시하고 삶을 가볍게 여기는 여자, 특히 순절(殉節)한 여자를 가리킨다.

373 순손(順孫)은 부모·조상에 효성스럽고 순종하는 손자 세대를 가리킨다. 이행(懿行)은 선행(善行), 아름다운 행동을 말한다.

374 금기(衿耆)는 유생 가운데의 기로(耆老)를 말한다.

鴻更有念者, 人之妾僕, 有嫡配早亡而爲之撫孤成立,[375] 有家長並沒而爲之守志不移, 有老奴輔遺孽而竭力興家, 有義僕嬰賊鋒而捨身救主, 此與程嬰、公孫杵臼[376]、李善[377]、王安諸義俠何異哉?[378] 然格于例, 而不獲邀褒典于朝廷, 抑以其卑賤而不敢褻瀆聖聰乎?[379] 在司牧者, 爲風獎綱常起見, 又不可不給扁, 以代卓楔之旌也.[380]

【○ 近有婦因夫亡而以身殉者, 有女許字在室,[381] 因未娶夫亡而以身殉者. 此皆天性貞剛, 不以死生而移其從一之義者也.[382] 然考之定例, 俱不在旌表之列. 豈以毁傷支體, 自戕其生, 而失順命之正乎? 說者曰: "夫死姑存, 父死子存, 能代夫以養姑, 代父以撫子, 不亦可乎? 又何必追隨泉壤,[383] 始稱奇節耶. 若夫女子親迎之期未卜,[384] 合巹之禮未成,[385] 猶然處女也.

---

375 적배(嫡配)는 정처(正妻)를 가리킨다. 무고(撫孤)는 고아가 된 아이를 키운다는 뜻이고, 성립(成立)은 여기서는 성장하여 자립한다는 뜻이다.

376 정영(程嬰)과 공손저구(公孫杵臼)의 고사는 『사기(史記)』 권43 「세가(世家) 조세가(趙世家)」에 나온다. 정적 도안가(屠岸賈)에게 피살당한 조삭(趙朔)의 유복자를 지키기 위해 정영은 유복자를 자기 아들과 바꿔치기한 다음 공손저구가 정영의 아들을 데리고 숨어 있다고 고발하여 자신의 아들이 [조삭의 유복자로 오인되어] 피살당하게 함으로써 조삭의 유복자를 살아남게 하였다. 정영은 도안가의 문객이 되고 조삭의 유복자는 도안가의 의붓아들이 되었지만, 이 아이가 성년이 되자 사실을 알려 주어 유복자 조무(趙武)가 복수를 하게 한다는 줄거리다.

377 이선(李善)은 아마 『태평어람(太平御覽)』에 나오는 이선인 것 같다. 『태평어람』에는 남양(南陽) 사람 이선(李善. 자는 次孫)에 대한 고사가 여럿 실려 있다. 이를테면 권420에서는 『동관한기(東觀漢記)』를 인용하여 본래 같은 현 이현(李玄)의 창두(蒼頭)였는데, 이현 가문의 사람들이 잇따라 사망하고 고아 속(續)만이 겨우 태어난 지 몇 십일이었지만, 그 재산은 천만을 헤아릴 정도였기에 여러 노비가 공모하여 속을 죽이고 재산을 나누려 하였다. 그러나 이선이 속을 등에 지고 도망쳐 다른 고장에 숨어 살면서 친히 키웠는데 마치 장군(長君)을 모시는 것처럼 하여 일이 있으면 길게 무릎을 꿇고 청하여 아뢴 다음 행하였기에 주변 사람들이 그에 감동하여 모두 의로움을 닦게 되었다는 것이다. 속이 10여 세가 되자 이선은 함께 고향으로 돌아온 다음 재산을 되찾고 장리(長吏)에게 고하여 옛 노비들을 모두 잡아들여 죽였는데, 현령은 이것을 상서하여 선행으로 추천하였다고 한다.

378 역사상 유명한 인물로 이름이 알려진 왕안(王安)은 아마 명대의 환관인 왕안으로 보인다. 그는 자는 윤일(允逸)로 웅현(雄縣. 오늘날의 하북성 보정시) 사람으로 사람됨이 강직하여 만력 연간 당시 황제의 총애를 받은 정귀비(鄭貴妃)가 자기가 낳은 아들을 태자로 삼으려는 모략을 꾸밀 때 줄곧 황장자를 보좌하여 그를 보호하였다. 황장자가 마침내 광종(光宗)으로 즉위한 다음 환관의 최고 직위인 사례감(司禮監)의 병필태감(秉筆太監)에 올라 조정 내외의 칭송과 존중을 받을 성노였지만, 이후 희종(熹宗) 재위시기에 득세한 환관 위충현(魏忠賢)에게 의해 죽임을 당하였다. 명대의 마지막 황제 숭정제(崇帝)는 즉위 후 왕안의 사당에 소충(昭忠)이란 편액을 내려 주었다고 한다.

379 설독(褻瀆)은 더럽힌다는 뜻이고, 성총(聖聰)은 황제의 귀를 말한다. 즉 잘못된 이야기로 황제의 귀를 더럽힐까 두렵다는 이야기인 것이다.

380 탁설(卓楔)은 높은 문설주를 말한다.

381 허자(許字)는 결혼 승낙, 즉 약혼을 의미하고, 재실(在室)은 여자가 약혼을 하였지만 아직 시집을 가지 않았거나 아니면 갔다가 친정으로 돌아온 경우를 가리킨다. 보통 미혼여성을 가리키는 경우로도 쓰인다.

382 종일(從一)은 여자가 두 남편을 섬기지 않고 남편이 죽은 다음 다시 결혼하지 않는 것을 가리킨다.

383 천양(泉壤)은 지하나 무덤구멍(墓穴)을 가리킨다.

384 친영(親迎)은 혼인 육례(六禮) 가운데 하나로 신랑이 직접 신부 집에 가서 신부를 맞이하여 입실하게 한 다음 맞절 의식과 합환주를 마시는 의식을 말한다.

385 합근(合巹)은 혼례의식 가운데 하나로 박을 나눠 두 개의 표주박을 만든 다음 신혼부부가 하나씩을 들고 술을 마

而遂以婦志居然畢命, 似於禮有未當. 且二者皆旌正, 恐輕生者多, 甚非所以仰體皇仁矜全生命之至意也.” 余曰: “鴻誠愚, 罔知大道, 姑就事以推, 世有無姑與子, 義難獨存,[386] 亦將忍作未亡人乎? 卽女子旣已許人,[387] 名分有定, 不幸偶亡, 欲往而事姑, 則伉儷未諧,[388] 仍蹈自奔之誚. 欲依親以老, 則鴈羔有聘,[389] 難爲膝下之孀計, 惟有從容就義,[390] 以了此一生大事耳. 愚以爲婦之夫死無姑與子, 及女子未嫁之夫死, 而以身殉者, 仍應旌表, 以正彝倫而維風化.[391]若謂: ‘輕生是戒,’ 固屬深仁, 然有臣當患難, 或慷慨捐軀, 全家殉國, 莫不稱舍生取義, 褒贈有加, 而亦得以輕生置之哉! 鴻昔待罪掖垣,[392] 慮未及此. 願後之君子, 獲近侍淸班,[393] 特疏上請, 與貞節同邀盛典, 庶千秋閨烈光昭于天壤矣”】

시는 것이다. 이 때문에 성혼(成婚)을 가리키기도 한다.

386 의(義)는 여기서 사절(死節), 순난(殉難)을 뜻하는 것으로 해석하였다.

387 허인(許人)은 여자가 결혼을 약속하는 것을 말한다.

388 항려(伉儷)는 아내·짝, 또는 여자가 시집가서 아내가 되는 것을 말한다. 부부를 가리키기도 한다.

389 고안(羔雁. 羔鴈)은 작은 양과 기러기로 혼빙 예물을 말한다.

390 취의(就義)는 정의를 위해서 죽는다는 뜻이다.

391 이륜(彝倫)은 사람으로서 지켜야 할 떳떳한 도리를 말한다.

392 액원(掖垣)은 황궁의 담벼락을 말한다. 당대(唐代)에는 문하성(門下省)과 중서성(中書省)을 가리켰는데 각기 금중(禁中)의 좌우 겨드랑이(掖) 부분에 있었기 때문이었다. 이후에는 유사한 중앙 부서를 가리키는 말로 사용된다.

393 청반(淸班)은 청귀(淸貴)한 관직을 가리킨다.

| 제25권 |

교양부 敎養部 1

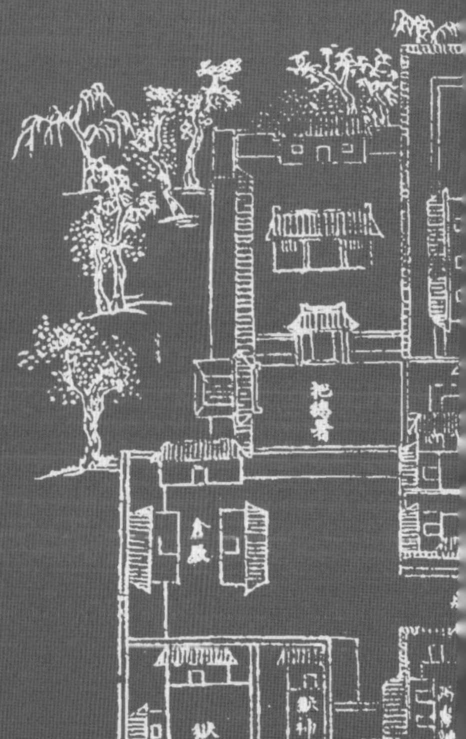

福惠全書

25-01. 총론(總論)

무릇 옛적의 주현관은 백성을 가르치고 먹여 살리는 것(敎養)을 우선시하지 않음이 없었다. 그리고 그다음이 세금 징수를 독촉하는 것이었고, 형벌을 가하는 것은 또한 그다음이었다. 백성이 가르침을 받지 못하면 효제(孝悌)와 예의(禮義)를 알지 못하고, 윗사람을 범하고 반란을 일으키는 일을 하지 않음이 없다. 또한 백성을 먹여 살리지 않으면 위로는 부모를 봉양하거나 아래로는 처자식을 양육하지 못하니, 고향을 떠나 정처 없이 떠돌아다니게 될 염려를 피할 수 없다. 이런데도 그들을 독촉하면서 세금을 납부하도록 날마다 채찍과 몽둥이로 두들겨 팬다면 약한 사람들은 어차피 살을 베어 내더라도 그런 요구를 채울 방법이 없고, 억센 사람들은 위험을 무릅쓰고 핍박에 저항할 것이다. 그런 다음에야 결국 형벌은 세금 징수의 어려움을 해결해 주지 못하며, 세금을 징수하려면 우선 백성을 가르치고 먹이는 일이 선행해야만 한다는 요점을 알게 되는 것이다.

일찍이 옛적의 훌륭한 지방관의 이치(吏治)가 어땠는지를 되돌아보자.[1] 이를테면 문옹(文翁)은 촉(蜀) 지방을 다스릴 때에 이 지방이 궁벽하여 오랑캐의 풍속이 남아 있자, 이 지방 자제들을 경사(京師)로 보내어 공부하게 하였고, 이로부터 백성의 풍속이 크게 바뀌어 학자들은 이곳을 제(齊)나 노(魯) 지방[처럼 전통 문화의 중심이었던 중원 지역]과 비교하게 되었다. 황패(黃霸)는 영천(潁川) 태수가 되자 힘써 교화를 행하고 그런 다음에야 형벌을 사용하였는데, 그 다스림의 성과가 천하제일로 평가를 받았다. 노공(魯恭)은 중모(中牟) 지방을 다스릴 때 오로지 덕으로 감화시키는 것으로 다스렸다. 허형(許荊)은 계양(桂陽) 태수를 지낼 때 어떤 형제의 재산 다툼이 있자 교화가 이루어지지 못한 책임은 태수 자신에게 있다고 하였고, 이에 형제가 잘못을 깨닫고 각자 벌을 받겠다고 나설 정도였다. 이러한 사례들은 바로 백성을 가르치는 것을 우선시한 것이 아니겠는가? 한편 소신신(召信臣)은 남양(南陽) 태수로 가서 몸소 농경을 권하면서 논밭에 출입하였고, 두시(杜詩)는 백성을 위해 저수지를 만들고 경지를 크게 넓혔으니 당시 사람들은 [이들을] 소부(召父)·두모(杜母)라 불렀

1 이 부분의 사례는 우연인지 모르지만 명(明)의 구준(丘濬)이 지은 『대학연의보(大學衍義補)』(林冠群 等 校點, 京華出版社, 1999. 中冊, pp.698-707) 권82의 「치국평천하지요(治國平天下之要) 숭교화(崇敎化) 광교화이변속(廣敎化以變俗)」에 나오는 사례들과 상당히 일치한다. 문옹·황패·노공·허형 등의 사례나 그 요약된 문장이 대강 일치하는 것으로 보아 황육홍이 이 부분을 참고하였던 것으로 보인다.

다. [공자의 제자인] 자로(子路)가 포(蒲) 땅을 다스릴 때 공자(孔子)는 그 경내로 들어와 농지가 모두 개간되고 잡초가 모두 제거되어 있으며 수로가 깊이 파인 것을 보고 훌륭하다고 평가하셨다. 사기(史起)는 업(鄴)의 현령이 되자 장수(漳水)를 끌어다가 업(鄴)의 농지에 물을 대어 하내(河內)를 부유한 지방으로 만들었다. 이러한 사례들은 바로 백성을 먹여 살리는 것을 우선으로 한 것이 아니겠는가?[2]

무릇 백성이 가르침을 제대로 따라 교화가 이루어지고 풍속이 아름다워지면 형벌을 아끼고 사용하지 않을 수 있으며, 백성을 제대로 먹여 살려 집집마다 살림이 넉넉하고 여유가 있으면 세금 징수는 서두르지 않아도 저절로 이루어진다. 이렇게 되면 윗사람은 차분하게 교화를 통해 다스릴 수 있으니, 앉아서 태평성대처럼 지내는 것도 어렵지 않다. 그러나 근래 지방관의 통치는 모두 법령에 얽매여 있어, 형명과 전곡은 오로지 엄격한 탄핵과 처벌만을 가지고 서로를 옥조이고 있다. 고위 지방관은 위에서 독촉하고 하위 지방관들은 아래에서 이를 받드니, 언제나 기한에 맞추어 안건을 처리하거나 세금 거두는 일만 급하게 여기게 되었다. 따라서 허물을 고치고 잘못을 바로잡기에 바쁘니, 또한 어찌 백성을 위해 예의·겸양의 풍속을 일으키고 먹고 입는 것이 풍족해지도록 꾀할 겨를이 있겠는가?

그러나 관료의 유품(流品)이 어지러워지고 그 진로가 아주 복잡해지면서 백성의 생활이 날로 어려워지기는 하지만, 아주 사납고 속이는 기풍이 날로 거세진 원인을 모두 성급한 법령 적용이나 엄격한 탄핵·처벌 탓으로만 돌릴 수 있는 것은 아니다. 생각건대 고위 지방관에 대한 뇌물이 끊이지 않으면 장려나 징계가 공정해질 수 없으며, 주현 지방관의 부패와 탐욕이 그치지 않으면 백성에 대한 학정은 더욱 심해질 수밖에 없다. 이를테면 정세(正稅)에 덧붙여 추가로 거두는 전량의 모선(耗羨)은 여러 사람이 함께 나누면 큰 부담이 되지 않으며, 지방관들의 청렴함을 기르기 위해서도 없어서는 안 되는 것이다. 그리고 걸핏하면 [정세의] 2할·3할 정도로 부과되는 공·사의 잡세 역시 쓰임새에 충분한 정도에 그친다면, 또한 윗사람을 떠받는다는 취지에 부응하는 것이라 할 수 있다. 그렇지만 끄떡하면 하나만 거두면 되는데 열을 부과하는 식으로 나간다면, 백성은 손발에 굳은살이 박이도록 일해도 일 년의 수입으로 어찌 끝없는 가렴주구를 당해 낼 수 있겠는가? 또한 백성은 원통하고 모욕을 받은 일이 있으면 지방관이 아니면 하소연할 곳이 없다고 생각하여 관청

2 백성을 교화시키거나 먹여 살리는 것에 관한 이상의 설명은 모두 『한서(漢書)』·『후한서(後漢書)』 등의 전기에 나오는 구절을 그대로 따온 것들이다.

에 고발을 하여 처리를 부탁하는데, 지방관은 본인과 그 가족이 가난한지 부자인지만을 따질 뿐 사건의 시비는 아예 묻지도 않는다. 조금이라도 자신의 비위에 거슬리면 곧바로 가두어 넣는 것이 강도범에게 온갖 고문을 가하는 것 같고, 고문을 동반한 심문은 단지 강제로 돈을 뜯어내기 위한 형벌이나 마찬가지다. 그러니 어찌 호주머니를 모두 털어 목숨을 사고 온 재산을 팔아 목숨을 구하려 하지 않겠는가? 이렇게 되면 응당 열 집에 아홉 집은 텅 비게 되고 백성이 피땀으로 모은 재물은 순식간에 사라져 버린다.

윗사람인 지방관은 서리를 감찰하고 백성을 편안하게 하는 것을 그 직분으로 삼는다. 만약 이렇게 백성을 못살게 구는 서리들을 찾아내어 탄핵하고 곧바로 엄벌에 처한다면, 그래도 혹시 한 명을 징계함으로써 백 명이 경각심을 갖는 효과를 거둘 수 있을지 모른다. 그렇지만 실제 지방관은 세금을 독촉하면서 거두어 갈 때는 그야말로 벼락과 폭풍이 몰아치는 것처럼 엄격하고 신속하며, 한밤중에 몰래 [뇌물을 주면서] 애걸하면 구름과 안개가 흩어지듯 순식간에 문제를 없던 것으로 만들어 준다. 또한 3년마다 치러지는 지방관의 업무평가인 대계(大計) 시기가 되면 온갖 아부와 뇌물을 써서 순식간에 '탁이(卓異)'라는 최고의 업무평가 성적을 얻어 낸다. 마치 솥에 물고기가 생길 정도로 청렴하였던 범염(范冉) 같은 경우가 결국 백발노인이 되어서도 하급 관리였다가 [나중에 간신히] 발탁된 풍당(馮唐)처럼 되거나, [아니면] 선주(宣州)에서 발탁되어 [측천무후를 폐위시키고 당 왕조를 부활시켰다가 울분 속에 죽게 된] 재상 장간지(張柬之)처럼 부당한 대우를 받는 식인 것이다. [이렇듯 지방관에 대한 업무평가가 엉망이니] 청렴하고 겸손한 지방관들은 특히 낙담할 수밖에 없지만, 부패하고 탐욕스러운 지방관은 더욱 기세등등해진다. 결국 백성은 지방관을 원수처럼 보는 지경에 이르고, 왕법을 무용지물로 깔보게 되며, 관리를 고발하고 등문고(登聞鼓)를 치고 궁궐의 문을 두드릴 정도로 원한과 분노가 강하고 깊어지게 되었다. 그러면 떠나가는 지방관에 대해 한을 품은 비석을 세우고 그 아내의 옷을 잡아채는 상황에 이르게 되니, 이것이 어찌 제대로 된 정치라고 할 수 있겠는가?

그러한 까닭에 윗사람은 아랫사람의 질병과 고통, 가려움을 상관하지 않게 되고, 아랫사람은 형벌이나 정령(政令)을 두려워하지 않게 된다. 마침내 아내가 지아비를 죽이고 아우가 형을 죽이며 힘 있는 자가 선량하고 나약한 자를 속이고 권세 있는 자가 시골의 어리석은 사람을 학대하는 일이 빈번하게 나타나게 되니, 도대체 풍속과 교화의 무너짐이 어디에서 멈춘다는 말인가? 백성은 윗사람이 자신들에 대해 전혀 무관심하여 돌봐 주지 않는다고 생각한다. 또한 이렇게 서로 참혹하게 해치는 모습을 보면서 어찌 고분고분 곧이곧대로 율법을 따라야 한다고 여기겠는가?

이로 말미암아 헤아려 보건대, 가난한 백성의 쌓이고 쌓인 원한이 깊어져 지방관을 부릅뜬 눈으로 쳐다보는 상황이 되면, 일단 그 지방에서 문제가 생겼을 때 나는 백성을 해치는 사람들이 장차 나라에까지 해를 미칠까 염려하지 않을 수 없다. 정말로 두렵지 아니한가? 지금 만약 진실로 나라를 다스리는 도리를 제대로 정비하여 만백성을 편안하게 만들고자 한다면, 반드시 관리의 유품과 진로를 분명히 정리하고, 승진과 인사는 지방사무의 번거로움·간단함을 구별하면서 그 재간을 평가하여 관직을 내려 줄 필요가 있다. 고위 지방관에게는 지방관을 추천·탄핵할 때는 반드시 사사로움이 없게 하라고 해야 하며, 지방관에게는 반드시 백성을 가르치고 먹여 살리는 것(教養)이 가장 우선임을 명심하게 해야 한다. 지방관이 만약 성천자(聖天子)의 백성을 사랑하는 마음을 우러러 받들어 자신의 마음으로 삼을 수 있다면, 백성의 일을 살피는 것을 마치 자신의 일을 살피는 것처럼 할 것이다. 무릇 [지방관의 가장 중요한 양대 업무인] 전량과 형명 문제를 처리할 때에는 자그마한 잘못이나 허물에 대해서는 응당 율법을 관대하게 적용하여 그 처분을 면해 줌으로써 백성을 어루만져주고 키워 주는 데 전념할 수 있게 하여, 그 뒤의 결과를 살펴보아야 할 것이다.

만약 수년 동안의 재임 기간 가운데 풍속이 두터워지고 백성의 살림이 훨씬 풍요로워졌다면, 이는 지방관의 가르치고 키워 주려는 노력이 이미 효과를 거둔 것이다. 독무는 이러한 상황에 대해서 상세히 열거하여 보고하고, 중앙의 조정에서는 이를 다시 검토해 보아 거짓이 없음이 밝혀지면, 곧바로 파격적인 승진과 발탁을 해 주어야 한다. 만약 독무가 이러한 지방관의 업적을 숨기고 추천하지 않으면서 도리어 [형편없는 지방관을] 마구잡이로 추천한다면, 마땅히 [이부에 지시하여] 엄중하게 그에 대한 처벌을 논의하게 해야 한다. 이렇게 한다면 주현에서는 백성을 가르치고 먹여 살리지 않는 일이 없어지고, 장차 지방의 통치가 저 옛적의 아름다운 수준에 이르고 풍속이 부유하고 편안해지는 지경에 오르는 것을 볼 수 있을 것이다. 또한 어찌 자질구레한 세금 거두는 문제 따위를 걱정하거나, 오로지 형벌을 주는 것만으로 문제를 해결하려 하겠는가?

내가 생각하기에 오늘날 정치를 말하는 사람들은 민생을 염두에 두지 않고 오직 끊임없이 전곡과 형명에 대해서만 주의를 한다. 그래서 여기에 백성을 가르치고 키우는 교양(教養)이라는 한 조목을 따로 빼놓고 이야기하게 된 것이다. 바라건대 목민관의 책임을 맡는 사람들이 모두 이것을 마음에 담아 두었으면 한다. 설령 때로는 시세와 맞지 않거나 아니면 기세에 밀려 [백성을 가르치고 키우는 일이] 제대로 된 성과를 이루지 못하더라도, 이 역시 최선을 다함으로써 책을 읽고 도(道)를 밝히겠다는 [관리가 되었을 때의] 초심을 저버리지 않는다면 그것으로 충분할 것이다.

夫古者州縣之長, 莫不以敎養爲先, 而催科次之,[3] 刑罰又次之. 蓋民無以敎, 則不知孝悌、禮義, 而犯上作亂之事, 無所不爲. 民無以養, 則不能仰事俯育,[4] 而流離轉徙之憂,[5] 勢必難免. 如是而欲責之輸租、納賦, 雖日勤鞭朴之加,[6] 弱者剜肉而無補,[7] 頑者走險而抗迫.[8] 然後知刑罰不能濟催科之窮, 而催科無能先敎養之要也.

嘗攷古循良吏治,[9] 如文翁之治蜀, 以蜀地僻陋,[10] 有蠻彝風,[11] 乃遣蜀子弟詣京師受業, 由是民俗大化, 學者比之齊、魯. 黃霸爲潁川守,[12] 力行敎化而後誅罰,[13] 治行爲天下第一.[14] 魯公令中牟,[15] 專以德化爲理. 許荊爲桂陽守,[16] 兄弟爭産業, 以爲敎化不行, 咎在太守, 而兄弟

---

3 최과(催科)는 조세의 납부를 독촉하는 것을 말한다.

4 앙사부육(仰事俯育)은 앙사부축(仰事俯畜)과 같은 뜻인데, 『맹자』「양혜왕(梁惠王) 상(上)」에 나오는 구절에서 비롯되었다. "이런 연고로 현명한 군주는 백성의 재산을 잘 통제하여, 반드시 위로 우러러보아서는 부모를 모시기에 충분하고, 아래로 굽어 보아서는 처자식을 먹여 살리기에 충분하게 한다(是故明君制民之産, 必使仰足以事父母, 俯足以畜妻子)" 여기서 위로는 부모를 모시고 아래로는 처자식을 먹여 살린다, 즉 가족생활을 유지하는 것을 뜻하게 되었다.

5 유리(流離)는 재난·전쟁을 피해 흩어진다는 뜻이고, 전사(轉徙) 역시 이리저리 옮겨 다닌다는 뜻이다.

6 편복(鞭扑. 鞭朴. 鞭撲)은 채찍(鞭子)과 곤봉(棍棒)이나, 그것으로 때리는 것을 가리킨다.

7 무보(無補)는 도움이 안 된다, 무익하다는 뜻이다.

8 주험(走險)은 험준한 곳으로 치닫게 된다, 모험하게 된다는 뜻이다. 즉 백성이 권력에 대한 반항이나 반란으로 치닫게 된다는 뜻이다. 보통 정이주험(挺而走險. 鋌而走險)·정록주험(挺鹿走險)이란 구절로 많이 쓰이는데, 일이 다급해지면 어쩔 수 없이 모험적으로 나갈 수밖에 없다는 뜻으로 원래 『좌전』 문공(文公) 17년조의 기사에서 비롯되었다. "옛사람이 말하기를 …… '사슴이 죽음의 위기에 처하면 어떤 그늘인지를 가리지 않는다고 하였다. 작은 나라가 큰 나라를 섬길 때, 큰 나라가 덕으로 대하면 덕으로 모시며, 부덕함으로 대하면 그 사슴과 마찬가지로 위험에 빠질 경우 모험에 나서지 않을 수 없고, 급하면 무엇을 가릴 것이 있겠는가?'(古人有言曰……'鹿死不擇音, 小國之事大國也, 德則其人也, 不德則其鹿也, 鋌而走險, 急何能擇?')"

9 순량(循良)은 관리가 공정하고 법을 지킨다는 뜻, 또는 그러한 관리를 가리킨다. 선량한다는 뜻도 있다.

10 벽루(僻陋)는 지방이 외지고, 풍속이 거칠고 조잡하다는 뜻이다.

11 이(彝. 彛)는 청대에 오랑캐를 가리키는 이(夷)를 피하기 위해 대신 사용하던 글자다.

12 황패(黃霸. ? -B.C. 51)는 자가 차공(次公)으로 전한(前漢) 회양(淮陽)의 양하(陽夏) 사람이다. 관직이 승상(丞相)에 이르렀고, 건성후(建成侯)에 봉해졌으며, 『한서(漢書)』 권89 「순리전(循吏傳)」에 전기가 있다. 특히 피폐해진 영천태수(潁川太守)를 맡았을 때 황제의 조령을 널리 선전하여 백성이 모두 황제의 의도를 알게 하는 데 힘썼고, 지방관리가 모두 닭과 돼지를 키워 어려운 사람들을 돕게 하였다는 등 백성을 아끼는 선정으로 크게 업적을 올린 것으로 유명하다. 교화의 추진에도 힘쓰고, 그다음에 가서야 형벌을 사용하여 장기적으로 안정적인 일을 해온 하급 관리를 배양하고자 하였다고 한다. 그래서 영천(潁川)은 황패(黃霸)를 대신하여 가리키는 말로 사용되기도 한다. 그가 영천태수일 때 아주 훌륭한 업적을 남겼기에 이 영천이라는 단어는 훌륭한 업적을 올린 관원을 칭송하는 말로 쓰이게 되었던 것이다.

13 주벌(誅罰)은 책벌이나 처벌을 가리킨다. 이 구절은 앞서 나온 황패의 전기에 나오는 구절이다.

14 치행(治行)은 행정적 성과, 시정 조치를 말한다.

15 노공(魯公)은 노공(魯恭)을 가리킨다. 그는 자가 중강(仲康)으로 섬서성 부풍현(扶風縣) 평릉(平陵) 사람이며, 후한(後漢)의 명신(名臣)으로 알려져 있다. 장제(章帝) 시 중모(中牟)를 맡아 다스릴 때 오로지 덕화(德化)로서 다스리고 형벌을 사용하지 않았다고 하며, 나중에 관직이 대사도(大司徒)에 이르렀다. 『후한서』 권55 「열전 15」에는 그의 선정에 대한 다음과 같은 고사가 실려 있다. 건초(建初) 7년 지방에 마디충(螟)이 번식하여 곡식을 해

感悟, 各求受罪. 斯非以敎民爲先乎? 邵信臣遷南陽守,[17] 躬勸農耕, 出入阡陌, 杜詩爲民修治陂池,[18] 廣拓田土, 時人呼爲邵父杜母. 子路治蒲,[19] 孔子入其境, 見其田疇盡易,[20] 草萊皆闢,

---

쳤는데, 이 벌레들이 현의 경계를 따라가면서도 중모현에는 들어가지 않았다. 하남윤(河南尹)이 이를 듣고 거짓이라 생각하여 하급관리 비친(肥親)을 파견하여 조사하게 하였다. 노공이 그를 수행하여 들판을 다니다가 뽕나무 아래 앉았는데, 꿩 한 마리가 바로 나무 옆에 멈추어 섰다. 그래서 비친이 옆에 있는 어린아이에게 왜 꿩을 잡지 않느냐고 물었더니, 어린아이가 하는 말이 꿩에게는 새끼가 있어서 잡지 않는다는 대답을 하였다. 비친은 이에 놀라 일어나면서 노공에게 "내가 온 것은 당신의 업무 성과를 살피기 위해서였는데, 이렇게 벌레도 이 지역을 침범하지 않고, 교화가 새나 짐승에게까지도 미치는 데다가 심지어는 어린아이까지 인자한 마음을 가지고 있는 세 가지 특이한 점이 있으니, 내가 오래 머물렀다가는 헛되이 현자를 괴롭힐 뿐이오."라고 하면서 작별하였다는 것이다. 영(令)은 현령(縣令)이나 영윤(令尹) 등 지방관을 말한다.

16 허형(許荊)은 자는 소장(少張)으로 회계(會稽) 양선(陽羨) 사람이다. 『후한서』 권76 「순리열전(循吏列傳)」에 전기가 있다. 젊어서 허형이 군리(郡吏)였을 때 조카가 원수를 갚기 위해 살인을 한 적이 있는데, 원수가 무기를 들고 그를 공격하려 하였다. 허형은 이 소식을 듣고 문을 나가 그 사람을 가로막은 뒤 제대로 훈도(訓導)하지 못한 책임이 있으니 자신을 대신 죽여 달라고 청하여 원수가 복수를 포기하고 돌아갔다는 이야기가 전한다. 또한 화제(和帝) 때에는 계양태수(桂陽太守)로 옮겼는데 이곳도 풍속이 엷어 허형이 혼상(婚喪) 제도를 가르쳤다고 하며, 뇌양현(耒陽縣)에 갔는데 장균(蔣均)이란 사람의 형제가 재물을 다투며 서로 소송하겠다고 나서자 허형은 이에 대해 나라의 무거운 책임을 지고 있는데 교화를 제대로 하지 못한 탓이라고 하면서 자신에게 허물을 돌렸고, 결국 이 말을 전해들은 형제가 뉘우치고 각기 죄를 받겠다고 나섰다는 이야기도 전한다. 12년 이상 이곳에서 근무하자 부로(父老)들이 모두 그를 칭송하게 되었으며, 그가 죽은 다음 백성은 비석과 사당을 세우고 그를 기렸다고 한다.

17 소신신(邵信臣. 召信臣)은 자가 옹경(翁卿)으로 안휘성 구강(九江) 사람이다. 원래 백성을 위해 이익을 일으키는 것을 좋아하고 그들을 부유하게 만드는 데 힘써 남양태수(南陽太守)로 있을 때에도 물길을 열고 수문을 만들어 3만여 경의 경지에 관개를 하였으므로 백성이 그로부터 이익을 얻어 충분한 축적이 있었다고 한다. 또한 혼례나 장례 등에서 사치스러운 낭비를 하는 것을 금지하여 근검절약의 풍조를 일으키는 데도 힘써 교화가 크게 이루어졌기 때문에 백성이 소부(邵父)라고 불렀다고 한다." 『한서(漢書)』 권89 「순리전(循吏傳)」에 전기가 있다.

18 두시(杜詩. ?-38)는 자가 군공(君公)으로 하내(河內)의 급현(汲縣) 사람인데 후한의 관리이자 발명가로 알려져 있다. 남양태수로 있을 때 근검절약을 숭상하고 정치를 맑고 공평하게 시행한데다가, 포악한 사람을 제거하여 권위를 세우고 계략에 뛰어나 백성의 수고를 덜어 주었다고 평가를 받고 있다. 수문을 조작하거나 농기구를 주조하여 뛰어난 효율을 가져다주었으므로 백성이 이를 편하다고 여겼고, 저수지나 제방을 수리하여 널리 경지를 넓혔기 때문에 군내(郡內)가 모두 부유해졌다는 것이다. 당시 사람들이 앞서 나온 소신신과 비유하였기에 남양에서는 앞에는 "소부가 있고, 뒤에는 두모가 있다(前有召父, 後有杜母)"고 칭송하였다고 한다. 이로부터 두모(杜母)는 부모관(父母官), 즉 지방관을 칭송하는 용어가 되었다. 『후한서』 권61 「열전 두시(杜詩)」를 참조. 수치(修治)는 제작이나 수리를 가리킨다.

19 자로(子路)는 이름이 중유(仲由, B.C. 542-480)이고 자가 자로(子路. 또는 季路)이며 노(魯) 사람이다. 공자의 자랑스러운 제자로 공문십철(孔門十哲) 가운데 한 사람인데, 특히 정치 방면의 업적이 뛰어나다고 일컬어진다. 자로는 극진한 효자인 데다가, 용맹하고 성격이 밝아 남의 지적을 받고 잘못을 고치는 데 거리낌이 없었으며, 공자에게도 매번 직언을 마다하지 않았다고 한다. 뒤에 나오는 자로에 관한 고사는 『한시외전(韓詩外傳)』 권6에 실려 있다(子路治蒲三年, 孔子過之. 入境而善之, 曰: '由恭敬以信矣.' 入邑, 曰: '善哉! 由忠信以寬矣.' 至庭 曰: '善哉! 由明察以斷矣.' 子貢執轡而問曰: '夫子未見由, 而三稱善, 可得聞乎?' 孔子曰: '入其境, 田疇草萊甚辟, 此恭敬以信, 故民盡力. 入其邑, 墉屋甚尊, 樹木甚茂, 此忠信以寬, 其民不偷. 其庭甚閑, 此明察以斷, 故民不擾也.' 『詩』曰: '夙興夜寐, 灑掃庭內.').

20 전주(田疇)는 농경지를 가리킨다.

溝洫深治,[21] 而稱善. 史起爲鄴令,[22] 引漳水漑鄴田, 而河內稱富. 斯非以養民爲先乎? 夫民率其敎而化行俗美, 刑罰可惜而不用, 民得其養而家給人足,[23] 催科可不急而輸, 由是在上者可以優游化理,[24] 而坐治雍熙之治無難也.[25] 乃近世之政, 一切束于功令,[26] 刑名、錢穀惟嚴參罰以相繩, 大吏督之于上,[27] 屬員奉之于下. 故每以簿書期會爲急,[28] 補愆救過之不暇, 而又何能爲百姓興禮讓之俗, 講衣食之謀哉?

然自流品紊淆,[29] 吏道多襍,[30] 民生所以日蹙, 而悍詐之風日熾者, 非盡由于功令之急、參罰之嚴也. 皆大吏苞苴未絶,[31] 勸懲不公, 而州縣之貪黷無厭,[32] 酷虐爲厲耳.[33] 夫錢糧耗羨, 衆

---

21 구혁(溝洫)은 논밭 사이의 물길, 또는 농전수리(農田水利)를 가리킨다.

22 사기(史起)에 관한 기록은『한서』권29「구혁지(溝洫志)」에 나온다. “위 문후 때 서문표가 업현의 현령이 되어 명성이 아주 훌륭하였다. 문후의 증손 양왕의 때가 되었을 때 여러 대신들과 축하주를 마시면서 왕이 말하였다. ‘우리 대신들께서 모두 서문표와 같은 신하가 될 수 있기를!’ 그러자 사기가 나아가 아뢰었다. ‘위 문후 때 실행한 것은 1인당 100무의 토지라는 기준이었는데, 업현만 오로지 200무였던 것은 다름이 아니라 토질이 좋지 않았기 때문입니다. 장수가 그 옆을 흐르는데, 만약 서문표가 이용할 줄 몰랐다면 지혜롭지 못하였으며, 알고도 사용하지 않았다면 인자하지 못했습니다. 인자함이나 지혜롭다는 측면에서 서문표는 최선을 다하지 못했는데 어찌 본받을 만하겠습니까?’ 그래서 사기를 업의 현령으로 삼았더니, 결국 장수를 끌어들여 업에 관개를 하여 하내 지역을 부유하게 만들었다. 백성은 이렇게 노래를 불렀다. ‘업에 어진 현령이 있으니 바로 사공이라네. 장수를 갈라 업의 옆으로 물을 끌어들였는데, 자고 이래로 소금 땅이던 곳에 벼이삭이 자라네’(魏文侯時, 西門豹爲鄴令, 有令名. 至文侯曾孫襄王時, 與羣臣飮酒, 王爲羣臣祝曰: ‘今吾臣皆如西門豹之爲人臣也!’ 史起進曰: ‘魏氏之行田也以百畝, 鄴獨二百畝, 是田惡也. 漳水在其旁, 西門豹不知用, 是不智也. 知而不興, 是不仁也. 仁智豹未之盡, 何足法也!’ 於是以史起爲鄴令, 遂引漳水漑鄴, 以富魏之河內. 民歌之曰: ‘鄴有賢令兮爲史公, 決漳水兮灌鄴旁, 終古舃鹵兮生稻粱.).”

23 가급인족(家給人足)은 집집마다 살림이 넉넉하고 사람마다 의식이 풍족하다는 뜻이다.

24 우유(優游)는 쉬거나, 휴양을 한다, 논다, 또는 차분하게 어떤 일에 종사할 수 있다는 뜻이다. 화리(化理)는 교화(敎化)와 통치(統治)를 가리킨다.

25 옹희(雍熙)는 온화하고 빛난다, 화락(和樂)하고 태평(太平)하다는 뜻이다.

26 공령(功令)은 법령을 말한다.

27 대리(大吏)는 지방의 고위 장관을 가리킨다.

28 부서(簿書)는 재물의 출납을 기록하는 장부, 또는 관청의 문서철을 가리킨다. 그리고 기회(期會)는 규정된 기한 내에 업무를 실시하는 것을 말한다. 따라서 부서기회는 재물의 출납이나 행정기록을 문서에 옮기고 기한에 맞추어 세금을 거두거나 안건을 처리하는 관청의 일반 행정 사무를 가리킨다.

29 유품(流品)은 등급·품급·관계(官階) 또는 문벌이나 사회적 지위를 가리킨다. 문효(紊淆)는 문란(紊亂)하다는 뜻이다.

30 이도(吏道)는 관리의 길 또는 관리가 되는 다양한 방법을 말한다.

31 포저(苞苴)는 뇌물을 말한다.

32 탐독(貪黷)은 탐오(貪汚)와 마찬가지라 탐욕스럽고 부패하였다는 뜻이고, 무염(無厭)은 만족할 줄 모른다, 욕심이 끝이 없다는 뜻이다.

33 혹학위려(酷虐爲厲)는 가혹한 정치를 베푼다는 뜻이다. 혹학(酷虐)은 잔혹하고 포악하다, 포학함을 실행한다는 뜻이고, 려(厲) 역시 맹렬하다, 엄격하다, 학대하는 뜻이 있다.

擎易擧,[34] 亦養廉之不可少也,[35] 而輒至于加二加三, 公私襍派足用而止,[36] 亦奉上之義應爾也.[37] 而動至于指一科十, 則小民胼手胝足,[38] 一歲所入, 焉能供無藝之誅求乎?[39] 若百姓含冤受辱, 非有司無從申愬,[40] 一經告理,[41] 衹問身家之貧富, 不論事理之是非. 稍拂其私則, 囹圄等于刦盜之拷燎,[42] 夾拶止爲詐贓之刀斧,[43] 幾何不傾囊買命、鬻産求生?[44] 宜乎十室九空, 而脂膏之立盡矣.[45]

爲上司者, 以察吏、安民爲職. 若訪其人而劾之, 立置重典,[46] 則猶可懲一以儆百也. 無如切責取款,[47] 則雷厲風行,[48] 昏夜乞憐,[49] 則雲消霧散,[50] 及其大計屆期, 又復鑽營打點,[51] 居然卓異.[52] 俾釜魚范令,[53] 竟同白首之馮唐,[54] 掠地宣州、立並黃扉之張柬[之].[55] 廉靜殊爲短氣,[56]

---

34 중경이거(衆擎易擧)는 여러 사람이 함께 들어 올리면 쉽게 들 수 있다는 뜻, 즉 백지장도 맞들면 낫다는 뜻이다.

35 모선(耗羨)과 양렴은(養廉銀)에 대해서는 제3권 부임부 2「3-09. 누규 혁파(革陋規)」를 참조. 여기서 양렴은 이후의 옹정제 때 실행된 양렴은을 가리키는 것이 아니라 그냥 관리의 청렴함을 키운다는 뜻으로 쓰였다.

36 잡파(襍派)는 정세(正稅) 이외의 각종 부과(攤派)를 말한다.

37 이(爾)는 이, 이것이라는 뜻이다.

38 변수지족(胼手胝足. 또는 胼胝手足)은 손바닥과 발바닥에 굳은살이 박인 것을 말하는데, 아주 힘들게 일하는 것을 형용한다. 또는 번지(胼胝)라고도 한다.

39 무예(無藝)는 정해진 법이나 도리, 또는 극한이나 제한이 없다는 뜻이다.

40 신소(申愬)는 제소하다, 호소하다, 하소연한다는 뜻이다.

41 일경(一經)은 일단이라는 뜻이고, 고리(告理)는 고발하여 처리를 청구한다는 뜻이다.

42 고요(拷燎)는 불고문을 한다는 뜻이다.

43 협찰(夾拶)은 혹형 가운데 하나로 새끼줄로 연결한 다섯 자루의 작은 나무 막대기에 손가락을 끼워 넣어 고통을 가하는 것이다. 사장(詐贓)은 속임수를 써서 부정한 돈을 갈취한다는 뜻이고, 도부(刀斧)는 칼과 도끼, 형구나 엄형(嚴刑)을 가리키기도 한다.

44 경낭(傾囊)은 주머니에 있는 돈을 다 털어 낸다는 뜻이고, 매명(買命)은 돈을 주고 목숨과 바꾼다는 뜻이므로 대부분 뇌물을 써서 죽을죄를 면한다는 것을 가리킨다. 육산구생(鬻産求生)도 재산을 팔아 목숨을 구한다는 뜻이다. 앞의 기하(幾何)는 보통 '얼마나'라는 뜻인데, 여기서는 '어찌…하지 않겠는가'라는 뜻으로 쓰인 것 같다.

45 십실구공(十室九空)은 열 집 가운데 아홉 집은 텅 비어 있다는 것으로 전란·재해 등으로 인하여 집들이 텅 빈 상태를 가리킨다. 지고(脂膏)는 기름과 살을 말하지만, 백성이 힘들어 일하여 얻는 재부를 비유한다.

46 중전(重典)은 중법(重法)을 가리킨다.

47 절책(切責)은 엄한 말로 질책한다는 뜻이다. 취관(取款)은 오늘날 돈을 꺼낸다는 뜻으로 쓰이지만, 여기서는 아마도 돈을 받는다, 짜낸다는 뜻으로 쓰인 것 같다.

48 뇌려풍행(雷厲風行)은 소리나 기세가 아주 맹렬하고 행동이 신속한 것을 말한다.

49 혼야(昏夜)는 흑야(黑夜), 즉 어두운 밤을 가리킨다. 걸린(乞憐)은 남에게 동정이나 도움을 요청하는 것을 말한다.

50 운소무산(雲消霧散)은 구름과 안개가 사라진다, 어두운 하늘이 밝아진다는 뜻으로 원한이나 분노·의심 등이 해소된다는 것을 비유한다.

51 찬영(鑽營)은 아부하다, 아첨하다, 인간관계를 통해 무언가를 추구한다는 뜻이고, 타점(打點)은 다른 사람에게 뇌물을 주어 돌봐 달라거나 해결해 달라고 요청하는 것을 말한다.

52 탁이(卓異)는 지방관에 대한 업무평가 가운데 재능이나 업적 면에서 가장 높은 평가를 받은 경우를 가리킨다. 이에 대해서는 제24권 전례부의「24-02. 조근과 대계(朝覲大計)」부분을 참조.

53 부어(釜魚)는 부중생어(釜中生魚)의 약칭으로 오랫동안 밥을 하지 못하여 솥 안에 물고기가 생겼다는 뜻이며, 매

貪汚愈益放膽,[57] 遂致百姓視官長如仇寇, 藐王章若弁髦,[58] 訐官告吏,[59] 以及擊登聞之鼓,[60] 叩九重之閽, 怨毒憤深, 以致立遺恨之碑, 褫夫人之服,[61] 是尙得謂之: "有政體"乎?[62] 所以疾痛痾癢,

---

우 가난함을 이르는 말인데 『후한서』 권110 「독행전(獨行傳) 범염(范冉)」에 전고가 있다. 후한 말 진류(陳留) 사람인 범염은 자가 사운(字史)으로 일찍이 마융(馬融)에게 배워 오경(五經)에 능통하였다고 하는데, 환제(桓帝) 때 내무(萊芜)의 현장이 되었으나 모친상을 당해 취임하지 않았고, 성격이 아주 성급하여 항상 가죽 띠를 맴으로써 스스로를 억제하려고 하였다고 한다. 당고(黨錮)의 화(禍)라는 정치적 격변을 만났을 때 양(梁)·패(沛) 지방 사이에 숨어서 작은 수레를 밀면서 처자식을 태우고 다녔고, 물건을 주워서 생계를 유지하면서, 혹은 객점을 머물거나, 아니면 나무그물에서 자기도 하였다. 이런 생활을 십여 년 하다가 마침내 초가집을 지어 살게 되었는데, 때로는 양식이 다 떨어지기도 하는 가난 속에서도 태연한 이러한 청빈자수(淸貧自守)의 생활을 하는 그의 모습을 보고 마을 사람들이 이렇게 노래를 불렀다고 한다. "시루에 먼지가 생기는 범사운, 솥에 물고기가 자라는 범래무(甑中生塵范史云, 釜中生魚范萊蕪)." 다시 말해 범염은 빈곤하면서도 절조를 지키는 어진 선비를 가리키는 대명사가 되는 것이다.

54 풍당(馮唐)에 관한 전기는 『사기』 권102 「장석지·풍당열전(張釋之馮唐列傳)」을 참조. 풍당은 전한대 대군(代郡) 사람인데 한초에 안릉(安陵)으로 이주를 당했고, 효자로 이름나서 중랑서장(中郞署長)이 되어 문제(文帝)를 섬겼다. 문제가 가마를 타고 지나갈 때 풍당에게 물었다. "노인은 언제부터 중랑이 되었기에 아직까지 낭관 일을 하고 있소? 집은 어디 있소?" 풍당은 사실대로 대답하였다. 그러자 문제가 조나라 장군의 일을 묻다가 염파(廉頗)·이목(李牧)이 뛰어나다는 말을 듣고 그들과 같은 인재를 얻으면 흉노를 걱정하지 않아도 될 것이라고 하자, 풍당은 그들을 얻더라도 폐하는 그들을 등용할 수 없을 것이라고 대꾸하였다. 이에 문제는 분노하여 일어서서 가 버렸다. 문제는 나중에 다시 풍당을 불러서 왜 여러 사람 앞에서 나를 모독하였느냐고 물었더니 그는 자신이 꺼려할 줄 모르기 때문이라고 답하였다. 문제의 용인술은 상이 너무 가볍고 벌이 너무 무겁기에 그러한 장수들을 제대로 부릴 수 없다고 직언을 하였던 것이다. 풍당의 직언을 높이 평가한 문제는 그를 거기도위(車騎都尉)로 승진시켰다. 다음의 경제(景帝) 때에는 초국(楚國)의 승상으로도 임명되었다.

55 이 부분은 약간 해석이 곤란하다. 약지(掠地, 略地)는 변경을 순시하거나 토지를 점령한다는 뜻이다. 선주(宣州)는 오늘날의 안휘성(安徽省) 선주시(宣州市)에 해당하는 지역인데, '약지선주'는 아마도 뒤에 나오는 장간지가 형주대도독부(荊州大都督府)의 장사(長史) 직에 있었던 것을 가리키는 것으로 보인다. 장간지는 이때 고향사람 양원담(楊元琰)의 직무를 이어받으면서 두 사람이서 장강(長江)에 배를 띄운 다음 측천무후를 물리치고 당조를 복원할 것을 약속하였다고 하기 때문이다. 황선(黃扉)은 승상이나 삼공(三公)·급사중(給事中) 등 고관의 사무실을 가리키는데, 황색으로 문 위를 칠했기 때문에 이런 이름이 붙었다고 한다. 여기서는 장간지가 재상이 된 일을 가리키는 것으로 보인다. 원문의 장간(張柬)은 아마 장간지(張柬之)를 가리키는 것 같은데, 장간지(625-706)는 자가 맹장(孟將)으로 양주(襄州) 양양(襄陽, 오늘날의 호북성 양양) 사람인데, 당대(唐代)의 저명한 시인이자 재상으로 특히 측천무후의 퇴위를 강요한 것으로 이름이 높은 재상이다. 측천무후가 병이 들자 장간지는 장군들을 끌어들여 황궁을 장악한 다음 이미 폐출(廢黜)당하였다가 태자로 세워졌던 당의 중종(中宗)을 복위시키고 당의 국호도 되찾았다. 하지만 이후 측천무후의 측근에 의해 모함을 당해 사실상 변경으로 유배를 당했고, 그 때문에 "우울함과 분노 속에 죽었다"고 일컬어진다.

56 염정(廉靜)은 성격이 겸손하고 차분하다는 뜻이다. 단기(短氣)는 상심하여 기운을 잃는다는 뜻이다.

57 방담(放膽)은 담이 훨씬 커진다, 즉 대담해진다는 뜻이다.

58 왕장(王章)은 왕법(王法)을 말한다. 변모(弁髦)는 쓸모없어 버리는 물건을 가리키거나 깔본다는 뜻을 가진다. 변은 검은색 고깔모자, 모는 어린아이가 눈썹까지 내리는 긴 앞머리를 가리킨다. 성인이 되어 관례(冠禮)를 하면 모두 불필요해진다.

59 알고(訐告)는 드러내어 고발한다는 뜻이다.

60 등문고(登聞鼓)는 제왕이 신민의 간언이나 호소를 듣기 위해 조당(朝堂) 밖에 북을 걸어 넣고 신민이 두들겨 알리는 것을 듣는 것을 말한다.

61 한을 품은 비석을 세운다거나 부인의 옷을 빼앗는다는 것은 다른 전고에서는 발견되지 않는다. 제32권 승천부(升遷部) 「32-12. 가족 보내기(發家眷)」부분을 보면 지방관이 떠나지 못하게 문을 막고 담벼락을 부순다, 떠나가는

不關乎上, 刑罰威令, 不畏乎下,往往妻殺其夫, 弟殺其兄, 豪强欺其良懦, 勢宦虐其鄕愚, 風敎之頹, 寧有底極? 其意以爲上之于我漠然不相顧也. 又慘乎其相戕, 豈獨諄諄然以三尺爲繩耶?[63]

由是揆之, 窮民積怨之深, 疾視其長,[64] 一旦地方有事, 吾恐害民者, 且將貽害于國也. 可不畏哉! 今夫誠欲修政理而綏兆人, 必淸其流品, 酌途銓序,[65] 別其繁、簡, 量才除授, 敕大吏必擧劾之無私, 飭有司必敎養之是急. 果能仰體聖天子愛民之心爲心,[66] 以百姓之事, 視同己事. 凡錢穀、刑名小眚、罣悞,[67] 宜一切寬之文網,[68] 免其處分, 俾專意于拊摩鞠育,[69] 觀其後效. 若數年課績,[70] 風俗登乎淳厚, 室家躋于富饒, 是敎養己有其效矣. 督撫詳開事實,[71] 部院覆覈無虛,[72] 卽加不次之擢.[73] 督撫蔽而不擧, 以不肖妄薦, 宜從嚴議.[74] 如此, 州縣未有不敎養其民, 將見治臻純古, 俗底阜康,[75] 又何區區催科爲慮,[76] 刑罰之是加哉? 鴻意今之言政者, 不以民生繫念, 而孜孜錢穀、刑名用勤.[77] 故于敎養一條, 特爲拈出, 願司民牧者共留心于是焉. 卽或時違勢絀,[78] 績弗用成,[79] 亦聊以盡吾心, 無負讀書明道之初志, 可耳.

지현 아내의 옷을 벗겼다는 구절이 나오므로, 황육홍이 전해 들었던 이러한 사례가 있는 것처럼 보인다. 하지만 아마 지방관의 치부라고 생각해서인지 더 이상 상세하게 서술하고 있지는 않다.

62 정체(政體)는 원래 행정·통치·정치의 요령·원칙을 가리킨다.

63 순순연(諄諄然)은 거듭 정성스럽게 알리면서 경고하거나 다짐하는 모습을 나타낸다. 삼척(三尺)은 율법을 가리킨다.

64 질시(疾視)는 부릅뜬 눈으로 화를 내며 쳐다본다는 뜻이다.

65 전서(銓敍. 銓序. 銓敘)는 관리의 경력·업적을 심사하여 순서를 매기거나 그 등급의 상하·직위·승진 여부를 결정하는 것을 말한다.

66 앙체(仰體)는 우러러 황제(또는 상사)의 뜻을 깨닫는 것을 가리킨다.

67 소생(小眚)은 작은 허물, 잘못이라는 뜻이고, 괘오(罣悞) 역시 그릇된 일이나 착오, 허물을 가리킨다.

68 문망(文網. 文罔)은 법망(法网)이나 법금(法禁)을 가리킨다.

69 부마(拊摩)는 어루만진다는 뜻이고, 국육(鞠育)은 무양(撫養)·양육(養育)·생육(生育)과 같다. 즉 돌보아 키운다는 뜻이다.

70 과적(課績)은 업적에 대한 심사를 말한다.

71 상개(詳開)는 상세하게 나열한다는 뜻이다.

72 부원(部院)은 중앙의 육부와 도찰원을 합칭하는 용어다. 복핵(覆覈. 覆核)은 심사하거나 검토한다는 뜻이다.

73 불차(不次)는 일반적인 순서에 따르지 않는다는 뜻, 즉 파격적인 발탁을 가리킨다.

74 여기에서 의(議)는 중앙의 이부에서 그에 대한 처분을 논의한다는 뜻이지만 보통 의처(議處)라는 구절로 쓰인다.

75 부강(阜康)은 부유하고 즐겁다는 뜻이다.

76 구구(區區)는 작거나 적다는 뜻이다.

77 자자(孜孜)는 부지런하다, 게으름을 피우지 않다, 간절하다는 뜻이고, 한 가지에 전념하면서 쉬지 않는 모습을 형용한다.

78 즉혹(卽或)은 '설사 하더라도'라는 뜻이다.

79 적(績)은 성과나 공업(功業)을 가리킨다.

25-02. 상유 강독(講讀上諭)

옛적부터 제왕(帝王)이 세상을 다스리는 큰 법칙으로 만세에 걸쳐 그 가르침이 전해 내려오는 것은 『상서』에 나오는 「우서(虞書)」와 「제전(帝典)」[즉 「堯典」과 「舜典」을 말한다]편인데, 이것들은 [『상서』의] 편장(篇章) 가운데 가장 앞부분에 자리 잡고 있다. 그 문장은 간략하나 그 뜻은 아주 깊으니, 그 뜻을 확장시키면 성현(聖賢)의 지극한 덕과 중요한 도리를 망라할 수 있으며, 고금의 훌륭한 통치와 원대한 방침을 모두 포괄할 수 있다. 그런 다음에 위대한 성인(聖人)의 문장에 담긴 정수를 이해하게 된다면, 비록 한두 마디 말이나 구절이라 할지라도 마치 은하수(銀河水)가 밝게 드리우는 것이나 해와 별이 밝게 빛나는 것처럼 천년 만년 동안 온 천하에서 이로부터 실마리를 끌어내 풀어내도 영원히 끝이 없을 것이고, 이를 떠받는 일 역시 정말로 다하기 어렵다 할 것이다. 요·순의 당(唐)·우(虞) 시대로부터 지금에 이르기까지 우리 황상의 「상유 16조(上諭十六條)」처럼 그 문장이 간략하면서도 뜻이 깊은 것이 없으니, 이것은 「우서」와 「제전」과 마찬가지로 더불어 영원토록 후세에 전해지지 않겠는가?

그 내용은 인륜(人倫)을 돈독하게 하고 근본을 중시하며, 친족들을 화목하게 하고 향리를 화합시키는 것을 담고 있으며, 또한 교화를 숭상하여 이로써 풍속을 일으키고자 하고 법령을 삼가 지켜 자신과 집안을 보존케 하는 것을 담고 있다. 한 가정에서부터 마을에 이르기까지, 그리고 한 개인으로부터 천하에 이르기까지 확장되면서 이 상유는 군자(君子)와 장자(長者)의 도(道)로써 백성을 대하지 않음이 없고, 천하의 백성이 스스로를 군자와 장자의 도로써 대하지 않음이 없게 하고자 한다. 우리 황상께서 이렇게 백성을 절실하게 사랑하고 백성에게 깊이 기대하는 것은 얼마나 끝이 없을 정도로 간절한 것인가! 이러니 요·순시절과 맞먹는 태평성대에 우리 백성은 시절이 평화롭고 풍속이 아름다운 시절을 누리면서 모두 한결같은 깊은 기쁨을 누릴 수 있게 되었다! 강희 9(1670)년에 성지를 받들어 이 「상유 16조」는 내외의 문·무 관원에게 반포되어 각 관원들이 이끌고 독려하면서 그것을 거행하게 되었다. 이후 절강순무(浙江巡撫) 진병직(陳秉直) 공(公)이 이를 풀어서 설명한 것을 모아 『직해(直解)』를 펴내 각 부·주·현 및 향촌 사람들로 하여금 성실하게 받들어 강해(講解)하도록 하였다. 이러하니 어찌 나라를 다스리고 백성을 교화시키는 일이 최고의 경지에 오르지 못하고, 풍속이 정말로 순수하고 아름다운 지경에 이르지 못함을 염려할 필요가 있겠는가?

삼가 『주례』에 따르면 다음과 같다. 정월 초하루에 주장(州長)은 각기 관할 백성을 이끌고 법령을 낭독함으로써 그 육덕·육행·육예를 고찰하여 권장하였고, 또한 그 잘못과 허물을 살펴서 경고하였다. 당정(黨正)은 사계절의 첫 달 초하루에 관할 백성에게 법령을 읽어줌으로써 그들을 살피고 경고하였다. 그리고 족사(族師)는 매달 초하루에 관할 백성에게 법령을 읽어 주었으며, 여서(閭胥)는 뭇 백성을 점검한 다음 법령을 읽었다. 무릇 옛날의 여서는 오늘날의 촌장·갑장과 같으며, 옛날의 족사는 오늘날의 이장·사장·족장과 같다. 그리고 옛날의 당정은 오늘날의 향약·기로와 같다. 주장의 경우로 치자면 또한 오늘날의 주현관과 같다. 대저 여서·족장·당정은 모두 다스림과 교화를 담당하고 있으므로 그 사람됨은 모두 반드시 품행이 평소에 뛰어나야 하는데, 이것은 오늘날 향촌의 향약·지보·기로 등이 시정의 평범하고 비속한 무리로 채워지는 것과는 다르다고 하겠다. 오늘날의 「상유 16조」는 또한 주대(周代)의 법령과 마찬가지로 백성을 교화하기 위한 큰 기준인데, 어찌 시정의 평범하고 비속한 무리를 충당하여 강독의 소임을 맡길 수 있겠는가? 따라서 약강(約講)과 향기(鄕耆)는 가려 뽑지 않으면 안 된다.

무릇 주장의 법령 강독은 1월(正歲)와 4월(正月)에 이루어지므로 1년에 두 번 강독하는 것이고, 당정의 법령 강독은 사계절의 첫 달에 하므로 1년에 네 번이며, 족사는 매달 한 번 하므로 1년에 열두 번이다. 매년 정해진 시기에 치르는 제사 때의 법령 강독 역시 이와 같다. 대개 가까이 사는 사람들에 대해서는 여러 번 강독하고, 멀리 있는 사람들에 대해서는 그 수를 줄여 강독해야만 백성을 편안하고 번거롭지 않게 할 수 있다. 그러므로 오늘날의 상유는 [지방관이 주재하는] 성상(城廂)의 경우나 촌장이나 종족의 연장자(族尊)가 하는 경우에는 응당 매달 한 번 강독해야 하고, 향기(鄕耆)가 하는 경우에는 사계절의 첫 달마다 강독하여 1년에 네 번 해야 한다. 그렇지만 오늘날 주현의 지방관이 정월과 4월에 한 번씩, 1년에 두 번 강독하는 제도를 모방하는 것은 너무 간략한 것으로 생각된다. 따라서 응당 사계절의 첫 달마다 행하여 1년에 네 번 강독해야 한다. 그리고 성·향, 향·촌은 또한 각기 서로 차별을 두어 상독하지 않으면 안 된다.

한편 강독할 때에는 황상께서 직접 윗자리에 앉아 계신 듯이 엄숙하고, 황상의 말씀이 귓가에 들리는 것처럼 경건하게 해야 한다. 만약 노인과 어린아이, 어리석은 시골백성들이 어지럽게 모여들어 시끄럽게 떠들어댄다면 어찌 황상의 말씀을 귀로 들으면서 엄숙한 모습을 유지할 수 있겠는가? 그러므로 관련된 의례의 법도를 정해 놓지 않을 수 없다. 그리고 [앞서 나온 것처럼] 이른바 "그 육덕·육행·육예를 고찰하여 그것을 권장하고, 그 잘못과 허물을 살펴 경고한다"면 상유를 강독할 때 또한 그것을 통해 권고와 징계를 담을 수 있지 않겠는가? 『상서』의 「주서(周書) 필명(畢命)」편에 이르기를 "선악을 구별하고, 착한 백성에게는 주택과 전답을 상으로 내려 주고, 선량한 사람을 칭찬하고 못된 사람을 배척하여 올바른 기풍을 세우라"고 하였으니, 이 또한 덕행을 권하고 잘못을 살펴 바로잡는 뜻이 아니겠는가? 따라서 상유를 강독한 다음 악행을 살펴 바로잡고 선행을 권장하는 방법을 아울러 행함으로써, 백성이 성주(聖主)의 말씀을 듣고 도덕적 가르침에 감동하여 모두 착하게 교화되고, 백성이 조정의 뜻을 알고 선악을 구분하는 데 밝아짐으로써 모두 인(仁)으로 돌아갈 수 있다면, 아마도 훌륭한 제도와 거기에 담긴 뜻이 아울러 남김없이 이루어질 것이다.

근래에 주현관에게 '탁이(卓異)'라는 업무평가의 등급을 주면서 첨부하는 문서를 보면 모두 하나같이 "본 지현은 매달 초하루와 보름에 「상유 16조」를 선강하였습니다."라고 기재하고 있는데, 사실 이런 방식은 1년에 두 번, 네 번, 열두 번 강독하였던 옛날의 독법과 일치하지 않는다. 그리고 내가 생각하기에 강독 제도의 시행은 공경함을 위주로 삼아야 하며, 지나치게 너무 빈번하게 이루어져서는 곤란하다. 너무 빈번하면 오히려 그 뜻을 더럽히게 될 뿐만 아니라, 또한 태만해지기 쉽기 때문이다. 그러므로 여전히 옛날의 독법을 따라 주현관이 사계절에 한 번씩, 1년에 네 번 강독하는 것으로 바꾸는 쪽이 보다 적당할 것 같다. 오늘날 '탁이' 등급을 주면서 일컫는 초하루와 보름이란 것은 또한 관민이 강독을 하는 것에 대해 크게 뭉뚱그려 말한 것일 수도 있다. 그렇지만 '탁이'라는 등급을 선정할 때 반드시 이런 내용이 선례가 되어 있으니, 교화를 맡는 지방관으로서는 이에 대해서 알아 두지 않으면 안 된다.

自古帝王經世之大法,[80] 垂訓于萬世者「虞書」、「帝典」,[81] 其首著于篇章者也.[82] 其詞約而其旨深, 擴其意義, 可以囊括聖賢之至德要道,[83] 可以弁包古今之盛治宏猷.[84] 然後知大聖人之吐英咀華,[85] 雖單詞、片語, 猶若雲漢之昭垂,[86] 日星之炳煥, 使千萬斯年, 溥天率土,[87] 紬繹

---

80 대법(大法)은 기본법칙, 국가의 근본법, 조정의 기강을 가리킨다.

81 수훈(垂訓)은 교훈을 내려 준다는 뜻이다.

82 「우서(虞書)」나 「제전(帝典. 즉 「堯典」과 「舜典」)」은 모두 『상서』의 편명(篇名)이다. 즉 우서·제전은 『상서』의 맨 앞부분을 가리키는 것이다.

83 낭괄(囊括)은 포함·포괄이라는 뜻이다.

84 굉유(宏猷)는 원대한 모략(謀略)이나 계획을 말한다.

85 토영저화(吐英咀華)는 아마 함영저화(含英咀華)나 함청저화(含菁咀華)와 같은 뜻 같다. 이것은 시문(詩文)의 정화를 감상하거나 맛보거나 느끼는 것을 비유한다. 함영(含英)은 안으로 정영(精英)을 포함하고 있다거나 재주를 품고 있다는 뜻이고, 토화(吐花. 吐華)는 꽃이 핀다는 뜻이다. 영(英)은 꽃부리, 즉 꽃잎 전체를 가리키며, 화(華)는 화(花)와 같은 뜻이다.

86 운한(雲漢)은 은하수를 가리킨다. 또는 제왕의 미덕이나 아름다운 문장을 비유하기도 한다. 소수(昭垂)는 밝게 보여 준다, 비춰 준다는 뜻이다.

87 박천솔토(溥天率土)는 천하 전체, 사해(四海)의 안쪽을 가리킨다. 원래 『시경』「소아(小雅) 북산(北山)」편에 있는 "천하 전체는 왕토가 아님이 없고, 해내 모든 사람은 신하가 아닌 사람이 없다(溥天之下, 莫非王土; 率土之濱, 莫

之而無窮,[88] 禀承之而難盡也. 自唐、虞以迄今茲, 若我皇上「上諭十六條」,[89] 其詞約旨深, 夫非與「虞書」、「帝典」, 並垂于不朽歟? 其閒敦倫重本,[90] 睦族和鄉, 與夫崇敎化以隆風俗, 謹法令以保身家. 自家庭而及黨里, 由一己而推之天下, 無不以君子、長者之道待其民,[91] 而欲使天下之民, 無不以君子、長者之道自待, 我皇上何其愛民之切、望民之深,[92] 如此惓惓之無已也.[93] 則是與唐、虞共躋, 斯民于時雍風動,[94] 同一盛心哉![95] 康熙九年, 奉旨頒行內外文、武,[96] 該管各官督率舉行.[97] 而浙撫陳公, 輯爲『直解』, 使各府州縣以及鄉村人等, 切實遵奉講解, 又何患治化不懋登上理,[98] 而俗不丕臻于純美乎?[99]

非王臣.)"는 구절에서 나왔다.

88 주역(紬繹)은 단서를 끌어낸다, 설명한다는 뜻이다.

89 『대청성조인황제실록(大淸聖祖仁皇帝實錄)』(中華書局, 1995) 권34, p.461. 강희(康熙) 9(1670)년 10월 9일 계사(癸巳)조의 기사에 의하면 강희제(康熙帝)가 이부(吏部)에 「성유 16조」의 내용을 알려 주면서 기존의 제도를 검토하여 결론을 내린 다음 다시 보고하라고 지시를 하였으며, 11월 26일 기묘(己卯)조의 기사에 의하면 이날 예부의 보고를 통해 「성유 16조」가 전국에 반포되었다. 그 내용은 다음과 같다. "효제를 돈독히 하여 인륜을 중시하라. 종족을 도탑게 하여 화목함을 보이라. 마을사람끼리 화목하여 소송을 없애라. 농업을 중시하여 의식을 풍족히 하라. 근검절약하여 재물을 아껴라. 학교를 일으켜 독서인의 행실을 단정히 하라. 이단을 배척하고 정학을 숭상하라. 율법을 강독하여 어리석은 사람에게 경고하라. 예의와 겸양을 밝혀 풍속을 두텁게 하라. 본업에 힘써 백성의 뜻을 안정시키라. 자제에게 훈계하여 못된 짓을 막아라. 무고를 막아 선량한 사람을 보호하라. 도적·도인에 연루되는 것을 경고하여 연좌를 막아라. 전량을 완납하여 독촉받는 일을 없애라. 보갑을 연결시켜 도적을 막아라. 원한과 불만을 풀어 주어 목숨을 중시하게 하라(凡敦孝悌以重人倫, 篤宗族以昭雍睦, 和鄉党以息爭訟, 重農桑以足衣食, 尙節儉以惜財用, 隆學校以端士習, 黜异端以崇正學, 講法律以儆愚頑, 明禮讓以厚風俗, 務本業以定民志, 訓子弟以禁非爲, 誡窩逃以免株連, 完錢粮以省催科, 聯保甲以弭盜賊, 解讐忿以重身命.)."

90 돈륜(敦倫)은 인륜을 돈독하게 한다는 뜻이다.

91 장자(長者)는 나이가 많거나 배분이 높은 사람, 존귀한 사람, 덕망이 높고 무거운 사람을 가리킨다.

92 하기(何其)는 어떻게 그렇게, 왜 그렇게(의문), 얼마나(감탄) 등의 뜻이다.

93 권권(惓惓)은 깊이 생각한다, 생각하면서 잊지 않는다는 뜻으로 간절한 모습을 나타내다.

94 시옹(時雍. 時雝)은 조화롭고 빛난다는 뜻으로 태평성대를 가리킨다. 풍동(風動)도 광범위한 교화나 교육에 의한 감화 등을 가리킨다.

95 성심(盛心)은 깊고 두터운 아름다운 마음을 말한다.

96 내외문무(內外文武)는 경사와 지방의 문·무 관원을 가리킨다.

97 독솔(督率)은 감독하면서 이끈다는 뜻이다.

98 치화(治化)는 통치와 교화, 즉 나라를 다스리고 백성을 교화시키는 것을 말한다.

99 강희 9년 이후 이 책이 완성될 무렵까지 절강순무를 지닌 진(陳)씨는 강희 13년 12월부터 18년 8월까지 절강순무를 지낸 진병직(陳秉直. 1625-1700. 遼東 海州人, 襄黃旗소속)이 유일하다. 하지만 『국조기헌유징초편(國朝耆獻類徵初編)』(720卷. 李桓 輯. 臺北:明文書局, 1985)의 권153 「강신(疆臣) 5」이나 『옹정팔기통지(雍正八旗通志)』 권138 「인물(人物) 진병직(陳秉直)」에 실린 그의 전기, 『만주명신전(滿洲名臣傳)』(清 國史館輯, 『滿漢名臣傳』 所收[출판지·출판연도 불명]. 黑龍江人民出版社, 1991년 영인출판) 31권에 실린 그의 전기에도 이 일은 기록되어 있지 않다. 그렇지만 『대청회전사례(大淸會典事例)』(『續修四庫全書』 814 史部 政書類. 上海古籍出版社, 2002) 권397 「예부(禮部) 풍교(風敎)」의 기록에 의하면 "강희 18년 절강순무가 삼가 상유를 풀어서 설명한 것을 『직해(直解)』로 편집하고 책을 만들어 올려 바쳤다(十八年浙江巡撫, 恭將上諭十六條衍說, 輯爲直解, 繕冊呈進.)."라고 하므로 아마 진병직이 맞는 것 같다. 다만 그는 강희 18년 3월에는 '강삼급잉류원임조용(降三給仍留原任調用)'의

謹按『周禮』, 正月之吉,[100] 州長各屬其州之民而讀法,[101] 以攷其德、行、道藝而勸之,[102] 以糾其過惡而戒之[103]; 黨正及四時之孟月吉日,[104] 則屬民而讀邦法,[105] 以糾戒之[106]; 族師月吉, 則屬民而讀邦法[107]; 閭胥聚衆庶,[108] 旣比則讀法.[109] 夫古之閭胥, 猶今之村長、地方也; 古之族師, 猶今之里、社、族長也; 古之黨正, 猶今之鄕約、耆老也; 至于州長, 亦猶今之州縣有司也. 夫閭胥、族長、黨正, 皆掌政治、敎令, 則其人必皆品行素優, 非如今之約地、鄕耆, 市井庸鄙以充也.[110] 則今之上諭, 又與成周之法令同一,[111] 敎化大典, 豈可令市井庸鄙充講讀之任乎? 則約講、鄕耆之不可不選也. 夫州長之讀法, 以正月及正歲,[112] 是一歲而再讀, 黨正之讀法以四時之孟月, 是一歲而四讀, 族師則每月一擧行, 是一歲而十二讀. 至于歲時祭祀讀法,[113] 亦如之. 蓋以就近者則讀多, 相遠者則讀少, 亦期于便民而不致于煩擾也.[114]

처분을 받기도 하고, 8월에는 '하급관리를 살피는 데 무능하고 현명한 사람과 그렇지 못한 사람을 혼동하였다'고 이과급사중의 탄핵을 받아 해임을 당하면서 관직 생활을 끝냈다.

100 정월지길(正月之吉)은 정월(正月) 삭일(朔日), 즉 정월 초하루를 말한다.

101 독법(讀法)은 법령을 선독(宣讀), 즉 대중 앞에서 낭독한다는 뜻이다.

102 도예(道藝)는 학문과 기능을 가리킨다.

103 주장(州長) 역시 주의 관명으로 주(州)의 장관(長官)인데, 그 직능에 대해서는 제24권 전례부 「24-11. 향음주례(鄕飮酒禮)」 부분을 참조.

104 맹월(孟月)은 사계(四季)의 첫 달을 가리킨다. 즉 음력 정월·사월·칠월·시월을 가리킨다.

105 방법(邦法)은 백성을 관리하는 국가의 대법을 가리킨다.

106 당정(黨正) 역시 주의 지방조직의 장관(長官)이다. 역시 제24권 전례부 「24-11. 향음주례(鄕飮酒禮)」 부분을 참조.

107 족사(族師)는 주의 관명으로 백가(百家)의 우두머리다. 『주례』 「지관(地官) 족사(族師)」는 다음과 같이 그 직능을 설명하고 있다. "族師, 各掌其族之戒令政事. 月吉則屬民而讀邦法, 書其孝弟睦婣有學者. 春秋祭酺亦如之. 以邦比之法, 帥四閭之吏. 以時屬民. 而校登其族之夫家衆寡, 辨其貴賤老幼廢疾可任者及其六畜車輦. 五家爲比, 十家爲聯, 五人爲伍, 十人爲聯, 四閭爲族, 八閭爲聯, 使之相保相受. 刑罰慶賞相及相共, 以受邦職, 以役國事, 以相葬埋. 若作民而師田行役, 則合其卒伍, 簡其兵器, 以鼓鐸旗物帥而至, 掌其治令戒禁刑罰. 歲終則會政致事."

108 중서(衆庶)는 뭇 백성을 말한다.

109 여기서 비(比)는 교비(校比)라는 뜻으로 사람들의 수를 헤아리고, 존비귀천을 가리키는 것을 말한다. 여서(閭胥)는 주의 향관(鄕官) 명칭으로 여(閭)의 행정을 담당하는 하급관리이다. 제24권 전례부 「24-11. 향음주례(鄕飮酒禮)」 부분을 참조.

110 용비(庸鄙)는 평범하고 속되다는 뜻이다.

111 성주(成周)는 서주(西周)의 동도(東都)인 낙읍(洛邑. 오늘날의 낙양 부근)을 가리키거나 아니면 주공(周公)이 성왕(成王)을 보좌하던 서주의 전성시대를 가리키기도 한다.

112 정월(正月)은 하력(夏曆)의 4월, 정세(正歲)는 하력(夏曆)의 정월을 가리키는데, 나아가 음력 정월을 가리키기도 한다. 주력(周曆)은 음력(농력) 11월을 정월로 삼았다. 하력(夏歷)은 인월(寅月)을 정월(正月)로 삼았는데 이것은 농력(農曆=陰曆=夏曆=[漢武帝 이후의]太初曆) 정월과 같으며, 은력(殷曆)은 축월(丑月. 농력 12월)을 정월로, 주력(周曆)은 자월(子月. 농력 11월)을 정월로 삼았다고 일컬어진다. 진력(秦曆)은 해월(亥月. 농력 10월)을 정월로 삼았는데, 한 무제 이후 다시 하력(夏正이라고도 한다)을 채택하여 지금까지 쓰이고 있다.

113 세시(歲時)는 1년, 사계·세월이나 시간, 일정한 계절이나 시간이란 뜻이다.

114 이 문단 내용은 『주례』에서 따온 것이 대부분이고 거기에 황육홍 자신의 설명을 약간 추가하고 있지만, 명(明) 황도주(黃道周) 집(輯), 『박물전휘(博物典彙)』(明 崇禎刻本) 권3 「군례(群禮) 독법(讀法)」 내용과 상당히 유사하다

是則今之上諭,[115] 城廂及村長、族尊, 宜每月一讀, 鄕耆宜四孟四讀, 但州縣有司, 仿正月之吉及正歲一再讀之制, 似覺太簡, 亦宜四孟四讀. 則城之于鄕, 鄕之于村, 又不可不分爲講讀也. 至于講讀之際, 儼乎如至尊之在上, 凜乎若聖訓之在耳. 苟鄕愚老幼, 擁擠喧譁,[116] 何以聆天語而肅觀瞻乎?[117] 則儀注之不可不定也.[118] 所謂: "考其德、行、道藝而勸之, 糾其過惡而戒之," 則讀法之頃, 不又有勸懲行其間乎? [『尙書』] 「周書 畢命」有曰: "旌別淑慝, 表厥宅里, 彰善癉惡, 樹之風聲,"[119] 抑亦勸德、糾過之旨歟! 由是講讀上諭之後, 兼行糾勸之法, 使民聞聖主之言, 感道德之敎, 而咸化于善, 使民知朝廷之意, 明善惡之辨, 而總歸于仁, 則庶幾良法美意兼擧之而無遺矣.[120]

近見擧州縣卓異, 俱開"本官每月朔望講宣「上諭十六條」"云云,[121] 則又不獨如古之讀法有一歲再讀、四讀、十二讀之別矣. 然愚以爲典以敬爲主, 不宜太數,[122] 數則反瀆,[123] 而易于怠矣. 仍宜如古之讀法, 易以州縣長四孟四讀, 似爲酌中之制.[124] 今卓異所云: '朔、望', 或亦就官民講讀, 大槩而言之耳. 然卓異旣擧以爲例, 司敎化者又不可不知云.

(『중국기본고적고』의 검색 결과). 아마 이것을 참조한 것으로 볼 수도 있을 것이다.

115 시즉(是則)은 '비록, 그렇지만'이라는 뜻이지만, 여기서는 '그러므로'라는 뜻이 더 맞는 것 같다.

116 옹제(擁擠)는 사람이나 수레·배 등이 밀집하여 서로 껴안고 밀친다는 뜻이고, 훤화(喧嘩. 喧譁)는 소리가 아주 크고 어지럽다는 뜻이다.

117 관첨(觀瞻)은 보다, 쳐다보다, 감상하다는 뜻, 외관(外觀)과 그에 내해 발생하는 반응이나 체통(體統)이라는 뜻이 있다.

118 의주(儀注)는 제도나 의식의 법도를 가리킨다.

119 이 구절은 『상서』의 「주서(周書) 필명(畢命)」편에 있는 것이다. "왕께서 말씀하셨다. '아, 보사. 오늘 나는 주공이 은의 백성을 다스렸던 책임을 그대에게 넘겨주고자 하니, 가보시오. 선악을 구별하고, 착한 백성에게는 주택과 전답을 상으로 내려 주고, 선량한 사람을 칭찬하고 못된 사람을 배척하여 올바른 기풍을 세우시오(王曰: '嗚呼, 父師. 今予祗命公以周公之事, 往哉! 旌別淑慝, 表厥宅里, 彰善癉惡, 樹之風聲.')."

120 무유(無遺)는 '남김없이, 빠짐없이'라는 뜻이다.

121 강선(講宣)은 강의·강설(講說)을 통해 이끈다는 뜻이다.

122 촉(數)은 촘촘하다는 뜻이다.

123 독(瀆)은 지나치다, 과도하다, 번쇄하다는 뜻이다.

124 작중(酌中)은 절충하다, 적당히 중간을 취한다는 뜻이다.

25-03. 향약 선발(擇鄕約)

상유를 강독하는 것은 바로 그것을 일컬어 "향약을 강독한다"고 한다. 향약을 강독할 때에는 반드시 나이가 많고 덕이 있어 다른 이들이 따르는 사람을 골라 그를 약강(約講)으로 삼아야 한다. 약강에는 정(正)·부(副)가 있으니, 각기 '강정(講正)'·'강부(講副)'라고 일컫는다. 강정·강부는 강독 업무를 맡는다. 그리고 큰 목소리로 낭독하는 사람은 또한 반드시 공부하는 젊은 자제 가운데 목소리가 크고 또렷한 두 사람을 골라 그것을 맡겨야 한다. 젊은이를 뽑는 것은 낭독에 힘이 있기 때문이요, 공부하는 자제를 뽑는 것은 자구를 틀리게 읽지 않기 때문이다. 글귀를 분명하게 떼어서 읽고, 목소리가 크고 또렷하여 멀리에서도 잘 들려야만 비로소 듣는 사람들이 제대로 이해할 수 있기 때문이다. 이러한 약강은 자기 향에서 스스로 뽑아야 한다.

그렇지만 이것은 한 향에서 사계절에 한 차례씩 강독하는 것을 말한 것이고, 촌과 종족의 경우로 말하자면 매달 초하루에 강독을 하는데, 촌에는 본래 촌장이 있고, 종족에는 본래 족존(族尊)이 있으니 촌장과 족존이 약강이 되어야 하며, 그들이 스스로 강부(講副)를 뽑으면 된다. 강독하는 사람 역시 스스로 고른다. 그리고 현성(城中)에서도 또한 반드시 나이가 많고 덕이 있어 다른 이들이 따르는 사람을 골라 약강으로 삼아야 하며, 약정(約正)과 약부(約副) 및 강독자 역시 각 향의 제도대로 해야 한다. 다만 향·성에서 뽑은 약강의 정·부 및 촌장·족장의 명단은 모두 향·성에서 성명을 열거하여 주현 아문에 보고해야 하며, 주현관은 과연 이들이 선발 기준에 적합한지를 검토한 다음 향약의 일을 맡긴다. 다만 강정·강부 등은 오직 선강의 업무만을 맡기고 우대하는 예를 갖추어 대해야 한다. 혹 지방의 교화·풍속에 관련된 일이 있으면 주현관이 그것을 위임할 수도 있다. 그러나 그 밖의 자질구레한 일에 대해서는 따로 지방 사무를 맡는 향약이 있으므로, 그들이 함께해서는 안 된다.

講讀上諭, 卽謂之: "講鄕約." 講鄕約, 必擇年高有德、爲衆所服者, 爲之約講.[125] 約講有正、副, 謂之: '講正'、'講副'. 講正·副所以董講讀之政, 而宣讀者又必擇少年讀書子弟、聲音洪亮

125 여기에서 약강(約講)은 향리에서 상유 강독이나 향약 관계 일을 담당하는 사람을 가리킨다.

者二人爲之. 少年則宣講有力, 讀書則字眼不錯. 句讀分明, 聲音宏亮, 則聞之于遠, 聽者方能領略.[126] 是在約講于本鄉自擇之也. 然此就一鄉四時講讀而言, 至于一村、一族, 每月吉講讀. 一村自有村長, 一族自有族尊, 卽村長、族尊爲之約講, 而自擧其副焉. 其宣講者亦聽自擇. 若夫城中亦必擇年高有德、爲衆所服者, 爲之約講, 其正、副宣講, 亦如各鄉之制. 但鄉、城所擧約講正·副、以及村長、族尊, 俱須按鄉、城開報花名,[127] 投送州縣, 州縣點驗, 果堪膺選, 方任以講約之事. 但講約正·副等, 專司講政, 宜待以優禮. 或有關地方敎化、風俗事件, 聽州縣所委. 其餘瑣屑,[128] 則別有料理地方之鄉約, 在非彼宜與也.

25-04. 현성과 주변 향촌의 선강(城鄉分講)

주현관은 전곡과 형명의 책임을 지고 있어 멀리 주변 향촌까지 나갈 수 없으며, 주변 향촌의 백성 역시 농사와 양잠·장사 등의 직업이 있으니 멀리 현성에까지 올 수 없다. 그러므로 향마다 응당 강약소(講約所)를 한 군데씩 설치하거나, 아니면 여러 향이 함께 공동으로 설치해야 하며, 혹은 넓은 사원이나 암자·도관 등을 이용해도 괜찮다. 이와 마찬가지로 각각의 촌과 종족도 모두 강약소를 설치해야 한다. 혹은 촌의 사묘 건물이나 종족의 사당을 이용해도 되지만, 반드시 정결하여 황상의 용패(龍牌)를 모실 수 있어야만 하고, 청중들을 수용할 만큼 넓어야 한다. 현성 내의 강약소에 대해서는 주현관이 응당 스스로의 봉급을 기부하고, 혹은 기꺼이 기부하려는 사람이 있으면 그것을 들어주어야 하지 명단을 만들어서 비용을 분담시킴으로써 나중에 [지방관을 비방할] 구실을 만들어 주어서는 안 된다. 강약소는 반드시 사방으로 트인 거리에 세우고 '강약소'라는 편액을 달아야 한다. 그래야만 지방관이 황상의 지시를 삼가 받들어 성유 강독을 준행하는 의식에 제대로 어울릴 수 있을 것이다.

州縣官有錢穀、刑名之責, 不能遠赴四鄉, 而四鄉之民亦有農桑、商賈之務, 不能遠赴治城.

---

126 영략(領略)은 이해한다, 받아들인다, 감상한다, 음미한다는 뜻이다.
127 개보(開報)는 늘어놓아 보고한다는 뜻이고, 화명(花名)은 화호(花戶) 즉 납세자나 일반 민호를 가리킨다.
128 쇄설(瑣屑)은 번쇄하다, 자질구레하다. 미세하다는 뜻이다.

故每鄕宜設一講約所, 或合鄕共購, 或就寬大寺院、菴觀, 亦可. 如每村、每族, 俱宜專設, 或就村之寺宇、族之祠堂, 但須潔淨可奉龍牌,[129] 寬敞可容聽衆. 至于在治城講所, 官長宜自捐俸, 或樂輸者聽, 斷不可出單派斂, 以資口實. 須于通衢建立, 榜題: '講約所',[130] 庶于有司恪奉明綸,[131] 遵行講讀, 似爲得體矣.[132]

25-05. 강독 의식(講讀儀)

상유를 강독하기 하루 전날 강독을 맡은 사람은 강약소에 가서 깨끗하게 청소하고, 위에는 높은 탁자를 써서 황상의 위패를 모신 용정을 봉안한다. 혹 고급 휘장을 정밀하게 설치한다면, 더욱 공경하는 모습으로 보일 수도 있다. 그 앞에는 긴 탁자를 이용하여 향로와 화병과 촛대 한 벌을 안치한다. 건물 밖의 문 오른쪽에는 북 하나를 설치하되 높은 선반 위에 올려놓으며, 문 왼쪽에는 운판(雲板)을 설치하는데 악기를 거는 틀에 옆으로 걸어 둔다. 다음날 진시(辰時. 7-9시)에 강정·강부는 집사인(執事人)들을 거느리고 각기 맡은 일을 주관한다. 강독을 듣는 신사들은 두 번째 대문인 의문(儀門) 안에 모이고 백성은 대문 밖에 모여, 지방관이 학관(儒學)·영관(營官)·속료(屬僚)를 이끌고 대문 밖의 조금 멀리 떨어진 곳에서 마차나 말에서 내리기를 기다린다. 이때 이 부근에서는 크게 소리쳐 전달하거나 꽹가리를 울려서는 안 된다. 이곳에 용정이 있기 때문이다.

관리들은 왼쪽 각문(角門)을 통해 들어가고, 신사들은 건물 왼쪽의 계단 아래에 섰다가, 두 손을 맞잡는 공수(拱手)의 예를 받고 올라가되 감히 절(揖)을 하지는 않는데, 이 또한 용정 앞에서 아직 예를 행하지 않았기 때문이다. 집사인들은 용정 앞에서 향로와 촛대에 불을 붙여 가지런히 준비하고, 관리들은 신사들을 이끌고 용도(甬道) 아래에 이르러 동서 양쪽으로 나뉘어 세 번 무릎을 꿇고 아홉 번 머리를 조아려 땅에 부딪치는 삼궤구고두(三跪

129 용패(龍牌)는 용무늬가 있는 패위(牌位)나 황제의 명령을 전달하거나 황제를 상징하는 패자(牌子)를 가리킨다.
130 방제(榜題)는 편액에 글자를 쓰는 것을 말한다.
131 명륜(明綸)은 제왕의 조령(詔令)을 가리킨다.
132 득체(得體)는 의례나 복식·행동거지 등이 신분과 서로 잘 어울리는 것을 가리킨다.

九叩頭)의 예를 행한다. 강정·강부는 계단 아래에서 이들을 따라 예를 행하고, 백성은 모두 문 밖에서 무릎을 꿇고 있다가 관리와 신사들이 예를 마치면 일어난다. 만약 모두가 함께 예를 치르게 하면 제대로 옷차림을 갖추지 못하고 행동거지도 뒤죽박죽이어서 도리어 실례를 할까 염려되기 때문이다.

예생(禮生)은 의례의 절차를 외치고, 악공들은 음악을 연주하며, 의례가 끝나면 음악을 멈춘다. 현임 문·무 관원과 신사는 당(堂)에 들어가 좌우로 서열에 맞추어 서고, 강정·강부는 강독 탁자를 들어 올려 당(堂)의 왼쪽에 공손히 내려놓고 『상유직해(上諭直解)』를 강독 탁자 위에 놓는다. 약강은 강독을 주관하는 이들을 이끌고, 강독 탁자 가까이에 따로 줄을 맞춰 선다. 강독을 들을 것을 지시받은 백성은 모두 계단 아래의 양쪽 가장자리에까지 들어와, 엄숙하게 서서 듣되 서로 밀치거나 시끄럽게 떠들어서는 안 된다. 약강이 큰소리로 "북을 울리라"고 지시하면, 북을 담당한 사람은 세 번 북을 엄숙하게 치고, 강독을 맡은 이는 강독 탁자를 향해 두 손을 마주 잡고 공손히 서서 낭랑한 목소리로 낭독을 한다. 제1조의 낭독을 마치면 서진(書鎭)을 이용하여 책을 눌러 고정시킴으로써 바람에 날리는 것을 막은 다음, 허리를 굽혀 절을 하고 물러난다. 운판(雲板)을 맡은 이가 운판을 한 번 치면, 낭독을 담당하는 두 번째 사람이 강독 탁자에 가까이 다가가 제2조를 낭독한다. 낭독을 마치면 앞의 경우처럼 물러난다. 운판을 맡은 이가 운판을 다시 한 번 치면 앞서 낭독을 한 이가 다시 나와 제3조를 낭독한다.

이러한 방식으로 16조를 모두 낭독하는 것이 끝나면 약강은 큰소리로 "상유의 강독이 끝났다"고 알린다. 강독을 들은 백성은 모두 대문 밖으로 나가도록 지시하며, 관리들은 신사들을 이끌고 용도로 내려와 동서 양쪽으로 나뉘어 예를 행한다. 예생이 의례의 절차를 외치면, 악공들은 앞서와 마찬가지로 음악을 연주하며, 예를 마치면 음악을 중지한다. 예생이 소리를 질러 "예를 마쳤다"고 알리면, 약강은 큰소리로 "용정을 들어 옮기시오"라고 외친다. 이때 인부들은 모두 황색의 단화(團花) 무늬 옷을 입고 뒤쪽의 중문(屏門)을 여는데, 약강이 이들을 인솔하여 용성을 함께 모시고 후당(後堂)에 이르러 그 안에 다시 봉안한다. 다시 황색 용무늬가 있는 보자기로 용정을 잘 덮은 다음 약강은 거기서 나온다. 관리들과 신사 및 약강은 예를 모두 마치면 대문 밖으로 걸어 나온다. 신사들은 관리들이 가마와 말에 오르기를 마칠 때까지 전송하며, 그런 다음 각자 흩어진다.

이것이 주현관이 친히 강독을 행하는 의식 절차다. 무릇 현성 내외 및 각 향·촌·족의 강독 의례도 모두 이와 같은 형식을 따른다. 그러나 이 경우 지현이 가지 않으니, 신사의 직위와 연령 서열에 따라 주관하는 사람을 정해도 된다. 지방관은 만약 어떤 향의 의례가 격식에 맞지 않음을 발견하게 되면, 혹은 친히 거기에 가서 강독 의례를 바로잡아 줌으로써 나라의 중요한 행사에 항상 유의하고 있음을 과시할 수도 있다.

講期前一日, 司講者至講所, 掃除潔淨, 上用高案奉安龍亭,[133] 或精設御幄,[134] 更見恭敬. 前用長桌, 安置香爐、花瓶、燭臺全副,[135] 堂外門之右, 建鼓一面, 庋以高架, 門之左, 設雲板一面,[136] 懸以橫簴.[137] 次日辰刻, 講正·副率領執事人等,[138] 各司其事. 聽講紳衿齊集儀門內,[139] 百姓齊集大門外, 候印官率儒學、營官[140]、僚屬, 于大門外稍遠下轎馬. 近所之處, 不得傳呼鳴鑼, 以龍亭所在也. 官屬由左角門入,[141] 紳衿立堂左階下, 迎一拱而升, 不敢揖, 以未龍亭前行禮也. 執事人于龍亭前焚點、香燭齊備, 官屬率紳衿至甬道下,[142] 分東西兩班, 行三跪九叩頭禮. 講正、副于階下隨行禮, 百姓俱令跪于門外, 俟官紳禮畢乃起立. 若令一同行禮, 恐衣冠不整, 俯仰參差,[143] 反致褻越也.[144]

禮生贊禮,[145] 樂人奏樂, 禮畢樂止. 現任文·武、紳衿入堂, 左右序立, 講正、副抬講案, 于堂門左恭置『上諭直解』于案上. 約講率司講者, 近案另班立. 命聽講百姓, 俱入至階下兩邊, 站立肅聽, 不得擁擠喧譁. 約講高聲唱鳴: "講鼓," 司鼓者鼓三嚴, 司講者對案拱立, 朗聲宣講. 講一條畢, 用壓紙將書壓定, 妨風捲亂, 鞠躬而退.[146] 司點者擊雲板一聲,[147] 司講者第二人近案,

---

133 용정(龍亭)은 본래 천자의 위패가 있는 건물(宮)이나 향정(香亭. 또는 香輿·香車)을 말하는데, 여기서는 단지 황제의 위패(용패)를 가리키는 것 같다.

134 어악(御幄)은 용패를 치장하는 휘장을 가리킨다.

135 전부(全副)는 전폭(全幅)과 같은 뜻으로 전부·전체를 가리킨다.

136 운판(雲版. 雲板)은 양쪽 끝이 구름모양을 한 철제(목제) 악기(響器)로 일이나 때를 알릴 때나 사람들을 불러 모을 때 쓰던 신호용 기구를 가리킨다.

137 횡거(橫簴)는 횡으로 악기를 다는 틀을 가리킨다.

138 집사인(執事人)은 구체적 사무를 주관하는 사람이나 종복을 가리킨다.

139 의문(儀門)은 옛날 관청의 대문 안에 있는 두 번째 문을 가리킨다.

140 영관(營官)은 지방의 무비(武備)와 치안(治安)을 책임진 무관을 가리킨다.

141 각문(角門)은 대문 좌우에 있는 작은 문, 즉 측문(側門)을 가리킨다.

142 용도(甬道)는 건물이나 묘 따위의 주요 건축물로 통하는 통로, 대부분 벽돌이 깔려 있는 길을 말한다.

143 부앙(俯仰)은 고개를 숙이는 것과 쳐드는 것, 일거수일투족이나 행동거지를 가리킨다. 참차(參差)는 가지런하지 못하고 뒤죽박죽인 모습을 가리킨다.

144 설월(褻越)은 경시하여 예절을 지키지 않는다는 뜻이다.

145 예생(禮生)은 예절을 담당하는 생원을 가리킨다. 제사 때 옆에 서서 일어나라, 무릎을 꿇어라, 머리를 조아려라 제창하는 역할을 맡는다. 찬례(贊禮)는 전례를 거행할 때 사람들이 행례(行禮)할 수 있도록 의식의 순서나 방법을 제창하는 것을 말한다. 즉 예생(禮生) 또는 사례자(司禮者)의 행동을 가리킨다.

146 국궁(鞠躬)은 서서 허리를 굽혀 절하는 것을 말한다.

147 사점자(司點者)는 운판(雲版)을 쳐서 소리를 내는 일을 맡은 사람이다.

講第二條, 講畢照前退. 司點者擊雲板一聲, 先講者一人再進, 講第三條. 如此十六條俱講畢, 約講高聲唱: "上諭講畢." 諭聽講百姓俱出大門外. 現任率紳衿, 下于甬道, 東西分班行禮. 禮生贊禮, 樂人奏樂如前, 禮畢樂止. 禮生唱: "禮畢." 約講高聲唱: "請龍亭," 抬夫皆黃團花衣,[148] 開後屏門,[149] 約講率領舁龍亭, 至後堂, 居中奉安, 仍用黃龍袱覆好, 約講出. 官屬與紳衿及約講行禮畢, 步出儀門. 紳衿送官屬升轎馬訖, 然後各散. 此州縣官親行講讀儀注也. 凡城廂及各鄉、村、族, 行禮講儀俱照式. 但縣官不至, 卽以紳衿序爵位、年齒爲領班,[150] 可也. 如印官查某鄉有儀注不合式者, 或一親詣較定講解,[151] 更見留心大典.

25-06. 『선악부』 비치(置『善惡簿』)

무릇 성·향·촌·족의 강약소에는 응당 『권선부(勸善簿)』와 『규악부(糾惡簿)』라는 장부 두 권을 비치해야 한다. 『권선부』는 앞표지가 붉은색이고, 『규악부』는 검은색이다. 매번 강독을 마칠 때마다 약강과 강독 업무 담장자, 수령관·신사·장로들은 함께 각각 어떤 사람이 어떤 효행을 하였고, 어떤 젊은이가 무슨 착한 일을 해서 어떤 사람의 어려움을 돕거나 어떤 사람의 빈곤을 구휼하였는지, 혹은 부인이나 여자 중에 누가 절개를 지켰으며 누가 열부·열녀인지를 추천한다. 이런 내용은 모두 그 실제 행적들을 함께 나열하여 『권선부』 내에 기재해야 한다. 작은 선행은 약강 등이 직접 그 집으로 찾아가 격려 하고, 큰 선행은 각 계절의 마지막 달에 「보고문서」를 갖추어 관련된 사실을 기록한 문서(책)와 「확인서」를 함께 주현에 직접 가지고 가서 보고한다. 그리고 이를테면 어떤 사람이 윗사람을 거스르면서 어떤 불효를 저질렀는지, 어떤 사람이 인륜을 어지럽히고 공경함을 해쳤는지, 어떤 악행을 저질렀는지, 어떤 사람을 속였는지, 어떤 사람의 재물을 강점하였는지, 그리고 어떤 불법적인 일을 저질렀는지 하는 점들은 모두 그 실제 행적들을 함께 나열하여 『규악부』 내에 기재해야 한

148 단화(團花)는 사방으로 방사형이나 회오리 식으로 뻗어 나가는 원형 장식 무늬를 말한다.
149 병문(屛門)은 내원(內院)과 외원(外院) 사이의 문, 중문을 말한다.
150 영반(領班)은 어떤 범위의 작업을 담당하는 책임자를 말한다.
151 교정(較定)은 검토하여 단정·결정한다는 뜻이다.

다. 작은 과실은 약강 등이 그의 아버지나 형을 불러들여 훈계하고, 큰 악행은 각 계절의 마지막 달에 「보고문서」를 갖추면서 사실을 나열하여 만든 문서와 「확인서」를 주현에 직접 가지고 가서 보고한다. 만약 권세 있는 사람이 자신의 힘을 믿고 비호하면서 약강이 기입하여 보고하는 것을 막거나, 약강이 기록하여 보고한 것이 공정하지 못한 경우 지현이 조사하여 밝혀내거나 아니면 다른 사람이 고발한다면 반드시 위법으로 보고하고 붙잡아 처벌한다.

지현은 사계절의 첫 달에 현성에서 초하루에 강독을 하는데, 기일에 앞서 주변 향촌의 약강과 촌장·족존과 약강을 대신하는 사람 등을 불러 모은다. 그리고 강독일 새벽에 그들이 모두 현성에 있는 강약소에서 대기하게 한다. 그들이 보고하여 올린 선인과 악인 가운데, 악인들은 보고받을 때 즉시 잡아오게 하여 처벌하여 가능하면 그곳에 모인 뭇사람에게 보이도록 한다. 만약 반드시 뭇사람 앞에서 처벌해야만 하는 사람이 있다면 혹은 감옥에 묶어 놓았다가 강독이 끝나기를 기다려 많은 사람들 앞에서 처벌을 함으로써 경각심을 갖게 한다. 그리고 그 악행의 내용을 써서 그 사람 집의 문에 방문으로 붙여 놓고, 그가 잘못을 고쳐 스스로 새로워진 실제 행적이 확인된 다음에 그것을 없애 준다. 나아가 만약 선생 한 사람이 있다면, 그에 대해서는 응당 드러내 주어야 한다. 선행자들도 또한 예정된 기일에 앞서 미리 전하여 모은 다음, 강독을 마치고 나서 많은 사람 앞에서 표창을 한다. 혹은 화홍을 달아 주고 술과 과일을 내린 다음 북과 음악을 동반한 환송을 해 주거나, 아니면 그 집의 문에 편액을 달아 주거나 패방을 세워 준다. 절부나 열녀에 대해서는 또한 신사·족장·이기(里耆)로 하여금 공동으로 추천하게 하고, 선례에 따라 제정(題旌)을 내려 줄 것을 신청한다. 응당 장려해야 하지만 선례와 부합되지 않는 경우 해당 주현관은 방(榜)을 써 붙이는 것으로 대신하여 그 일을 표창한다.【각 강약소의 『권선부』·『규악부』는 모두 주현에 보내 관인을 찍은 다음 강약소에 돌려보내 비치하고, 내용이 다 찬 경우에는 다시 주현에 보내 새 장부에 도장을 받아 비치한다. 이때 계절의 끝 무렵에 올리는 선악 행적의 「보고문서」와 「확인서」 또한 장부와 함께 제출시켜, 주현에 보고된 것과 두 장부의 내용이 일치하는지를 점검한 다음, [문제가 없으면] 다시 되돌려 보낸다. 현성의 성상에도 선·악의 행적이 있으니 역시 강약소에 선·악 장부 및 「확인서」를 두고, 공정하게 기입하여 보고하게 한다.】

凡城、鄕、村、族講約所, 須置『勸善』、『糾惡』二簿. 『勸善簿』紅面頁,[152] 『糾惡簿』黑面頁. 每

152 야(頁)는 책의 맨 앞면이나 쪽을 말한다.

講讀畢, 約講與在事人及首領[153]、紳衿、長老, 各擧某人行某孝行, 某弟作某善事, 拯救某人患難, 賙恤某人貧苦,[154] 或婦人女子某爲節, 某爲烈,[155] 俱要實跡公同開載『勸善簿』內. 小善則約講等親詣其家而奬勸之, 大善則于四季月終具呈, 仍開造事實冊、結, 投報州縣. 如某人行某忤逆不孝,[156] 某人行某悖亂不悌,[157] 作某惡事, 欺凌某人, 强占某人財物及奸宄不法事, 俱要實跡公同開載『糾惡簿』內. 小過則約講等傳其父兄至所而戒飭之, 大惡則于四季月終具呈, 仍開造事實冊、結, 投報州縣. 如有恃强隱庇,[158] 不許約講塡報及約講塡報不公者, 本州縣訪查出, 或經首告,[159] 定以違法申懲拿究. 本州縣官四孟在城, 定某吉講讀, 先期傳集四鄕約講、村長、族尊、代約講者, 于講讀日黎明, 俱于城中講所伺候. 其所擧報善惡之人, 惡者于開報之時, 立行差拘究懲, 務于本處示衆. 如須對衆懲處者, 或寄監倉, 俟講讀畢, 對衆發落,[160] 使觀者知警. 仍書其所爲榜于其門, 俟有改過自新實跡去之. 果更有善, 猶當表之. 其善者亦先期傳知. 于講讀畢, 對衆奬勵, 或花紅、酒果、鼓樂導送, 或給匾旌表其門.[161] 如婦女節烈, 仍令紳衿、族長、里耆公擧, 照例申請題旌.[162] 有應奬而不合例者, 本州縣榜異之.【其各所善、惡二簿, 俱置送州縣印發,[163] 塡完再置送印. 于季終擧報善·惡冊、結, 仍將印簿並繳, 查與開報冊是否相同, 仍發還其. 在城廂有善惡, 亦令約所置簿, 公塡開報與鄕村同】

153 수령(首領)은 아마도 수령관(首領官)을 가리키는 것 같다.

154 주휼(賙恤)은 구휼하다, 도와준다는 뜻이다.

155 절부(節婦)는 절조를 지닌 부녀, 남편이 죽고 나서도 재가하지 않는 부녀를 가리킨다. 열녀(烈女)는 의를 중요시하고 삶을 가볍게 여기는 여자, 특히 순절(殉節)한 여자를 가리킨다.

156 오역(忤逆)은 거역하다, 불효를 저지른다는 뜻이다.

157 패란(悖亂)은 인륜의 질서를 어지럽힌다는 뜻이다.

158 은비(隱庇)는 숨기고 비호한다는 뜻이다.

159 수고(首告)는 나서서 남을 고발한다는 뜻이다.

160 발락(發落)은 처리·처치한다는 뜻이다.

161 정표(旌表)는 표창을 가리키는데 보통 관부에서 패방을 세워 주거나 편액을 지급하는 것을 가리킨다. 또는 그 패방이나 편액을 가리키기도 한다.

162 제정(題旌)은 글씨를 써서 표창을 해 주는 것을 가리킨다. 보통 죽은 사람을 위해 쓰인다.

163 인발(印發)은 관인을 찍어 내보내는 것을 말한다.

25-07. 의학 설립(立義學)[164]

옛날에는 집(家)에 숙(塾)이 있고 당(黨)에 상(庠)이 있었는데, 바로 백성의 자제를 가르치는 학교였다. 학생 가운데 뛰어난 사람이 있으면, 향학(鄕學)에서 상서(庠序)로 옮기게 했으니, 오늘날 어린 학생이 시험을 봐서 경사의 국자감(國子監)에 들어가는 것과 마찬가지다. 명 홍무(洪武) 2(1369)년 태조(太祖)는 천하에 조서(詔書)를 내려 부·주·현학(府·州·縣學)을 세우게 하셨고, 홍무 8(1375)년에는 다시 조서를 내려 전국에 사학(社學)을 세우게 하였다. 이때 홍무제는 중서성(中書省)의 신하들에게 다음과 같은 상유를 내렸다.

> 오늘날 경사(京師) 및 군현(郡縣)마다 모두 학교가 있으나, 향촌 백성은 교화의 혜택을 받지 못하고 있으므로[165] 응당 관원들에게 명하여 사학(社學)을 더 많이 세우도록 해야 할 것이다. 그리고 사유(師儒)를 초빙하여 자제를 가르치게 하면 백성을 좋은 풍속으로 이끄는 것을 기대할 수 있을 터이다.

따라서 사학을 세우고 사유를 초빙하는 것은 모두 지방관의 책임이다. 그러나 주현의 성향 사방, 즉 현성과 주변 향촌에 있는 백성 자제들이 모두 학업에 열중할 수 있게 하려면, 향 하나만을 두고 따지더라도 리(里)마다 학교를 세우면 많으면 백여 곳, 적어도 수십여 곳에 이르게 된다. 설사 지방관이 봉급을 몽땅 기부한다손 치더라도 한두 군데에 세우는 데 불과할 터이니, 어찌 사방에 두루 설치하는 것이 가능하겠는가?

내가 생각하기에 오늘날의 사학은 옛날의 향숙(鄕塾)이나 당상(黨庠)과 같지 않다. 옛날에는 사람들에게 다른 학문이 없었고, 스승에게도 다른 가르침이 없었다. 8세에는 소학(小學)에 들어가 간지를 통해 날짜를 따지거나 동·서·남·북과 중앙의 다섯 방위를 구별하는 일, 글자를 쓰고 셈하는 것을 배웠으며, 처음으로 가정 내에 어른과 아이 사이의 예절을 알기 시작하였다. 15세에는 대학(大學)에 들어가 옛 성인의 예악을 배우고 조정 내 군신 사이의 예절을 알게 되었다. 소학에 들어가 쉬운 것과 작은 것을 익혔고, 대학에 들어가 어려운

---

164 의학(義學)은 각지에서 공·사의 자금으로 일으킨 무료 학교를 말한다.

165 원문에는 "鄕社之民樂覩敎化"라고 되어 있으나 실록의 원문을 보면 "鄕社之民未覩敎化"라고 되어 있으므로 이렇게 바로잡았다.

것과 큰 것을 익혔으니, 익히는 데에는 차츰차츰 나아가는 순서가 있었으며, 또한 배움과 나이가 걸음을 함께 하였다. 따라서 한 마을의 자제는 모두 숙에 모여 배웠고, 한 당의 자제들은 모두 상에 모여 배웠으므로, 서로 풀이하고 익히면서 많이 알고 넓게 들을 수 있었다. 그러한 다음 마음과 뜻이 크고 넓어져 학업을 공경하고 무리와 함께함을 즐거워하면서 스스로 알지 못하는 사이에 즐겁게 교화가 이루어질 수 있었다.

그런데 오늘날에는 부유하고 귀한 집안의 자제는 재력이 있어도 대부분 배우고자 하지 않는다. 반면 가난하고 천한 집안의 자제는 재력이 없어 배우고자 해도 배울 수 없다. 혹 부유하고 귀한 집안에서 자제를 가르치는 데 뜻을 두어 스승을 가정으로 초빙한다고 해도 가난하고 천한 자제들과 함께 배우게 하지는 않는다. 따라서 향숙·당상의 제도는 오늘날에 더 이상 실행될 수 없다. 지방관 또한 교화가 현실에 맞지 않고 시급하지 않은 일로 보며, 재력에도 한계가 있다고 생각하니 사학의 제도는 오늘날에 다시 생겨날 수 없는 것이다. 그리하여 자제들이 유가 경전을 공부하는 데 힘을 쓰지 않고 교화는 제대로 일어날 수 없게 되었으며, 그 결과 풍속은 더욱 경박해졌다.

따라서 향숙·당상·사학의 차이를 감안하면서 기꺼이 돕고자 하는 신사들의 도움을 얻어 지방관이 앞장서서 이끌 수 있는 학교는 오로지 [무료학교인] 의학(義學)뿐이다. 무릇 의학이라는 것은 오로지 가난하여 능력이 없는 집안의 자제를 위해 설립한 것으로, 한미(寒微)한 집안의 자제 가운데 자질이 있어 배울 만한 사람은 모두 그 입학을 허락한다. 가난한 사람은 향촌에 많다. 대개 현성 내외에는 신사와 상인들이 많은데, 향촌에 내려가면 대부분은 농사를 짓거나 목동인 경우가 많기 때문이다. 대체로 현성 그리고 현성에 인접한 지역(城廂)에서는 백성의 재력 정도를 살펴 의학을 세우고, 향의 경우에는 진·집·촌·장의 크기를 살펴 의학을 세우는데, 적게는 한 곳이나 두 곳을 많게는 네 곳이나 다섯 곳을 세운다. 드문드문 흩어져 있는 호구 가운데 배우기를 원하는 사람이 있는 경우에는 가까운 부근의 의학에 들어가도록 한다.

모든 의학은 그 규모의 넓고 좁음과는 상관없이 반드시 대문을 세우고 '의학'이라는 편액을 붙여야 하며, 주위를 담으로 둘러싸 안과 밖이 나눠지도록 해야 한다. 대당(大堂) 건물 세 칸은 학생들이 공부하는 장소로 삼는다. 그 뒤편의 건물 퇴우(退宇)에는 지성선사(至聖先師) 공자의 위패를 모셔 놓고 배우는 사람이 아침저녁으로 예를 올리게 한다. 좌우에 각기 두 칸씩 있는 건물 가운데 왼쪽은 스승의 침실로 삼고 오른쪽 건물 중 한 곳은 객실, 다른 한 곳은 기물을 쌓아 두는 곳으로 삼는다. 대당의 동쪽은 부엌으로 삼고 서쪽은 측간으로 삼으며, 또한 남은 땅에는 반드시 마땅히 창고와 채소밭을 만들어야 한다. 문지기와 요리사 각 한 명에게는 책상·결상·가마·부뚜막, 접시와 사발 등의 물건을 갖춰 준다. 그러한 재료들은 기꺼이 돕겠다는 사람들로부터 기부를 받고, 의학을 관장하는 사람으로는 노련하고 품행이 바른 이를 함께 추대하여 그로 하여금 때에 맞춰 수리를 하고 기물을 관리하게 함으로써 건물이 무너지거나 기물이 유실되지 않게 한다.

교사의 경우 반드시 성실하고 소박하며 훈고(訓詁)에 밝은 가난한 선비를 초빙하여 공동으로 지현에게 추천하고, [지현이] 과연 임무를 맡을 만한지를 점검한 다음 길일을 택해 학교에 부임하게 한다. 그다음 가난한 집안의 자제를 불러 그를 따르도록 하는데, 예물을 가지고 와서 찾아뵙는 사람에게는 그 예물의 많고 적음을 가지고 책망하지 않게 한다. 옛날에는 육포 묶음[간소한 예물]을 바침으로써 학문을 배웠다고 일컬어지며, [앞서 나온] 문옹(文翁)도 사천을 다스릴 때 그곳 자제들을 장안(長安)에 보내 유학시키면서 반드시 스승이 될 박사(博士)에게 예물을 보내 가르침을 받도록 하였는데, 스승에 대한 예는 없어서는 안 되는 것임을 보이기 위해서였지, 그들이 재물로 손해 보기를 바라서는 아니었던 것이다.

그런데 교사가 머무는 객사에 지급되는 곡식은 가난한 선비의 경우 이것에 의지하여 근근이 간단한 식사라도 해결하므로 반드시 끊이지 않고 지급되어야 한다. 만약 이렇게 계속해서 지급하는 일이 곤란하다면 각기 돈을 갹출케 하여 약간의 농지를 산 다음 매년 수입으로 들어오는 것을 계산하여, 교사의 객사에 충분한 곡식을 지급하고 문지기와 요리사의 급료를 주는 것 외에, 나머지 수입은 건물을 수리하고 기물을 보충하며 해마다 제사를 지내고 교사나 빈객에게 연회를 베푸는 등의 여러 비용으로 삼는다. 하지만 그 농지에서 얻는 소작료의 출납 및 경비 지출의 수치는 모두 의학을 관리하는 사람이 주관하고, 모든 것을 장부에 기록하여 두었다가 연말에 관련자들과 함께 결산을 한다. 각 의학의 학구(學區)에서는 올바름을 사랑하여 기꺼이 기부하는 사람을 몇 명씩 추천하는데, 이들이 교대로 돌아가면서 1년씩 담당하게 하는 방식이 아마 더욱 공평하고 타당할 것이다. 다만 어울리는 사람이 아니라면 절대로 개인적인 인정에 얽매여 가벼이 일을 맡겨서는 안 된다. 조금이라도 개인적인 부정이 있게 된다면, 의학에서 사용할 수 있는 자금이 부족해지고 공사(公事)를 그르칠까 염려되기 때문이다.

한편 교사의 일과에는 반드시 정해진 순서가 있어야 한다. 매일 아침 전날 가르친 부분을 암송시키며, 암송이 끝나면 새로운 부분을 가르친다. 그것은 학생 자질의 총명함과 아둔함에 따라 많거나 적게 조절한다. 혹 두 번씩 다시 가르치더라도 반드시 숙독(熟讀)을 시킨 다음 암송을 시키고, 제대로 암송을 해야 끝을 낸다. 읽는 발음이 또렷하고, 띄어 읽기도 분명하도록 힘써야 한다. 학생들이 아침 식사를 마치면, 베껴 글쓰기를 하는데, 그 본뜬 글자는 반드시 정운(正韻)을 따르도록 한다. 필획은 단정하게 쓴 해서체(楷書體)로 하는데, 반드시 저본이 좋은 것이어야 베껴 쓴 것도 뛰어날 수 있다. 비록 붓을 사용하는 법을 쉽사리 익힐 수는 없지만 글자의 형태와 태세는 반드시 먼저 바르게 만들어야만 한다. 베껴 글쓰기를 마치면 반드시 잘된 것과 못된 것을 구별하여, 잘된 것에는 동그라미를 쳐 주고 잘못된 것은 지워 버려 고쳐야 할 바를 알 수 있게 한다. 또한 반드시 어려운 글자를 골라 외우도록 하고, 다음날 다시 복습하여 이를 잊지 않게 한다.

책을 강론할 때에는 모두 공소(公所)에 모이게 한다. 만약 어떤 한 장(章)을 강독한다고 하면, 먼저 이 장의 큰 뜻을 들어 알려 주고 그다음에는 한 자 한 자씩 먼저 글자의 의미를 해석해 준다. 그다음 다시 구절마다의 뜻을 풀어 주는데, 반드시 쉽고 분명하게 해서 아이들이 잘 알아들을 수 있어야 한다. 강론을 마치면 자리로 돌아가 조용히 암기하게 하고, 다음날 강론을 할 때 먼저 전날 배운 것을 다시 한 번 풀어 준 다음에야 비로소 새로운 부분으로 들어간다. 아이들이 봐야 하는 강론서(講書)에서는 『사서(四書)』를 풀이한 『장노각직해(張閣老直解)』만큼 자구와 단락이 뚜렷한 것이 없다. 강론과 암기가 끝나면 점심식사를 한다. 식사를 마치면 오전에 배운 책을 암송하고, 암송을 마치면 다시 오후에 배울 부분으로 들어간다. 숙독하고 암송하는 것을 마치면 마주 보고 대구(對句) 맞추기 시합을 하는데, 반드시 먼저 그 대구의 종류를 보게 함으로써 각자가 다른 부분이 있음을 알게 한다. 이들이 대구를 배우면 아울러 평운(平韻)과 측운(仄韻)이라는 한자의 음운도 알게 되는데, 후일에 공문이나 판결문과 관련하여 사륙변려체 문장을 쓰는 것은 바로 여기에서 시작된다.

아이들은 아침에 와서 저녁에 흩어지는데, 그때 반드시 공자께 엄숙히 절을 하고, 돌아가 부모나 웃어른을 볼 때에도 또한 공손히 절을 하게 한다. 그렇게 함으로써 제자로서 출입할 때에는 반드시 그 예의를 갖추게 하는 것이다. 아침저녁으로 배운 것이 닷새째가 되면 총괄하여 암송을 하는데, 이날은 새로운 부분을 가르치지 않는다. 암송하기를 마치면 외워서 쓰게 하는데, 만약 틀린 것이나 빠뜨린 것이 있으면 적당하게 벌을 준다. 열흘째를 일컬어 '온순(温旬)'이라 하는데 이날에는 열흘 동안 배운 구절을 쓰게 하며, 전체를 암송하고 전체를 쓰는 것 또한 마찬가지다. 이것이 아이들을 가르치는 방법이다.

그 요점은 아이들이 반드시 덕성을 기르고, 기질을 바꾸게 하는 것을 바탕으로 삼는다. 들어가서는 효도하고 나가서는 공손하며, 젊은이가 어른을 보면 즉시 공경하고 양보하는 마음이 일어야 하고, 동년배와 함께 있을 때에는 겸손하고 부드러워야 하며, 교만하거나 태만해서는 안 되는 것이다. 경솔한 말이나 화난 표정으로 남을 대해서도 안 되며, 일을 할 때에는 성실하고 정성스럽게 해야 한다. 이는 모두 덕성을 기르고 기질을 바꾸었을 때 얻을 수 있는 결과다. 『주역』에 이르기를 "어리석고 무지한 사람을 올바른 덕을 가진 사람으로 양성하는 것은 바로 성인의 공업이다."라고 하였다. 즉 어리고 무지할 때 반드시 올바름으로 키우는 것을 성인의 공덕이라 보는 것이다. 학교의 교사가 된 사람이 어찌 올바르게 키우는 것을 가르침으로 삼지 않고, 단지 시시콜콜하게 교재를 외우고 익히는 데에만 신경을 써야 하겠는가? 지방관은 공무가 있어 그 지역에 갔을 경우 몸소 의학에 가서 그 수업 과정을 살피고 우수한 학생을 장려하면서 근면한 스승 역시 표창해 주어야 한다. 그렇게 한다면 학부형들이 이 소식을 듣고 자제들이 공부하도록 북돋우지 않는 경우가 없을 것이며, 그 교사는 이를 영예롭게 여겨 학생을 가르침으로 이끄는 데 힘쓰지 않는 경우가 없을 것이다.

古者家有塾, 黨有庠,[166] 所以教民之子弟爲學也. 其有秀異者, 移鄕學于庠序,[167] 猶今之童子試而入于頖宮也.[168] 明洪武二年, 詔天下立府、州縣學, 八年詔立社學.[169] 諭中書省臣曰[170]: "今京師及郡縣皆有學, 而鄕社之民未[樂]覩教化, 宜令有司更置社學, 延師儒以教民間子弟,[171] 庶可導民善俗."[172] 則是置社學, 延師儒, 皆有司責也. 然州縣城鄕四方, 欲使民子弟盡攻學業, 卽一鄕論之, 按里置學, 多則百處, 少亦數十處. 雖悉捐官俸, 不過置一、二處止耳,

---

166 『예기(禮記)』「학기(學記)」편에 의하면 "옛적의 학교는 집에는 숙, 당에는 상, 술에는 서, 나라에는 학이 있었다(古之教者, 家有塾, 黨有庠, 術有序, 國有學.)."라고 한다. 주에서는 25가를 1여(閭)로 하였고, 여에는 거리(巷)가 있었는데 첫 번째 거리(首門) 옆에 가숙이 설치되어 거민의 자제를 가르쳤다고 전하며, 나중에는 교사를 초빙하여 자신의 자제를 가리키는 것을 가숙(家塾)이라고 부르게 되었다. 당(黨)은 일종의 지방 기층조직으로 5가는 린(鄰), 5린은 리(里), 500가는 당(黨)이라고 불렀으며, 상(庠)은 특히 향학(鄕學)을 가리킨다. 술(術) 역시 행정구역의 하나이며, 서(序) 역시 주당(州黨)의 학교를 가리킨다.

167 상서(庠序)는 지방 학교를 가리키는데, 보통 학교를 가리키는 말로도 쓰인다.

168 반궁(頖宮)은 제후가 설치한 학궁이나 국자감을 가리킨다.

169 사학(社學) 역시 지방학교를 가리킨다.

170 중서성(中書省)은 수·당대에 정식으로 설립된 삼성육부제(三省六部制) 가운데 한 성으로 황제의 조령(詔令)의 초안을 기초하고, 반포하는 역할을 담당하였다. 문하성(門下省)은 조령의 내용을 검토하는 역할을, 상서성(尙書省)은 집행을 맡았다. 중서성의 장관은 수대에는 내사령(內史令), 당대에는 중서령(中書令)이었다. 원대에는 중서성이 백관을 총지휘하면서 추밀원(樞密院)·어사대(御史臺)와 정치·군사·감찰의 삼권(三權)을 분담하면서 중서성의 지위가 앞 시대보다 더욱 중요해졌다. 명초에도 중서성이 육부를 통할하였지만, 홍무 13(1380)년 중서성이 폐지되었고 그 권한은 육부로 나누어졌으며, 황제가 육부를 직접 통제하는 체제로 바뀌면서, 승상(丞相)이 사라지고 중앙집권이 더욱 강화되었다.

171 사유(師儒)는 교관 내지는 학관을 말한다.

172 『명태조실록(明太祖實錄)』(臺北: 中央硏究院歷史語言硏究所, 1962影印) 홍무(洪武) 8년 1월 27일 정해(丁亥)조의 기사는 다음과 같이 기록하고 있다. "丁亥明天下立社學. 上謂諭中書省臣曰: '昔成周之世, 家有塾, 黨有庠, 故民無不知學, 是以教化行而風俗美. 今京師及郡縣皆有學, 而鄕社之民未覩教化, 宜令有司更置社學. 延師儒以教民間子弟, 庶可導民善俗也.'" 이 책의 원문에는 "鄕社之民樂覩教化"라고 되어 있으나 『실록』의 원문을 보면 "鄕社之民未覩教化"라고 되어 있으므로 이렇게 본문을 바로잡았다.

何能遍及哉?

鴻以爲今之社學, 與古鄕塾、黨庠不同. 古者人無異學, 師無異教. 八歲入小學, 學六甲、五方、書計之事,[173] 始知室家長幼之節. 十五入大學, 學先聖禮樂, 而知朝廷君臣之禮. 是入小學而習其易者、小者, 入大學而習其難者、大者, 是習之有漸, 而學與年俱進也. 故一鄕之子弟, 皆聚習于塾, 一黨之子弟, 皆聚習于庠, 于是互相講肄,[174] 博識多聞. 然後心意開朗, 敬業樂羣, 不覺大化之陶然而有得也.[175]

今者富貴子弟有力而多不學, 貧賤子弟無力而不能學. 或富貴之家有心訓子弟, 各延師于庭, 而又不屑與貧賤者爲伍,[176] 以故鄕塾、黨庠之制, 不能行于今日. 而有司又視教化爲迂闊不急之務,[177] 財力爲有限之資, 而社學之制, 不能修復于今日. 所以『詩』、『書』不事, 教化不興, 而風俗媮薄,[178] 益相波靡也.[179] 然則斟酌于塾、庠、社之間, 合力于紳衿之樂助, 而有司先爲之倡者, 其惟義學乎! 夫義學者, 專爲貧窮無力之子弟而設也, 凡寒微之子有資質可學者, 則聽其就業.[180] 其貧窮之人, 在鄕者多, 蓋城廂多紳衿、商賈, 而鄕落則大半耕農牧豎也.[181] 大約城廂視民貧富之多寡而置之, 至于鄕視鎭、集、村、莊之大小而置之, 少則或一或二, 多則或四或五. 其零星散戶有志願學者, 就近附入焉. 每學一區, 無論規制廣狹,[182] 必設有大門, 榜以義學, 繚以周垣,[183] 使分內外. 大堂三楹爲誦習之地.[184] 後有退宇, 中奉至聖先師位,[185] 學者旦夕致禮. 堂左右舍各二所, 左爲師寢室, 右一爲客座, 一爲堆貯器用. 堂東側爲庖, 西側爲廁, 更

---

173 육갑(六甲)은 천간(天干)과 지지(地支)를 배합하여 시일을 계산하는 것, 즉 간지(干支)를 헤아리는 방법을 말한다. 오방(五方)은 동서남북과 중앙, 즉 각방(各方)을 가리킨다. 서계(書計)는 글씨 쓰기와 계산을 말한다.

174 강사(講肄)는 풀이하고 익히는 것을 말한다.

175 대화(大化)는 넓고도 깊은 교화, 만물의 화육(化育), 인생의 중요 변화 등을 가리킨다. 도연(陶然)은 기쁘고 즐거운 모습, 취해서 즐거워하는 모습을 나타낸다.

176 불설(不屑)은 할 만한 가치가 있다고 여기지 않는다, 하는 것을 꺼린다는 뜻이다.

177 우활(迂闊)은 세상 물정에 어둡다, 현실에 맞지 않다는 뜻이다.

178 유박(媮薄)은 경박하다는 뜻이다.

179 파미(波靡)는 파도에 따라 일어났다가 바람을 따라 가라앉는다는 뜻으로 가슴속에 아무런 생각 없이 부화뇌동한다는 뜻, 나아가서는 세풍(世風)·유속(流俗)이 퇴폐해지는 것을 비유하기도 한다.

180 취업(就業)은 구학(求學)을 말한다.

181 목수(牧豎. 牧竪)는 목동(牧童)을 말한다.

182 규제(規制)는 건축물의 규모나 구조를 가리킨다.

183 주원(周垣)은 담장, 성벽을 가리킨다.

184 영(楹)은 집 한 칸을 뜻한다.

185 지성선사(至聖先師)는 공자(孔子)를 가리킨다. 당의 현종(玄宗) 개원(開元) 27년에 공자에 대해서 문왕(文宣王)이라는 시호가 내려졌고, 송 진종(眞宗) 때에는 지성문선왕(至聖文宣王)이라는 시호(諡號)가, 원의 무종(武宗) 지대(至大) 원년에는 대성지성문선왕(大成至聖文宣王)이라는 시호가 내려졌다. 그 후 명의 세종(世宗) 가정(嘉靖) 9년에는 공자를 지성선사(至聖先師)라 고쳐 부르게 되었다.

須隙地建倉爲蔬圃. 司閽、司庖者各一人,[186] 其几案、榻椅、釜竈、盤盂之類具備. 其資財劇于樂助,[187] 而司掌者共推老成有品行之人, 使修葺以時,[188] 器物有稽, 勿致傾圮遺失.[189]

至于師長, 必延請誠樸明于訓詁貧士,[190] 公擧于官, 驗果可任, 則擇吉就學. 乃召貧子弟從之, 執贄拜見者,[191] 聽厚薄不責焉. 古者修束脯以從學,[192] 文翁治蜀, 遣蜀子弟, 必遣物博士而使敎之, 以見師禮之不可廢也, 非欲其損于財也. 若夫師之館穀, 貧士恃此以供饘粥,[193] 乃陸續而餽之.[194] 不可繼也, 乃醵金售田若干畝,[195] 計每歲所入, 除取足館穀、給閽庖之値, 餘爲修葺舍宇、增補器用及歲時祭祀、燕飮師賓諸費焉.[196] 然田租之出納, 與用度之數, 俱令司掌者主之, 悉登諸籍, 歲終與在事者會計焉. 每學一區, 就于好義樂輸者, 推擧數人. 或輪流値歲, 更爲公妥. 但非其人, 不得狥情輕任, 恐稍有私朦,[197] 則學之取用不敷, 僨乃公事矣.[198]

其師之日課, 必有定程, 每早背昨所上書,[199] 背畢, 上生書.[200] 因其質之慧鈍, 而多寡之, 或一上再上, 必熟讀乃背, 熟背乃已. 務要字音淸楚, 句讀分明. 學生早膳畢, 乃寫仿,[201] 其倣必

---

186 혼(閽)과 포(庖)는 대문과 주방을 말한다.

187 이 극(劇)은 아마 거(醵)인 것 같다. 거는 추렴한다는 뜻이다.

188 수집(修葺)은 수리한다는 뜻이다.

189 경비(傾圮)는 무너지다, 붕괴된다는 뜻이다.

190 훈고(訓詁)는 경전인 고서의 자구(字句)에 대한 해석을 가리킨다. 또한 훈고학(訓詁學)은 주로 고대의 서면 언어를 연구하는 전문 학문으로 주로 유교경전이나 고서에 대한 어의학(語義學)적인 분석에 치중하였는데, 한대(漢代)에 특히 유행하였기에 한학(漢學)이라고도 한다.

191 집지(執贄)는 예물이나 선물을 든다는 뜻이고 배견(拜見)은 웃어른을 뵌다는 뜻이다.

192 여기서 수속포(修束脯)는 수포(修脯) 내지는 속수(束修)라는 뜻이다. 이것은 입학할 때 스승에게 보내는 예물이나 사례금, 나아가서는 교사의 봉급을 의미한다. 속수(束脩)는 원래 열 가닥의 육포 한 묶음을 가리킨다. 『논어』 「술이(述而)」편에는 다음과 같은 구절이 있다. "공자께서 말씀하셨다. '마른 육포 같은 박한 예물이라도 가져온 사람에는 가르침을 주지 않은 적이 없었다'(子曰: '自行束脩以上, 吾未嘗無誨焉.')."라고 하는데, 아마 육포를 내고 배운다는 구절은 이것을 가리키는 것으로 보인다. 한편 속포(束脯)는 은혜를 베풀어 나중에 보답을 받는 것을 가리킨다. 춘추시대 진(晋)의 대부(大夫) 조순(趙盾)이 사냥을 하다가 뽕나무 그늘 아래 굶주린 사람을 보고 육포(肉脯)를 내렸는데, 받고도 먹지 않자 그 이유를 물었더니, 노모에게 드린다고 해서 다시 한 묶음을 더 주었는데, 나중에 이 사람이 진(晋) 영공(靈公)의 갑사(甲士)가 되었다가, 영공이 조순을 죽이려 하여 그가 나서서 조순을 보호하여 도망치게 하였다는 고사에서 비롯된다.

193 전죽(饘粥. 饘鬻)은 죽을 가리킨다. 여기서는 간소한 식사를 비유하는 것으로 보인다.

194 육속(陸續)은 앞뒤로 끊이지 않고 이어진다는 뜻이다.

195 갹금(醵金)은 돈을 추렴한다는 뜻인 것 같다. 또한 이렇게 사들인 토지를 보통 학전(學田)이라고 한다. 즉 학교운영용 공지(公田)로, 여기에서 나는 수입을 학교기금으로 이용하는 것이다.

196 연음(燕飮)은 함께 모여 술과 음식을 먹는다는 뜻으로, 연(燕)은 연(宴)과 통한다.

197 몽(朦)은 풍부하다는 뜻이지만, 여기서는 은폐·부정·속임수를 가리킨다.

198 분(僨)은 넘어지다, 실패하다, 망가뜨린다는 뜻이다.

199 여기서 상서(上書)는 숙사(塾師)가 학생에게 새로운 과(課)를 강의하는 것을 가리킨다.

200 생서(生書)는 아직 읽지 않은 책, 또는 새로운 과목·과제를 말한다.

201 사방(寫放)은 서법을 처음 배울 때 글씨체를 모방해서 쓰는 것, 모방하거나 실물을 그리는 것을 말한다.

遵正韻.[202] 筆畫端楷, 須粉本佳而後摹者工,[203] 雖用筆之法不能驟知, 而字之體勢,[204] 要必先正焉. 仿寫畢, 必爲之定妍媸,[205] 妍者圈之, 媸者抹之, 使知所改, 必擇難字與記, 次日復之, 使識而不忘. 講書者則聚集公所, 如講某章, 先擧此章大義, 後逐句先解字義, 再講句義. 務須明白簡易, 使童子胸中了然. 講畢, 令其返席默記, 次日講時, 先復講, 方與講新書, 童子要看講書無如『張閣老直解』,[206] 字句段落, 甚是分明. 記講書畢, 午膳. 膳畢, 將早書誦, 背訖, 再上晩書. 熟讀背訖, 做對者出對與對,[207] 必先令其看對類, 使知各有分門, 童子學對, 便知平仄.[208] 他日作表·判四六,[209] 皆由此昉也.

早來晩散, 須向先師位肅揖, 歸見父母、尊長亦肅揖, 以弟子之禮, 必出入有儀也. 早晩所上書, 五日一總背, 是日不上生書. 背畢, 令默寫, 如有錯落, 酌量受責. 十日謂之: "溫旬,"[210] 寫句將十日所上書, 總背、總寫亦如之. 此幼童之功課也. 更其要者, 童子必以涵養德性、變化氣質爲本, 入而孝, 出而弟, 見長老則興敬興讓, 處同輩則以謙以和, 毋矜氣, 毋惰容,[211] 毋疾言怒色待人,[212] 行事忠信篤誠. 此皆養德性、化氣質之實也. 『易』曰: "蒙以養正, 聖功也."[213]

---

202 정운(正韻)은 우운(友韻)·지운(支韻)과 상대되는 음운학 용어다. 또는『홍무정운(洪武正韻)』(16권)을 가리키기도 하는데,『홍무정운』은 명(明) 태조(太祖)의 지시에 의해 홍무 연간에 편찬된 관방운서(官方韻書)이다. 하지만 여기서는 이런 음운이 아닌 반듯한 글씨, 즉 정자체(正字體)를 말하는 것으로 보인다.

203 분본(粉本)은 원래 그림의 밑그림을 말한다. 그림을 그릴 때 먼저 분으로 모양을 그린 다음 그 위에 붓 칠을 하였기 때문에 이런 이름이 붙었는데, 나아가 그림·저본이나 기초를 가리키게 되었다.

204 체세(體勢, 體埶)는 형체와 태세라는 뜻인데, 시문에 쓰인 글자의 형체나 구조·기세·품격을 가리킨다.

205 연치(妍媸, 妍蚩)는 아름다움과 추악함을 말한다.

206『장노각직해(張閣老直解)』는 명말의 장거정(張居正)이 만력제(萬曆帝)가 읽도록 편찬한『사서직해(四書直解)』를 청초 오위업(吳偉業)이 다시 발간하면서 붙인 이름이다.

207 주대(做對)는 천(天)을 제시하면 지(地)로 대답하고, 장(長)을 제시하면 단(短)으로 대답하는 등 대자(對字)나 대구(對句)로 대응하는 시험을 가리킨다. 출대(出對)는 질문을 던지는 것, 여대(與對)는 그에 대답하는 것을 말하는 것으로 보인다.

208 평측(平仄, 平仄)은 평성(平聲)과 측성(仄聲), 또는 평운(平韻)과 측운(仄韻)을 말한다. 평성은 한자 자음(字音)의 고저승강(高低升降)을 지시하는 사성(四聲) 가운데 평성이고, 측성은 나머지 상성(上聲)·거성(去聲)·입성(入聲)을 가리킨다. 전통 시사(詩詞)와 변려문(騈儷文)에서 쓰는 글자의 음은 반드시 평성과 측성이 서로 교체되어 성조가 잘 어울려야 하는데, 이것을 조평측(調平仄)이라고도 한다.

209 표(表)는 감사나 축하를 아뢰는 데 많이 쓰이는 주장(奏章)의 일종이나 황제에게 계주(啓奏)하거나 상주(上奏)한다는 뜻이고, 판(判)은 소송에 대한 심리와 판결을 가리키는 것으로 보인다. 사육(四六)은 사륙변려체를 가리킨다. 이 책에서는 주로 사육대계(四六大啓)라는 일종의 서신 형식을 주로 가리키는 것으로 쓰인다

210 온(溫)은 온습(溫習), 즉 배운 지식을 익히는 것, 복습하는 것을 가리킨다.

211 타용(惰容)은 위축되어 떨쳐 일어나지 못하는 마음을 가리킨다.

212 질언(疾言)은 경솔하고 비합리적인 이야기를 가리킨다.

213『주역(周易)』「몽괘(蒙卦)」편에 나오는 구절이다. "'내가 유치하고 어리석은 사람에게 구하는 것이 아니라 유치하고 어리석은 사람이 내게 구하는 것이다'고 하는 것은 점을 치는 사람과 보는 사람의 관계가 서로 호응하는 것이다. '처음 점을 쳤을 때 알려 주신 것'은 믿음이 견고하고 점치는 원칙에 부합하였기 때문이다. '경솔하고 불경

可見童蒙之時, 而必養之以正, 是卽以聖人之功望之矣. 爲塾師者, 豈可不以養正爲敎, 而顧斤斤于誦習哉?[214] 州縣牧宰, 因公至其境, 躬詣義學, 考其課程, 奬其生之優, 而褒其師之勤. 則其父兄聞之, 莫不勵子弟于學, 其師榮之, 莫不勉諸生于敎矣.

25-08. 생원·동생 시험(生童課試)[215]

지방관은 [縣의 학교인 儒學에 다니면서 공부를 하는] 생원을 위해 정기 시험을 베푼다. 이것은 첫째, 문교(文敎)를 일으키고 장려하기 위함이고, 둘째, 독서인들의 기풍을 바로잡기 위해서이다. 부모관으로서 [이 시험을 통해] 독서를 하면서 스스로를 아끼는 학생들의 문자 지식이 늘어나고 날마다 학업에 정진하는 것을 즐겁게 여기도록 만드는 것이다. 또한 헛된 욕심만 있는 졸렬한 학생들은 평소 아문을 들락거리는데, 관리로 나아갈 길을 찾지 못하고 게다가 날로 경쟁에서 뒤떨어지는 것을 스스로 부끄럽게 여기도록 해야 한다. 그런데 최근에는 현 유학에서 생원들에게 달마다 월말 시험(月課)을 치르게 한다는 소식을 들어본 적이 없다. [따라서 이런 상황을 바꾸기 위해서는] 마땅히 현 유학의 학관(學官)에게 공문을 보내 매달 날짜를 정해서 이륜당(彝倫堂)에 생원들을 모은 다음 문제를 내서 시험을 치르게 해야 한다. 만약 학전(學田)의 소작료 수입이 있다면 이것을 써서 시험 때 제공하는 음식비용으로 삼는다. 매일 두 끼를 먹는데, 음식은 매 탁자마다 고기와 채소 네 가지를 놓으며, 한 탁자에 네 명이 앉는다. 두 번째 식사 때에는 자리마다 술 두 병씩을 더한다. 대체로 학문에 능해 시험을 볼 수 있는 사람은 수십 명에 지나지 않으므로 시험 때마다 비용으로 두 냥이 들고, 1년에 열두 번 시험을 본다고 하지만 유월과 섣달은 심한 추위와 더위로 시험이 없으니 열 번에 그친다면 그때 소요되는 것은 겨우 스무 냥이다. 혹 주현의 지방관이

스럽게 두세 번 점을 치면, 알려 주지 않으시는데' 경솔하고 불경스러운 것은 바로 어리석음의 표현이다. 어리석고 무지한 사람을 올바른 덕을 가진 사람으로 양성하는 것은 바로 성인의 공업이다('匪我求童蒙, 童蒙求我', 志應也. '初筮告', 以剛中也, '再三瀆, 瀆則不告', 瀆蒙也. 蒙以養正, 聖功也.)."

214 고(顧)는 정신을 집중하다, 주의하다, 고려하다, 돌본다는 뜻이다. 근근(斤斤)은 자질구레하거나 중요하지 않은 일을 지나치게 시시콜콜 따지다, 좀스럽게 따진다는 뜻이다.

215 생동(生童)은 생원과 동생을 가리킨다.

빈궁한 유학 교관을 위해 그 비용을 대신 지불한다고 해도 큰 어려움이 없을 것이다.

주현관은 매 계절 마지막 달의 계절별 시험(季課) 때를 만나면 반드시 미리 포고하고, 당일에는 후당(後堂)에서 시험을 치르도록 한다. 아울러 학사(學師)에게 청하여 하루 종일 문장을 가지고 시험을 치르게 한다. [생원이 아닌] 동자(童子) 중 글 솜씨가 뛰어난 경우가 있으면 역시 시험에 참여하는 것을 허락해 준다. 시험 답안지를 모두 살펴보고 나면 그 순서를 매기는데 특등·1등·2등을 기준으로 한다. 그 문장이 우수한 것은 뽑아서 인쇄에 넘김으로써 공동으로 감상하도록 하여 하루 동안의 고심한 생원들의 노력을 저버리지 않도록 한다. 문장이 훌륭하면서도 품격을 함께 갖춘 경우에는 응당 특별하게 장려해야 한다. 부유한 사람은 예의의 형식으로 우대하고, 가난한 사람에게 장학금을 지급하면, 게으르고 학업을 소홀히 하는 학생 또한 장차 스스로의 학문을 가다듬어 올바른 길로 나가고자 하는 뜻을 품을 것이다. 어찌 이것이 문교를 떨쳐 일으키고, 독서인의 기풍을 바로잡는데 조금이라도 도움이 되지 않겠는가?【생각건대, 앞서 서술한 전례부의 「빈흥고시(賓興考試)」에 따르면 주현의 계절별 시험 및 동생(童生)의 정고(正考)는 전례(典禮)로 언급하고 있는데, 여기서는 이것을 교양(敎養)으로 언급하고 있어 같은 내용이 약간 중복되고 있다. ○ 양쪽은 서로 참고하여 볼 만하다.】

有司爲諸生會課,[216] 一以興獎文敎, 一以挽正士風,[217] 使讀書自愛者, 于州縣父母, 樂其有文字之知, 而日精于行業.[218] 其空疏薄劣者,[219] 于平日出入衙門, 亦愧其無干進之階,[220] 而日遠于奔競.[221] 邇來儒學諸生月課,[222] 杳矣無聞,[223] 宜移文學師, 每月訂期詣彝倫堂, 出題面課. 如有學田地租,[224] 取爲課文飲饌之資. 每日二餐, 餐每桌肉蔬四器, 桌四人. 次餐每席加酒二

216 제생(諸生)은 생원을 가리키며, 회과(會課)는 생원들이 다니는 학교의 시험, 또는 정기적으로 모여 공부한 것을 시험하기 위해 문장을 내서 검토하는 것을 가리킨다.

217 만정(挽正)은 바로 되잡는다는 뜻이다.

218 행업(行業)은 덕행과 공업, 또는 직업이나 직업의 종류를 가리킨다.

219 공소(空疏)는 방종하고 산만하다, 공허하고 경박하다는 뜻이다. 박열(薄劣)은 저열하다, 졸렬하다는 뜻이다.

220 간신(干進)은 사진(仕進)을 모색하고 구한다는 뜻이다. 계(階)는 섬돌을 뜻하지만, 나아가 이거나 유래·길을 가리키기도 한다.

221 분경(奔競)은 분주하게 경쟁한다, 명리(名利)를 추구한다는 뜻이다.

222 이래(邇來)는 어느 시점 이후, 근래라는 뜻이다. 월과(月課)는 매월 고사, 월말고사를 가리킨다.

223 묘의무문(杳矣無聞)은 더 이상 들리지 않는다는 뜻이다. 묘부가문(杳不可聞)·묘무소식(杳無消息) 또한 같은 뜻이다.

224 학전(學田)은 앞서 나온 대로 학교 운영용 공지(公田)로 여기에서 나는 수입을 학교기금으로 이용한다.

壺. 大約能文會課者, 不過數十人, 每課需費二兩. 歲十二課, 除六臘甚寒暑,[225] 亦止十課, 所需僅二十金. 或州縣爲窮廣文先生代措,[226] 似不大難也.

至于牧宰, 每逢季課, 須預期出示, 是日後堂會課, 幷請學師, 爲竟日文字劇談.[227] 其童子能文者, 亦准與課. 閱文畢, 次其等第, 以特等、一等、又一等爲率. 擇其文之尤者, 付之梓, 以公同好, 無負諸生一日之苦心. 其善文而有品者, 宜特加奬異, 富者優以儀文,[228] 貧者資其膏火,[229] 則惰懶荒疏者,[230] 亦將爭自琢磨而思就正于有道矣. 是非振文教、挽士趨之一助乎? 【按: 前典禮部「賓興考試」條內, 州縣季考及童生正考, 以典禮言, 此季課以教養言, 因文有互見, 故重複爲之詞耳. ○ 二條可參看】

25-09. 강학(講學)

무릇 위정자(爲政者)가 풍속이 아름다워지기를 기대한다면 반드시 그에 앞서 인심을 바르게 해야 한다. 인심을 바르게 하려면 반드시 성인(聖人)의 도(道)를 밝히는 데서 비롯되어야 한다. 이른바 '성인의 도'라는 것은 아주 높고 먼 데서 구하여 알기 어려운 것도 아니고, 괴이하고 편벽한 쪽으로 나서서 실행하기 어려운 것도 아니다. 즉 이것은 일상적이고 평범한 일로서, 군신(君臣)·부자(父子)·형제(兄弟)·부부(夫婦)·붕우(朋友) 사이에서 볼 수 있는 것이며, 각기 그들이 당연히 해야 할 규범을 다하면서 지나치거나 모자라는 차이가 없게 하는 것일 뿐이다. 그렇지만 배우지 않으면 그 이치를 밝힐 수 없고, 그 이치를 밝히

---

225 육랍(六臘)은 유월과 섣달을 아울러 이르는 말이다.

226 광문선생(廣文先生)은 청고(淸苦)하고 한산(閑散)한 유학교관(儒學敎官)을 빗대어 일컫는 말이다. 당의 두보(杜甫)가 「취시가(醉時歌)」에서 "모두가 바쁘게 사무실로 가는데 광문선생은 혼자 외로운 관직. 모두가 기름진 음식에 질린다고 하는데 광문선생은 밥도 제대로 못먹어(諸公袞袞登臺省, 廣文先生官獨冷. 甲第紛紛厭粱肉, 廣文先生飯不足.)."라 하면서 정건(鄭虔)을 '광문선생(廣文先生)'이라고 부른 데서 비롯되었다고 한다. 정건의 전기는 『신당서(新唐書)』 권202의 「열전 문예(文藝) 중(中)」을 참조.

227 경일(竟日)은 종일, 하루 내내라는 뜻이다. 극담(劇談)은 활발하게 이야기를 나눈다는 뜻이다.

228 의문(儀文)은 예절의 형식을 가리킨다.

229 고화(膏火)는 조명용 기름불을 가리키지만, 야간 독서용 등화를 가리키기도 한다. 여기서 부지런히 힘들게 공부하는 모습, 나아가서는 학습보조비·장학금을 가리키게 되었다.

230 황소(荒疏)는 학업 따위를 등한시하다. 소홀히 한다는 뜻이다.

지 않으면 그 행위를 착하게 할 수 없다.

무릇 이치(理)라 함은 바로 천리(天理)이다. 즉 하늘이 부여한 덕(德)으로, 하늘에서는 '이(理)'라 하고 사람에게서는 이를 '덕(德)', 그리고 일에서는 이를 '의(義)'라고 한다. 무릇 천리가 밝혀지지 않는 것은 바로 사람의 욕심(人欲)이 그것을 가리고 있기 때문이다. 천리가 사람의 욕심에 의해 가려지는 것은 바로 인심의 덕이 잡스러워 순수하지 못하기 때문이다. 덕이 순수하지 못하면, 실제적인 일에 베풀 경우 반드시 모두가 타당한 것은 되지 못하며, 의(義)와도 상당히 거리가 있게 된다. 그러므로 『주역』「건괘(乾卦)」에서는 이렇게 말한다. "군자는 학습을 통해 앎을 축적하고, 물음을 통해 시비를 가리며, 관대함으로 마음을 가다듬고, 인의로 이를 실천한다." 이것은 묻지 않으면 덕을 향상시킬 수 없고, 인이 아니라면 제대로 된 배움을 이룰 수 없기 때문이다. 그러므로 먼저 물어서 시비를 가리고 나서 인을 행한다는 것은 반드시 먼저 배움을 정밀하게 하여 어떤 이치라도 밝혀지지 않음이 없게 하고, 그다음 마음을 맑게 하여 어떤 덕이라고 순수하지 않음이 없게 하고, 실천에 옮길 때에도 어떤 일이라도 적절하지 않음이 없게 하는 것이다.

이렇기 때문에 덕을 알고자 하면 비록 성인이라고 할지라도 먼저 배움에 힘쓰지 않으면 안 된다. 『주역』「건괘」에서는 이렇게 말한다. "일상적인 행동에서 신의를 강구하고, 일상적인 말에서 근면함을 추구하며, 사악함을 막고 그 성실함을 보존하라."[231] 일상적인 행동(庸德)이란 바로 군신·부자·형제·부부·붕우 사이에서 당연히 이루어져야 할 행동을 말한다. 일상적인 말(庸言)이란 바로 군신·부자·형제·부부·붕우 사이에서 당연히 이루어져야 할 가르침을 말한다. 이것을 제외하고는 이른바 '덕행'이나 '가르침'이라는 것 자체가 있을 수 없다. 사악함을 막는다(閑邪)는 것은 항상 밝은 천리가 인욕 때문에 가려지지 않게 하는 것이다. 성실함을 보존한다(存誠)는 것은 항상 순수한 심덕(心德)이 인욕 때문에 잡스러워지지 않게 하는 것이다. 따라서 배움이 없다면 이른바 '막는다'거나 '보존한다'는 것 자체가 있을 수 없다.

[유교의 道統, 즉 聖賢의 계보를 구성하는] 요(堯)·순(舜)·우(禹)임금, 은 탕왕(湯), 주 문왕·무왕과 주공(周公),[232] 그리고 공자의 도를 따라 거슬러 올라가 보자. 요임금은 순임금에게

231 "그 성실함을 보존한다(存其誠)"는 구절은 원래 『주역』에 있지만, 이 책의 원문에는 빠져 있다. 하지만 바로 뒤에 언급되기 때문에 그 구절을 추가하였다.

232 주공(周公, ?-?)은 이름이 단(旦)으로 서주를 세운 문왕의 아들이자 무왕의 동생이다. 무왕과 무왕의 아들 성왕(成王)을 도와 주 왕조의 기초를 확립하였다. 무왕이 죽은 뒤 나이 어린 성왕이 제위에 오르자 섭정이 되었는데,

"항상 중도를 지키라(允執厥中)"고 명하였다. 중(中)이라는 것은 한쪽으로 치우치거나 기울어지지 않고, 지나침과 모자람이 없는 것을 이른다. 순임금은 우임금에게 "현재 인심은 흔들리면서 불안하고, 도심은 아주 미세하여 흐릿한 상황이니, 오로지 한결같은 정성으로 항상 [한쪽으로 치우치거나 기울어지지 않는] 중도(中道)를 지키라(人心惟危, 道心惟微, 惟精惟一, 允執厥中)"고 명하였다. 인심이란 기형(氣形)의 사사로움을 가리키며, 도심이란 성명(性命)의 올바름을 가리킨다. 정밀함으로써 살핀다는 것은 그 사사로움을 살핀다는 것이고, 한결같음으로써 지킨다는 것은 그 올바름을 지키는 것이며, 기형(氣形)의 사사로움이 성명의 올바름을 해치지 못하게 하는 것이다. 그러므로 도심은 지극히 미미하지만 인심에 의해 위태로워지는 바가 아니어야만 비로소 능히 중도를 지켜 지나치거나 미치지 못하는 치우침이 없다. 이것이 바로 요임금의 명에 따라서 순임금이 우임금에게 중도를 지켜야 하는 이유를 전달한 연유인 것이다.

그것이 은 탕왕(成湯)에게 전달될 때는 "올바름으로 일을 처리하고, 예로서 마음을 다스린다(以義制事, 以禮制心)"는 것이 되었다. '잡는다(執)'고 하지 않고 '다스린다(制)'라고 한 것은 붙잡고 지키되 잃어서는 안 된다는 것을 말한다. '다스린다'는 것은 이것으로써 저것을 제압한다는 것이다. 비록 요·순임금의 '집중(執中)'과 은 탕왕의 '제사·제심(制事制心)'에는 한쪽은 편안하고 다른 한쪽은 좀 더 힘을 써야 한다는 차이가 없는 것은 아니다. 그렇지만 도심을 항상 존속시키면서 중도를 지키고 잃지 않는다는 요점이란 측면에서 보면 우임금이 순임금으로부터 이어받은 도통(道統)과 은 탕왕이 우임금로부터 이어받은 도통은 같은 것이라고 해야 할 것이다.

그것은 주 문왕에 이르러서는 "어둡고 홀로 있는 곳에서도 항상 단정하셨고, 아주 기뻐할 때도 극도의 절제로 평소의 모습을 유지하셨다(不顯亦臨, 無射亦保)"는 것으로 나타났는데, 이것은 바로 예로 마음을 다스린다고 하는 은 탕왕의 경우와 일치한다. 또한 "일을 처리할 때도 전에 들은 적이 없음에도 아주 법도에 맞았으며, 간언하는 사람이 없더라도 역시 지선(至善)의 경지에 이를 수 있었다(不聞亦式, 不見亦入)"고 하는 것은 역시 올바름으로

당시 상족(商族)을 이끌고 있던 주왕(紂王)의 아들 무경(武庚)과 주공의 동생 관숙(管叔)·채숙(蔡叔) 등이 동이(東夷)와 결탁하여 반란을 일으키자, 소공(召公)과 협력하여 이 반란을 진압하고 다시 동방을 원정하여 하남성 낙양 부근에 낙읍(洛邑, 즉 成周)을 건설하였다. 주공은 예악(禮樂)과 법도(法度)를 제정하여, 특유의 제도·문물을 창시하였다고 일컬어진다. 이 때문에 고대의 정치·사상·문화 등 다방면에 공헌을 하였다고 하여 공자를 비롯한 유학자에 의해 성인으로 존숭되고 있다.

일을 처리하였던 은 탕왕의 경우와 일치한다. 이 역시 다스림을 통해 중도의 의(義)를 추구하는 것이다! 따라서 문왕이 은 탕왕에게서 이어받은 도통은 또한 바로 요·순·우임금으로 이어받은 것이나 마찬가지다.

그리고 그다음의 주 무왕에게는 『단서(丹書)』의 가르침이 주어졌다. "공경함이 태만함을 이기면 길하며, 올바름이 욕망을 이기면 통달할 것이다(敬勝怠者吉, 義勝欲者從)." 태만함(怠)과 욕심(欲)은 바로 위태로운 인심이고, 공경함(敬)과 올바름(義)은 바로 미세하여 흐릿한 도심이다. 문왕은 은 탕왕과 더불어 모두 다스림(制)으로 지키는 것(執)을 추구하였다. 이긴다(勝)는 것은 태만함과 욕망이 틈을 타고 끼어들어서 공경함과 올바름이 거기에 대적하지 못할까 두려우니 반드시 그것과 싸워 이기겠다는 의지다. 이긴다는 것은 또한 곧 중도의 의를 지킨다는 것으로, 위태로운 인심이 미세하고 흐릿한 도심을 막기를 바라지 않는다는 것이다. 따라서 무왕의 공경함과 올바름은 바로 문왕이 항상 평소의 모습을 유지하였고, 언제나 지선의 경지에 이르렀던 것(臨保式入)과 같지 않겠는가!

한편 [그다음 도통의 계승자인] 주공(周公)의 경우에 대해서는 『주역』「곤괘(坤卦)」에 나오는 효사(爻辭)에서 다음과 같이 말하고 있다. "[군자는] 공경함으로써 생각을 바로잡으며, 올바름으로써 행동의 잘못을 고친다(君子敬以直內, 義以方外)." 공경함과 올바름이라는 것은 바로 곧 무왕이 태만과 욕망을 이겨 냈던 도심을 가리킨다. 생각을 바로잡고, 행동의 잘못을 고친다는 것은 바로 은 탕왕과 문왕이 '마음을 다스리고' '일을 처리하는 것'을 중도에 맞추고자 노력한 데서 무왕이 얻어 낸 것이다. 이것은 주공이 문왕과 무왕으로부터 도통을 이어받았음을, 나아가 은 탕왕과, 우·순·요임금으로부터 도통을 이어받았음을 말해 주는 것이 아니겠는가!

그리고 [그다음으로 도통을 이어받은] 우리 공부자(孔夫子)께서는 말씀하셨다. "군자가 널리 앎을 얻고, 예로서 이것을 꿰뚫을 수 있다면, 또한 그 행동이 도덕에 어긋나지 않을 수 있다(博文約禮)." 또한 "자신을 잘 통제하여 예로 돌아갈 수 있는 것이 바로 인이다(克己復禮)."라고 말씀하셨다. 『대학』에서는 말씀하시길, "사물을 연구하여 앎을 얻고 진솔한 뜻과 바른 마음으로 자신을 수양하고, 집안을 다스리고 나라를 다스린 다음, 천하를 평안하게 하라(格物致知, 誠意正心, 脩身以及齊家治國平天下)"고 하셨다. 무릇 널리 앎을 얻고, 예로써 이것을 꿰뚫는다는 것은 바로 요임금의 중도를 지키는 것(允執厥中)과 같은 뜻이다. 자신을 잘 통제하여 예로 돌아갈 수 있는 것(克己復禮)이나 사물을 연구하여 앎을 얻는 것(格物致知)은 순임금이 정밀함으로써 살피고 한결같음으로써 지킨다고 한 것과 같은 뜻이다. 진솔한 뜻과 바른 마음으로 자신을 수양하고, 집안을 다스리고 나라를 다스린 다음, 천하를 평안하게 하는 것(誠意正心, 修身治國平天下)은 바로 우임금과 탕·문·무왕, 주공의 예(禮)·공경함(敬)·올바름(義), 마음을 다스리는 것(制心)과 일을 처리하는 것(制事)과 같은 뜻이다. 이 모든 것들은 모두 중도를 지킨다는 뜻과 합치된다.

중도를 지킨다는 뜻은 요임금에서부터 발단이 되면서 순·우임금, 은 탕왕, 주 문·무왕, 주공을 거치면서 점차 그 뜻이 풀이되어 왔는데, 마침내 공자께서는 그러한 여러 성인의 비밀을 모두 완전하게 들추어 내어 이러한 이치를 밝혀 주시는 공덕을 남들에게 보여 주셨으며, 착한 행위(善行)의 효용을 제대로 닦으실 수 있었다. 밝힌다는 것은 이러한 일상생활의 평범한 이치를 밝힌다는 것이며, 착하다는 것은 바로 이 지나치지 않고 모자라지도 않는 행위를 착하게 하는 것을 말한다. 따라서 공자께서는 요·순·우임금, 은 탕왕, 주 문·왕, 주공의 도통을 이어받은 것이다. 이것이 아래로 미쳐서는 공자의 제자인 안회(顔回)·증자(曾子)가 친히 전수를 받은 것이나, 맹자께서 [직접 전수를 받지는 못하였으나] 개인적으로 노력하여 많은 것을 배웠던 점 역시 모두 여기에서 벗어나지 않는다.

그리고 송대의 주자(周子. 즉 周敦頤)에 이르러서는 성(誠)을 바탕으로 삼고 욕(欲)을 경계하였고, 이정(二程)이라 불리는 정호(程顥)·정이(程頤)는 함양(涵養)하는 데에서는 반드시 공경함(敬)이 필요하며, 배움의 정진(精進)은 앎을 확대하는 데(致知) 있다고 하였다. 주자(朱子) 역시 성의·정심(誠意·正心)을 핵심으로 간주하였다.

요컨대, 인욕의 가려져 있는 부분을 제거하여 지극히 순수한 심덕(心德)으로 되돌아가고자 한다면, 반드시 학문에 힘을 들인 다음 살펴서 묻고 분명하게 따지는 것으로 그 덕을 증진시키고, 도탑게 인을 실행하는 것으로 수양을 진행시켜야 한다. 무릇 인(仁)이란 지순(至純)한 심덕을 말한다. 행동이 인(仁)에 이르면 어디 사사로운 욕심이 그 사이에 뒤섞여 끼어들 여지가 있겠는가? 그러므로 『주역』「건괘」에서 "사악함을 막는다"고 했는데, 배움으로써 이치를 밝히지 않으면 사악함을 보고도 이것이 외부의 번거로움임을 알지 못하며, 어떻게 그것을 막을지도 알지 못한다. 또한 "성실함을 보존한다(存誠)"는 것은 성실함(誠)이 내 마음을 채우는 것이며, 만약 사악함을 막지 못하면 장차 마음이 사악함에 미혹되어 성실함을 보존하지 못한다. 그러므로 "사악함을 막고 성실함을 보존한다"는 말은 반드시 마음이 사악함을 막을 수 있게 된 다음에야 성실함이 존재할 수 있음을 뜻한다.

성인의 길로 접어드는 입구가 되는 『대학』의 첫머리를 보면 앎의 확대(致知)는 반드시 사물을 연구하는 데(格物) 있으며, 수신(脩身)을 하려면 반드시 정심·성의가 먼저 있어야 한다. 사물을 연구하면 이치가 밝아지지 않음이 없고, 앎을 확대하면 앎이 다하지 않음이 없다. 무릇 인욕(人欲)을 사사로이 추구한다고 해도 밝은 내 마음을 가릴 수는 없으며, 천리(天理)와 인욕(人欲)의 경계선상에서 있더라도 우선 앎을 다한다면 절대로 마음은 의젓하여 전혀 미혹될 여지가 없다. 앎이 지극한 경지에 이르면 이미 뜻은 순수하고 성실하지 않음이 없으며, 마음은 올바르지 않음이 없다. 무릇 인욕을 사사로이 추구한다고 해도 확고한 내 마음을 흔들지는 못한다. 천리의 공정함이 일찌감치 이미 마음속에 두텁게 자리 잡고 있으니, 단연코 어지럽혀지지 않는 것이다.

이 때문에 이렇게 수신을 하면 곧 밝은 품덕을 갖춘 군자가 되고, 이러한 군자가 집안을 돌보고 나라를 다스리고 천하를 평안케 하면, 곧 백성을 사랑하고 아끼는 대인(大人)이 되는 것이다. 왜 그런가? 한 사람에게서 시작하여 모든 사람 각각에까지 미치며, 매일 일어나는 평범한 일은 모두 이러한 군신·부자·형제·부부·붕우 사이의 윤리다. 각기 그 당연한 규범을 다하고 지나치거나 모자라는 차이를 없애면, 즉 이것이 바로 요·순·우임금, 은 탕왕, 주 문·무왕, 주공, 공자에게 계속 이어졌던 중도를 지키는 것(允執之中)이다. 그래서 “소위 성인의 도라는 것은 높고 멀어서 알기 어려운 것도 아니고, 괴이하고 편벽하여 실행하기 어려운 것도 아닌” 것이다. 또한 그것은 이러한 중도를 지키는 것, 공경함과 의로움(敬·義), 마음을 다스리고 일을 처리하는(制心·制事)” 요체와 “사악함을 막고 성실함을 보존하는” 공덕이기도 하다. 만약 배우지 못한다면, 또한 어찌 제대로 해낼 수 있겠는가?

오늘날의 위정자가 정치뿐만 아니라 아울러 배움을 추구하는 것까지 함께 이야기하는 것은 진정으로 성인의 도를 밝혀야만 인심을 바르게 만들 수 있으며, 인심을 바르게 한 다음에야 풍속이 아름다워질 수 있기 때문이다. 풍속이 아름답다고 하는 것은 위정자의 교화가 제대로 이루어졌다는 뜻이다. 그러므로 강학(講學)의 시행이란 것은 바로 위정자에게 가장 중요한 업무가 아니겠는가! 아, 옛날을 생각해 보면 우·하·상·주에는 모두 국학(國學)이 있었고, 또한 향숙(鄕塾)·당상(黨庠)이 있어 백성이 모두 덕·행·도예에 밝았고 풍속은 순박하고 아름다웠다. 그래서 요·순 시절에는 풍속이 도탑고 아름다웠고, 주 문왕은 토끼그물에서 풀어 준 야인(野人)에게 정치를 맡겼지만 그는 아주 훌륭한 신하가 되었다. 그런데 춘추전국(春秋戰國) 시대 이후 위에서는 사인(士人)을 기르지 않았고, 학교에서는 가르침이 폐지되었으며, 남의 의견을 배척하고 막아 버리면서 자기주장만 내세우는 무리가 힘써 서로 유세(遊說)의 솜씨를 뽐내면서 [그것을 통해 군주들을 설득함으로써] 벼락출세로 높은 벼슬을 차지하게 되었다. 그래서 사악하고 음험한 사인들이 서로를 속이고 모함하면서 기만적인 술수로 공명을 빼앗고 이해관계만을 따져 주군을 보좌하다 보니, 당장 눈앞의 성과만을 따지면서 장기적인 원대한 계획은 아예 쳐다보지 않게 되었다. 이에 [춘추시대의] 수많은 제후국과 전국 칠웅(戰國七雄)이 모두 각국을 돌아다니며 유세(遊說)하는 이런 종횡가류(縱橫家流) 사인들의 입 때문에 패망하였지만, 결국 아무도 그것을 구할 방법이 없었다.

한(漢)이 일어나 무제(武帝) 시대에 이르자 비로소 태학(太學)이 세워지고 박사제자(博士弟子)가 [지방에서] 뽑히게 되면서, 이때부터 대대로 학문을 일으켜 세우는 조치가 이루어졌다. 배움을 추구하는 독서인의 수는 나날이 늘어나 환제(桓帝) 때에 이르러서는 태학 학생 수가 3만여에 이르게 될 정도였다. 그렇지만 이들은 매번 자기의 주장을 앞세우면서 다른 사람에 대해서는 비난하고 조롱하기 일쑤였다. 그 결과 공경(公卿) 이하 관리들은 [이들의 비위를 맞추기 위해] 다급하게 신발을 거꾸로 신고 마중하거나 아니면 허리를 굽실거리지 않은 사람이 없을 정도였기에, 결국 당고(黨錮)의 화(禍)가 일어났다. 뒤이어 동진(東晋) 성제(成帝) 함강(咸康) 연간에 이르러 통치가 점차 안정되자 원괴(袁瓌)와 풍회(馮懷) 등은 학교를 일으켜 세울 것을 요청하였다. 그러나 당시의 습속이 노장(老莊)사상을 숭상하고 익히면서 즐겨 청담(淸談)을 이야기하였던 데다가, 중원(中原) 지방에 또다시 전쟁과 반란이 발생하면서 결국 혼란이 가라앉았다[따라서 이 시도는 제대로 성과를 거두지 못하였다]. 생각건대, 쇠락한 주의 학교가 폐지되고 사인들이 흩어지자 그들은 각기 자신의 지식으로 이익을 추구하려 하였고, 한·진의 학교가 재건되자 독서인들은 다시 모여들었지만 그들 역시 헛된 것[노장사상이나 청담]에 힘써 명성을 얻고자 하였으니, 양자 모두 성현의 학문에 도움이 되지 않았다는 점에서는 똑같다.

이후 송(宋)에 이르러서는 이학(理學)을 숭상하게 되면서 참된 유자(眞儒)들이 잇따라 나타났다. 민학(閩學)·염학(濂學)·낙학(洛學) 등의 학파는 직접 요·순임금과 공자의 도통을 이어받았다. 이 때문에 도(道)를 이야기하면 성인(聖人)의 덕성(性功)을 이룰 수 있었고, 배움(學)을 이야기하면 왕자(王者)의 치공(治功)을 세울 수 있었다.[233] 이로 말미암아 보자면, 배움이란 근본을 두텁게 하면서 실제에 힘쓰는 것이 아니라면 날마다 학교에 모여 서

---

233 여기서 말하는 것은 이른바 내성외왕의 도(內聖外王之道)인 것 같다. 내성외왕이란 안으로는 성인(聖人)이 되고 밖으로는 왕자(王者)가 된다, 즉 안으로는 개인의 수양을 제고하여 성인의 재덕을 갖추고, 밖으로는 왕도를 시행할 수 있는 왕자의 풍모를 갖추어 나라를 다스리는 이상을 실현한다는 것이다. 인격수양과 동시에 천하를 태평하게 다스리려는 군자의 목표인 내외겸수(內外兼修)를 이야기하는 이 용어는 원래 『장자(莊子)』「천하(天下)」편에 나온다("故內聖外王之道, 闇而不明, 鬱而不發, 天下之人各爲其所欲焉, 以自爲方."). 내성외왕은 이렇게 도가의 용어에서 나왔지만, 무엇보다도 유학사상의 집대성이자 유가가 추구하는 최고의 경계를 가리키는 것으로 일컬어지고 있다. "공경함으로 자신을 닦고", "자신을 닦아 남을 편안하게 하며", "자기를 닦아 백성을 안정시킨다"는 공자의 말(『논어』「헌문(憲問)」, "子路問君子. 子曰: '脩己以敬.' 曰: '如斯而已乎?' 曰: '脩己以安人.' 曰: '如斯而已乎?' 曰: '脩己以安百姓. 脩己以安百姓, 堯舜其猶病諸.'")이나 『대학』에 나오는 "격물·치지·성의·정심·수신·제가·치국·평천하(格物致知誠意正心修身齊家治國平天下)"라는 구절은 이러한 내성외왕을 가장 잘 표현한 정통 해석으로 간주된다.

로 높은 소리로 토론을 하더라도 성인의 덕성이나 왕자의 치공과는 아예 거리가 먼 것임을 알 수 있다. 예전에 주자는 백록동(白鹿洞)서원에서 강학을 할 때 학규(學規)를 지었는데, 부자유친·군신유의·부부유별·장유유서·붕우유신을 다섯 가지 가르침 항목으로 삼았다.[234] 따라서 배우는 사람은 이것만 제대로 배우면 될 따름이었다. 그리고 널리 배우고, 살펴서 묻고, 신중히 생각하고, 분명하게 가리고, 도탑게 실행하는 것, 이 다섯 가지를 학문을 하는 순서로 삼았다. 배우고, 묻고, 생각하고, 가린다는 이 네 가지는 바로 이치를 깨닫기(窮理) 위함이었다.

그런데 도탑게 실행하는 일(篤行)은 바로 스스로의 수신(修身)에서부터 시작하여 일을 처리하고(處事), 외물(外物. 또는 外人)과 접촉하는 데(接物)까지 이르게 되는데, 또한 여기에는 단계마다의 요점이 있다. 말은 충성스럽고 믿음직스러워야 하며, 행동은 도탑고 공경스러워야 하며, 분노를 참고 욕심을 막으며, 잘못을 고쳐 착함으로 돌아오는 것, 이것이 바로 수신의 요체다. 올바름을 밝히되 그 이익을 계산하지 않고, 도를 밝히되 그 공을 계산하지 않는 것, 이것은 바로 처사(處事)의 요체다. 자기가 바라지 않은 바를 다른 사람에게 베풀지 않으며, 행동에 [예기한 성과를] 얻지 못한 바가 있으면 그 원인을 스스로에게 돌아가 묻는 것, 이것은 바로 접물(接物)의 요체다. 어찌 이 모든 것 하나하나가 근본을 두텁게 하면서 실제에 힘쓰는 배움이 아니겠는가!

안정(安定)의 호원(胡瑗) 선생은 소주(蘇州)·호주(湖州) 사이에서 가르침을 베풀었는데, 이때 당시 세상 사람들은 바야흐로 시사(詩詞)를 짓는 것만을 숭상하였다. 그런데 오로지 호원 선생의 학파만은 유가경전의 뜻과 나라를 다스리는 실제 사무에 대해서 관심을 두었으므로, 학교에는 경의(經義)와 치사(治事)라는 두 학사(學舍)가 있었다. 경의학사에서는 탁트이고 도량이 있는 학생을 골라 머무르게 하였다. 치사학사에는 각기 한 가지 일을 전문으로 다스리게 하되, 아울러 다른 한 가지를 겸하여 다스리게 하였다. 이를테면 변경 방어(邊防)나 수리(水利)와 같은 종류의 문제였다. 따라서 이곳에서 배운 사람들이 나아가 관직에 오르면 높은 평가를 받는 경우가 자주 있었으며, 실제 관리로서 행적도 마치 행정업무에 아주 노련한 사람처럼 세상의 필요에 부응하는 것들이 많았다. 이러한 것이 바로 또한 내성(內聖)과 외왕(外王)을 겸비하는 것이고, 세상을 다스리는 데 유용한 배움이다. 문장에 뛰어난 독서인이 글 솜씨나 자랑하거나 학문을 왜곡하는 어리석은 선비가 억지로 옛 시대

---

234 이하의 내용은 모두 학규에 나오는 것이다. 뒤에 나오는 부록 부분을 참조.

에 갖다 붙이지만 실제로는 다스림에 도움이 안 되고 도리어 백성에게 해를 끼치는 경우와 비교한다면, 서로 간의 차이가 어찌 단지 수십, 수백 배에만 그치겠는가! 그렇지만 회옹부자(晦翁夫子), 즉 주자(朱子)가 있어 비로소 「백록동학규」라는 결실을 볼 수 있었고, 안정선생(安定先生), 즉 호원 선생이 있어 비로소 호학(湖學)의 가르치는 방법이 효과를 거둘 수 있었다. 그러니 배움과 가르침이 이 두 분에 의존하지 않은 다음에야 어찌 부흥할 수 있었겠는가?

그래서 나는 오늘날의 지방관들이 실학(實學)의 명유(名儒)와 경세제민(經濟)에 널리 통달한 선비를 간곡히 청하여 종사(宗師)로 모시기를 바란다. 서원(書院)을 세우고, 숨은 덕망을 갖춘 노인을 모시고, 백록동서원과 호학 학파가 남긴 제도를 모방하여 아침저녁으로 성명(性命)의 오묘함을 토론하게 하고, 시무(時務)의 요체를 논의하게 함으로써 [독서인들이] 내성외왕의 경지로 나아갈 수 있도록 해야 하는 것이다. 우리 공자께서는 스스로를 닦으셨기에 당시에는 성인으로 불렸고, 후대에는 영원한 제왕의 스승이 되셨다. 또한 사람을 다스리는 데서는 노(魯)에 등용되자 석 달 만에 크게 다스려지는 성과를 거두셨고, 『춘추(春秋)』를 저술하심으로써 천고의 법계(法戒)를 내리셔서, [거기에 나오는 인물을] 추켜 올리거나 깎아내리고 상·벌을 주시는 것이 곤룡포나 도끼를 내리는 것보다 훨씬 삼엄하였다. 그런 다음에야 성인의 학문이란 것은 앉아서는 논의할 수 있고 일어서면 바로 행할 수 있는 것임을 알게 하셨다. 이것은 공연히 스승의 자리에 앉아 먼지 털이를 휘두르면서 쓸데없는 공리공론을 휘두르는 사람과는 전혀 달랐던 것이다. 만약 진실로 오늘날의 강원(講院)에 [이러한 공자의 자세를] 계승하는 사람이 있다면, 그가 도를 떠받들고 가르침을 제창하는 공로는 [공자의 도통을 이어받았던] 맹자나 한유(韓愈)의 그것보다 아래가 아닐 것이다. 그렇게 되면 소문을 듣고 우러러 받들고자 하는 사람들이 부르지 않아도 몰려들 것이고, 백록동서원이나 호학의 성대한 모습을 오늘날에 재현하는 것이 어찌 특별히 한 주현에만 범추겠는가? 사대부와 백성 역시 그 모범을 보고 느끼면서 모두 감화될 수 있다면, [어찌] 인심에 올바르지 못하고 풍속이 아름답지 못한 바가 있겠는가! 【강학과 관련된 학규(學規)와 의주(儀注)는 뒤에 실려 있다.】

夫爲政者, 期于美風俗, 必先于正人心. 欲正人心, 必由于明聖道.[235] 所謂: '聖道'者, 非求

235 성도(聖道)는 성인의 도, 특히 공자의 도를 가리킨다.

之于高遠而難知也, 非履之于怪僻而難行也. 卽此日用、庸常之事,[236] 見之于君臣、父子、兄弟、夫婦、朋友之間, 各盡其當然之則, 而無過不及之差而已. 然非學無以明其理, 非明理無以善其行. 夫理者天理也, 卽天所賦之德也. 在天謂之: '理', 在人謂之: '德', 在事謂之: '義'. 凡天理之不明, 由于人欲之所蔽, 理爲欲蔽, 則人心之德, 襍而不純, 德而不純, 則措之于事, 未必皆當, 而于義相遠矣. 故『易』「乾九二」曰: "君子學以聚之, 問以辨之, 寬以居之, 仁以行之."[237] 蓋非問無以進德, 非仁無以修業.[238] 然先問辨而後仁行者,[239] 必先精于學, 無一理之不明而後, 湛于心, 無一德之不純, 踐諸躬, 無一事之不宜也. 以是知德, 雖聖人而不可不先務學.「九二」曰: "庸德之信, 庸言之謹, 閑邪存其誠."[240] 庸德者, 卽君臣、父子、兄弟、夫婦、朋友當然之行也. 庸言者, 卽君臣、父子、兄弟、夫婦、朋友當然之敎也. 舍是無所謂: '行', 無所謂: '敎'也. 閑邪者,[241] 欲天理之常明, 不爲人欲所蔽也. 存誠者,[242] 欲心德之常純, 不爲人欲所襍也. 舍乎學又無所謂: '閑'與'存'矣.

由堯、舜[243]、禹[244]、湯[245]、文[246]、武[247]、周公[248]、孔子之道而溯之, 堯之命舜曰: "允執厥

---

236 일용(日用)은 평시 또는 매일 응용하거나 일상적으로 응용한다는 뜻이고, 용상(庸常)은 심상(尋常)·평상(平常)·평용(平庸), 즉 평범하다는 뜻이다.

237 『주역』「건괘(乾卦)」에 나오는 구절이다("君子學以聚之, 問以辯之, 寬以居之, 仁以行之. 易曰: '見龍在田, 利見大人,' 君德也.").

238 수업(修業)은 여기서는 지식을 학습하여 학문을 연마한다는 뜻이다.

239 문변(問辨)은 질문을 하여 가리고 판단한다는 뜻이다.

240 역시 『주역』「건괘(乾卦)」에 나오는 구절이다("九二曰: '見龍在田, 利見大人.' 何謂也? 子曰: '龍德而正中者也. 庸言之信, 庸行之謹, 閑邪存其誠, 善世而不伐, 德博而和. 易曰: '見龍在田, 利見大人,' 君德也'.").

241 한사(閑邪)는 사악함을 방지한다는 뜻이고, 한(閑)은 막는다(防)는 뜻이다.

242 존성(存誠)은 마음속에 성실함을 남긴다는 뜻이다.

243 요(堯)의 요의 두 딸과 결혼한 순(舜)은 황금시대를 다스린 전설상의 성현·성왕으로 알려져 있다. 요는 후계자를 선정할 때 자신의 열등한 아들 대신에 순을 선택하였다고 하며, 순은 지극한 효자의 상징하는 인물이다. 요·순은 공자와 유가에 의해 완전한 덕(德)의 상징으로 추켜세워졌다.

244 우(禹)는 전설의 왕조 하(夏)의 개국군주로 홍수를 다스리는 치수(治水) 사업을 성공시킨 것으로도 유명하다. 순으로부터 치수 업적을 인정받아 선양(禪讓)을 통해 그 자리를 물려받았다고 하며, 이후 부자상속제를 확립하여 최초의 세습왕조를 열었다고도 일컬어진다. 하는 중국의 첫 왕조라고 일컬어지지만 고고학적으로 그 존재가 입증되지는 않는다. 다만 그 시대의 것으로 보일 수 있는 유물·유적은 널리 발견된다.

245 탕(湯)은 은(殷)의 탕왕(湯王)으로 성탕(成湯)·태을(太乙)이라고도 한다. 역사적으로 실재하였다고 여겨지는 최초의 왕조인 상(商)을 세운 시조로 알려졌다. 전설의 신인 황제(黃帝)의 후손이라고 하는데, 하의 군주로 포악하고 사치스러운 걸왕(桀王)을 토벌하여 무너뜨렸다는 것이다. 스스로는 부족 이름인 상(商)을 사용하였다고 하므로 상이라는 명칭이 더욱 타당한 것으로 보이지만, 관습적으로 은(殷)이라는 이름도 자주 쓰인다.

246 문왕(文王, ?-?)은 이름이 희창(姬昌)으로 서주(西周)의 기초를 확립하였다. 상(商, 殷)의 주왕(紂王) 때 서백(西伯)에 책봉되었다. 주왕이 그의 세력에 위협을 느끼고 가두었지만, 고통을 참으면서 조금도 원망하는 내색을 보이지 않았으며, 그곳에서 한적한 생활을 보내면서 팔괘(八卦)를 깊이 연구하여 64효(爻)로 발전시키고, 천하의 이치를 탐구하여 최초의 경서인 『주역(周易)』을 만들었다고도 일컬어진다. 그는 석방된 다음 치욕을 갚기 위해

中."[249] 中者無所偏倚, 無過不及之名也. 舜之命禹曰: "人心惟危, 道心惟微, 惟精惟一, 允執厥中." 人心, 氣形之私也. 道心, 性命之正也.[250] 精以察之, 察其私也, 一以守之, 守其正也, 不以氣形之私, 而害性命之正. 故道心至微, 而不爲人心所危, 始能允執厥中, 無所偏倚于過與不及. 此舜因堯之命, 而推其所以執中之由也[251] 其在成湯曰: "以義制事, 以禮制心."[252] 不曰: '執'而曰: '制'者, 執守而毋失之謂也.[253] 制以此制彼之謂也. 雖堯、舜之執中, 與成湯之制事、制心, 不無安勉之分, 然要使道心常存而守中勿失. 禹之得統于舜, 與成湯之得統于禹者, 則

문무를 겸비한 인재를 찾다가 유명한 강태공(姜太公. 姜尙, 太公望, 師尙父로도 불린다)을 국사(國師)로 맞아들였다. 그 후 강태공의 노력으로 주는 발전을 거듭하여 막강한 군사력을 갖추고 주변 지역을 점령하여 문왕 만년에 이르러서는 천하의 3분의 2를 장악함으로써 상을 멸망시킬 토대를 마련하였지만, 이때 병이 걸려 그 과업은 아들 무왕(武王)에게 넘어갔다.

247 무왕(武王. ?-?)은 이름이 희발(姬發)로 문왕의 둘째 아들인데, 문왕의 큰아들이 상의 주왕에게 피살되어 문왕이 죽은 다음 왕위를 계승하였다. 왕위에 오른 다음 강태공과 동생 주공(周公) 단(旦)과 소공(召公) 석(奭)의 보좌를 받으면서 상의 토벌 준비에 박차를 가한 다음, 결국 목야(牧野)에서 그 군대를 크게 무찌른 후 상을 멸망시키고 서주(西周)를 세웠다. 수도는 호경(鎬京), 나라 이름을 종주(宗周)라 하였다. 무왕은 주왕실의 세력을 공고히 하고 확대하기 위해서 작위를 공(公)·후(侯)·백(伯)·자(子)·남(男) 5등급으로 나누어 친족과 공신들을 책봉하고 그들에게 제후국을 세우게 했지만, 건국 3년째 되던 해에 호경(鎬京)에서 병사하였다.

248 주공(周公. ?-?)은 이름이 단(旦)으로 서주를 세운 문왕의 아들이자 무왕의 동생이다. 무왕이 죽은 뒤 나이 어린 성왕이 제위에 오르자 섭정이 되었는데, 당시 상족(商族)을 이끌고 있던 주왕(紂王)의 아들 무경(武庚)과 주공의 동생 관숙(管叔)·채숙(蔡叔) 등이 동이(東夷)와 결탁하여 반란을 일으키자, 소공(召公)과 협력하여 이 반란을 진압하고 다시 동방을 원정하여 하남성 낙양 부근에 낙읍(洛邑. 즉 成周)을 건설하였다. 주공은 예악(禮樂)과 법도(法度)를 제정해 특유의 제도·문물을 창시하였다고 일컬어지며, 이 때문에 고대의 정치·사상·문화 등 다방면에 공헌을 하였다고 하여 공자를 비롯한 유학자에 의해 성인으로 존숭되고 있다.

249 『상서』「대우모(大禹謨)」에 나오는 구절이다. 언제나 한쪽으로 치우치거나 기울어지지 않는 중도(中道)를 지키고 실행해야 한다는 뜻이다. "순임금이 말하였다. 우여! …… 바로 당신이 제왕의 자리를 계승할 순서가 되었고, 당신은 마침내 제왕의 자리에 올랐소. 현재 인심은 흔들리면서 불안하고, 도심은 아주 미세하여 흐릿한 상황이니, 오로지 한결같은 정성으로, 항상 (한쪽으로 치우치거나 기울어지지 않는) 중도(中道)를 지키시오(帝曰: 來禹…… 天之歷數在汝躬, 汝終陟元后, 人心惟危, 道心惟微, 惟精惟一, 允執厥中.)." 이 16자로 된 구절은 중국의 문화 전통 가운데 유명한 '십육자심전(十六字心傳)'으로 요·순·우가 선양(禪讓)을 할 때의 고사에서 비롯된 것이며, 유학의 정수가 여기에 있다고 일컬어진다.

250 기형(氣形)은 유학이나 성리학에서도 잘 쓰지 않는 용어로 정확한 뜻이 무엇인지 알기 곤란하다. 성명(性命)은 생명·본성, 또는 만물의 타고난 천성·기질을 말한다.

251 집중(執中)은 중용의 도를 지킨다, 지나치지도 모자라지도 않는다, 어느 한쪽으로 치우치지 않고 균형을 유지한다는 뜻이다.

252 역시 『상서』「상서(商書) 중훼지고(仲虺之誥)」에 나오는 구절이다. "탕왕이 하의 걸왕을 정복한 다음 하로부터 돌아가는 데, 대경에 이르렀을 때 좌상(左相)인 중훼가 고를 지었다. …… 망할 것은 망하게 하고 보존해야 할 것을 보존시키면 나라가 번창할 수 있다. 품덕은 날로 새로워지고 모든 나라가 귀순할 것이니 뜻은 스스로 만족할 수 있게 되고, 구족은 등을 돌리고 떠날 수 있을 것이다. 군주가 큰 덕을 밝히고자 노력하고 백성 가운데 중정의 도를 세워, 올바름으로 모든 일을 처리하고, 예로 마음을 다스려, 나라를 다스리는 법도를 자손후대에서 내려 준다(湯歸自夏, 至于大坰, 仲作誥. …… 佑賢輔德, 顯忠遂良. 兼弱攻昧, 取亂侮亡. 推亡固存, 邦乃其昌. 德日新, 萬邦惟懷, 志自滿, 九族乃離. 王懋昭大德, 建中于民. 以義制事, 以禮制心, 垂裕後昆.)."

253 집수(執守)는 지니면서 지킨다, 굳게 유지한다, 몸가짐을 유지한다는 뜻이다.

一也.

其在文王曰: “不顯亦臨, 無射亦保”,[254] 此湯之以禮制心也. “不聞亦式, 不見亦入”, 此湯之以義制事也. 其亦以制而求厥中之義乎! 是文之得統于湯者, 亦卽得統于堯、舜、禹也. 其在武王, 受『丹書』之訓曰[255]: “敬勝怠者吉, 義勝欲者從.”[256] 怠與欲, 卽惟危之人心也, 敬與義, 卽惟微之道心也. 文之與湯, 皆以制而求執. 至于勝, 恐怠欲之忽乘, 敬義之弗敵, 而必期有以勝之也. 勝之者亦卽執中之旨, 不欲以惟危之人心, 而間其惟微之道心也. 武之敬義, 非卽文之臨保式入乎! 周公繫易爻之辭曰: “敬以直內, 義以方外.”[257] 敬義者, 卽武之勝怠、勝欲之道心

---

254 『시경』「대아(大雅) 문왕지십(文王之什) 사제(思齊)」에 나오는 구절이다. “공경하신 태임은 문왕의 모친이시니, 문왕의 조모이신 주강에게 효순하였기에 주 왕실의 며느리가 되셨도다. 문왕의 비인 태사(大姒)도 아름다운 명예를 이어받으셔서 많은 아들을 두셨다. 문왕은 조상께 순종하였기에 신께서도 원망하지 않으셨고 상심하지 않으셨다. 문왕의 모범은 아내에게 미쳤고 형제에게도 이르렀으며, 나아가 온 나라에 퍼졌다. 궁내에서는 언제나 부드럽고 즐거워하였으며, 종묘에서는 엄숙하고 공경하셨다. 어둡고 홀로 있는 곳에서도 항상 단정하셨고, 아주 기뻐할 때도 극도의 절제로 평소의 모습을 유지하였다. 이렇게 공경하는 수양이 있었기에 환난이 비록 흉하더라도 전멸하는 데 이르지 않았고, 업적이 대단히 컸음에도 조금도 흠이 없으셨다. 일을 처리할 때도 전에 들은 적이 없음에도 아주 법도에 맞았으며, 간언하는 사람이 없더라도 역시 지선(至善)의 경지에 이를 수 있으셨다. 이렇게 문왕의 덕이 아름답고 컸으므로 성인들은 감화되어 덕을 갖게 되었고, 어린아이들도 제대로 성취를 이룰 수 있었다. 문왕의 자강불식(自强不息)은 사인들이 빼어나면서도 영예를 지니도록 만들었다(思齊大任, 文王之母, 思媚周姜, 京室之婦. 大嗣徽音, 則百斯男. 惠于宗公, 神罔時怨, 神罔時恫. 刑于寡妻, 至于兄弟, 以御于家邦. 雝雝在宮, 肅肅在廟. 不顯亦臨, 無射亦保. 肆戎疾不殄, 烈假不遐. 不聞亦式, 不諫亦入. 肆成人有德, 小子有造. 古之人無斁, 譽髦斯士.).”

255 단서(丹書)는 붉은색 먹으로 글씨를 쓴 문서나 조서를 가리키지만, 죄인의 범죄를 기록하거나 아니면 제왕이 공신에게 특권을 내려 주면서 쓰기도 한다. 또한 방사(方士)가 주술을 통해 귀신을 제압하기 위해 만든 부적 문서를 가리키기도 한다. 또는 제왕이 성자로부터 천명을 받았다는 상서로운 조짐을 상징하는 『낙서(洛書)』를 가리키기도 한다. 이것은 우임금 때 낙수(洛水)에서 나온 거북이 등에 쓰인 글씨였다고 일컬어진다.

256 『대대례기(大戴禮記)』「무왕천조(武王踐阼) 제오십구(第五十九)」에 나오는 구절이다. “주 무왕이 즉위한 지 사흘만에 사대부를 불러 물었다. ‘어디에 포괄적이면서도 간략하고, 실행하는 데 순조로우며, 자손만대에 물려줄 수 있는 잠언이 있는가?’ 여러 대부가 말하기를 ‘들어 본 적이 없습니다’라고 하였다. 그런 다음 사상보를 불러 물었다. ‘황제와 전욱의 도는 여전히 존재합니까? 그 뜻 또한 홀연히 들어 볼 수 없게 된 것 아닙니까?’ 사상보는 말하기를 ‘단서에 기록되어 있는데 왕께서 들으시고자 한다면 재계를 하셔야 합니다.’ …… 사상보(姜太公)는 서쪽을 향하고 『단서(丹書)』를 들어 읽었다. ‘공경함이 태만함을 이기면 길하며, 태만함이 공경함을 이기면 멸망할 것이다. 올바름이 욕망을 이기면 통달할 것이고, 욕망이 올바름을 이기면 재앙을 만날 것이다. 무릇 만사를 처리하는 데 있어 노력하지 않으면 구부러질 것이고, 공경하지 않으면 올바르지 못할 것이니, 구부러지면 나라를 망치고, 공경하면 만세에 나라를 전할 수 있을 것이다. 포괄적이면서도 간략하고, 실행하는 데 순조로우며, 자손만대에게 물려줄 수 있는 말이란 바로 이것을 가리킵니다!’ …… 왕이 단서의 말을 듣고 정말로 놀라서 두려워하는 것처럼 보였는데, 물러나서 이것을 교훈으로 삼으면서 옥좌의 사방에 새겨서 좌우명으로 삼았다(武王踐阼三日, 召士大夫而問焉, 曰: ‘惡有藏之約、行之行, 萬世可以爲子孫常者乎. 諸大夫對曰: ‘未得聞也’! 然後召師尙父而問焉, 曰: ‘昔黃帝顓頊之道存乎? 意亦忽不可得見與?’ 師尙父曰: ‘在丹書, 王欲聞之, 則齊矣!’ …… 師尙父西面道書之言曰: ‘敬勝怠者吉, 怠勝敬者滅, 義勝欲者從, 欲勝義者凶, 凡事, 不强則枉, 弗敬則不正, 枉者滅廢, 敬者萬世. 藏之約、行之行可以爲子孫常者, 此言之謂也!’ …… 王聞書之言, 惕若恐懼, 退而爲戒書, 於席之四端爲銘焉.).”

257 『주역』「곤괘(坤卦)」에 나오는 구절이다. “『주역』에서 이르기를 ‘서리를 밟은 다음에는 곧바로 두꺼운 얼음이 얼게 된다’고 했는데, 이것은 바로 순서를 따르는 현상을 이야기한다. 곧바름이란 마음의 정직함이며, 단정함이란

也. 直內方外, 卽武得之湯、文制心、制事以求協于中者也. 此周公之得統于文、武, 非卽得統于湯、禹、舜、堯乎!

至于吾夫子則曰[258]: "博文約禮."[259] 又曰: "克已復禮."[260] 著之大學曰: "格物致知, 誠意正心, 脩身以及齊家治國平天下."[261] 夫博文約禮, 是卽堯允執厥中之旨也. 克己復禮、格物致知, 是卽舜精以察之, 一以守之之旨也. 誠意正心、修身治國平天下, 是卽禹、湯、文、武、周公禮、敬、義、制心、制事之旨也, 皆所以合乎執中者也. 然執中之旨, 自堯而肇其端, 由舜、禹、湯、文、武、周公, 而演其義. 至我夫子盡發數聖人之祕, 而顯示人以明理之功, 克修乎善行之用.[262] 明卽, 明此日用常庸之理也, 善卽, 善此無過不及之行也. 所以夫子統堯、舜、禹、湯、文、武、周公之傳, 而下及乎顏、曾之親受,[263] 孟子之私淑,[264] 皆不外乎是也.

행위의 올바름이다. 군자는 공경함으로써 생각을 바로잡으며, 올바름으로 행동의 잘못을 고친다. 공경함과 올바름이 세어지면 덕은 외롭지 아니하다(易曰: '履霜, 堅氷至'. 蓋言順也. 直, 其正也, 方, 其義也. 君子敬以直內, 義以方外. 敬義立而德不孤)."

258 부자(夫子)는 남자에 대한 경칭(敬稱)인데 특히 공자를 가리키며, 스승을 부자(夫子)로 부르기도 한다. 학자에 대한 칭호로도 쓰여, 이를테면 주희(朱熹)는 주부자(朱夫子)로 불렸다.

259 『논어』「옹야(雍也)」편에 나오는 구절이다. "공자께서 말씀하셨다. 군자가 널리 앎을 얻고, 예로서 이것을 꿰뚫을 수 있다면, 또한 그 행동이 도덕에 어긋나지 않을 수 있을 것이다(子曰: '君子博學於文, 約之以禮, 亦可以弗畔矣夫!')."

260 『논어』「안연(顏淵)」편에 나오는 구절이다. "안연이 인에 대해서 묻자 공자께서 말씀하셨다. '자신을 잘 통제하여 예로 돌아갈 수 있는 것이 바로 인이다. 일단 자신을 잘 통제하여 예로 돌아갈 수 있게 된다면 천하가 모두 인으로 귀속될 것이다. 인을 행하는 것은 스스로에게서 말미암으니, 남에게서 말미암을 필요가 있겠느냐?' 안연이 물었다. '그럼 인에는 어떤 항목이 있는지 알고자 합니다.' 공자께서 말씀하셨다. '예가 아니면 보지 말고, 예가 아니면 듣지 말고, 예가 아니면 말하지 말고, 예가 아니면 움직이지 말라.' 안연이 대답하였다. '저는 모자란 점이 많지만, 애써 이 말을 지켜보고자 합니다'(顏淵問仁. 子曰: '克己復禮爲仁. 一日克己復禮, 天下歸仁焉. 爲仁由己, 而由人乎哉!?' 顏淵曰: '請問其目'. 子曰: '非禮勿視, 非禮勿聽, 非禮勿言, 非禮勿動.' 顏淵曰: '回雖不敏, 請事斯語矣.')."

261 『대학』의 맨 앞부분에 나오는 구절이다. "옛적에 밝은 품덕을 천하에 밝히고자 한 사람은 우선 자신의 나라를 다스렸으며, 자신의 나라를 다스리려면, 우선 자신의 가정과 가족을 다스렸다. 자신의 가정과 가족을 다스리자면, 먼지 자기 자신의 품성을 닦아야 했으며, 자기 자신의 품성을 닦고사 한나번 우선 사신의 마음을 단정하게 하였다. 마음을 단정하게 하고자 한다면, 우선 그 뜻을 진솔한 것으로 할 필요가 있었고, 그 뜻을 진솔한 것으로 하고자 하면, 우선 스스로 앎을 얻고자 하였다. 앎을 얻고자 하면 우선 만사나 만물에 대해 연구를 하였다(古之欲明明德於天下者, 先治其國, 欲治其國者, 先齊其家, 欲齊其家者, 先修其身, 欲修其身者, 先正其心, 欲正其心者, 先誠其意, 欲誠其意者, 先致其知, 致知在格物.)."

262 극수(克修)는 제대로 행한다, 수행한다는 뜻으로 보인다. 『상서』「군석(君奭)」편에 "惟文王尙克修和我有夏"라는 구절이 있는데, "문왕은 우리 주변 나라들과 화목한 교화를 수행할 수 있었다", 또는 "문왕은 정교와 교화를 제대로 잘 수행하여 우리 주변의 모든 나라와 화목할 수 있었다"고 번역이 된다.

263 여기서 안(顏)은 안회(顏回. B.C.521 - 491)를 가리킨다. 증은 증자(曾子. B.C. 505-436)를 가리키는데, 증자는 이름이 삼(參)이고 자는 자여(子輿)이다. 노 출신으로 16세부터 공자에게서 배우기 시작하였는데 열심히 노력하여 공부함으로써 공자의 진전을 상당히 이어받았다고 한다. 유가의 주장을 내세우거나 유가사상을 전파하는데도 적극적이었고, 공자의 손자 공급(孔伋. 子思子)을 가르치고 이것이 다시 맹자(孟子)에게 전수되었다고 일컬어진다. 증자는 공자·맹자·안자(顏回)·자사(子思)와 함께 유교의 5대 성인으로 간주되기도 한다. 또한 『대학』·『효경』의 저자로도 알려져 있어 종성(宗聖)으로 존숭되기도 한다.

至宋之周子,[265] 以誠爲本, 欲爲戒. 二程子,[266] 以"涵養須用敬, 進學在致知".[267] 朱子,[268] 亦以誠意正心爲要.

總之, 去人欲之所蔽, 還心德之至純, 必從事乎學而後,[269] 由審問明辨, 有以進其德, 由仁之篤行, 有以修其業. 夫仁者, 心德之至純也. 行至于仁, 而猶有私欲襍于其間乎? 故『易』之「九二」曰: "閑邪", 非學以明理, 無以見邪爲外累,[270] 而不知所以閑之也. 又曰: "存誠", 誠爲吾心之實. 若邪之不閑, 將心爲邪惑,[271] 而誠之不能存矣. 故曰: "閑邪存其誠", 必邪能閑而後誠

---

264 사숙(私淑)은 직접 전수를 받지는 못하였으나 개인적으로 공경하고 받들어 모시면서 배우는 것을 가리킨다. 『맹자』「이루(離婁) 하(下)」에서 나오는 구절에서 비롯된다. "나는 공자의 제자가 될 수 없었지만, 나는 그분으로부터 많은 것을 배웠다(予未得爲孔子徒也, 予私淑諸人也.)."

265 주자는 주돈이(周敦頤, 1017-1073)를 가리킨다. 그는 북송(北宋)의 유학자로서 자는 무숙(茂叔)이며 호가 염계(濂溪)이다. 오늘날의 호남성 도주(道州) 출생으로 만년에 여산(廬山) 기슭에 세운 염계서당(濂溪書堂)에 은거하였으므로 염계선생이라고도 불린다. 그는 도가(道家)의 영향을 받아 새로운 유교이론을 창시하였다. 즉 우주의 근원인 태극(太極)으로부터 만물이 생성되었다고 하면서, 인간만이 가장 우수한 존재이기 때문에 중정(中正) 인의(仁義)의 도를 지키고 마음을 성실하게 하여 성인(聖人)이 되어야 한다는 도덕과 윤리를 강조하는 동시에 우주생성의 원리와 인간의 도덕원리는 본래 하나라는 이론을 제시하였다. 저서에는 『태극도설(太極圖說)』 등이 있는데, 남송의 주희는 염계가 정호(程顥)·정이(程頤) 형제를 가르쳤기 때문에 도학(道學)의 개조라고 일컬었다.

266 이정(二程)은 북송의 이학가(理學家) 정호(程顥)·정이(程頤) 형제를 가리킨다. 정호(1032-1085)는 송대 이학(道學)의 대표학자로 자는 백순(伯淳), 시호(諡號)는 순공(純公)이며 명도선생(明道先生)으로도 불린다. 동생인 정이(1033-1107) 역시 송대의 대표적인 학자이며, 자는 정숙(正叔)으로, 이천선생(伊川先生)으로도 불린다. 두 형제는 주돈이(周敦頤)에게 배웠으며, 지극히 정통적으로 전통유학을 계승하여 논리적으로 전개하고 있으나, 양자의 정밀한 사상 내용은 학문적인 관심과 방향에서 크게 다른 점이 있다고 일컬어진다. 이를테면 정호가 '성즉기(性卽氣), 기즉성(氣卽性)'을 주장한 데 비해, 정이는 '성즉리(性卽理)'라고 하였고, 또 실천을 중시하여 거경궁리(居敬窮理)·격물치지(格物致知)를 설파하였는데, 이것은 남송의 주희에게로 연결된다. 정호·정이 형제의 사상적 논술·문장 등을 수록한 것으로는 『이정전서(二程全書)』가 있다.

267 "본성을 함양하려면 반드시 공경함을 유지해야 하며, 학문을 증진시키려면 앎을 확대해야 한다(涵養須用敬, 進學則在致知)"는 이 말은 정이(程頤)의 표현인데(『이정집(二程集)』, 中華書局, 1981의 「하남정씨유서(河南程氏遺書)」권18(卷第十八), p.188), 주희는 이것을 크게 강조하여 학자의 입신진보(立身進步)의 대원칙으로 끌어올렸다고 일컬어진다. 치지(致知)는 유가의 철학 용어로 『대학』의 "치지재격물(致知在格物)"에서 나왔는데, 주희는 이것이 앎을 끝없이 확장하는 것으로 해석하였다.

268 주자는 주희(朱熹, 1130-1200)를 가리킨다. 주희는 남송(南宋)의 이학자·교육자로 휘주(徽州) 무원(婺源) 사람인데, 건양(建陽. 오늘날의 福建)에서 태어났다. 자는 원회(元晦), 호는 회암(晦庵)이다. 호헌(胡憲) 등에게 배워 이정(二程)의 사전제자(四傳弟子)인데, 철학적으로 북송대의 주돈이(周敦頤)·장재(張載)·정호(程顥)·정이(程頤) 등의 사상을 발전시켜 이학을 집대성하였다. 이후 과거시험을 보고자 하는 사대부의 필독교과서가 된 『사서장구집주(四書章句集注)』 등 많은 저작이 있으며 『주자어류(朱子語類)』·『주자대전(朱子大全)』 등의 저작집도 있다.

269 종사(從事)는 참여한다, 힘을 들인다, 일을 한다, 처리한다, 떠받들다 등의 뜻으로 쓰인다.

270 외루(外累)는 신외(身外) 사물의 번거로움, 또는 거기에 끌려든다는 뜻이다.

271 사혹(邪惑)은 사악한 길에 끌린다는 뜻이다.

可存也. 觀『大學』入道之序,[272] 致知必在于格物,[273] 脩身必先于正心誠意. 格物而理無不明, 知致而知無不盡. 凡夫人欲之私擧,[274] 不得蔽吾心之明. 以理欲之介,[275] 先已極乎知, 有毅然其不可惑者矣.[276] 知旣極乎致, 而意無不誠, 意旣至于誠, 而心無不正. 凡夫人欲之私擧, 不得搖吾心之定. 以天理之公, 早已篤于中, 有斷然其不可撓者矣.[277] 由是以之脩身, 卽爲明德之君子, 以之齊家治國平天下, 卽爲親民之大人. 何也? 自一身而推之人人之身, 日用庸常之事, 皆此君臣、父子、兄弟、夫婦、朋友之倫也. 各盡其當然之則, 而無過不及之差, 卽此堯、舜、禹、湯、文、武、周公、孔子, 相傳允執之中也. 故曰: "聖人之道, 非高遠而難知, 怪僻而難行也." 亦卽此執中、敬義、制心制事之要, 與閑邪、存誠之功而已. 若是非學, 又何以能之哉!

今之爲政而兼言爲學,[278] 誠以聖道明而後人心正, 人心正而後風俗美. 至于風俗美, 爲政者之敎化行矣. 然則講學之擧, 非爲政之所亟務乎![279] 粤稽古者, 虞、夏、商、周, 皆有國學, 又有鄕塾黨庠, 民皆明于德行道藝, 而風俗淳美. 故唐、虞之世,[280] 比屋可封,[281] 周之免罝野人,[282] 可備公侯腹心之選.[283] 自春秋戰國, 上不養士, 而學校之敎廢, 排箝捭闔之流,[284] 務以

---

272 입도(入道)는 성현의 길에 들어맞는다는 뜻이다.

273 격물(格物)은 사물의 이치를 추구한다는 뜻이다.

274 범부(凡夫)는 평범한 사람, 세속적인 속인이란 뜻이지만, 여기서는 그냥 범이나 부는 모두 글머리에 나오는 조사(助詞)로 볼 수도 있다.

275 이욕(理欲)은 천리인욕(天理人欲)을 가리킨다. 원래 『예기(禮記)』「악기(樂記)」의 "사람이 외물에 의해 바뀐다고 하는 것은 하늘이 부여한 이성을 멸망시키고 인간의 욕망을 추구한다는 것이다(人化物也者, 滅天理而窮人欲者也.)."라는 구절에서 나왔다. 천리는 보통 유가의 윤리강상(倫理綱常), 인욕은 인간의 생활욕망으로 양자는 서로 대립되는 것으로 이해되어 왔다.

276 의연(毅然)은 과감하고도 단호한 모습을 가리킨다.

277 단연(斷然)은 한계를 분명히 하는 모습, 과감하거나 단호한 모습, 결단, 반드시, 절대로라는 뜻이다.

278 겸언(兼言)은 함께 이야기한다는 뜻이다.

279 극무(亟務)는 긴요한 일이라는 뜻이다.

280 당·우(唐·虞)는 각기 요·순임금의 나라를 가리킨다. 즉 요·순 시대, 태평성대를 가리키는 것이다.

281 비옥(比屋)은 서로 이웃한 집들, 가가호호, 집집마다라는 뜻이다. 즉 아주 많고 보편적이라는 것을 형용한다. 따라서 백성을 가리키기도 한다. 비옥가봉(比屋可封)은 상고에는 교화가 사해에 두루 미쳐 집집마다 모두 덕행을 갖추어 표창을 받을 만하였다는 비유로, 풍속이 순수하고 아름다움을 가리킨다.

282 야인(野人)은 국성(國城)의 바깥 교야(郊野)에 거주하는 사람을 뜻하며, 국성의 안에 거주하는 국인(國人)과 상대하는 개념이다. 또는 다른 나라 백성이나 미개한 민족을 가리키기도 한다.

283 공후(公侯)는 공작(公爵)과 후작(侯爵)을 말하지만, 아울러 작위를 가진 귀족이나 고관을 가리키기도 한다. 복심(腹心)은 배와 심장으로 중요한 인체기관인데, 현명하고 지혜로운 신하를 비유하기도 하며, 믿을 만한 심복을 가리키기도 한다. 여기서의 고사는 아마 주 문왕의 신하인 굉요(閎夭)에 관한 이야기인 것으로 보인다. 굉요는 산에서 나무를 하며 길을 가지고 다투다가 토끼그물에 걸려 있었는데, 문왕이 이 그물에서 풀어 주고 신하로 등용하였더니 서토의 사람들이 모두 복종하였다는 고사(『묵자(墨子)』「상현(尙賢) 상(上)」 "文王居閎夭、泰顚於罝網之中, 授之政, 西土服.")가 있고, 『상서』「군석(君奭)」편에도 문왕의 신하로서 이 두 사람의 이름이 거론되고 있다. 그는 또한 『사기(史記)』 권3 「은본기(殷本紀)」에서는 문왕이 구금되어 있을 때 미녀와 기물, 좋은 말을 구해 뇌물

遊說相矜,[285] 立談而致卿相.[286] 所以險詖之士,[287] 詭譎傾陷, 以詐術攘功名, 以利害動人主, 惟取效于目前, 而不顧國家長久之計. 于是諸侯之衆, 七國之强, 皆敗亡于縱橫說士之口,[288] 而卒莫之救也.

漢興至武帝, 始立太學,[289] 置博士子弟,[290] 自是代有興擧. 學士之生徒日衆, 至于桓帝, 太學諸生三萬餘人. 然其徒, 每互相標榜于人,[291] 好爲謗議譏彈.[292] 公卿以下, 莫不倒屣折腰,[293] 而黨錮之禍遂起.[294] 晉咸康間,[295] 江左浸安,[296] 袁瓌、馮懷等, 請興學校,[297] 然又習尙老莊, 喜

로 주왕(紂王)에게 바침으로써 문왕이 풀려나게 한 신하로 기록되고 있다. 한편『시경』「주남(周南)」에 실린「면치(免罝 또는 免罝)」라는 시구도 이와 연관이 있는 것으로 보인다. 토끼를 잡는 무사들이 스스로를 자랑하면서 불렀다고 해석되는 이 시에는 본문에서 인용된 '면치'와 '공후복심'이라는 구절이 모두 나오기 때문이다. "촘촘한 토끼그물, 딩딩 하는 딱따기 소리. 용맹한 무부는 공후의 간성이니. 촘촘한 토끼그물, 큰 길 가운데 놓았네. 용맹한 무부는 공후의 좋은 동반자. 촘촘한 토끼그물, 숲속에 놓았다네. 용맹한 무부는 공후의 심복이라(肅肅免罝, 椓之丁丁. 赳赳武夫, 公侯干城. 肅肅免罝, 施于中逵. 赳赳武夫, 公侯好仇. 肅肅免罝, 施于中林. 赳赳武夫公侯腹心.)."

284 배겸합합(排箝枏闔)은 말 재갈을 당기고 문을 민다는 뜻으로 이리저리 방문하며 떠돈다는 뜻인데, 여기서는 제자백가의 유사(遊士)를 빗대어 가리키는 것으로 보인다.

285 상긍(相矜)은 서로 뻐기며 자랑한다는 뜻이다.

286 입담(立談)은 서서 이야기하다는 뜻인데, 시간이 아주 짧다는 것을 비유한다. 경상(卿相)은 정치를 담당하는 고관, 대신을 가리킨다.

287 험피(險詖. 險陂)는 음험하고 사악하다(치우쳤다)는 뜻이다.

288 종횡세사(縱橫說士)는 원래 이른바 종횡가(縱橫家)의 사인(士人)를 가리킨다. 즉 이들은 전국시대 정치활동에 종사하였던 모사(謀士)들로 뛰어난 언변을 통해 시세를 살피고 이해관계를 밝히는 종횡술(縱橫術)을 통해 각국의 군주에 유세하던 사람들을 가리킨다. 대표적으로는 육국이 협력하여 진(秦)에 저항해야 한다고 합종(合縱)을 주장했던 소진(蘇秦)이나 반대로 육국에게 진을 섬기라는 연횡(連橫)을 주장하였던 장의(張儀)가 그 대표적인 인물이다. 세사(說士)는 유세하는 사인(士人)이란 뜻이다. 하지만 여기서 종횡세사는 이보다는 좀 더 광범위하게 유가를 제외한 제자백가 전체를 부정적으로 지칭하고 있는 것으로 보인다.

289 태학(太學)은 서주 이래 경사에 설치된 교육행정기구이자 최고학부를 가리킨다. 위·진대부터 청대까지 태학이나 국가감이 설치되거나 아니면 병설되기도 하였다. 명칭이나 제도는 다르지만 모두 왕공귀족의 자제가 다니는 최고학부였고, 학생은 태학생이나 국자생이라 불렸다.

290 여기서 박사자제(博士子弟)는 박사제자(博士弟子)의 잘못으로 보인다. 한 무제는 원래 진(秦)에 설치된 적이 있던 박사(博士)라는 관직을 오경박사(五經博士)로 확장시켰다. 오경박사는 유가의 경전인 오경을 각기 하나씩 가르치는 학관(學官)인데, 그 직책은 제자를 가르치고 시험을 보게 하며, 아니면 황제의 사절로 봉사하거나 정치를 논의하는 것이었다. 박사관(博士官)이 설치되면서 박사는 그 밑에 제자 50인을 두게 하였는데, 이들은 지방에서 선발하여 보내졌으며, 그 수는 나중에 크게 늘어났다. 당 이후에는 생원을 박사제자로 부르게 되었다.

291 표방(標榜. 標膀. 標搒)은 자랑한다, 뻐기다, 어떤 그럴듯한 명분을 내세워 치켜세운다, 품평한다는 뜻이다.

292 방의(謗議)는 비난하는 논의, 기탄(譏彈)은 풍자하고 공격한다는 뜻이다.

293 도사(倒屣)는 도섭(倒屧)과 같은 뜻으로 마중하러 나오기에 바빠 가죽신을 거꾸로 신는다는 뜻, 또는 좌석에서 갑작스럽게 피한다는 뜻이다. 절요(折腰. 折要)는 허리를 굽힌다, 인사를 한다, 허리를 굽혀 남을 섬긴다, 존숭한다는 뜻이다.

294 당고의 화는 후한(後漢) 말기에 관료와 환관(宦官)이 충돌하여, 환관세력이 관료들을 금고(禁錮)에 처한 탄압사건을 말한다. 당고의 옥(獄)이라고도 한다. 후한 10대 황제 환제(桓帝. 147-167)는 국정을 문란하게 한다는 이유로 환관이 반대파 관료 200여 명을 체포하고 이어 종신금고에 처하였는데, 당시 사람들은 오히려 그들을 청절(淸節)의 선비로서 존경하였다. 이어 영제(靈帝) 때에도 역시 관료파 당인에 대한 대탄압이 이어져 100여 명이 살해

爲淸談,[298] 而中原之喪亂, 卒致莫平. 蓋衰周之學校, 廢而士散, 人各私其智以爲利. 漢晉之學校, 興而士聚, 人皆務其虛以取名, 其無裨于聖賢之學, 則一也.

迨乎宋, 崇尙理學, 眞儒輩出關. 閩、濂、洛之學,[299] 直接唐虞、洙泗之傳.[300] 以之言道, 而聖人之性功可成, 以之言學, 而王者之治功可立. 由是觀之, 學非敦本務實,[301] 雖日聚處于膠庠,[302] 相高乎議論, 而與聖功王治, 判然其益遠矣. 昔晦翁夫子, 講學于白鹿洞,[303] 著爲「學規」.

되고, 600-700명이 금고형에 처해졌다. 두 차례 당고의 화로 관료층이 동요하고 환관의 정치농락과 부패가 극심하여 184년 황건적(黃巾賊)의 난이 일어나 후한은 멸망의 길을 걷게 되었다.

295 함강(咸康)은 동진(東晉)의 황제 성제(成帝) 사마연(司馬衍) 때의 연호(年號)로 335-342년 사이이다.

296 강좌(江左)는 강동(江東), 즉 장강(長江) 하류 이동(以東)의 지구를 가리킨다. 즉 강남(江南)을 가리키거나, 아니면 위진남북조 시대의 남조(南朝)를 가리킨다. 동진(東晋) 및 송(宋) · 제(齊) · 양(梁) · 진(陳) 모두 강좌에 수도를 두고 있었기 때문이다. 침안(寢安)은 날로 편안해진다는 뜻이다.

297 이에 대해서는『송서(宋書)』권14「예지(禮志)」에 기록이 있다. 송 성제의 함강 3년에 국자감좨주 풍괴와 태상 풍회가 상소를 올려 학교의 설립을 요청하자, 성제가 느끼는 바 있어 국학의 설립을 논의하고 학생을 모았으나 세상 풍습이 노장사상을 선호하는데다가 전쟁이 터지면서 결국 다시 물거품이 되었다는 내용이다("成帝咸康三年, 國子祭酒袁瓌、太常馮懷又上疏曰: '臣聞先王之敎也, 崇典訓, 明禮學, 以示後生, 道萬物之性, 暢爲善之道也. …… 疇昔陵替, 六七喪亂屢臻, 儒林之敎暫頹, 庠序之禮有闕, 國學索然, 墳卷莫啓, 有心之徒, 抱志無由. 昔魏武身親介, 務在武功, 猶尙息鞍披覽, 投戈吟詠, 以爲世之所須者, 治之本宜崇. 況今陛下以聖明臨朝, 百官以虔恭事, 朝野無虞, 江外靜謐如之何之風, 漠焉無聞, 洋洋之美, 墜於聖世乎. 古人有言, 詩書義之府, 禮樂德之則實宜留心經籍, 闡明學義, 使諷頌之音, 盈於京室, 味道之賢, 是則是詠, 六八豈不盛哉!!' 疏奏, 帝有感焉. 由是議立國學, 徵集生徒, 而世尙莊老, 莫肯用心儒訓. 穆帝永和八年, 殷浩西征, 以軍興罷遣, 由此遂廢.").

298 청담(淸談)은 위 · 진남북조시대에 유행한 철학적 담론(談論)을 가리킨다. 후한 당고의 화 이후 일부 귀족 사대부들이 세속에서 도피하여 예절의 속박을 버리고 정치 비판이나 인물평론을 중심으로 한 청의(淸議)를 일삼았는데, 이것이 유학(儒學)의 쇠퇴와 노장(老莊)사상의 유행과 어울려 청담사상으로 발전한 것이다. 완적(阮籍) · 혜강(嵇康) · 산도(山濤) · 향수(向秀) · 유영(劉伶) · 완함(阮咸) · 왕융(王戎) 등 죽림7현(竹林七賢)이 그 대표이고『세설신어(世說新語)』가 그런 사조를 상징하지만, 귀족적 오락의 분위기가 강하였다고 일컬어진다.

299 민학(閩學)은 남송의 복건(福建) 출신 주희(朱熹, 1130-1200)가 창건한 것이다. 낙학(洛學)은 이락지학(伊洛之學)이라고도 하는데 북송대 하남(河南)의 낙양(洛陽) 사람 정호(程顥) · 정이(程頤) 형제가 건립한 학파다. 이정(二程)은 주돈이(周敦頤)에게서 배웠고 나중에 오랫동안 낙양에서 강학하였으므로 낙학(洛學)이란 명칭이 생겨난 것이다. 염학(濂學)은 북송대의 유학자 주돈이(周敦頤)가 개창한 이학(理學)의 학파를 가리킨다. 주돈이는 만년에 여산(廬山) 연화봉(蓮花峰)아래 정착하면서 고향의 물길인 염계(濂溪)를 가지고 집 앞의 개울과 서당의 이름을 붙였기에 남들이 염계선생(濂溪先生)이라 부르게 되면서 염학이란 명칭도 생겨난 것이다. 이렇게 보면 민 · 낙 · 염학은 바로 북송에서 남송에 이르러 발전한 이학(성리학 · 송학) 전반을 가리킨다고 할 수 있다.

300 수사(洙泗)는 수수(洙水)와 사수(泗水)를 가리키는데, 옛적 수수와 사수는 산동성 사수현의 북쪽에서 합류하여 곡부(曲阜)의 북쪽에서 다시 두 갈래로 나뉘었는데 수수는 북쪽, 사수는 남쪽에 있었다. 춘추시대에는 노(魯)에 속했고, 공자는 수수와 사수 사이에서 강학을 하였으므로 '수사'는 공자 및 유가를 가리키는 말이 되었다.『예기(禮記)』「단궁(檀弓) 상(上)」에 "증자가 분노하여 말하였다. 상(子夏를 가리킨다), 나와 그대는 수사 · 사수 사이에서 공자를 모셨고, 은퇴해서는 서하에서 늙어 갔지만, 서하의 백성으로 하여금 당신을 공자나 마찬가지로 생각하게 만들었으니 그대의 첫 번째 잘못이오(曾子怒曰: '商, 女何無罪也? 吾與女事夫子於洙泗之間, 退而老於西河之上, 使西河之民疑女於夫子, 爾罪一也.')."라는 구절이 있다.

301 돈본무실(敦本務實)은 근본을 숭상하고 실제를 중요시한다는 뜻이다.

302 교상(膠庠)은 주대의 학교 이름으로 교는 대학, 상은 소학이었다. 그래서 후대에 학교를 교상으로 부르기도 하였다.

○ 부록: 「학규(學規)」와 「의주(儀注)」

무릇 강학(講學)이란 대개 성도(性道)의 취지를 드러내 밝히고자 하는 것이다. 성현의 도통을 이어받아 잇고자 한다면 반드시 필요한 것은 자기 자신의 실천과 깊고 정밀한 조예이지, 바깥일에 헛된 이름을 얻어 널리 명성을 떨치는 것이 아니다. 그리고 「학규(學規)」를 따져 보면, 당연히 백록동(白鹿洞)의 그것이 바탕이 되어야 하지만, 신안(新安)의 자양서원(紫陽書院)에서 만든 「숭실회약(崇實會約)」 역시 대략 그 이어받은 뜻을 모방하고 있다. 또한 본조(本朝)의 해창(海昌) 지현 허준예(許濬叡) 선생이 해창에서 강학할 때 만든 규의(規儀) 역시 아주 명석한 것이다. 그래서 나는 여기에 자양서원과 해창의 학규에서 번잡한 문장을 제거하고, 강학에 실제로 도움과 이익이 되는 것만을 아울러서 기재하였다. 지방관 모두가 이것을 통해 제창하고 장려함으로써 현명하고 지혜로운 사람은 힘써 실행하여 날마다 순수한 수양에서 진보가 있기를 바라고, 어리석고 모자란 사람은 그것을 보고 느끼면서 또한 점차 아름다운 풍속으로 나갈 수 있게 하고자 함이다. 이것은 당연히 세도인심(世道人心)에 큰 의지가 되지 않을까? 이에 삼가 다음과 같이 열거함으로써, 뜻있는 사람이 채택하기를 기대한다.

「학규」 12조

1. 정학(正學)의 숭상[304]

경학에 밝고 덕행을 제대로 닦았으며, 성학(聖學)을 숭상하고, 강론은 반드시 실천에 부합하며, 저술은 반드시 스스로 행하는 데 바탕을 두고 있고, 이웃을 덕으로 감화시키고, 학자들 사이에서 명망이 높은 사람이 있다면 회장(會長)은 오셔서 강원(講院)을 빛내 달라고

303 백록동서원(白鹿洞書院)은 강서성(江西省) 구강(九江)의 여산(廬山) 오로봉(伍老峰) 남쪽의 후병산(后屛山) 자락에 자리 잡고 있다. 송대이래 천하 4대서원의 하나로 불렸다. 서원의 창시자는 당대(唐代)의 이발(李渤)로 거슬러 올라가나 남송의 주희(朱熹)가 서원을 중수(重修)하면서 전국적인 명성을 얻게 되었고, 주희는 이때 엄격한 서원의 규장제도(規章制度)를 건립하기도 하였다. 그래서 「백록동서원교조(白鹿洞書院教條)」는 주희의 "격물치지·성의정심·수신제가·치국평천하"라는 유교적 교육사상을 체현하고 있을 뿐만 아니라 남송 이후 서원 운영의 모델이 되기도 하였다.

304 정학(正學)은 정도(正道)에 맞는 학설(學說)을 말한다. 한 무제 때 백가(百家)를 배척하고 유술(儒術)만을 존숭하면서 유학을 정학이라고 부르게 되었다.

요청하여 성학의 종지를 밝혀 입증케 함으로써 후학들의 표준으로 삼는다. 만일 불교나 도가의 이야기를 쓸데없이 늘어놓으며 유·불·선 삼교(三敎)가 하나로 귀속된다는 식의 얘기를 꺼내거나, 아니면 겉으로 유교를 숭상하지만 속으로 불교를 믿는 사람 따위를 입회시켜서는 안 된다.

2. 도타운 실행

무릇 반드시 일상생활에서 효제의 윤리를 지키고, 말과 행동은 신중하고 믿음이 있으며, 스스로 청렴함과 절조를 지키고, 학술은 순정하며, 향리나 친구 사이에서 칭송을 받는 선비여야만 비로소 끌어들여 입회를 허용한다.

3. 선비의 기풍 단속

무릇 인륜을 더럽히거나 어지럽히고, 명예와 절조를 자랑스레 여기지 않으며, 이익을 위하여 다투어 관청에 드나들면서 거간꾼으로 보증을 서고, 언어에 진실성이 없고 방탕하여 삼가지 않는데다가, 모든 행동이 명교(名敎)에 방해되는데도 회당(會堂)에 올라 명성을 높이고 헛된 말로써 승리를 얻으려 하는 사람이 있다면 결코 입회시켜서는 안 된다.

4. 엄격한 첫 진입

무릇 입회에 뜻이 있는 사람은 반드시 경험이 많고 노련한 회우(會友)의 소개가 있어야 한다. 이 일을 미리 회장에게 알리면, 회장은 회종(會宗)에게 통지하고, 회종은 제대로 점검해 본다. 그리고 알려온 내용이 사실인 다음에야 비로소 입회를 허용한다. 소개를 받은 새로운 회우(新友)는 명첩(名帖)을 갖추어 회종을 만나며, 모임의 시기가 된 다음에야 같은 회우들로부터 가르침을 받을 수 있다.

5. 만절(晩節) 도모

무릇 종전에 이름을 올린 회우(會友) 가운데 혹은 덕행을 다하지 못하거나 명성을 망가뜨리고 자기 절제를 잃은 경우, 안으로는 윤상(倫常)을 더럽히고 밖으로는 모임을 욕되게 한 경우, 그리고 모임에서 의식의 법도를 지키지 않고, 모임이 끝난 다음에 과장된 근거 없는 헛소리를 하거나 풍속을 해치는 이상한 언행을 보이는 사람은 뭇 회원이 논의하여 다시 들어오는 것을 허용하지 않고, 명부에 올린 이름을 삭제한다. 그리고 또한 원래 입회를 소개한 회우를 찾아내 과오 한 차례로 기록한다.

6. 강원(講院) 설치

주현관은 지세가 높고 넓고 땅을 선택한 다음 비용을 기부하여 강원(講院)을 건립하는데, 그 규모의 크고 작음은 지방의 역량을 헤아려 결정한다. 중당(中堂)에는 공자의 신위를 모시고, 후당(後堂)은 모임이 끝나면 모여 함께 식사하는 장소로 한다. 식사비용은 회우가 된 신사나 회원들이 돌아가면서 치르거나, 혹은 힘을 합쳐 공동으로 마련한다. 만약 더 많은 돈을 추렴하여 학전(學田)을 사들임으로써 거기에서 얻는 수입을 공용으로 충당한다면 강학 활동이 오랫동안 지속되는 것을 기대할 수 있을 것이다.

7. 모임 사무 주지

도덕과 학문, 올바른 행실로 뭇사람이 존숭하는 분에 대해서는 주현관이 편지와 예물을 갖추어 직접 방문해서 요청함으로써 추존(推尊)하여 장교(掌教)로 모신다. 이 분이 바로 회종(會宗)으로 모임을 주지하고 가르침을 밝히는 역할을 담당한다. 또한 나이가 많고 행실이 뛰어난 사람을 '회장(會長)'으로 모시는데, 회장은 회종을 보좌하면서 가르치는 일을 주관한다. 나이가 회장보다 조금 어리지만 행실이나 재능에서 합당한 사람 두 명은 회정(會正)으로 삼는데, 회정은 회장을 보좌하여 모임의 사무를 관리한다. 한창 나이로 힘이 있고, 재주 있고 총명하여 일을 담당하기 충분한 사람 두 명은 회찬(會贊)으로 삼는다. 이들은 강원에 오는 동학들을 접대하며, 회정과 함께 모임 사무를 처리한다. 재주가 민첩하고 몸가짐이 순수한 동자 두 명은 회통(會通)으로 삼아서 분주하게 왔다 갔다 하면서 모든 일을 전달하고 보고하게 한다.

8. 모임날짜 정하기

매월 두 차례 모임을 갖는데, 반드시 모임날짜를 미리 정하여 고정시킨다. 그렇게 함으로써 입회하여 강학을 듣고자 하는 사람들이 기한에 맞추어 와서 참가할 수 있게 한다. 모임 날에는 사시(巳時, 9-11시)에 모였다가 신시(申時, 3-5시)에 흩어진다.

9. 연장자 존중

무릇 회우는 나이로 우선 순서를 삼는다. 손님이 와서 청강을 하는 경우에는 손님을 우선 순서로 삼는다. 회우는 단지 나이와 덕행만을 존중할 뿐 부귀·빈천은 따지지 않는다. 만일 교만하여 제멋대로 하면서 겸허한 마음으로 도행에 힘쓰지 않는 사람을 감히 초빙하여 입회시켜서는 안 된다.

10. 강론 준비

매번 모임마다 회종은 미리 강론할 책의 세 장을 준비한다. 첫째 장은 『육경(六經)』과[305] 『논어』·『맹자』에서 뽑는다. 다음 장은 성리(性理)와 『사기(史記)』·『자치통감(資治通鑑)』에

305 육경은 유가경전을 이야기하지만, 실제로는 오경이다. 즉 『시경』·『상서』·『예기(禮記)』·『역(易經)』·『춘추(春秋)』이며, 나머지 하나인 『악경(樂經)』은 일찌감치 실전되었다.

서, 마지막 장은 예악(禮樂)·문장(文章)·정사(政事)와 관련된 것에서 뽑는데, 장마다 풀어서 뜻을 설명해야 하므로 회장 등과 함께 타당한지를 살펴보아 바로잡는다. 모임이 열리기 5일 전에 베껴서 회우에 발송하여 각기 의견을 밝힐 수 있게 한다. 질문할 내용을 미리 정하게 하여 강학에 참여하여 문답할 때 누구나 서로 질문하고 토론할 수 있게 함으로써 학식을 증진시키려는 것이다.

11. 철저한 기록

배움은 마음으로부터 구하고, 일로써 증명되는 것을 추구한다. 무릇 매일 마음에 얻는 바가 있거나 일에 행한 바가 있거나, 혹은 친구와 함께 담론하는데 심신의 수양에 관련되거나 세상을 다스리는 데 유익하다고 생각되면 바로 모두 간략하게 기록하여 책으로 묶는데, 이것을 『학행일록(學行日錄)』이라 이름 짓는다. 착한 일, 또는 나쁜 일을 행함에 상관없이 숨기지 않고 그대로 쓴다. 매번 모임에서 강학이 끝나면 각자 자신이 쓴 일록을 내놓아 회우들에게 보임으로써 서로가 절차탁마하는 기회로 삼는다. 이런 일을 오랫동안 계속한다면, 아는 힘은 더욱 정밀해지고, 잘못은 점차 줄어들 것이다. 이것이 바로 우리 유가에서 말하는 격물치지(格物致知)와 실천궁행(實踐躬行)의 지극한 요체다. 만약 착함을 가장하고 악함을 덮어 주거나, 편벽한 논의로 속임수를 내세운다면, 이것은 바로 헛된 거짓으로 남을 속이는 뿌리가 될 터이니, 장차 그 사람의 학문·업적을 미리 알아볼 수 있을 것이다.

12. 학계(學戒) 준수

배움은 아래를 중시하므로 응당 거만한 마음을 마땅히 경계해야 한다. 중도는 겸허함을 중시하므로, 응당 자만심을 경계해야 한다. 공적은 지속성을 중시하므로 응당 나태한 마음을 경계해야 한다. 들어가는 것은 공손함을 중시하므로 응당 들뜬 마음을 경계해야 한다. 수양하는 것은 고요함을 중시하므로 응당 방탕한 마음을 경계해야 한다. 응대하는 것은 곧바름을 중시하므로 응당 공리를 노리는 마음을 경계해야 한다. 그릇은 큰 것을 중시하므로 응당 편협한 마음을 경계해야 한다. 욕심은 적은 것을 중시하므로 응당 탐욕스러운 마음을 경계해야 한다. 쓰는 것은 절약을 중시하므로 응당 사치스런 마음을 경계해야 한다. 기운은 온화한 것을 중시하므로 응당 분노하는 마음을 경계해야 한다. 사람은 동화하는 것을 중시하므로 응당 딴 마음을 품는 것을 경계해야 한다. 아는 것은 넘어서는 것을 중시하므로 응당 습관적인 마음을 경계해야 한다. 이 열두 가지 계율을 지킬 수 있다면, 충분히 도를 이야기할 수 있다.

「의주」 24조

1. 선강할 부문의 목차를 미리 고시한다.

매번 모임이 있기 5일 전에 어떤 책의 몇 장을 선강할 것인지 분판(粉板)에 써서 강소(講所)에 걸어 둠으로써 가깝고 먼 곳의 독서인들이 전해 듣고 찾아서 풀이해 봄으로써 듣고 질문할 수 있는 준비를 하게 한다.

2. 일을 맡는 사람들을 선정한다

매번 모임마다 사찬(司贊. 사회 담당) 두 사람, 사의(司儀. 의식 담당) 두 사람, 사축(司祝. 축사 담당) 한 사람, 사단(司壇. 강단 담당) 두 사람, 사감(司監. 감시 담당) 두 사람, 사강(司講. 강독 담당) 세 사람, 사기(司記. 기록 담당) 세 사람, 사빈(司賓. 손님 담당) 네 사람, 사고(司鼓. 북 담당) 한 사람, 사종(司鐘. 종 담당) 한 사람, 가동(歌童) 여섯 명을 선정한다.

3. 의식 연습을 하고 강단을 청소한다

모임 하루 전에 사단은 신좌(神座)를 정리하고 강당(講堂)을 청소한다. 탁자(几案)를 깨끗이 닦고 술·향·초·비단을 배열하며, 사의는 조약(條約)을 걸어 놓고, 가동들을 이끌고 소리와 용모를 익숙하게 연습한다.

4. 청강하는 사람이 .

청강하고자 하는 사람은 하루 전에 강단에 와서 사빈을 따라 신청하고 이름을 올림으로써 좌석을 준비할 수 있게 한다. 다음날 네 사람이 한 탁자에서 식사하게 되므로, 탁자에 번호를 써 둔다.

5. 지방관을 공개적으로 모신다

강독 하루 전 모임 담당자들은 연명으로 쓴 서찰을 가지고 현 아문에 이르러 지방관이 다음 날 새벽에 강독에 참가해 달라고 요청한다. 지방관이 도착하면 회장(會長)이 나가서 맞이하여 강당에 이르고 회종(會宗)은 계단을 내려와 지현을 맞이한 다음 계단을 오르는데, 만약 회종이 현지인이면 회장과 함께 맞이하러 나간다.

6. 공자의 신위를 참배한다.

의식을 주지하는 사람들은 먼저 계단을 올라 동서로 갈라선다. 〚[禮生이. 이하 동일] 외친다〛 "모두 대열을 갖추시오." 공자 신위 참배 예식을 위한 순서에 따라 서는데 회종은 가운데에, 지방관·교사·속료는 동쪽에, 진신(진사)과 거인·공생은 서쪽에 서며, 평민들은 계단 아래에, 생원들은 맨 뒤에 선다. 〚외친다〛 "대열을 갖추었습니다." 북을 두드리며 음악을 연주하면 몸을 굽혀 절을 하고 일으키기를 네 번 한다. 〚외친다〛 "몸을 일으키시오."

〖외친다〗 "음악을 멈추시오."

7. 대열과 순서를 갖추어 인사를 한다.

〖외친다〗 "반을 나누시오." 회종(會宗)은 동쪽에 서서 서쪽을 보는데 조금 위에 자리 잡는다. 지방관·교사·속료는 동쪽에 서서 서쪽을 보며, 진신·거인·공생은 서쪽에 서서 동쪽을 보는데, 지방관·교사·속료와 같은 순서로 한다. 생원은 계단 아래에 순서대로 남쪽에 서서 북쪽을 본다. 〖외친다〗 "동·서쪽에서 서로 인사를 하시오." 끝나면, 지방관·교사·속료 및 진신·거인·공생은 회종에게 인사(揖)하고, 교사·속료 및 진신·거인·공생은 지방관에게 인사하며, 생원들은 윗사람에게 세 번 인사하는데, 회종이 한 번, 지방관·교사·속료가 한 번, 진신 선배가 한 번 답례한다. 생원들은 같은 반끼리 서로 한 번 인사를 하는데 그친다.【무릇 나아가고 물러나고 절과 인사를 하는데 예법에 맞추지 못하는 사람은 예식이 끝난 다음 작은 것은 과오로, 큰 것은 벌로 기록한다.】

8. 강당에 올라 자리에 앉는다.

〖외친다〗 "계단을 올라 자리를 잡으시오." 그러면 동서로 나누어 순서에 따라 서서 자리를 정하는데 진신은 진신끼리, 생원은 생원끼리 자리를 잡는다. 〖외친다〗 "자리에 앉으시오." 각자 위치를 떠나지 않고 세 번 인사하고 그친다[그다음 자리에 앉는다]. 회종·지방관·교사·속료는 동쪽에 앉고, 먼 데서 온 손님과 현의 진신은 서쪽에 앉으며, 사강(司講) 세 사람은 강당의 남쪽에 가까운 곳에서 좌우로 마주하며, 집사들은 계단 위에 자리 잡고, 강독을 듣는 사람들은 동서로 나누어 앉는다.

9. 「학규」를 낭독한다.

【북을 세 번, 종을 한 번 친다.】〖외친다〗 "사감(司監)은 「백록동학규」를 낭독하시오." 좌사감(左司監)이 자리에서 나와 오교(五教)의 항목을 낭독한다.【북을 한 번 친다.】 윗사람을 향해 인사를 한 다음 큰소리로 길게 낭독한다: "아버지와 아들 사이에는 친애가 있어야 하며,【북을 한 번 친다.】 군주와 신하 사이에는 대의가 있어야 하고,【북을 한 번 친다.】 부부 사이에는 구별이 있어야 하고,【북을 한 번 친다.】 윗사람과 아랫사람 사이에는 순서가 있어야 하며,【북을 한 번 친다.】 가까운 벗 사이에는 믿음이 있어야 한다."【북을 한 번 친다.】 낭독이 끝나면, 인사를 한 번 하고 자리로 돌아간다. 우사감(右司監)이 큰소리로 외친다: "여기 계신 분들은 이 강상윤리를 지탱하기 바랍니다."【종을 한 번 치고 마친다.】〖외친다〗 "우사감이 나와 학문의 순서를 낭독하시오."【북을 한 번 친다.】[우사감은] 윗사람을 향해 인사를 한 번 하고 큰소리로 길게 낭독한다: "널리 배우고,【북을 한 번 친다.】 살펴서 묻고,【북을 한 번 친다.】 신중히 생각하고,【북을 한 번 친다.】 분명하게 가리고,【북을 한 번

친다.】 도탑게 실행한다."【북을 한 번 친다.】 낭독이 끝나면, 인사를 한 번 하고 자리로 돌아간다. 좌사감이 큰소리로 외친다: "여기 계신 분들은 이 덕업(德業)을 진흥시키기 바랍니다."【종을 한 번 치고 마친다.】

〖외친다〗 "좌사감은 자리에서 나와 수신의 요령을 낭독하시오."【북을 한 번 친다.】 인사를 하고 낭독하는 것은 앞서와 같다. "말은 충성스럽고 믿음직스러워야 하며,【북을 한 번 친다.】 행동은 도탑고 공경해야 한다.【북을 한 번 친다.】 분노를 참고 욕심을 막으며,【북을 한 번 친다.】 잘못을 고쳐 착함으로 돌아온다."【북을 한 번 친다.】 낭독이 끝나면, 인사를 한 번 하고 자리로 돌아간다. 우사감이 큰소리로 외친다: "여기 계신 분들은 과연 이러한 수신 요령을 능히 준수할 수 있는지 청컨대 세 번 생각하십시오."【종을 한 번 치고, 마친다.】

〖외친다〗 "우사감은 자리에서 나와 처사의 요령을 낭독하시오."【북을 한 번 친다.】 윗사람을 향해 인사를 한 번 하고 큰소리로 길게 낭독한다: "그 올바름을 밝히되,【북을 한 번 친다.】 그 이익을 계산하지 않고,【북을 한 번 친다.】 도(道)를 밝히되,【북을 한 번 친다.】 그 공을 계산하지 않는다."【북을 한 번 친다.】 낭독이 끝나면, 인사를 한 번 하고 자리로 돌아간다. 좌사감이 큰소리로 외친다: "여기 계신 분들은 과연 이러한 처사 요령을 능히 준수할 수 있는지 청컨대 세 번 생각하십시오."【종을 한 번 치고, 마친다.】

〖외친다〗 "좌사감은 자리에서 나와 접물 요령을 낭독하시오."【북을 한 번 친다.】 인사를 하고 낭독하는 것은 앞서와 같다. "자기가 바라지 않는 바를,【북을 한 번 친다.】 다른 사람에게 베풀지 말라,【북을 한 번 친다.】 행동에 [예기한 성과를] 얻지 못한 바가 있으면,【북을 한 번 친다.】 그 원인을 스스로에게 돌아가 물으라."【북을 한 번 친다.】 낭독이 끝나면, 인사를 한 번 하고 자리로 돌아간다. 우사감이 큰소리로 외친다: "여기 계신 분들은 과연 이러한 접물의 요령을 능히 준수할 수 있는지 청컨대 세 번 생각하십시오."【종을 한 번 치고, 마친다.】〖외친다〗 "사감의 「백록동학규」 낭독이 끝났습니다."【북을 세 번, 종을 한 번 친다.】

10. 첫 장을 선강한다.

〖외친다〗 "사강(司講)은 첫 장을 선강함을 알리시오." 좌사강 한 사람이 자리에서 나와 공자의 신위에 아뢴다: "오늘 모경전의 모장을 골랐음을 아룁니다." 인사를 한 번 하고 끝나면, 왼쪽으로 공수(拱手)하여 집양(揖讓)의 뜻을 표시하면 왼쪽 사람들은 마찬가지로 답례한다. 오른쪽으로 공수하여 집양의 뜻을 표시하면 오른쪽 사람들은 마찬가지로 답례한다. 〖외친다〗 "진강의 자리에 오르시오."【북을 세 번, 종을 한 번 친다.】〖외친다〗 "엄숙하

고 조용한 자세를 유지하시오." 〖외친다〗 "책을 펴서 선강을 시작하시오." 사강은 단정하게 앉아 옷깃을 바로 하고 큰소리로 회종이 마련한 강의(講義)를 선강한다. 선강이 끝나면 사강은 일어서서 공자의 신위를 향해 인사를 하고 몇 장의 선강이 끝남을 아뢴 뒤, 자리로 돌아간다.【북을 세 번, 종을 한 번 친다.】

11. 첫 번째 시 노래(歌詩)

〖외친다〗 "동자들은 강당에 올라와 시를 노래하시오." 동자 여섯 명이 차례대로 들어와 자리를 선 다음 한 번 인사를 한다. 〖외친다〗 "양지(良知)의 첫 부분을 노래하시오."【북을 세 번, 종을 세 번 친다.】 다음과 같이 노래를 한다. "개개인의 마음속에는 공자께서 계시니,【북을 한 번, 종을 한 번 친다.】 스스로 보고들은 것이 막히고 어지러움을 괴로워하는데,【북을 한 번, 종을 한 번 친다.】 지금 바로 바로 그 참된 모습을 보여 주시니,【북을 한 번, 종을 한 번 친다.】 그것이 양지임을 의심하지 말도록."【북을 세 번, 종을 한 번 친다. 끝나면 한 번 인사를 한 다음 자리로 돌아간다.】

12. 첫 번째 술잔을 바치고 축사(祝詞)를 읽는다.

〖외친다〗 "음악을 울리시오." 〖외친다〗 "지방관·교사·속료는 첫 번째 술잔을 올립니다." 〖외친다〗 "차례대로 서시오." 〖외친다〗 "손을 씻으시오." 〖외친다〗 "술을 따르시오." 〖외친다〗 "공자의 신위 앞으로 나가 무릎을 꿇으시오." [그다음] 향을 올리고, 비단을 바치고, 술잔을 올리고, 축사를 읽는다. 사축(司祝) 한 사람이 축사를 들고 읽는다. "모년 모월 일 간지(干支), 초하루로부터 며칠이 지난 간지에 모 주현의 모인이 삼가 지성선사이신 공자의 신위 앞에 명백히 아뢰고자 합니다. '생각건대 성인께서 만세의 대도에 대해 가르침을 내려 주신 것은 모두 『육경』에 실려 있으니, 인심을 끌어올려 깨우치는 것은 이렇게 앞서 알고 깨우친 분에게 의지할 수 있습니다. 이학을 일으키고 발전시키는 발단은 성인을 본받아 하늘을 본받는 데 있으니, 공자께서는 스스로 제자들을 가르쳐 72명의 현자를 얻음으로써 크게 그것을 드러내셨습니다. 이러한 가르침은 백록동서원에 전달되었고, 천 오백년의 세월이 지났어도 더욱 두드러지니, 대대로 참된 유자가 나타나서 지극한 도를 밝히기에 이르렀습니다. 지금 여기 후학들은 응당 이러한 전통을 이어받아야 하는데, 저는 이곳 지방관 업무를 맡게 되었고, 그 직책은 실로 풍속과 교화와 관련된 것이므로 이에 뛰어난 학자를 구하여 다른 사람의 스승으로 삼고, 매달마다 선강 시기를 정하여 경전을 연구함으로써 실행을 돈독하게 만들고자 합니다. 앞으로 함께 어깨를 나란히 하여 도통(道統)을 이어받으려는바, 감히 의식 치레를 과시하려는 것은 아니며, 하늘과 땅을 위해 마음을 세우고, 생민을 위해 공통으로 따를 대도를 밝히며, 공자·맹자 이래 전승되지 못한 학문을

잇고, 후세를 위해 태평의 시대를 열고자 합니다. 그리하여 체용(體用)에 밝고 통달한 유사로 돌아가 내성외왕(內聖外王)의 공업을 이루고자 하니, 공자의 신위를 우러러 절을 하면서 공경한 의식의 자세를 보이고 진심을 드러내면서 경건하게 축문으로 아뢰는 바입니다'." [낭독을] 마친다. 〖외친다〗 "엎드려 절을 하고, 일어나 자리로 돌아가시오." 몸을 굽혀 절을 하고 일어나기를 연속으로 네 번 한다. 예를 마친다. 〖외친다〗 "음악을 멈추시오." 【이 축사(祝詞)는 서산선생(西山先生)의 원본인데, 뜻이 아주 분명하게 드러나기 때문에 여기에 실었다. 축사를 쓰는 분들께서는 따로 다시 써도 상관이 없다.】

13. 두 번째 장을 선강한다.

〖외친다〗 "사강(司講)은 둘째 장을 선강함을 알리시오." 우사강 한 사람이 자리에서 나와 공자의 신위에 아뢴다: "오늘 모 경전의 모장을 골랐음을 아뢰니다." 인사를 한 번 하고 끝나면, 왼쪽·오른쪽으로 공수하여 집양의 뜻을 표시하면 왼쪽·오른쪽 사람들은 마찬가지로 답례한다. 〖외친다〗 "진강의 자리에 오르시오." 【북을 세 번, 종을 한 번 친다.】 〖외친다〗 "엄숙하고 조용한 자세를 유지하시오." 〖외친다〗 "책을 펴서 선강을 시작하시오." 사강은 단정하게 앉아 옷깃을 바로 하고 큰소리로 회종이 마련한 강의를 선강한다. 선강이 끝나면 사강은 일어서서 공자의 신위를 향해 인사를 하고 몇 장의 선강이 끝남을 아뢴 뒤, 자리로 돌아간다. 【북을 세 번, 종을 한 번 친다.】

14. 두 번째 시 노래

〖외친다〗 "동자들은 강당에 올라와 시를 노래하시오." 동자 여섯 명이 차례대로 들어와 자리를 선 다음 한 번 인사를 한다. 〖외친다〗 "양지의 다음 부분을 노래하시오." 【북을 세 번, 종을 세 번 친다.】 다음과 같이 노래를 한다. "그대에게 무얼 물어도 잘 모른다고 하는데, 【북을 한 번, 종을 한 번 친다.】 번뇌 속에 헛되이 공을 들이는구려. 【북을 한 번, 종을 한 번 친다.】 성문(聖門)에 구결(口訣)이 없다고 말하지 마시오. 【북을 한 번, 종을 한 번 친다.】 양지라는 두 글자가 바로 공동으로 따라야 할 그것이니." 【북을 세 번, 종을 한 번 친다. 끝나면 한 번 인사를 한 다음 자리로 돌아간다.】

15. 두 번째 술잔을 바친다.

〖외친다〗 "음악을 울리시오." 〖외친다〗 "두 번째 술잔을 바치시오." 〖외친다〗 "차례대로 서시오." 〖외친다〗 "술을 따르시오." 〖외친다〗 "공자의 신위 앞으로 나가 무릎을 꿇으시오." [그다음] 향을 올리고, 술잔을 올리는 것이 끝나면 엎드려 절을 한 다음 일어나서 자리로 돌아가 몸을 굽혀 절을 하고 다시 몸을 세운다. 예를 마친다. 〖외친다〗 "음악을 멈추시오."

16. 세 번째 장을 선강한다.

〖외친다〗 "사강(司講)은 셋째 장을 선강함을 알리시오." 삼사강(三司講)이 자리에서 나와 공자의 신위에 아뢴다: "오늘 모 경전의 모 장을 골랐음을 아뢲니다." 인사를 한 번 하고 끝나면, 왼쪽 · 오른쪽으로 공수하여 집양의 뜻을 표시하는 것은 앞서와 같다. 〖외친다〗 "진강의 자리에 오르시오." 【북을 세 번, 종을 한 번 친다.】 〖외친다〗 "엄숙하고 조용한 자세를 유지하시오." 〖외친다〗 "책을 펴서 선강을 시작하시오." 사강은 단정하게 앉아 옷깃을 바로하고 큰소리로 앞서 경우처럼 선강을 한다. 선강이 끝나면 사강은 일어서서 공자의 신위를 향해 인사를 하고 몇 장의 선강이 끝남을 아뢴 뒤, 자리로 돌아간다. 【북을 세 번, 종을 한 번 친다.】

17. 세 번째 시 노래

〖외친다〗 "동자들은 강당에 올라와 시를 노래하시오." 동자 여섯 명이 차례대로 들어와 자리를 선 다음 한 번 인사를 한다. 〖외친다〗 "양지의 세 번째 부분을 노래하시오." 【북을 세 번, 종을 세 번 친다.】 다음과 같이 노래를 한다. "사람들에게는 각자 정해진 나침반이 있고, 【북을 한 번, 종을 한 번 친다.】 모든 변화의 근원은 결국 마음속에 있다. 【북을 한 번, 종을 한 번 친다.】 종전의 거꾸로 된 생각의 뿌리는 비웃으며 제쳐 놓되, 【북을 한 번, 종을 한 번 친다.】 [뿌리는 놔두고] 가지나 이파리 밖에서만 찾아서는 안 된다." 【북을 세 번, 종을 한 번 친다. 끝나면 한 번 인사를 한 다음 자리로 돌아간다.】

18. 마지막 술잔을 바친다.

〖외친다〗 "음악을 울리시오." 〖외친다〗 "세 번째 술잔을 바치시오." 〖외친다〗 "차례대로 서시오." 〖외친다〗 "술을 따르시오." 〖외친다〗 "공자의 신위 앞으로 나가 무릎을 꿇으시오." [그다음] 향을 피우고, 술잔을 올리는 것이 끝나면 엎드려 절을 한 다음 일어나서 자리로 돌아가 몸을 굽혀 절을 하고 다시 몸을 세운다. 예를 마친다. 〖외친다〗 "음악을 멈추시오."

19. 선강을 마치고 식사를 한다.

〖외친다〗 "차와 식사가 마련된 곳으로 옮기십시오." 사회자가 앞으로 한 걸음 나가 인사를 하고, 지방관 · 교사 · 속료 · 진신들은 모두 인사를 한 다음 물러나 순서대로 강당 밖으로 나가 조금 걷는다. 사빈(司賓)이 공수를 하고 식당으로 안내한다. 【북을 세 번 치고, 종을 세 번 친다.】 〖외친다〗 "자리로 나아가 탁자번호대로 서시오." 【북을 한 번 친다.】 〖외친다〗 "앉으십시오." 각기 자리를 떠나지 않으면 윗사람을 향해 세 번 인사를 한다. 【북을 한 번 친다.】 〖외친다〗 "음식을 제공하시오." 먼저 차를 내놓는데 술은 내놓지 않으며 채소 요

리 세 가지, 군것질 거리 한 가지, 국 한 그릇을 내놓는다. 모두 맵거나 비려서는 안 된다. [음식제공을] 마친다. 〖외친다〗 “차와 음식을 드십시오.” 【조금 있다 북을 한 번 친다.】 〖외친다〗 “다시 음식을 제공하시오.” 다시 채소 요리 두 가지, 군것질거리 한 가지, 국과 밥 각기 한 그릇을 내놓는다. 마친다. 〖외친다〗 “국과 밥을 드십시오.” 【조금 있다 다시 북을 한 번 친다.】 〖외친다〗 “차를 올리시오.” 마친다. 〖외친다〗 “차를 드십시오.” 【조금 있다 북을 한 번 친다.】 〖외친다〗 “상을 물리시오.” 각기 앉은 자리에서 떠나지 않는다. 마친다. 【북을 한 번 친다.】 〖외친다〗 “자리에서 일어나십시오.” 각기 자리에서 떠나지 않고 윗사람을 향해 세 번 인사를 한 다음 자리를 벗어나 잠시 걷는다[강당으로 돌아간다]. 【이날 이른 아침 사회자는 『신청자명단(報名冊)』으로 참석자가 몇 명인지를 계산한 다음 20글자의 번호(“守程朱正學、綿鄒魯宗風、纘伊周大業、接堯舜中傳.”)를 따라서 번호를 편성하여 벽에 붙여 둔다. 매 번호마다 10명이므로 모두 200명 정도가 된다. 무릇 다른 성이나 부에서 와서 참석하는 사람은 본지 사람 윗자리에 모신다.】

20. 강당으로 돌아가 문답을 한다.

【북을 세 번, 종을 세 번 친다.】 〖외친다〗 “강당으로 돌아가십시오.” 지방관 · 교사 · 신사들은 종전처럼 차례대로 강당에 들어와 자리에 따라 의자에 앉는다. 〖외친다〗 “의문이 있는 사람을 차례대로 질문하십시오.” 회종이 마련한 세 장의 강의에 대해 그 순서에 따라 질문을 하되 아울러 자신의 독특한 견해를 밝힘으로써 성도를 밝게 이해하고 다스림의 도리를 분석하고 심신에 유익한 학문이 되도록 힘써야 한다. 들뜬 언사나 자신을 과시하는 논변을 내세워서는 안 된다. 윗사람이 먼저하고 나이가 적은 사람이 뒤에 하며, 앞의 문답이 끝난 다음에야 다음 질문을 던져야 한다. 남을 비방하는 말이나 남의 것을 베낀 말을 해서는 안 되며, 부화뇌동해서도 안 된다. 응당 조용히 들으면서 선강을 끝나기를 기다려 질문을 할 사람은 일어서는데, 자기 대오를 나와서 공자의 신위 · 회종 · 지방관을 향해 각기 한 번씩 인사를 하고, 옆자리에 앉아서 차분한 어투로 자세하게 질문을 던진다. 질문이 끝나면 다시 공자의 신위 · 회종 · 지방관을 향해 각기 한 번씩 인사를 하고 본래의 자리로 돌아간다. 그 뒤에 질문을 던지는 사람 역시 이와 같이 인사를 하고 옆자리에 앉고 질문을 한다. 모두 마친다. 【북을 세 번, 종을 세 번 친다.】

21. 사기(司記)가 기록을 한다.

사기(司記) 세 사람은 공자의 신좌(神坐) 옆에서 문답을 듣고 순서대로 기록한다. 만약 다하지 못한 점이 있으면 다음날 아침 본인에게 상세하게 써서 보내 달라고 요청하고, 이러한 문답 내용을 모아 편찬해서 회종에게 올려 점검을 받은 다음 지방관 · 교사에게 보내면, [지방관은] 이것을 검토한 다음 인쇄에 부쳐 학문이 있는 군자께서 바로잡아 주기를 기대한다.

22. 시를 노래하여 노고를 치하한다

문답이 끝나면 회종·지방관·교사·속료·진신은 응당 시로서 그 노고를 치하해야 한다. 〖외친다〗 "동자들은 강당에 올라와 시를 노래하시오." 인사 순서는 이전과 같다. 다음과 같이 노래를 한다: "성인의 공업과 왕도는 본래 다르지 않으니, 【북을 한 번, 종을 한 번 친다.】 체용(體用)에 분명하게 밝은 것이 바로 대유(大儒)라. 【북을 한 번, 종을 한 번 친다.】 공자·안회께서 기뻐하신 바를 찾기를 좋아하되, 【북을 한 번, 종을 한 번 친다.】 풍진세상의 꿈으로 일생을 헛되이 보내지 말기를." 【북을 세 번, 종을 세 번 친다.】 한 번 인사를 하고, 끝나면 다시 자리로 돌아간다. 〖외친다〗 "음악을 울리시오." 〖외친다〗 "향을 올리시오." 속료는 앞으로 향해 일어선다. 〖외친다〗 "인사를 하시오." 〖외친다〗 "한 번 향을 올리고, 다시 두 번째로 올리고, 세 번째로 올리시오." 〖외친다〗 "인사를 하시오." 다시 자리로 돌아간다. 조금 기다린다. 〖외친다〗 "음악을 멈추시오." 【서산선생(西山先生)의 "시를 노래하여 노고를 치하"하는 부분은 '벌목삼장(伐木三章)'을 노래하는데, 시구가 너무 많다. 일을 끝내는데 지나치게 번잡하면 쉽사리 태만과 권태를 낳게 되므로, 지금 나는 네 구절로 이를 마무리하였다. 이 또한 서로를 북돋우고 경계하는 뜻이라 할 수 있는데, 잘라내도 상관은 없다.】

23. 공자의 신위에 작별의 절을 한다.

〖외친다〗 "차례대로 서시오." 회종은 가운데, 지방관·교사·속료는 동쪽에 진신·거인·공생은 서쪽에 서고, 생원은 뒤에 서며, 나머지는 모두 계단 아래에 선다. 〖외친다〗 "대열을 갖추고, 음악을 울리시오." 〖외친다〗 "몸을 굽혀 절을 네 번 하고, 몸을 일으키시오." 예를 마친다. 〖외친다〗 "음악을 멈추시오." 〖외친다〗 "대오를 갖추어 차례대로 서시오." 〖외친다〗 "동서로 마주 서시오." 〖외친다〗 "여기에 앉아계신 분과 선강에 참여하신 분들은 회종에서 감사 인사를 하십시오." 회종도 이에 답례한다. 〖외친다〗 "지방관·교사·속료·진신·거인·공생은 지방관을 향해 감사 인사를 하십시오." 지방관도 이에 답례한다. 〖외친다〗 "생원들은 윗사람을 향해 세 번 감사 인사를 하십시오." 처음에는 회종이 답례하고, 두 번째는 지방관·교사·속료가, 세 번째는 진신 등이 답례한다. [모든 의식이 끝났으므로 모두] 차례대로 차분히 대오에서 물러나는데, 처음부터 끝까지 시끄럽게 떠들거나 질서를 어겨서는 안 된다.

24. 공동으로 지방관과 교사를 마중한다.

지방관과 회종은 이문(二門) 밖에서 인사를 하고 작별하며, 진신·거인·공생은 지방관과 교사·속료를 대문 밖에서 인사를 하고 작별한다. 생원들은 대문 밖 길가에서 몸을 숙여 절을 하면서 윗사람들을 마중한다. [그다음] 각기 서로에게 공수를 하고 흩어진다. 다음날 아침 사회(司會)는 지현 아문에 가서 감사를 드리면서 공첩(公帖)을 올린다.【이상의 모든 조항은 삼가 내가 보고 들은 바와 내 생각에 근거하여 편찬한 것이다. 여기에 이르러 응당 늘리거나 보충해야 할 것은 고명하신 독자께서 판단하여 정해 주시기 바란다.】

以父子有親、君臣有義、夫婦有別、長幼有序、朋友有信, 爲五敎之目, 學者學此而已. 以博學之、審問之、愼思之、明辨之、篤行之,[306] 五者爲學之之序. 學、問、思、辨四者, 所以窮理也. 若夫篤行之事, 則自修身, 以至于處事、接物,[307] 亦各有要. 言忠信、行篤敬、懲忿窒慾[308]、遷善改過, 爲修身之要. 正其誼, 不謀其利、明其道, 不計其功, 爲處事之要. 己所不欲, 勿施于人、行有不得, 反求諸己,[309] 爲接物之要. 何一非敦本務實之學乎?

安定胡先生,[310] 敎學于蘇湖間.[311] 是時方尙詞賦, 獨湖學以經義及時務, 故學中有經義、治事二齋. 經義擇疏通有器局者居之.[312] 治事齋人各治一事, 又兼一事, 如邊防、水利之類. 故其出而筮仕,[313] 往往取高第,[314] 及爲政多適于世用. 若老于吏事者,[315] 是又以聖功而兼王道, 爲經濟有用之學. 以視夫文章秀士誇詡詞藻,[316] 曲學迂腐附會古法, 而適無補于治, 有害于民者,

---

306 독행(篤行)은 절실하게 이행한다, 전력을 다해 실행한다, 또는 행위가 순수하고 두텁다는 뜻이다.

307 처사(處事)는 일을 처리한다는 뜻이다. 접물(接物)은 외물(外物)에 접촉한다, 또는 사람들과 교제한다는 뜻이다.

308 징분질욕(懲忿窒欲)은 분노를 억제하고 정욕을 막는다는 뜻이다.

309 반구저기(反求諸己)는 자신에게 돌아가 되묻는다는 뜻, 즉 자기 방면에서 원인을 찾는다는 것이다.

310 안정 호선생은 송대 이학의 선구자인 북송의 학자·교육가인 호원(胡瑗. 993-1059)을 가리킨다. 호원은 자가 익지(翼之)로 강소성 태주(泰州) 해릉(海陵) 사람인데 안정보(安定堡)에 누세에 걸쳐 거주하였으므로 안정선생이라고도 불린다. 호원은 송대 이학 흥성시기의 중요 인물로 왕안석(王安石)은 그를 '천하호걸의 으뜸으로 치켜세웠다. 그는 유가의 경술에 정통하고 성현이 되겠다는 목표 아래 명체달용지학(明體達用之學)을 강구하였다고 한다. 즉 유가의 강상명교는 만세불변의 체(體)이고, 유가의 경전은 후세에 교훈을 내려 주는 문(文)인데, 체와 문을 실제에 적용하면 치국안민(治國安民)을 가능케 하는 용(用)이 된다고 하였다는 것이다. 이것은 송대 이학에 비교적 큰 영향을 주었다고 한다. 호원은 강학을 할 때 경의(經義)와 치사(治事) 두 학사(學舍. 齋)를 두었는데, 치사에는 무술·수리·산술·역법 등이 포함되어 있어 경세치용을 중시하는 그 특징이 여기에 잘 드러난다고 한다. 저서에는 『주역구의(周易口義)』·『홍범구의(洪范口義)』·『논어설(論語說)』·『춘추구의(春秋口義)』 등이 있다. 호원은 호주(湖州)에서 가르칠 때 제자가 수천 명이었다고 일컬어질 정도였으며, 당시 사람들은 그래서 이를 호학(湖學)이라 일컬었다고 한다.

311 소호(蘇湖)는 오늘날 강소성(江蘇省)의 소주(蘇州)와 여기 인접한 절강성(浙江省)의 호주(湖州)를 가리킨다. 즉 태호(太湖) 동쪽에 인접한 이른바 강남(江南), 또는 그 핵심 지역을 가리킨다고 할 수 있다.

312 기국(器局)은 기량(器量)·재식(才識)·도량(度量)을 뜻한다.

313 서사(筮仕)는 출사한다, 처음 관리로 나선다는 뜻이다.

314 고제(高第)는 시험을 거쳐 우수한 성적을 얻고 상위에 이름을 올린다, 과거에 급제한다는 뜻이다. 또는 과거급제자나 뛰어난 제자, 또는 관리나 학생의 성적이 우수한 것을 가리키기도 한다.

315 이사(吏事)는 행정사무, 관청의 일, 또는 형옥(刑獄) 등의 일을 가리킨다.

其相去奚啻什伯、倍徙哉![317] 然而有晦翁夫子, 始有鹿洞學規之實, 有安定先生, 始有湖學敎法之效. 則學與敎, 又豈不賴其人而後興乎?

鴻願今之爲政者, 敦請實學名儒, 經濟宏通之士, 爲之宗師. 置講院,[318] 徵隱德耆宿,[319] 仿鹿洞湖學之遺制, 朝夕討硏性命之奧, 究論時務之要, 俾內而聖, 外而王. 如吾夫子脩己, 則當時稱爲聖人, 後世爲萬代帝王師, 治人則魯用之而三月大治,[320] 作春秋垂千古之法戒,[321] 而褒貶賞罰, 嚴于袞鉞.[322] 然後知聖人之學, 坐而論, 起而行. 非徒據皐比、持麈柄,[323] 侈諸空談而已也. 苟今講院之中, 繼紹有人, 則其扶道倡敎之功, 當不在孟、韓下.[324] 于是聞風景慕者,[325] 皆不招而致, 則鹿洞湖學之盛, 可再見于今日, 又豈特一州一邑? 士民觀感儀型,[326] 羣相向化, 而人心有不正, 風俗有不美者哉! 【講學「學規」、「儀注」附[327]】

○ 附錄: 「學規」、「儀注」

夫講學, 蓋以闡明性道之旨. 紹續聖賢之統, 要必躬行實踐、造詣精深,[328] 而非外務虛名,

---

316 수사(秀士)는 덕행이나 재주가 뛰어난 사람을 말한다. 과후(誇詡)는 자랑한다, 뻐긴다는 뜻이고, 사조(詞藻)는 시문(詩文) 속의 장식으로 전고나 기교를 이용하여 꾸미는 용어를 가리킨다. 또는 시부(詩賦)를 말하기도 한다.

317 십백(什伯)은 열과 십이고, 배사(倍徙)는 배사(倍蓰. 倍屣)로 여러 배를 말한다. 배(倍)는 한 배, 사(蓰)는 다섯 배를 말한다.

318 강원(講院)은 유학 서원을 가리킨다.

319 기숙(耆宿. 耆夙)은 나이가 많고 유덕한 사람을 일컫는 말이다.

320 치인(治人)은 다른 사람을 통치한다, 나라를 다스리는 인재라는 뜻이다.

321 법계(法戒)는 법규와 경고를 말한다.

322 곤월(袞鉞)은 포폄(褒貶), 즉 추켜 올리거나 깎아 내리는 것을 가리킨다. 곤의(袞衣)를 내리는 것은 장려하는 뜻이고, 도끼를 주는 것은 징벌한다는 의미였기 때문이다.

323 고비(皐比)는 호랑이 가죽을 말한다. 옛적에는 호랑이 가죽에 앉아 강학을 하였으므로 강석(講席)·전송(傳誦)·강습(講習)을 가리키기도 한다. 주병(麈柄)은 큰사슴 꼬리로 만든 자루, 주미(麈尾)를 가리킨다. 주미는 한담을 할 때 벌레를 쫓거나 먼지를 터는 도구인 먼지떨이를 가리킨다.

324 맹한(孟韓)은 맹자(孟子)와 한유(韓愈)를 병칭하는 것이다. 한유(韓愈, 768-824)는 당대(唐代)의 유명한 문장가이자 사상가이다. 자는 퇴지(退之)로 하남 하양(오늘날의 河南省 孟州) 사람이다. 조적(祖籍) 때문에 한창려(韓昌黎)라고도 부른다. 유종원(柳宗元)과 더불어 고문운동(古文運動)을 제창한 것으로 유명하며, 당송팔대가의 한 사람이다. 맹자는 은근히 자신이 공자의 계승자임을 주장하여 도통론(道統論)을 제기하였으나 한유는 「원도(原道)」에서 도통론을 분명하게 제기하여, 요·순·우, 은 탕왕, 주 문·무왕, 주공·공자·맹자로 이어지는 '성인의 도, 즉 유교적 정통의 계승을 주장하면서 유학의 부흥을 꾀하였던 것으로도 유명하였다. 본문에서 맹자와 한유의 공을 이야기하는 것은 이 때문이다.

325 문풍(聞風)은 소식을 듣다, 소식을 찾는다는 뜻이다.

326 의형(儀型. 儀刑)은 모범·전범이 된다는 뜻, 또는 모범이나 전범을 가리킨다.

327 의주(儀注)는 법식(法式)·제도·의절(儀節)을 말한다.

328 조의(造詣)는 새로운 뜻을 창립하는 것을 가리킨다. 의(詣)는 의(義)와 통한다.

以博馳聲譽也. 粵稽學規, 當以白鹿洞爲宗, 而新安紫陽書院崇實會約,[329] 亦大略仿其遺意. 本朝海昌令許西山先生,[330] 在海昌講學規儀, 頗爲明晰. 鴻今於紫陽、海昌閒, 刪去繁文. 於講學實有裨益者, 並載之. 使司牧諸君, 倡率鼓舞, 賢智力行之, 有以日進于純修, 愚不肖觀感之,[331] 亦以漸臻于美俗. 其于世道人心, 不有厚賴哉? 爰敬列之于左, 以備採擇.

○「學規」【凡十二條】

一. 崇正學

經明行修,[332] 宗尚聖學, 講論悉符於踐履,[333] 著述必本於躬行, 德孚閭閈,[334] 望重學林者,[335] 會長延請賁院,[336] 闡證聖宗,[337] 爲後學標準. 如侈談二氏家言,[338] 爲三教歸一之說,[339]

---

329 여기서 신안(新安)은 안휘성 휘주(徽州)를 가리킨다. 송대 이학의 기초를 닦은 이정(程顥·程頤)과 주희(朱熹)의 고향이 모두 휘주 흡현(歙縣), 즉 오늘날의 황산시(黃山市) 둔계구(屯溪區)에 있었다. 주희 역시 '신안주희(新安朱熹)'로 자칭할 정도였으며, 이후 수많은 서원이 들어선 휘주에서 가장 큰 것이 바로 자양서원(紫陽書院)이었다. 자양(紫陽)은 흡현 성남에 있는 산 이름이기도 하고, 주희의 조상이 여기에서 독서를 하였기에 복건으로 옮겨간 주희도 여전히 자신의 독서실을 자양서실(紫陽書室)이라 이름 지었다. 따라서 자양은 주희의 별칭이기도 한데, 나중에 흡현에 서원이 생길 때 이 이름을 따온 것이다. 자양서원은 1246년 자양산의 기슭에 세워졌으며, 황제가 자양서원의 편액을 내렸는데, 주희를 제사지내고 주희의 이학사상을 선양(宣揚)하기 위해 세워진 서원으로 이후 정주이학(程朱理學)을 전파하는 성단(聖壇)이 되었다. 회약(會約)은 공동으로 세운 규약을 가리킨다.

330 여기서 해창(海昌)이라고 했지만, 청대 주현명(州縣名) 가운데 해창은 확인되지 않는다. 해창은 삼국시대 오(吳)에서 설치한 염관현(鹽官縣)으로 오늘날의 절강성(浙江省) 해령현(海寧縣)에 해당되는 지역이거나 아니면 광동성(廣東省) 전백현(電伯縣)인데(『中國古今地名大辭典』 商務印書館, 1931), 여기서는 절강성의 해령현으로 보인다. 강희 14년 간본인 허삼례(許三禮)가 편찬한 『해령현지(海寧縣志)』(中國方志叢書 華中地方 제561호. 臺北 成文出版社, 1984) 「직관지(職官志)」 권5에 의하면 강희 12년부터 지현으로 근무한 허삼례가 호를 서산(西山)이라 하고 있고, 권3 「건치(建置) 정학서원(正學書院)」에도 그기 강희 13년 "현치의 항간에 소학을 모방하여 서원을 세워, 한때 악기소리와 책 읽는 소리가 크게 들렸다"고 기록되어 있으며 의숙(義塾)을 권하는 그의 짧은 글이 실려 있다. 건륭 30년 간본인 금오(金鰲) 등이 편찬한 『해령현지(海寧縣志)』(中國方志叢書 華中地方 제516호. 臺北 成文出版社, 1984) 권3 「건치(建置)」에도 비슷한 내용이 담겨져 있으며, 민국 11년 간본으로 허부패(許傅霈) 등이 편찬한 『해령주지고(海寧州志稿)』(中國方志叢書 華中地方 제562호. 臺北 成文出版社, 1984) 권28 「인물지(人物志) 명환(名宦)」에 실려 있는 허삼례의 전기는 "정학서원을 창건하여 초하루와 보름에 신사를 이끌고 그 가운데서 강학을 하였다. '순탁(循卓)'한다는 평판을 황상께서 듣고 어사로 발탁하였으며, 독포시랑(督捕侍郞)의 관직을 맡았다"고 기록하고 있다. 따라서 허서산은 이 허삼례를 가리킬 가능성이 큰 것으로 보이지만, 강학 학규와 의주(規儀)는 지방지에서 발견되지 않는다.

331 관감(觀感)은 사물을 보고 느끼는 인상과 감상, 또는 그로 말미암아 일어나는 감동을 가리킨다.

332 경명행수(經明行修)는 경학에 대해서는 널리 넉넉하게 알고, 덕행은 아름답고 착하다는 뜻이다.

333 천리(踐履)는 실천하다, 실행하다, 따른다는 뜻이다.

334 여한(閭閈)은 거리(里巷)의 문이나 거리·골목을 가리킨다.

335 망중(望重)은 명망이 높고 무겁다는 뜻이다. 학림(學林)은 학문의 총본산을 비유하거나 학계(學界)를 가리킨다.

336 연청(延請)은 요청하거나 초청한다는 뜻이다. 분원(賁院)은 서원을 밝게 빛나도록 장식해 준다는 뜻으로 보인다.

及陽儒陰佛之流, 不得入會.

一.敦實行

凡士必居家孝悌,[340] 言行謹信, 廉節自守, 學術純正, 爲鄕黨親友所稱許者, 方延入會.

一. 謹士趨

凡瀆亂人倫, 不矜名節,[341] 及爲利奔競公門,[342] 居間作證,[343] 語言無實, 放誕不謹,[344] 一切所爲有妨名敎,[345] 而欲登會堂爲名高, 挾浮詞以取勝者,[346] 勿令入會.

一. 嚴始進

凡有志入會者, 必須會中老成爲之介紹. 預先告明會長, 會長通知會宗,[347] 會宗廉覈,[348] 果如所告, 方延入會. 介紹引新友, 具名帖, 見會宗, 至會期, 然後同堂領敎.[349]

一. 圖晩節

凡從前附名在會諸友,[350] 或有爲德不卒, 敗名喪撿,[351] 內忝倫常, 外辱壇坫,[352] 及在會不遵儀注, 散會後誇誕不經,[353] 欺誑流俗者,[354] 衆議不許復入, 削除前名. 仍追咎原介紹之友, 紀

즉 분(賁)은 장식하다, 화려하고 아름답게 한다는 뜻이 있다.

337 천증(闡證)은 밝혀서 증명한다는 뜻이다.

338 이씨(二氏)는 불가와 도가를 가리킨다.

339 삼교(三敎)는 유·도·석(儒道釋), 즉 유교·도교·불교를 가리킨다.

340 거가(居家)는 집에서의 일상생활을 뜻한다.

341 명절(名節)은 명예와 절개를 가리킨다.

342 분경(奔競)은 분주하게 경쟁한다, 명리를 추구한다는 뜻이고, 공문(公門)은 관청이나 아문을 가리킨다.

343 거간(居間)은 쌍방 사이에서 조정하거나 화해시키는 것, 또는 그런 사람을 가리킨다. 작증(作證)은 보증을 한다는 뜻이다.

344 방탄(放誕)은 방종하여 얽매이지 않는다, 들뜨고 허망하다는 뜻이다.

345 명교(名敎)는 보통 명분을 정하는 것을 중심으로 한 윤리, 또는 예교, 즉 유교윤리를 보통 가리킨다. 문자로 쓰인 가르침이라고 일컫기도 한다.

346 부사(浮詞)는 거짓으로 장식하는 들뜬 언사, 웅수하는 말을 가리킨다.

347 회종(會宗)은 아래에 그에 관한 설명이 나온다. 회장보다 위에 있는 최고의 명예직으로 간주된다.

348 염핵(廉覈)은 곧게 살펴본다, 점검한다는 뜻이다.

349 동당(同堂)은 같은 조상을 모시는 일족이나 동문·동학을 가리킨다. 영교(領敎)는 가르침을 받다, 듣다, 가르침을 청한다는 뜻으로 겸손한 말로 많이 쓰인다.

350 부명(附名)은 이름을 기탁한다, 다른 사람의 이름 뒤에 서명한다는 뜻이다.

351 패명(敗名)은 명성을 망가뜨린다는 뜻이다. 상검(喪撿)은 덕행을 상실하고 점검하는 것을 포기한다는 뜻이다.

352 단점(壇坫)은 담판장소, 문인들의 집회장소, 문단(文壇)을 가리키거나, 문단에서의 지도적 지위나 명성, 강단이나 여론계 등을 가리키기도 한다.

353 과탄(誇誕)은 과장하고 허망하여 실제에 맞지 않는다는 뜻이고, 불경(不經)은 일반적인 법규에 들어맞지 않는다, 경전에 나와 있지 않아 근거가 없는 것, 황당하고 상리(常理)에 맞지 않는다는 뜻이다. 따라서 불경지어(不經之語)·불경지담(不經之談)·불경지설(不經之說)은 모두 황당하고 근거 없는 소리라는 뜻이다.

354 기광(欺誑)은 속여서 미혹시킨다는 뜻이고, 유속(流俗)은 사회상의 풍속습관을 가리킨다.

錄一過.

一. 設講院

凡州邑擇閒曠亢爽之地,[355] 捐貲建講院一區, 規制大小, 量力爲度. 中堂奉孔子先師神位, 後堂退息會膳. 其膳資, 或當事紳衿及在會輪值, 或合力公認. 若更劇金共置學田, 以充公用, 則講業庶乎其可久矣.

一. 主會事

道術、行誼羣心嚮往者,[356] 州邑具啓及幣儀,[357] 登門敦請, 推尊之, 曰: '掌敎', 是爲會宗, 主會闡敎. 齒尊行優者, 曰、'會長,' 輔會宗以主敎事. 齒稍次於會長, 行與才合者, 二人爲會正, 輔會長以紀綱會事. 年富力强、幹諝足任者, 二人爲會贊. 應酬來學,[358] 同會正協理會事. 童子才敏純謹者, 二人爲會通, 傳報諸事以供趨走.[359]

一. 定會期

每月二會, 須預定會期以爲常式. 庶入會聽講者, 以便依期而至. 會日巳集申散.

一. 尙齒德

凡會友以齒爲序. 客來聽講者, 以客爲序. 會友止尊齒德,[360] 富貴貧賤所勿論也. 如有驕矜自擅, 不虛心勵道者,[361] 不敢延請入會.

一. 擬講書

每會, 會宗預擬講書三章, 首章六經、論、孟, 次章性理、史、鑑, 末章禮樂、文章、政事, 就各章衍爲講義, 與會長等參正妥當.[362] 會前五日謄發同會, 使各有發明意見, 預爲擬定, 於升堂問答時,[363] 羣相質難, 增長學識.

一. 勤論著

學求得諸心, 證於事. 凡每日心有所得, 事有所行, 或與友人談論, 關切身心,[364] 有益治理

---

355 항석(亢爽)은 지세가 높고 넓다는 뜻이다.

356 도술(道術)은 학술 또는 도덕과 학문을 가리킨다.

357 폐의(幣儀)는 나아가 바치는 예물을 말한다.

358 응수(應酬)는 교제 · 왕래 · 응접을 말한다.

359 추주(趨走)는 종종걸음으로 빠르게 걷는 것을 말한다. 분주하게 일을 한다는 뜻도 있다.

360 치덕(齒德)은 연령과 덕행, 또는 연령과 덕행이 높은 사람을 가리킨다.

361 허심(虛心)은 겸허하게, 자만하지 않고, 마음을 비우고라는 뜻이다. 여(勵)는 권하다, 힘쓰다, 추숭하다, 존중하다, 분발하다는 뜻이므로 여도(勵道)는 도행(道行)에 힘쓴다는 뜻이다.

362 참정(參正)은 참작하여 바로잡는다는 뜻이다.

363 승당(升堂)은 청당(廳堂)에 오른다는 뜻, 또는 관리가 공당에 올라 안건을 심사하는 것을 가리키기도 한다.

364 관절(關切)은 관계되거나 관련된다, 관계가 밀접하다는 뜻이다.

者, 則皆記之簡編,[365] 曰:『學行日錄』. 行或善或過, 直書無隱. 每于會日講問畢, 各出日錄, 以質同人, 咸相切劘.[366] 久之, 識力益精, 過失漸少. 此吾儒格物致知、實踐躬行之至要也. 若飾善掩惡, 僻論矯詞, 則欺誕是根.[367] 他日學問事功, 皆可知矣.

一. 遵學戒

學貴下, 傲心宜戒. 中貴虛, 滿心宜戒.[368] 功貴恒, 怠心宜戒. 入貴巽, 躁心宜戒.[369] 養貴靜, 蕩心宜戒. 應貴直, 機心宜戒.[370] 器貴宏, 褊心宜戒. 慾貴寡, 貪心宜戒. 用貴節, 侈心宜戒. 氣貴和, 忿心宜戒. 人貴同, 忌心宜戒. 識貴超, 習心宜戒. 守此十二戒. 可以語道矣.

○「儀注」【凡二十四條】

一. 預示章目

每會先期五日, 將所講某書幾章, 用粉板書明, 縣於講所, 使遠近之士傳知尋繹, 以待聽問.

一. 選定執事

每會司贊二人[371]、司儀二人、司祝一人、司壇二人、司監二人、司講三人、司記三人、司賓四人、司鼓一人、司鐘一人、歌童六名.

一. 習儀除壇

先期一日, 司壇者整理神座, 掃除講堂, 潔淨几案, 陳果酒香燭帛. 司儀張掛條約, 率歌童習熟聲容.

一. 聽講報名

凡聽講者, 先期一日詣講壇, 從司賓報名登籍, 以便備坐. 次日四人共膳, 書號于卓

一. 公迎師長

正講前一日, 司會者聯名序刺, 至縣署, 請父母來晨赴講. 將至, 會長出迎至堂, 會宗降階

---

365 간편(簡編)은 죽간을 이어 묶은 띠를 의미하지만, 나아가 서적·저작을 가리킨다.

366 절마(切劘. 切磨)는 절차탁마(切磋琢磨. 切瑳琢磨)를 가리킨다. 원래는 뼈·상아·옥·돌을 가공하는 공예를 가리키지만, 도덕이나 학문 방면에서 서로 토론하고 격려하는 것을 비유한다.

367 기탄(欺誕)은 헛된 빼김으로 남을 속인다는 뜻이다.

368 만심(滿心)은 만족, 마음속에 어떤 정서나 바람이 가득함을 가리킨다.

369 조심(躁心)은 들뜬 심정을 가리킨다.

370 기심(機心)은 교묘하게 속이려는 마음이나 기교를 통해 공리를 탐하는 마음을 가리킨다.

371 찬(贊)은 원래 의례를 주지한다, 돕거나 보좌한다는 뜻이다.

迓升階, 如會宗本治人, 同會長出迎.

一. 參謁先聖

贊儀者, 先上階分東西對立. 〚唱〛 “排班.” 行謁先聖禮序立. 會宗中, 父母、師、僚東, 縉紳、學、貢西,[372] 平列階下, 諸生序後. 〚唱〛 “班齊鼓樂. 鞠躬拜興[連]四.”[373] 〚唱〛 “平身.” 〚唱〛 “樂止.”

一. 分班序揖

〚唱〛 “分班.” 會案東立西面少上,[374] 父母、師、僚東次西面, 縉紳、學、貢西立東面, 與父母、師、僚次同. 諸生序下, 南立北面. 〚唱〛 “東西對揖.” 畢, 父母、師、僚、縉紳、學、貢向會宗一揖, 師、僚、縉紳、學、貢向父母一揖, 諸生向上三揖. 首會宗答一次, 父母、師、僚答一次, 縉紳前輩答一[次], 諸生同班一揖止. 【凡進退拜揖, 不中禮者, 俟禮畢, 司儀糾擧, 小記過, 大記罰】

一. 升堂就位

〚唱〛 “升階就位.” 仍分東西照立定序, 紳與紳齒,[375] 士與士齒立定. 〚唱〛 “告坐.”[376] 各不離位三揖止, 會宗、父母、師、僚坐東, 遠賓、邑紳坐西, 司講三案堂上近南左右對列,[377] 執事位階上, 聽講東西分坐.

一. 宣明學規

【伐鼓三, 擊鐘三】 〚唱〛 “司監宣「白鹿洞規」.”[378] 左司監出位, 宣五敎之目. 【鼓一】 向上

---

372 진신(縉紳)은 보통 신사·향신을 말하지만, 여기서는 특히 최상급의 학위를 지닌 진사(進士) 출신만을 한정해서 가리키는 의미로 쓰고 있다. 진신·거인·공생은 이른바 상층 신사에 속하고 생원 일반은 보통 하층 신사로 구분하는데, 여기서도 의례상 양자의 구별이 분명하게 이루어지고 있다.

373 배흥(拜興)은 (무릎을 꿇고) 절하는 것과 일어나는 것을 말한다.

374 회안(會案)은 아마 회종(會宗)의 오자인 듯하다.

375 여기서 치(齒)는 나란히 서다, 동렬에 선다는 뜻이다.

376 고좌(告坐)는 사좌(謝坐)처럼 윗사람이 아랫사람에게 앉으라고 하면 아랫사람이 겸양이나 감사의 뜻을 표시한 다음 자리에 앉는 것을 말한다.

377 삼안(三案)은 아마도 삼인(三人)이 맞는 것 같다.

378 「백록동규(白鹿洞規)」는 이곳에서 강학을 한 주자(朱子)가 지은 「백록동서원게시(白鹿洞書院揭示)」를 말하는데 그 내용은 다음과 같다. “父子有親, 君臣有義, 夫婦有別, 長幼有序, 朋友有信. 右五敎之目. 堯、舜使契爲司徒, 敬敷五敎卽此是也. 學者學此而已, 而其所以學序, 亦有五焉, 其別如左: ‘博學之, 審問之, 愼思之, 明辨之, 篤行之.’ 右爲學之序. 學、問、思、辨, 四者所以窮理也. 若夫篤行之事, 則自修身以至處事接物, 亦各有要, 其別如左: ‘言忠信, 行篤敬, 懲忿窒欲, 遷善改過.’ 右修身之要, 正其誼不謀其利, 明其道不計其功. 右處事之要. ‘己所不欲, 勿施于人, 行有不得, 反求諸己.’ 右接物之要. 熹竊觀古昔聖賢所以敎人爲學之意, 莫非使之講明義理, 以修其身, 然后推以及人. 非徒欲其務記覽, 爲詞章, 以釣聲名, 取利祿而已也. 今人之爲學者, 則旣反是矣. 然聖賢所以敎人之法, 具存于經. 有志之士, 固當熟讀深思而問辨之. 苟知其理之當然, 而責其身以必然, 則夫規矩禁防之具, 豈待他人設之, 而后有所持循哉? 近世

一揖, 高聲長宣: "父子有親, 【鼓一】 君臣有義, 【鼓一】 夫婦有別, 【鼓一】 長幼有序, 【鼓一】 朋友有信." 【鼓一】 宣畢, 一揖復位. 右司監高聲曰: "願同人扶植此綱常." 【擊鐘一, 畢】 〘唱〙 "右司監出位, 宣爲學之序." 【鼓一】 向上一揖, 高聲長宣: "博學之, 【鼓一】 審問之, 【鼓一】 愼思之, 【鼓一】 明辨之, 【鼓一】 篤行之." 【鼓一】 宣畢, 一揖復位. 左司監高聲曰: "願同人振興此德業." 【擊鐘一, 畢】. 〘唱〙 "左司監出位, 宣修身之要." 【鼓一】 揖、宣同上, "言忠信, 【鼓一】 行篤敬, 【鼓一】 懲忿窒慾, 【鼓一】 遷善改過." 【鼓一】 宣畢, 一揖復位. 右司監高聲曰: "同人中果能遵此修身否, 請三思之." 【擊鐘一, 畢】 〘唱〙 "右司監出位, 宣處事之要." 【鼓一】 向上一揖, 高聲長宣: "正其誼, 【鼓一】 不謀其利, 【鼓一】 明其道, 【鼓一】 不計其功." 【鼓一】 宣畢, 一揖復位. 左司監高聲曰: "同人中果能遵此處事否, 請三思之." 【擊鐘一, 畢】 〘唱〙 "左司監出位, 宣接物之要." 【鼓一】 揖、宣同上, "己所不欲, 【鼓一】 勿施於人, 【鼓一】 行有不得, 【鼓一】 反求諸已."[379] 【鼓一】 宣畢, 一揖復位. 右司監高聲曰: "同人中果能遵此接物否, 請三思之." 【擊鐘一, 畢】 〘唱〙 "司監宣白鹿洞規, 畢." 【伐鼓三, 擊鐘三】

一. 進講首章

〘唱〙 "司講啓告講首章." 左司講一人出位, 向先師曰: "啓告今日擇講某經某章." 一揖畢, 左拱手讓揖, 左同答, 右拱手讓揖, 右同答. 〘唱〙 "升講位." 【伐鼓三, 擊鐘三】 〘唱〙 "肅靜無譁." 〘唱〙 "展書開講." 司講端坐正襟, 朗聲宣會宗所擬講義. 講畢, 司講起坐, 向先師一揖, 告講某章畢, 復位 【伐鼓三, 擊鐘三】

一. 歌詩一闋

〘唱〙 "童子上堂歌詩." 童子六人序進立定, 一揖. 〘唱〙 "歌良知之首章." 【伐鼓三, 擊鐘三】 歌曰: "個個人心有聖師, 【鼓一, 鐘一】 自將聞見苦遮迷, 【鼓一, 鐘一】 而今指與眞頭

于學有規, 其待學者爲已淺矣. 而其爲法, 又未必古人之意也. 故今不復以施于此堂, 而特取凡聖賢所以敎人爲學之大端, 條列如右, 而揭之楣間. 諸君其相與講明遵守, 而責之于身焉. 則夫思慮云爲之際, 其所以戒謹而恐惧者, 必有嚴于彼者矣. 其有不然, 而或出于此言之所弃, 則彼所謂規者, 必將取之, 固不得而略也. 諸君其亦念之哉!"(『주자전서(朱子全書)』, 上海古籍出版社, 2002, 제24책 「회암선생주문공문집(晦庵先生朱文公文集)」 권74 「잡저(雜著) 백록동서원게시(白鹿洞書院揭示)」, pp.3586-3587). 밑에서 낭독의 대상의 되는 구절은 바로 여기에서 온 것임을 알 수 있다.

379 "자기가 바라지 않는 것을 남에게 베풀지 말라"는 구절은 『논어』 「위령공(衛靈公)」편에 나온다(子貢問曰: '有一言而可以終身行之者乎?' 子曰: '其恕乎! 己所不欲 , 勿施於人.'). 한편 "행동에 [예기한 성과를] 얻지 못한 바가 있으면, 스스로에게 돌아가 반성하라"는 구절은 『맹자』 「이루(離婁) 상(上)」에 나온다(孟子曰: "愛人不親 , 反其仁; 治人不治 , 反其智; 禮人不答, 反其敬. 行有不得者, 皆反求諸已, 其身正而天下歸之. 詩云: '永言配命, 自求多福.'").

面,【鼓一, 鐘一】只是良知更莫疑."[380]【鼓三, 擊三, 畢. 一揖復位】

一. 初獻讀祝[381]

〖唱〗"作樂."〖唱〗"父母、師、僚行初獻禮."〖唱〗"序立."〖唱〗"盥洗."〖唱〗"酌酒."〖唱〗"詣至聖先師神位前跪." 上香, 獻帛, 獻爵, 讀祝文. 司祝一人執詞讀. "維某年月日干支, 朔越幾日干支, 某州縣某, 謹昭告于至聖先師孔子之神, 曰: '竊惟聖人垂敎萬世大道, 載在『六經』, 提醒人心, 賴有先知而先覺, 昌明理學, 端在希聖以希天,[382] 自振鐸杏壇,[383] 得七十二賢而大著, 迨傳新鹿洞,[384] 經千五百載而益彰, 代有眞儒, 以明至道. 今玆後學, 宜紹斯文, 某忝司牧于某邦, 實职關乎風敎,[385] 用求名宿, 爰作人師, 按月而定講期, 窮經以敦實行. 從此共肩道統, 非敢誇示儀文, 爲天地立心, 爲生民立命, 爲往聖繼絶學, 爲後世開太平,[386] 願歸明體達用之儒, 克成內聖外王之業, 拜瞻聖位, 敬視儀型, 誠意當宣, 奉詞虔告." 畢. 〖唱〗"俯伏, 興復位, 鞠躬拜興連四." 禮畢. 〖唱〗"樂止."【此祝詞, 乃西山先生原本,[387] 意頗明盡, 因載之. 用者聽另撰可也】

---

380 이 구절은 왕양명(王陽明)의 「영양지사수시제생(詠良知四首示諸生)」(『왕양명전집(王陽明全集)』, 上海古籍出版社, 1992. 上冊, 권20 「외집이(外集二)」, p.790)이란 시구의 첫 구절에서 온 것이다. '聖師'는 원문에는 '仲尼'로 되어 있다. 두 번째 구절의 '自'는 『복혜전서에서 '日'로 되어 있는 것을 바로잡았다.

381 초헌(初獻)은 삼헌례(三獻禮) 가운데 첫 번째의 순서를 말한다. 중국인(한족)이 역대로 조상을 지낼 때의 예절이 바로 삼헌례인데, 제사용품을 진열한 다음 세 차례 술을 바치는 것을 각기 초헌작(初獻爵)·아헌작(亞獻爵)·종헌작(終獻爵)이라고 한다.

382 희성(希聖)은 성인을 앙모하거나 본받는다는 뜻이다.

383 진탁(振鐸)은 방울을 흔든다는 뜻인데, 경고하거나 호령한다는 것을 가리키기도 하며, 교직에 종사하다는 것을 가리키기도 한다(『논어』 「팔일(八佾)」편 "天下之無道也久矣, 天將以夫子爲木鐸."). 행단(杏壇)은 공자가 제자를 모아 수업하고 강학하던 곳이라고 전해진다. 그래서 정통유학이나 학생을 모아 강학을 하는 곳을 가리키기도 한다.

384 전신(傳薪)은 장작불이 꺼지지 않도록 계속 불을 이어지게 하는 것을 말하는데, 나아가 스승과 제자가 함께 있으면서 서로 주고받는 것을 가리키게 되었다.

385 직(职)은 직책을 뜻한다.

386 본문의 "爲天地立心, 爲生民立命, 爲往聖繼絶學, 爲後世開太平"(『張載集』, 「拾遺 近思錄拾遺」, 中華書局, 1978, p.376)이란 구절은 원래 북송의 유학가 장재(張載)의 명언으로 현대의 철학자 펑유란(馮友蘭)은 이것을 '횡거사구(橫渠四句)'라 부르기도 하였다. 장재(張載. 1020-1077)는 북송의 철학가로 이학의 창시자 가운데 한 사람이다. 자는 자후(子厚)이고 봉상(鳳翔) 미현(郿縣. 섬서성 미현) 횡거진(橫渠鎭) 사람이라 사람들이 횡거선생(橫渠先生)으로 부르게 되었다. 존칭은 장자(張子)로 선현에 봉해져 공묘 서무(孔廟西廡)의 제38위에 모셔지기도 하였다. 저작좌랑(著作佐郎)·숭문원교서(崇文院校書) 등을 지난 뒤 병으로 귀향하여 관중(關中)에서 강학을 하였으므로 그 학파를 관학(關學)이라고 칭하기도 한다. 장재는 주돈이(周敦頤)·소옹(邵雍)·정이(程頤)·정호(程顥) 등과 함께 북송오자(北宋五子)로 불리기도 한다.

387 보통 일반적으로 서산선생(西山先生)은 채원정(蔡元定. 1135-1198[자는 계통(季通)이고 복건성 건영부(建寧府) 건양현(建陽縣) 출신으로 채발(蔡發)의 아들이다. 남송의 저명한 이학가(名理學家)·율려학가(律呂學家)·감여학가(堪輿學家)이자 '주자 이학'의 주요 창건자 가운데 한 사람으로 '주문영수(朱門領袖)'·"민학간성(閩學干城)로도 일컬어진다. 『율려신서(律呂新書)』·『서산공집(西山公集)』 등의 저작이 있다])이나 역시 비슷한 시기의 복건

一. 進講二章

〖唱〗“司講告講二章.” 右司講一人出位, 向先師曰: “告今擇講某書某章.” 一揖畢, 左右拱讓揖, 左右答仝前. 〖唱〗“升講位.”【伐鼓三, 擊鍾三】 〖唱〗“肅靜無譁.” 〖唱〗“展書開講.” 司講端坐正襟, 朗聲宣講照前. 講畢, 起坐, 向先師一揖, 告講某章畢, 復位. 【伐鼓三, 擊鍾三】

一. 歌詩二闋

〖唱〗“童子上堂歌詩.” 童子序揖仝前. 〖唱〗“歌良知之次章.”【鼓三, 鍾三】歌曰: “問君何事曰憧憧,”[388] 【鼓一, 鍾一】煩惱場中錯用功. 【鼓一, 鍾一】莫道聖門無口訣, 【鼓一, 鐘一】良知兩字是參同.”[389] 【鼓三, 鍾三】畢, 一揖復位.

一. 行亞獻禮

〖唱〗“作樂.” 〖唱〗“行亞獻禮.” 〖唱〗“序立.” 〖唱〗“酌酒.” 〖唱〗“詣至聖先師神位前跪.” 上香、獻爵畢, 俯伏興復位, 鞠躬, 平身. 禮畢. 〖唱〗“樂止.”

一. 進講三章

〖唱〗“司講告講書三章.” 三司講出位, 向先師曰: “告今日擇講某書某章.” 一揖畢, 左右拱手讓揖仝前. 〖唱〗“升講位.”【伐鼓三, 擊鐘三】 〖唱〗“肅靜無譁.” 〖唱〗“展書開講.” 司講端坐正襟, 朗聲宣講如前. 講畢, 司講起坐, 向先師一揖, 告講某章畢, 復位. 【伐鼓三, 擊鐘三】

一. 歌詩三闋

〖唱〗“童子上堂歌詩.” 童子序揖同前. 〖唱〗“歌良知之三章.”【伐鼓三, 擊鐘三】歌曰: “人人自有定盤針, 【鼓一, 鐘一】萬化根原總在心, 【鼓一, 鐘一】却笑從來顚倒見, 【鼓一, 鐘一】 枝枝葉葉外頭尋.”[390] 【伐鼓三, 擊鐘三】 畢, 一揖復位.

출신 이학가 진덕수(眞德秀. 1178-1235[자는 경원(景元)·희원(希元)이고 호는 서산(西山)이다. 복건성 포성(浦城) 출신으로 원래의 성은 신(愼)인데, 효종의 이름을 피휘하기 위해 성을 진(眞)으로 바꾸었다. 그는 남송 후기 위료옹(魏了翁)과 이름을 같이하던 이학가로 또한 주희의 뒤를 이은 이학의 정종전인(正宗傳人)이기도 하다]) 를 들 수 있지만, 앞에서 황육홍이 언급한 해령현(海寧縣) 지현 허삼례가 호를 서산(西山)이라 하였으므로, 서산 선생은 사실상 이 허삼례를 가리킨다고 보아야 할 것이다.

388 동동(憧憧)은 왕래가 끊이지 않는 모습이나 마음을 불안정한 모습, 흔들리면서 고정되지 않거나, 어리석고 아무것도 모르는 모습을 가리킨다.

389 이 구절은 앞서 나온 왕양명(王陽明)의 「영양지사수시제생(詠良知四首示諸生)」이란 시구의 두 번째 구절에서 온 것이다. 참동(參同)은 합동으로 검증한다, 공동으로 참가한다는 뜻이다.

390 이 구절은 왕양명(王陽明)의 「영양지사수시제생(詠良知四首示諸生)」이란 시구의 세 번째 구절에서 온 것이다. 여기 인용되지 않은 마지막 구절은 다음과 같다. “無聲無臭獨知時, 此是乾坤萬里基. 拋却自家無盡藏, 沿門持鉢效

一. 行終獻禮

〖唱〗“作樂.”〖唱〗“行終獻禮.”〖唱〗“序立.”〖唱〗“酌酒.”〖唱〗“詣至聖先師神位前跪.”上香, 獻爵畢, 俯伏, 興復位. 鞠躬拜興連四, 平身. 禮畢. 〖唱〗“樂止.”〖唱〗“司講已畢, 詩樂三終.”【伐鼓三, 擊鐘三】

一. 輟講請膳

〖唱〗“請赴茶饌所.”司會者進一揖, 父、師、紳衿皆揖退, 依次出講堂外, 散步片時, 司賓拱至饌所. 【伐鼓三, 擊鐘三】 〖唱〗“就位照卓號立.”【伐鼓一】 〖唱〗“告坐.”各不離位, 向上三揖. 【伐鼓一】 〖唱〗“供饌湯.”先茶, 不酒, 進素菜三道, 點心一道, 湯一碗, 俱不葷, 畢. 〖唱〗“請茶. 請饌. 請湯.”【少頃再伐鼓一】 〖唱〗“供饌湯.”又素菜二道, 點心一道, 湯、飯各一碗, 畢. 〖唱〗“請湯. 請饌.”【少頃再伐鼓一】 〖唱〗“上茶.”畢. 〖唱〗“請茶.”【少頃伐鼓一】 〖唱〗“徹饌.”各坐定不離位, 畢. 【擊鐘一】 〖唱〗“起坐.”各不離位, 向上三揖出位, 散步片時. 【本日早間司會者, 將『報名冊』上計數若干, 用二十字號, “守程朱正學、綿鄒魯宗風、纘伊周大業、接堯舜中傳,”照此編號, 榜于壁貼. 于坐每字號十人, 約共二百人. 凡各省、各郡來與會者, 坐在本鄉之上】

一. 升堂問答

【伐鼓三, 擊鐘三】〖唱〗“請赴講堂.”父、師、紳衿依前次序進, 就位坐定. 〖唱〗“疑問者依次質難.”就會宗擬所講三章, 依章次問難, 並發自己特見, 務期昌明聖道, 剖暢治理, 有益身心學問, 勿浮辭矜辯. 先長者, 後幼者, 前問畢, 後問起. 毋讒言, 毋勦說, 毋雷同, 當靜聽 宣畢, 問者起, 出班, 向先師一揖, 會宗一揖, 次父毋一揖, 坐于旁側, 詞氣從容, 辨難詳盡, 問畢, 再向先師一揖, 會宗、父毋各一揖, 就本位. 後問者出班如前, 揖坐側問難. 俱畢. 【伐鼓三, 擊鐘三】

一. 司記登策

司記三人, 列于神坐旁, 審聽問答, 依次記載. 如或未盡者, 次早本人詳書一紙, 送司記者, 彙錄成編, 呈會宗訂正, 送父、師批答, 授梓以正有道.[391]

一. 歌詩勉勞

貧兒.”

391 수재(授梓)는 조판(雕板)에 넘긴다, 즉 인쇄에 부친다는 뜻이다. '정유도(正有道)'는 '취정유도(就正有道)', 즉 "취유도이정언(就有道而正焉)"을 뜻하는데 이 구절은『논어』「학이(學而)」편에 나온다(子曰: "君子食无求飽, 居无求安, 敏于事而愼于言, 就有道而正焉, 可謂好學也已."). '취정유도(就正有道)는 학문과 도덕이 있는 사람에게 맡겨 바로잡을 것을 요청한다는 뜻이다.

問答已畢, 會宗、父母、師、僚、縉紳, 宜勉勞以詩. 〚唱〛“童子上堂歌詩.” 揖序同前, 歌曰: “聖功王道本無殊, 【鼓一, 鐘一】 體用明通是大儒, 【鼓一, 鐘一】 好向孔顏尋樂處, 【鼓一, 鐘一】 莫將塵夢負居諸.”[392] 【鼓三, 鐘三】 一揖畢, 復位. 〚唱〛“作樂.” 〚唱〛“上香.” 僚、屬向前立. 〚唱〛“揖.” 〚唱〛“初上香, 再上香, 三上香.” 〚唱〛“揖,” 復位, 少頃. 〚唱〛“樂止.”

【西山先生歌詩相勞一則, 歌「伐木三章」,[393] 詩句太多, 終事過煩易生怠倦. 今余以四語收之, 亦以見群相戒勉之意云, 可否聽刪】

一. 拜辭先聖

〚唱〛“序立.” 會宗中, 父母、師、僚東, 縉紳擧貢西, 諸生序後, 俱在階下. 〚唱〛“班齊. 鼓樂.” 〚唱〛“鞠躬拜興連四, 平身.” 禮畢. 〚唱〛“樂止.” 〚唱〛“分班次照前立.” 〚唱〛“東西對立.” 〚唱〛“凡在坐與講席者, 謝會宗一揖.” 交答 〚唱〛“師、僚、紳、貢謝父母一揖.” 交答. 〚唱〛“諸生向上謝三揖.” 首會宗答, 次父母、師、僚答, 三縉紳答. 依次從容退班, 自始至末, 勿譁勿訛.

一. 公送父師

父母與會宗二門外揖別, 縉紳、擧貢送父母、師、僚大門外揖別, 諸生大門外道傍打恭送衆,[394] 各拱別. 次日早, 司會赴縣致謝, 投一公帖.

【已上諸條, 謹就鴻所見聞及陋識編次. 如此至于應增應統, 俟高明裁定之耳】

---

392 진몽(塵夢)은 풍진세상의 몽환(夢幻)을 뜻한다. 거저(居諸)는 『시경』「패풍(邶風) 백주(柏舟)」의 구절(“日居月諸, 胡迭而微”)에서 비롯되어 일월(日月)이나 광음(光陰), 또는 오가는 것, 왕래하는 것을 가리킨다. 부거저(負居諸)는 아마도 시간·일생을 헛되이 보낸다는 뜻으로 보인다.

393 「벌목삼장(伐木三章)」은 아마도 『시경』의 「소아(小雅) 벌목(伐木)」에서 뽑은 것으로 보이는데, 모두 6장으로 장마다 6구로 구성된 고체사언시(古体四言詩)이다.

394 타공(打恭)은 몸을 굽혀 인사하는 것을 말하는데, 공경함을 표시하는 것이다.

| 제26권 |

교양부 教養部 2

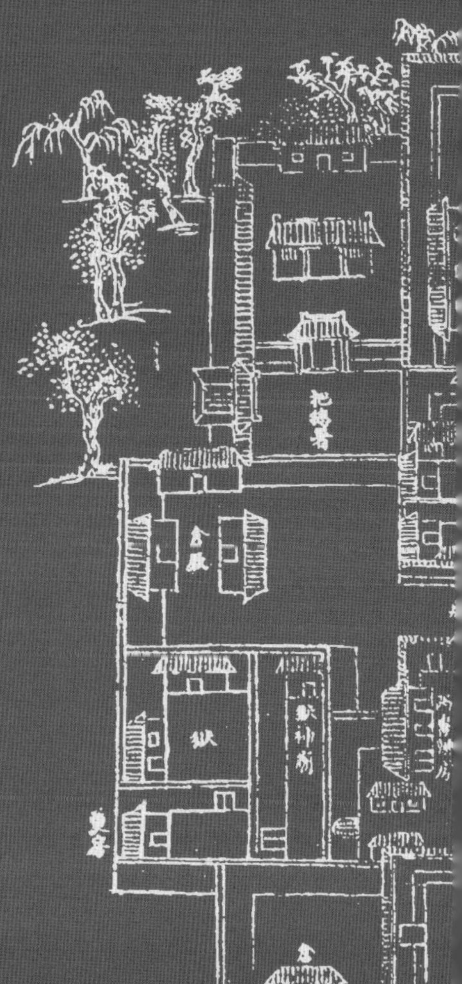

福惠全書

26-01. 농사 권장(勸農功)[1]

당장은 그다지 쓸모 있는 것으로 보이지 않지만 실제로는 근본에 관련되는 일이 있는데, 이를테면 농사의 권장 같은 경우가 바로 그것이다. 옛날에는 농사를 권장하는 의례가 있어서 백성이 경작을 시작할 즈음에는 지방관이 몸소 교외로 나아가 경작에 힘쓰는 농사꾼에게는 모자에 꽃을 꽂아 주고 술을 하사하여 권장하였으며, 경작에 게으른 농사꾼에게는 물을 따라주어 수치를 줌으로써, 백성이 제때에 씨앗을 뿌리고 가을걷이에 뒤늦지 않도록 하였다. 또한 백성은 윗사람이 근본, 즉 농업을 중히 여긴다는 것을 알고 서로 다투어 가면서 논밭에서 힘써 일하였다.

안자(晏子)는 말하였다. "제(濟)나라의 경공(景公)께서는 '봄에 농사를 살펴보고 [부족한 것이 있으면 보태 주고, 가을에 수확을 살펴보고] 부족한 바가 있으면 도와주라'고 말씀하셨다."[2] 이것은 바로 백성에게 농사를 권장할 뿐만 아니라 도와주기까지 한다는 것이었다. 백성을 기르는 관리로서 백성이 농사짓는 것을 살펴 소를 빌리려 해도 돈이 없고 씨를 뿌리려 해도 씨앗이 없는 사람이 있으면, 그들을 위하여 돈을 내고 곡식을 내어 빌려 주되, 가을걷이 때 오로지 그 원금만 갚게 하고 이자는 면제해 주어야 한다. 그러면 백성은 지방관의 덕을 받들고 어진 지방관이 가져다주는 이로움을 즐기게 될 것이고, 농사에 힘을 다하지 않는 사람이 없을 터이며, 부녀자와 아이들도 편안하고 풍족한 기쁨을 누릴 수 있을 것이다.

事有近于迂闊,[3] 而實關乎本計者,[4] 如勸農是也. 古者有勸農之典, 及庶民方耕之際, 守令親出于郊, 農之勤于耕作者, 爲之簪花、飮酒以勸之,[5] 農之荒于耕作者, 爲之酌水以恥之, 使民之播種以時, 而無後于秋獲. 且民知上之重本務, 而競相力作于南畝也.[6] 晏子謂: "齊景公

---

1 농공(農功)은 농사, 농사일을 말한다.
2 괄호 안의 내용은 정확하게는 제 경공의 말이 아니라 안자(晏子)의 대답이다.
3 우활(迂闊)은 실제에 잘 들어맞지 않는다는 뜻이다.
4 본계(本計)는 근본에 관련된 계책, 방책을 가리킨다.
5 잠화(簪花)는 모자에 꽃을 꽂아 준다는 뜻이다.
6 남무(南畝)는 논밭을 가리킨다. 남쪽의 햇볕을 받아 농작물의 성장에 유리하기 때문에 대부분 논밭을 남향으로 개발했는데, 여기에서 비롯되었다.

曰: '春省耕[而補不足, 秋省實]而助不給'."[7] 是則不惟勸之, 而且有以助之也. 爲民牧者, 見民之耕, 賃牛無資, 播種無粒者, 爲之捐金、出粟以貸之, 秋斂時止償其本而免其息. 則百姓戴父母之德, 樂仁侯之利, 未有不畢力農功, 而婦子享寧盈之慶者矣.

26-02. 수리 정비(修水利)[8]

남북의 지세에는 높고 낮음의 차이가 있어서, 홍수나 가뭄에도 물이 고이거나 새는 차이가 있다. 남방은 땅이 주위에 비해 낮아 호수와 늪이 많으며, 북방은 땅이 위로 올라가면서 평원과 광야가 많다. 낮은 웅덩이는 물이 새나가게 해야 이롭고, 땅이 높이 올라가는 곳은 물을 가두어 두어야 이롭다. 이것이 그 대략적인 차이의 비교다. 그러나 남방에서도 역시 산비탈이나 언덕에 있는 밭 때문에 가뭄을 두려워할 수밖에 없는 경우가 있고, 북방에서도 역시 강이나 물 가까운 곳에 경지가 있어 물을 두려워할 수밖에 없는 경우가 있다. 무릇 농민들은 가뭄이든 홍수든 가만히 앉아 쳐다보면서 거기서 벗어나기 위해 무엇을 해야 할지도 모르는 경우가 많다. 가난한 사람과 부유한 사람은 힘에 차이가 있고, 어리석은 사람과 평범한 사람은 지혜가 미치지 못하는 바가 있으니, 결국 당장 눈앞의 일만 보고 얼렁뚱땅 넘어가면서 어쩔 수 없는 것으로 체념해 버리는 것이다.

지방관이 진실로 백성을 사랑할 수 있다면 사방의 토지를 자기 재산처럼 생각하고, 사방의 농부를 자기 소작인처럼 여겨야 한다. 그리고 농사철이 끝난 다음 양식을 싸서 홀로

7 『안자춘추(晏子春秋)』「내편(內篇) 문하(問下) 제사(第四) 경공문하수즉선왕지유, 안자대이성경실(景公問何修則夫先王之游, 晏子對以省耕實)」에 나오는 구절이다. "안자는 다시 절하면서 말하였다. '좋은 질문입니다. 듣기에 천자가 제후에게 가는 것이 순수이며, 제후가 천자에게 가는 것이 술직입니다. 따라서 봄 농사를 살펴서 부족함을 보충해 주는 것을 '유'라고 합니다. 가을 수확을 살펴서 부족함을 보충해 주는 것을 '예'라고 합니다(晏子再拜曰: 善哉! 君之問也. 聞之. 天子之諸侯爲巡狩. 諸侯之天子爲述職. 故春省耕而補不足者謂之: '游'. 秋省實而助不給者謂之: '豫')." 이 구절은 『맹자』「양혜왕(梁惠王) 하(下)」나 「고자(告子) 하(下)」에도 나온다("春省耕而補不足 , 秋省斂而助不給). 성경(省耕)은 봄의 경작(종자나 노동력)을 시찰한다는 뜻이고, 성실(省實)·성렴(省斂)은 가을의 수확을 살핀다는 뜻이다·원문에 따르면 '春省耕而補不給'이 아니라 '春省耕而補不足, 秋省實而助不給'이어야 보다 정확한 인용이다.

8 「26-02. 수리 정비(修水利)」에서 「26-05. 뽕나무와 느릅나무 심기(植桑榆)」까지는 하장령(賀長齡) 편(編), 『황조경세문편(皇朝經世文編)』 권28 「호정(戶政) 3 양민(養民)」에는 「양민사정(養民四政)」이란 제목으로 실려 있다.

말을 타고 돌아다니면서 몸소 지세를 살펴, 일시적인 번거로움을 꺼려 하지 않는다면 농부들에게 후대에까지 오래 미치는 이로움을 누릴 수 있다고 깨우쳐 줄 수 있을 것이다. 이를테면 지대가 낮은 곳에는 제방을 쌓고 갑문을 만들어 가뭄이 들면 갑문을 닫아 저장하고, 비가 많이 오면 열어서 물을 흘려보낸다. 지대가 높은 곳에서는 강물을 끌어다 밭도랑에 흐르게 만든다. 가뭄이 들면 관개에 도움이 될 터이고, 물이 넘치면 막힘없이 흘러나가게 만드는 것이다. 이렇게 하면 남북의 지세 모두 걱정할 필요가 없다. 산비탈이나 언덕에 있는 밭과 같은 경우라면, 하류에 큰 둑을 쌓고 마디마디에 물을 고이게 한 다음 수차(水車)로 끌어올리면 큰 가뭄에도 피해를 보지 않게 된다. 강가의 땅이라면 네 모퉁이에 긴 제방(長圩)을 쌓아 층층이 막고, 배수로로 물을 흘리면 큰 홍수에도 피해가 없을 것이다. 이렇게 하면 산이나 물가에 자리 잡은 땅 또한 염려할 필요가 없다.

만약 이렇게 할 수 있다면, 어찌 땅의 힘을 제대로 다 이용하지 못하거나, 자연 조건이 농사철에 맞지 않는다고 걱정할 일이 있겠는가? 요즘 지방관들은 업무가 많고 복잡한 지역에서 일하게 되면 시도 때도 없이 접대하느라 바빠 피곤하다고 말하며, 피폐한 곳에 근무하면 전량 독촉하기에도 빠듯하다고 말한다. 하지만 친구나 손님과 더불어 바둑을 두고 술을 마시거나, 매와 사냥개를 풀어 사냥하러 다니는 것은 공무를 처리한 다음 쉴 때 할 일이라는 점은 어찌 생각하지 않는 것일까? 만약 이렇게 스스로 즐길 오락을 제쳐 두고 시급한 백성의 일에 마음을 돌린다면, 백성의 농사는 크게 의지할 바가 생기니, 어찌 어진 지방관이 되지 않겠는가?

南北地勢有高卑之不同, 故水旱有蓄洩之或異. 南方地低窪,[9] 多湖蕩、陂池,[10] 北方地仰亢,[11] 多平原、曠野. 卑窪者利于疏洩, 仰亢者利于瀦蓄. 此其大較也. 然而南方亦有山田、隴地,[12] 未嘗不畏旱, 北方亦有濱河近淀, 未嘗不畏水. 夫農民往往坐視其爲旱爲水, 而不知救何哉! 貧富之力有不齊, 愚庸之智有不逮,[13] 而遂因循苟且,[14] 付之無可如何也.[15]

9 저와(低窪)는 사방에 비해서 낮은 곳을 말한다.

10 호탕(湖蕩)은 옅은 물의 호수를 말한다. 일반적으로 갈대나 수초가 자라고, 물갈래나 도랑이 많다. 피지(陂池)는 연못을 말한다.

11 앙항(仰亢)은 우러러 볼 만큼 높다는 뜻이다.

12 산전(山田)은 산비탈에 개간한 땅을 가리킨다. 농지(隴地)는 농지(壟地)에 통한다. 즉 높은 언덕을 가리킨다.

13 불체(不逮)는 부족한 곳, 잘못이라는 뜻이다.

14 구차(苟且)는 단순하게 눈앞의 것만 꾀한다, 얼렁뚱땅 넘어간다는 뜻이다.

有司誠能愛民, 視四境之土田, 如己之莊產, 四境之農夫, 如己之傭佃, 于農功既畢之後, 單騎裹糧,[16] 親爲相其地勢, 諭以勿憚一時之勞, 終享百世之利. 其卑窪者, 爲之築隄堰, 建斗門.[17] 旱則閉而蓄之, 澇則啓而泄之. 其仰亢者, 爲之引河渠, 通溝洫.[18] 旱則灌漑有資, 澇則流行無碍. 則南北之地勢, 均可無虞矣. 若夫山壟之田, 于下流築大壩, 寸寸而壅之,[19] 引以牽車,[20] 使不傷于大旱. 河淀之田, 於四隅亘長圩, 層層而遏之, 疏以涵洞,[21] 使不傷于大水. 是依山傍水之地, 又可無憂矣.

夫如是, 寧有地力之弗盡, 而天時之足患哉? 邇來牧宰處衝衢, 指爲應接無時, 値凋疲又云催科孔迫,[22] 獨不思與賓朋敲棋飮酒, 呼鷹犬縱獵從禽,[23] 非公餘之暇日乎?[24] 倘舍此自適之娛,[25] 轉而念民事之急, 則農功有賴, 豈不爲賢父母哉?

26-03. 황무지 개간(墾荒田)

주현의 황무지(荒田)에는 버려진 지 오래된 것(老荒)과 최근에 버려진 것(新荒)이 있다. 무릇 오래된 황무지란 전란으로 황폐해진 다음 사람은 죽고 땅은 버려져 오랫동안 초목이 우거진 것이다. 새로운 황무지는 때마침 흉년이 들어 사람들이 흩어지면서 점차 버려지게 된 땅이다. 지방관은 마땅히 직접 오랜 황무지 가운데 여전히 경작할 만한 곳이 있는지를 살펴야 한다. 원 주인에게 자손과 친우가 있어 그 땅을 받아 경작하기를 원한다면, 개간

---

15 무가여하(無可如何)는 아무런 방법이 없다는 뜻이다. 무가내하(無可奈何)와도 같다.

16 과량(裹糧)은 휴대 식량, 먼 길을 떠날 때 양식을 싸 가지고 다니는 것을 말한다.

17 두문(斗門)은 제방 가운데 물을 담거나 빼기 위해 만든 수문, 갑문을 말한다.

18 구혁(溝洫)은 밭 사이의 물길을 말하며, 나아가 농전수리(農田水利)를 가리키기도 한다.

19 촌촌(寸寸)은 '한 치마다'라는 뜻이다.

20 견자(牽車)는 수차(水車)를 말한다.

21 함동(涵洞)은 동혈식 수리시설, 배수로를 가리킨다. 갑문이 있어 수량을 조절할 수 있다.

22 조피(凋疲)는 쇠약하고 피로하다는 뜻이다.

23 호응(呼鷹)은 매를 불러 짐승을 쫓는다는 뜻이고, 견종(犬縱)은 사냥개를 풀어놓는다는 뜻이다. 종금(從禽)은 날짐승이나 들짐승을 쫓는다, 즉 사냥을 한다는 뜻이다.

24 공여(公餘)는 공무의 여가(餘暇)란 뜻이다.

25 자적(自適)은 느긋하고 한가하게 자신의 즐거움을 누린다는 뜻이다.

을 허용하고 [개간되면] 5년이 지난 다음 세금을 매기는 사례에 따라[26] 전량을 거두기 시작한다. 만약에 자손이 없다면, 다른 사람이 이를 수령하여 경작하겠다는 「신청서」를 갖추어 올리도록 하여, 이를 비준한 다음 「증명서」를 발급해 주어 수령 · 개간하게 한다. 새로운 황무지 가운데 혹시 원주인이 다른 곳으로 이주하였는데 이미 그곳에 정착한 다음이라 옮겨오기를 꺼린다면, 마땅히 다시 되돌아와 복귀하도록 「고시」를 통해 알려 주어야 한다. 만약에 「고시」를 한 다음 2년이 지나도 돌아오지 않는다면 주인이 없는 것으로 간주하여, 다른 사람이 「신청서」를 올리고 이를 수령 · 경작하는 것을 허락하는데, 이 경우 역시 3년이 지난 다음 세금을 매기는 사례에 따라 전량을 거두기 시작한다. 일단 개간이 이루어져 수확이 가능해진 땅이 된 다음에는 원주인이 그 소유권을 다툴 수 없다.

향촌 농가는 매번 경작할 사람이 없어 여러 가지를 두루 돌아볼 겨를이 없는 것을 걱정하므로, 더더욱 노는 사람을 경계하면서 게으름 피는 농부를 다잡아야 한다. 무릇 자제가 16세 이상이 되면 [요역에 복무하게 되는] 성년 남자에 속하니, 독서를 할 수 없다면 농사에 힘쓰게 해야 한다. 어찌 놀면서 자기 편한 대로 지내게 놔둘 수 있겠는가? 농민이 농사에 힘써야 하는 것은 독서인이 공부에 힘써야 하는 것과 마찬가지다. 농부가 경작에 힘쓰는 것은 독서인이 학문에 힘쓰는 것과 같다. 독서인이 촌음의 시간을 아끼면 학업은 반드시 더욱 진보할 것이며, 농부가 촌음의 시간을 아끼면 더 많은 땅이 개간될 수 있을 것이다. 그래서 옛날의 아녀자의 일은 한 달 일한 것을 한 달 반 동안 일한 것으로 쳐 주었다. 밤에 일하는 것이 낮일의 절반을 차지하였기 때문이다. 이것이 어찌 바로 부지런함의 모범이 아니겠는가? 백성은 어리석지만 대부분 스스로의 도모하는 바가 있으니, 오로지 지방관이 격려하면서 제대로 이끌어 주어야만 힘써 경작하는 데 노력하지 않는 사람이 없을 것이다.

州縣之荒田, 有老荒, 有新荒.[27] 夫老荒乃兵燹之後,[28] 人亡地棄, 久成榛莽,[29] 新荒乃偶値歲凶, 人民流散, 漸致抛廢. 有司宜親爲相度, 老荒之內尙有可耕者. 其原主若有子孫、親友,

---

26 5년의 사례에 따른다는 것은 개간한 지 5년이 되면 그때 가서야 과세의 대상으로 삼는다는 뜻이다.

27 황무지 가운데 과거에는 개간되었다가 오래전에 버려진 땅을 노황(老荒. 또는 積荒)이라고 하고, 최근 버려졌던 땅을 신황(新荒)이라 한다.

28 병선(兵燹)은 전쟁 때문에 일어난 화재나 파괴 등의 재해를 가리킨다.

29 진망(榛莽)은 우거진 잡목의 숲이란 뜻으로 바로 황무지를 가리킨다.

情願領種者, 准其開墾, 照五年之例承糧.[30] 若無子孫, 聽人具呈領種,[31] 批准給票令墾. 其新荒, 或原主流寓他處, 安土重遷,[32] 宜出示曉諭, 招徠復業.[33] 如示後二年不歸, 卽爲無主, 聽人具呈領種, 亦照三年之例起科.[34] 成熟之後,[35] 原主不得爭競. 鄕農之家, 每慮耕種無人, 未遑多及,[36] 更宜戒遊手而飭惰農. 凡子弟年十六以上, 卽屬成丁,[37] 不能讀書, 卽當力穡,[38] 豈可任其優遊以自佚乎?[39] 農之務耕, 如士之務學. 士惜寸陰, 則業必加進, 農惜寸陰, 則地必加闢. 所以古之婦工,[40] 月三十日而當四十五日, 以夜作之居其半也. 豈非其勤之效乎? 小民愚而多自畫,[41] 惟賴司牧者鼓舞而勸導之, 則未有不勉于力作者矣.

26-04. 과수나무 심기(藝果木)

무릇 백성이 마땅히 심어야 하는 것이 어찌 오곡뿐이겠는가? 과수나무 역시 응당 널리 심어야 한다. 옛날에 이형(李衡)은 단양태수(丹陽太守)로 있을 때 아들에게 이르기를 "(고향인) 용양(龍陽)의 범주(氾洲)에는 천 그루의 목노(木奴)가 있으니 해마다 한 필의 비단을 세

30 『청조통전(皇朝通典)』 권1 「식화 1(食貨 一) 전제 1(田制 一) 민전(民田)」에 따르면 강희 초년 정해진 황무지 개간 관련 규정은 강희 7(1668)년 운남어사(雲南御史) 서욱령(徐旭齡)의 요청에 의해 신황(新荒)은 3년 만에 세금을 매기는 것(三年起科), 적황(積荒)은 5년 만에 매기는 것(五年起科), 극황(極荒)은 영구히 매기지 않는 것(永不起科)으로 바뀌었다. 승량(承糧)은 세량을 떠맡는다는 것을 말한다. 즉 자신이 대신 경작해서 그에 관련된 세금을 내겠다는 것이다.

31 영종(領種)은 수령하여 경작한다는 뜻이다.

32 안토중천(安土重遷)은 머무는 곳(고향)을 편안히 여기면서 쉽사리 다른 데로 옮기려 하지 않는 것을 말한다.

33 복업(復業)은 유망했던 백성이 다시 돌아와 생업에 종사하는 것을 말한다.

34 기과(起科)는 농경지에 대해 면적을 계산하여 전량을 징수하기 시작한다는 뜻이다.

35 성숙(成熟)은 과일이나 곡물이 성장하여 수확할 정도가 되었다는 뜻이지만, 여기서는 숙전(熟田)이 되었다는 것으로 보아야 할 것이다. 숙전은 작물이 성숙하였다는 뜻도 있지만, 평소 경작하[여 전량을 내]는 경지라는 뜻으로 황전(荒田)·황지(荒地)와 내비되는 개념이기도 하다.

36 미황(未遑)은 미처 할 겨를이 없다는 뜻이다.

37 성정(成丁)은 남자가 요역에 복무할 연령이 되었다는 것을 뜻한다. 연령의 규정은 시대마다 다르다.

38 색(穡)은 곡식이나 농사·농업을 가리킨다.

39 우유(優游. 또는 優遊)는 한가하게 즐긴다, 논다는 뜻이다.

40 부공(婦功)은 부공(婦工)이라고도 한다. 방직·자수·재봉 등의 작업을 가리킨다.

41 자화(自畫)는 자획(自劃)과 같은 뜻으로 스스로 꾀한다, 도모한다는 뜻이다.

금으로 내도 여전히 충분하다"고 하였다. 목노란 귤나무이다. 동봉(董奉)은 병을 치료할 때 돈을 받지 않고 살구나무만 심게 하였다. 수년 후에 십수만 그루가 울창한 숲을 이루었다. 살구가 익자 사는 사람들은 곡식을 가져와 살구와 바꾸었는데, 이렇게 얻은 곡식으로 동봉은 가난한 사람들을 구휼하였다. 진(秦)의 동릉후(東陵侯) 소평(邵平)은 진이 망한 다음 평민이 되자 장안성 동쪽에 참외를 심었는데, 오색인데다가 아주 맛이 좋아 세상 사람들은 그것을 '동릉과(東陵瓜)'라 불렀다. 송(宋)의 처사(處士) 임포(林逋)는 매우 가난하여 고산(孤山)에 집을 짓고 매화나무 360그루를 심었다. 매실이 익은 다음 팔아서 날마다 한 그루 어치만큼의 돈을 얻어 사용할 수 있었다. 이러한 사례들은 모두 전적으로 과수나무로부터 이익을 얻었다. 그래서 자손들을 먹여 살리고 가난한 사람들을 도와줄 수 있는데다가 스스로에게 고결함까지 제공해 줄 수 있었다. 그러니 [여기에] 몸소 논밭을 경작하여 농사의 넉넉함까지 겸하여 얻을 수 있다면 얼마나 여유가 있겠는가!

그러나 재물은 너무 많아 남지 않을까 염려하지 않을 정도가 되어야[즉 최대한 얻어 내야만] 풍요로울 수 있고, 땅은 너무 두루 심어 키우는 게 아닌가 걱정하지 않을 정도가 되어야[즉 최대한 경작해야만] 더욱 풍족해질 수 있다. 백성을 기르는 지방관은 바야흐로 봄이 되었을 때, 마땅히 사방 주민들에게 알려 그 땅에 어울리는 과수나무 및 열매가 많고 쉽게 자라는 것을 골라 연못가든 습지 옆이든 가리지 않고 심게 함으로써 땅에 조금이라도 빈 조각이 없게 해야 한다. [그렇게 되면] 농경지에 심는 것에 비하면 세금을 내지도 않고, 번거롭게 땅을 파거나 김을 매지도 않는데다가 홍수나 가뭄을 걱정하지 않아도 되니, 그 땅의 비옥함을 잘 이용하여 앉아서 두터운 이익을 얻는 셈이다. 이러한데도 어리석은 백성은 또한 무엇을 꺼려서 두루 과수나무를 심지 않는다는 말인가? 반드시 촌장·장두에게 지시하여 모든 주민들에게 제때에 과수나무를 심도록 엄한 명령을 내려야 한다. 만약 지방관이 홀로 말을 타고 다니면서 직접 살피는데, 여전히 한 치의 땅이라도 버려진 곳이 있는 경우라면, 땅주인을 무겁게 처벌할 뿐 아니라 촌장·장두도 아울러 문책함으로써, 그들이 맡은 바 책무를 다하게 만들고, 게으른 백성이 스스로 자기에게 도움이 되는 것을 버리지 않게 해야 한다.

夫民之當種者, 豈獨五穀哉? 卽果木之樹, 亦宜廣爲栽蓄也. 昔李衡爲丹陽守敕兒曰: "龍陽洲上千頭木奴, 歲上一[千]匹絹, 亦可足用."[42] 木奴, 橘也. 董奉治病, 不取錢, 但令種杏. 數年, 十數萬株, 鬱然成林. 杏熟時, 買者以穀易杏, 悉以所得穀, 賑救貧窮.[43] 秦東陵侯邵平, 秦破爲布衣,[44] 種瓜長安城東, 瓜五色甚美, 世謂之: '東陵瓜'.[45] 宋處士林逋甚貧, 結廬孤山, 種梅三百六十株. 梅子熟賣之,[46] 日取一株所値爲用. 凡此者是專資果木之利, 卽可贍子孫拯貧乏, 以自供其高潔. 況乎躬耕南畝, 兼稼穡之饒乎![47]

然而財不患多以有餘而後豐, 土不患生以徧植而愈足. 爲司牧者, 于方春之時, 宜曉諭四方居民, 擇其土地所宜果木及實繁而易成者, 無論池傍隈畔, 悉行栽植, 不使地有空閒寸土. 較之田畝所種, 不納稅糧, 不煩耕耨, 不憂水旱, 因其地力, 而坐收厚利者也. 如此而蚩蚩愚民, 又何憚而不廣栽徧植乎? 須令村長莊頭等, 嚴飭所在居民, 及時栽種. 如官長單騎親勘, 仍有寸土荒閒者, 本主重懲, 村長莊頭並責, 庶有所責成, 而懶民不致自失其資矣.

---

42 천두목노(千頭木奴)는 천 그루의 귤나무를 가리킨다. 한말(漢末) 이형(李衡)은 청렴한 관리로 만년에는 사람을 무릉에 파견하여 용양 범주에 천 그루의 귤나무를 심게 하였다. "(이형은) 죽기 전에 아들에게 말하기를 '너는 내가 집을 이렇게 가난하게 다스렸다고 미워하지 말라. 하지만 고향에 가면 천 그루의 귤나무가 있는데 네게 입을 옷과 먹을 것을 달라고 보채지도 않을 것이지만, 해마다 비단 한 필을 상납하더라도 역시 충분할 것이다'고 하였다. …… 오(吳)말에 이형의 귤나무가 성숙하자, 해마다 비단 수천 필을 얻었으며, 집안 살림이 아주 풍족하였다(臨死, 勅兒曰: '汝勿惡我治家, 故窮如是. 然吾州里有千頭木奴, 不責汝衣食, 世上一匹絹, 亦可足用矣.' ……吳末, 衡甘橘成, 歲得絹數千匹, 家道殷足)." 『삼국지』 권48 「오지(吳志) 3 손휴전(孫休傳)」에 배송지(裴松之)가 주로 인용한 『양양기(襄陽記)』에 이런 내용이 담겨 있다. 본문에는 '世上千匹絹, 亦可足用矣'이라고 되어 있지만, 여기는 '世上一匹絹, 亦可足用矣'이라고 되어 있다. 아마 황육홍이 인용하면서 뒤의 '絹數千匹'과 혼동한 것으로 보인다.

43 진(晉)의 갈홍(葛洪)이 지은 『신선전(神仙傳)』 「동봉(董奉)」에 나오는 고사다. 동봉은 삼국 오(吳)의 명의로 알려져 있다. "동봉은 산에 살면서 곡식을 재배하지 않고, 날마다 남의 병을 치료해 주었는데, 또한 돈을 받지도 않았다. 병이 무거웠는데 나은 사람들에게는 살구나무 다섯 그루씩 심게 하였고, 가벼운 병의 경우는 한 그루를 심게 하였다. 이렇게 몇 년이 지나자 10만여 그루를 얻게 되었고, 아주 울창한 숲을 이루게 되었다. 그리고 산중의 온갖 들짐승·날짐승이 그 아래서 놀게 하니, 전혀 풀이 자라지 않은 것이 마치 항상 김을 맨 것 같았다. 나중에 살구가 크게 익자 숲에 풀로 이은 창고를 만들고 사람들에게 보이며 말하였다. '살구를 살 사람은 반드시 보답을 할 필요는 없지만, 창고에 곡식 그릇을 하나 두니, 창고에 와서 한 그릇씩만 가져가면 될 것이다. …… 봉은 매년 살구를 팔아 곡식을 얻었는데, 곧바로 가난한 사람들을 구휼하는 데 쓰고 포들리는 여행객들에게 제공하는 것이 해마다 약 2만여 말이었다(奉居山不種田, 日爲人治病, 亦不取錢, 病重愈者, 使栽杏五株, 輕者一株. 如此數年, 計得十萬餘株, 鬱然成林, 乃使山中百禽群獸遊戲其下, 卒不生草, 常如芸治也.後杏子大熟, 於林中作一草倉, 示時人曰: '欲買杏者, 不須報奉, 但將穀一器, 置倉中, 卽自往取一器杏去.' …… 奉每年貨杏得穀, 旋以賑救貧乏, 供給行旅不逮者, 歲二萬餘斛)."

44 포의(布衣)는 일반 베옷을 입는 평민을 가리킨다. 평민은 비단옷을 입을 수 없었기 때문이다.

45 남북조시대에 지어진 것으로 추측되는 지리서인 『삼보황도(三輔黃圖)』 「도성십이문(都城十二門)」에 나오는 구절이다. "광릉인 소평은 진의 동릉후였는데, 진이 망한 다음 일반 백성이 되어, 청문 밖에서 참외를 심었다. 참외가 맛이 있어 당시 사람들은 동릉과라고 불렀다(廣陵人邵平爲秦東陵侯, 秦破, 爲布衣, 種瓜青門外, 瓜美, 故時人謂之: '東陵瓜')"는 것이다. 후에 소평과(邵平瓜)는 관직에서 은퇴한 사람의 참외 밭을 이름답게 부르는 명칭이 되었고 여러 시에 자주 다루는 소재가 되었다.

46 임포(林逋, 967-1028)는 북송의 시인으로 자가 군복(君復)이며 나중에 사람들은 화정선생(和靖先生)으로 불렀는데 전당(錢塘, 오늘날의 浙江省 杭州) 사람이다. 고산(孤山)에 은거하여 종신토록 벼슬하지도 결혼하지도 않고 매화와 선학을 벗 삼았으므로 "매화가 아내고 학이 아들(梅妻鶴子)"이라고 일컬어졌다고 한다. 고산은 항주의 서호(西湖) 옆에 있는 산이다.

47 가색(稼穡)은 씨뿌리기와 수확, 즉 농사를 가리킨다.

26-05. 뽕나무와 느릅나무 심기(植桑楡)[48]

과수나무를 심는 일은 오곡의 부족함을 보충하고, 아울러 오곡의 넉넉함을 보태기 위해서이다. 뽕나무와 느릅나무를 심는 목적의 하나는 누에를 기르는 데 제공하기 위한 것이고, 다른 하나는 땔감을 공급하기 위한 것이다. 게다가 이것으로 그릇과 도구를 만들고 도로를 그늘지게 만들 수 있으니, 우리 백성은 모두 거기에서 이익을 얻을 수 있다! 옛날 제갈무후(諸葛武侯, 제갈공명)는 「출사표(出師表)」에서 "성도(成都)에는 뽕나무 800그루가 있고 척박한 땅 15경이 있으니 자손들이 먹고 입는 데는 당연히 여유가 충분합니다."라고 하였는데, 이 또한 뽕나무가 자손의 생계에 도움이 된다는 점을 말해 주는 것이다. 옛적에는 다섯 무(畝) 넓이의 집 담장 밑에는 뽕나무를 심었고, 큰길가에는 느릅나무와 버드나무를 심어 길을 표시하였다고 하므로 그 유래는 아주 오래되었다.

지방관은 마땅히 고시를 하여 담장 사이 습지에 널리 어린 뽕나무를 심어 양잠에 이용하게 해야 한다. 이렇게 하면 아녀자들이 의복을 만드는 데 보탬이 없지는 않을 것이다. 성곽 밖으로부터 촌장에 이르기까지 수레나 마차가 다니는 물길과 큰길가에는 가운데 2장(丈) 남짓을 남기고, 등짐 지는 소상인들이 다니는 곳에는 중간에 1장 남짓을 남겨서, 좌우 양쪽에 모두 느릅나무와 버드나무·홰나무·소나무 등을 심게 한다. 나무마다 서로 다섯 자의 간격을 두며, 자라지 못한 것은 없애 버린다. 무성해진 것은 가지가 뻗어 나가 그늘이 많고 멀리까지 그늘지게 한다. 무더위가 한창이라 시원한 바람도 불지 않을 때 길가는 사람들은 그 아래에 앉아서 쉬다 보면 차마 곧장 일어나 떠나기 어려울 것이다. 멀리서 그곳을 바라보면 숲이 울창하여 마치 푸른 구름이 뭉쳐 있는 것처럼 왕성한 기운이 퍼져 나가는 곳이니, 이 또한 경치 좋은 상서로운 땅이 아니겠는가!

주(周)의 선양공(單襄公)이 진(陳)을 지날 때, 그 밭은 팽개쳐져 황폐해지고, 길은 수풀이 우거져 다닐 수 없었으며, 가로수가 길을 표시하지 못하는 것을 보고, 진이 반드시 망할 것임을 알았다고 한다. 따라서 가로수를 심고 가꾸는 일은 지방을 다스리는 행정의 원칙(治道)에 직접 관련된 것이니, 어찌 중요하지 않겠는가! 【하지만 반드시 상벌 제도를 하나 만들어야 한다. 모든 나무들은 주인이 부지런하게 물을 주면서 보호하고 가축들이 짓밟지 못

---

48 이 문제는 제31권 서정부 2 「31-03. 도로 정비(平治道塗)」에서도 다시 간략히 언급되고 있다.

하게 막아야 한다. 무성하게 자란 나무는 주인을 제대로 포상하고, 게을러서 숲을 이루지 못하면 그 주인을 제대로 꾸짖고 다시 보충해서 심게 해야만 경계와 권장의 취지를 살릴 수 있다.】

樹果木, 所以佐五穀之不足, 兼之資五穀之有餘. 植桑、楡, 一以供飼蠶之用,[49] 一給炊爨之需.[50] 況乎製器用, 蔭行路, 皆吾民之取益乎! 昔諸葛武侯「遺表」有云: "成都有桑八百株, 薄田十五頃, 子弟衣食, 自有餘饒."[51] 是又以桑爲子孫衣食之利者也. 古者, 五畝之宅, 樹牆下以桑,[52] 通衢之傍, 植楡柳以表道, 其所由來久矣.

爲司牧者, 宜出示曉諭, 牆閒隙壤, 廣種柔桑,[53] 以供蠶事. 于女紅衣服,[54] 不爲無助. 其郭外以及莊、村, 由川塗以及孔道,[55] 約通車馬者, 中留二丈許, 通負販者,[56] 中留丈許, 左右兩畔悉栽楡、柳、槐、松之屬, 每樹相閒五尺, 不成者去之. 其茂盛者, 枝幹挺舒, 陰繁而蔭遠. 時當

---

49 사잠(飼蠶)은 누에를 키운다는 뜻이다.

50 취찬(炊爨)은 불을 때어 밥을 짓는다는 뜻이다.

51 『삼국지』 권35 「촉서(蜀書) 5 제갈량전(諸葛亮傳)」(p.927)에 나오는 구절이다. "처음, 제갈량이 후주에게 「출사표」를 올려 말하였다. '성도(成都)에는 뽕나무 800그루가 있고 척박한 땅 15경이 있으니 자손들이 먹고 입는 데는 당연히 여유가 충분합니다. 신이 밖으로 나가 근무함에 이르러서는 따로 조달한 것이 없고 외부에서의 입고 먹는 것은 모두 관의 지급에 의존하였으며, 따로 재산을 도모하여 조금이라도 늘리고자 하지는 않았습니다. 만약 신이 죽은 날에는 안으로는 남는 베가 없고, 밖으로는 남는 돈이 없어 폐하의 기대를 저버리지는 않을 것입니다.' 그가 죽자 과연 그의 말대로 되었다(初, 亮自表后主曰: '成都有桑八百株, 薄田十五頃, 子弟衣食, 自有余饒. 至于臣在外任, 无別調度, 隨身衣食, 悉仰于官, 不別治生, 以長尺寸. 若臣死之日, 不使內有余帛, 外有贏財, 以負陛下.' 及卒, 如其所言.)." 박전(薄田)은 척박하고 토지를 말하는데, 자신의 토지를 가리키는 뜻이기도 하다. 유표(遺表)는 대신이 임종 전에 쓴 표장(章表)으로 사후에 황제에게 상주된다. 제갈량이 중원지역으로의 북벌에 나서기 전 후주(后主) 유선(劉禪)에게 올린 표문으로 「전출사표(前出師表)와 「후출사표(后出師表)」가 있으나, 보통 유명한 「출사표(出師表)」는 바로 「전출사표(前出師表)」를 가리킨다. 하지만 이 「출사표」는 여기서 인용된 「출사표」와는 다른 내용이다.

52 아마 『맹자』 「양혜왕(梁惠王) 상(上)」에 나오는 구절을 가리키는 것 같다. "5부의 십에 뽕나무를 심으면 오십이 된 사람은 비단옷을 입을 수 있으며, 닭과 개, 돼지 등을 제대로 키우면 칠십이 된 사람은 고기를 먹을 수 있습니다. 100무의 경지에 농사지을 때를 빼앗지 않으면, 가족 몇 명의 집이라면 굶주리지 않을 것입니다. 학교에서의 가르침을 부지런히 하고, 효제의 뜻을 가르친다면, 머리가 반쯤 센 사람이 길에서 무거운 짐을 지는 일이 없을 것입니다. 칠십이 된 사람은 비단옷을 입고 고기를 먹을 수 있으며, 백성은 굶주리지도, 추위에 떨지도 않게 되는데, 그러고도 왕자가 되지 못한 경우는 없습니다(五畝之宅, 樹之以桑, 五十者可以衣帛矣. 鷄豚狗彘之畜, 無失其時, 七十者可以食肉矣. 百畝之田, 勿奪其時, 數口之家可以無飢矣. 謹庠序之敎, 申之以孝悌之義, 頒白者不負戴於道路矣. 七十者衣帛食肉, 黎民不飢不寒, 然而不王者未之有也.)."

53 유상(柔상)은 어린 뽕나무를 말한다.

54 여홍(女紅)은 여공(女功)과 같은 뜻으로 방직·자수·재봉 등 여자가 하는 일을 말한다.

55 천도(川途. 川塗, 川涂)는 도로나 수로를 가리킨다.

56 부판(負販)은 등짐을 지고 물건을 판매하는 사람, 소상인을 말한다.

炎暑, 無風自涼, 行者坐憩其下, 不忍遽去. 遙望其處, 鬱鬱葱葱,[57] 翠雲盤結, 居然旺氣所鍾, 不亦名區吉壤哉! 周單襄公過陳, 見其田蕪穢不治, 道茀不可行, 樹不表道, 而知陳必亡.[58] 然則種植修飭, 有關于治道也, 顧不重歟![59] 【然須立一賞罰. 凡所植之樹, 令本主勤加灌漑、防護, 毋爲牲畜損踐. 茂盛者, 量加獎賞, 懶不成林者, 量責仍令補栽, 庶幾有所儆勸】

26-06. 절약에 힘쓰기(敦節儉)

절약이라는 것은 낭비를 줄이는 것이지만 또한 복을 아끼는 것이기도 하다. 무릇 서민 가정에서는 거친 곡식으로 식량을 삼고 베로 옷을 해 입으니, 기름지고 달콤한 맛을 입으로 느끼지 못하고, 가볍고 따뜻한 쾌적함을 몸으로 누리지 못한다. 그래서 『시경』 「빈풍(豳風)」에서는 "양고기와 외뿔소의 뼈로 만든 잔을 갖고 공당(公堂)에 올라가 [豳公의 만수무강을 기원하고], 씀바귀와 가죽나무로 우리 농부를 먹이고 여우가죽 털옷은 공자(公子)에게 바치고, 새끼돼지 가죽은 우리가 갖는다."라고 노래하였다. 이는 단지 윗사람을 받드는 좋은 뜻일 뿐만 아니라, 또한 존귀하고 비천함에 차이가 있음을 보여 주는 것이기도 하다. 절약하는 검소한 풍속은 고금의 미덕이다. 한(漢) 문제(文帝)는 백금(百金)의 비용을 아끼고자

---

57 울울(鬱鬱)은 초목이 무성한 모습, 총총(葱葱)은 푸른 물이 떨어질 정도로 짙푸른 모습을 나타낸다.

58 『국어(國語)』 「주어(周語) 중(中)」에 나오는 고사에 의하면 주(周) 정왕(定王)이 선양공(單襄公)을 송(宋)에 사자로 보냈는데, 중간에 진(陳)의 길을 빌려 초(楚)도 방문하게 되었다. 그는 도중에 진의 하급 관리들이 음식이나 숙소를 제대로 준비하지도 않는 것을 보고 돌아와서 진의 제후에게 큰 재앙이 없더라도 진나라는 반드시 망할 것이라고 예언하였다. 왕이 그 까닭을 물었더니 도로가 막혀 있고, 들판이 버려져 있으며, 연못에는 제방이 없고, 강에는 배나 다리가 없는 등 선왕(先王)의 가르침을 아예 포기하고 있기 때문이라고 하였다("定王使單襄公聘於宋, 隧假道於陳, 以聘於楚. 火朝覿矣, 道茀不可行, 侯不在疆, 司空不視塗, 澤不陂, 川不梁, 野有庾積, 場功未畢, 道無列樹, 墾田若蓺, 膳宰不致餼, 司里不授館, 國無寄寓, 縣無施舍, 民將築臺於夏氏. 及陳, 陳靈公與孔寧、儀行父南冠以如夏氏, 留賓不見. 單子歸, 告王曰: '陳侯不有大咎, 國必亡.' 王曰: '何故?' 對曰: '夫辰角見而雨畢, 天根見而水涸, 本見而草木節解, 駟見而隕霜, 火見而淸風戒寒. 故先王之敎曰: '雨畢而除道, 水涸而成梁, 草木節解而備藏, 隕霜而冬裘具, 淸風至而修城郭宮室.' 故『夏令』曰: '九月除道, 十月成梁.' 其時儆曰: '收而場功, 偫而畚梮, 營室之中, 土功其始. 火之初見, 期於司里.' 此先王所以不用財賄, 而廣施德於天下者也. 今陳國火朝覿矣, 而道路若塞, 野場若棄, 澤不陂障, 川無舟梁, 是廢先王之敎也'.").

59 고부중여(顧不重歟)는 앞서 나온 바 있는 고부중재(顧不重裁) · 고부중야(顧不重邪)처럼 어찌 중요하지 않겠는가 하는 뜻이다.

노대(露臺)를 지으려던 계획을 중단하였고, [제 경공의 재상이었던] 안영(晏嬰)은 30년 동안 바꿔 입지 않고 털옷 한 벌로 지냈다. 군주와 재상이 이와 같은데, 하물며 서민이야 말할 것이 있겠는가!

따라서 백성을 기르는 지방관은 마땅히 글월로 고시를 함으로써 현성과 주변 향촌에 널리 알려 근검에 힘쓰고 사치를 좇지 못하게 해야 한다. [이를테면] 일반인은 화려한 수가 들어간 비단이나 비싼 직물로 옷을 해 입어서는 안 된다. 오늘날처럼 두루미나 이무기가 뒤얽힌 무늬의 옷을 입는 것은 왕자(王者)의 존귀함을 주제넘게 침범하는 일이다. 일반 여성은 금은보화나 구슬, 비취로 치장해서는 안 된다. 오늘날처럼 사룡팔봉(四龍八鳳)이 들어간 머리장식을 하는 것은 분수에 맞지 않게 후비(后妃)의 존귀함을 넘보는 일이다. 법도에 어울리지 않는 것은 모두 곤란하므로 반드시 엄금해야 한다.

특히 학교에 몸을 담고 있는 사람들은 특히 다음과 같은 사실을 알아야 한다. 즉 공자의 제자인 안회(顔回)는 누추한 골목에 살면서도 거문고를 타고 글씨를 쓰는 즐거움을 잃지 않았다. 또 다른 제자 원헌(原憲) 역시 이틀에 한 번 밥을 먹을 정도로 가난하였지만, 그렇다고 네 마리의 말이 끄는 마차를 탄 고관에게 부끄러울 것이 없었다. 어찌 화려한 집과 진수성찬을 갖추어야만 비로소 독서인이 고귀하다고 할 수 있다는 말인가? 만약 관직 명단에 이름이 올라 있다면, 더더욱 청렴한 기풍에 만족해야 한다. 비록 가죽옷을 입고 섶을 끌고 다닐 정도였던 왕량(王良)처럼은 못해도, 채소만 먹고 베옷을 입었던 모개(毛玠) 정도는 본받아야 할 것이다.

모든 길흉에 관련된 의례나 빈객 모임을 치를 때에는 적절한 중간 정도를 헤아리는 것을 귀하게 여겨야지 너무 지나친 정도로 넘쳐흘러서는 안 된다. 이를테면 혼·상사(婚·喪事)의 경우 집안의 재력을 헤아려 일을 치러야 한다. 옛 사람들은 짝을 이루는 사슴가죽(鹿皮)을 선물하여 결혼 예물로 삼았다고 하는데, 어찌 반드시 백 대의 수레가 문을 가득 채울 정도로 많은 손님이 필요하겠는가? 또한 효자는 깊이 침묵하면서 애도하는 것이지, 어찌 사치스럽게 다섯 그릇의 솥에 음식을 담아 바치는 것이 효라고 하겠는가? 돌아가신 다음 많은 돈을 낭비하는 것보다는 살아생전 일주일 동안 맛있는 음식을 드리는 것이 어떻겠는가? 심지어는 부모가 병이 들면 [자식이 우선 먼저] 그 약을 먹어 본다는 이야기는 [요즈음] 들어 보지 못하는데, 돌아가시자마자 헛되이 망자를 위한 불사(佛事)나 일으킨다. 돌아가신 부모에게 수의를 입히고 부장품을 챙기는 데는 부지런하지 않으면서도, 여러 친척들과 함께 영구를 배웅하자마자 도리어 연극 공연을 챙겨 남에게 과시하려고 한다. 이른바 "효도를 다한다고 했지만 부모를 달고 기름진 음식으로 봉양하였다는 소리는 들어 보지 못하고, 돌아가신 것을 애도한다고 헛되이 『시경』 「요아편(蓼莪篇)」만 읊는다"는 식이니, 이것이 무슨 쓸모가 있겠는가?

더욱 가소로운 것은 사교(邪敎)를 믿는 시골노인네들이 가난하고 어려운 사람을 구제하는 데에는 한 푼을 아끼면서도, 영신새회(迎神賽會)를 위해서라면 귀금속을 저당 잡히거나 빚을 내기까지 한다는 점이다. 신에게 아첨하여 복을 구한다고 하지만, 차라리 신에게 아첨하는 물건을 가지고 가난한 사람을 구제하는 데 돌려 쓴다면, 그 복이 더욱 많고 빠르게 이를지 누가 알겠는가? 일 벌이는 것을 좋아하는 젊은이는 스승을 따라 기예(技藝)를 배우다가 아무리 따져도 돈이 되지 않아, 경극 패들과 짜고 비녀를 저당 잡히고 악기를 팔아넘긴다. 친구들과 함께 어울려 즐긴다고 하지만, 친구들과 어울릴 돈을 기예를 익히는 데 쓴다면 그 즐거움이 더욱 크고 무궁할지 누가 알겠는가? 하물며 초목에 깃 든 신령이라도 저당 잡히고 빚을 내어 들인 돈을 갚아 주기는 어려우니, 저잣거리 친구 가운데 저당 잡히고 팔아치운 돈을 누가 대신 갚아 주겠는가?

자식이 태어나게 되면 그 수명이 길기를 바란다. 그런데 잔치 음식을 위해 [닭이나 돼지를 잡는 등] 살생을 한다면, 이는 자식이 태어나자마자 바로 다른 생명을 해치는 것이니, 이 어찌 자식을 사랑하는 길이겠는가? 이날에는 응당 말린 살코기나 과일로 상을 차려 자식이 오랫동안 수명을 누릴 수 있는 바탕으로 삼아야 할 것이다. 내가 태어난 생일은 또한 어머니가 힘들었던 날이기도 한다. 그런데 생일 축하를 위해 술잔을 든다는 것은 어머니의 어려움을 이미 잊어버리고 내 자신의 즐거움만을 생각하는 것이니, 이 어찌 부모님께 보답하는 길이겠는가? 이날은 마땅히 채식을 하면서 부모님의 은혜를 생각해야 비로소 근본으로 돌아가는 올바른 이치가 되는 것이다. 만약에 화조절(花朝節)이나 추석(仲秋節)이라고 해서 가무의 환락이나 넓고 높은 정자와 누각, 정원과 동산에서의 즐거움에 빠진다면, 이것은 국화꽃 한 줌으로도 동쪽 울타리 아래서 취할 수 있었던 도연명(陶淵明)의 소박한 즐거움을 생각하지 못하는 것이다. 밝은 달 아래에서 길게 읊조리는 것이 술잔을 빈번히 돌리는 봄날의 잔치보다 훨씬 나으니, 어찌 꼭 보물 향로(王寶香爐)나 [전설의 대부호 석숭(石崇)의] 금곡원(金谷園) 같은 정원을 갖춘 다음에야 비로소 마음이 통쾌하다는 말인가?

사대부 집안의 여식들이 놀러 다니는 문제에 대해서는, 여자가 너무 지나치게 외모를 꾸미려다 오히려 화를 불러들이는 수도 있다는 가르침을 주어야 한다. 자제들의 도박은 그를 큰 도둑을 만드는 매개가 되지 않음이 없으니, 어찌 방탕을 누리다 재물을 모두 잃고 결국 파산하도록 놔둘 수 있겠는가? 따라서 서민이건 부호이건, 신사이건 고귀한 가문이건 모두 절약하여 재물의 낭비를 줄이고 복을 아끼는 것이 가장 중요한 일이다. 재물을 아끼면 써도 바닥이 나지 않고, 복을 아끼면 경사(慶事)가 넘쳐나니, 어찌 오랫동안 부귀를 누릴 수 있는 방책이 되지 않겠는가? 내가 바라건대 백성을 기르는 지방관이라면 이런 뜻을 백성에게 분명하게 보여 주는 것이 좋다.

節儉者, 所以省財, 亦以惜福也. 夫庶民之家, 以粗糲爲食,[60] 以布褐爲衣, 口無肥甘之味, 體無輕暖之適. 所以「豳風」一詩, "羔兕躋彼公堂,[61] 茶樗食我農父,[62] 狐裘獻之公子,[63] 豵豕私之小人."[64] 非惟奉上好義, 亦尊卑之有等也. 至于節儉之風, 古今美德. 漢文惜百金之費, 罷作露臺,[65] 晏嬰衣裘三十年不易.[66] 君相如此, 況庶民乎! 司牧者宜榜之「文告」, 徧諭城鄉, 務敦勤儉, 勿尙奢華. 匹夫毋以緞綾、羅縠爲服.[67] 如今之團鶴、串蟒,[68] 僭踰王者之尊. 匹婦毋以金

60 조려(粗糲)는 현미, 또는 거친 음식을 가리킨다.

61 이 구절은 『시경』「빈풍(豳風) 칠월(七月)」에 나오는 구절이다. "구월에 서리가 내리거든 시월에 마당에 깨끗이 쓸고, 두 동이의 술로 연향을 베풀면서 말한다. '새끼양을 잡아, 저 공당으로 올라가서, 저 뿔잔을 드니, 만수무강하리로다.'(九月肅霜, 十月滌場, 朋酒斯饗. 曰: '殺羔羊, 躋彼公堂, 稱彼兕觥, 萬壽無疆.')"

62 이 구절 역시 앞 구절과 같은 데서 나왔으며. 바로 그 앞 구절이다. "구월에는 깨를 털며 씀바귀를 뜯고, 가죽나무를 베어서 우리 농부들을 먹이노라(九月叔, 采薪樗. 食我農夫.)."

63 이 구절 역시 앞 구절과 같은 데서 나왔으며. 바로 그 앞 구절이다. "일양의 날에 여우 사냥을 가서 저 여우를 잡아 공자의 갖옷을 만들자(一之日于貉, 取彼狐狸, 爲公子裘.)."

64 이 구절 역시 같은 데서 나왔는데 앞 구절의 바로 다음 구절이다. "이양의 날에 큰 사냥을 하여 무공을 계속하여, 햇 돼지는 자기가 갖고 3년 키운 돼지는 공소에 바치리라(二之日其同, 載纘武功, 言私其豵, 獻豜于公.)."

65 노대(露臺)는 노천 무대(台榭)를 가리킨다. 『사기』 권10 「효문제본기(孝文帝本紀)」에 따르면 "효문제는 대왕의 자리에서 황제에 올라 즉위한 지 23년 동안 궁실·동산, 개와 말, 복식이나 탈 것에 이르기까지 늘린 것이 없으며, 불편한 점이 있으면 곧 풀어 주어 백성을 이롭게 하였다. 일찍이 노대를 만들고자 하신 적이 있으나 건설 장인을 불러 계산해 보니 백금이나 필요하였다. 황제께서 말씀하셨다. '백금이면 중류층 열 집의 재산으로 내가 선제로부터 물려받은 궁실도 항상 부끄러워했는데, 어찌 노대를 만들 수 있겠는가?(孝文帝從代來, 卽位二十三年, 宮室苑囿狗馬服御無所增益, 有不便, 輒弛以利民. 嘗欲作露臺, 召匠計之, 直百金. 上曰: '百金中民十家之産, 吾奉先帝宮室, 常恐羞之, 何以臺爲?')" 이후 노대는 제왕의 절약을 상징하게 되었다.

66 안영(晏嬰)은 춘추시대 제(齊) 경공(景公)의 재상이었다. 안영은 절약을 실행하는 데 힘써 항상 베옷 위에 가죽옷을 입고 입조하였다고 한다. 공자의 제자 유약(有若)은 그 옷을 30년에 걸쳐 입었다고 이야기하였다. 『예기』「단궁(檀弓) 하(下)」에 다음과 같은 구절이 있다. "증자가 말하였다. '안자는 예를 안다고 할 수 있다. 공경함이 있었던 것이다.' 유약은 말하였다. '안자는 여우가죽옷 한 벌을 삼십 년 입었습니다. 장례를 치를 때도 수레가 한 대뿐이었고, 그것도 묘지에 닿자마자 (부장품이 간단하여) 곧바로 다시 되돌아갔습니다'(曾子曰: '晏子可謂知禮也已, 恭敬之有焉.' 有若曰: '晏子一狐三十年, 遣車一乘, 及墓而反.')." 또한 『안자춘추(晏子春秋)』「내편(內編) 잡하(雜下) 안자의록이조, 경공차기빈, 인자칭유식(晏了衣鹿以朝, 景公嗟其貧, 晏了稱有飾)」에도 "안지기 경공의 재상을 맡았는데, 베옷에 사슴가죽옷을 입고 입조하였다. 공은 말하였다. '그대의 집안은 이렇게 가난한가? 어찌 이런 형편없는 옷을 입었소? 과인이 몰랐으니 과인의 죄요(晏子相景公. 布衣鹿以朝. 公曰: '夫子之家. 若此其貧也. 是奚衣之惡也? 寡人不知, 是寡人之罪也.')."라는 고사가 기록되어 있다.

67 단릉나곡(緞綾羅縠)은 아름답고 화려가 무늬가 들어간 값비싼 비단과 직물을 가리킨다.

68 학(鶴)은 보통 신선이나 은자, 또는 태자(太子)를 상징하며, 이무기 무늬가 들어간 망포(蟒袍)·망복(蟒服)은 원래 고급관원의 예복을 가리킨다. 단(團)이나 관(串)은 무리를 가리키는 것으로 보인다.

寶、珠翠爲飾. 如今之四龍、八鳳, 分越后妃之貴. 違制未安, 切須嚴禁. 至于身列黌宮,[69] 尤宜知道. 顔子居於陋巷, 未改琴書之樂.[70] 原憲幷日而食,[71] 無慙結駟之賢.[72] 安在華堂珍膳, 始爲士貴乎? 若夫名通宦籍, 更足風廉.[73] 雖未能如皮裾曳柴之王良,[74] 亦當法蔬食布袍之毛玠.[75]

擧凡吉凶之禮, 賓客之會, 貴斟酌于適中, 毋流濫于太過. 若婚喪之事, 稱家有無.[76] 古人儷皮爲禮,[77] 何須百兩盈門.[78] 孝子深墨爲哀, 安在五鼎作供?[79] 與其死後多金之費, 何如生前一七之甘.[80] 甚有親疾嘗藥之未聞,[81] 一旦歸泉, 空作薦亡之佛事.[82] 含殮、附身之未謹,[83] 諸親

---

69 횡궁(黌宮)은 학교를 말한다.

70 안자(顔子)는 공자의 제자인 안회(顔回 B.C.521-491)를 가리킨다. 그는 자가 자연(子淵)이라 안연(顔淵) 또는 안자(顔子)라고 불리는데, 공자가 가장 마음에 두었던 제자로 공묘(孔廟)의 대성전(大成殿) 사배(四配)의 우두머리로 복성(復聖)이라고도 한다.

71 원헌(原憲)은 공자의 제자로 청고빈한(淸苦貧寒)한 선비로 이름이 높다. 자는 자사(子思)로 춘추시대 노 출신이다. 공자가 사망한 뒤 위(衛)에서 은거하면서 갈대 집과 베옷, 채소반찬으로 살아도 즐거워하였다고 한다. 병일이식(幷日而食)은 이틀에 하루 분의 식량이란 뜻으로 생활이 아주 가난하고 힘든 것을 나타낸다.

72 무참(無慙. 無慚)은 부끄러워하지 않는다는 뜻이다. 결사(結駟)는 네 마리의 말이 끄는 마차, 또는 그것을 타는 고귀한 신분을 가리킨다.

73 풍렴(風廉)은 뜻이 분명하지 않은데, 아마도 검약한 기풍이나 교화를 뜻하는 것으로 보인다.

74 왕량(王良)은 후한(後漢) 사람으로 자가 중자(仲子)로 동해(東海) 난릉(蘭陵) 사람이다. 건무(建武) 연간 조정과 지방에서 일했는데 행동거지가 예의에 맞고 근검절약을 숭상하였으며, 심지어 그의 아내는 베옷치마에 짚신을 신을 정도였다고 한다. 그런데 병이 들어 고향에 들어갔다가 다시 부름을 받아 가던 중 병 때문에 더 이상 길을 가지 못하자 친구 집에 들렀지만 그 친구는 무슨 대단한 재주가 있는 것도 아닌데 고위관직을 얻으면서 그토록 번거로움을 마다하지 않으면서 왕래하느냐고 하면서 그를 거절하였다고 한다. 이 때문에 이 일은 관직에 연연하였다가 친구의 비웃음을 사는 전고로도 이용된다. 이 일은 『후한서』 권57 「열전(列傳) 왕량(王良)」에 보인다. 하지만 여기서의 인용은 근검절약하였던 왕량을 이야기하고 있는 것으로 보인다.

75 모개(毛玠. ?-216)는 자가 효선(孝先)으로 후한 진류(陳留)의 평구(平丘) 사람이다. 젊어서 현리(縣吏)가 되고서부터 청렴한 것으로 유명하였으며, 나중에 조조(曹操) 밑에 들어가 관직을 맡으면서 선거(選擧)를 주지할 때도 선발한 사람이 모두 청렴하고 정직한 사람이라 천하에 청렴결백한 기풍이 크게 일어났다고 일컬어졌다. 하지만 『삼국연의(三國演義)』에서는 수군대도독을 맡았다가 군대를 제대로 통솔하지 못해 적벽대전(赤壁大戰)에서 백만에 이르는 조조의 수군(水軍)이 목숨을 잃게 한 것으로 묘사되고 있다. 『삼국지』 권12 「위지(魏志) 모개(毛玠)」에 전기가 실려 있다.

76 칭가유무(稱家有無)는 집안의 재력을 헤아려서 일을 치른다는 뜻이다.

77 여피(儷皮)는 짝을 이룬 사슴가죽으로 방문용, 또는 혼례용 예물로 쓰였다.

78 백량(百兩)은 아마 백량(百輛)을 말하는 것 같다. 백량영문(百輛盈門)은 방문하러 온 가마와 마차와 가마가 문과 정원을 가득 채운다는 뜻으로 빈객이 아주 많음을 형용한다.

79 오정(五鼎)은 제례 때 대부(大夫)가 다섯 개의 솥을 써서 양·돼지·생선 등 다섯 종류의 제물을 담는 것을 가리킨다. 고귀한 귀족의 사치스러운 생활을 형용한다.

80 일칠(一七)은 사후의 첫 번째 일주일, 또는 7일이나 일주일을 가리킨다.

81 상약(嘗藥)은 윗사람이나 어른이 약을 드실 때 미리 맛을 보고 드시게 하는 것을 가리킨다.

82 귀천(歸泉)은 황천에 돌아간다, 즉 사망을 가리킨다. 천망(薦亡)은 죽은 이를 위해 독경을 하거나 불사(佛事)를 하여 망령으로 하여금 조속히 이탈하여 떠나게 하는 것이다.

送殯,[84] 反裝優會以飾觀.[85] 所謂: "盡孝不聞甘旨養,[86] 哀親空咏「蓼莪篇」."[87] 有何益乎? 尤可笑者, 信邪野老, 賑窮拯乏, 吝惜一文, 賽會迎神,[88] 質金借債. 意謂媚神求福, 孰知以媚神之物, 轉而濟貧, 其福更多而且速. 好事少年,[89] 從師學藝,[90] 算計無錢, 串戲結盟,[91] 典釵鬻器.[92] 意謂聯朋共樂, 孰知以聯朋之資, 轉而務業, 其樂更大而無窮. 又況夫草木之靈, 難償質借之費, 市井之友, 誰酬典鬻之金乎?

至于生子, 欲其壽命之長也. 乃因湯餅而殺生,[93] 是已子方生而卽物命之死矣,[94] 豈愛子之道乎? 是日也, 宜乾殽果核, 便爲延祚之始基.[95] 誕辰乃母難之日也. 遂因介壽以稱觴,[96] 是母

83 함렴(含殮. 含斂. 含歛)은 죽은 이의 입에 구슬이나 쌀을 넣고, 옷을 갈아입힌 다음 입관하는 것을 가리킨다. 부신(附身)은 몸에 지니고 찬다거나, 영혼이 인간의 몸에 달라붙어 기대는 것을 말한다. 여기서는 아마 부장품을 챙기는 것을 가리키는 것 같다.

84 송빈(送殯)은 운구(運柩)하여 보내고 매장하는 것을 가리킨다.

85 우회(優會)는 아마도 배우 등을 불러 연극 등의 공연을 하는 것을 말하는 것 같다.

86 감지(甘旨)는 단맛, 맛있는 음식, 또는 부모를 봉양하는 음식이나 부모에 대한 봉양을 가리키기도 한다.

87 요아편은 『시경』「소아(小雅) 곡풍지십(谷風之什) 요아(蓼莪)」편으로 자녀가 부모의 길러 준 덕을 추념하는 감정을 노래하고 있다. "분명히 지칭개인데, 어찌 바보처럼 쑥으로 알았을까? 우리 부모를 잊지 못해, 나으시고 키우느라 얼마나 힘들었을까. 분명히 지칭개인에 어찌 바보처럼 쑥으로 알았을까? 우리 부모를 잊지 못해, 나으시고 키우느라 얼마나 마르셨나. 두레박은 물이 없고, 물독이 부끄러워. 고독한 못된 아이는 살아 있지만, 살아도 뜻이 없어. 아버지가 안 계시니 무엇을 의지할까? 어머니가 안 계시니 누구에게 기댈까? 문을 나서면 슬픔이 가득하고, 들어오면 갈 곳 없어. 아버지 날 낳으시고, 어머니 날 기르시니, 날 쓰다듬고, 껴안고, 먹여 주고, 가르쳐 주시면서, 문을 나서건 들어오건 날 잊지 못하셨는데. 지금 보답하려 해도 하늘은 이미 허락하지 않으시니. 남산의 매서운 바람 모든 것을 날려 버려, 누구나 모두 즐거운데, 왜 나만 이렇게 가슴이 아픈걸까? 남산의 거센 바람 모든 것을 날려 버려, 모두가 홍겨운데, 왜 나 혼자만 이렇게 불안할까?(蓼蓼者莪, 匪莪伊蒿. 哀哀父母, 生我劬勞. 蓼蓼者莪, 匪莪伊蔚. 哀哀父母, 生我勞瘁. 缾之罄矣, 維罍之恥. 鮮民之生, 不如死之久矣. 無父何怙, 無母何恃. 出則銜恤, 入則靡至. 父兮生我, 母兮鞠我. 我畜我, 長我育我, 顧我復我, 出入腹我. 欲報之德, 昊天罔極. 南山烈烈, 飄風發發. 民莫不? 我獨何害. 南山律律, 飄風弗弗. 民莫不? 我獨不卒.)."

88 새회(賽會)는 의장대·악대·잡희(雜戲) 등을 통해 신상을 모시고 묘당을 나서 거리나 촌장을 주유하는 활동 내지는 민속축제를 말한다. 영신새회(迎神賽會)라고도 한다.

89 호사(好事)는 일을 벌이기 좋아하거나 일이 많은 것을 즐거워한다는 뜻이다.

90 학예(學藝)는 기예를 배운다는 뜻인데, 대부분 표현예술을 배우는 것을 가리킨다.

91 관희(串戲)는 연극반원, 배우를 가리킨다.

92 전채죽기(典釵鬻器)는 비녀를 전당잡히고 악기를 판다는 뜻이다

93 탕병(湯餅)은 물로 찐 밀가루 음식으로 생신이나 아이가 태어난 제3일, 또는 보름 등에 거행하는 축하연회(湯餅會)를 가리킨다. 상수를 상징하는 국수가 있기에 이런 이름에 붙었다.

94 물명(物命)은 사물의 수명이나 생명, 생명이 있는 종을 가리킨다.

95 연조(延祚)는 장구한 복록(福祿)을 가리킨다.

96 개수(介壽)는 장수를 빈다는 뜻이다. 『시경』「빈풍(豳風) 칠월(七月)」에 "이 봄 술을 만들어 미수를 축도하세(爲此春酒, 以介眉壽)"라는 구절이 있는데 개(介)는 조(助)라고 정현(鄭玄)이 풀이한 다음부터 개수는 장수를 비는 축수사(祝壽詞)가 되었다. 칭상(稱觴)은 잔을 들어 축배를 한다, 또는 술잔을 들어 마심으로서 축하를 표시한다는 뜻이다.

難已忘, 而惟吾年之樂矣. 豈報親之道乎? 是日也, 宜蔬味思恩, 方是返本之正理. 若乃花朝、月夕,[97] 流連歌舞之歡,[98] 廣榭、高臺,[99] 耽嗜苑囿之樂,[100] 獨不思菊英盈把,[101] 亦可取醉東籬,[102] 皓月長吟,[103] 恰勝飛觴春宴,[104] 又何必玉寶香爐、石崇金谷, 然後爲暢哉![105] 至于士女翫遊,[106] 適啓冶容之誨.[107] 子弟賭博, 無非巨盜之媒, 寧値縱逸損財,[108] 浮蕩破產而已乎! 所以無論庶民、豪富、紳士、貴顯, 皆當節儉以省財惜福, 爲至要也. 財旣省而用不竭, 福旣惜而

---

97 화조(花朝)는 음력 2월 15일로 백화의 생일(百花生日)이라고 해서 화조절(花朝節)이라 부른다. 월석(月夕)은 음력 8월 15일, 즉 추석을 말한다.

98 유련(流連)은 놀고 즐기는 데 빠져 돌아가는 것을 잊는다는 뜻이다.

99 사(榭)는 정자, 대(臺)는 비교적 높고 위가 평평한 건물을 가리킨다.

100 원유(苑囿)는 원래 제왕의 즐거움을 위해 금수를 기르던 원림(園林)을 가리킨다.

101 영파(盈把)는 한 줌이라는 뜻, 즉 한 손으로 움켜쥘 수 있는 수량을 말한다. 「귀거래사(歸去來辭)」로 유명한 도잠(陶潛)이 술이 없어 집 옆의 국화 밭에 앉아서 한 줌의 국화를 딴 다음, 술을 보내 주기를 기다려 마셨다는 고사에서 비롯되어 국화를 딴다는 것을 의미하게 되었다(『예문유취(藝文類聚)』 권81에 인용한 남조(南朝) 송(宋)의 단도란(檀道鸞), 『속진양추(續晋陽秋)』를 참조).

102 취취(取醉)는 술을 마셔 취한다는 뜻이다. 동리(東籬)는 동쪽 울타리. 진(晋)의 도잠(陶潛), 즉 도연명(陶淵明)의 시 「음주(飮酒)」 가운데 다섯 번째 수에 나오는 유명한 구절이다. "동쪽 울타리 아래서 국화를 딴 다음, 그윽하게 남산을 쳐다본다(採菊東籬下, 悠然見南山)."

103 호월(皓月)은 명월(明月), 즉 밝은 달이다.

104 비상(飛觴)은 술잔을 들어 마시거나 돌린다는 뜻이다.

105 금곡(金谷)은 진(晋)의 유명한 거부 석숭(石崇)이 지었다는 금곡원(金谷園)을 가리킨다. 금곡은 하남성 낙양현의 서쪽 금수(金水)가 흐르는 골짜기에 있었다는 데 금곡원에서 손님들을 초빙하여 연회를 베풀 때 시를 짓지 못하면 벌주로 술 석 잔을 먹였다는 고사가 전해진다. 비상춘연(飛觴春宴)과 금곡(金谷)을 언급하는 것은 이백(李白)의 시 「춘야연도리원서(春夜宴桃李園序)」이다. 그 시는 다음과 같다. "무릇 천지는 만물이 몸을 깃들이는 여관이고, 시간은 백 대에 이르는 나그네다. 떠도는 인생은 마치 꿈과 같으니, 즐거운 날이 도대체 얼마나 될까? 옛사람들은 촛불을 잡고 밤에 놀았다고 하는데, 정말로 그럴만한 이유가 있는 것이다. 하물며 따뜻한 봄날에 빼어난 경치로 우리를 불러들여, 대자연은 우리에게 정말 아름다운 풍경을 제공해 주었다. 지금 복숭아꽃 향기가 가득한 곳에 모여 형제간의 즐거운 일을 마음껏 떠들며 즐기니, 여러 동생들은 모두 사혜련(謝惠連) 같은 화려한 솜씨를 뽐내는데, 내가 읊는 것만 사령운(謝靈運)과 비교할 수 없어 부끄러웠다. 조용히 봄밤의 경치를 음미하는 것을 아직 다하지 못했고, 고담준론이 또한 맑아지는데, 화려한 연회석을 마주하고 꽃 가운데 앉아 술잔을 거듭하며 달빛 아래 취한다. 멋진 시구를 만들어 내지 못하면 어찌 고아한 정취를 풀어 낼 수 있겠는가? 금곡원의 선례에 따라 벌주를 세 잔 마셔야 하리(夫天地者, 萬物之逆旅; 光陰者, 百代之過客. 而浮生若夢, 爲歡幾何. 古人秉燭夜游, 良有以也. 況陽春召我以煙景, 大塊假我以文章. 會桃李之芳園, 序天倫之樂事. 群季俊秀, 皆爲惠連; 吾人詠歌, 獨慚康樂. 幽賞未已, 高談轉清. 開瓊筵以坐花, 飛羽觴而醉月. 不有佳作, 何伸雅懷. 如詩不成, 罰依金谷酒數.)." 사혜련(謝惠連. 407-433)은 남조 송의 문학가로, 사령운(謝靈運)의 족제(族弟)이며, 글 솜씨로 사령운에게 큰 칭찬을 받았다고 한다. 사령운(385-433) 역시 남조 송의 문학가로 가장 뛰어난 산수시인(山水詩人)이다. 사령운은 강락공(康樂公)의 작위를 세습하였기에 사강락이라고도 불린다.

106 사녀(士女)는 귀족의 부녀나 (미혼의) 청년남녀를 가리킨다. 백성을 가리키기도 한다. 완유(翫遊)는 놀이·유희를 뜻한다.

107 치용(冶容)은 여자가 아주 요염하게 화장하거나 그러한 모습을 가리키는데, 치용지회(冶容之誨)는 예쁘게 화장하였다가 도리어 모욕을 당하거나 화를 입는 것을 가리키는 것으로 보인다.

108 영(寧)은 어찌, 설마 또는 하기를 바란다는 뜻이다. 종일(縱逸. 縱佚)은 내키는 대로 방탕하게 노는 것을 말한다.

慶有餘, 豈不爲富貴長久之計哉? 鴻願司牧者, 以斯意而示之民可也.

26-07. 음사 금지(禁淫祀)

예법으로 보자면 독서인이나 서민이 조상에 제사를 지내는 이유는 태어난 근본에 보답하고 그 시초로 돌아가기 위해서이다. 이런 경우가 아니면 제사를 지내지 않는다. 그런데 후세에는 귀신 이야기에 미혹되어 거기에 제사를 지내 복을 기원하게 되었다. 이는 예법을 더럽히고 어지럽히는 일인데, 사람들은 이내 왕도(王道)의 올바른 가르침을 버리고 무축(巫祝)을 숭배하게 되었다. 그래서 풍속은 나날이 잘못되고, 인심은 점차 어긋난 길로 빠지게 되었다. 그래서 공자께서 "백성을 기르고 가르치는 도리에 힘쓰고 귀신을 존경하되 멀리한다"고 말씀하시면서 응당 힘써야 할 곳에 힘써야 함을 이르셨던 것이다. 힘써서는 안 될 것은 공경하되 멀리해야지, 외람되이 가까이 할 바는 아닌 것이다. 무릇 응당 힘써야 할 것은 군신·부자·장유·부부·붕우 사이의 도리다.[109] 어떻게 의리(義)를 다하고, 어떻게 친함(親)을 다하며, 어떻게 차례(序)를 다하고, 어떻게 분별(別)을 다하며, 어떻게 믿음(信)을 다해야 할 것인지 매일 힘써야 하는 것이다. 이렇게 해도 응당 해야 할 것을 다하지 못하는데, 어찌 다른 일에 힘쓸 겨를이 있다는 말인가?

또한 공자께서는 말씀하셨다. "우리 조상이 아닌데 가서 제사를 지내는 것은 비열한 아첨이다." 제사지내서는 안 되는 경우 제사를 지내는 것은 그 귀신에게 잘 보이고자 아첨하는 것이란 뜻이다. 이를테면 계씨(季氏)가 태산(泰山)에 여제(旅祭)를 지냈는데, 사실 그는 여제를 지낼 수 있는 [제후의] 신분이 아니었다. 그렇기 때문에 공자께서는 "아! 일찍이 태산의 신령이 임방(林放)보다도 못하다고 생각하느냐?"라고 하셨던 것이다. 태산의 신령이 [공자에게 예에 대해서 물었던] 임방처럼 예법을 안다면, 어찌 예법에 어긋나는 제사를 받으려 했겠는가? 이처럼 예에 어긋나는 제사는 원래 지나친 아첨에 지나지 않는다. 제사를 지

109 이것은 오륜 즉, 군신유의(君臣有義)·부자유친(父子有親)·부부유별(夫婦有別)·장유유서(長幼有序)·붕우유신(朋友有信)을 가리킨다.

내도 귀신이 받아들이지 않을 터인데 아첨한다고 무슨 도움이 되겠는가? 예법에 어긋나는 제사는 또한 마땅히 황급하게 스스로 멈춰야 할 것이다.

옛날에 적양공(狄梁公. 즉 狄仁傑)은 황제가 분양궁(汾陽宮)으로 행행(行幸)하는 것을 따라갔는데, 도중에 투녀사(妒女祠)를 거치게 되었다. 세간에서는 성장(盛裝)을 하고 이 사당 앞을 지나가면 풍우와 낙뢰의 재앙을 만난다는 이야기가 있었으므로, 황제가 지나가는 길을 아예 바꾸고자 논의한 사람이 있었다. 적인걸은 이를 말리며 "천자께서 친히 임하시는 땅에는 바람 귀신(風伯)이 먼지를 헐고, 비 귀신(雨師)이 길을 씻을 터인데, 어찌 투기하는 여인 따위를 피한다는 말입니까?"라고 하였다. 그가 강남지역을 다스리게 되었을 때에는 오(吳)·초(楚)에는 의례에 맞지 않게 설치된 음사(淫祠)가 아주 많았다. 적인걸 공은 그 전부를 파괴하였는데, 그 수가 1,700여 개 소에 이르렀으며, 단지 하의 우(禹)임금, 오태백(吳太伯)·계찰(季札)·오자서(伍子胥)의 사당 등 네 군데만을 남겨 두었다. 이렇게 하였음에도 불구하고 투기하는 여인은 끝내 변고를 일으키지 못했고, 파괴당한 사당의 귀신이 재앙을 내렸다는 소리 역시 듣지 못하였다. 이것을 가지고 사악함이 올바름을 이길 수 없다고 말하는 사람도 있는데, 이는 틀린 말이다. 천자가 투녀사를 피할 필요가 없었던 것은 사실 그것이 변고를 가져올 능력이 아예 없었기 때문이다. 그냥 지나가는 것이 옳은 것이고, 피하는 것은 도리어 바로 아첨하는 격이 된다. 그냥 지나가되 아첨하지 않는다고 해서 또한 무슨 변고가 있겠는가? 백성이 제사지내서는 안 되는 것은 그것들이 바로 파괴되어야 하는 대상이기 때문이다. 파괴하는 것이 예에 맞으니, 파괴하는 것이 실제로는 오히려 공경하는 셈이다. 공경하면서 예를 갖추는데 또한 무슨 화가 있을 수 있겠는가?

백성을 기르는 지방관이라면 조상과 농사신 선농(先農)에 대한 제사, 그리고 팔사(八蜡)·오사(五祀)를 제외하면 의식과 거처에 관련된 귀신에 대해서는 일체 예법에 어긋나는 제사를 지내지 못하게 막아야 한다. 무릇 부모나 어르신이 질병이나 재앙을 당하면 기도를 통해 이를 벗어나려고 한다. "아프고 고통스러운 일이 있으면 부모를 부르고, 다급하고 어려운 일이 있으면 하늘을 찾는다"고 하니 호소할 수 있는 하늘이 있지 않은가? 하늘은 높지만 낮은 곳의 소리를 듣고 살필 수 있으니, 오로지 정성만이 감동시킬 수 있을 뿐이다. 이것을 제외하고 다시 또 무엇을 찾을 있다는 말인가? 시골사람들이 쓸데없이 도관과 사찰을 짓고 신선과 부처의 조각을 만들어 모시는 것을 보면, 언제나 처음에는 찬란한 금·옥의 색깔로 꾸미지만 오래되면 결국 비바람에 노출되어 추한 모습을 드러내는 경우가 대부분이다. 어찌 처음에는 아첨하다가 나중에는 모독하는 것으로 끝내는가? 그것이 복을 가져오지 못하고 도리어 화를 부를 것임은 분명하다. 또한 부녀자들이 까닭 없이 무리를 지어 사묘를 돌며 향을 태우는데, 이는 축원하고 기도하는 것을 명분으로 삼지만 실은 놀러 다니는 것을 일삼는 데 지나지 않는다. 어찌 공적인 것을 기원한다면서 실은 사적인 것을 이루려 하는가? 이 역시 불경스러움 때문에 재앙을 초래할 것이라는 점 또한 분명하다.

아! 먼저 일을 만들지 않았다면 어찌 나중에 폐기해야 할 경우가 있겠는가? 건물을 짓고 신상을 만드는 것은 일을 만드는 것이다. 하지만 무너지고 쓰러져 비바람에 노출되기에 이르면 사실 그것들을 폐기하는 것이 아닌가? 나는 그러한 폐기가 사실은 그러한 것을 만든 데서 비롯된 것이라고 생각한다. 그래서 감히 아첨하려다 모독하기에 이르거나, 아니면 복을 구하려다 재앙이 불러오는 일에 나서고자 하지 않는다. 차라리 처음부터 아예 일을 만들지 않는 것이 가장 낫다! 본래 생각 자체가 생겨나지 않으면 어찌 나중에 없어지는 일이 있겠는가? 무릇 향을 태우고 귀신에게 절하는 일은 생각이 생겨나게 만든다. 그런데 그것을 빌미로 놀러 다니게 된다면, 그것은 도리어 [본래의 생각이] 없어지는 것이나 마찬가지다. 나는 그러한 없어짐이 바로 바로 생겨남에 바탕을 두고 있다고 생각한다. 그러므로 감히 공적인 것을 빌어 사적인 것을 추구하거나, 공경함을 포기하여 재앙을 불러오고자 하지 않는다. 무엇보다도 먼저 생각 자체가 아예 생겨나지 않는 것이 가장 낫다! 무릇 인심(人心)과 세도(世道)를 주지하는 책임을 지닌 지방관으로서는 오로지 백성이 왕도의 올바른 가르침을 따르고, 무축을 숭배하지 않도록 이끌어야 한다. 그래야만 공자께서 말씀하신 "백성을 기르고 가르치는 도리에 힘쓰고 귀신을 존경하되 멀리한다"는 가르침에 부응할 수 있다.

禮, 士、庶人祀其先, 所以報本返始也.[110] 非是弗祀. 後世惑于鬼神之說, 因祀以祈福, 于是瀆亂不經,[111] 人乃棄其王教之正, 而崇信巫祝. 此風俗所以日僞, 而人心漸入于邪也. 故孔子曰: "務民之義, 敬鬼神而遠之",[112] 亦云務其所當務者而已. 其所不當務者, 敬而遠之, 非我所敢褻而近之者也. 夫所當務者, 君臣、父子、長幼、夫婦、朋友之道. 宜如何盡義, 如何盡親, 如何盡序, 如何盡別, 如何盡信, 尙日孜孜焉.[113] 由之而不能盡當者, 奚暇他務乎? 又曰: "非其鬼

---

110 보본(報本)은 생겨나거나 자라난 근본을 잊지 아니하고 그 은혜를 갚는다는 뜻이다.

111 불경(不經)은 일반적인 법규에 들어맞지 않는다, 경전에 나와 있지 않아 근거가 없는 것, 황당하고 상리(常理)에 맞지 않는다는 뜻이다.

112 『논어』「옹야(雍也)」편에 나오는 구절로 "번지가 앎에 대해 물었더니 공자께서는 이렇게 말씀하셨다. '백성을 기르고 가르치는 도리에 힘쓰고 귀신을 존경하되 멀리한다면 이것을 앎이라 할 수 있다(樊遲問知, 子曰: '務民之義, 敬鬼神而遠之, 可謂知矣.')."라는 내용이다.

113 자자(孜孜)는 부지런하게 힘쓰는 모습이나 열심히 하는 모습을 나타낸다.

而祭之者, 諂也."[114] 以非所當祭而祭之, 是媚以諂之也. 如季氏之旅泰山,[115] 非所當旅者也. 故云: "泰山不如林放."[116] 使泰山知禮如林放, 其肯受非禮之享乎? 若是非禮之享, 原以媚之也. 享而不受, 媚之何益? 其諂于祭者. 亦可惶然自止矣.[117]

昔狄梁公從帝幸汾陽宮,[118] 道出妒女祠, 俗言盛服過祠者致風雷之變.[119] 遂議改馳道.[120] 仁傑止之, 曰: "天子行幸之地, 風伯淸塵, 雨師洒道. 何妬女之避乎?"[121] 其巡撫江南, 吳、楚多淫祠.[122] 公一切撤毁之, 計千七百所, 止留夏禹、吳太伯[123]、季扎[124]、伍員四祠而已.[125] 妬女

---

114 역시 『논어』 「위정(爲政)」편에 나오는 구절이다. "공자께서 말씀하셨다. '우리 조상이 아닌 데 가서 제사를 지내는 것은 비열한 아첨이다. 의로운 일을 보고도 하지 않음은 용기가 없음이다(子曰: '非其鬼而祭之, 諂也. 見義不爲, 無勇也.')."

115 여기서 여(旅)는 여제(旅祭), 즉 산에 드리는 제사를 말한다.

116 역시 『논어』 「팔일(八佾)」편에 나오는 고사다. "계씨가 (大夫로서 諸侯의 禮를 넘봐) 태산에서 여제를 지내었다. 공자께서 염유에게 물었다. '네가 그것을 바로잡을 수 없겠느냐?' 염유는 '불가능합니다'라고 대답하였다. 공자께서 말씀하셨다. '아! 일찍이 태산의 신령이 예의 근본을 물은 임방보다 못하다고 생각하느냐?'(季氏旅於泰山, 子謂冉有曰: '女弗能救與.' 對曰: '不能'. 子曰: '嗚呼. 曾謂泰山不如林放乎.')" 염유는 염구(冉求)로 자가 유(有)인데 당시 계씨의 신하로 있었다. 임방(林放)은 노 사람으로 『논어』의 이 부분 바로 앞에서 공자에게 예의 근본에 대해 질문을 한 사람이다. 그만큼 예를 어느 정도 알고 있는 사람이라는 뜻이다.

117 황연(惶然)은 두려워하는 모습을 말한다.

118 적양공(狄梁公)은 적인걸(狄仁杰, 630-700)이다. 적인걸은 자는 회영(懷英)으로, 병주(幷州) 태원(太原, 오늘날의 山西省 太原) 사람이다. 강정렴명(剛正廉明)하여 위로는 정관지치(貞觀之治)를 잇고 아래로는 개원성세(開元盛世)를 연, 당 측천무후 때의 명재상으로 잘 알려져 있다. 행(幸)이란 황제가 친림(親臨)한다거나, 또는 여자와 같이 잔다는 것을 가리킨다. 행행(行幸) 역시 황제가 출궁(出宮)하여 밖으로 나가거나 비첩(妃妾)의 궁중에서 자는 것을 가리킨다.

119 성복(盛服)은 엄숙하고 단정하게 복식을 제대로 갖춘 모습이나 화려한 복식을 말한다.

120 치도(馳道)는 군주가 마차를 타고 지나갈 수 있도록 만든 도로, 마차가 지나가는 대도를 가리킨다.

121 『구당서(舊唐書)』 권89 「열전(列傳) 적인걸(狄仁傑)」에 관련 기사가 나와 있다. "고종이 장차 분양궁에 행차하려 했는데, 적인걸을 지둔사로 삼았다. 병주장리 이충현이 마침 길이 투녀사 앞을 지나게 되는데 속설에 멋진 옷을 입고 지나가는 사람은 반드시 바람과 벼락의 재앙을 만난다고 하자, 수만 명을 동원하여 따로 황제용 길을 만들고자 하였다. 인걸은 이에 말하였다. '천자께서 가시는 길에, 수레 천 대와 만 마리의 말이 지나가니, 풍신이 먼지를 털고 우신이 길을 씻을 터인데, 그 여자가 무슨 해를 끼칠 수 있다는 말이오.' 그래서 곧 지시를 내려 중단시켰다. 고종이 이를 듣고 탄식하였다. '진짜 대장부로군!'(高宗將幸汾陽宮, 以仁傑爲知頓使, 幷州長史李沖玄, 以道出妬女祠, 俗云盛服過者必致風雷之災, 乃發數萬人別開御道. 仁傑曰: '天子之行, 千乘萬騎, 風伯淸塵, 雨師灑道, 何女之害耶.' 遽令罷之. 高宗聞之, 歎曰: '眞大丈夫也!')" 『신당서(新唐書)』 권115 「열전 적인걸(狄仁傑)」에도 비슷한 내용이 있다.

122 오·초(吳·楚)는 춘추시대 오·초 및 그 고지(故地)를 가리킨다. 음사(淫祠)는 의례에 맞지 않게 설치된 사묘(祠廟), 즉 사사(邪祠)를 가리킨다.

123 오태백(吳太伯)은 주(周) 고공단보(古公亶父, 즉 太王)의 장자로 자신에게 자리를 물려주려 하자 동생 중옹(仲雍)과 함께 형만(荊蛮)으로 땅으로 도망감으로써 결국 왕위가 후일의 주 문왕에게 넘어가게 했다고 한다. 그래서 호를 구오(勾吳)라고 하는데, 나중에는 도망가서 동생에게 자리를 물려주는 사람을 상징하게 되었다.

124 계찰(季扎)은 춘추시대 오의 왕족으로, 왕위를 사양하기 위해 두 번이나 도망쳤다고 한다. 중원문화의 훈도를 받은 사람으로 오를 대표하여 중원으로 출사(出使)한 적도 있다고 한다.

125 오원(伍員)은 오자서(伍子胥, ?-B.C.484)로 춘추말기 오(吳)의 대부(大夫)로 군사가·모략가로 유명하다. 이름은

卒不爲變, 所毁祠神, 亦不聞爲禍. 說者謂邪不勝正, 非也. 天子所不當避者, 卽其所不能致變者也. 過之爲是, 避之適所以諂之也. 過而不諂, 又何變乎? 民所不當祀者, 正其宜毁者也. 毁合其禮. 毁之實所以敬之也. 敬而有禮, 又何禍乎?

爲司牧者, 宜曉諭其民, 除祖先以及先農[126]、八蜡[127]、五祀之神,[128] 有關于衣食居處者, 一槩不得濫祀.[129] 凡父母尊長疾厄, 有以祈禱者. 語云: "有疾痛則呼父母, 有急難則呼天夫."[130] 不有天之可呼乎? 天高聽卑,[131] 惟誠可格. 舍是又何求哉? 每見鄕人無端起建眞宮梵刹,[132] 雕塑仙佛, 始而金碧輝煌, 久之風雨暴露, 何謟始而以褻終耶? 其不福而召禍也, 必矣. 又有婦女無故成群結隊, 寺廟燒香, 不過以祝謁爲名, 其實乃嬉遊爲事, 何公念而以私成耶? 其不敬而招災也, 必矣.

噫! 事不有興, 安有其廢? 夫起宇造像, 是其興也. 及其傾頹暴露, 非其廢乎? 吾懼其廢之由于興也. 故不敢以諂而致褻, 求福而來禍, 莫若事之弗興爲愈乎! 念不有生, 安有其滅. 夫燒香叩神, 是其生也. 及其託名遊戲, 非其滅乎? 吾懼其滅之本于生也. 故不敢以公而遂私, 棄敬而惹災, 莫若念之弗生爲愈乎? 夫主持人心世道者, 惟導民遵王敎之正, 而勿崇信巫祝, 庶有合于夫子"務民之義, 敬鬼神而遠之"之訓矣.

원(員)이고 자가 자서(子胥)이다. 초(楚)에 있을 때 아버지와 형이 모함을 받아 죽자 오로 도망쳐 오왕 합려(闔閭)에게 중용되어 초를 격파하고 수도를 점령하였다. 오자서는 초왕의 무덤을 파 시신에 300번의 채찍질을 하여 아버지와 형의 원수를 갚았다고 한다. 하지만 합려의 뒤를 이은 오왕 부차(夫差)는 월(越)과의 문제로 의견충돌이 생기자, 그에게 검을 내려 자결하게 하였다. 격분한 그는 집안사람에게 자기가 죽은 다음 눈을 파서 월의 군대가 오를 진멸시키는 것을 볼 수 있도록 동쪽 성문 위에 걸어 달라고 유언을 남겼다. 오(吳)는 이후 과연 월의 구천(勾踐)에게 멸망을 당하였고, 이에 저승에서 오자서를 볼 면목이 없어진 오왕 부차는 흰 천으로 두 눈을 가린 다음 검으로 자결하였다고 한다. 한편 『구당서(舊唐書)』 권89 「열전(列傳) 적인걸(狄仁傑)」에는 이에 관련된 기사가 실려 있다. "강남순무사의 자리를 받자 이 지역의 습속에 음사가 많다고 상주를 올려 1,700개소를 파괴하였고, 오로지 하의 우임금과 오태백과 계찰, 오원의 네 사당만 남겨 놓았다(充江南巡撫使, 吳楚之俗多淫祠, 仁傑奏毁一千七百所, 唯留夏禹、吳太伯、季札、伍員四祠.)." 『신당서(新唐書)』 권115 「열전(列傳) 적인걸(狄仁傑)」에도 비슷한 내용이 있다.

126 선농(先農)은 사람들에게 가장 먼저 경작을 가르쳤다는 전설의 농업신(農神). 혹은 신농(神農)이라고도 한다.

127 팔사(八蜡)는 주나라 때 매번 농사가 끝나면 건해지월(建亥之月. 十二月)에 지내던 제사이름이다.

128 오사(五祀)는 제(禘)·교(郊)·종(宗)·조(祖)·보(報)의 다섯 종류 제례를 가리킨다.

129 남사(濫祀)는 예제에 맞지 않는 제사를 말한다.

130 천부(天夫)는 아마 하늘이나 하나님을 가리키는 것으로 보인다.

131 천고청비(天高聽卑)·천고청하(天高聽下)는 천자가 성명(聖明)하여 비록 조정의 위에 있더라도 능히 아랫사람들의 사정을 살펴볼 수 있다, 또는 천제(天帝)가 아주 높이 있기는 하지만 능히 아래 인간세상의 말을 듣고 그 선악을 살필 수 있다는 뜻이다. 제왕의 성명(聖明)을 칭송할 때 쓰는 비유이기도 하다.

132 진궁(眞宮)은 도관(道觀), 즉 도교사원을 가리키며, 범찰(梵刹)은 불사(佛寺), 즉 불교사원을 가리킨다.

26-08. 사교 엄단(嚴邪敎)

무릇 사람은 부귀(富貴)를 좋아하고 빈천(貧賤)을 싫어하며, 삶을 쫓고 죽음을 피하며, 복을 좋아하고 재앙을 두려워하지 않는 경우가 없다. 그래서 간사한 사람들은 그 좋아하고 싫어하고, 쫓고 피하고, 기뻐하고 두려워하는 마음을 이용하고 속임수를 써서 자신이 "사람들을 부귀하게 만들고, 삶을 주고, 복을 줄 수 있다"고 말한다. 사람들은 기쁜 마음으로 그 술수를 흠모하여 자신이 그것을 얻을 수 있다면 부귀해지고, 삶을 얻고, 복을 받을 수 있다고 생각한다. 그래서 사람들은 기쁜 마음으로 그들을 스승으로 삼고, 결국 그를 위해 진심과 성의를 쏟아붓고 재산을 탕진하고 목숨을 바치기에 이르면서도 모든 것을 돌보지 않게 된다. 사람들이 이렇게 믿게 되자, 간사한 사람들은 이 때문에 이들을 현혹시키는 이런 주장을 내세우게 된다.

> 나는 너희가 진심과 성의를 쏟아 붓고 재산을 탕진하고 목숨을 바치는 것을 원하기 때문에 일단 너희들이 믿고 따르는 것이 과연 정말로 견고하여 흔들리지 않는 것인지 시험해 보고자 한다. 과연 흔들리지 않는다면, 즉 부귀를 얻을 수 있고, 생명을 오래도록 늘릴 수 있으며, 영원토록 복을 얻을 것이니, 또한 어찌 빈천·죽음·재앙 따위를 만날 수 있겠는가?

슬프다! 무릇 사람의 부귀·빈천·생사에는 각기 그 운명이 정해져 있는데, 어찌 사람이 그것을 좋아하고 싫어하며 쫓고 피하는 게 가능하겠는가? 다만 그 화복(禍福)은 사람이 덕을 닦고 법을 잘 지키는 데 달려 있는 법이다. 덕을 닦으면 복이 모이고, 법을 잘 지키면 화가 멀어지는 것이니, 이것이 바로 인간사나 자연의 이치다. 천도(天道) 역시 반드시 호응하여 부귀하게 하고 긴 수명을 줄 것이니, 이것이야말로 모두 복을 얻는 데 가장 확실한 증거이다. 이 밖에서는 복을 찾을 필요가 없다. 세상 사람들은 덕을 닦고 법을 잘 지키는 데 힘쓰지 않고, 오로지 간사한 사람들의 말에만 미혹되어 왕왕 진심과 성의를 쏟아 부으면서 '내가 요행히 그를 스승으로 삼게 되었으니, 천지·귀신·조종(祖宗)·부모는 모두 섬기지 않아도 된다'고 생각한다. 또한 재산을 탕진하면서 '내가 지금 이것을 쓰면 이후에 금옥(金玉)과 주보(珠寶)가 대들보까지 가득 차 헤아릴 수 없을 정도가 될 것이다'고 생각한다. 목숨을 바치면서도 '내가 목숨을 버리더라도 이 술수에 의해 물위를 걷고 불을 밟아도 물에 빠지거나 불에 타지 않을 것이며, 또한 장래 부귀영화를 몸소 누릴 수 있을 것이다'고 생각한다. 오호라! 이 또한 정말 어리석은 생각이다.

지금 세상의 이른바 '백련(白蓮)'·'무위(無爲)'·'황극(皇極)'·'대승(大乘)'·'홍양(洪陽)'·'나조(螺祖)' 등 여러 민간종파(民間宗派)는 모두 간사한 사람들이 만들어 낸 사교(邪敎)다. 그들이 사람들을 미혹하는 것 역시 부귀·빈천·생사·화복에 관한 주장이며, 사람들이 거기에 현혹되는 것도 역시 오로지 좋아하고 싫어하며, 쫓고 피하며, 기뻐하고 두려워하는 마음이 가슴속에 가득 차 있기 때문이다. 이에 간사한 사람은 여기에 맞추어 사설(邪說)을 고취하여 사람들을 어리석게 만드니, 그 믿음을 따르는 사람들이 천하에 널리 퍼지게 되었다. 또한 그 마음을 조종하여 내가 이 믿음을 따르면 각자 바로 신선의 명부에 이름을 올려 장생불사(長生不死)를 누리게 되며, 모든 신이 보호해 주고, 모든 복을 죄다 누리게 된다고 믿게 만든다. 뿐만 아니라 또한 부귀영화가 아직 기다리고 있으니, 그것 역시 장차 빨리 얻고자 바라마지 않게 된다. 하지만 부귀영화를 누리고자 하는 마음을 품는다고 해도 하늘에서 작록(爵祿)을 떨어뜨려 주지는 않으며, 땅에서 금전이 샘솟는 것도 아니다. 그러니 그것을 어디에서 얻을 수 있겠는가? 결국 그러한 것을 얻지 못하면, 기회를 노리고 틈을 기다리다가 서로 모여 반란을 일으키지 않으면 안 될 뿐이다.

백성을 기르는 지방관은 마땅히 두루 그들을 깨우쳐 그 망령됨을 지적하고, 그 우매함을 깨뜨리고, 엄격한 조사를 통해 그 무리를 해산시켜야 한다. 즉 보갑이나 십가장에 무리를 지어 향을 태우고, 경전을 읽고 모임을 갖는 [사교의] 활동을 금지하고, 남녀를 불문하고 모두 불시에 단속하게 해야 한다. 아울러 초하루·보름마다 올리는 보갑의 「확인서」에도 "또한 사교의 남녀들이 무리를 지어 향을 태우고, 경전을 읽고 모임을 가진 적이 없다"는 내용을 기입하게 해야 한다. 만약에 십가장·보정이 조사하여 보고하지 않거나 이웃사람들이 고발하지 않았는데 본 주현에서 방문하여 드러나거나 다른 사람이 고발한다면, 십가장과 보정·이웃사람을 함께 처벌한다. 앞서 든 사교의 무리가 지방에 숨어 지내면서 향촌의 어리석은 사람들을 끌어들였다면, 엄히 체포하여 관부로 압송하고 죄를 물어 쫓아내 다른 지역으로 쫓아낸다. 죄가 무거울 경우에는 상사에게 보고하여 처벌한다. 만약 그들을 지방에서 숨겨 주었다면, 아울러 무겁게 처벌하되 용서하지 않는다. 이와 같이 한다면 향촌의 어리석은 사람들도 경계해야 함을 알게 되고, 사교도 그 사이에서 뿌리를 내리지 못할 것이다.

夫人未有不好富貴, 惡貧賤, 趨生避死, 喜福而畏禍者. 是奸人因其好惡、趨避、喜畏之念, 而詭其術曰: "我能富貴之, 生之, 福之." 而人群欣然慕其術, 以爲我能得之, 則可以富貴, 可以生,可以福. 于是群欣然師之, 以至于傾肝膽,[133] 破資財, 捐身命, 而皆有所不顧. 夫人之以相信如此者, 乃奸人爲之倡其說, 以爲"吾所以欲爾之傾肝膽、破資財、損身命者, 姑試爾之信從, 果能堅固而不遷否也. 果其能之, 則富貴可得, 生可長存, 福可永至, 而又何貧賤、死禍之是嬰哉?"[134]

悲! 夫人之富貴、貧賤、生死, 各有其命, 豈人所能好惡趨避之乎? 獨其福禍,[135] 乃在人之修德而懷刑.[136] 德修而福斯集, 刑懷而禍斯遠, 此人事自然之理, 天道必然之應, 卽富貴之, 與長年, 皆可信于福之徵,[137] 而無俟外求矣. 世之人不務德之修、刑之懷, 而惟奸人之是惑, 往往至于傾肝膽, 以爲: "我幸師之, 而天地、鬼神、祖宗、父母皆可不事也." 破資財, 以爲: "我今費之, 而後此金玉、珠寶充梁積棟,[138] 其未有量也." 損身命, 以爲: "我卽捨之, 而是術之赴水、蹈火, 焚溺不加, 且將來之榮華、貴顯, 躬所必受也." 嗚呼! 其亦愚甚矣.

今世之所謂: '白蓮'、'無爲'、'皇極'、'大乘'、'洪陽'、'螺祖'諸教, 皆奸人所創之邪教也.[139] 其惑人者, 亦卽富貴、貧賤、死生、禍福之說, 而人之受其惑, 亦惟是好惡、趨避、喜畏之念橫于其胸. 于是奸人因而中之,[140] 鼓其邪說而愚昧之, 從其教者遍天下. 操其心, 吾從是教, 卽已各登仙籍, 長生不死, 百神呵護, 諸福畢至, 獨其富貴尙在, 將來則無不望其速得也. 操欲得富貴之心, 天不降其爵祿, 地不湧其金錢, 則陡然之富貴,[141] 將何自而來乎? 其不至, 于乘机俟釁相聚, 而爲亂不已也.

爲司牧者, 宜通行曉諭,[142] 指其妄而破其愚, 嚴其查而散其黨. 卽于保甲、十家長, 禁止聚

---

133 여기서 간담(肝膽)은 진심·성의를 비유하는 말이다.

134 영(嬰)은 얽매인다, 만난다, 당한다는 뜻이다.

135 독(獨)은 '설마, 어찌, 다만, 단지, 유독, 도리어, 아직도'라는 뜻도 있지만, 기(其)처럼 어조사 역할을 하기도 한다.

136 회형(懷刑)은 형벌을 두려워하여 법을 지킨다는 뜻이다.

137 우(于)자가 여(了)로 된 판본도 있으나 부적절한 것 같다. 징신(徵信)은 고핵하여 실증하다, 믿음을 얻다, 믿고 의지한다는 뜻이다.

138 충량적동(充梁積棟)은 대들보·용마루까지 가득 채운다는 뜻이다.

139 여기 나오는 명칭은 모두 송대 이래로 중국에서 발전한 민간종교의 다양한 유파나 명칭을 가리킨다. 가장 대표적인 것으로는 바로 백련교(白蓮敎)를 들 수 있다. 백련교는 남송 때 극락세계의 아미타불(阿彌陀佛)을 신봉하던 불교 정토종(淨土宗)의 일파가 명교(明敎)나 미륵신앙(彌勒信仰)을 혼합시켜 탄생시킨 것인데, 원대 이후 '미륵불하생(彌勒佛下生)'·'명왕출세(明王出世)'를 내세우면서 세력을 확대하여, 원말에는 대규모 농민반란을 주도하였다. 하지만 백련교는 명조의 성립 이후 왕조의 탄압을 받았으며, 이후 국가의 인정을 받지 못하는 민간종교로서 이른바 '사교(邪敎)'라는 낙인이 찍히게 된다. 명조 중엽에는 '진공가향, 무생노모(眞空家鄕, 無生父母)'를 교리로 삼는 나교(羅敎)가 여기서 파생되었고, 무위교(無爲敎)도 이와 마찬가지로 생각된다. 다른 명칭의 유파 역시 모두 당시 알려진 민간종교 유파를 가리킨다.

140 중(中)은 걸맞다, 상응하다, 딱 맞춘다, 합격한다는 등의 뜻이 있다.

141 두연(陡然)은 '갑자기, 돌연, 뜻밖에'라는 뜻이다.

142 통행(通行)은 공문을 보내 통지하거나 두루 널리 알린다는 뜻이다.

衆燒香、談經作會,[143] 無論男婦, 一槩不時稽察. 幷于朔望保甲「結狀」內, 敘明"亦無邪教男女聚衆燒香、談經作會"等情. 如十家長、保正不行查報, 鄰佑不行擧首, 本州縣訪出及傍人首告, 將十家長、保正、鄰佑一倂究處. 其有前項邪教之人, 潛住地方, 引誘鄉愚者, 卽嚴拿解官, 責逐出境. 重則申憲究擬. 如地方容隱, 並重懲不貸. 如此, 則鄉愚知儆, 而邪教亦無所滋蔓于其間矣.

26-09. 덕망 높은 노인 예우(禮耆德)[144]

백성이 어른을 존중하고 유덕한 분을 공경할 줄 모르는 이유는 윗사람이 그들을 제대로 교화하지 못하였기 때문이다. 옛날의 천자는 봄·가을에 관직에서 은퇴한 경·대부·사 출신의 국삼로(國三老)와 서로(庶老)를 봉양하였고, 한대(漢代)에는 삼로(三老)를 아버지처럼 모시고 오경(五更)을 형처럼 받들었는데, 덕행과 연배가 높은 사람이나 혹은 퇴직한 노인이 여기에 해당하였다. 후한(後漢) 명제(明帝)가 노인을 봉양한 예법을 살펴보면, [천자가] 수레를 타고 먼저 대학인 벽옹(辟雍)에 도착하여, 사자를 [보내] 앉아서 타는 편안한 마차로 삼로와 오경을 맞이하였다. 천자는 문의 담에서 [그들을] 맞이하여 서로 예를 나누고, 천자는 동쪽 계단 쪽으로, 삼로는 서쪽 계단 쪽으로 길을 잡았다. 계단 앞에 이르면 천자가 예에 따라 읍을 하며, 삼로는 계단을 올라가서 동쪽을 향하였다. 삼공(三公)은 [그들을 위해] 탁자를 놓고, 구경(九卿)은 신발을 정리하여 천자에게 청하여 천자가 직접 소매를 걷어 제사음식을 썰고 장을 찍어 먹여 주고, 술잔을 들어 마시게 하였으며, 식전에 [먹거나 마시다가] 음식이 걸리지 않기를 기원하고, 식후에도 목메지 않기를 기원하였다. 오경은 [천자가 신하를 맞이하는 경우처럼] 남면(南面)을 하여 섰으며, 그러면 제후가 마찬가지로 음식과 술을 나아가 바쳤다. 그 의례는 삼로의 경우와 같았다. 위·신(魏晉)에서 수·당(隋唐)에 이르기까지 이런 의례를 삼가 행하지 않은 적이 없었다.

이 모든 것은 연륜과 덕망이 높은 사람을 예우한다는 뜻이다. 무릇 천자는 지극히 존귀

143 담경(談經)은 경전을 읽는다는 뜻이다. 여기서는 민간종교의 경전을 읽는다는 것이고, 작회(作會)는 각종 모임이나 회맹(會盟)을 거행한다는 뜻이다.

144 기덕(耆德)은 나이가 많고 덕이 높아 평소에 뭇사람의 신망을 얻는 사람을 가리킨다.

한 신분인데 삼로·오경과 함께하였던 것은 모두 자신의 신하이지만, 그들을 마치 나이 어린 아랫사람이 윗사람을 공양하고 모시는 것처럼 존중한다는 뜻이었다. 윗사람이 이렇게 공경하여 극진한 예를 다하는 까닭은 무엇이겠는가? 이는 천하의 자제들로 하여금 모범을 보고 따르게 하여, 모두 함께 서로 이끌고 효제(孝悌)의 길로 나가도록 하려는 것 때문이었다. 천자가 이처럼 그 신하 가운데 연륜과 덕망을 갖춘 사람을 특별히 존중하고 예우하는데, 하물며 나이가 어리고 지위가 낮은 서민 자제라면 응당 윗사람을 공경하고 부양해야 하지 않겠는가!

오늘날 백성을 기르는 지방관이 된 사람은 매년 연륜과 덕망이 모두 뛰어난 사람을 골라 현빈(賢賓)으로서 예를 갖추어 초빙하고 향음주례를 거행해야 한다. 이것은 연륜과 덕망을 갖춘 분을 예우하는 큰 행사로서, 천자를 대신하여 그 지방에서 대신 받들어 행하는 것이기도 하다. 그런데 만약 향촌 학교에서 노인을 봉양한다는 이야기가 들리지 않는다면, 주변 사방의 향민들이 보고 느낄 여지가 없다. 따라서 매년 연말에 해당 지방관은 향약·지보·촌장·장두 등에게 지시하여, 자기 고장에서 80세 이상으로 평소에 덕망이 있는 사람을 골라 공정하고 정확하게 추천하여 보고하고, 관련된 사실을 열거한 다음 「보증서」를 아울러 갖추어 직접 제출하게 해야 한다. 지방관은 사실을 확인한 다음 직접 그 지역을 방문하여 술자리를 준비하고 대략 향음주례를 모방하여 기로(耆老)를 손님으로 모신다. 이때 지방관은 경솔하거나 오만하지 않는 신중한 자세를 취하여 연륜과 덕망을 갖춘 노인을 존중한다는 뜻을 보여 줌으로써, 그 향촌 자제들이 모두 나이든 분은 존중해야 하고 덕망이 있는 사람은 존경해야 한다는 것을 알게 하여, 서로 다투어 효제의 길로 나가지 않음이 없게 해야 한다. 그렇게 하면 향촌 서민들은 비록 나이가 많더라도 반드시 평소의 덕망이 뛰어나야만 관장(官長)의 존중을 받는다는 점을 알게 될 것이다. 이렇게 한다면 자제들이 어찌 윗사람을 거스르면서 불손하겠으며, 서민들은 어찌 나쁜 짓을 하면서 몸가짐을 바로잡지 않겠는가? 장차 교화가 이루어지고, 풍속은 저절로 순박하고 아름다워지는 것을 볼 수 있을 것이다.

民之所以不知尊長而敬德者, 由于上無以風之也.[145] 古天子春秋養三國老、庶老,[146] 漢父

---

145 풍(風)에는 풍교(風教)·교화(敎化)·습속(習俗)·풍기(風氣)란 뜻 외에도 교육(敎育)·감화(感化)·현양(顯揚)·표창(表彰)·권간(勸諫)·권설(勸說) 등 다양한 뜻이 있다.

146 국로(國老)는 은퇴한 경(卿)·대부(大夫)·사(士)를 가리키고, 서로(庶老)는 은퇴한 사인(士人)을 가리킨다. 『예

事三老, 兄事五更,[147] 以德行年高者, 或致仕之老爲之. 其明帝養老之禮,[148] 乘輿先到辟雍,[149] 使者安車迎三老五更.[150] 天子迎于門屛, 交禮, 道自阼階,[151] 三老升自賓階.[152] 至階, 天子揖如禮. 三老升, 東面, 三公設几, 九卿正履,[153] 請天子親袒割牲, 執醬而饋, 執爵而酳, 祝鯁在前, 祝噎在後.[154] 五更南面,[155] 公進供, 禮亦如之. 自魏晉以及隋唐, 莫不修擧. 凡此皆尊禮耆德之意也. 夫以天子至尊, 而與老、更, 皆其臣子者, 尊之賓禮, 如卑幼之養長. 上致敬盡禮如

기(禮記)』「왕제(王制)」편에 의하면 "유우씨 때에는 대학에서 국로를, 소학에서 서로를 부양하였다. 하후씨 때에는 국로를 동서에서, 서로를 서서에서 부양하였다. 은인은 국로를 우학에서 양로를 좌학에서 부양하였다. 주인은 국로를 동교에서, 서로를 우상에서 부양하였다. 우상은 국의 서교에 있었다.(有虞氏養國老於上庠, 養庶老於下庠. 夏後氏養國老於東序, 養庶老於西序. 殷人養國老於右學, 養庶老於左學. 周人養國老於東膠, 養庶老於虞庠: 虞庠在國之西郊.)."라는 기록이 있다. 『예기』「내칙(內則)」에도 비슷한 기록이 있다. 본문의 '三國老'는 아마도 '國三老'를 가리키는 것 같다. 다음 주를 참조.

147 부사(父事)는 다른 사람을 마치 아버지처럼 모신다는 뜻이고, 형사(兄事)는 다른 사람을 형처럼 모신다는 뜻이다. 삼로(三老)는 국삼로(國三老)로 대부분 삼공(三公)의 자리에 있었던 사람을 가리키며, 오경(五更)은 향관(鄕官)의 이름으로 여기에 연로하여 은퇴한 관리를 안치하였다. 삼로오경에 대해서 천자는 부형을 모시는 예(父兄之禮)로 부양하였다고 일컬어진다. 삼로오경(三老五更)에 대해서는 『예기』「문왕세자(文王世子)」("天子視學, 大昕鼓徵, 所以警也. 至, 然後天子至. 乃命有司行事. 興秩節, 祭先師先聖焉. 有司卒事, 反命. 始之養也: 適東序, 釋奠於先老, 遂設三老五更群老之席位焉. 適饌省醴, 養老之珍, 具; 遂發詠焉, 退修之以孝養也.")편이나 「악기(樂記)」편("食三老五更於大學, 天子袒而割牲, 執醬而饋, 執爵而, 冕而總干, 所以諸侯之弟也.'), 「제의(祭義)」편("食三老五更於大學, 天子袒而割牲, 執醬而饋, 執爵而, 冕而總干, 所以諸侯之弟也.")에 기록이 나온다.

148 여기서 이어 서술되는 부분은 『후한서』 권14, 「예의(禮儀) 상(上)」에서 끌어온 것으로 보인다("養三老、五更之儀, 先吉日, 司徒上太傅若講師故三公人名, 用其德行年耆高者一人爲老, 次一人爲更也. …… 其日, 乘輿先到辟雍禮殿, 御坐東廂, 遣使者安車迎三老、五更. 天子迎于門屛, 交禮, 道自阼階, 三老升自賓階. 至階天子揖如禮. 三老升, 東面, 三公設几, 九卿正履, 天子親袒割牲, 執醬而饋, 執爵而酳, 祝鯁在前, 祝饐在后. 五更南面, 公進供禮, 亦如之."). 다만 '請天子親袒割牲'의 '請'은 여기서 추가된 것이다.

149 벽옹(辟雍. 辟廱)은 서주 천자가 설치한 대학을 가리킨다. 교지는 원형이고 연못이 둘러싸고 있으며 앞문 밖에 다리가 있다.

150 안거(安車)는 앉아서 탈 수 있는 작은 수레를 말한다. 보통 수레는 서서 탔지만, 이것은 앉아서 탈 수 있어 이런 명칭이 붙었다. 보통 연로한 고급관원이나 귀부인용으로 쓰인다.

151 조계(阼階)는 동쪽 계단을 말한다.

152 빈계(賓階)는 서쪽 계단을 말한다. 주인과 손님이 마주할 때 손님은 서쪽 계단으로 오르기 때문에 이런 이름이 붙었다.

153 삼공(三公)은 중앙의 세 가지 최고 관직이고, 구경(九卿)은 마찬가지로 중앙정부의 아홉 가지 고급관직을 가리킨다. 주에서는 태사(太師)·태부(太傅)·태보(太保)가 삼공(三公)이었고, 소사(少師)·소부(少傅)·소보(少保)·총재(塚宰)·사도(司徒)·종백(宗伯)·사마(司馬)·사구(司寇)·사공(司空)이 구경이었다. 전한(前漢) 때에는 승상(丞相. 大司徒)·태위(太尉. 大司馬)·어사대부(御史大夫. 大司空)가 삼공이었고, 태상(太常)·광록훈(光祿勳)·위위(衛尉)·태복(太仆)·정위(廷尉)·대홍려(大鴻臚)·종정(宗正)·사농(司農)·소부(少府)가 구경이었다.

154 축경축의(祝鯁祝饐)는 제왕이 경로·양로의 표시로 연로하여 은퇴한 사람을 불러 술과 음식을 대접하는데, 그들이 목이 메거나 하지 않도록 돌봐 주는 사람을 두어 축도(祝禱)하는 것을 말한다.

155 남면(南面)은 북쪽에 앉아 남쪽을 바라는 보는 것을 존위(尊位)로 여겼던 것을 가리킨다. 따라서 따라서 천자·제후·경대부는 신하나 속료를 만날 때 남쪽을 보며 앉았다. 때문에 남면은 존중받는 자리나 관위에 앉는 것, 나아가 제위(帝位)를 가리키기도 한다.

此, 其故何哉? 欲使天下之爲子弟者, 觀型則效, 共相率于孝悌而已耳. 天子于其臣耆年有德者, 猶尊禮之, 而况庶民卑幼之各敬其尊、長其老乎!

今之爲司牧者, 每歲擇齒、德俱優者, 以禮聘爲賓介,[156] 舉行鄉飮, 是亦優禮耆德之大典, 爲天子奉行于其州邑也. 若夫鄉序之間, 養老無聞, 四境庶民, 莫由觀感. 每歲年終, 有司宜令鄉約、地方、村長、莊頭, 擇本鄉年八十以上、素有德行, 從公確實擧報,[157] 幷開列所行事實, 具結投遞. 有司訪實, 親詣其鄉, 具酒筵, 畧仿鄉飮禮, 以耆老爲賓. 愼毋褻慢,[158] 以示尊敬耆德之意, 使其鄉之子弟, 皆知高年之當尊, 有德之當敬, 無不相趨于孝悌. 卽其鄉之庶民, 皆知年雖高, 而必德行素優, 方爲官長敬禮. 如此, 而子弟猶有忤逆不遜, 庶民猶有爲惡不端者乎? 將見敎化行, 而風俗自臻于淳美矣.

26-10. 고아와 빈민 구휼(卹孤貧)[159]

주 문왕의 어진 정치는 가장 먼저 형제나 자손이 없는 사람을 불쌍히 여겼으며, 태평치세를 이루는 대도(大道)는 의지할 데 없는 외로운 사람들을 가엽게 여기는 것을 아울러 중시하였다. 무릇 늙어서 처가 없는 경우(鰥), 늙어서 남편이 없는 경우(寡), 늙어서 자식이 없는 경(獨), 어려서 부모가 없는 경우(孤), 이 네 부류는 괴로운 처지를 호소할 데 없는 천하의 가장 빈궁한 사람들로 왕정(王政)에서 응당 깊이 근심해야 할 바이다. 지금 각 주현에는 모두 이런 사람들을 수용할 수 있는 양제원(養濟院)이 설치되어 있다. 무릇 외롭고 가난한 사람에게는 모두 옷과 이불·식량을 지급하여, 이들이 머물 장소를 제공하고 옷과 먹을 것을 주어 각기 필요한 바를 얻게 하는 것이니, 조정의 은택은 지극히 두텁다고 하지 않을 수 없다. 그렇지만 일부 주현에서는 양제원이 쓰러지고 기울어져도 수리를 하지 않아, 외

156 빈개(賓介)에서 빈은 현빈(賢賓), 개는 현빈의 다음 위치를 가리킨다. 따라서 빈개는 대체로 현빈을 가리킨다고 할 수 있다.

157 종공(從公)은 '공정하게'라는 뜻이다.

158 설만(褻慢)은 너무 격의가 없거나 오만하다는 뜻이다.

159 이와 관련된 문제는 제31권 서정부 2 「31-13. 버려진 영아 키우기(育養嬰兒)」에서도 다루어지고 있다.

롭고 가난한 사람들이 성문이나 황폐한 사묘에 머무르는 경우가 자주 있다. 식량과 옷·이불도 사람 수대로 지급하지 않고 매번 정액을 깎아먹어 그들이 추위와 굶주림으로 쓰러지게 하는 것이다. 이것은 가난하고 힘든 백성을 굽어 살펴 가엾이 여기시는 황상의 인자한 마음을 우러러 살피고 느끼는 자세와 특히 거리가 멀다.

지방관은 마땅히 본 주현에서 홀로 되고 가난한 사람에게 나누어 주는 식량과 옷·이불 등의 정액이 얼마이고, 현재 홀로 되고 가난한 사람은 모두 몇 명인지를 살펴 정액에 따라 매월 초하루·보름에 공개적으로 이름에 따라 [식량을] 지급해야 한다. 옷과 이불은 [겨울에 대비하여] 10월에 역시 이름에 따라 지급한다. 이때 정말로 늙고 병들거나, 몸이 망가진 어린이거나, 가난하고 외로운 사람인지 분명하게 확인한 다음 명단에 기입하여 이것들을 지급하고 수령하게 해야 한다. 만약 사망자가 생기면 관청에 보고하여 매장하되, 앞서 든 사항에 해당하는 사람이 대신 그 명단에 이름을 보충하여 올리도록 한다. 하지만 그 지역 거지두목이 속임수를 써서 자기 부하 거지를 대신 채움으로써 그들이 공금을 갉아먹는 일은 반드시 막아야만 한다.

양제원에 대해서는 응당 지현이 직접 찾아가 답사하고, 쓰러지거나 기울어진 것은 방법을 마련하여 수리하도록 하며, 아예 무너져 버린 것은 방법을 마련하여 다시 짓도록 한다. 그 짓는 방식은 중당(中堂)에는 세 개의 기둥을 세우고, 후실(後室) 다섯 칸, 좌우 각 다섯 칸씩으로 하고 담으로 에워싸는 것인데, 건물 뒤편에는 몇 자의 공간을 두어 측간이나 몸을 씻는 용도로 쓰게 한다. 중당은 양제원에 수용된 사람들이 공동으로 모이는 장소로 삼고, 후실은 여성들이 거주하도록 하고, 좌우의 건물에는 남자들이 거주하도록 한다. 그리고 문 밖에는 나무 팻말을 세워 양제원임을 표시하도록 한다. 이렇게 하면 홀로 되고 가난한 사람들이 머무를 곳과 먹고 입는 것이 모두 의지할 바가 생기니, 조정의 은택과 지방관의 은혜가 무궁함을 느낄 것이다.

文王之仁政, 首哀煢獨.[160] 平治之大道, 兼重卹孤. 夫鰥寡孤獨, 皆貧窮無告之民,[161] 王政

160 경독(煢獨)은 의지할 곳 없는 외로운 사람을 말한다. 형제가 없는 것을 경, 자손이 없는 것을 독이라 한다.

161 환과고독(鰥寡孤獨)은 원래 『맹자』「양혜왕(梁惠王) 하(下)」에 나오는 구절이다. "늙어서 처가 없는 경우를 환, 늙어서 남편이 없는 경우를 과, 늙어서 자식이 없는 경우를 독, 어려서 부모가 없는 경우를 고라고 한다. 이 네 경우는 괴로운 처지를 호소할 곳이 없는 천하의 가장 빈궁한 사람들이다(老而無妻曰鰥, 老而無夫曰寡, 老而無子曰獨, 幼而無父曰孤; 此四者, 天下之窮民而無告者.)." 환과고독은 노동력이 없이 혼자 사는 의지할 데 없는 사람이란 뜻이고, 빈궁무고(窮民而無告)는 괴로운 처지를 호소할 곳이 없다, 매우 불행하다는 뜻인 것이다.

所宜深憫者也. 今各州縣, 俱設有養濟院. 凡孤貧俱設有布花、口粮,[162] 使其栖止、衣食, 各得其所, 朝廷之恩澤至渥也. 往往州縣養濟院, 傾圮廢而不葺, 孤貧多寄跡城門荒廟.[163] 口粮、布花, 不按名支給, 每致剋減正額, 斃於饑寒, 殊非仰體皇仁俯憐窮阨之心矣.[164]

司牧者, 宜查本州縣額設孤貧口粮、布花等銀若干、現在孤貧名口若干, 照依額設, 每月朔日, 當堂按名給散. 布花, 于十月, 亦按名給散. 要查須眞正老疾、幼殘、窮孑之人, 方准入冊支領. 若有死亡, 報官掩埋, 仍准如前項人頂補,[165] 不得該地方丐長欺淩,[166] 以彼屬乞流冒頂, 侵食官銀. 至于養濟院, 宜親詣查勘, 傾圮者卽設法修理, 湮廢者卽設法起蓋.[167] 其式中堂三楹、後室五間、左右各五間, 繚以周垣, 室後各留隙地數尺, 便于厠淨. 中堂爲孤貧公聚之所, 後室有婦人者居之, 左右男子居之. 門外植木坊, 榜以養濟院, 則孤貧栖址、衣食, 皆有所賴, 而感朝廷之恩澤、仁侯之惠政于無窮矣.

26-11. 의총 건립(立義塚)

가난한 집에서는 매장할 땅이 없어 언제나 황무지나 교외에 관을 내다 놓아 결국 썩어 문드러지고 부서지게 만든다. 타향에서 죽는 객상의 경우도 매번 빈 들판에 관을 내버려 두는데, 오래되어도 일가친척이라고 찾아오는 사람이 없다. 심지어는 흉년이 들거나 전염병이 크게 돌아 시신이 도로에 종횡으로 널리고 도랑과 계곡을 메워 그 썩는 냄새가 천지를 진동시키는 경우도 있다. 이런 모든 것들은 무릇 지방관이 마땅히 안타깝게 여겨 마음을 써야 할 바이다. 즉 경내에 거주하는 사람들이 많고 왕래가 빈번한 지역에서는 높고 비어 있는 땅을 골라 녹봉을 기부하여 땅을 사들여서 경계를 세우고 무료 공동묘지, 즉 의총(義塚)를 세워야 하는 것이다. 그리고 가난하여 매장할 곳이 없거나 객사한 여행객 가운데

---

162 포화(布花)는 면포와 솜, 나아가 옷과 이불을 가리키는 것으로 보인다.
163 기적(寄跡)은 잠시 몸을 의탁한다는 뜻이다.
164 궁액(窮阨)은 가난하여 힘든 것을 뜻하며, 앙체(仰體)는 우러러 윗사람의 뜻을 잘 살핀다는 뜻이다.
165 정보(頂補)는 다른 사람이나 물건으로 바꿔서 메운다는 뜻이다.
166 기릉(欺淩)은 얕보다, 괴롭히다, 업신여긴다는 뜻이다.
167 연폐(湮廢)는 연몰, 폐기를 뜻한다.

친척임을 자인하는 사람이 찾아오지 않는 경우에는 여기에 묻힐 수 있도록 해 준다.

여행객 가운데 해가 오래되도록 찾아오는 사람이 없는 경우에도 혹시 관 위에 원래의 표기가 있을 수 있다. 이런 경우 그 관이 촌·장의 들에 있을 때에는 지보·총갑으로 하여금 관이 몇 개인지를 보고하도록 하고, 암자·도관·사원에 있을 때에는 해당 승려 등이 보고한 다음 매장하는 것을 허락한다. 아울러 관 위에 있던 원래의 표기는 목패(木牌)에 적어 무덤 앞에 세워 놓음으로써 혹시 나중에 찾아오는 사람이 있으면 확인할 수 있게 한다. 전염병을 만난 해에는 친척이 있다면 그에게 매장하도록 하고, 그렇지 않은 경우라면 베풀기를 좋아하는 사람에게 관청에서 부탁하여 관을 기부하게 한다.

매장은 해당 지역의 지보·승려가 관할하게 한다. 높고 비어 있는 들판의 언덕을 깊이 파서 매장하는데, 죽은 사람의 나이와 용모·의복 등을 적어 매장된 장소에 표시로 꽂아 두게 하는 것이다. 각 지보·승려는 매일 매장한 사람의 수를 모아서 관청에 보고한다. 만약 시신이 있는데도 내버려두고 매장하지 않거나, 매장하였어도 방법에 어긋나 개나 들짐승이 헤집어 놓은 경우에는 조사하여 죄가 밝혀지면 관할한 사람을 처벌한다. 이렇게 한다면 들에는 버려진 시신이 없을 것이니, 또한 지방관의 은덕이 해골만 남은 고인(故人)에게까지 미치는 은혜로운 정치라 할 것이다.

○ 종래 선행을 베풀기를 좋아하는 관료나 신사는 해골이 버려져 있는 것을 매우 안타깝게 여겨 승려들로 하여금 이를 모아 화장시키도록 하였다. 그런데 결국 승려들은 많이 모으는 것을 공적으로 여기게 되어, 태반은 소나 말의 뼈를 [사람의 해골에] 뒤섞게 되었다. 또한 사람을 모집하여 해골 한 가마니를 주워 오는 경우 얼마간의 배상금을 준다고 하자, 시정 무뢰배들이 상금으로 이익을 얻고자 마침내 남의 묘를 파서 뼈를 도둑질하기에 이르렀다. 이렇게 되자 [해골을 모아] 화장을 하는 것은 사람을 짐승과 같게 만드는 일이 되고, [해골을] 모으는 일은 버려진 것을 모으는 것이 아니라 묻힌 것을 파내는 꼴이 되어 버렸다. 선행을 한다고 하였다가 도리어 죽은 사람을 다시 한 번 비통하게 만드는 일이 아니겠는가? 응당 취해야 할 방법은 승려들에게 사람과 짐승의 뼈를 각기 따로 모아 화장을 하게 하는 것이다. 해골에 대해서는 승려들로 하여금 도처에서 모으게 하지만, 반드시 돈을 주어 모집할 필요는 없다. 이른바 "눈앞에 보이는 일에 선행을 베풀 때에는 겉치레에 집착한 보시를 해서는 안 된다"는 뜻인 것이다.

○ 이상에서 늘어놓은 여러 조항은 모두 백성을 먹이고 가르치는 일과 관련된 지엽적인 논의다. 그 가운데 응당 백성에게 알려야 할 것은 응당 한 권의 책으로 묶어 인쇄한 다

음 배포함으로써, 백성이 보고 경각심을 가짐과 동시에 아울러 지방관의 가르침에 쉽게 따름으로써 기꺼이 바뀔 수 있게 해야 한다. 지방 사정에 따라서 적절하게 바꾸거나, 아니면 시기에 따라 넣거나 빼는 일은 바로 지방관이 뛰어난 지혜로 판단해야 하지, 이상의 몇 가지에만 매달려서는 안 될 것이다.

貧窮之家, 埋葬無地, 每有柩暴荒郊, 而卒致朽懷者. 商旅之人, 客死他鄕, 每有抛棺曠野, 而久無主認者.[168] 甚或年遭凶祲, 疫癘大作, 屍骸枕藉道路,[169] 塡委溝壑,[170] 而臭徹地天者. 凡此, 司牧之仁所宜惻然而動心者也. 于境內人烟輻輳及往來通衢, 擇空閑高曠之地, 捐俸置買, 定立界址, 以爲義塚. 貧無葬地, 旅櫬無主者, 許于其處瘞之.[171] 其旅櫬年久無主識認, 或棺上原有標記. 若在村莊原野, 著地方、總甲, 具報棺若干具, 若在庵觀、寺院, 著本僧具報棺若干具, 准令埋瘞. 仍將原標記寫于木牌, 竪立塚前, 恐後有尋覓, 以便認取. 如遇疾疫之年, 有主者聽其埋葬, 無主者官屬好義之人, 施助棺木. 或著地方, 或著行僧管埋. 于空野高阜之處, 掘深掩埋, 仍記明年貌、衣服, 標于各埋之所. 各地方僧人, 將每日掩埋過數目, 彙冊報官. 如有屍骸, 暴棄不埋, 或埋不得法, 致令犬畜跑開者, 查勘出罪, 責經管之人. 如此, 則野無遺骸, 亦仁侯澤及枯骨之惠政矣.

○ 向有樂善官紳, 軫念骸骨抛棄, 命僧收檢化煉.[172] 僧遂以多檢爲功, 大半襍以牛馬等骨. 又有募人拾骸骨一石者, 酬金若干, 市井亡賴, 利其酬金, 遂掘人墓而盜取其骸. 是煉者以人同于牲畜, 募者欲其所棄, 而反掘其所藏. 夫非善而更令死者含悲乎? 法宜命僧, 以人畜骨, 各聚一處化煉. 至于骸骨, 命僧隨處收檢, 不必出金募拾, 所謂: "現前功德不着相布施"矣.[173]

---

168 인(認)은 나서서 인정한다는 뜻으로 주인(主認)이 없다는 것은 자신이 그 사람의 가족이나 친척이라고 나서서 인정하는 사람이 없다는 뜻이다. 이를테면 인시(認屍)는 친인(親認)의 시신을 보고 그 사람임을 확인한다는 뜻이다.

169 침자(枕藉, 枕籍)는 베게와 깔개를 뜻하는데, 나아가 사람들이 서로를 베개로 삼아 누워 있어 아주 어지러운 모습을 형용한다.

170 전위(塡委)는 막다, 메운다, 쌓인다는 뜻이다. 전(塡)은 메우다, 채운다는 뜻이고 위(委) 역시 내버려지다, 버리다, 막힌다는 뜻이다. 구학(溝壑)은 산 고랑을 가리키는데, 야외에서 죽는 장소나 곤경을 비유하기도 한다.

171 예(瘞)는 묻다, 무덤으로 삼는다는 뜻이다.

172 화련(火煉)은 불에 태운다, 즉 화장을 한다는 뜻이다.

173 현전(現前)은 눈앞에, 또는 눈앞에 나타난다는 뜻이다. 이를테면 현전공양(現前供養)은 눈앞에 보이는 부처나 탑묘에 공양하는 것을 말한다. 공덕(功德)은 좋은 일이나 유익한 일을 하는 것, 나아가 염불이나 독경·보시(布施)를 뜻한다. 착상(着相, 著相) 역시 사물의 형상에 집착하거나 의식적으로 표현해내는 형상을 가리키는 불교 용어이다. 따라서 착상보시(着相布施)는 자기의 공덕이나 명예로 삼으려는 집착이 들어간 보시(布施. 남에게 은혜를 베푸는 것을 말한다)를 말하며, 이와 대조되는 개념은 불착상보시(不着相布施)나 무상보시(無相布施)이다.

○ 已上諸條, 皆有關敎養之末議. 其間有應曉之民者, 宜編輯一書, 刊刷播告, 使其觸目警心, 而父母之敎令, 亦易從而樂化. 至于隨地制宜, 因時興革, 是在司牧者神明而損益之,[174] 又匪拘拘于此數者而已.

174 신명(神明)은 원래 천지간 모든 신령을 총칭하지만, 여기서는 신과 같은 현명한 지혜, 정신을 뜻하는 것으로 보인다.

제27권

황정부 荒政部

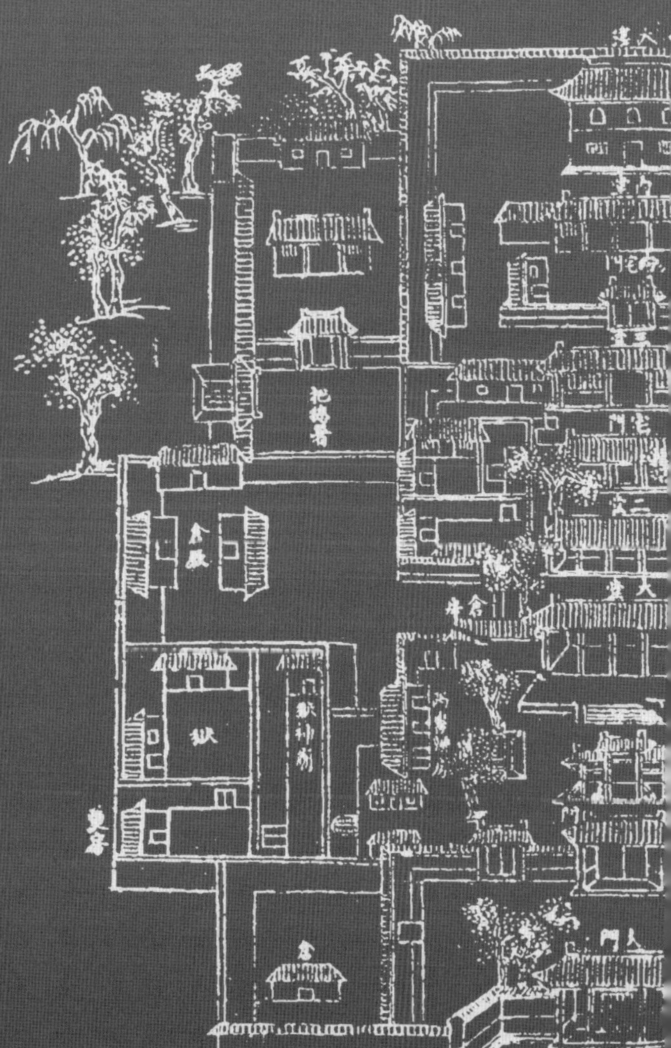

福惠全書

27-01. 총론(總論)

농사의 작황에는 풍년도 있지만 흉작도 없을 수는 없다. 이것은 마치 사람이 오랫동안 건강하게 지낼 수 있지만 병이 없을 수 없는 것과 같다. 작황에 흉작이 없을 수 없다는 것을 알면, 반드시 먼저 이에 대비해야 함으로써 흉작을 맞았을 때 그 피해를 입지 않게 해야 한다. 사람에게 질병이 없을 수 없음을 안다면, 반드시 먼저 이것을 예방함으로써 질병을 만났을 때 그 곤경을 당하지 않으려는 것과 같은 셈이다. 무릇 이 예방이란 것은 곡식을 많이 쌓아 두는 것과 의약품을 많이 비축하는 것을 일컫지 않겠는가? 곡식 저장량이 많으면 [이것으로] 구제를 할 수 있어 흉년이 들어도 재해로 연결되지는 않는다. 의약품 비축을 많이 해놓았다가 [이것으로] 치료하면, 질병이 발생해도 곤경에 빠지지 않는다. 그러므로 흉작을 구제하는 데에는 곡식을 비축하여 구휼에 대비하는 일보다 중요한 것이 없고, 질병을 치료하는 데에는 의약품을 비축하여 치료에 대비하는 일보다 중요한 것이 없다.

『주례』「지관(地官) 대사도(大司徒)」에 따르면 열두 가지 황정(荒政)의 대책으로 만민을 모으는데, 그중 하나가 '산리(散利)'이다. 산리는 종자와 식량을 [백성에게] 빌려 주는 것이다. 옛날에 3년을 경작하면 반드시 1년치 식량의 여유가 생긴다고 하였고, 9년을 경작하면 반드시 3년치 식량의 여유가 생긴다고 했는데, 이것으로 예비하여 산리의 바탕으로 삼는다. 그래서 요임금 시절에 9년 동안 홍수가 있었고 탕임금 시대에 7년 동안 가뭄이 있었지만, 백성에게 굶주린 얼굴빛이 없었던 것은 모두 미리 갖추어 대비했기 때문이다. 주의 관직에는 창인(倉人)이 있어 곡식 저장을 관장하였는데, 여유가 있으면 곡식을 저장하고 흉년을 기다려 곡식을 나누어 주었다. 그러므로 [唐代의] 육지(陸贄)는 "곡식을 비축하여 재해에 대비하는 것은 성왕(聖王)의 급무"라고 하였는데, 이것은 바로 백성을 위한 계책이지, 오로지 국가의 창고를 넉넉하게 만드는 데만 힘쓰는 일은 아닌 것이다. 그래서 이회(李悝)의 평적법(平糴法), 경수창(耿壽昌)의 상평창(常平倉), 주자(朱子)의 사창(社倉)은 모두 이러한 취지에서 만들어진 것이다.

그런데 재해구제[구휼]의 방책은 바야흐로 흉년이 닥쳤으나 백성이 아직 기아 상태에 미치지 않았을 때 당장 급한 식량을 빌려 주고 내년 농사를 짓기 위한 종자를 지급해 줌으로써 백성이 굶주려 죽거나 뿔뿔이 유랑하여 흩어지는 것을 막는 일이다. 아울러 부모·처자가 서로를 보호할 수 있고 가옥과 전답이 버려지는 것을 피하게 하니, 이것은 구제 방책 가운데 가장 훌륭한 것이다. 만약 반드시 어떤 지역에서 흉년이 들었다는 소식을 듣고 백성이 이미 기아에 허덕이게 된 다음을 기다려서야 상사에게 보고한다면, [그리하여 상사가] 상주문을 갖추어 황상께 보고하고, [황제가 호부에 그것을 검토하라는 지시를 내려] 호부가 그것을 검토하여 동의한다는 회답을 올리고, 그에 따라 황상의 조칙이 떨어진다. 이러한 과정을 거치면서 문서 왕래는 시일을 지체하기 마련이고 관리가 처음 곡식을 풀어 구제하게 되는 때가 되면 백성은 이미 사방으로 흩어지고, 도랑과 계곡에 굴러 떨어져 쌓이는 시체는 이루 다 헤아릴 수 없을 정도가 된다. 이것은 곡식을 비축해 놓고도 신속하게 [풀어] 기아를 구제하지 않는 것으로, 의약품을 비축해 놓고도 방출하여 질병을 치료하지 않은 것과 무엇이 다르겠는가? [이런 식으로 재해에 대처한다면] 이재민은 반드시 사방으로 흩어지고, 흩어지면 또한 반드시 죽음에 이르게 된다.

그러므로 재해에 미리 대비하는 것은 생기기 전에 조치를 취함으로써 비록 재해가 생기더라도 사람들이 재해가 생겼음을 알지 못하게 하는 것이다. 이것이 바로 옛 성왕들이 사람이 할 수 있는 충분한 준비로 자연이 가져오는 부족함을 보충하였던 도리다. [이렇게 재해가 들기 전에 대비하였던 옛적의 방식과는 달리] 이미 재해가 닥친 다음에야 구제하는 방식은 비록 재해를 만나 모두가 그 때문에 죽게 만들지는 않지만, 백성을 불쌍히 여겨 구제하려는 윗사람의 마음을 넓혀 아랫사람의 위험을 구제하는 후세의 방식이다. 양자를 비교해 보면, 이미 재해가 생긴 다음에 구제를 운운하는 [후세의] 방식보다는 재해가 생기기 전에 미리 대비를 하는 [옛적의] 방식이 훨씬 더 낫지 않은가? 왜 그런가? [옛적의 방식은] 재해가 눈앞에 나타나기 이전에 구제하는 것이고, 위기에 빠졌을 때에는 이미 그에 대한 대비가 되어 있기 때문이다.

그렇지만 [준비가 안 된 상황에서 재해를 만나게 되어] 부득이하게 구제를 이야기할 수밖에 없는 경우에는 진제(賑濟) 이외에 달리 따를 수 있는 무슨 방법이 있겠는가? 그리고 진제의 방법은 한 가지만 있는 것이 아니다. 겨울과 봄을 지낼 것을 합산하여 금전과 곡식을 지급하는 방법이 있고, 성인·미성년을 계산하여 날마다 쌀(곡식)을 지급하는 방법이 있으며, 죽창(粥廠)을 마련하고 죽을 끓여 기민(饑民)을 구제하는 방법이 있다. 그러나 과거 현자들의 구휼 논의는 재해로 고향을 떠나 생업을 잃고 떠도는 백성은 날마다 한 홉, 한 되의 양식을 기다리면서 농민·상인·수공업자로서의 생업은 모두 내팽개치고 돌보지 않는다고 보았으므로 단지 굶어 죽어 가는 백성을 먹이는 데만 신경을 쏟았다. 그러니 어찌 깊이 생각하고 멀리 헤아려 보는 계산이 가능하였겠는가? 따라서 날마다 사람 수를 헤아려서 식량을 지급하는 방법은 겨울과 봄을 합산하여 금전과 곡식을 지급하여 그들이 가정을 유지하고 생업을 관두지 않게 하는 방법보다 못한 것이다. 이 후자의 방법은 그 이로움이 아주 큰데, 이것은 [송대의] 증공(曾鞏)이 구재(救災)에 관한 논의에서 이야기한 바이다. 또한 죽을 끓여 나눠 주는 것은 구황의 가장 하책이라고 하는 사람도 있다. 그렇지만 백성에게 권하여 곡식을 내놓게 하고 국고의 식량을 더하여 모든 곳에서 구제를 하는 방법도 있는데, [송대의] 부필(富弼)은 이 방법을 통하여 경동(京東) 지방의 기민 50여 만을 구제하여 살리는 성과를 거두었다.

그런데 진제 이외에 또한 이른바 '세금 면제(蠲免)'를 논의하는 방법도 있다. 생각건대 굶주린 백성에게는 당연히 부세를 내라고 요구하기 어렵다. 만약 [세금을 체납한 백성에게] 형벌을 가하면, 그들은 핍박에 대항하여 호미와 몽둥이를 손에 쥐게 될 것이다. 또한 세금을 면제하려면 오랜 체납분이나 올해의 세금뿐만 아니라, 즉 내년의 세금 또한 역시 함께 포함시켜야 한다. 왜 그런가? 부세를 체납하는 것은 대부분 간교하거나 완강한 백성인데, 면제를 해 주면 바로 이들이 요행으로 이익으로 얻게 된다. 반면 세금 납부를 착실히 한 선량한 사람은 도리어 은택을 입지 못하니, 어떻게 세금 납부를 권장하는 뜻을 보일 수 있겠는가? 올해 징수할 세금은 토지에서 나오는데 이미 재해를 당하였다면, 부세를 면제해 준다고 해도 단지 세금 추징의 압박과 횡포에서만 벗어날 뿐 이재민은 그 실질적인 혜택을 입지 못하므로, 또한 어찌 곤궁함을 구제한다고 할 수 있겠는가? 오로지 내년분 세금을 면제해 주어야만 백성이 인자한 진휼(珍恤)의 혜택을 두루 입을 수 있으며, 가볍게 그 향리를 떠난 유민도 역시 다투어 돌아와 생업에 복귀할 것이다. 이는 명대 가정(嘉靖) 연간 사방에서 대기근이 일어났을 때 급사중(給事中) 오지붕(吳之鵬)이 상소를 올려서 면제해야 할 것은 체납된 세금이 아니라 다음 해에 내야 할 세금이라고 지적하였던 것과 같은 도리다.

한편 흉년의 도적도 대부분 기민(饑民)으로부터 발생한다. 만약 엄격하게 금지하지 않으면, 처음에는 남의 것을 빼앗아 굶주림을 해결하는 데 그치지만, 그다음에는 걸핏하면 무리를 모아 소란을 피우게 된다. 송 인종(仁宗)이 몇 말의 곡식을 훔친 백성을 감형하여 석방시켜 주자, 사마광(司馬光)이 상소를 올려 자그마한 인정(小仁)을 베푸는 데 힘쓰면 오히려 백성이 도적이 되도록 권장하는 실마리가 된다고 지적하였던 것은 바로 이 때문이다. 현재의 성천자(聖天子)께서는 우연히 기근이 발생한 해를 만나면, 즉시 세금 감면을 시행하여 면제된 신·구 조세가 수천 수백만 냥 아래가 아니며, 또한 언제나 독무들에게 궁핍한 백성이 실제 혜택을 입도록 힘쓰라고 엄격한 지시를 내리셨다. 이렇게 조세를 감면해 주시는 인자함은 그야말로 "천고에 드문 일"이다.

그렇지만 오로지 흉년에 대비하는 진제 대책이나 도적을 막고 없애는 방법에는 여전히 따져 보아야 할 것이 많다. 이른바 '흉년 대비(備荒)'는 바로 상평창에 곡식을 저장하는 것과 토지 면적에 따라 곡식을 납부하게 하는 것을 가리킨다. 이른바 '진제'는 [황실·조정의] 내탕금을 내놓거나 곡식을 [다른 지방으로] 옮기는 방책을 가리킨다.[1] 이른바 '도적'은 다행히 황상의 깊고 두터운 은택과 자비 덕분에 백성이 이미 그 혜택을 뼛속까지 깊게 입고 있으므로, 비록 정처 없이 떠돌아다니는 경우는 있어도 반란을 일으키는 무리는 나타나지 않았다.

그런데 주현에서 저장한 곡식은 걸핏하면 천 석, 만 석에 이를 정도가 된다고 보고되지만, 과연 곡식 창고는 차고 넘치는 것일까? 죽창(粥廠)을 설치하고 돈을 나누어 주는 것은 장부에 따라 제대로 시행된다고 보고되지만, 과연 가가호호 모두 제대로 수령하고 있는 것일까? [진제에 관련된 재물·양식을 중간에 가로채는] 못된 무리를 제거하자면, 중요한 것은 그들이 움직이기 전에 미리 꼼짝 못하게 만들고, 어지러움을 피우기 전에 미리 제압하는 것이다. 지금의 지방관들은 과연 미리 앞서 대책을 마련하고, 지나간 다음에는 거기에서 교훈을 찾고 있을까?

무릇 곡식의 저장으로 따지자면 [고대의 현명한] 선왕(先王)은 30년 단위로 국가재정(國用)을 총괄하여 곡물을 저장하였다가 백성에게 나눠 줄 때를 기다렸으며, 오로지 나라만 부유하려 하지는 않았다. 이것이 최상의 방법이었다. 이회의 평적 정책을 수정하여 작황을 상·중·하로 구분하여 여유 분량을 거두어들였고, 대·중·소의 기근으로 구분하여 이전에 거두어들인 곡식을 나눠 주었던 것이나, 곡물 가격이 싸면 값을 올려 사들이고 가격이 오르면 값을 낮추어 내다 파는 경수창의 상평창 제도, 그리고 봄에 곡식을 대여해 주고 가을에 상환하게 하면서 그해의 풍흉을 살펴서 이자를 헤아려 받고 대규모 재해를 만나면 즉시 곡식을 방출하여 구제한 주자의 사창법과 같은 것은 바로 그다음이었다. 그리고 도처에 곡물을 축적해 놓은 곳이 있어서 이것을 유통시키면서 혹은 곡물을 옮겨 백성에게 가거나 아니면 백성을 옮겨 곡물이 있는 곳으로 가게 하는 방식은 또한 그다음이었다. 그렇지만 사실 이회·경수창·주자라는 사람이 있은 다음에야 평적·상평창·사창이란 제도를 시행하더라도 폐단이 없었다. 즉 이러한 다스리는 방법[의 효용성]은 또한 반드시 그 다스리는 사람에게 달려 있다는 점을 주의할 필요가 있다.

1 이것은 원래 조정의 '예산'에 구황에 대비하는 정규 예산항목 같은 것이 아예 없기 때문에 나온 소리다. 재해구제에 쓰이는 비용은 대개 임시예산에 의해 처리되었고, 따라서 황실에서 비용을 내거나 아니면 국가재정에서 변통해야만 하였던 것이다.

그리고 진제를 가지고 따진다면, 죽을 끓여 나눠 주기 위한 죽창의 설치는 [위기에 처한 사람들의 목숨을] 아침저녁이나마 연장시키지 않음이 없지만, 반드시 증공(曾鞏)이 논의하였던 것처럼 조정에서 수백만 석의 곡식과 수십만 냥의 금전을 아까워하지 않고 이미 재해를 당한 백성을 구제하여 그들이 떠돌지 않게 해야 한다. 그렇게 되면 조정 역시 수백만의 호구와 수십만의 세금을 얻을 수 있다. 이른바 동쪽 모퉁이에서 잃고, 서쪽에서 다시 거둬들인다고 했는데, 얻고 잃는 것이 서로 상쇄되기 때문이다. 백성이 생업을 읽고 떠돌면 또한 반드시 부필(富弼)이 썼던 방법처럼 풍년이 든 지역에서 수십만의 유민을 안치하여 그들이 필요한 것을 얻게 해 주며, 또한 [나중이 되면] 돌아갈 여비를 지급하여 고향에서 생업에 복귀하게 해야 한다. 그러게 되면 조정을 위해 수십만 무의 황무지를 개간하는 것이 된다. 이른바 "그 사람(백성)을 얻고 또한 동시에 그 토지도 얻는다"고 하는데, 도움이 되는 바 역시 아주 큰 것이다.

오호라! 옛사람들이 만든 방안이 모두 갖추어져 있으니, 옛날에는 효과가 있었지만 지금은 효과가 없는 그런 것은 존재하지 않는다. 하지만 옛사람은 재주와 견식이 아주 뛰어나고 풍부한데다가 백성의 고통에 대해 아주 절실한 뜻을 가지고 있었다. 그래서 모든 일은 사전에 미리 준비하였고, 일이 닥쳤을 때에는 또한 시세의 변화에 통달하고 민첩한 기지를 활용할 수 있었으므로 그 조치는 항상 여유가 있었다. 재해와 변고를 처리하는 일뿐만 아니라 고향을 떠난 유민 구제에서도 마찬가지였다. 오늘날의 군자가 진실로 위로는 성천자의 백성을 구휼하고자 하는 마음을 체득하고, 아래로는 구제를 바라는 이재민의 절실한 마음에 부응할 수 있어서, 옛날의 방법을 참작하여 오늘날의 시세에 맞게 조정함으로써 힘써 이로움만 있을 뿐 폐단이 없게 할 수 있다면, 천하에 비록 요·탕임금 시절 같은 홍수·가뭄이 생긴다고 하더라도 백성이 어찌 혼란과 고통을 염려하겠는가? 나는 스스로의 어리석고 누추함을 헤아리지 않고 감히 곡식 저장과 진제, 도적 제거라는 문제에서 응당 꾀해야 할 바에 대해서 다음에 늘어놓음으로써 나라와 백성을 위하는 군자를 기다리고자 한다. 그들이 하늘을 엿보는 대롱[같은 비좁은 내 견해]을 가지고 하늘과 땅 전체를 미루어 짐작할 수 있게 된다면 그나마 매우 다행일 것이다.

歲之有豐而不能無歉也,[2] 猶人之長康而不能無病也. 知歲不能無歉, 必先有以預備之, 使其當歉而不受其歉之災. 知人之不能無病, 必先有以預防之, 使其遇病而不受其病之困. 夫非

2 세(歲)에는 1년 농사의 수확이나 작황이라는 뜻이 있다.

多積粟與多蓄藥之謂乎? 積粟多而有以賑之, 雖歉而不能爲災也. 蓄藥多而有以治之, 雖病而不能爲困也. 故濟歉莫要于積粟以待賑,[3] 愈病莫要于蓄藥以待治. 『周禮』「大司徒」, 以荒政十有二聚萬民,[4] 一曰: '散利'.[5] 散利者貸之種、食也. 古者三年耕, 必餘一年之食, 九年耕, 必餘三年之食, 預備以爲散利之地. 故堯有九年之水, 湯有七年之旱, 而民無菜色者,[6] 備先具也.[7] 周人有倉人[8], 掌粟入之藏, 有餘則藏之, 待凶則頒之. 故陸宣公曰[9]: "儲積備災, 聖王之急務也,"[10] 乃所以爲斯民計,[11] 非專務豐公庾而已. 于是李悝之平糴,[12] 耿壽昌之常平,[13] 朱子之社倉,[14] 皆此意也.

---

3 제겸(濟歉)은 흉년·흉작을 구제한다는 뜻이고, 대진(待賑)은 구제를 기다린다는 뜻이다.

4 황정(荒政)은 기근을 구제하는 정책을 가리킨다. 『주례』「지관(地官) 대사도(大司徒)」에 관련 구절이 있다("以荒政十有二聚萬民. 一曰: 散利. 二曰: 薄征. 三曰: 緩刑. 四曰: 弛力. 五曰: 舍禁. 六曰: 去幾. 七曰: 眚禮. 八曰: 殺哀. 九曰: 蕃樂. 十曰: 多昏. 十有一曰: 索鬼神. 十有二曰: 除盜賊.").

5 산리(散利)는 고대 12황정 가운데 하나로 흉년을 만났을 때 관부에서 백성에게 종자와 식량을 빌려 주는 것을 말한다.

6 채색(菜色)은 영양 불량의 얼굴빛, 굶주린 얼굴빛을 가리킨다.

7 이와 관련된 구절은 『예기』「왕제(王制)」편에 나온다("國无九年之蓄, 曰: '不足'; 無六年之蓄,曰: '急'; 無三年之蓄, 曰: '國非其國也'. 三年耕必有一年之食, 九年耕必有三年之食, 以三十年之通, 雖有凶旱水溢, 民無菜色.").

8 창인(倉人)은 『주례』「지관(地官) 창인(倉人)」에 나오는 관직명이다.

9 육선공(陸宣公)은 육지(陸贄, 754-805)를 가리킨다. 육지는 당대(唐代)의 관료·문장가로 소주(蘇州) 가흥(嘉興. 지금은 浙江省에 속한다) 사람으로 자가 경여(敬輿)다. 대력(大曆) 8(773)년 진사가 되었고, 덕종이 즉위하면서 한림학사(翰林學士)가 되었다. 정원(貞元) 8(792)년 재상을 맡았는데 2년 후 충주별가(忠州別駕)로 좌천되었다가 그곳에서 사망하였다. 시호(謚號) 때문에 육선공이라 불리며, 『[육선공]한원집([陸宣公]翰苑集)』 24권의 저작이 있다.

10 저적(儲蓄)은 저축하여 모은다는 뜻, 또는 그렇게 모은 재물을 가리킨다. 육지의 글은 육지의 문집인 『한원집(翰苑集)』(『四庫全書』 集部 別集類) 권22 「중서주의(中書奏議) 육(六) 균절부세휼백성육조(均節賦稅恤百姓六條)」나 『전당문(全唐文)』 권466 「육지(陸贄) 육(六) 균절부세휼백성육조(均節賦稅恤百姓六條)」에 실린 것으로 그 다섯 번째인 「청이세차전치의창이비수한(請以稅茶錢置義倉以備水旱)」 부분에 나온다.

11 사민(斯民)은 이 백성이란 뜻이다.

12 이회(李悝, B.C. 455-395)는 전국 초기 위(魏)의 문후(文侯) 때 재상으로 개혁을 주도하였다. 경제적으로 '진지력(盡地力)'과 '선평적(善平糴)'을 추진하여 농업 발전을 꾀하였다. 즉 다양한 양식 작물을 심어 재황에 대비하게 하고, 풍년에 낮은 가격으로 남은 양곡을 사들이고 흉년에 낮은 가격으로 판매하여 곡가를 낮추는 정책을 추진하였던 것이다. 평적(平糴)은 정부가 풍년에 곡물을 매입·저장하는 것을 가리킨다. 거꾸로 흉년에 이것을 방출하는 것은 평조(平糶)라고 한다.

13 경수창(耿壽昌)은 서한(西漢) 사람으로 선제(宣帝) 때 대사농중승(大司農中丞)을 맡아 서북 각 군(郡)에 상평창(常平倉)을 설치하여 곡물이 쌀 때 가격을 올려 거두어들이고 곡물이 비쌀 때 가격을 낮추어 판매함으로써 농업을 보호하자고 건의하였다. 상평(常平)은 쌀값을 조절하던 방법을 말하는데, 창고를 지어 곡식을 저장하였다가 곡식 값이 내려갈 때 후한 값으로 사들이고, 올라갈 때 싼 값으로 파는 것으로 바로 경수창이 창안하였다.

14 사창(社倉)은 흉년을 대비하여 향촌에 설치한 양식 창고를 가리킨다. 수대(隋代)에 시작되었지만, 민간운영 양식 창고로서의 사창은 주자(朱熹)가 가장 먼저 제창하였다. 사창(社倉)은 어떤 특별한 창고가 아니라 일종의 양식저장제도를 가리킨다. 전문적인 창고가 없이 사당(祠堂)·묘우(廟宇)에 기부나 모집으로 거둔 양식을 저장해 두고, 이 양식을 빌려 주면서 이자를 받는 방식이다. 1168년 복건의 건녕부(建寧府)에 큰 기근이 들었을 때 주희가 이 방

然賑之爲計, 當于方歉之時, 民未及饑之際, 而貸以目前之食, 給以來年之種, 俾不至于餓殍流散, 而父母、妻子, 得以相保, 室廬、田畝, 免其拋棄, 斯爲策之至善者也. 若必待某歉之見告,[15] 民之已饑, 然後申報上司, 具疏奏聞,[16] 候部議之覆准,[17] 下方尺之詔令,[18] 往來文移,[19] 耽延時日,[20] 有司始發粟賑濟,[21] 則其民之轉徙四方,[22] 塡委溝壑, 已不可勝計. 是積之粟而不急以救饑, 與蓄之藥而不出以醫疾何異乎? 無怪乎災民之必至于散,[23] 而散之必底于死也矣. 故備荒于未荒之前,[24] 雖有荒而不知其爲荒. 此古聖王以人事之有餘, 補天時之不足也. 救荒于旣荒之後, 雖遇荒而不盡斃于荒, 此後世宏在上之矜恤,[25] 濟下民之阽危也.[26]

兩者觀之, 與其旣荒而云救, 曷若未荒而云備之爲愈乎?[27] 何也? 救之于無形, 備之于當厄也. 然不得已而云救, 舍賑濟, 其何由乎?[28] 夫賑濟之道不一, 有合計冬春而給以錢米者; 有計口大小而日給米糧者[29]; 有設場煮粥而賑其饑者.[30] 然昔賢之議賑濟, 以爲流離失業之民,[31] 日待升合之食,[32] 而農商工賈之務, 一切俱棄不暇,[33] 爲是直以餓殍之養養之而已,[34] 豈深思遠慮

법은 창안하였고, 상당한 성과를 거두었다. 이때 이에 관련된 내용을 상주하자 효종(孝宗)은 이 방법을 전국에 반포하도록 지시하여 이것을 확산시켰다. 이 때문에 주자는 '자양창조(紫陽倉祖)'라고 불리기도 한다(주자의 호는 紫陽이다).

15 견고(見告)는 고지(告知)한다, 알려 준다는 뜻이다.

16 구소(具疏)는 상소문을 갖춘다, 즉 황제에게 보고한다는 뜻이다. 주문(奏聞)은 신하가 사정을 황제에게 보고하는 것을 가리킨다.

17 부의(部議)는 황제가 해당 부로 하여금 논의하여 보고하라고 지시하는 것이다. 여기서는 구황에 대한 문제이므로 호부에 지시하였을 것이다. 복준(覆准)은 검토하여 비준·동의한다는 뜻이다.

18 방척(方尺)은 한 자짜리 정사각형의 모양을 말한다. 여기서는 황제의 조령이 쓰인 문서의 크기를 가리킨다.

19 문이(文移)는 문서·공문서를 말한다. 이(移)는 보통 평행문(平行文)의 일종이다.

20 탐연(耽延)은 지연시키다, 미룬다는 뜻이다.

21 유사(有司)는 관리를 말한다. 관직을 둔 것은 각기 전문적으로 맡은 일(專司)이 있었으므로 이런 명칭이 나왔다.

22 전사(轉徙)는 먼 곳으로 이사한다는 뜻이다.

23 무괴호(無怪乎)는 이상할 것이 없다, 당연하다는 뜻이다.

24 비황(備荒)은 흉작이나 재해에 대비한다는 뜻이다.

25 긍휼(矜恤)은 불쌍히 여겨 구휼(救恤)한다는 뜻이다.

26 점액(阽厄)은 (처지나 형세가) 위험하다는 뜻이다.

27 여기(與其)와 갈약(曷若)은 한 데 묶여 …하기보다는 …하는 것이 차라리 낫다는 것을 표현하는 관용구다. '갈약(曷若)' 대신 '무령(毋寧)'·'영(寧)'·'하여(何如)'·'막약(莫若)'·'숙약(孰若)' 등이 쓰이기도 한다.

28 진제(賑濟, 振濟)는 재물로 구제한다, 구휼한다는 뜻이다.

29 미량(米糧)은 쌀·식량을 가리킨다.

30 관청이나 자선단체가 죽을 끓여 나누어 줌으로써 기민을 구제하는 이러한 장소를 죽창(粥廠)이라고 한다.

31 유리(流離)는 재해나 전란으로 인해 정처 없이 떠돌아다니는 것을 말한다.

32 승합(升合)은 한 되, 한 홉이란 뜻으로 아주 적은 양(의 쌀)을 가리킨다.

33 불가(不暇)는 무엇을 할 시간, 겨를이 없다는 뜻이다.

34 아표(餓殍)는 굶어 죽은 사람, 시신을 가리킨다.

之算哉! 故計口而日給以米糧, 莫若合冬春而給之以錢米, 使其保有室家, 無廢生業. 其利甚溥, 此曾鞏救災之議云然也.[35] 又謂: “煮粥設糜, 救荒下策.” 然勸民出粟, 益以官廩,[36] 隨所在而賑之. 此富鄭公拯活京東饑民五十餘萬之成效也.[37]

若夫賑濟之外, 又有所謂: ‘議蠲’者. 蓋以賦稅之供, 自難責之枵腹之民.[38] 若加以桁楊,[39] 是迫之持鋤梃也.[40] 夫蠲不惟積逋、現徵,[41] 卽來歲之正供,[42] 亦宜並蠲. 何也? 積逋多屬奸頑, 蠲之適倖以爲利, 而急公之良善,[43] 反不沾恩, 何以示勸乎? 現徵之糧, 出之田畝, 今旣罹災, 蠲之僅以免追呼之敲扑,[44] 而災民未蒙其實惠, 又何以濟困乎? 惟是免來歲之正供, 則百姓溥沾軫恤之仁, 而流民輕去其鄕者, 亦爭趨復業矣.[45] 此明嘉靖間, 四方大饑, 而給諫吳之鵬上疏, 以蠲不在積逋, 而在新逋之論,[46] 竊有同揆也.[47]

---

35 증공(曾鞏. 1019-1083)은 당송팔대가(唐宋八大家)의 한 사람인 송대의 학자다. 주요 저서에는 시문집『원풍유고(元豊遺藁)』가 있는데, 본문에서 지칭하는 증공의 구재에 관한 글은 권19에 실린「월주조공구치[기](越州趙公救菑[記])」를 가리키는 것 같다. 운연(云然)은 이렇게, 이렇게 말한다는 뜻이다.

36 관늠(官廩)은 관봉이나 봉록, 또는 국고에서 나온 양식을 말한다.

37 부정공(富鄭公. 富弼, 1004-1083)은 자가 언국(彦國)으로 낙양 사람이며 송대의 관료다. 범중엄(范仲淹) 등과 공동으로 경력신정(慶歷新政)을 추진하기도 하였다. 이후 청주(靑州. 오늘날의 山東 소속) 지방관으로 있을 때 하북에 큰 홍수가 들어 유민이 경동(京東)에 이르렀는데 관할 지방의 곡식을 동원하여 그들을 안치하고 생업을 제공하여 구제하였다고 한다. 지금은『부정공집(富鄭公集)』1권의 저서만 전해진다.

38 효복(枵腹)은 주린 배를 말한다.

39 항양(桁楊)은 형구의 한 가지로, 목에 씌우는 칼과 발에 채우는 차꼬를 가리킨다.

40 서정(鋤梃)은 호미와 몽둥이(곤장)를 말한다.

41 적포(積逋)는 오랫동안 완납되지 않는 적체된 부세를 말하고, 현징(現徵)은 지금(올해) 거두는 부세를 말한다.

42 정공(正供)은 국가의 창고에 들어가는 미곡이란 뜻으로 바로 정규 부세를 가리킨다.

43 급공(急公)은 공적인 일을 우선으로 삼는다, 공익에 열성을 다한다는 뜻으로 여기서는 세금을 제대로 낸다는 뜻이다. 양선(良善)은 선량(善良)과 같은 뜻, 즉 선량한 사람을 말한다.

44 추호(追呼)는 쫓아가 부른다, 독촉한다는 뜻이다.

45 복업(復業)은 일단 다시 일에 종사한다거나 생업에 복귀한다는 뜻이다.

46 급간(給諫)은 당송시대 급사중(給事中)과 간의대부(諫議大夫)를 아울러 부르는 것이다. 청대에는 육과급사중(六科給事中)의 별칭으로 사용되었다. 급사중은 수·당대 이후 정령(政令)의 위실(違失)을 지적하는 직무가 되었는데 명대에는 육과급사중(六科給事中)이 설치되어 육부(六部)의 문제를 지적하는 역할을 맡았고, 청대에는 도찰원(都察院)에 속해 어사(御史)와 마찬가지로 간관(諫官) 역할을 맡았다. 오지붕(吳之鵬)은 남직예(南直隸. 강소성) 무진현(武進縣) 출신의 진사로 그가 가정 14(1535)년에 올린 상소의 내용(“臣所謂蠲者不在積逋而在新租, 不在存留而在起運. 蓋積逋之蠲, 奸頑侵欠者獲厚惠, 而善良供賦者不 沾恩. 且凶歲議蠲而免樂歲逋賦之虛數, 民危在眉睫而議往年可緩之徵輸, 則何以周及. 若乃存留不過國課十分之一、二耳. 官俸軍需之類, 詎可一日無哉. 故非蠲起運民未有能獲蘇者也.”)은『육전통고(六典通考)』권85「황정고(荒政考)」및『오례통고(五禮通考)』권249「흉례(凶禮) 4」에 실려 있다. 반면『강제록(康濟錄)』권3 하(下)에도 같은 내용이 실려 있는데, 이 일은 앞의 자료가 신종(神宗) 만력(萬曆) 14(1586)년의 일로 기록하고 있는 것에 비해 이것을 9(1581)년의 일로 기록하고 있다(모두『중국기본고적고』검색의 결과). 여하튼 이 상주는 황육홍의 기록처럼 가정 연간의 일이 아니라 만력 연간에 이루어진 것으로 보인다. 또한 황육홍이 ‘新逋’라고 인용한 것은 ‘新租’의 잘못이라는 점도 확인할 수 있다

47 동규(同揆)는 동일한 법칙·도리라는 뜻이다.

至于荒年之盜賊, 多起于饑民. 若不加嚴禁, 始而攘奪以救饑,[48] 繼輒聚衆而倡亂.[49] 此宋仁宗減放偸盜斛斗之民, 司馬光上疏, 以務爲小仁是勸民爲盜之端也.[50] 方今聖天子偶遇饉歲, 卽行蠲免新·舊租賦, 不下數千百萬, 而又嚴飭督撫, 務令窮民沾惠. 其蠲租之仁, 可謂: "度越千古"矣.[51] 獨是備荒賑濟之策, 消弭盜賊之方, 尙多講求者, 所謂: '備荒', 非無常平之貯, 照畝之輸也. 所謂: '賑濟', 非無內帑之捐,[52] 移粟之謀也. 所謂: '盜賊', 幸賴皇上深仁厚澤, 百姓已淪肌浹髓,[53] 雖流離轉徙, 未見有斬木揭竿之衆也.[54]

然而州縣積粟, 動致千萬, 果皆庾充而廩溢乎?[55] 設糜散金,[56] 據冊申報, 果皆人領而戶給乎? 消除奸宄, 貴在安之于未動, 戢之于未亂. 今之司牧, 果能籌之于早, 而毖之于後乎? 夫以積貯論之, 先王以三十年之通制國用, 藏粟待頒于民, 而不專富國, 上也. 修李悝平糴之政, 視上·中·下熟, 以斂其餘, 大·中·小饑, 以發其斂. 耿壽昌常平之制, 賤則增價而糴, 貴則減價而糶. 設朱子社倉之法, 春貸秋償, 視年之豐歉, 以酌取其息, 遇大災則出而賑之, 其次也. 所在蓄積, 有可均處,[57] 使之流通, 或移粟就民, 移民就粟, 又其次也. 然而有李悝、壽昌、朱子, 則平糴、常平、社倉之法, 方可行之而無弊, 是治法又必在于治人乎!

以賑濟論之, 煮粥設糜, 未嘗不苟延旦夕,[58] 然必如曾鞏之議, 朝廷不惜數百萬石之倉粟、數十萬之金錢, 以賑旣荒之民, 使其免于流亡, 而朝廷亦得存數百萬之戶口、數十萬之租賦.

---

48 양탈(攘奪)은 탈취하다, 빼앗는다는 뜻이다.

49 창란(倡亂)은 소요를 주동한다는 뜻이다.

50 사마광(司馬光. 1019-1086)은 북송의 관료이자 사가(史家)로 유명하다. 자는 군실(君實)이고, 섬서성 하현(夏縣) 속수향(涑水鄕) 출신이어서 속수선생으로도 불린다. 시호는 온국공(溫國公)이다. 1066년부터 1084년까지 약 20년간 유명한 『자치통감(資治通鑑)』의 저술에 전념하였으며, 왕안석(王安石)의 신법(新法)에 반대한 구법당(舊法黨)의 영수로도 유명하다. 소인(小仁)은 자그마한 인정을 가리킨다. 사마광의 이 주장은 『온국문정공문집(溫國文正公文集)』(四部叢刊景宋紹興本) 권31에 「제도차자(除盜箚子)」란 제목으로 실려 있다("頃年嘗見州縣官吏, 有不知治體, 務爲小仁者, 或遇凶年, 有劫盜斛斗者, 小加寬縱, 則盜賊公行, 便相劫奪, 鄕村大擾, 不免廣有收捕, 重加刑辟, 或死或流, 然後稍定. 今若朝廷明降勅文, 豫言偸盜斛斗而盜財者, 予減等斷放, 是勸民爲盜也.").

51 도월(度越)은 초과하다, 뛰어넘는다는 뜻이다.

52 내탕(內帑)은 원래 황실의 창고를 가리키는 뜻에서 황실재정(국가재정이 아닌)과 관련된 내고(內庫)를 가리키는 경우가 많지만, 국고(國庫)나 국고 속의 재물을 가리키는 경우도 있다.

53 윤기협수(淪肌浹髓)는 살과 뼛속까지 두루 미친다는 뜻이다.

54 참목게간(斬木揭竿)은 나무를 잘라 병기를 만들고 대나무 장대를 들어 군기로 삼는다는 뜻, 즉 무장봉기를 말한다.

55 유(庾)는 노천 곡물창고를 가리킨다. 『이학지남(吏學指南)』의 「부호(府號)」에 따르면 창(倉)은 곡물을 저장하는 장소로 큰 것을 창(倉), 작은 것을 유(庾)라고 한다. 정광(鄭光) 등, 『이학지남(吏學指南)』(태학사, 2002), p.123을 참조. 늠(廩)은 쌀광·미곡 창고를 말한다.

56 미(糜)는 죽을 쒀서 나눠 주는 곳, 즉 죽창(粥廠)을 가리키는 것으로 보인다.

57 균처(均處)는 모든 곳을 말한다.

58 구연(苟延)은 잠깐 연장시키다, 겨우 부지시킨다는 뜻이다.

所謂: "失之東隅而收之桑榆",[59] 得失固相抵也.[60] 及其轉徙, 又必如富弼之法, 于所豐之屬, 而贍處數十萬之流民, 使各得其所, 及資給而歸, 使復業之氓, 又爲朝廷墾闢數十萬之荒土. 所謂: "旣有其人, 而又有其土", 利濟亦以多也.[61]

嗚呼! 古人之成規具在,[62] 未有效于古而不效于今者. 但古人才長識贍, 志切民瘼. 凡事備之于預, 及其臨事, 又能通達時變, 機智敏捷. 故措置裕如,[63] 不獨處災變,[64] 拯流亡爲然也. 今之君子, 誠能上體聖天子恤民之心, 下荅災黎望救之切,[65] 酌其古法而制以今宜, 務期有利而無弊, 則天下雖有堯、湯之水旱, 而百姓又何有昏阻之憂哉! 鴻不揣愚陋, 敢以積貯、賑濟、除盜之所宜計者, 條晰于左, 以俟爲國、爲民之君子, 執窺天之管,[66] 而推測其三垣、九野之周,[67] 則厚幸矣.

---

59 "실지동우, 수지상유(失之東隅, 收之桑榆)"는 비록 손실이 있지만, 결국은 다른 데서 보상을 받는다는 뜻이다. 동우(東隅)는 해가 뜨는 곳이고 상유(桑榆)는 지는 해가 비추는 곳(에 있는 뽕나무와 느릅나무)을 가리킨다. 상유(桑榆)는 저녁 해가 서쪽의 뽕나무와 느릅나무 위에 걸린다는 것에서 만년이나 전원에의 은거를 가리키기도 하지만 여기서는 상유보(桑榆補)란 뜻이다. 즉 『후한서(後漢書)』 권47 「풍이전(馮異傳)」에 나오는 "처음에는 회계(回谿)에서 손해를 보았지만 결국 승지(黽池)에서 떨쳐 일어날 수 있었으니 동쪽 모퉁이에서 잃었지만 서쪽에서 만회하였다고 할 수 있다(始雖垂翅回谿, 終能奮翼黽池, 可謂失之東隅, 收之桑榆.)."라는 구절에서 나온 것으로, 실책과 손실을 잘 보충하였다는 뜻으로 쓰인다.

60 상저(相抵)는 서로 맞먹다, 서로 상쇄한다는 뜻이다.

61 이제(利濟)는 이섭(利涉)과 같은 뜻으로 일에 도움이 되는 것을 가리킨다.

62 성규(成規)는 기존의 규칙·규범·방식을 말한다.

63 유여(裕如)는 넉넉하다, 여유가 있다는 뜻이다.

64 재변(災變)은 재해와 변고를 말한다.

65 답(荅)은 좀콩(小豆)을 말하지만, 아울러 답(答)과 같은 뜻으로도 쓰인다.

66 이것은 이관규천(以管窺天)·관중규천(管中窺天)과 같은 뜻으로, 작은 대롱 구멍으로 하늘을 보거나, 작은 구멍·틈을 속해 속을 들여다본다는 뜻으로 견문이 좁거나 사물을 보는 눈이 편파적임을 비유한다.

67 삼원(三垣)은 별자리 이름(紫微垣, 太微垣, 天市垣)을, 구야(九野)는 구주(九州)의 땅, 천하를 가리킨다. 중국의 천문학에서는 보통 삼원(三垣)·사상(四象)·구야(九野)·이십팔수(二十八宿)로 하늘과 땅의 공간을 구분하였다.

27-02. 곡식 저장(積貯)[68]

무릇 삼대 이하에 대해서 말하자면, 곡식 저장은 평적법·상평창·사창·의창 등 여러 창고의 방법보다 나은 것이 없다. 그러나 처음 시행할 때는 효과가 있지만 오래되면 곧 그 제도가 무너지고 망가진다. 아마 처음 만든 사람은 진심을 다해 좋은 방법을 시행하였으므로 그 방법이 제대로 시행되고 이로움도 아주 컸지만, 나중에 이를 계승한 사람은 좋은 방법을 가지고 개인적인 욕심을 채웠기에 반드시 그 방법이 무너지고 폐단이 발생하게 되었을 것이다. 이를테면 한대 경수창(耿壽昌)의 상평창은 시작하였을 때는 백성에게 대단히 이로웠지만, 나중이 되면 [후한대에] 백성을 수탈하고 호족들이 농간을 부리게 되어 더 이상 곡가를 안정시키는 상평창의 혜택을 백성이 받지 못한다고 유반(劉般)이 지적하자 결국 폐지되었다. 수대(隋代) 장손평(長孫平)이 처음 제창한 의창(義倉)은 각 마을(社)별로 세우고 마을 책임자(社司)에게 책임을 맡기고 서리가 개입하지 못하게 하였으므로 곡식의 비축이 크게 늘어나 백성도 모두 혜택을 누렸다. 하지만 나중에는 민간에서 곡식 저장을 맡아 대부분 큰 손실을 입게 되었다. 또한 주·군(州郡)에도 창고 설치를 논의하여 일단 기근을 만나면 창고의 곡식을 내어 진제하고자 하였는데, 수혜자는 모두 성곽 부근에 살아 스스로 도달할 수 있는 사람들뿐이었다. 먼 지역의 궁벽한 곳에 사는 고아나 괴로운 처지를 호소할 곳이 없는 외로운 사람들은 한 줌, 한 홉의 곡식조차 얻을 수 없었다. 당 태종(太宗)은 의창을 설치하라는 조서를 내려 무(畝)당 두 되씩을 세금으로 내게 하여 작황이 좋지 않은 해에 구휼하거나 대출하게 하였고, 또한 상평창을 설치하여 흉년에 대비하게 하였다. 하지만 나중에 고종(高宗) 때가 되면 이것을 빌려서 조금씩 다른 용도로 사용하기 시작하다가, 결국 중종(中宗)의 신룡(神龍. 705-707) 연간이 되면 거의 다 바닥나 버렸다.

송대에는 누차 혜민창(惠民倉)·상평창을 설치하여 흉년에 대비했지만, 이후 군대의 식량이 부족해지자 상평창의 수백만 민(緡)을 끌어내다가 삼사(三司)의 군비 지출을 도와주었다. 신종(神宗) 희령(熙寧) 연간에는 왕안석(王安石)이 곧 제치삼사조례사(制置三司條例司)

---

68 이 글은 하장령(賀長齡) 편(編), 『황조경세문편(皇朝經世文編)』 권39 「호정(戶政) 14 창저(倉儲) 상(上)」에 「적저(積貯)」라는 제목으로 실려 있다. 또한 소지당(邵之棠) 집(輯), 『황조경세문통편(皇朝經世文統編)』(臺北: 文海出版社, 1973, 1980. 淸 光緖辛丑年[1901]秋月 上海寶善齋石印本)의 권68 「이재부(理財部) 13(十三) 창저(倉儲)」에 같은 제목으로 실리기도 하였다.

를 창립하고 천하의 상평창을 모두 폐지하여 이것을 청묘전(靑苗錢)으로 바꾸었다. 이후 백성은 흉년에 구휼을 받을 수 없게 되었고, 풍년에도 여전히 곤궁함을 벗어날 수 없었다. 이렇게 살펴보면 어찌 방법 자체의 폐단 때문이겠는가? 그것을 제대로 실행할 수 있는 사람을 얻지 못한 까닭인 것이다. 그러나 옛적부터 지금까지 어찌 제대로 된 사람을 모두 얻고 난 다음에 가야만 그 방법을 논의하였겠는가? 오호라! 백성의 생활은 오늘날에도 여전히 몹시 곤란하다. 백성이 고통을 받는 상황은 사실 꼭 흉년을 기다릴 필요도 없다. 백성이 그렇게 곤란을 겪는 것은 바로 오늘날의 지방관이 그렇게 만든 것이고, 백성이 고통을 당하는 것은 바로 오늘날 지방관의 수탈 때문이다.

내가 곤란을 겪고 고통을 받는 백성을 대신하여 목을 길게 빼고 발돋움을 하면서 기다리는 것 역시 어찌 백성을 어여삐 여기는 어진 관리를 얻어 그 곤란을 풀어 주고 그 고통을 구제해 낼 수 있는가 하는 점 때문이다. 그래서 그가 오늘날의 재해를 대비하는 정책에 대해 상세하게 계획하고 진심으로 시행하여 힘써 이로움을 넓히고 폐해가 나타나지 않게 한다면, 살과 골수를 빨아먹는 해충이 제거될 것이고, [나아가] 비둘기 몸과 고니 얼굴을 한 굶주린 백성을 소생시키는 일은 적절한 방법에 따라 차근차근 처리할 수 있을 것이다.

지금 조정의 재해 대비책은 각 성마다 상평창을 건립하고 곡식을 기부한 사람에게는 감생·공생 자격 따위의 공명(功名)을 제공하는 것이다.[69] 또한 최근에는 다시 호부 관료의 요청을 승인하여 민간에서 토지 면적에 따라 곡식을 납부하도록 하여, 이렇게 저장한 곡식을 이재민을 위한 기본 대책으로 삼고 있으니, 이것은 '세밀하고도 적절한 방안'이라고 하겠다. 그런데 비축한 곡식을 봄에는 가격을 낮추어 내다 팔고, 가을에는 가격을 올려 사들여서 창고로 되돌리는 것은 바로 경수창의 상평창 제도가 아니겠는가? 하지만 지금의 연납은 반은 상사와 친우의 체면 때문에 어쩔 수 없이 하는 것이고, 반은 관리·서역들이 패거리를 짜고 침탈해서 중간에 사라져 버리기 때문에 창고에 비축된 곡식은 사실상 거의 남아 있지 않는 것이 현실이다. 그래서 아마 그러한 실상이 언젠가 드러나게 되면 습기에 젖었다거나 문드러져 버렸다는 핑계를 대면서 묵은 곡식을 방출하고 햇곡식으로 바꾸겠다는 신청을 하여 실상을 덮어 숨기려고 한다. 또한 불행하게도 지방관이 임지를 떠나게 될 때 이러한 결손의 실상이 드러나게 되면 그 액수가 수천, 수만에 이르러, 이 때문에 탄핵하는 상주문에 이름이 올라가는 경우도 아주 빈번하다. 결국 조정에서 재민을 구제하기

69 바로 이것이 연납(捐納)이다.

위해 마련한 수단은 간사하고 탐욕스러운 무리들만 실컷 배를 불리게 만들 뿐으로, 옛날 경수창이 만든 상평창의 유폐를 유반이 지적하였던 것과 비교하면 단지 백성을 수탈하고 호족이 농간을 부리는 수준에만 머무르지는 않는다.

지금의 상평창 등의 비축 곡식은 모두 성곽 안에 창고가 설치되어 이서(吏胥)들이 그 출납을 관장하고 있다. 그 뜻은 민간에 저장해 두면 대부분 손실을 입게 되므로 차라리 가까운 곳에 있는 지현이 쉽사리 감시할 수 있는 곳에 두는 것이 나으며, 창곡 관리를 지현에게 위임하여 그 책임 소재를 분명히 하겠다는 것이다. 이를테면 수대의 사창이 주·군으로 장소를 바꾸어 설치하였던 것은 바로 이런 이유에서였다. 그러나 가뭄과 장마로 인해 뜻하지 않게 기근을 당하면, 구제를 바라는 사방의 외롭고 가난한 백성이 한 홉, 한 되의 곡식을 구하기 위해 땅바닥을 기어 올 수는 없는 형편이고, 그렇다고 지현이 이들을 돕기 위해 곡식을 향촌에까지 등지고 날라다 줄 수도 없다. 그러므로 구휼은 오로지 현성에만 그칠 뿐 향촌에서는 이루어지지 못한다. 이 또한 수대에서 주·군으로 장소를 바꾸어 설치하자 혜택을 받는 자들은 성과 부근 사람들뿐이었고, 멀고 외진 곳에 살던 사람들은 한 줌, 한 홉의 곡식도 얻을 수 없었던 것과 똑같은 상황이 아닌가!

나는 곡식 저장에 제대로 대비하려면 제대로 된 지방관을 얻어야 하며, 이것이 침탈된다는 소리가 없으려면 제대로 된 방안을 만들어야 하며, 먼 곳과 가까운 곳이 고루 그 혜택을 받으려면 상평창과 사창이 아울러 설치되어야 한다고 생각한다. 이 점에 대해 좀 더 자세히 이야기를 하겠다고 요청해도 좋을까? 무릇 곡식 창고가 텅 비게 되는 까닭은 지방관이 제대로 살피지 않았기 때문이며, 또한 지방관이 빈 것을 메워 넣지 않았기 때문이다. 지방관이 제대로 살피지 않으면 바로 서리가 쉽사리 부정을 저지르며, 메워 넣지 않으면 그 벌어진 틈은 날로 커질 것이니, 이런 상황에서 비축을 충실히 하는 것이 어찌 가능하겠는가? 지방관은 진실로 주의 깊고 법을 두려워할 줄 아는 서리를 골라 그를 전담자로 임명하여, [창곡의] 출납과 현황을 제대로 파악하고 장악하게 하되, 그 벌을 엄격하게 세워야 한다. 체면을 봐서 거절하기 어려운 사람이 관례에 따라 청탁하는 경우 매섭게 거절하기 어려우면 [곡식을 내어주되] 지현 스스로가 봉록을 내어 그만큼을 사서 메워야 하지, 구멍 난 채로 그냥 방치해서는 안 된다. [묵은 곡식을] 방출하고 [햇곡식으로] 바꿀 때 곡식이 창고를 나가면 반드시 그만큼의 은냥이 창고로 돌아와야 하며, 지방관은 결코 그것으로 자기 뱃속을 채워서는 안 된다. 또한 세력 있는 신사나 교활한 아역이 먼저 외상으로 물건을 받아가고 나중에 메워 넣겠다고 요청을 해도 받아들여서는 안 된다. 일단 곡식이 그들의 손에 들어가면 그 값은 결코 상환되는 일이 없다. 상급 정부의 지시를 받아 곡식을 싸게 내다 팔

때에는 원래 외상 거래가 허용되지 않기 때문이다. 따라서 지방관은 외상으로 빌려 간 값을 내놓지 않았다고 상부에 보고하거나 처벌할 수 없다. 이런 것을 믿고 이런 체납자들이 더욱 침탈하면서 조금도 두려워하지 않는 것이다. 이렇게 관리·서역들이 손을 대지 않고 못된 서역들이 속임수를 쓰지 못하게 한다면, 창고의 곡식 저장은 준비가 안 되어 있는 것을 염려할 필요가 없다!

나아가 백성이 그 침탈의 피해를 받는 것은 쌀 사들이기나 내다 팔기가 가난한 백성에게는 전혀 혜택이 미치지 않기 때문이고, 관리가 공무를 빌려 자기 잇속을 채우기 때문이다. 원래 창고 곡식의 방출·교체는 아울러 농민을 이롭게 하는 의도가 담긴 것인데, 실제로는 간악한 서리와 세력가들이 수백, 수천의 곡식을 가로채서 그렇게 빼돌린 곡식을 딴 데 옮겨 비싼 값에 팔아치운다. 반면 백성은 한 되, 한 말의 곡식도 얻지 못한다. 가격을 낮추어 내다 팔거나 가격을 높여 사들이는 일 또한 겨우 그 이름만 남아 있을 뿐이다. 백성에게는 이 경우 오히려 [소모분을 미리 계산한] 추가분을 요구해서 그것을 가지고 그 창고 재정의 손익을 조정하는 것이다. 이런 이유로 창고의 곡식 저장은 백성에게 피해만 줄 뿐 전혀 이로움을 주지 못한다. 지방관이 진정으로 봄이 되면 가격을 낮추어 곡식을 내다 팔고 가을이면 가격을 높여 사들이면서, 이러한 혜택을 받기를 원하는 백성에게 그 수량을 헤아려 모두 고르게 나누어 줌으로써 힘센 사람들이 그 이익을 독차지하는 일이 없게 한다면, 가난한 백성은 널리 그 혜택을 널리 입을 수 있을 것이니, 이런데도 여전히 침탈을 염려할 필요가 있겠는가?

그리고 사창(社倉)의 경우 각 현의 4향 가운데 인구가 많은 곳을 골라 사창을 건립하되, 각 향마다 한두 군데 설치하고 그 곳에서 토지를 보유하여 세금을 내는 사람들에게 곡식을 내게 해야 한다. 그 향의 인구가 얼마이고, 재해를 당할 경우 겨울·봄에 보리가 익을 무렵까지의 날짜가 얼마인지를 계산하여 이를 거두는데, 혹시 부족할 경우에는 기꺼이 기부를 하도록 권장한다. 또한 그곳에서 노련하고 독실하며 집안 형편이 넉넉한 사람을 골라 사정(社正)으로 삼고, 노련하고 꾀가 있으며 계산에 밝은 사람을 골라 사부(社副)로 삼는다. 그 사람들은 향 전체에서 공동으로 천거하고, 지현이 그것을 참작하여 선정한다. 각기 「지원서」·「확인서」·「서약서」 등 보증문서를 내게 하되, 지현은 그들을 조금 우대해 줄 필요가 있다. 매년 사창에서 거둔 것은 장부에 올려 보고하게 하여 지방관이 그것을 점검할 근거가 있게 한다. 사정은 열쇠·자물쇠를 관리하고 사부는 장부를 관장하는데, 그들이 업무를 겸하여 맡게 함으로써 서로 감시할 수 있어야 한다. 창고의 토대는 반드시 넓고 높은 곳을 골라야 하며, 각 향마다 약 1만 석 정도의 곡식을 저장할 수 있어야 한다. 안에는 곡식 저장고를 만들고 밖으로는 담장을 둘러치며, 창고 관리인을 고용하고 매년 그 임금을 지급하여 창고를 지키는 일을 맡긴다. 간혹 오래된 집이나 큰 사원 건물도 창고로 고쳐 만들 수 있지만, 이 목적만을 위해 지은 창고가 오래도록 보존할 수 있고 화재의 위험도 덜한 것만은 못하다.

창고를 짓는데 필요한 자금은 즉 그 향에서 부유하고 의로운 일을 좋아하는 사람에게 기부하도록 권유한다. 매년 창곡 1만 석 이외의 분량은 봄에 가격을 낮추어 판매함으로써 농사를 시작하는 농민들에게 혜택을 준다. 판매하여 얻은 돈은 창고나 곡식 저장고를 수선하고, 창고 관리인의 임금을 주고, 사정과 사부가 업무를 처리하면서 들어가는 밥값이나 종이 값을 지불하는 것을 제외하고는 모두 남겨 두었다가 가을에 가격을 후하게 쳐 주어 사들이는 데 씀으로써 싼 곡가의 피해를 입은 농민들이 혜택을 입도록 한다. 만약 여러 해 연속 풍년이 들어 창고가 가득 참으로써 더 이상 저장할 곳이 없어지면 봄철에 많은 양의 곡식을 싸게 내다 팔아 가난한 농민들에게 혜택을 주고, 그것으로 얻은 돈을 보관해 두었다가 흉년의 구휼에 대비하고, 빈민에게 경작용 소와 종자, 가옥 수리비용을 제공한다. 여러 해 풍년이 든 다음에는 반드시 흉년이 있기 마련이므로 미리 준비해 두지 않으면 안 된다.

쌀을 사들이거나 내다 파는 데 관련된 비용 모두는 아주 적은 액수라 할지라도 반드시 장부에 기록하고, 모아서 지현에게 보고해야 한다. 지현은 장부를 꼼꼼히 점검해야 할 뿐만 아니라, 반드시 창고에 가서 실물을 보면서 그 수량·액수를 확인해야 한다. 하지만 그럴 경우 응당 홀로 가거나 수행원 수를 줄여야 하며, 그 가운데서 조금이라도 뇌물이나 향응을 받는 사람이 있어서는 안 된다. 그 향의 사람들은 그 창고를 모두 자기들의 것으로 보기 때문이다. 남을 돕기 좋아하는 사람이 즐겨 기부를 하는 것은 모두 자신의 부모·형제나 일가친척을 위한 저장이라고 생각하기 때문이다. 창고 관리인들 역시 기꺼이 열심히 일하면서 차마 창고의 곡식을 침탈하지 못하는 것은 이것이 우리 향 사람들의 피땀이자 목숨과 같다고 여기기 때문이다. 이렇게 한다면 사방의 향리가 궁벽한 곳에 위치한다고 해도 실질적인 혜택을 고루 입지 못하는 경우가 있겠는가?

그런데 상평창의 경우에는 비록 재해를 대비하기 위한 것이라고 하지만, 지금처럼 원납(援納)에 의해 곡식을 거두어 저장하는 것은 모두 국가 관원의 등급제도와 관련된 일이라 성의 포정사와 중앙의 호부에 보고된다. 따라서 이것은 실제로는 사실상 정부의 것이나 마찬가지여서 백성이 토지 면적에 따라 자진해서 내는 것과는 전혀 성격이 다르다. 그러므로 창고 저장은 마땅히 현성의 성곽 부근에서 이루어져야 한다. 현재 통용되는 [연납]

사례를 보면 곡물 원납(援穀)은 이미 정지되었으며, 다만 주현을 크고 작음에 따라 3등급으로 나누어 곡식을 상평창에 저장하게 하고 있다. 그러나 그 수량은 1만 석에 미치지 못하며, 나머지는 모두 봄·가을에 묵은 곡식을 햇곡식으로 바꾸면서 토지를 경작하여 수확하는 농민들에게 혜택을 주는 것이다. 그 제도는 원래 상당히 훌륭한 것이라고 하지 않을 수 없다. 다만 상평창·사창에 저장된 곡식은 오로지 흉황에 대비하기 위한 것이므로 다른 용도로 옮겨 사용해서는 안 된다. 혹은 군수(軍需)가 아주 긴급하여 부득이하게 옮겨 사용할 때에도 본 주현 호구의 1년용 재황 대비 수량을 계산하여 남겨 두어야 하고, 멋대로 다른 항목으로 대신 메우게 해서는 안 된다. 풍년이 들면 백성은 식량 문제로 곤란을 겪지 않을 것이니, 그럴 경우에는 봄에 쌀을 내다 파는 일을 생략할 수도 있다. 그렇게 해서라도 반드시 저장량을 늘려서 미리 준비하여 우환거리를 없애야 하는 것이지, 창고를 기울여 곡식을 방출함으로써 텅 비워서는 안 된다. [혹시라도 이럴 경우] 평시라면 백성은 우리가 생명을 구하는 데 필요한 것을 빼앗는다고 불만을 품을 것이고, 재해를 당해 굶주리게 되면 장차 그 우두머리를 비난하면서 시급하게 구휼해 주지 않는다고 한탄할 것이다. 따라서 앞서 말한 것처럼 창고의 저장을 평소에 충분히 갖추어 놓는다면, [실제 재해를 만났을 때] 또한 곡식을 지급하는 문제로 염려할 필요가 있겠는가?

상평창과 사창을 함께 헤아려 보면, 연납사례(捐納事例)에 따라 납부하는 곡식은 마땅히 상평창에 저장해야 하며, 창고는 현성의 성곽 부근에 설치해야 한다. 토지 면적에 따라 납부하는 곡식은 마땅히 사창에 저장해야 하며, 4향에 창고를 설치해야 한다. 그리하여 기근이 발생하면 현성 부근에서는 상평창의 곡식을 나눠 주어야 하며, 주변 향촌에서는 사창의 곡식을 나누어 주어야 한다. 또한 현성이나 주변 향촌의 부족함을 살펴보아 모자라는 쪽으로 곡식을 옮겨 보충해 줄 수도 있다. 이것이 사창과 상평창을 병설해야 하는 이유이며, 소속 지역의 모든 백성을 고루 구제할 수 있는 최선의 방책이다. 지현이 진실로 이 두 창고가 병설되어야 하는 이유에 대해서 상세하게 파악하고, 이점을 상사에게 보고하여 상사가 조정에 요청함으로써 영구히 재해 대비를 위한 정규 제도로 제정될 수 있다면, 진실로 나라를 지키고 그 바탕을 든든히 하면서 후대에 영구한 혜택을 미칠 수 있을 터이다.

그렇게 하지 못한다면 응당 신사나 부자들과 상의하여 각 향마다 사창을 본떠 의창(義倉)을 스스로 세우고 널리 기꺼이 기부하도록 권장한다. 앞서 서술한 방법대로 시행한다면 아마 역량이 미치지 못하는 바가 있을지는 몰라도 적은 양을 비축하여 점차 큰 규모로 늘릴 수는 있을 것이다. 이를테면 주자(朱子)는 상평창의 미곡 600석을 빌려 14년 동안 운영한 결과 빌린 원액을 상환한 것을 제외하고도 여전히 3,000여 석을 남길 수 있었다. 그 결과 비록 흉년을 만나더라도 향리 백성이 식량 부족을 겪지 않았다고 하니, 이것 또한 그 명백한 효과를 입증해 주는 사례가 된다. 오호라! 문제는 결국 언제나 현명한 관리가 나서 진심을 다해 이 업무에 종사하면서 훌륭한 제도와 그 아름다운 취지를 제대로 펼쳐야만 비로소 천 년, 만년이 지나도 이로움만 있을 뿐 해로움을 없게 되는 법이다!

夫三代而下之言, 積貯莫善于平糴、常平、社·義諸倉之法矣. 然而初行有效, 久則弊壞者, 蓋創始之人, 以實心而行良法, 故法興而利溥, 繼起之人, 以良法而濟私心, 故法敝而害滋. 如漢耿壽昌之常平, 始甚益民, 後劉般以侵刻百姓,[70] 豪右因緣爲奸,[71] 小民不得其平而罷. 隋長孫平之義倉,[72] 當社而立,[73] 卽委社司簡校,[74] 吏不得操, 儲峙委積, 小民均利, 後因貯在民閒, 多有損失. 又議置倉州郡, 一遇凶饉賑發, 受惠者皆近郭力能自達之人, 而遠鄉僻壤孤煢無告不獲沾龠合.[75] 唐太宗詔置義倉, 令畝稅二升, 爲不登之賑貸,[76] 又置常平倉, 以備凶荒.[77] 後高宗時, 稍假之以給他費, 至神龍而略盡. 宋代屢置惠民、常平,[78] 以防凶歉, 後因兵食不足, 乃出常平數百萬緡,[79] 助三司以給軍費.[80] 熙寧間,[81] 王安石乃剏立三司條例司,[82] 盡廢天下常平本, 而易爲青

---

70 유반(劉般)은 자가 백흥(伯興)으로 선제(宣帝)의 현손(玄孫)이다. 영평 연간 황제가 상평창을 두고자 하여 공경(公卿) 가운데 찬성하는 사람이 많았는데, 유반이 "상평창은 겉으로 백성을 이롭게 한다는 이름이 있으나 실제로는 백성을 침탈하고, 호족들이 짜고 농간을 부리게 되자 소민들은 더 이상 곡가를 안정시키는 그 혜택을 받지 못하게 되었으므로 설치하는 것이 불편하다(常平倉外有利民之名, 而內實侵刻百姓, 豪右因緣爲奸, 小民不能得其平, 置之不便.)."라고 지적하여, 그 일이 중단되었다. 『후한서』 권39 「열전 제29」(p.1305)를 참조.

71 인연(因緣)은 여기서는 구결(勾結), 즉 결탁한다는 뜻이다.

72 의창(義倉)은 수(隋) 이후 각지에서 흉년에 대비하기 위해 설치한 양식 창고를 가리킨다. 『수서(隋書)』 권46 「장손평전(長孫平傳)」(p.1254)에 나온다("平見天下州縣多罹水旱, 百姓不給, 奏令民間每秋家出粟麥一石已下, 貧富差等, 儲之閭巷, 以備凶年, 名曰: '義倉'.").

73 사(社)는 지역단위나 집단 단위 가운데 하나로 6평방 리, 또는 25가가 사(社)였다. 원대에는 15가가 사였다고 한다.

74 간교(簡較)는 감시·사찰·검토 등을 뜻한다.

75 고경(孤煢)은 형제가 없어 외롭다, 고독하다는 뜻이다. 약합(龠合)은 중량 단위로 반 홉(半合)과 같은 양이다.

76 부등(不登)은 작황이 좋지 못하다는 것, 즉 흉작·흉년을 가리킨다.

77 흉황(凶荒)은 흉작·흉년을 말한다.

78 『송사(宋史)』 권176 「식화(食貨) 상사(上四) 둔전상평의창(屯田常平義倉)」에 의하면 혜민창(惠民倉)은 오대의 주(周) 현덕(顯德) 연간에 설치하였고, 송대에도 그것이 이어진 것으로 보인다. 또한 가우(嘉祐) 2년에는 천하에 광혜창(廣惠倉)을 설치하라는 지식도 내려졌는데, 상평창이나 광혜창은 모두 나중에 청묘법으로 바뀌게 된다.

79 민(緡)은 돈을 꿰는 줄을 말하는데, 여기서 꾸러미가 된 동전, 나아가서는 돈을 의미하는 용어가 되었다. 민전(緡錢)은 꾸러미로 꿴 돈, 또는 1,000문을 꾸러미로 한 동전을 뜻하는 데 이것은 동시에 과세 단위를 의미하기도 한다.

80 당·송대에는 염철(鹽鐵)·탁지(度支)·호부(戶部)를 삼사(三司)라 칭하였는데 모두 재부를 관장하는 부서이다.

81 희령(熙寧)은 1068-1077년 사이의 신종(神宗) 재위 기간을 가리킨다.

82 왕안석(王安石, 1021-1086)은 봉호가 형국공(荊國公)으로 강서성(江西省) 임천(臨川) 출신의 북송대 정치가, 사상가이자 저명한 문학가이다. 보통 왕형공(王荊公)이나 임천선생(臨川先生)으로 불리며, 『왕임천집(王臨川集)』·『임

苗錢.[83] 于是百姓無凶年之賙贍,[84] 而有樂歲之困窮. 由此觀之, 豈法之弊哉! 不得其人之故也. 然自古及今, 亦安得盡有其人而後議其法乎? 嗟嗟! 民生至于今日亦大困矣. 其顚連之狀,[85] 亦無待凶荒矣. 其所以受困者, 乃今日之有司所以令, 其顚連者, 乃[實]今日有司之剝削耳.[86]

鴻代爲受困顚連之民, 延頸跂足而望者,[87] 亦安得軫恤斯民之賢有司, 有以解其困, 而救其顚連. 于今日備荒之政, 而詳爲經畫,[88] 實心施行, 務期利溥, 而害弗滋, 則噆肌髓之螟蟊除,[89] 而甦饑殍之鳩鵠,[90] 可按法徐理矣. 今朝廷備荒之政, 命直省建立常平, 令捐穀得補大學明經,[91] 近復允計臣請,[92] 聽民間照畝出粟, 以爲積貯, 其爲災民計, 可謂: "詳且切"矣. 然備貯之粟, 春則減價以糶, 秋則增價糴買還倉, 非卽耿壽昌常平之制乎? 然今之捐納, 半狥于上司、親友之情面,[93] 半沒于官役朋比之侵漁,[94] 而廩中之儲, 濩落無幾.[95] 恐其一朝敗

천집습유(臨川集拾遺)』 등의 저작이 있다. 1058년 왕안석은 송 인종에게 만언서(萬言書)를 올려 시정의 폐단을 지적하면서 개혁을 요구하였고, 1069년 신종의 재위 기간 중 참지정사(參知政事)로서 청묘법(青苗法)·농전수리법(農田水利法)·모역법(募役法) 등의 신정(新政)을 제안하였고, 다음 해 재상으로 승진하였다. 하지만 신법에 반대하는 지주나 관료 등 보수파('舊法黨')의 저항으로 개혁은 제대로 추진되지 못한 채 오히려 일반 백성에게 불리한 영향만을 주었다고 일컬어진다.

83 청묘전(青苗錢)은 왕안석이 제정한 것으로 농민이 자원하여 정부로부터 돈을 빌리고 수확을 한 다음 이자를 덧붙여 납부하는 방법이었다. 원래의 목적은 농민이 고리대의 수탈을 받는 것을 막고자 함이었다.

84 주섬(賙贍)은 도와주어 구휼한다는 뜻이다.

85 전련(顚連)은 곤란하고 고통스럽다, 참을 수 없을 정도로 곤란하다는 뜻이다.

86 박삭(剝削)은 벗긴다, 깎다, 갉아먹거나 백성을 수탈한다는 뜻이다.

87 연경기족(延頸跂足. 延頸擧踵)은 목을 길게 빼고 발돋움한다는 뜻으로 학수고대(鶴首苦待)처럼 몹시 간절하게 기다리는 모습을 가리킨다.

88 경화(經畫. 經劃)는 경영하고 계획한다는 뜻이다.

89 참(噆)은 깨문다는 뜻이고, 명(螟)은 식물의 줄기를 갉아 먹는 벌레, 모(蟊)는 싹의 뿌리를 갉아 먹는 해충을 가리킨다.

90 구곡(鳩鵠)은 구형곡면(鳩形鵠面)을 가리킨다. 즉 오랫동안 굶주려 마른 모습이다. 구형(鳩形)은 복부가 꺼지고 가슴뼈가 돋아난 모습이고, 곡면(鵠面)은 양쪽 광대뼈가 두드러진 모습이다.

91 여기서 대학(大學)은 즉 태학(太學)과 태학생(太學生)을 가리키는데 청대의 경우 국자감(國子監)을 가리킨다. 연납(捐納)에 의해 공명을 획득한 감생(監生)은 국자감에서 수업을 받을 수 있기 때문에 이런 명칭이 나온 것이다. 한편 명경(明經)은 명·청대 공생(貢生)의 존칭인데, 공생은 생원 가운데 시험을 치러 뛰어난 성적 때문에 국자감에 보내지는 경우를 말한다. 즉 여기서 대학이나 명경은 돈이나 곡식 등 재물의 기부를 통해 일정한 공명(학위나 관직이나 관함)을 얻는 것을 가리키고 있다. 이것을 바로 연납(捐納)이라고 한다. 이를테면 청 초의 경우 생원은 쌀 300-400석, 또는 은 2백 냥을 기부하면 즉 감생으로 입감독서(入監讀書)하는 것이 허용되었다. 연납(捐納)은 진·한대에 시작되어 납속(納粟)이라 불리었는데, 청대 중기 이후 크게 시행되면서 연납이라 칭하게 되었다. 조정에서는 이것을 정규적인 수입으로 간주하여 확실하게 여러 가격을 붙여 실행하였고, 연납을 통해 지방관이 되는 비중이 늘어남으로써 이치(吏治)의 붕괴를 더욱 심화시키게 되었다.

92 계신(計臣)은 모책을 내는 신하, 또는 국가의 재정을 관장하는 (호부의) 고위관료를 가리키는데, 여기서는 후자의 뜻으로 보인다.

93 정면(情面)은 안면·체면 등을 가리킨다.

94 붕비(朋比)는 도당·패거리를 만든다는 뜻이다. 침어(侵漁)는 침탈·착취한다는 뜻이다.

95 호락(濩落)은 곽락(廓落)과도 같은 의미로 윤락하여 실의한 모습, 또는 텅 비거나 허무한 모습을 가리킨다.

露,[96] 遂假潮濕、浥爛之辭, 而爲出陳易新之請,[97] 以掩飾其欺.[98] 及不幸而去官, 虧空之弊,[99] 水落石出,[100] 其纍萬盈千,[101] 見之參奏者, 比比皆是.[102] 則朝廷拯救災民之具, 竟飽奸貪谿壑之呑,[103] 較昔劉般指壽昌常平之流弊, 又不獨侵刻百姓, 豪右爲奸而已也. 今之常平等穀, 皆于城郭置倉, 吏胥掌其出納, 其意以貯在民間多有損失, 莫若近之官長就便稽查, 而委之主守,[104] 以專責成. 亦卽隋之社倉改置州郡之謂也. 然而旱潦偶罹饑荒, 望賑四遠孤窮, 旣不能爲升合匍匐而來,[105] 百里元侯又不能爲輓負鄕村而去,[106] 則賑濟止在城, 而不在鄕. 夫又非隋之改置州郡, 受惠皆近郭, 而遠僻不沾龠合,[107] 同出一轍哉!

鴻以爲, 欲倉貯有備, 在于官得其人, 欲侵刻無聞, 在于制得其法, 欲遠近均沾, 在于常平、社倉之並設. 愚請得而申言之可乎?[108] 夫倉貯之所以空虛者, 由于主守之無稽, 而本官之懸欠無補也.[109] 無稽則吏易以作奸, 無補則漏巵日形其罅,[110] 欲求充備也得乎? 爲有司者誠能選小心畏法之胥, 以爲典守,[111] 俾其出納有考, 多寡有數, 以嚴立其罰, 其援例之情面囑托,[112] 勢難峻卻, 則爲之捐俸買足, 毋令虛懸.[113] 及出易之際, 穀去倉而銀須歸帑, 官勿挪爲己用, 亦不得聽豪衿、猾役先賖後補,[114] 使穀入手, 而價則無償. 蓋奉文出糶, 原未准賖. 故官亦不能以逋値申究,[115] 而逋者益得以侵欺無恐也.[116] 惟是官胥旣無染指,[117] 奸蠹不致騙誆, 而倉貯猶患

---

96 패로(敗露)는 나쁜 일이나 음모 등이 드러난다는 뜻이다.
97 출진역신(出陳易新. 吐故納新)은 낡은 것을 꺼내 새로운 것으로 바꿔치운다는 뜻이다.
98 엄식(掩飾)은 결점·실수 따위를 덮어 숨기다, 속인다는 뜻이다.
99 휴공(虧空)은 들어오는 것이 나가는 것을 메우지 못해 생긴 결손이나 그런 재물을 말한다.
100 수락석출(水落石出)은 물이 말라 수위가 떨어지니 돌이 드러난다, 즉 일의 진상이 밝혀진다는 뜻이다.
101 누만영천(累萬盈千. 盈千累万)은 아주 많다, 수천수만에 이른다는 뜻이다.
102 비비개시(比比皆是)는 곳곳에 있다, 모든 곳이 이렇다는 뜻이다.
103 계학(谿壑)은 계곡을 말하는데, 탐욕이나 욕망을 비유할 경우 자주 사용된다.
104 주수(主守)는 책임을 지고 지킨다는 뜻이지만, 여기서는 지현을 가리킨다.
105 포복(匍匐)은 기다, 배밀이하다는 뜻이다.
106 백리(百里)는 제후의 봉지나 작은 땅을 가리키기도 하지만, 한 주현에서 관할하는 지역, 즉 주현을 대신 가리키는 말이기도 하다. 원후(元侯)는 제후의 우두머리나 고위 관리(大吏)를 뜻하지만, 여기서는 지현을 가리킨다.
107 약합(龠合)은 소량의 양식을 말한다. 약은 1/10홉(合)을 말한다.
108 신언(申言)은 표명하다, 설명한다는 뜻이다.
109 현흠(懸欠)은 오래된 미납·체납분을 가리킨다.
110 누치(漏巵)는 바닥에 구멍이 있는 술그릇을 말하는데, 이권이 밖으로 새어 나가는 것을 비유하기도 한다. 하(罅)는 틈을 가리킨다.
111 전수(典守)는 주관(主管)하거나 보관(保管)한다는 뜻이다.
112 원례(援例)는 관례에 따른다거나, 의거한다는 뜻이다.
113 허현(虛懸)은 비워 두거나 처리하지 못한다는 뜻이다.
114 선사후보(先賖後補)는 먼저 외상으로 빌리고 나중에 갚는다·메운다는 뜻이다.
115 신구(申究)는 규명하다, 추궁하다는 뜻이다.

其無備乎!

至于百姓受其侵剋者, 由于糶糴之不及窮民, 而官長之假公以濟私也.[118] 夫出易之計, 原以兼利農氓, 乃胥蠹、勢豪, 百千爲攘. 因之轉貿厚値, 小民弗獲受升斗者. 及減糶增糴, 又僅有其名, 而小民糶糴, 反爲加耗,[119] 以損益其數. 此百姓之所以有害而無利也. 爲有司者, 誠能春而減價以糶, 秋而增値以糴, 俾願受之民, 酌其數而均與之, 毋爲强有力所併, 是則窮甿溥邀其惠, 而尙有侵剋之爲患乎?

其社倉之法, 于各縣四鄕之中, 擇人戶衆多之處, 建立社倉, 每鄕或一所、二所, 就本鄕田畝所輸者納之. 計一鄕人口之數, 幷受荒冬春至麥熟之月日, 輸或不足, 勸以樂捐, 卽擇鄕之老成篤實有家道者,[120] 爲之社正, 老成有心計善書算者, 爲之社副. 其人闔鄕公擧, 而有司酌定之, 各取「認·保·甘結」, 有司稍從優禮. 每歲所收, 登之籍而報之, 官以有所稽考. 社正司鐍鑰,[121] 社副典簿冊, 使兼爲職掌, 而互相覺察. 其倉基須擇寬敞高亢之處,[122] 每鄕約可儲穀萬石, 內造廒間,[123] 外築繚垣, 召司倉人, 歲給其傭, 以司看守. 或舊房、大寺院屋舍, 亦可改修倉廒, 但不若專設之可爲長久, 而亦免火燭之虞.[124] 其倉資, 卽勸其鄕之殷實好義者捐之. 每歲倉穀萬石而外, 于春時減價糶之, 以利俶載之農.[125] 其所糶之銀, 除應修葺倉廒, 看守人傭値及社正·副出納時, 飯食、紙張之費, 餘俱存爲秋時增價之糴, 以利傷賤之農. 若屢歲豐登, 倉儲充滿,[126] 收貯無所, 于春時多糶, 以利貧農, 存其贏金, 以備凶災賑, 給貧民爲牛力、種子, 繕完屋宇之資. 蓋屢豐之後, 必有荒年, 不可不預爲致慮也. 其一切糶糴及費用之數, 絲粒必登簿籍, 彙報之官. 官不惟按籍而稽, 尤須履倉篋而察其數.[127] 但宜單騎減從, 不得于此中稍有苞苴,[128] 則其鄕之人, 視其倉

---

116 침기(侵欺)는 침해·모욕·기만을 뜻한다.
117 염지(染指)는 자기 몫이 아닌 이익을 취하다, 부정한 물건을 남몰래 가진다는 뜻이다.
118 가공제사(假公濟私)는 공무라는 명의나 역량을 빌려 개인적인 이익을 꾀하는 것을 가리킨다.
119 가모(加耗)는 원래 조세정액 이외 거두는 손모비(損耗費)나 백은(白銀)을 교환할 때 손모분(損耗分)을 미리 계산하여 추가로 거두거나 공제하는 화모(火耗)을 말한다. 여기서는 그러한 손모분을 미리 공제하고 넘겨수는 행위를 가리킨다.
120 가도(家道)는 집안의 살림 형편을 말한다.
121 휼약(鐍鑰)은 걸쇠와 자물쇠를 말한다.
122 고항(高亢)은 지세·신세가 높다는 뜻이다.
123 오간(廒間)은 곡물 창고를 뜻한다.
124 화촉(火燭)은 여기서는 화재라는 뜻이다.
125 숙재(俶載)는 일을 시작한다는 뜻이다.
126 창저(倉儲)는 창고에 보관 중인 양식이나 기타 물자다.
127 창협(倉篋)은 창고의 상자를 의미하므로 여기서는 창고 현장을 가리키는 것으로 보인다.
128 포저(苞苴)는 선물이나 뇌물을 주거나 받는다는 뜻이다.

廩皆我民之有也. 好義者樂其勸輸, 皆爲我父兄子弟之所藏也. 卽典司諸人亦甘爲勞勩,[129] 不忍侵漁, 以爲此我鄕人之脂膏、性命也.[130] 如是而四鄕僻遠, 有不均沾實惠者乎?

若夫常平一倉, 雖爲備荒, 然今之援納,[131] 皆關名器,[132] 而報司報部, 實爲公儲, 非如百姓之照畝勸輸者也. 其倉儲自應置之城郭. 查現行之例, 援穀已停, 惟按州縣大小三等, 積穀貯倉, 其數不及萬石, 餘皆春秋出易, 以利耕穫之農, 法未不善也. 但所貯之常平、社倉二穀, 存以專備凶荒, 不宜他用, 卽或軍需孔亟, 不得已而那借,[133] 亦當合計本州縣戶口一年備荒之數, 以爲存蓄, 縱無他項取償.[134] 若遇歲豐, 民無艱食, 則春時之出糶, 似爲可省, 務須多貯, 有備無患, 毋令傾囷廩而空之. 使平時小民含怨, 以爲奪我救死之需, 及遇災餓殍, 將疾視其長, 有不我遑恤之歎. 如是而儲峙素具,[135] 尙有弗給之爲慮乎?

合常平、社倉而計之, 援例所納之穀, 宜貯之常平, 建倉于城郭. 照畝所輸之穀, 宜貯之社倉, 建倉于四鄕, 及當歲饉, 近郭散之常平, 四鄕散之社倉, 又視城鄕之不足, 而轉移以濟. 此社倉、常平之所宜並設, 而均屬救民之至計也. 爲有司者, 誠能以二倉之詳委,[136] 申之大吏, 大吏請之于朝, 永爲備荒定制,[137] 洵保邦固本萬世之利矣. 否則宜與紳士、富民商酌, 于各鄕照社倉自立義倉, 廣爲樂助, 亦如前法設施, 恐力有不贍, 不妨由少累多. 如朱子貸常平倉米六百石, 積十四年, 除償原貸外, 獲現米三千餘石, 而一鄕之中, 雖遇凶年, 民不乏食, 此亦其明驗矣. 嗚呼! 亦安得長有賢有司, 而實心任之, 使良法美意行之, 千萬年而有利無害也哉!

---

129 전사(典司)는 주관·주지한다는 뜻이다.

130 지고(脂膏)는 백성의 피와 땀(의 결정)을 가리킨다. 백성이 고생하여 얻은 성과나 재부를 비유할 때 흔히 쓰인다. 고혈(膏血)과도 같은 뜻이다.

131 원납(援納)은 원래 발탁하여 받아들인다(擢用接納)는 뜻인데, 연납(捐納)과 같은 뜻으로 쓰이는 것으로 보인다. 여기서는 곡식을 기부 받는 것을 가리킨다.

132 명기(名器)는 귀중한 보기(寶器)나 명호(名號. 또는 爵號)와 거복(車服)을 가리킨다. 나아가 존비귀천의 등급을 구분하는 기준, 또는 국가의 동량을 가리키게 된다. 여기서는 연납과 관련된 관료의 등급·선발 제도를 지칭하는 것으로 보인다.

133 나차(那借. 挪借)는 다른 항목으로 옮겨 쓴다, 돌려쓴다는 뜻이다.

134 취상(取償)은 배상(賠償)을 요구하다, 배상시킨다는 뜻이다.

135 저치(儲峙. 儲偫. 儲跱)는 나중에 쓰기 위해 물자를 저장하는 비축을 말한다.

136 상위(詳委. 詳盡)는 상세하고 빠짐없는 내용이나 사정을 가리킨다.

137 정제(定制)는 확립된 제도라는 뜻이다.

27-03. 진제(賑濟)

무릇 같은 진제(賑濟)라고 해도 곡식과 돈(米·銀)을 지급하는 방법과 죽창(粥廠)을 설치하는 방법 두 가지가 있다. 곡식과 돈을 지급하는 것은 그 지급 방법이 상세하고 계획적이지 못하면, 지급이 고르지 못한 문제나 지급의 부족을 염려할 필요가 없다고 보장할 수 없다! 죽창을 설치하여 죽을 배급할 때도 그 방법에 대해 미리 대책을 마련하지 않으면, 중간에서 떼먹거나 기민을 오래 기다리게 하는 일, 아니면 누군가 대신 지급받거나 기민이 죽을 받지 못하는 폐단이 생기지 않는다고 보장할 수 없다! 따라서 이런 문제는 일을 관장하는 지방관이 깊이 고려하지 않으면 안 된다.

나는 관할 경내의 기민에게는 마땅히 곡식과 돈을 지급해야 하고, 다른 곳에서 흘러들어 온 기민에게는 죽창을 설치해 주어야 한다고 생각한다. 경내 기민은 모두 가정이 있어 곡식과 돈을 얻으면 바로 가족이 흩어져 유랑하는 것을 피할 수 있다. 외부에서 흘러들어온 기민은 본래 굶주려 있으므로 죽을 제공할 수 있으면 죽음에서 구할 수 있다. 그러나 오로지 돈만 지급하는 경우에는 직접 거기로 가서 분배함으로써 가난한 백성이 오가는 수고를 피할 수 있게 해야 하며, 오로지 곡식만 지급한다면 반드시 가구별로 창고에 직접 와서 수령하게 해야 한다. 돈과 곡식을 함께 지급한다면 창고로 직접 와서 곡식을 수령하고 동시에 바로 돈을 수령하게 할 수 있다. 그 호구가 성년인지 아닌지를 따지고, 저장된 곡식이 얼마나 많은지를 조사하여 지급할 곡식의 수량을 결정하고, 만약 액수에 부족함이 있으면 뒤이어 그들을 돕도록 기부를 권장함으로써 반드시 그 가족들이 제대로 구제된 다음에야 멈추어야 하는 것이다. 만약 처음에는 구호품을 지급하다가 나중에는 지급할 것이 모자라는 일이 생기면 결국에 가서는 그들이 흩어져 유랑하는 것을 막지 못할 수밖에 없다. 이것이 바로 '부족함의 문제'로 자칫하면 그 이전까지 해놓은 일을 몽땅 헛된 것으로 만들어 버리지 않을까?

지금 일단 하나의 작은 현을 두고 이야기해 보자. 부유한 집안 및 조금 여유가 있는 가구를 제외하면, 빈궁한 가구는 약 2천 정도다. 매 가구당 성인 3명으로 계산하여, 매일 1인당 쌀 4홉, 미성년자는 2명으로 계산하여 매일 1인당 쌀 2홉으로, 합산하면 한 되 6홉이고, 매월로 따지면 가구당 네 말 여덟 되(4斗 8升)이다. 금년 가을 8월부터 내년 봄 3월 보리가 익을 무렵까지 도합 8개월로 치면, 매 가구당 마땅히 지급해야 할 쌀은 세 가마 여덟 말 네 되(3石 8斗 4升)이며, 2천 가구로 계산하면 응당 지급해야 할 쌀은 도합 1만 1,608석이다.

매 가구당 은 1냥을 지급하여 가옥을 보수하고 보리를 파종하는 비용으로 삼게 하려면 응당 지급할 은은 도합 2천 냥이다. 만약 보리 또한 수확이 불가능하다면 매 가구당 추가로 5개월 치 곡식을 지급함으로써 8월 추수를 기다려야 하는데, 매 가구당 쌀 두 가마 네 되(2石 4斗)가 추가로 지급되어야 하므로 쌀은 도합 4,800석이 필요하다. 매 가구당 은 1냥을 지급하여 농구를 수리하고 파종하는 비용으로 삼게 하려면 또한 도합 은 2천 냥이 필요하다. 만약 큰 현이라면 이것으로 견주어 볼 때 갑절은 필요할 것이다. 만약 정말로 모두 이렇게 구제를 받을 수 있다면 어찌 지급한 바에 부족함이 생겨서 백성이 정처 없이 떠돌아다니는 염려가 있겠는가?

지급에서 가장 중요한 문제는 반드시 고르게 하는 것이다. 이미 기근이 생겼다면, 지방관은 반드시 이것만을 근심해야 한다. 세금 독촉이나 소송 및 급하지 않은 모든 일은 반드시 정지하거나 늦추고, 직접 각 리·사(里社)의 기로를 이끌고 4향으로 나아가 가구별로 조사하여, 빈궁한 과부와 홀아비, 늙고 병들어 의탁할 곳이 없는 사람들을 개별적으로 등록시킨다. 그리고 한 향의 조사가 완료되면 향 전체 [구제대상 가구의] 종합 명단을 만들고, 사향을 모두 합해 현 전체의 종합 명단을 만드는데, 성년과 미성년이 얼마인지를 합산하면 응당 지급해야 할 곡식 수량을 파악할 수 있다. 이러한 가구조사를 종합한 명단은 지현이 직접 내아로 가지고 돌아가서 점검해 본 다음 문제가 없으면 호방에 보내 따로 장부를 작성하게 한다. 호방에서 4향마다 각기 1부씩 모두 4부를 만들어 다시 내아로 보내오면 점검해 본 다음 직인을 찍음으로써 이 장부에 따라 돈과 곡식을 나눠 줄 수 있게 한다.

진제용 곡식과 돈을 나눠 줄 때, 만약 창고가 사방의 향촌에 있다면 모일 모향에 이르러 창고를 열고 곡식을 나눠 줄 것이라고 사전에 큰 종이에 써서 고시함으로써 미리 깨우쳐 알려 주어야 한다. 만약 창고가 현성에 있다면 각 향촌의 교통요지에 「고시문」을 붙여 알려 주어야 한다. 즉 「고시문」에는 각 향마다 이미 조사한 기민을 가구별로 열거하면서 모일 해 뜰 무렵 모문을 통해서 들어와 창고 근처의 모처에 이르라고 지시하는 것이다. 이곳에 도착하면 그들의 명단이 적힌 간판을 볼 수 있는데, 그 간판은 높은 곳에 20면으로 설치되어 있고, 각 면마다 100명을 적을 수 있고 제1호부터 20호까지로 되어 있다. [이렇게 모인 사람들에게] 곡식을 지급할 때는 먼 곳에 사는 사람을 먼저하고 가까운 곳에 사는 사람을 뒤로 돌림으로써 먼 곳 사람이 먼저 수령하여 돌아갈 수 있게 한다. 종이로 만든 간판 역시 이와 같이 하는데, 간판마다 아역 한 사람씩을 파견하여 주관하게 하며, 아역의 성명 위에 붉은 동그라미를 표시한 다음 간판 위에 붙여 두어 책임을 떠넘기거나 흐리지 못하게 한다.

기민은 자기 이름이 모 간판에 있으면 그 간판의 순서에 따라 기다리되, 멀리 떨어져서는 안 되며, 진제 물자 방출 감시관은 간판에 따라 기민 가구의 목록을 작성한다. 간판에는 다만 호주 한 사람을 기입하며, 나머지는 성인·미성년 몇 명, 지급해야 할 쌀 얼마, 은 얼마만을 기재하면 된다. 예를 들어 제1간판의 기민을 점검할 때 해당 아역이 간판을 가지고 감시관 앞에 가서 순서에 따라 이름을 부르면, 감시관은 장부에 기록된 성명에 붉은색으로 점을 찍고 은을 지급한다. 그 은냥은 지현이 먼저 직접 눈으로 보고 무게를 재서 검사한 다음 붉은 글씨로 봉인하여 두었다가 나눠 준다. [은냥을 지급한] 그다음에는 장부에 따라 향리의 명칭, 성명, 쌀의 분량을 인쇄된 표 위에 기입한 다음 기민에게 넘겨주어 창고로 가서 곡식을 수령하게 한다. 그 표는 전량을 징수할 때 사용하는 표처럼 인쇄하는데, 위에는 "[ ]향 가구, [성명], 응당 [미곡 몇]가마 [ ]말 [ ]되를 지급한다. 해당 창고에서는 표를 점검한 다음 그 액수대로 지급하되, 표를 남겨 두었다가 반납하여 점검을 받으라. 모년 모월 모일"이란 내용이 들어간다. 감시관은 그 위에 잘 사용하지 않는 도장을 이용하여 표를 장부 위에 놓고 [도장이 표와 장부에 함께 겹치도록] 찍음으로써 가짜 표로 속이고 지급받는 것을 방지한다.

기민이 표를 수령하여 창고에 가면, 해당 창고에서는 순서에 따라 표를 검사하고 미곡을 지급하며, 표를 보관하여 나중의 검사에 대비하되, 기민에게는 따로 대나무로 만든 제비(籤)를 지급하여 창고 입구에서 그것을 반납한 다음 나가게 함으로써 표를 몰래 끼고 나가는 것을 방지한다. 대나무 제비의 길이는 한 자 다섯 치, 너비는 한 마디로 위에 "모 주현 지급"이라는 글자를 쓰고 기름을 덧칠한 것이다. 이 제비에 따라 모두 순서대로 곡식을 지급하는데, 또한 이에 대해서도 미리 고시를 해야 한다. 그것은 "지급 받은 쌀이나 돈은 본래 굶주림과 모자람을 구휼하기 위한 것이므로, 이전에 개인적인 빚이 있다고 하더라도 그것은 나중에 곡물 작황이 좋을 때 되갚으면 되지, 이번 진제용 곡식이나 돈을 도중에 억지로 가로채거나 강달해서는 안 된다, 그리고 만약 이러한 상황이 있으면 직접 본인이 고함을 질러 알림으로써 [빚 독촉을 하거나 가로채려는] 그 사람을 즉각 체포할 수 있도록 한다"는 내용이다. 한편 한 향에 대한 지급이 완료되면 다시 다른 향에 대해 분배를 계속하며, 각 향에 대한 지급 역시 앞서와 같은 방식을 따름으로써 돈과 곡물 지급이 혼란스러워지거나 사람들이 뒤엉키지 않게 한다면, 기민 역시 진제가 고르지 못한 것을 염려하지 않아도 된다.

죽창을 설치하여 죽을 배급하는 것은 옛 현인들은 '하책'이라고 하였다. 그것은 경내 기민에 대해서 이야기하자면, 죽창을 현성에만 설치하면 가까운 곳에 있는 사람은 대부분

소자본으로 영업을 하거나 직업이 없는 무뢰배들뿐이고, 멀리 떨어진 향촌 이재민들은 도저히 여기까지 올 수 있는 힘이 없기 때문이다. 간혹 도착한 사람이 있더라도 남녀가 서로 이끌어 주거나 노약자·병자와 함께 수십 리를 기다시피 와서 간신히 한 사발의 묽은 죽을 얻는다. 게다가 한겨울에 눈바람이 몰아치는데 홑옷만을 걸치고 굶주리면서 오가다 보면 길에서 쓰러져 죽는 사람을 미처 다 셀 수 없을 정도다. 그러니 한 사발의 묽은 죽이 도리어 황천길을 재촉하는 증서가 되어 버린다. 그래서 "죽창을 설치하는 것은 가구별로 돈과 곡식을 지급하는 것만큼 편하지 않다. 그렇지만 만약 돈과 곡식을 일찌감치 지급하지 않는다면, 불행하게도 백성은 바로 고향을 떠나 유랑하게 될 것이다."라고 하는 것이다. [하지만] 죽창을 4향에 따로 설치하여 가까운 곳에서 구제를 한다면 또한 어찌 죽창의 설치가 도움이 되지 않는다고 할 수 있겠는가? 또한 외지에서 흘러 들어오는 기민이 끊이지 않는데, 그들에 대해서는 호구 조사라는 것이 불가능하고 또한 사람 수도 확정하기 어려우니, 죽창 설치 외에 어떤 방법으로 그들의 생명을 구할 수가 있겠는가?

다만 죽창은 반드시 큰길가의 널찍한 장소에 각기 설치하여 흘러 들어온 사람들이 쉽사리 받아먹을 수 있게 해야 한다. 만약 그 일을 맡을 자리에 제대로 된 사람을 고르지 못하면, 혹은 쌀을 빼돌리거나 아니면 시간에 맞추어 쌀을 받아 죽을 방출하지 않아 받아먹는 죽으로는 굶주림을 해소할 수 없게 된다. 또는 아침부터 저녁까지 죽창을 가까운 곳에서 바라만 보다 굶어 죽는 사람이 나타나게 되면 이것은 누구를 탓해야 하겠는가? 근래 북방에서 쓰이는 진제용 죽을 보면, 간교한 서리가 연료비를 빼돌린 다음 석회 덩어리를 솥바닥에 놓아 죽이 끓어오르게 한다. 이렇게 하면 곡식 알갱이가 쉽게 익어 흐물흐물해지지만 기민이 먹으면 배가 급히 부풀어 오르고, 질병에 걸려 죽는 경우도 많다. 또한 조금 멀리 떨어져 있어 지현의 감시가 미치지 못하는 죽창에서는 못된 서리들이 쭉정이와 쌀겨를 섞고 대신 남는 쌀을 가로채 자기 배를 채우는 경우가 많으니 정말로 가증스러운 일이다.

따라서 지현은 이런 문제에 대처하기 위해 우선 현직에서 물러나 집에 머물고 있지만 덕이 있는 신사나 노련하고 자선을 좋아하는 부자를 추천하여 죽창의 관리를 맡겨야 한다. 죽은 해 뜰 무렵인 오전 3-5시(五更)에 끓이기 시작하여 날이 밝으면 나눠 주고, 오후 3-5시 무렵(申時)이 되면 배급을 멈춘다. 날마다 이와 같이 하여 죽창으로 가는 기민이 제때에 도착할 수 있게 하고, 각 죽창의 배급은 모두 동시에 시작하고 그치게 함으로써 죽을 탐내는 백성이 이리저리 내달리다가 도리어 아무것도 얻지 못하는 일을 피해야 한다. 지현은 응당 불시에 죽창에 가서 직접 그 죽을 맛보고, 반드시 정결하고 걸쭉하게 만들되, 상하거나 묽거나 다른 것을 뒤섞지 못하게 해야 한다. 그래야만 간교한 서리들이 감히 침탈하지 못하고, 기민은 배불리 먹을 수 있으며, 또한 오랫동안 기다리거나 지체되어 고통 받는 일이 없다.

죽을 배급하는 방법에는 큰 죽창을 만들거나, 아니면 사원 건물을 빌려서 좌우에 나무로 된 울타리 문을 만들고, 그 안쪽에 1,000명 정도를 받아들일 수 있는 공간을 남겨 둔다. 울타리는 아역을 뽑아 여닫는 일을 맡긴다. 매일 죽을 배급할 때 기민이 모두 들어가면 곧 문을 닫고, 일하는 사람이 아니면 멋대로 들어가지 못하게 한다. 구호물자 배포를 감독하는 감시관은 미리 다섯 치의 큰 산가지 1,000개, 세 치의 작은 산가지 500개를 마련하여, 그 위에 서명을 한 다음 오동나무 기름으로 덧칠을 하고, 100개를 하나로 묶어 관리·감독하는 사람에게 준다. 그리고 죽창에 동·서쪽 문 하나씩을 설치하여 일에 능숙한 아역이 이것을 나눠 주는 일을 맡게 한다. 죽을 배급받는 기민은 모두 동문을 통해서 들어오도록 하고, 문에는 기록 담당자 몇 명을 배치하고 각기 장부 하나씩을 맡아 기민의 성명과 고향, 젖먹이나 어린아이를 데리고 왔는지의 여부를 물어 확인한 다음 머릿수에 따라 장부상에 기록하고, 성인에게는 큰 산가지, 미성년자에게는 작은 산가지를 하나씩 나눠 주어 [그것을] 가지고 죽창에 가서 죽을 배급받도록 한다.

죽을 관리하는 사람은 산가지를 거둬 보관하고 산가지의 크기에 따라 죽을 배급하는데, 큰 산가지는 한 국자를, 작은 산가지는 그 반을 나눠 주는 것이다. 죽을 배급받았으면 즉시 서쪽 문을 통해서 나가게 하고, 문 밖에는 아역이 순찰을 돌게 해 죽을 받은 사람은 모두 서쪽에 있게 하고, 동쪽으로 뒤섞여 들어가지 못하게 막는다. 아직 죽을 받지 못한 사람들도 모두 동쪽에 머무르게 하여 서쪽으로 뒤섞여 들어가지 못하게 한다. 울타리 밖에 새로 기민이 도착하면 들어가게 해 주되 역시 동쪽으로 가서 배급을 기다리게 한다. 기민이 두루 배급을 받은 다음에는 울타리 문을 개방하여 그들이 나갈 수 있게 해 준다. 죽을 배급하는 일은 산가지에 따라서 실시하므로 사람이 많다고 해서 속여서 다시 받을 수 없고, 다른 문으로 출입하게 하므로 사람들이 서로 떠미는 혼잡함을 피할 수 있을 뿐만 아니라 이미 배급받은 사람과 그렇지 못한 사람을 동서로 나눠 놓기 때문에 간교하고 교활한 무리들이 끼어들어 거듭 배급을 받는 일도 막을 수 있다. 이렇게 하면 죽을 배급받지 못하거나 두 번 지급하는 폐단 따위는 사라질 것이다.

하지만 고향을 떠나 유랑하며 추위와 굶주림에 지친 백성이 다행히 겨우 부지하던 목숨을 잠깐이나마 더 연장할 수 있게 되었다고 해도, 날마다 찬바람이 부는 광야 가운데에 노출되어 잠시도 머무를 곳이 없거나, 아니면 찌는 듯이 무더운 날씨 속에서 서로 뭉쳐 있는데도 곳곳에 분산시키지 않는다면 전염병이나 사망의 우려가 없다고 보장할 수 있겠는가? 이 때문에 부필(富弼)이 했던 것처럼 숙소를 수리하고 의약품을 베푸는 항목의 진제 활동 또한 시급하게 강구해야만 한다. 그 방법은 반드시 공·사의 비어 있는 집이나 암자·도관·사찰을 두루 조사하여 모두 몇 군데에 각기 유민 얼마 정도를 머무르게 할 수 있는지 지보·총갑에게 보고하게 하고, 관리자는 이에 따라 유민을 안치하고 아울러 모처에 유민 누구누구 등을 안치시켰는지 기록하는 것이다. 또한 머무는 사람 가운데 노련하고 일을 아는 사람을 선발하여 통솔·단속의 임무를 맡겨 나쁜 일이나 말썽이 일어나는 것을 막는다.

만약 유입된 기민의 수가 많다면, 넓고 평평하며 높고 시원한 곳을 골라 돈을 기부 받거나 모금을 장려하여 갈대로 엮은 임시숙소를 짓는다. 기민들이 서로 잇대어 거주하게 하여 부모·처자가 은연중에 집안의 편안함을 느낄 수 있게 하고, 친척·친구가 즐겁게 끼리끼리 모여 사는 느낌을 갖게 해 준다. 그 숙소에 머무는 성년 남성에 따라 보갑을 편성하고, 열 한 가구 가운데 노련하고 일 처리를 잘하는 사람을 골라 갑장에 임명함으로써 나머지 열 가구를 단속하게 한다. 또한 100가 가운데 노련하고 능력 있는 사람 하나를 골라 보정에 임명하여 이들을 단속하게 함으로써 무뢰배를 믿고 법을 어기는 일을 막는다. 지현 또한 불시에 순찰을 돌아 이들을 위로하고, 이곳에서 서로 안전하고 화목하게 지내면서 분란을 일으키거나 서로 위협하는 일이 없게 해야 한다. 만약 사람들 대부분이 취사도구를 가지고 있어 쌀을 받기를 원한다면, 머릿수에 따라 쌀을 지급하되 1개월에 한 차례씩 지급하는 것이 더욱 편리하다. 만약 물고기를 잡을 수 있는 연못이 있거나 산림에서 채취가 가능하다면, 땔나무나 들짐승을 얻어 음식과 땔나무를 조달하거나 혹은 그것을 팔아서 생계에 보탤 수 있도록 해 준다. 젊은이들 가운데 힘을 쓸 수 있는 사람들은 품팔이를 하여 입에 풀칠을 하거나, 혹은 그 돈으로 생계에 보탬이 되게 한다. 이렇게 하면 점차 죽 배급을 줄일 수 있으며, 기민도 이 땅에 안주하는 즐거움을 얻을 수 있다.

질병이 발생하면, 경내의 의관생(醫官生) 모집을 권장하여 번갈아 가면서 치료를 맡게 하고, 사용한 약재와 음식은 장부를 작성하여 보고하면 지현이 검토한 다음 방법을 마련하여 그 비용을 지급하고 장부를 보관해 둔다. 많은 사람을 살린 의생에게는 편액을 지급하여 장려하고, 사망자는 지보에게 지시하여 보고하도록 하고, 감독자가 확인을 한 다음 관을 지급하여 매장한다. 성명이 있는 사람은 매장 장소에 목패를 써서 표기를 해 둠으로써 훗날 유가족이 확인할 수 있게 한다. 관 비용은 혹은 미리 기부를 받아 목수들을 모아 만들어 두었다가 시신 수습에 대비한다. 혹은 길가에 서로 머리를 맞대고 죽은 시신이 너무 많아 모두 관을 써서 매장하기 곤란할 정도면 시신이 몇 구가 되는지 보고하게 한 다음 큰 무덤을 파서 매장함으로써 시신을 그대로 방치해서 부패한 냄새가 진동하고 천지를 오염시키면서 살아 있는 사람에게 병을 옮기지 않도록 막아야 한다. 이렇게 유민들의 생사가 평안하게 처리될 수 있다면 타지로 유랑해야 하는 근심을 잊을 수 있을 것이다.

그런데 봄이 되어 그들이 고향으로 돌아가고자 하면 여비를 지급하는데, 거리의 멀고 가까움을 헤아려 정규 예산을 움직여 쓸 수 있도록 상소를 올려 달라거나 아니면 관원에 대한 가급(加級)·기록(紀錄) 및 좌이관(佐貳官)이 연납을 하면 면죄해 주는 사례를 열어 각기 표창해 주는 상소를 올려 달라고 상사에게 사전에 요청을 한다. 지현은 다시 농사일에 복귀한 호구를 조사하여 가옥 수리비용이나 경작용 소나 종자를 구입하거나 빌릴 수 있는 자금을 대부해 주고, 추수를 기다려 그 액수대로 관부에 상환하도록 한다. 그 이자는 면제해 주며, 혹시 그해에 큰 풍년이 들지 않으면 2년에 걸쳐서 완납하도록 해 줄 수도 있다.

이러한 조치를 통해 조정은 없어졌던 백성을 다시 찾을 수 있고, 사전에 비용을 지출하지만 사후에 충분히 그것을 보상받을 수 있다. 이것은 어찌 황상의 인자함을 우러러 체득함으로써 기민을 위한 대책을 마련함에 있어 현명한 지방관이 최선을 다한 바가 아니겠는가! 그러나 특히 중요한 일은 마치 불이나 물속에 빠진 사람을 구하는 것처럼 기민을 진제하는 일이다. 경내의 이재민에 대해서는 응당 구제해야 할 가구 수를 분명하게 조사하고, 외지에서 흘러 들어온 기민에 대해서는 잇따라 몰려오는 상황을 파악하여, 한편으로는 상사에게 보고하여 신속하게 창고와 금고를 개방하여 돈과 곡식을 풀 것을 요청하고, 다른 한편으로는 진제 상황에 대해 제본을 갖춰 올려 달라고 요청함으로써 굶주린 백성이 유랑하지 않게 하고, 유랑하는 백성이 죽어 넘어져 도랑과 계곡을 메우지 않게 해야 한다. 이를테면 급암(汲黯)은 황상의 조서를 왜곡하여 식량을 분배함으로써 하내(河內)의 기근을 구제했다. 이 때문에 비단 황제로부터 그 죄를 사면받았을 뿐만 아니라, 게다가 천고에 이르도록 모두 그를 어진 사람으로 칭송하게 되었다. 만약 이처럼 견책을 받고 한 몸의 공명을 망친다고 하더라도, 수천수만의 생명을 구할 수 있다면 얻는 바가 역시 아주 크다고 할 것이다. 나는 지방의 고위 관리나 지방관 등이 백성을 먼저 생각하고 그다음에 공명을 추구했으면 하고 바라는 것이다. 하물며 뛰어나신 황상께서 위에 계시니, 어찌 그 마음을 헤아려 그런 일을 칭찬해 주시지 않겠는가?

夫賑濟一也, 而有給米、銀, 設粥廠之二端. 蓋給米、銀, 而其所以給之之法, 不能詳畫, 保無有給之不均與均, 或不足之患乎! 卽設廠煮粥, 而其所以賑之之法, 不預爲措置, 保無有侵漁[138]、守候,[139] 以及冒支[140]、失領之弊乎![141] 此執事之不可不深慮也. 鴻以爲本境之饑民, 宜給米、銀, 流來之饑民, 宜設粥廠. 本境饑民, 皆有室家, 得其米、銀, 卽可免其轉徙. 流來之饑民, 原屬餓殍, 得其粥食, 卽可救其死亡. 但專給銀, 可就其家散之, 免令窮民奔走. 專給米必須逐戶到倉親領. 若銀、米兼給, 則到倉領米, 便可領銀. 其給米、銀也, 計其口之大小,[142] 核其貯之多寡, 以定所給之數, 數有不敷, 必續爲勸助,[143] 務期室家存贍而後已. 若始給而後不敷, 終亦不免于轉徙, 是之謂: '不足之患,' 將前功不盡棄乎?

今姑以小縣言之, 除富室及稍可設措者, 計貧窘約得二千戶, 每戶大口三人, 每口米四合, 小口二人, 每口米二合, 口共一升六合, 每月戶四斗八升. 自今秋八月, 至來春三月麥熟時, 共八個月, 每戶應給米三石八斗四升, 二千戶共應給米一萬一千六百八石, 每戶給銀一兩, 爲修葺屋宇及麥種之費, 共應給銀二千兩. 如麥又無收, 每戶再給五個月之米, 以待八月秋收, 每戶米二石四斗, 共應再給米四千八百石, 戶銀一兩, 爲修理農具、種力之費, 亦共銀二千兩. 若大州縣, 視此加倍不等, 誠使各處皆拯濟如此, 又何有所給不敷, 以致流離轉徙之虞乎?

至于給之, 必其均也. 當其旣饉, 有司宜獨以此爲憂. 其一切催徵、詞訟及不急之務, 皆須停緩, 宜親率里·社耆老, 至四鄕村莊, 逐戶淸査, 貧窮鰥寡、老疾無依者, 按口登記, 査完一鄕, 結一戶總, 合四鄕結一大總, 共大口若干, 小口若干, 卽知應給米銀之數. 其淸査戶口底簿,[144] 本官隨帶內衙, 査對無差, 發房另造淸冊, 四鄕四本, 送宅査對用印, 以便照此冊給散米、銀.

及其賑給, 若倉在四鄕, 先期大張告示, 曉諭四鄕, 派定某日詣某鄕開倉給散. 若倉在城郭, 宜出示各鄕通衢處所, 將本鄕淸査過饑民, 逐戶開列, 于某日黎明, 由某門入, 至近倉某處看牌.[145] 其牌置高脚者二十面, 每面可書百人, 自第一號至二十號, 其給散先遠而後近, 使遠者先領先回. 書牌亦如之, 每牌派一役掌之, 役姓名用紙書硃點粘牌上, 使無諉混.[146] 其饑民戶在某牌, 卽按牌次伺候, 不得遠離, 監放官將饑民戶照牌開造, 牌止列戶主一人, 冊註大小口

138 침어(侵漁)는 침탈한다, 가운데서 가로채서 이익을 취한다는 뜻이다.
139 수후(守候)는 기다린다는 뜻이다.
140 모지(冒支)는 속여서 지급·지출 또는 수령한다는 뜻이다.
141 실령(失領)은 제대로 지급받지 못한다는 뜻이다.
142 대구(大口)는 성년 남녀, 소구(小口)는 미성년자를 가리킨다.
143 권조(勸助)는 돕도록 권장한다는 뜻이다.
144 저부(底簿, 底賬)는 장부·원부(原簿)를 가리킨다.
145 패(牌)는 표지나 고시에 쓰는 판, 또는 증거용으로 사용하는 작은 목판·간판이나 금속판을 가리키기도 한다.
146 위혼(諉混)은 책임을 서로 떠밀거나 혼동하게 만든다는 뜻이다.

若干, 應給米若干, 銀若干. 如點第一牌, 該役執牌至監放官前, 該吏挨次唱名, 官硃點冊上姓名, 給與銀兩. 其銀, 本官預先親眼稱驗紋足,[147] 硃封給散,[148] 方照冊塡寫鄕分、姓名、米數于印票上, 給與本戶, 赴倉領米. 其印票如收錢糧票式刊刷, 上刊“[ ]鄕一戶[姓名]應給[米穀數]石[ ]斗[ ]升. 該倉驗票照數給發, 存票繳查, 某年月日”字樣. 監放官再用一開圖書,[149] 將票于冊數上, 合鈐圖書一半, 以防假票冒支.

本戶領票赴倉, 該倉挨次驗票給米, 將票收存繳查,[150] 另給照出竹籤,[151] 至倉門查繳放出,[152] 以防夾帶.[153] 其籤竹爲之長一尺五寸闊一寸, 上書“某州縣照出”字樣, 以油塗之, 逐牌俱挨次散完, 仍預先出示: “所給米、銀, 原以賑其饑乏, 凡日前私債, 俱令收成時償還,[154] 不許途中搶奪勒索.[155] 如有此等, 許本人喊禀, 以憑拿究.” 放完一鄕, 再放一鄕, 其各鄕散給亦照此式, 則放給不致雜亂擁擠,[156] 而各戶亦無不均之慮矣.

其設廠煮粥, 昔賢謂之: ‘下策’者. 蓋謂本境之饑民而言, 以粥廠專設在城, 其近城多係小本營運及游手無賴之人. 而遠鄕之災農, 力不能至, 卽間有至者, 攜男挈女, 與夫老弱病夫, 匍匐數十里, 而求一盂薄粥, 且隆冬風雪, 腹餒衣單, 踣斃于道者,[157] 不可勝紀. 是一盂薄粥而反作黃泉促命之符. 故云: “設粥不如按戶之給米、銀爲便耳. 雖然若米、銀未嘗先給, 不幸而民將轉徙.” 其粥廠分設四鄕, 以就近拯救, 又安見設粥之不爲有濟乎? 若其流來饑民絡繹而至, 旣無戶口之可稽, 又復人數之無定, 舍設粥而外, 而又何以爲之存活耶? 但粥廠宜分設于通衢寬闊之處, 使來者易于就食. 若董其事者所任非人, 或侵剋米糧, 不依時領放, 致所領不足濟饑, 且有

147 문(紋)은 문은(紋銀)을 가리킨다. 문은은 청대 통행되던 일종의 표준 은냥(銀兩)을 가리키며, 순도와 무게가 가장 좋은 것이다. 문족(紋足)은 문은의 순도, 족은(足銀)은 순도가 충분한 은자(銀子)를 가리킨다.

148 급산(給散)은 나누어 준다, 지급해 준다는 뜻이다.

149 여기서 도서(圖書)는 도장(圖章)을 말한다.

150 격사(繳査)는 반납을 받아 점검한다는 뜻이다.

151 죽첨(竹籤)은 얇고 반반하게 깎은 대나무 조각, 즉 제비나 산가지를 말한다.

152 사격(査繳)은 조사하여 돌려받는다는 뜻이다. 방출(放出)은 풀어 주어 내보낸다는 뜻이다.

153 협대(夾帶)는 끼고 나간다는 뜻이다.

154 수성(收成)은 작물 등의 수확·작황을 가리킨다.

155 창탈(搶奪)은 강탈한다는 뜻인데, 법적으로는 범인의 수가 적고 흉기가 없는 경우를 가리킨다. 『대청률례』 권24 「형률 적도(賊盜) 하 1(下之一)」(『律』268.00) 「백주창탈(白晝搶奪[人少而無兇器, 搶奪也. 人多而有兇器强劫也. 按此註本於箋釋, 原在律文首句搶奪下. 雍正三年移改])」 “1. 凡白晝搶奪人財物者[不計贓], 杖一百、徒三年, 計贓[併贓論]重者, 加竊盜罪二等[罪止杖一百、流三千里]. 傷人者[首], 斬[監候], 爲從各減[爲首]一等, 並於右小臂膊上刺‘搶奪’二字.”(p.386)

156 옹제(擁擠)는 서로 껴안고 떠민다, 즉 붐비다, 혼잡하다는 뜻이다.

157 북폐(踣斃)는 넘어져서 죽는다는 뜻이다.

自旦至暮, 近望粥廠而饑餓以死者, 伊誰之咎歟? 近見北方賑粥, 奸胥侵蝕薪價, 以石灰塊置釜底, 粥湯沸起, 而粒易熟爛,[158] 饑民食之, 腸腹澀脹,[159] 每多成疾而死. 又有粥廠稍遠者, 官不及查, 奸胥雜以糠粃,[160] 呑米肥己,[161] 深爲可恨. 有司于此, 先宜推擧閒居有德鄉紳及老成殷實者善, 董理之. 其粥五更起煮,[162] 天明給散, 至申時止.[163] 日日如是, 使赴廠饑民, 按時而至, 各廠散粥, 俱同時起止, 以免貧民彼此馳騖, 反致悞領. 印官宜不時至廠, 親嘗其粥, 務令潔淨稠乾, 不得餿稀攪和,[164] 庶奸胥不敢侵剋, 饑民得以充飽, 而亦無守候淹遲之苦矣.[165]

其散粥之法, 或設大廠, 或假寺院, 左右建立柵門, 內留寬地, 度可容千人. 柵門撥役司啓閉, 每日散粥時, 放饑民入盡卽閉, 非執事人, 不許擅入. 監散官預置大籌一千,[166] 長五寸, 小籌五百, 長三寸, 監散官畫押, 罩以桐油. 每百根一穿, 交付董理人,[167] 于廠東西各設一門, 著練事人司掌. 領粥饑民, 俱令由東門入, 門設書寫數名, 各置簿一扇, 問實饑民姓名籍貫、有無攜帶幼小兒女, 照口登塡簿上, 大口給一大籌, 小口給一小籌, 令執詣廠領粥. 管粥人將籌收存, 隨卽按籌給粥, 大籌一杓,[168] 小籌半之. 領過卽令由西門出, 門外撥役巡察. 領過粥者, 俱在西邊, 不得混走于東. 未領粥者俱在東邊, 不得混走于西. 柵外有饑民後至者, 放入亦令往東邊候領. 饑民領粥既遍, 然後開柵放行. 夫散粥按籌, 人多不能冒領, 出入異門, 往來免致擁擠, 已未領東西各別, 以杜奸猾混入重支. 如此而可無失領複給之弊矣.

然而流離凍餒之民, 雖幸苟延殘喘,[169] 使日暴露于寒風曠野之中, 而無所棲泊, 環相聚于鬱氣薰蒸之際,[170] 而不爲散處, 保無疾疫、死亡之患乎? 此富青州之治廬舍、施醫藥諸項, 又

158 숙란(熟爛)은 익다, 너무 익어서 흐물흐물하다는 뜻이다.
159 삽창(澀脹)은 급히 부풀어 오른다는 뜻이다.
160 강비(糠粃)는 겨와 기울, 겨와 쭉정이를 말한다.
161 비기(肥己)는 사욕을 취하다, 자기 실속을 차린다는 뜻이다.
162 오경(五更)은 지금의 오전 3시에서 5시까지에 해당한다. 원래 황혼에서 새벽까지 하룻밤을 갑·을·병·정·무 5 단락으로 나누어 이를 오경(五更), 또는 오야(五夜)라고 하였는데, 여기서 오경은 특히 마지막 무렵, 즉 해뜨기 직전의 무렵을 가리킨다.
163 신시(申時)는 오후 3시에서 5시 사이를 가리킨다.
164 수(餿)는 밥이 변질되어 쉰내가 난다는 뜻이다. 희(稀)는 성기다, 많지 않다, 묽다는 뜻이다. 교화(攪和)는 뒤섞다, 혼합하다, 교란시킨다는 뜻이다.
165 엄지(奄遲)는 오래 머물다, 장기간 체류한다는 뜻이다.
166 주(籌)는 살가지, 즉 젓가락처럼 긴 나무 조각을 말한다.
167 동리(董理)는 감독·관리한다는 뜻이다.
168 표(杓)는 원래 자루를 말하나 나아가 숟가락이나 주걱을 가리키기도 한다.
169 구연(苟延)은 잠깐 연장시키다, 겨우 부지한다는 뜻이다. 잔천(殘喘)은 겨우 붙어 있는 숨, 거의 죽게 된 목숨을 말한다.
170 울기(鬱氣)는 울창한 기운, 농후한 기운을 가리킨다. 훈증(薰蒸)은 찌는 듯이 무덥다는 뜻이다.

不可不亟講也. 其法須偏擇公私空閒屋宇及菴觀、寺院, 查計若干所, 某所約處流民若干, 令地方、總甲呈報, 而董理者按所安揷之, 仍登記某處安揷某某等姓名, 卽于所居擇年老知事者, 爲之統領約束, 不得非爲生事. 如流來人多, 擇寬平高爽之地, 捐資勸募, 搭蓋蘆棚葦舍,[171] 聯比而居, 使父母、妻子隱然有室家之安, 親戚、友朋歡然有鄰里之聚.[172] 按其棚閒丁口, 編爲保甲, 擇十一家中之老成能事者, 爲之甲長, 以約束十家, 又于百家中, 擇一老成有幹才者, 爲之保正, 以約束百家, 使不致恃亡賴而忤法.[173] 官長仍不時巡察而撫慰之, 使相安于依處, 而不致有紛擾、恐嚇之憂.[174] 若人口多有炊具,[175] 情願領米者, 按口給米, 一月一領, 更爲便之. 如有陂澤可漁, 山林可採, 許其樵捕, 或供食爨, 或資售賣, 以贍其生. 少壯可任力者, 爲人傭工餬口, 又獲其値, 以資家計. 如此粥可漸省, 而饑民亦有安土之娛矣.

遇有疾病, 勸募本境醫官生, 輪派醫治, 用過藥餌,[176] 造冊呈報, 印官核明, 設法給與, 具領存案. 以醫活人多者, 給扁獎勵, 死亡者令地方呈報, 董理驗明, 卽給棺掩埋. 有姓名之人, 于埋所用木牌標記, 以便他日屍親識認. 其棺費或預爲捐助, 鳩工成造,[177] 以備收殮之用,[178] 或道路枕籍甚多, 棺難盡備, 亦報明屍軀若干, 掘叢塚埋之,[179] 毋令暴棄, 臭腐薰灼, 厭汚天地, 而染病生人. 如此流民生死相安, 亦可忘其轉徙之憂矣.

若夫入春復還故土, 其給路費, 酌其道里遠近, 預先請之上臺, 具疏請動正項, 或開加級紀錄,[180] 及援納佐貳准贖免罪之例,[181] 分別議敍.[182] 其本地方官, 察明復業人戶, 貸以修葺舍宇, 買僱牛力之資、耕播之種, 俟秋收照數償官, 免其利息, 歲不大登,[183] 或作兩年完

171 탑개(搭蓋)는 작은 집을 짓다, 오두막이나 천막 따위를 짓는다는 뜻이다. 노붕위사(蘆棚葦舍)는 갈대로 지붕을 잇고 벽을 두른 숙소를 말한다.

172 환연(歡然)은 즐겁고 기뻐하는 모양을 가리킨다.

173 망뢰(亡賴)는 제대로 된 직업에 힘쓰지 않는다는 뜻, 또는 그런 사람, 즉 무뢰배를 가리킨다.

174 분요(紛擾)는 혼란이나 혼란스럽다는 뜻이다. 공혁(恐嚇)은 으르다, 위협하다, 협박한다는 뜻이다.

175 취구(炊具)는 취사도구를 말한다.

176 약이(藥餌)는 약과 음식을 말한다.

177 구공(鳩工)은 공장(工匠)·노동자를 모은다는 뜻이다.

178 수렴(收殮)은 입관(入棺)시킨다는 뜻이다.

179 총총(叢塚)은 많은 시신이 묻혀 있는 큰 무덤, 또는 묘가 많이 모여 있는 곳이다.

180 가급(加級)은 기록(紀錄)과 마찬가지로 청대 관원 장려 방법 가운데 하나다. 관원의 업무평가가 우량하게 나오거나 공적을 세우면 기록(紀錄)이나 가급으로 표창을 한다. 기록은 1-3차의 3등이 있고, 그다음 단계에 가급 1-3차가 있다. 가급 1차는 기록 4차에 해당되는 것이다. 양자를 합하면 모두 12등급인 셈이다.

181 원래 속면(贖免)은 돈이나 재물을 납부하여 형벌을 면제받는 것을 가리킨다.

182 의서(議敍)는 업무평가에서 뛰어난 성적을 받은 관원의 명단을 이부에 넘겨 검토를 한 다음 가급(加級)이나 기록(紀錄) 등의 장려를 하게 하는 청대의 제도를 가리킨다.

183 대등(大登)은 큰 풍년이 든다는 뜻이다.

淸.[184] 是朝廷無民而有民, 費之于前而補之于後也. 豈非賢有司仰體皇仁, 于區畫饑民無所不用其極者哉! 然尤其要者, 賑饑如救焚拯溺. 本境災民, 査明應賑戶口, 流來饑民, 査明疊至情形,[185] 宜一面申報上司, 請速開倉發帑, 一面具題賑濟原由, 務期饑者不流, 流者不塡溝壑. 如汲黯矯詔發粟,[186] 以救河內之饑,[187] 不惟上赦其罪, 且千古賢之. 縱卽以此獲譴, 捐一己之功名, 而救千萬人之性命, 其所得亦已多矣. 鴻願地方大吏及司牧諸君, 先百姓而後功名, 可也. 況聖明在上, 有不諒其心而嘉予其事乎?

27-04. 도적 제거(除盜)

『주례』에서 이야기 하는 황정 가운데 그 열두 번째는 도적을 없애는 것이다. 원래 포악한 무리를 단속하는 것은 선량한 백성을 안정시키기 위함이다. 재해를 당한 백성은 목숨을 구하고자 하는 마음이 절박하여 그 기세가 쉽사리 흔들린다. 만약 한 번 흔들리면 그다음 다시 안정시키는 것은 아주 어렵다. 위험에 빠진 백성은 율법을 두려워하는 마음이 줄어들어 소란을 일으키기 쉽기 때문이다. 만약 이들을 제대로 다잡지 못한다면 곧바로 형세가 반란으로 치달아 다시 멈추게 하는 것은 아주 어렵다. 아직 흔들리지 않았을 때 반드시 먼저 그들을 안정시킬 방법을 꾀해야 하는데, 구휼을 시행하여 쌀값을 안정시키는 것 외에는 사실 다른 방법이 없다. 그들이 반란을 일으키지 않기를 바란다면 반드시 먼저 그들을 다잡을 방법을 엄격하게 마련해야 하는데, 도둑질을 징벌하고 식량 약탈을 막는 것 외에는 사실 다른 방법이 없다. 기근을 만났을 때 상평창에 저장된 곡식이 있으니 반드시 우리 기

---

184 완청(完淸)은 완전히 청산하다, 지불을 끝낸다는 뜻이다.

185 첩지(疊至)는 거듭하여 이른다는 뜻이다.

186 급암(汲黯)에 관한 고사는『사기(史記)』권120「급정열전(汲鄭列傳)」에 나온다. 황제가 하내(河內)의 실화(失火)로 천여 가가 불탔다고 하여 급암에게 가서 보고 오라고 하였다. 그는 돌아와서 보고하기를 가인(家人)의 실화로 이어진 집들이 모두 불에 탔으나 걱정할 만한 것은 되지 못하고, 하남(河南)을 지나다가 빈민들이 홍수와 가뭄으로 만여 가가 피해를 보아 혹은 아버지와 아들이 서로 잡아먹는 지경이라고 해서 부절을 가지고 하남의 창곡(倉粟)을 방출하여 빈민을 구제하였다고 털어놓았다. 그는 교제(矯制)의 죄를 처벌해 달라고 하였으나 황제가 그를 현명하다고 여겨 풀어 주었다고 한다.

187 하내(河內)는 황하(黃河) 이북, 특히 하남성(河南省)의 황하 이북 지역을 가리킨다.

민에게 나누어줄 것이라는 것을 알고 있고, 지현이 아주 현명한 관리라서 반드시 우리 기민을 구휼해 줄 것이라는 것을 알고 있다면, 백성은 미련을 가지는 바가 있어 차마 쉽사리 향리를 떠나려 하지 않을 것이니 그 형세는 평상시처럼 안정될 수밖에 없다.

그렇지만 만약 창고가 비어 저장된 곡식이 전혀 없거나, 저장된 곡식이 있는데 구휼을 논의한다는 소식이 들리지 않거나, 부모관인 지현이 오로지 세금을 독촉하는 데만 급급하고 가렴주구에만 몰두하여 기근 구휼을 알지 못한다면, 백성이 어찌 고향을 떠나 유랑하는 데에만 그치겠는가! 그 법을 두려워하는 마음은 목숨을 구하고자 하는 마음을 이기지 못하며, 처음에는 몰래 훔치거나 좀도둑질을 하지만, 그다음에는 공공연한 약탈에 나설 것이다. 지현은 추위와 배고픔 때문에 그렇다고 여겨 힘써 하찮은 인정을 베풀면서 이를 적극적으로 금지하지 않는다면 간사하고 교활한 무리들은 아무것도 꺼리지 않게 되어 패거리를 모아 서로 이끌며 약탈을 자행하게 되니, 부자나 권세가 모두 피해를 당하고 경내 전체가 불안해진다. 이때 가서야 비로소 엄격하게 체포를 하게 되면 이 무리들은 새나 들짐승처럼 놀라 산속으로 달아나 자취를 감추고 험준한 지역에 터를 잡게 되니 더 큰 화근과 재앙을 키우게 된다. 또한 어찌 한 지역만 그 피해를 입겠는가? 따라서 형세는 한 번 흔들리게 되면 다시 안정시키기 어렵고, 일단 반란이 일어나면 다시 그치게 하는 것은 쉽지 않다. 이것은 먼저 기민을 안정시키고 위무하고, 그다음에 가서야 다잡는 방법을 쓰지 않았기 때문이다.

어진 지방관들에게 알리고자 한다. 도적질을 엄격하게 금지하고자 한다면, 반드시 먼저 기민을 구휼하여 굶어 죽는 것을 막아야 하며, 창고에 곡식이 있으면 바로 창고를 열어 구휼하고, 곡식이 부족하다면 먼저 자신의 봉록을 털고 보좌관이나 신사·부호들을 독려해서 기부하여 돕도록 해야 한다. [그리하여] 목숨을 구하고자 하는 백성의 다급한 마음이 조금 느슨해지면, 작은 도둑질이나 불법 행위에 대해서도 반드시 이를 법대로 처벌하여 조금이라도 용서해 주어서는 안 된다. 백성은 바야흐로 지방관이 자신을 살려 준 것을 어진 일로 여기고 또한 거기에 감복하기에도 비쁠 터이니, 이렇게 형법을 적용하더라도 어찌 감히 자숙하여 스스로를 경계하지 않는 사람이 있겠는가?

한 번 진제를 시행한 다음 혹시 그것을 계속 지속하기 어려워지면, 향민들은 곡식을 살 곳이 없는데 부유하여 축적이 많은 사람이 큰 이익을 얻을 욕심에 곳간을 닫아 버리는 경우가 간혹 있다. 이 때문에 굶주린 백성이 그 집을 둘러싸고 곡식을 요구하게 하거나, 그렇지 않으면 함께 창고를 무너뜨려 곡식을 털어 가는 데도 그 무리가 많은 것을 두려워하여 감히 어떻게 손을 쓸 수 없게 된다. 이러한 식량털이를 막지 못하면 곧바로 약탈이 발생하게 된다.

어진 지방관들에게 알리고자 한다. 식량을 털어 가는 것을 막고자 한다면, 반드시 먼저 부유한 집에 권유하여 향리를 구휼하여 재해를 구제하는 것을 중시하게 해야 한다. 그 가족이 필요로 하는 바를 헤아린 다음, 나머지는 곧 모두 백성에게 싼값으로 팔거나 아니면 그 많고 적음을 헤아려 대출해 주게 하는 것이다. 그렇지만 굶주린 백성이 시끄럽게 소란을 피워 통제가 되지 않을 수도 있으므로, 지방관이 반드시 직접 쌀을 내다 파는 것을 감독해야 한다. 그리고 그 향촌 사람들을 생각하여 조금 가격을 낮추어서 대출하게 하고, 지현은 「대출 증명서」에 도장을 받아서 모은 다음 빌려 주는 사람에게 건네주고, 가을에 곡식이 여물면 다시 지현이 나서서 빌려 간 곡식의 상환을 독촉한다. 이렇게 하면 부유한 집도 손해를 보지 않고, 식량을 털어 가는 풍조는 금지하지 않아도 저절로 수그러들 것이다.

한편 시장에서 판매하는 쌀의 경우 본지에서 수확이 없으면 쌀값은 저절로 올라간다. 지방관은 백성을 이롭게 할 뜻이 있다면 그 값이 지나치게 오르지 못하게 억제해야 한다. 하지만 그렇게 하면 곡식을 쌓아 놓고 있는 사람들은 더욱 숨기고 내놓지 않으며, 객상(客商)들도 팔아도 남는 게 없다고 해서 모두 발을 멈추고 이곳으로 오지 않는다. 그러면 쌀값은 날마다 치솟듯 오르게 되니 백성은 더욱 쌀을 구입하기 어려워진다.

어진 지방관들에게 알리고자 한다. 쌀값을 안정시키고자 하면 우선 시장에서 쌀을 판매하는 것을 억눌러서는 안 된다는 점을 반드시 기억해야 한다. 그리고 지현은 일부러 돈을 내어 쌀값을 후하게 쳐서 사들이고, 또한 큰길가에 고시를 하여 관청에서 지금 공금을 지출하여 시가대로 쌀 몇 만 석을 구매한 다음 민간에 내다가 풀 것이라는 사실을 알려야 한다. 먼 곳에 있는 상인들은 다른 곳에서는 대부분 가격을 억누르는데 이곳에서만 홀로 값을 후하게 쳐서 수매해 준다는 소식을 들으면, 모두 밤낮으로 달려서 쌀을 가지고 몰려올 것이다. [그렇게 해서] 쌀의 유입이 상당히 늘어나더라도 관청에서는 오랫동안 사들이지 않고 백성이 사들일 수 있도록 내버려 둔다. 이렇게 하면 곧 시가가 안정이 되어 풍년이 들었을 때와 같아진다. 이것은 바로 상인의 쌀을 옮겨서 이재민을 이롭게 하는 것이니 억지로 쌀값을 내리려 하지 않아도 그 값은 저절로 올라가지 못한다.

이것을 통해 도적을 엄격하게 단속하기 위한 근본은 구휼과 쌀값의 안정에 있음을 알 수 있을 것이다. 백성이 생명에 애착을 가질 수 있게 한 다음에야 그들이 감히 불법을 저지르지 못하도록 막을 수 있다. 또한 도적을 막는 근본은 바로 식량을 털어 가는 것을 막고 작은 도둑질을 처벌하는 데 있다. 백성이 율법을 두려워하는 것을 알게 한 다음에야 그들이 날마다 불법적인 일을 저지르는 것을 막을 수 있다. 따라서 나는 이른바 "미리 앞서 준비하고, 지난 다음에는 반성하여 삼가는 것이 근본을 바로잡고 흐름을 맑게 하는 깊이 있는 방법이다"고 생각한다. 만약 그 근본을 따지지 않고 단지 꾸짖어 처벌하는 방법으로만 대응하고, 그 흐름을 막지 않고 일시적인 방편으로만 처리하려 한다면, 목숨을 구하기 바쁜 백성은 이미 미련을 둘 가족이나 집도 없을 터이고, 미쳐 날뛰는 무뢰배들에게 무슨 법령을 더 들이댈 수 있겠는가? 단지 한 번 흔들려서 다시는 안정을 찾지 못하고, 한 번 반란을 일으켜 다시는 그치게 할 수 없는 형세만 낳게 될 따름인 것이다. 이렇게 된 다음에야 다급하게 그들을 안정시키고 단속할 방법을 찾으려 해도 이미 때가 늦지 않겠는가? 그러므로 『주례』에서 도적을 없애려면 반드시 먼저 '산리(散利)'를 해야 한다고 한 것은 바로 이러한 상황에 비추어서 한 이야기다. 따라서 경비를 엄격히 하여 불법을 저지르는 사람을 처벌하고, 보갑을 정비하여 못된 싹을 일찌감치 끊는 것은 분명히 백성을 다잡는 일이지만, 이것은 반드시 이들을 우선 안정시킨 다음에야 추진해야 할 일이다!

『周禮』荒政, 其十二曰: "除盜賊."[188] 蓋戢暴所以安良也.[189] 災傷之民, 救死之心迫, 而其勢易動. 若無所以安之, 則勢將一動, 而不可以復靜矣. 阽危之民,[190] 畏法之心少, 而其勢易亂. 若無所以戢之, 則勢將一亂, 而不可復止矣. 夫及其未動, 必先謀所以安之之道, 非施賑恤而平米價無由也.[191] 欲其不亂, 必先嚴所以戢之之方, 非懲偸竊而禁搶糧無由也. 民當饑荒之際, 知常平之有積儲也, 必我饑民散之, 知父母之有賢侯也, 必我饑民恤之. 于是有所繫戀,[192] 而不忍輕去其鄕, 故其勢常安. 若倉廩空虛而無積, 與有積而不聞其議賑, 其爲父母者, 方且追呼之是急, 苛斂之是求, 而若不知其爲荒饉者, 則其民豈獨流離轉徙而已哉! 其畏法之心, 不勝其救死之心, 始而鼠竊狗偸,[193] 旣而公行搶奪, 有司以爲饑寒所迫, 務爲小仁而不知禁. 其奸黠之輩, 遂無所忌憚, 糾黨聚衆, 相率剽刦, 富家大族, 俱遭其荼毒,[194] 而境無寧宇. 于是始嚴爲鉤捕,[195] 而此輩鳥驚獸駭, 竄匿山谷,[196] 盤踞險阻,[197] 則孽滋禍長,[198] 又豈一方受害已乎? 是其

188 『주례』「지관(地官) 대사도(大司徒)」에 관련 구절이 있다("以荒政十有二聚萬民. 一曰: 散利. 二曰: 薄征. 三曰: 緩刑. 四曰: 弛力. 五曰: 舍禁. 六曰: 去幾. 七曰: 眚禮. 八曰: 殺哀. 九曰: 蕃樂. 十曰: 多昏. 十有一曰: 索鬼神. 十有二曰: 除盜賊.").

189 안량(安良)은 양민을 안정시킨다는 뜻이다.

190 섬위(阽危)는 처지나 형세가 위험하다는 뜻이다.

191 무유(無由. 無從)은 할 길이 없다, 어쩔 도리가 없다는 뜻이다.

192 계련(繫戀)은 미련을 갖다, 몹시 그리워하다는 뜻이다.

193 서절(鼠竊)은 좀도둑질을 말한다. 구투(狗偸) 역시 좀도둑을 가리킨다.

194 도독(荼毒)은 해독을 끼친다는 뜻이다.

195 구포(鉤捕)는 찾아서 체포한다는 뜻이다. 구(鉤)는 갈고리나 그것으로 찾는다는 뜻이다.

196 찬익(竄匿)은 도망하여 숨다, 달아나 자취를 감춘다는 뜻이다.

勢一動, 而不可以復靜, 一亂而不可以復止, 以其先無撫安之之道、戢之之方也.

爲賢牧者知之, 欲嚴盜賊之禁, 必先爲之賑贍, 使其免于餓殍, 廩有粟則開以賑之, 不足則捐己俸, 以倡勵其僚佐、紳衿、富庶以輸助之. 民救死之心既緩, 稍有偸竊不法, 必懲之如律無少貸. 民方以父母之生我者爲仁, 且感之不暇, 即刑法之加, 敢有不肅而自儆哉? 當其賑贍之餘, 或難繼足, 而鄉民告糴無所, 富有積者, 又貪取厚利而閉之困, 致使饑民, 環其室而要之, 否則相與傾廩倒藏, 懼其衆而莫敢伊何. 此搶糧之不禁, 則剽刦之所由來也. 爲賢牧者知之, 欲禁搶糧, 必先勸其富室, 以恤里救災爲重. 權其食指之所需,[199] 餘則盡糶之民, 或酌其多寡而貸之. 然恐其饑民之喧囂而無制也,[200] 有司親爲監視糶, 則念其鄉閭, 稍爲減值貸, 則官爲索「劵印」, 而付之貸主, 秋稔官爲督償. 如此富室無虧, 搶糧之風, 將不禁而自息矣.

至于市集所賣之米, 本處無收, 米自騰貴, 有司意在利民, 爲之短抑其價, 不許過昂. 于是積者匿而不售, 客商以無贏羡, 又皆裹足不至.[201] 故米價日益翔踴, 而小民艱于糴買. 爲賢牧者知之, 欲平米價, 必先毋抑市糶, 官故爲出金, 昂值以售, 又出示榜之通衢, 官今發帑照時價買米若干萬石, 以散糶民間. 其遠商聞之, 他處既多抑價, 此獨昂值以售, 皆將日夜飛輓以至矣. 米粟來者既多, 官久不買, 而聽民以糴, 則市價之平, 有同豊獲. 是移商粟而就利災民, 不求爲抑, 而價自不能昂也.

以是知嚴盜賊之本, 在于施賑恤, 平米價. 使民有生之可愛, 而後能遏其不敢爲非. 防盜賊之流, 在于禁搶糧, 懲偸竊, 使民有法之可畏, 而後能杜其日滋于暴. 故鴻所謂: "籌之于早, 而毖之于後者, 深有見于端本澄流之道也." 苟不究其本, 惟誅罰之相繩,[202] 不塞其流, 或姑息以從事,[203] 則救死不暇之民, 既無身家之可戀, 狂逞不軌之徒,[204] 又何法令之可加? 亦止成其一動而不可復靜、一亂而不可復止之勢而已矣. 然後急求所以安戢之, 不已晩乎? 故『周禮』除盜賊, 而必先之散利, 其亦有鑒于斯矣. 若夫嚴守禦而詰奸宄, 淸保甲而絶邪萌, 此亦戢之之事, 殆必見于安之之後乎!

---

197 반거(盤踞)는 둥지를 틀고 들어앉는다는 뜻이다.

198 얼(蘖)은 죄악·화근·악인(惡因)이란 뜻이다. 화(禍) 역시 마찬가지의 뜻이다.

199 식지(食指)는 가정이나 가족 인구를 가리킨다.

200 훤효(喧囂)는 떠들어 대다, 시끄럽게 군다는 뜻이다.

201 과족(裹足)은 발을 감싼다, 생각하는 바가 있어 발길을 멈춘다는 뜻이다. 과족부전(裹足不前) 역시 꺼리는 바가 있어 감히 앞으로 나아가지 않고 발길을 멈추는 모습을 형용한다. 과족부지(裹足不至) 역시 같은 뜻이다.

202 주벌(誅罰)은 죄를 저지른 사람을 꾸짖어서 처벌한다는 뜻이다.

203 고식(姑息)은 임시방편 또는 그것을 구한다는 뜻이다.

204 불궤(不軌)는 당연히 지켜야 할 법이나 도리를 어긴다는 뜻이다. 불법(不法)과 마찬가지다.

| 제28권 |

역참부 郵政部 1

福惠全書

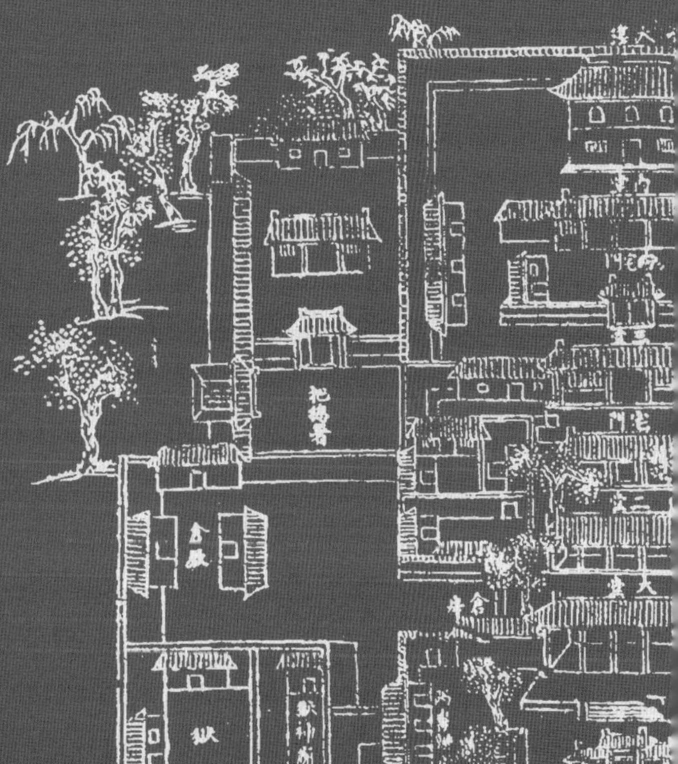

28-01. 총론(總論)[1]

무릇 역참(驛站. 驛傳)이 설치된 곳은 교통량이 많은 요충지가 있고, 교통량이 적은 외진 곳도 있다. 교통량이 많은 곳에 설치된 것을 '역참(驛站)'이라 하는데, 황상의 사신, 조공하러 온 이웃나라 사절, 그리고 상주문을 전달하는 인원에게 여러 가지 편의를 제공하기 위한 곳이다. 한편 교통량이 적은 외진 곳에 설치된 것을 일러 '이갑마(里甲馬)'라고 하는데, 단지 본 주현의 신속한 [공문]전달에만 쓰이는 것이므로, 또한 '체마(遞馬)'라고도 한다. 체마로 두는 말은 몇 마리에 지나지 않는다.[2] 역참은 매 주현마다 한 군데 또는 두 군데를 설치하며, 아주 교통량이 많은 경우에는 세 군데 설치하기도 한다. 매 역참마다 정해진 마필의 수는 대략 60-70마리 정도다. 거기에 관련된 식량·재료·임금 등의 비용은 지방의 [정규예산에 속하는] 존류(存留) 항목에서 지출하며, 한 해를 마칠 때 지정전량(地丁錢糧) 항목과

---

1 『청사고(清史稿)』(中華書局, 1976) 권141 「지(志) 116 병(兵) 12 마정(馬政)」, pp.4176-4177에는 다음과 같이 기록하고 있다. 역전(驛傳. 驛站)은 전한대(前漢代)에 시작되어 역대로 계승되어 왔다. 청도 명의 제도를 이어받아 역마(驛馬)를 설치하였는데 그 정액이 모두 4만 3,300여 필이었다. 각 성의 역제(驛制)는 강희 2년에 정해졌는데 주관(奏官)의 역마(驛馬) 수는 각기 말 5필이었고, 공(公)·장군(將軍)·제독(提督)·독무(督撫)는 각 3필, 총병(總兵)·순염어사(巡鹽御史)는 2필이었다. 역전(驛傳)이 벽지(僻地)에 있는 경우는 겨우 본 주현의 수요에 부응할 뿐으로 또한 체마(遞馬)라고 불리기도 하였는데, 그 숫자는 몇 필에 지나지 않았다. 하지만 업무가 번다한 주현은 역전을 두셋 설치하고, 정액 마필은 60-70필에 이르기도 하였다. 역차(驛差)로서 큰 경우[大差]는 황화사신(皇華使臣), 조공번객(朝貢蕃客)이었고, 나머지는 대신의 입근(大臣入覲), 관리의 부임(蒞官), 염정 시찰(視鹺), 세무 시찰(監稅) 등의 경우였다. 상주문을 전달하는 원역(齎奏員役)이나 표책(表冊)을 올려 바치는 일은 그 작은 사무[小差]였다. 노고나 죽음을 딱하게 여겨 위로하기 위해 역전의 이용을 허락하는 경우를 산차(散差)라고 한다. 중요한 경우는 아주 신속하게 전달하는 것(星馳飛遞)이나 정해진 기한 내에 반드시 도착해야 하는 경우(刻期立赴) 등이 있었다. 역전의 정액 마필은 매년 열 가운데 셋은 쓰러져 죽는다고 보아 정례에 따라 사서 보충해야 하였다. 이상의 내용은 본문의 서술에서도 상당히 반영되어 있다. 한편 이 「총론」은 하장령(賀長齡) 편(編), 『황조경세문편(皇朝經世文編)』 권73 「병정(兵政) 4 마정(馬政)」에 「논역정(論驛政)」이라는 제목으로 실려 있다.

2 청대에는 전통적으로 공문의 전달을 책임지던 우(郵) 또는 체(遞)·전(傳)이라는 조직계통과 각종 교통·통신 기구 및 숙소를 제공하는 역(驛)이라는 또 다른 조직계통을 하나로 통합시켜 역참 제도의 효율성을 크게 향상시켰다. 역참 사무는 중앙의 병부에서 따로 거가사(車駕司)를 두고 7명의 관원을 임명하여 전국의 역참 도로와 역참을 주관하게 하였다. 또한 황궁의 동화문(東華門) 부근에 두 개의 전문기구를 두어 경사와 각지의 역무 연계사무를 관할하였는데, 마관(馬館)에서는 역부와 역마를 전담하고 첩보처(捷報處)에서는 공문의 왕래와 군사정보를 담당하였다. 이에 따라 청조의 통신 시한은 이전에는 하루에 400-500리를 달리던 것에서 하루에 600-800리를 달리는 것으로 속도가 빨라졌다고 한다. 또한 역참의 설치도 더욱 보편화되어 일부 변방의 현급 지역에 현체(縣遞)를 설치하고 현 사인의 통신을 맡겨 역참의 부족을 보충하게 하였다고 하였다. 현체는 정규 역참은 아니지만 '체마(遞馬)'라는 통신마필을 비치하여 역참의 기능을 맡았던 것이다. 이에 대해서는 장영(臧嵘), 『중국고대역참여우전(中國古代驛站與郵傳)』(商務印書館, 1997), pp.177-180을 참조.

함께 상주된다. [지방에서 경사로 가기 위해] 역전을 거치는 경우 [그 경로가] 각 성(省)별로 구분이 되어 있고, 남북 등의 방향도 역시 각기 다른 길로 지정되어 있어 이를 어기면 처벌을 받는다. 역참은 지현이 겸임하여 관리하는 경우와 역승(驛丞)을 두어 전담시키는 경우가 있다. [임무를 받고 역참을 이용하는] 차사(差使)가 공무를 그르치게 되거나, 말이 쇠약하거나 숫자가 모자라면 역시 탄핵을 받는다.

차사의 종류는 다음과 같다. 황제의 명을 받들어 공무를 처리하는 대신, 조공하는 이웃나라 사신, 황상을 뵙고 부임하는 총독·순무·제독·총병이나 염무(鹽務)·세무(稅務)를 순찰하는 중앙 고급 관료 등의 경우는 '대차(大差)'라고 한다. 명령을 받들어 밤을 도와 달려가면서 시급한 문서를 신속하게 전달하기 위해 기한에 맞춰 달려가는 경우는 '긴차(緊差)'라고 한다.[3] 공문을 배달하는 차역이 황상에게 올리는 상주(上奏)·제본(題本) 등의 공문을 옮기거나, 보좌 관료가 대신 바치는 축하 문장, 지방관의 업무평가책 등을 운반하는 경우를 '소차(小差)'라고 한다. 노고나 죽음을 딱하게 여겨 위로하기 위해 역전의 이용을 허락하는 경우를 '산차(散差)'라고 한다.

[역참을 이용할] 관원에게는 「감합(勘合)」이 지급되고, 차역에게는 「화패(火牌)」가 지급된다. 「감합」에 맞추어 지급되는 식사 등의 편의는 관원 수에 따르며, 「화패」에 맞추어 지급되는 식량은 「화패」에 규정된 등급에 따른다. 그리고 수로 역참(水驛)의 배와 일반 역참(陸驛)의 마부에 대해서는 병부(兵部)에서 기입한 내용에 따른다.[4] 역마(驛馬)에도 관좌(官坐)·긴차(緊差)·소차(小差)·산차(散差)·포마(包馬. 화물용 마차) 등 각기 다른 종류가 있다. 역참 아역에는 총리(總理)·병방(兵房)·마패(馬牌. 화물 운반 담당)·송차(送差. 안장 담당)·타탐(打探. 소식 탐지 담당)·수의(獸醫) 등 각각의 업무 담당자가 있다.

정상 업무 이외에 역참에 맡겨지는 업무에는 상관의 「지패(紙牌)」를 통한 지시나 인근 주현의 협조 요청으로 비롯되는 것이 있다. 정상 업무 이외의 부담에는 지나가는 차사들이 지정된 역참 너머까지 마필을 이용한 다음 돌려보내는 월참(越站) 행위가 있고, 정상 업무

---

3 청대의 경우 중요 관문서, 특히 황제에게 올라가는 「주접(奏摺)」·「표(表)」나 문서나 아래로 내려가는 황제의 「유지(諭旨)」 등은 역참의 기마(騎馬)를 통해 전달하였는데(馬遞 또는 馬上飛遞라고 한다), 이런 문서는 그 긴급성에 따라 하루에 300리·400리·500리·600리 등의 구분이 있었다. 하루에 300리를 가는 경우 낮에 달리고 밤에 쉬며, 매일 여섯 시진을 달리므로 매 시진(약 두 시간)마다 50리(중국의 1리는 약 0.5킬로미터 정도이다)를 반드시 달려야 하였다. 이것이 보통의 경우이고 500리·600리에 긴급함이 추가되면 반드시 밤낮으로 달려야 하는 경우도 있었다.

4 역참은 원래 병부의 관할에 속한다.

외의 곤란에는 마필을 지정된 수량 이상으로 요구하는 경우와 갖가지 항목에 대한 지나친 요구, 관원을 모독하고 아역을 구타하고 마부를 채찍질하는 [차사의] 방자한 행동 등이 있다. 옛날 삼번(三藩)의 철폐가 이루어지지 않았고, 연해지역에서 [반청세력의 저항으로 인한] 전란이 많았을 때에는 차사가 빈번하여 왕래가 거의 끊이지 않았다. 그 당시 차사로 지나가던 관원·아역의 지독함은 마치 이리나 호랑이와 같았고, 그들은 마치 도적을 고문하고 학대하는 것처럼 무자비한 행패를 부렸다. 그래서 안장을 풀고 말에서 내리자마자, 고기가 산을 이루고 술이 바다를 이룰 정도로 차려 주어 배터지게 먹고 마실 수 있게 주어야만 하였다. 하지만 그런데도 떠들썩하게 소리치며 바꿔 탈 말을 요구하면서도 「화패」를 제시하여 그 내용을 옮겨 쓸 수 있도록 해 주지 않았다. 무리를 이룰 정도로 모든 말을 모아 주어도 그들은 탈 만한 것이 없다고 버티었는데, 그 뜻은 결국 공갈·협박으로 돈을 갈취해 내는 데 있었다. 그래서 크게 분노하여 으르렁거리면서 병방을 쇠사슬로 때리고, 마패를 매로 치고 관사에 몰아넣은 다음 온갖 고문을 가해서, 돈을 억지로 뜯어내 욕심을 채운 다음에야 비로소 「화패」 베끼기를 허락하였다. 말을 고른다면서 많은 것을 요구하는 행패 외에도 그들은 또한 환송 비용을 요구하였다. "도저히 탈 만한 말이 안 되니, 추가로 내주는 것 외에 또한 돈으로도 대신 메우라"고 떼쓰는 것이다.

만약 수·륙의 요충지라면 이미 온갖 비용을 손에 넣었음에도 불구하고 다시 배를 타겠다고 요구한다. 그래서 억지로 관용 선박을 빼내다 제공하면, 너무 느리고 무거워서 싫다면서 민용 선박에 타겠다고 다시 마음을 바꾼다. 그래서 나루터 우두머리나 가게 주인들은 사방으로 나가 뭇 선박의 이동을 차단하여 필요한 배를 강변으로 불러 모아야 하며, 결국 뭇사람이 돈을 거두어 쥐어 보내야, 이들은 겨우 배 한 척에 옮겨 타고 떠난다. 아니면 결국은 배에 타지 않고 다시 역참의 말을 타고 길을 떠난다. 그들이 타고 가는 말은 겨우 몇 마리에 지나지 않고 타고 가는 배도 한 척에 지나지 않지만, 역참의 관원·아역은 온갖 괴롭힘을 당했고, 수·륙의 역참 모두 심한 수탈을 당한다. 더구나 앞의 차사가 떠났는가 싶으면 바로 뒤의 차사가 또다시 찾아오니, 교통량이 아주 많고 업무가 번잡한 데다가 백성도 다스리기 피곤한 이 지방[5] 역참이 어찌 이렇게 분분히 겹치는 피해를 견뎌낼 수 있겠는가?

그래도 이것은 '소차'에 지나지 않을 뿐이다. 만약 '대차'가 경사에서 출발할 경우, 병

5 앞서도 나왔지만 담성현의 경우 충(衝)·번(繁)·피(疲)에 해당되는 주현이었다.

부에서는 지나는 길의 총독·순무와 지방관에게 먼저 공문을 보내 미리 마필·접대·연회를 준비하고 필요한 갖가지 용품을 구매하고, 각종 기술자까지 모으라고 요구하는데, 심지어는 머리 깎는 사람과 말발굽 다듬는 사람까지 두루 갖추라고 하지 않음이 없다. 멀리 마부를 보내 수백 리 밖에서부터 정탐을 하게 하는데, 그 도착을 알리는 소식이 이르면 [도중에 그가 보여 준] 갖가지 흉악한 위세와 온갖 방법을 동원한 능욕·수탈[에 관한 소문] 때문에 관원과 아역 모두 간담이 떨어질 정도로 두려워한다. 지현이 그래도 좀 재주가 있어 그럭저럭 접대를 할 수 있는 경우라면, 억지로 용기를 내어 지탱을 하면서 요행을 바랄 수 있다. 그렇지만 만약 용렬한 지현이라면 [역전 관리를 제대로 해 오지 않았기 때문에] 말은 모자라고 인부는 없으니 그야말로 속수무책이다. 이럴 때 임시로 대처하는 방법은 오로지 성문을 굳게 닫아거는 방법 한 가지밖에 없다. 부근을 모두 관할하는 상사는 화가 자신에게 미칠 것을 두려워하여, 소속 주현에 말을 제공하여 도와주라고 지시를 내린다. 그렇게 도와주러 가야 하는 말이 툭하면 1-2백 마리다. 더구나 이 많은 말을 데리고 오랫동안 대기해야 하고, 본 주현에서 아득히 멀어져 있어 꼴과 곡식이 모두 다 떨어지더라도 도움을 받는 주현에서는 자신들과는 무관하다고 모른 채 하면서 얼어 죽든 굶어 죽든 상관하지 않으니 말이 죽고 마부가 도망가는 숫자를 미처 헤아릴 수 없을 정도다.

'대차'가 도착할 무렵이 되면 독무의 호송 부대원과 병부의 차관(差官) 및 각 대차의 선발대(前站)가 주방 인원을 데리고 빠르게 달려 먼저 도착한다. 지방관은 역참의 객사에 나아가 그들을 만나고 접대해야 할 뿐 아니라, 각자에게 여비 명목의 선물을 제공해야 한다. 해당 병방과 마패에게 가야 할 모든 비용을 이렇게 미리 파견된 차관과 선발대가 몽땅 가로채 버린다. 그리고 마침내 고위 관원이 도착하게 되면, 지방관은 온갖 정성을 다하여 공경함을 표시해야 한다. 그가 식사를 마치고 여정에 오르게 되어 평안하고 무사하게 넘어가면 지방관은 정말로 기쁘고 행복하지 않을 수 없다. 반대로 조금이라도 준비가 소홀했다가는 선발대가 호랑이처럼 사나운 시종들을 교시하여 뛰어난 준마를 형편없는 말이라고 우기고, 주방장은 주인에게 진수성찬을 숨기고 조악한 식단밖에 없다고 고자질한다. 이에 고위 관원이 조용히 화를 내어 꾸짖기라도 하면, 선발대나 시종들은 순식간에 폭풍과 눈보라와 같은 위세를 부리면서 지방관을 붙잡고 때리고 욕하거나 서리나 마패를 바로 수갑을 채우고 끌고 간다. 이들이 지나간 길에 깔린 채색 깔개나 집기는 몽땅 훼손되거나 약탈되어 버린다.

다른 주현으로 협조 차원에서 보낸 말들은 몽땅 지정된 역을 넘어서 이용하는 월참의 횡포를 당하게 된다. 흉악한 무리들은 [제대로 돈을 갈취하지 못해] 분을 풀 데가 없으면, 오로지 살찌고 건강한 말을 골라 마구잡이로 채찍을 가해 번개처럼 달리게 하면서 깊은 구덩이든 가파른 언덕이든 가리지 않는다. 결국 말이 숨이 차고 힘이 빠져서 쓰러지게 만드는데, 이렇게 하는 속내는 다른 역참에서 배상을 받으려는 것이다. 종래 상사가 말을 다른 주현으로 보내 돕도록 하는 경우 반드시 말이 있는 주현으로 한정하였다. 주현에 말이 있는 까닭은 지방관이 스스로 자중할 줄 알아 평시에 제대로 말을 먹이고 많은 수를 구매하여 채워 놓았기 때문이다. 그런데 처음으로 다른 주현을 도와줄 말을 골라 다른 현의 업무에 이용하게 해 줄 경우, 대부분 그 말들을 월참에 이용하기 때문에 또한 많은 말들이 쓰러져 죽는 피해를 입게 된다. 이것은 결국 말을 제대로 유지한 주현이 오히려 말을 제대로 간수하지 못한 주현 때문에 피해를 입는 꼴이다. 이런 것을 보면 '대차'가 지나가면서 끼치는 해독이 또한 이웃 주현에도 미치지 않는가?

하지만 이것은 그래도 지나가는 [일회성] 차사 때문이라고 할 수 있다. 만약 본성의 상사가 순시하거나, 「지패(紙牌)」를 내릴 경우의 대응에는 사실 더욱 심한 것이 있다. 주현관이 지나가는 사신에게 죄를 얻는 경우, 독무가 이 사정을 알게 되면 그래도 아주 교통이 빈번한 데다가 업무가 번다한 지역이라고 안타까워해서 오히려 변명을 해 줄지도 모른다. 만약 사신이 원망하는 마음을 품어 보복을 하겠다고 하면, 그 일은 훨씬 완만하고 재앙도 훨씬 늦게 나타난다. 그러나 상사가 순시하는 경우는 이와는 또 다르다. 주현에서 베푸는 연회의 성대함과 의장·경비의 융숭함은 여기서 논의하지 않겠지만, 이 밖에도 일단 보통 '토산품 예물(土儀)'이라고 일컬어지는 상당한 액수의 현금을 바쳐야 할 필요가 있다. 떠나갈 때 전별금을 바치는 것도 당연하지만, 이를 일러 "과산이시(過山移市)"라고 한다. 그 막료나 속관(內司) 그리고 서문(書門)·승사(承舍)·조예(皂隸)·가마꾼(輿臺) 등 하인 무리에게도 대접을 하지 않을 수 없다.

여기에 관련된 돈은 대부분 서역이나 이갑의 공무를 맡은 사람들에게서 나온다. 만약 역참을 순시하는 경우라면 관련된 비용은 모두 역참의 양곡이나 임금 관련 항목에서 끌어다 쓰게 되므로, 역참의 말과 마부가 그 때문에 상당히 피해를 받는다. 하지만 만약 대접하는 예의가 조금이라도 소홀하거나 뇌물을 주지 않을 경우, 상관은 관리의 장단점을 억지로 꾸며 내고, 따라다니는 서역들은 지방관의 아랫사람들이 잘못을 저질렀다고 시비를 건다. 그래서 지방관이 부정을 저질렀으므로 조정에 탄핵을 하겠다고 협박을 하거나, 아니면 아문 서역들이 불법을 저질렀으므로 잡아다 족치겠다고 지명 수배령을 내리는 것이다. 지방관의 관직과 목숨이 그야말로 눈 깜빡할 사이에 달려 있으니, 어찌 재앙은 신속하고 그 피해도 훨씬 더 크지 않겠는가?

그런데 독무 밑에서 일하는 서역이나 포정사·안찰사·지부의 아문 등 상급 기관의 공무를 맡은 차역·경승 역시 우리 성의 백성이다. 하지만 그들은 마치 여우가 호랑이 위세를 빌리는 것처럼 온갖 수탈과 횡포를 저지른다. 지나가는 차사보다 훨씬 더하는 것이다. 그들은 「지패」에 지시된 것보다 몇 배나 넘게 갈취해 가고, 아울러 따라온 친구들의 접대까지 비용부담을 시킨다. 이 무리들은 그와 함께 한패를 이루면서 위세를 더해 주는데, 이런 악질 무리의 횡행은 이미 아무도 이상하게 여기지 않을 정도로 낯익은 일이 되었다. 오호라! 조정에서 역참을 설치한 까닭은 신속하게 우편을 전달하고 조정의 업무를 위해 말을 달리게 하는 것인데, 어찌 이런 말도 안 되는 해독을 참아 내야만 한다는 말인가?

그렇지만 나는 일찍이 이러한 문제에 대해 들어 본 적은 있지만, 아마도 이야기하는 사람이 좀 과장을 했을 터이므로 반드시 이렇게 심하지는 않을 것이라 생각하였다. 그러나 강희 9(1670)년 산동성 담성현으로 부임한 다음에는 그 말이 결코 틀리지 않았음을 알게 되었다. 담성현에 전해지는 이야기에 의하면 예전에 이곳 지현은 연해 지역의 반항 세력을 초무(招撫)하러 가는 고관 일행이 역참을 통해 담성현에 도착한다는 소식을 들었다고 한다. 한데 실제로 그들에게 제공할 수 있는 말이 없었기 때문에 지방관·아역 모두 두려워서 감히 나서지 못하였고, 결국에는 성문을 꼭 틀어 잠근 채 성문 위에서 증명서(「감합」과 「화패」)를 요구하여 확인하여 베끼고 나서는 다시 그것을 줄에 매달아 돌려주기는 했지만, 끝내 말 한 마리도 바꿔 주지 않았다. 그 고관은 어쩔 수 없이 [그전에 타고 오던] 기수현(沂水縣)의 말을 계속 타면서 월참을 할 수밖에 없었는데, 이 때문에 지현은 차사의 업무를 그르쳤다는 이유로 탄핵을 받아 혁직을 당하였다.

또 어떤 지현은 차사가 도착한다는 소식을 듣자마자 성문을 닫아걸게 하였다. 차사는 이 때문에 몹시 분노하여, 거짓으로 다시 길을 떠나는 체 하면서 사람을 남겨 성 아래 숨어 있도록 하였다. 그는 때를 엿보다가 날이 장차 밝아 올 무렵 나무꾼이 나무 짐을 지고 문을 열기를 기다리고 있는 것을 보고, 그 나무꾼과 옷을 바꿔 입고 문이 열리자 성 안으로 들어갔다. 이곳 관리와 아역들은 그 차사가 이미 떠나 버렸다고 다행스럽게 생각하고 있었는데, 갑자기 차사가 보낸 사람이 현 아문으로 뛰어들어서는 곧바로 지현의 거처에까지 쳐들어갔던 것이다. 지현의 부인은 깜짝 놀라 이불을 머리까지 뒤집어쓰고 마치 고슴도치처럼 웅크리고 있었는데, 그동안 방 안의 모든 옷가지나 물건은 모두 약탈을 당하는 소동을 겪었다. 그는 이어서 지현을 찾아 나섰지만 결국 잡지 못하였는데, 차사가 보낸 나머지 무리들이 뒤이어 현 아문에 도착하였다. 그들은 현 아문에서 마주치는 사람들을 모두 때리고 두들겨 팼으며, 서역들을 멋대로 묶고 쇠사슬을 채워 빠져나간 사람이 거의 없을 정도였다. 이런 소동 때문에 현성 사람들이 깜짝 놀랐는데, 마치 도적이나 반란군이 습격한 것처럼 보일 정도였다. 결국 주방 부대의 하급 장교가 병사들의 말을 깨끗이 씻어 차사에게 제공함으로써 그들을 떠나보낼 수 있었다. 차사가 떠난 다음 지현은 갑자기 감옥 속에서 죄수복 차림으로 나타나 여러 사람을 크게 놀라게 만들었다. 지현은 옥문을 가리키며 "아! 내가 함성을 듣고 여기에 숨지 못하였다면, 정말 호랑이 아가리에서 벗어나지 못했을 것이야."라고 하였다는데, 이것은 지금까지도 이곳에서 웃음거리가 되고 있다.

나는 이러한 폐해를 알았기에 돈을 내어 말 수백 마리를 구매하였다. 그리고 현의 역참과 홍화부(紅花埠) 역참 두 곳에서 꼴을 먹이는 것을 감독하고, '대차'가 도착하면 직접 나서서 대응하였다. 원칙과 임시변통의 태도를 아울러 이용하면서 뻣뻣하지도 않고 너무 굽신거리지도 않게 차사를 대우하자 모두들 만족하여 시끄럽게 떠드는 사람이 전혀 나타나지 않았으며, 만(滿)·한(漢)의 고위 관리들 역시 기쁜 마음으로 떠나가지 않는 경우가 없었다.

하지만 오로지 월참과 「지패」가 가져오는 두 가지 폐단은 아무래도 어떻게 할 수 있는 방법이 없었다. 담성현은 강남성과 산동성의 인후(咽喉)에 해당하는 지역이어서, 발을 들면 한쪽 발은 강남성(강소성), 다른 쪽 발은 산동성을 디딜 수 있다. 위로는 산동성의 기수현(沂水縣)과 몽음현(蒙陰縣)·신태현(新泰縣)이 있고, 아래로는 강소성의 숙천현(宿遷縣)·도원현(桃源縣)·청하현(淸河縣)이 있다. 그런데 이곳 역참들은 이미 피폐가 극에 달해 있기 때문에, 차사가 오더라도 내줄 수 있는 마필이 전혀 없고, 한두 마리 병들거나 쇠약한 말이 있어도 달리거나 채찍을 견딜 정도는 되지 못하였다. 그러니 여러 차사들이 어찌 [담성현의] 건장하고 살찐 말을 포기하고, 대신 걸어서 가는 길을 선택하겠는가? 이러한 까닭으로 담성현 역참의 마필은 부근 천 리를 오가는 차사들에게 제공되면서, [원래 담성현의 역전이 담당해야 할 범위를 넘어서서] 다른 주를 넘고 현을 거쳐 담성현으로 돌아오는 시간이 보통 열흘을 채우게 되었다. [이러한 어려운 사정을] 비록 여러 차례 상부에 보고하여 사정해 보았지만, 대부분 그저 한 번 해 보는 소리라고 받아들여지는 것 같았다. 그러니 나 같은 말단 관리가 어찌해 볼 도리가 있겠는가?

각급 상사가 내려 보내는 [하행 문서인] 「지패」와 관련하여 가장 흉맹한 것은 바로 하도총독(河道總督) 휘하 관원·아역이었다. 어느 날 하도총독을 모시던 서리가 「지패」를 끼고 역참을 통해 담성현에 도착하였다. 그는 우선 마부 한 사람을 시켜 몽둥이를 들고 말을 달려 먼저 도착하게 했는데, 그 몽둥이는 '파곤(巴棍)'이라는 것으로, 도착하면 바로 그것으로 두들겨 패겠다는 의사를 과시하는 것이었다. 그러자 역참의 병방(兵房)과 마패(馬牌)는 그야말로 혼비백산하여, 가축을 잡고 술을 데워 놓고 대기하였다. 병방은 술병을 들고 잔에 술을 따랐고, 마패는 무릎을 꿇고 돈을 바치는 성의를 보였다. 그 서리는 이런 대접을 받고도 호통을 쳤다. 병방과 마패가 밖으로 나가자마자 바로 늑대 같은 종복들이 쫓아가 그들을 묶어서 어두운 방에 높이 매달았다. 그리고는 가지고 온 몽둥이를 들고 몹시 내려치기 시작하였다. 이것은 "도착하자마자 위세를 보여 주기 위해 두들겨 패는 관행(打下馬威)"이라고 일컬어졌다. 이러한 고문을 통해 상당한 돈을 빼앗아 가면서도 여전히 구타를 멈추지 않았는데, 아마 이것은 그 주인이 은근히 지시하였을 것이다. 그 주인은 엄청 술을 마셔대고 노래를 부르면서도 이런 비명소리는 마치 전혀 듣지 못한 척하였기 때문이다. 역참 마부들이 허둥지둥 내게 달려와서 보고하였으므로 내가 홀로 말을 타고 달려가 보았더니, 매달려 있던 병방과 마패는 온몸에 상처와 부은 곳이 가득하고 얼굴에 피를 흘리고 있었다. 나는 주변 사람을 시켜 그 종복을 붙잡게 한 다음 그 주인 되는 서리에게 차분하게 따졌다.

> 「지패」에는 오로지 한 사람과 말 한 마리에 대한 접대를 지시하고 있는데, 너는 몇 사람이나 같이 데려 와서 십여 마리의 마필을 요구하니 이미 그것 자체가 불법이다. 더구나 많은 돈을 내놓으라고 협박하고, 멋대로 사람을 팬다는 말인가? 따라서 너희 모두의 성과 이름, 그리고 요구 금액을 확인한 다음, 하도총독과 산동순무에게 보고를 올리고, 아울러 중앙의 병부에도 보고를 하겠다.

이렇게 하자 그들 모두 크게 두려워하는 모습을 보이고 머리를 조아리면서 죄를 용서해 달라고 빌면서 차라리 달게 책벌을 받겠으니 제발 상부에 보고하지는 말아 달라고 애걸하였다. 나는 그래서 그들에게 달게 죄를 받겠다는 「서약서」를 쓰게 하고, 아울러 그 몽둥이를 압수하여 보관한 다음, 그들을 떠나보냈다. 이로부터 하도총독 아문의 관리·아역은 아무래도 위축된 모습을 보이면서 감히 더 이상 방자한 행패를 부리지 않게 되었다.

내가 또한 조사해 보니, 산동성의 동로(東路) 역참은 모두 순치(順治) 연간의 무술(戊戌. 1658)년에 다시 설치되었음을 알게 되었다. 그런데 역참의 기존 예산 가운데에는 단지 마부와 말에 관련된 임금·사료비용만 있을 뿐 말을 사는 예산은 전혀 할당되어 있지 않았다. 그래서 나는 피폐한 담성현의 역참이 과거에는 외진 곳이었다가 이제는 아주 교통이 빈번한 곳으로 바뀐 사정 등을 위로 보고하여 각급 상관에게 두루 호소하였다. 다행히 순무 장붕(張鵬) 공이 병부에 자문을 올려 요청해 주심으로써 비로소 서로(西路)와 중로(中路) 역참과 마찬가지로 제하(齊河)의 우성현(禹城縣) 이남 열세 군데는 매 역참마다 은 700여

냥을 할당받아 말을 구입하는 비용으로 쓸 수 있게 되었다. 이후 동로 역참들의 부담은 조금 줄어들었다.[6] 이후 머지않아 나는 초상을 치르느라 지현 자리를 벗어났지만, 갑인(1674. 강희13)년 운남·귀주의 변[즉 삼번의 난]이 일어나서 군사문서가 빈번하게 왕래하는 상황이 초래되었다. 이때 만약 말 한 마리라도 더 요구하는 경우가 있으면 역참 관리가 직접 병부에 보고하는 것을 허용하며, 그 차사는 바로 혁직하겠다는 상유가 내려졌다. 이 때문에 「지패」에 의한 폐단 역시 영구히 사라지게 되었다. 종전의 온갖 수탈과 행패가 모두 제거된 것이다. 최근에는 총독·순무나 제독·총병 등 지방의 고위 문·무 관원도 중앙에서 수령한 「화패」에 대해서는 황상께서 역참을 염려해 주신 그 지극한 뜻을 떠받들어 대부분 반납하고 사용하지 않게 되었다. 그래서 여러 고위 관원의 사절 업무를 모시게 되었어도 매번 모두 스스로 마필을 준비하였으므로, 연도의 역참들은 마치 있으나마나 한 존재가 되었다.

지금과 옛날을 비교해 보면 마치 뜨거운 물·불같은 재난에서 벗어나 따뜻하고 편안한 이부자리 속으로 들어간 것과 뭐가 다르겠는가? 따라서 천하의 모든 역참은 차사가 드물어지자 마부와 말들이 모두 휴식을 취할 수 있게 되었다. 그래서 역참 업무를 맡는 사람이 만약 제대로 관리할 수 있는 사람을 얻고, 제대로 된 방법으로 말을 먹이고, 모자라는 말이 없도록 사서 채우고, 아울러서 지현이 몸소 부지런하게 점검을 함으로써 게으름을 피우거나 재물을 가로채는 폐단을 없앨 수 있다면, 아무리 업무가 번잡한 곳에 자리 잡은 역참이라 할지라도 마치 이갑 업무를 다루듯 여유 있고 차분하게 업무를 처리할 수 있을 것이다. 나는 역참을 관리하고 말을 사육하는 데 관한 내 소견을 다음과 같이 제시하고자 하는데, 그야말로 자그마한 도움이라도 될 수 있지 않을까?

夫驛傳之設,[7] 有衝有僻.[8] 衝則謂之: '驛站', 所以供皇華之使臣[9]、朝貢之方國,[10] 與賫奏之員役也.[11] 僻則謂之: '里甲馬,' 僅以供本州邑之馳遞, 故又謂之: '遞馬'. 遞馬之設, 不過數匹.

---

6 이 일에 관해서는 제5권 부임부 4「5-01-02..「역참 마필을 메우기 위한 자금 요청(請撥補驛站買馬)」」을 참조할 수 있다.

7 역전(驛傳), 즉 역참(驛站)은 문서를 전달하고, 관원이 왕래하거나 물자를 운수하는 도중에 중간에 잠시 쉬거나 머무는 곳(旅店)을 가리킨다.

8 충(衝)·벽(僻)은 각기 요충지와 편벽한 곳(외진 곳)을 가리킨다.

9 황화(皇華)는 사절(使節)·사자(使者)·차사(差使)를 가리킨다. 원래는 『시경』「소아(小雅)」의 「황황자화(皇皇子華)」라는 편명에서 비롯되어 군주의 명을 받아 출사한다거나 그 출사하는 사신을 가리키게 되었다.

10 방국(方國)은 사방의 제후국, 이웃나라를 가리킨다.

11 원역(員役)은 모종의 일에 종사하는 관원과 이역을 가리킨다.

驛站每州邑或再設, 甚衝或三設. 每站額馬六十七十不等. 其廩糧、工料,[12] 存留項下支銷,[13] 而歲終隨地丁奏報焉. 驛傳所經, 各有分省, 南北所指, 各有分途, 違者有罰. 驛有州縣兼理, 或設丞專司. 差使失悞,[14] 馬匹羸缺有糾.[15] 其爲差也, 有欽命公幹之大臣, 有朝貢之蕃使, 有入覲蒞任之督撫、提鎭, 巡鹺、監稅之部院臺卿,[16] 是謂: '大差'. 有奉命星馳, 急檄飛遞, 剋限以赴者,[17] 是謂: '緊差'. 有承舍賫奏本章,[18] 佐僚代捧慶賀、大計表冊,[19] 是謂: '小差'. 憫勞恤死,[20] 許給郵騎,[21] 是謂: '散差'. 官則給以「勘合」,[22] 役則給以「火牌」,[23] 「勘合」之廩給按員,[24] 「火牌」之口糧按分.[25] 而水驛之船隻, 陸驛之夫馬, 則遵照部塡. 其爲驛馬也, 有官坐, 有緊差、

---

12 늠량(廩糧)은 국가·정부에서 제공하는 양식이나 생원에게 제공하던 양식을 가리키며, 공료(工料)는 인건비와 재료비, 또는 재료를 가리킨다.

13 지소(支銷. 支消)는 여기서는 지불·지급한다는 뜻이다. 청대의 경우 역참의 사료나 임금 등은 모두 민간에 분담시켜 지정(地丁)에 편입하여 징수하였으며, 사용할 때도 그렇게 편입하여 징수한 항목으로 지급하였다. 이것을 좌지(坐支)라고 한다.

14 차사(差使)는 관직·직무·파견이나 파견되어 일을 하는 것을 가리킨다. 여기서는 특정한 임무나 운송·전달 임무를 부여받고 그것을 수행하기 위해 길을 가는 관리나 또는 그 일을 가리킨다.

15 이(羸)는 마르고 쇠약하다는 뜻이다. 여기서는 쇠약하고 마른 말을 가리킨다. 결(缺)은 모자란다는 뜻이다. 규(糾)는 교정·독책·적발·징벌 등의 뜻이 있다.

16 부원(部院)은 대부분 병부시랑(兵部侍郎)과 도찰원우부도어사(都察院右副都御史) 직함을 같이 갖고 있었던 청대 각 성의 순무(巡撫)를 가리키기도 하고, 중앙의 육부(六部)와 도찰원을 합쳐 부르는 명칭이기도 하다. 여기서는 후자의 경우다. 대(臺)는 보통 어사대(御史台)를 가리킨다. 경(卿)은 고급관원을 가리킨다. 진·한대에는 3공 아래 9경이 있었다. 청대에는 보통 3-5품의 경(卿)이 관원의 명예직함(虛銜)이 되었다.

17 극한(剋限)은 공제·삭감할 수 있는 범위라는 뜻이지만, 여기서는 기한 내에 맞춘다는 뜻으로 보인다.

18 승사(承舍)는 공문 배달을 전담하던 차역을 말한다.

19 표책(表冊)은 여기서는 황제에게 축하의 뜻을 올리는 표문(表文)과 3년마다 치러지는 지방 관원의 업적 평가를 위한 고과 기록부인 대계책(大計冊)을 가리킨다.

20 민노(憫勞. 閔勞)는 부하를 힘들게 부리는 것에 대해 애석해하는 마음을 표현하는 것이고, 휼사(恤死)는 죽음에 대해 위안하면서 조의를 표현하는 것이다.

21 우기(郵騎)는 역참 운송·배달에 쓰던 마필이나 사람을 가리킨다.

22 「감합(勘合)」은 서로 맞추어 보아 확인하는 부계(符契)·부절(符節)를 가리킨다. 도장을 찍은 문서를 반으로 나눠 가진 다음 나중에 맞추어 보거나 하여 증거로 삼는데, 군대 파견이나 가마·마차의 황궁 출입, 관원의 역참 이용에 모두 이것이 이용되었다. 역참에 도착한 관병은 반드시 병부(兵部)에서 발행한 증거문서를 지방관에 제시하여 점검을 받아야 하는데, 서로 맞춰 보아 확실하다면 그때 비로소 모든 물품을 지급하였다(『육부성어주해』, p.114).

23 「화패(火牌)」는 원래 군중의 부신(符信) 가운데 하나로, 병사가 각지에 명령을 전달할 때는 화패 1면을 지급받는다. 역참을 이용하는 관병(官兵)이 역참에 도착하면 그곳 지방관은 공문(文票)을 보내 다음 역참의 지방관에게 통지하여 필요한 물건을 준비하게 하는데, 그때의 공문을 화표라고 부른다. 그 일이 마치 불처럼 화급한 것이기 때문에 이렇게 부르는 것이다. 화패는 바로 화표이기도 하다(『육부성어주해』, p.113).

24 늠급(廩給)은 보통 관원의 봉록이나(『육부성어주해』, p.114), 지방정부에서 생원에게 지급하던 생활보조비를 가리킨다. 하지만 여기서는 역참에서 관원에게 제공하는 식량을 가리키는 것으로 보인다.

25 구량(口糧)은 보통 병정의 월급을 말한다(『육부성어주해』, p.114). 하지만 여기서는 역참에서 제공하는 식량을 가리키는 것으로 보인다.

小差、散差、包馬之不一. 其爲驛役也, 有總理, 有兵房, 有馬牌[26]、牧馬夫、背包、送差、打探、醫獸之各執事.

至于額外之差, 有上司之「紙牌」,[27] 有鄰封之協濟.[28] 額外之累, 有過差之越站.[29] 額外之苦, 有馬匹之多索、各項之苛求、辱官毆吏·鎖撻馬夫之肆橫.[30] 在昔三藩未撤,[31] 海疆多事,[32] 差使繁多, 往來絡驛.[33] 員役狠如狼虎, 拷詐慘同盜賊. 方解鞍下馬, 肉山、酒海, 任彼飲呑醉飽之餘, 但喧呼索馬,[34] 不與牌抄,[35] 馬集成羣, 皆非中選, 其意在于勒詐也. 于是咆哮大怒, 鎖打兵房, 榜笞馬牌, 閉之館舍, 備極楚毒,[36] 迨逼金飽慾, 方許抄牌. 試馬多索之外, 又要折乾.[37] 詭云: "馬不堪騎, 貼倂之外,[38] 又需惜馬."[39] 若遇水陸交衝之地, 旣索諸費入手, 又要坐船. 及撥至官船, 又嫌滯重, 要坐民船. 于是埠頭、行戶,[40] 四出封拿, 及集河干,[41] 衆皆斂金餽送,[42] 方坐一

---

26 마패(馬牌)는 말을 관리하는 병역(兵役)을 말한다.

27 「지패(紙牌)」는 하행 문서의 일종인데 원래 딱딱한 종이로 만든 놀이기구로 카드나 화투 등을 가리켰다. 하행 문서의 일종인 이 지패도 그런 형태로 만들어진 것으로 보인다.

28 협제(協濟)는 원래 지방정부가 중앙의 명에 따라 징수한 세금을 다른 지방에게 보조하는 것을 가리켰다. 여기서는 다른 주현이나 지방에 대한 보조를 가리키는 의미다.

29 과차(過差)는 지나가는 차사(差使)를 가리킨다. 월참(越站)은 규정된 거리 또는 다음 역참을 지나서까지 역마를 사용하고 돌려보내는 것을 가리킨다.

30 사횡(肆橫)은 제멋대로 행동한다는 뜻이다. 마부(馬夫)는 역참에서 말을 관리하는 사람을 가리킨다.

31 삼번(三藩)은 청초에 명의 항장(降將) 오삼계(吳三桂)를 평서왕(平西王)으로 봉하여 운남을 장악하게 하고, 경계무(耿繼茂)를 정남왕(靖南王. 후에 아들 耿精忠이 이어받았다)으로 봉하여 복건을, 상가희(尙可喜)를 평남왕(平南王)에 봉하여 광동을 장악하게 한 것을 가리킨다. 강희 12(1673)년 삼번의 철폐(削藩) 지시가 내려지자 이들이 반항하여 일으킨 반란을 이른바 '삼번의 난'이라고 한다. 삼번의 난은 한때 청조를 위기로 몰아넣기도 하였지만, 결국 강희 20(1680)년 평정되었다.

32 해강(海疆)은 연해지역 또는 바다를 가리키고, 다사(多事)는 일이 많다, 문제가 많다는 뜻이다. 여기서는 복건과 그리고 이후 대만(臺灣)에 근거를 두고 저항하였던 정성공(鄭成功, 1624-1662) 휘하의 반청 세력에 의한 저항을 가리킨다. 대만은 결국 강희 23(1683)년 청군에 의해 점령당하였다.

33 낙역(絡繹)은 낙역부절(絡繹不絶)처럼 사람·수레·배 등의 왕래가 빈번하여 끊이지 않음을 말한다.

34 훤호(喧呼)는 시끄럽게 외쳐 댄다는 뜻이다.

35 초(抄)는 베끼다, 복사하다는 뜻이다. 패초(牌抄)는 화패를 제시받아 거기 담긴 내용을 옮겨 적는 것을 말한다. 이에 대해서는 뒤의 「28-04. 「감합」과 「화패」 옮겨 쓰기(抄牌)」를 참조.

36 비극(備極)은 정도가 아주 심하다거나 극도로 범위가 넓다는 것을 형용한다. 초독(楚毒)은 혹형, 또는 잔혹함이나 고통을 가리킨다.

37 절건(折乾)은 금·은 등의 재물로 뇌물을 주는 환송금을 말한다.

38 첩병(貼倂)은 아마도 추가 요구를 가리키는 것으로 보인다. 첩(貼)은 추가·첨부·보조라는 뜻이다.

39 석마(惜馬)는 말을 내줄 수 없을 때 대신 돈으로 지급하는 것을 가리킨다.

40 행호(行戶)는 상점이나 임시로 뽑아서 고용한 차역을 말한다.

41 봉나(封拿)는 더 이상 이용하지 못하게 밀봉한 다음 압수하거나 빼앗아 가는 것을 의미한다. 「29-07. 선부와 수레·나귀(船夫車驢)」를 참조. 하간(河干)은 강가나 강변을 가리킨다.

42 궤송(餽送)은 궤증(饋贈)처럼 돈이나 예물·선물을 주어 보낸다는 뜻이나 그러한 물건을 말한다.

船而行. 或竟不坐船, 又乘驛馬而去. 所乘不過數馬, 所坐不過一船, 而官役受其騷擾,[43] 水陸遭其剝削.[44] 前差甫去, 後差又來, 衝繁疲驛, 何堪此紛紛之疊累乎?[45]

然此猶其小差也. 若大差出京, 部文先行知會沿途督撫、地方州縣, 預期料理馬匹、伺候、供帳,[46] 辦買諸項用物, 傳集各行工匠, 以及剃頭、修脚之人,[47] 無不畢備. 遠遣馬夫, 偵探于數百里之外, 聞其所至, 兇威百般,[48] 凌辱、需索, 則官役諸人, 盡皆膽落. 印官稍有才調,[49] 應付粗具者,[50] 尙能黽勉支撐,[51] 以圖僥倖. 倘庸劣之員, 馬殘夫缺, 則束手無策, 惟辦臨時堅閉城門之一著而已. 附近統轄上司, 懼禍及己, 乃于所屬州縣, 調馬協濟. 其協濟之馬, 動輒一、二百匹.[52] 守候多時, 離本邑窵遠,[53] 芻藁、餱糧俱盡,[54] 而調到州縣, 又痛癢無關,[55] 任其凍餓, 以致馬斃夫逃者, 不可勝數. 及大差將臨, 督撫護送標員[56]、兵部差官, 及各大差前站,[57] 帶領司庖,[58] 飛馳先至. 印官詣館接見、供應之外, 各送下程規禮,[59] 該房馬牌一切諸費, 先央差官前站包收.[60] 而大人旣至, 印官又致敬賮饋,[61] 則餐畢登程,[62] 平安無事, 不勝欣幸之至矣. 否則,

---

43 소요(騷擾)는 소란을 피우다, 시끄럽고 어수선하게 하다는 뜻이다.

44 박삭(剝削)은 수탈·착취라는 뜻이다.

45 분분(紛紛)은 잡다하게 많다는 뜻이다. 첩루(疊累)는 거듭 쌓이는 것, 축적을 말한다.

46 요리(料理)는 관리·안배·처리를 뜻한다. 사후(伺候)는 접대·시중·대기를 말하며, 공장(供帳. 供張)은 연회를 펼치기 위한 장막·도구·음식 등을 말하므로, 즉 연회를 베푸는 것을 뜻한다.

47 체두(剃頭)는 머리를 깎는 일, 수각(修脚)은 발발굽을 다듬는 일을 말한다.

48 백반(百般)은 '온갖 방법으로, 갖가지 방법으로'라는 뜻이다.

49 재조(才調)는 재기(才氣)나 문재(文才)를 가리킨다.

50 응부(應付)는 대응·대처·교제·접대의 뜻이다.

51 민면(黽勉. 黽俛)은 용기를 북돋우다, 강제하다는 뜻이다. 지탱(支撐)은 감당해 내다, 버틴다는 뜻이다.

52 동첩(動輒)은 '툭하면, 걸핏하면'이란 뜻이다.

53 조원(窵遠)은 아득히 멀다는 뜻이다.

54 추고(芻藁)는 말 먹이용 꼴(마른 풀), 후량(餱糧)은 건량을 말한다.

55 통양(痛癢. 痛痒)은 아프고 가려운 곳, 또는 통증이란 뜻인데 이해관계를 비유하는 뜻으로 쓰인다.

56 표(標)는 총독 휘하의 직속 부대를 가리킨다. 총독은 지방 최고의 군정장관이기도 해서 제독(提督)과 총병(總兵)이 통할하는 군대를 통제했을 뿐만 아니라 직속 부대도 지휘하였다. 이를 독표(督標)라고 한다.

57 전참(前站)은 행군이나 출행 시 장차 머무르거나 도달하려는 지점, 또는 미리 준비공작을 위해 거기에 파견하는 부대나 인원, 즉 선발대를 가리킨다.

58 사포(司庖)는 주방장을 말한다.

59 하정(下程)은 내린다, 머무른다는 뜻이지만, 여행객을 접대하기 위한 음식이나 노자·예물이란 뜻도 있다. 규례(規禮)는 교묘히 명목을 세워 내게 하는 재물, 즉 누규(陋規)를 가리킨다.

60 차관(差官)은 조정이 임시로 파견한 관원이나 고관에 의해 파견된 하급관리를 말한다.

61 치경(致敬)은 공경함이나 경의를 표시한다는 뜻이지만, 경(敬)에는 예물로 성의나 경의를 표시한다는 뜻도 있다. 이를테면 청대 지방관이 여름에 경관에게 뇌물로 주는 은전(銀錢)은 빙경(冰敬)이라 하였고, 겨울에 보내는 은전은 탄경(炭敬)이라 불렀다. 얼음 값, 석탄 값에 보태라는 의미의 뇌물인 것이다. 신궤(賮饋)는 떠나는 사람에게 돈이나 예물을 주고, 음식을 대접하는 것을 가리킨다.

62 등정(登程)은 떠나다, 여정에 오른다는 뜻이다.

稍有不周，前站挑唆虎從,[63] 良驥指爲駑駘,[64] 司庖哄稟主人，盛饌匿爲草具.[65] 于是喑啞叱咤,[66] 頃刻風霆,[67] 執印官而毆詈，旋加鎖胥、牌而押牽；前路彩氈、器什，毀掠一空；協濟諸騎，盡行越站．而羣兇無所雪憤,[68] 專擇膘肥、健馬，鞭箠電迅，驀塹騰坡,[69] 氣張力盡而死．其意欲令賠償于他驛也．從來上司調協，必于有馬州縣．夫州縣之所以有馬者，印官頗知自愛，平時喂養得法,[70] 購買數多．若始而調其協濟，旣供別縣之差，旣而乘其越站，復多倒斃之累．是有馬之州縣，反受無馬州縣之害．其大差之流毒,[71] 不又及于鄰壤乎?

然此猶爲經過之差言也．若本省上司按臨及「紙牌」應付,[72] 則更有甚焉．夫州縣之得罪于經過使臣也，督撫知之，猶或垂憐衝劇,[73] 尙爲掩覆．縱使臣蓄怨，思所以報，猶事緩而禍遲．至于上司按臨，其州縣供張之盛，儀衛之隆,[74] 姑不具論．此外有杯幣之敬,[75] 謂之：'土儀',[76] 有贐金之敬，謂之：'過山利市'.[77] 其幕客[78]、內司[79]、輿夫、書門[80]、承舍、皂隸、輿儓之屬,[81] 無不有餽，則多出之胥役、里社之司公事者.[82] 若巡査驛遞,[83] 則悉出之工料支銷，而站馬驛夫受困矣．苟或禮貌少疏，打點未到,[84] 上官媒揑有司之短長，跟胥播弄屬役之過失,[85] 非以貪汚揭參

---

63 도사(挑唆)는 충동질하다, 분쟁을 일으킨다는 뜻이다.
64 양기(良驥)는 준마, 좋은 말을 말한다. 노태(駑駘)는 좋지 않은 말을 가리킨다.
65 초구(草具)는 조악한 식단을 말한다.
66 암아(喑啞)는 소리가 나오지 않는다는 뜻이다. 질타(叱咤)는 화를 내며 꾸짖는다는 뜻이다.
67 경각(頃刻)은 순식간에, 금방이란 뜻이다. 풍정(風霆)은 광풍과 폭설, 또는 그러한 위세를 말한다.
68 설분(雪憤)은 원한을 푼다는 뜻이다.
69 맥참등파(驀塹騰坡)는 말을 타고 구덩이와 고개를 오르내린다는 뜻이다.
70 외양(喂養)은 유아나 동물에게 먹을 것을 주는 것을 말한다. 아울러 성장하거나 생존할 수 있게 돌보는 것도 포함한다. 득법(得法)은 정확한 방법이나 비결을 얻는다, 즉 제대로 잘한다는 뜻이다.
71 유독(流毒)은 해독을 끼친다는 뜻이다.
72 안림(按臨)은 순시한다는 뜻이다.
73 충극(衝劇)은 충요번극(衝要煩劇)으로 일이 많고 번잡한 시역을 가리키는 용어다. 충요(衝要)는 군사나 교통 방면의 중요한 위치라는 뜻이다. 번극(繁劇, 劇煩)은 번잡한 사무를 가리킨다.
74 의위(儀衛)는 의장(儀仗)과 위사(衛士)를 가리킨다.
75 배폐(杯幣)는 술과 음식 혹은 재물을 바치는 것을 가리킨다.
76 토의(土儀)는 예물로 보내는 토산품이란 뜻이다.
77 과산이시(過山利市)는 그 뜻이 불분명하다.
78 막객(幕客)은 막료를 가리킨다.
79 내사(內司)는 속관(屬官)을 가리킨다.
80 서문(書門)은 아래, 또는 측근의 문서 담당 아역을 가리키는 것같다.
81 여대(輿臺, 輿儓)는 가마꾼을 가리킨다. 나아가서는 천역에 종사하는 사람(노복)을 지칭하는 뜻도 된다.
82 이사(里社)는 향리를 가리킨다.
83 역체(驛遞)는 역참을 통해 공문 등을 보내는 것을 말한다(『육부성어주해』, p.114).
84 타점(打點)은 뇌물, 또는 뇌물을 준다는 뜻이다.
85 근서(跟胥)는 같이 따라온 서역이라는 뜻이다. 파롱(播弄)은 충동질하다, 이간질하다, 시비를 일으킨다는 뜻이다.

而挾詐,[86] 卽以不法衙蠹而訪拿.[87] 功名、身命,[88] 屬在須臾, 豈不發速而禍大乎? 若夫督撫値班之書役,[89] 司府公務之差承,[90] 亦本省之子民也. 然而狐假虎威, 需索凌虐, 甚于過差.「紙牌」之外, 索逾數倍, 兼供附帶親朋, 而此輩更爲之羽翼, 黨惡橫行,[91] 恬不之怪.[92] 嗚呼! 朝廷置驛, 所以速郵傳, 而驅馳王事,[93] 詎容此無端之荼毒耶?[94]

然鴻嘗竊聞之, 而恐言者太過, 未必若是之甚也. 迨鴻康熙九年, 承乏山左郯城而後,[95] 信其言之非謬耳. 相傳郯舊令某, 有招撫海逆大人乘傳至郯,[96] 實無馬, 官役懼不敢出, 遂堅鐍城門之牡.[97] 該房從城上索勘、牌抄號,[98] 畢仍縋而與之,[99] 終無一馬更替, 大人不得已遂騎沂馬越站而行, 令坐是以悞差參革. 又某令聞, 差至亦閉城. 差恨之, 乃佯爲就道, 使人潛至城下. 瞯之時, 天將明, 樵者負薪候門, 其人易樵者衣, 門啓而入. 彼官役方幸其差之已去, 不意其奔突公堂, 排闥直入縣.[100] 夫人擁被蒙頭, 卷縮如蝟, 而室中衣物, 盡遭刦掠, 乃大索縣官不得. 其差衆相率繼至, 逢人便捉毆擊, 横加胥役綁鎖殆盡. 闔邑駭驚,[101] 勢同寇叛.[102] 于是駐防營弁刷兵丁之馬,[103] 送之. 旣去, 而令公自獄中囚服奔出,[104] 衆大驚. 令公指獄門曰: "嘻! 非吾聞喊聲而是遁, 幾不免于虎口矣." 至今地方以爲笑柄.[105]

---

86 게참(揭參)은 탄핵한다는 뜻이다. 협사(挾詐)는 속으로 간사한 생각을 품다, 협박한다는 뜻이다.

87 아두(衙蠹)는 아문의 부패한 이역을 가리키는 멸칭이다. 방나(訪拿. 訪拏)는 지명 수배 공문을 내려 찾아 붙잡게 하는 것을 가리킨다.

88 공명(功名)은 공업(功業)과 명성(名聲), 또는 과거시험으로 얻은 학위나 관직을 가리킨다.

89 청대의 총독아문에는 원래 좌잡(佐雜) 속원(屬員)을 두지 않았고, 일은 서리(書吏)와 승차(乘差)가 도맡아 처리하였다. 그 수는 20-60명 정도로 규정되어 있었다.

90 아마 차승(差承)은 차역(差役)과 승사(承舍. 공문 배달을 전담 차역)를 말하는 것 같다.

91 당악(黨惡)은 무리를 지어 못된 짓을 한다, 또는 그 무리라는 뜻이다.

92 염불지괴(恬不知怪)는 차분하게 대처하면서 이상하게 여기지 않는다는 뜻이다.

93 왕사(王事)는 왕조의 대사·공무를 가리킨다.

94 도독(荼毒)은 독해(毒害)·잔해(殘害)라는 뜻이다.

95 승핍(承乏)은 빈자리를 이어받는다는 뜻인데, 임관을 겸손하게 표현할 말이다. 산좌(山左)는 산동성을 가리킨다.

96 초무(招撫)는 투항하여 귀순하게 한다는 뜻이다.

97 모(牡)는 자물쇠를 가리킨다.

98 감패(勘牌)는 갑합과 화패를 가리킨다.

99 추(縋)는 매달다는 뜻이다.

100 배달(排闥)은 문을 밀친다는 뜻이다.

101 해경(駭驚. 驚駭)은 놀라 허둥지둥한다는 뜻이다.

102 구반(寇叛)은 도적이나 반란이란 뜻이다.

103 영변(營弁)은 중하급 무관을 가리킨다.

104 영공(令公)은 여기서는 지현을 가리킨다.

105 소병(笑柄)은 웃음거리라는 뜻이다.

鴻知其害, 乃捐資購馬數百匹. 縣、紅兩局,[106] 親監芻秣, 大差至, 則躬爲應之. 經權互用,[107] 不亢不隨,[108] 以故遇差, 咸相帖服無一譁者,[109] 而滿、漢諸公, 莫不結懽而去. 獨是越站、「紙牌」二累, 計無復之.[110] 蓋郯當江南山左咽喉, 擧足便分吳、魯.[111] 上而沂、蒙、新泰.[112] 下而宿、桃、淸河.[113] 彼驛務廢馳已極, 無馬可接, 卽一、二殘疲不堪馳策. 諸差豈肯舍膘壯而寧徒步以往乎?[114] 是故以一郯之馬, 而供千里之差. 踰州歷縣, 往返彌旬. 雖層疊申詳, 視爲故套,[115] 亦吾末如之何矣. 至于各憲「紙牌」, 其最兇猛者, 惟河道總督諸員役.[116] 一日總河下班書吏, 挾「紙牌」乘傳至. 先命一夫, 馳馬執棒而來, 名曰: ‘巴棍’, 以示至則必打之意也. 彼兵房馬牌輒神魂飛喪, 乃刑牲炙酒以待,[117] 兵房擎壺把盞, 馬牌束金跪獻,[118] 及受而叱之. 出則狼僕追擒, 已一繩高弔于幽室矣. 遂執所携巴棍, 而毒毆之, 名曰: “打下馬威.”[119] 拷逼數金, 毆猶未已. 蓋其主暗使之, 故暢飮酣歌, 若不之聞也者. 驛夫情激, 踉蹌來報,[120] 鴻遂單騎馳往, 見所弔之房牌, 血流被面, 徧身傷腫. 鴻命左右執其僕, 而讓其主曰, “牌止一人一騎, 而汝

---

106 현(縣)은 산동성 기주부에 속한 담성현을 가리키고, 홍(紅)은 담성현 남쪽에 있는 홍화부(紅花埠)를 가리킨다. 강소성의 서주부와 접경지역에 위치한다.

107 경권(經權)은 경법(經法)과 권도(權道), 즉 원칙과 임기응변을 이르는 말이다.

108 불항불수(不亢不隨)는 불항불비(不亢不卑. 不抗不卑)처럼 너무 오만하지도 않고, 그렇다고 스스로를 낮추지도 않는다는 뜻이다.

109 첩복(帖服)은 복종·순종한다는 뜻이다.

110 계무복지(計無復之)는 도저히 어쩔 도리가 없다는 뜻이다. 『사기』 권100 「계포란포열전(季布欒布列傳)」에서 비롯된다(“夫婢妾賤人感慨而自殺者, 非能勇也, 其計畵无复之耳.”).

111 오(吳)는 강소성(또는 강남), 노(魯)는 산동성을 가리킨다.

112 담성현과 같은 기주부에 속하는 기수현(沂水縣)와 몽음현(蒙陰縣), 그리고 태안부(泰安府)의 신태현(新泰縣)을 가리키는 것으로 보인다. 청대 역전의 구체적인 상황에 대해서는 『흠정[가경]대청회전사례(欽定[嘉慶]大淸會典事例)』(『근대중국사료총간(近代中國史料叢刊)』 3편 제68집, 文海出版社, 1992의 권528 「병부(兵部) 우정(郵政) 치역(置驛) 산동성(山東省)」(pp.4598-4609)나 『흠정[광서]대청회전사례(欽定[光緖]大淸會典事例)』(『속수사고전서(續修四庫全書)』(上海古籍出版社, 2002)의 史部 政書類 798-814, 권655 「병부(兵部) 우정(郵政) 치역(置驛) 산동성(山東省)」(pp.206-211)에 상세히 나와 있다.

113 담성현과 인접한 강소성(당시 강남성)의 숙천현(宿遷縣)·도원현(桃源縣)·청하현(淸河縣)을 가리킨다.

114 표장(膘壯)은 살찌고 씩씩한 말의 모습을 말한다.

115 고투(故套)는 낡은 습관이나 속된 형식을 가리키지만, 여기서는 그냥 관행적으로 해 보는 소리라는 뜻이다.

116 하도총독(河道總督)은 청대 황하와 운하 등의 수로를 총괄하던 관리를 가리킨다. 명대에는 총하시랑(總河侍郞)이었는데, 청대 초기에 하도총독으로 바뀌었다. 줄여서 총하(總河)나 하신(河臣)라고도 부른다. 옹정 연간에는 동하(東河)·북하(北河)·남하(南河) 등으로 구역이 나눠지면서 분설되기도 하였다.

117 형생(刑牲)은 제사를 위해 가축을 잡는 것을 말한다. 적(炙)은 구운 고기를 말한다.

118 속금(束金)은 원래 속수지금(束修之金)으로 학생이 스승에게 보내는 또는 사숙에 입학할 때 내는 학비·예물을 가리킨다.

119 하마위(下馬威)는 원래 부임하자마자 위세를 보여 주는 행위를 가리킨다. 즉 관리가 부임하자마자 속하에게 과시하는 위풍을 가리키는 것이다. 여기서는 고문이나 위협으로 상대방을 굴복시킨다는 뜻으로 쓰였다.

120 양창(踉蹌. 浪蹌)은 위태롭게 길을 가는 모습을 가리킨다.

携帶數人, 索馬十餘匹, 已屬非法. 況又需索多金, 而肆行毒毆乎?[121] 因詰諸人姓名及所需銀兩, 申詳總河撫院, 並報大部." 于是諸人大恐, 乃叩頭謝罪, 情願領責而乞免申. 鴻因命立甘罪「認狀」, 幷封其巴棍存案而遣之. 自是總河員役斂戢不敢復肆矣.

鴻伏查山東東路驛站,[122] 復設自順治戊戌之間,[123] 舊額止有夫馬工料, 並無買馬糧僉.[124] 鴻因具疲驛昔僻今衝等事, 一詳通申各憲,[125] 蒙撫軍張公咨請大部,[126] 始照西中諸路, 自齊河[127]、禹城而南,[128] 凡十三站, 每站撥銀七百餘兩, 以爲買馬糧僉. 自是東路之驛累少甦. 未幾, 鴻讀禮解任,[129] 甲寅滇、黔變後,[130] 軍書旁午,[131] 奉有多索驛馬一匹者, 許驛官徑申大部, 卽陞該差員革職之旨,[132] 于是「紙牌」亦遂永絶. 從前之需索擾害, 一旦盡除. 近日督撫、提鎭所領「火牌」, 仰體聖主軫恤郵傳至意, 多繳而不用, 卽奉差諸重臣, 每自備馬匹, 而沿途驛站, 杳若無聞.[133] 以今視昔, 曾何異于出湯火,[134] 而登諸袵席之安哉![135] 故天下諸驛, 差使稀少, 夫馬獲以休息, 使司驛務者, 誠能管理之得人, 喂養之有法, 購補之無缺, 而又親勤查閱, 使無怠忽侵蝕之弊, 則雖極處衝繁, 亦可等于里甲之優游矣.[136] 鴻請以有裨管理喂養諸管見, 列之

---

121 사행(肆行)은 방자한 행위를 가리킨다.

122 산동 동로(東路)는 순치 연간에 설립된 역도(驛道)로 북경에서 강남에 이르는 주요 역참 가운데 하나로, 처음에는 역도의 설치 이후 재정 안배의 부족으로 정상적인 안정 운영이 쉽지 않았으나 순치 10년 이후 강희 20년 사이에 경내 소역참의 정리 등을 통한 경비의 증설로 상당한 상황 개선이 이루어졌다.

123 순치 15년, 즉 1658년을 말한다.

124 양첨(糧僉)은 전량의 할당이란 뜻이다.

125 일상(一詳)은 상행문(上行文)인 상문(詳文)을 올려 보고한다는 뜻이다. 통신(通申)은 상급에 있는 상사들에게 두루 알린다는 뜻이다. 각헌(各憲)은 모든 상사라는 뜻이다.

126 무군(撫軍)은 순무(巡撫)의 별칭이다. 자청(咨請)은 평행문(平行文)의 일종인 자문(咨文)을 보내서 요청한다는 뜻이다. 독무는 상서·시랑 직함을 가지고 있으므로 중앙의 부서와 대등한 위치에 서 있다.

127 제하(齊河)는 산동성 제남부(濟南府) 제하현(齊河縣)을 가리킨다.

128 우성(禹城)은 산동성 제남부 우성현(禹城縣)을 가리킨다.

129 독례(讀禮)는 초상을 치른다는 뜻이다. 상가를 지키면서 상제(喪祭)에 관한 예서(禮書)를 읽는다는 뜻에서 비롯되었다.

130 전검(滇黔)은 각기 운남성과 귀주성을 가리킨다. 전검변(滇黔變)은 따라서 삼번(三藩)의 난을 가리킨다.

131 군서(軍書)는 군사문서, 방오(旁午. 旁迕)는 교차하다, 빈번하다는 뜻을 가리킨다. 즉 전쟁 때문에 관련 문서의 왕래가 빈번하다는 뜻이다.

132 승(陞)은 오르다, 진급하다는 뜻이므로, 이 자리에는 어울리지 않는다 아마 무언가 착오가 있는 것 같다.

133 묘약(杳若)은 묘연(杳然)과 같은 것으로 아득하여 자취가 보이지 않는다는 뜻이다.

134 탕화(湯火)는 끓는 물과 불로 극단적으로 위험한 사물이나 처지를 비유한다.

135 임석(袵席. 衽席)은 요와 대자리이다. 좌석이나 침대, 또는 아주 태평스럽고 편안한 생활을 비유하는 뜻으로 사용된다.

136 우유(優游)는 아주 한적하게 생활하다, 한가롭고 쾌적하게 지내다, 쉬거나 휴양을 한다, 차분하게 어떤 일에 종사한다는 등의 뜻이다.

如左, 以爲泰山河海之一助, 可乎?[137]

28-02. 역참 건물 세우기(立局)

무릇 역참 건물(驛局)을 짓는데, 현에 위치한 것은 저절로 정해진 곳이 있으나, 현성 밖의 상업구역(鎭集)에 위치한 것은 마땅히 근처에 높고 넓은 땅을 골라 그 터를 세우고 가운데는 높고 둘레는 낮게 만들되, 주변은 담으로 싸고 물길을 많이 만들어야 한다. 역참은 반드시 상업구역에 세워야 하는데, 그것은 교통 왕래가 많은 큰 도로여서 차사의 마필을 쉽게 교체할 수 있기 때문이다. 하지만 역참 건물은 상업구역에서도 약간 외진 곳에 세움으로써 차사들이 건물 안에 들어와 말을 고른다면서 소란을 피우는 것을 막아야 한다. 건물 터는 반드시 가운데는 높아야 하는데, 지붕을 씌우고 말구유를 설치하는 데 편하기 때문이며, 비가 내려 물이 새어드는 경우 낮은 곳으로 흘러 내려가게 함으로써 더러운 것이 쌓이고 고여서 진창을 만들고 그 더러운 거품이 말발굽을 상하게 만드는 것을 막기 위해서이다. 물길이 많으면 물이 쉽게 빠져나가므로 담장이 젖어 무너지는 것도 피할 수 있다. 건물 가운데는 마땅히 넓어야 하는데, 말을 기르는 마부가 거주할 곳이 있어야 하고, 겨울과 여름에 따뜻한 마구간과 서늘한 마구간을 만들 수 있도록 지붕을 덮어야 한다. 말을 기르는 마부는 마실 물과 꼴을 전담하는데, 야간에 먹이는 것이 특히 중요하다. 따라서 만약 처자와 다른 곳에 기거하게 하면, 이른 저녁에 귀가하지 않는다고 보장할 수 없으니, 말을 누가 먹이고 보살피겠는가? 설사 다른 사람에게 부탁하여 대신 먹일 수는 있으나, 제대로 관심을 쏟지 않을 가능성이 크고, 또한 몰래 먹이나 꼴을 가로챌 염려도 있어 말이 그 피해를 입게 된다. 그러므로 말을 키우는 사람은 반드시 처자를 데려와 역참 안에 거주해야 한다. 그렇게 하면 밤낮으로 여기서 마음을 다 할 수 있을 뿐만 아니라, 처자 또한 그를 도와 보살필 수 있으니 더욱 낫지 않은가? 이 부부가 거주하는 방은 독신자의 그것보다 조금 넓어

137 태산은 작은 흙도 마다하지 않기에 그 크기를 이룰 수 있었고, 바다는 가느다란 물길도 마다하지 않고 받아들이기에 그 깊이를 이룰 수 있었다("是以太山不讓土壤, 故能成其大. 河海不擇細流, 故能就其深.")는 뜻이다. 『사기』 권87 「이사열전(李斯列傳)」에서 비롯된 말이다.

침대·탁자·부뚜막을 설치할 수 있게 해 주어야 한다. 이것 역시 친절하게 인정을 베풀어 주는 방법의 하나다.

마구간은 겨울에는 반드시 따뜻해야 하고, 여름에는 반드시 서늘해야 한다. 따뜻한 [겨울용] 마구간은 마땅히 그 지붕을 양지바른 곳으로 향하게 하여, 태양이 안으로 비추도록 한다. 산속이라면 담장은 뒷산에 바짝 붙어 있게 해야 하며, 지붕 뒤의 처마 밑은 양쪽을 막고 차단벽을 두어 서북풍이 들어오지 못하게 막아야 한다. 처마에 조금이라도 빈틈이 있으면 바람이 새는데, 이를 일러 '못된 바람(敵風)'이라고 한다. 말이 이 바람을 쐬면 쉽게 병에 걸리기 때문이다. 시원한 [여름용] 마구간은 반드시 넓은 곳을 향한 곳에 두어 네 면으로 바람이 들게 하고, 바깥에 차단목재를 더함으로써 안에 말구유를 설치하되 말이 밖으로 나가지 못하게 만들어야 한다. 마구간 바닥은 모두 마땅히 흙으로 다져야지, 벽돌을 써서는 안 된다. 말을 오래 서 있게 하면 말굽이 모여서 발힘이 상하게 되기 때문이다.

먹이를 준 다음에는 너무 오래도록 구유 사이에 두어 배불리 먹이를 먹게 놔두어서는 안 된다. 추운 날에는 마땅히 말이 볕을 쪼일 수 있는 새끼줄(晾繩)에 묶어 두어야 한다. 더운 날에는 마땅히 말을 그늘지고 시원한 곳에 있는 새끼줄(陰繩)에 묶어 두어야 한다. 그러므로 묶어 두는 새끼줄은 응당 두 군데에 설치해야 한다. 묶어 두는 새끼줄의 양쪽 끝과 중간은 큰 나무기둥을 땅속 깊숙이 묻고, 위에는 쇠로 만든 큰 고리를 못으로 박은 다음 거친 마로 만든 줄을 고리 안으로 꿰어 양쪽 기둥 위에 묶는다. 말고삐는 산 매듭을 이용하여 이 새끼줄에 매어 두는데, 말마다 다섯 자씩 떨어져 있게 함으로써 서로 깨물지 못하게 해야 한다. 나무기둥 아래를 가로지른 목재로 단단히 묶어 두면, 서로 엇갈리게 말을 묶어 두면서도 두 마리가 서로 넘나들지 못하게 할 수 있다.

꼴[말을 먹일 풀·건초]을 자르고 콩을 삶을 때에는 여러 마부가 협력하여 몇 개의 마구간을 맡는지, 아니면 각기 한 곳씩을 맡아 처리하는지를 참작하여 여물간을 설치한다. 꼴을 쌓아 두는 헛간은 마땅히 마구간에서 조금 떨어져 있어야 한다. 비록 같은 역참 건물 안에 있다고 하더라도 다른 곳에 만들어야 하는 것은 화재 위험을 피하기 위해서이다. 콩 저장고는 반드시 큰 창고에 두어야 하는데, 아래는 장작용 나무를 높이 쌓아 공기가 통하게 만들어 콩이 썩거나 젖는 것을 피해야 한다. 죽은 말의 가죽은 매번 마구간의 서까래 위에 걸어두는 경우가 많은데 이것은 아주 바람직하지 못한 일이다. 또한 오래되면 말의 털과 꼬리에 좀 벌레가 생기고, 이것이 구유 안으로 떨어져 말이 먹게 되면 병이 생기기 때문이다. 따라서 반드시 다른 처마 밑에 펼쳐서 널게 해야 한다. 만약 역전 터가 좁다면 터 바깥에 높고 넓은 곳을 택하여 시원한 마구간을 설치하는 것도 역시 괜찮다. 대개 말을 쓸고 닦아 주는 것은 반드시 건물 바깥의 공터에서 해야 한다. 여름에는 그늘지고 서늘한 곳에서, 겨울에는 볕을 쬘 수 있는 곳에서 한다. 큰 기둥을 세워 말을 묶어 두고 털을 다듬고 빗질하고, 말갈기와 꼬리를 씻고 자른다. 만약 건물 안에서 털이나 꼬리를 불면, 건초 안으로 날려 들어가서, 말이 먹으면 목구멍에 걸려서 쉽게 헛기침을 하게 된다.

凡立局, 在縣者自有定所. 在鎭集者,[138] 宜于鎭集左右, 擇高亢寬厰之地, 墊築局基, 中高而隅卑, 繚以周垣, 多留水道. 夫立局必于鎭集, 乃往來孔道,[139] 以便差馬更替. 局必距鎭集稍僻, 庶差使不得入局揀馬, 致滋囉嗓.[140] 局基必中高, 以便蓋棚安槽, 庶陰雨洩溺,[141] 就卑而下, 不致停積汙濘, 泡損馬蹄. 水道多則出水易, 免致浸圮牆垣. 局中宜寬厰, 有養馬夫住居之所, 有蓋冬夏暖棚、涼棚之所. 養馬之夫, 專司飮秣, 且夜喂尤爲要緊. 若妻子別居, 保無早暮歸家, 馬匹誰爲喂看, 縱或托人代喂, 未免不相關切, 且有私侵料草之虞, 馬則受其害矣. 故養馬夫, 斷宜移妻子入局居住, 不惟日夜專心在局, 而妻子亦得相幫照看, 不猶愈乎? 其房較獨居者須稍寬, 使有安床桌、鍋竈之處, 是亦體貼人情之一道也.[142]

其馬棚, 冬宜暖, 夏宜涼. 暖棚宜蓋向陽, 令太陽內照, 裏山宜緊靠山牆.[143] 將棚後簷遮過兩傍, 宜有隔牆, 使西北風不能吹入. 凡簷有絲毫空隙風入, 謂之: '賊風'. 馬被賊風所吹, 則易干成病. 涼棚宜向寬闊處, 四面迎風, 外加擋木,[144] 使內可安槽而馬不外出. 其棚地皆宜土, 不宜磚石, 使馬立久, 則蹄攢而傷足力.[145]

至喂料之後, 不宜久置槽間, 使食不酣. 如寒天宜繫馬于向陽晾繩上. 熱天宜繫馬于背陰晾繩上. 故晾、繩宜安兩處. 其晾繩兩頭及中間, 用大木樁深埋地中, 上釘大鐵圈, 以粗蔴繩貫

---

138 진집(鎭集. 集鎭)은 현성을 제외하고 비교적 상업이 번화한 장소, 보통 향촌 가운데 비농업인구가 중심이 되는 거민 지구를 가리킨다. 집은 시집(市集) 즉 정기적으로 무역활동을 하는 장소를 가리키며, 진(鎭)은 원래 군사요충지 내지 군대주둔지에서 시작되었으나, 명·청대에는 상업이 번성한 구역을 가리키는 용어가 되었다. 시진(市鎭)·집진(集鎭)·성진(城鎭) 등은 대개 비슷한 의미를 지닌 용어이나 그 규모나 행정구역의 명칭에 다양한 차이가 있다.

139 공도(孔道)는 큰 도로, 사통팔달한 곳을 뜻한다.

140 나조(囉嗓)는 소란을 피우다, 시끄럽게 하다는 뜻이다.

141 음우(陰雨)는 하늘이 어두워지면서 비가 내린다는 뜻이다.

142 체첩(體貼)은 세심하게 이해한다는 뜻이다.

143 이산(裏山)은 원래 (깊은) 산속을 말한다.

144 당목(擋木)은 험한 것을 차단하는 가로막대를 가리킨다.

145 찬제(攢蹄)는 말이 급히 달리는 모습을 말한다. 앞뒤의 말굽이 긴접(緊接)하여 마치 서로 모인 모습 같기 때문이다. 즉 여기서는 말굽이 한데 모인다(묶인다)는 뜻이다.

于圈內, 而結縛兩頭樁上. 馬用活扣拴于晾繩.[146] 每馬拴離五尺, 使不相嚙. 樁下用橫木結縛之, 可以參錯拴馬, 使馬兩不相過. 其鍘草煮料, 或衆馬夫合作幾棚, 或各人一處鍘煮, 酌量置棚. 其堆草場, 宜離馬棚稍遠. 雖在局內, 另設一處方妥, 恐妨火燭. 貯豆房須置大囤, 下用柴木墊高通氣, 以免霉濕. 倒斃皮張,[147] 每有馬夫即懸掛于馬棚梁上, 甚屬非宜, 且日久有毛尾蛀蟲,[148] 落于槽內, 馬食之成病, 故宜另廈攤掛. 若局地褊窄, 于局外另擇高敞之處, 搭蓋涼棚亦可. 大凡刷刨馬匹,[149] 宜于局外空地, 夏天陰涼處, 冬天向陽處. 立大樁拴馬, 刷刨毛片, 剪滌鬃尾. 若在局內吹毛尾, 入于草料之中, 馬食之, 纏在喉間, 便成喀嗽矣.[150]

28-03. 역무 총리 선발(總理)

역무의 흥폐는 그것을 총괄해서 관리하는 사람, 즉 총리(總理)에게 달려 있다. 따라서 총리에 제대로 된 사람을 얻으면 역무가 흥성하고, 그런 사람을 얻지 못하면 역무가 피폐해진다. 아! 이런 사람 한 명을 얻는 일은 아주 어려우니 정말 조심스럽고 세심해야 한다! 그 사람됨은 지현의 기쁨·슬픔과 관련된 모든 일에 대해 전혀 속임이 없어야 한다. 첫째, 전량의 출납과 인건비·재료비용의 지출에서 조금도 거기에 손을 데어 가로채서는 안 된다. 둘째, 병방 서리나 마패 등과 서로 한패가 되어 부정을 저지르거나 뇌물을 받고 눈감아 주는 일이 있어서는 안 된다. 셋째, 말먹이를 주어 기르는 일에 대해서 부지런하게 살피고 감독해야 한다. 넷째, 지출 항목에 대해서는 장부에서 명확하게 구분하여 처리해야 한다. 다섯째, 차사에게 보낼 마필을 잘 헤아려 알맞게 나누어 뽑아 보낼 수 있어야 하며, 힘든 일과 쉬운 일을 고르게 할당할 수 있어야 한다. 여섯째, 역참 마부 등을 대할 때에는 너그러움과 엄격함을 함께 사용하고, 원칙과 임시변통을 함께 적용하여 그들이 기꺼이 복종하

146 활구(活扣)는 산 매듭을 가리킨다. 즉 한 번 당기면 묶임이 풀리는 고리 매듭을 말한다.

147 도폐(倒斃)는 넘어져 죽는다는 뜻이다. 피장(皮張)은 여기서는 말가죽을 뜻한다.

148 주충(蛀蟲)은 좀벌레를 말한다.

149 쇄포(刷刨, 刷鑤)는 닦고 비비다, 쓸고 닦는다는 뜻이다.

150 강수(喀嗽)는 특히 병의 이름으로 다양한 원인에서 생긴다. 풍한강수(風寒喀嗽)·폐열강수(肺熱喀嗽)·노상강수(勞傷喀嗽) 등이 있다.

게 해야 한다. 일곱째, 행동은 듬직해야 하고, 오로지 업무에만 전념해야 한다. 아울러 경박한 무리로 도박·기생놀음에 빠지거나 술주정하는 사람들과 교제해서는 안 된다. 위의 여러 항목들을 갖춘 다음에야 비로소 총리 자격을 이야기할 수 있는 것이다.

아! 이런 사람 한 명을 얻는 일은 아주 어려우니 정말 조심스럽고 세심해야 한다! 그렇지만 비록 열 가구만 사는 마을이라도 반드시 충직하고 믿을 수 있는 사람을 찾을 수 있고, 비천한 필부라고 할지라도 반드시 가까운 친구가 있다. 그러니 어찌 백 리 땅을 다스리는 당당한 지방관이 마땅한 사람을 얻지 못한다고 하겠는가? 혹은 친족 자제나 동향의 가까운 인척, 또는 평생을 함께한 좋은 친구가 있는데, 비록 현직에 있건 아니면 관직을 떠나건 감정이 곧바로 멀어지지 않을 사람이라면 그 가운데서 고를 수 있는 것이다. 사람됨을 자세히 살펴서 확실히 맡길 수 있다고 생각한다면 응당 마음을 열고 믿어 주되, 그 봉록을 후하게 주어 안으로 처자를 걱정할 필요가 없도록 해서 충분히 청렴함을 권장할 수 있다면, 조금이라도 양심이 있을 경우 어찌 이런 무거운 부탁을 받고서도 그 충성을 다하지 않겠는가? 혹자는 "앞에서 말한 것과 같은 조건이라면 친척이나 친구 가운데에서도 맞는 사람을 찾기 어려울 것인데, 어떻게 할 것인가?"라고 묻는다. 나는 "일을 처리할 능력이 모자란 사람보다는 차라리 탐욕스러운 사람이 낫고, 함께 짜고 부정을 저지르는 사람보다는 혼자만 속이는 사람이 더 낫다"고 말하겠다. 탐욕스러운 사람은 내 재물을 가로채 가는 것뿐이지만, 일을 처리할 능력이 모자라면 모든 일이 전부 제대로 되는 게 없어 손실이 오히려 훨씬 더 크기 때문이다. 혼자만 속이는 것도 지방관을 속이는 데 지나지 않는다. 그렇지만 함께 짜고 부정을 저지르는 경우에는 각 아역들이 아무것도 꺼리지 않게 되어 곧바로 역참 사무가 피폐해져서, 역참이 더 이상 역참이 아니게 만드는 것이다.

驛務之興廢, 係乎總理之人. 總理得其人, 則驛務興, 不得其人, 則驛務廢. 噫! 夫此一人也, 則斤斤乎其難哉![151] 其爲人也, 與本官休戚相關諸事不欺.[152] 一則, 錢糧出納、工料用費, 無絲毫染指扣剋.[153] 一則, 兵書、馬牌等, 不與通同作弊及受賄徇私.[154] 一則, 草料喂養, 勤行察

151 근근(斤斤)은 기민하게 알아차리다(明察), 세세하게 따지다, 매우 조심성이 있다(謹愼)는 뜻이다.

152 휴척상관(休戚相關)은 서로 간의 기쁨과 슬픔을 같이하고 행복과 재앙도 서로 연관되어 있다는 뜻, 즉 서로의 관계가 매우 밀접하다는 뜻이다.

153 염지(染指)는 손을 댄다, 부당한 이익을 취한다는 뜻이다. 구극(扣剋, 扣刻)은 마땅히 지급해야 하는 액수보다 적게 지급하고 그 차액을 가로채는 것을 말한다.

154 통동작폐(通同作弊)는 서로 짜고 한패가 되어 부정을 저지른다는 뜻이다. 순사(徇私)는 사사로운 욕심이나 정을

勘. 一則, 支銷用度, 帳目分明.[155] 一則, 應差馬匹, 酌量分撥得宜, 而勞逸適均. 一則, 看待驛中馬夫等寬嚴並用, 情法兼施, 使其羣相悅服. 一則, 行止老成, 專意辦公, 而不交接浮澆、賭嫖、酗飮.[156] 數者具備, 而後可與言總理也.

噫! 此一人也, 蓋斤斤乎其難哉! 雖然十室之邑, 必有忠信, 匹夫之賤, 亦有密友, 豈堂堂百里元侯而遂無其人乎? 或親族子弟、同鄕至戚與生平好友, 雖在任、去官, 而情誼不卽相離者, 若審度其人,[157] 確乎可任, 則宜推心置腹,[158] 而厚其廩俸, 俾無內顧,[159] 足以養廉, 則稍有良心者, 又何忍負此重托而不竭盡其忠哉? 或曰: "如前所云云, 恐戚友亦難其選也. 柰何?" 余曰: "料理無術毋寧貪.[160] 通同作弊毋寧自欺." 貪不過私吾財. 料理無術, 則諸務不振, 所損實多. 自欺不過朦蔽本官. 通同作弊, 則各役無忌, 立致疲殘, 驛非其驛矣.

28-04. 「감합」과 「화패」 옮겨 쓰기(抄牌)

대차는 병부의 차관(差官)이 미리 앞서 선발대로 파견되면서 「감합」과 「화패」를 휴대하며, 산차는 관원·이역이 직접 휴대한다. 일단 말을 바꿔주는 역참에 도착하면 먼저 증명서[「감합」과 「화패」]를 제시하여, [역참에서 그것을 확인하고] 옮겨 쓰게 해야 하며, 역참에서는 이에 따라 말을 바꿔주고 식사를 제공해 준다. 역승이 담당하는 역참인 경우에는 곧 역승이 사람을 시켜 이런 일을 처리한다. 지현이 겸하여 역참을 관리하는 경우에는 병방(兵房)이 처리한다. 그러나 아역(衙役)이 부정을 저지르면서 법을 무시하는 경우가 많으므로, 반드시 노련하고 신중한 사람을 뽑아 충당해야만 일을 그르치지 않을 것이다. 또한 차사들은 밤낮으로 정해진 시각 없이 도착하기 때문에 이들이 멋대로 증명서를 [확인하고] 옮겨 쓰는

따라 잘못이니 부정을 눈감아준다는 뜻이다.

155 장목(帳目)은 회계장부의 계산, 장부항목을 가리킨다.

156 부요(浮澆)는 경박하고 천박하다는 뜻이다.

157 심탁(審度)은 자세히 고려하다, 자세히 조사한다는 뜻이다.

158 추심(推心)은 진심으로 대한다는 뜻이다.

159 내고(內顧)는 자기 가족을 걱정한다는 뜻이다.

160 무령(毋寧)은 …만 못하다, …하는 게 낫다는 뜻이다.

장소를 떠나 있게 해서는 안 된다. 그래서 응당 그 장소는 상업구역인 시(市)에 설치해야 한다. 이곳에서 또한 마패(馬牌)가 차사를 맞이하고, 증명서를 받아 확인하고, 증명서를 옮겨 써서 보내는 것이다. 이 증명서를 옮겨 적은『초패부(抄牌簿)』는 연사지로 철하여 도장을 찍고 매수를 기록한 다음 [지현아문의]『내호부(內號簿)』에 등록하고, 그다음 해당 역참의 병서에게 발급한다.

일단 차사가 도착하면 모년 모월 모일 모시에 남쪽 길에서 모 차사가, 북쪽 길에서 모 차사가, 모 주현 모역으로부터 말 몇 마리를 타고 왔는지를 확인한다. 관원의 경우에는「감합」이 있으므로「감합」의 내용에 따라 모자 제 모호 모관이 모처로 가서 공무를 처리하는데, 어떤 역참을 거쳐 왔는지, 말이 몇 마리이고 인부가 있는지 없는지 등을 확인한 다음, 식사를 제공하고 규정에 따라 접대하거나 물품을 공급한다. 모년 모일에 제공하였다는 등의 내용을 모두 하나하나 장부에 기입해야 하며, "육로와 수로 동시에 비용을 제공하지는 않는다"는 내용도 작은 글씨로 기입한다. 즉 말을 제공하면 선박을 내주지 않고, 선박을 내주면 말을 제공하지는 않는다는 이야기인 것이다. 갑합 뒤편에는 연도에 모모 주현을 거쳐 왔다고 순서에 따라 도착한 곳을 기입하므로, "모 주현에서 접대·공응을 완료하였다"는 내용을 기입한 다음 직인을 찍는다. 만약 역승이 관리하는 경우에는 모역에서 역의 이용을 완료하였다고 기입한 다음 "지현이 공식적으로 출장 온 것과 같다(如官公出)"는 관인을 찍는다. 찍을 관인이 없을 경우에는 도장양식에 따라 네 모퉁이에 "관인은 공무 때문에 잠시 부재 중(印隨公出)"이란 네 자를 기입한다. 여기 사용하는 관인은 모두 붉은색이 분명하게 나타나야 하며, 거꾸로 찍혀서도 안 된다. 만약 찍힌 글자가 모호하거나 인장을 거꾸로 사용한 경우, 혹은 빼먹고 관인을 찍지 않거나 '공출(公出)'이란 글자를 기입하지 않는 경우에는 병부에서 독무에 자문을 보내서 확인을 요청하면, 독무가 조사하여 보고함으로써 처벌을 받아야 한다는 규정이 있으므로 조심하지 않으면 안 된다. 차역이 휴대해 온「화패」에 대해서도 마찬가지로 패의 내용에 따라 자세하게 기입하며, 마필과 식사도 그에 따라 지급한다.

그런데 대·소 각 차사는 모두 공문에 의해 규정된 성(省)이 있어, 경사를 출발하는 대차는 어떤 길을 통해 간다고 기입되어 있는「감합」을 휴대한다. 이를테면 차사가 가서는 안 되는 길이나「감합」에 기입된 행로가 아닌 길을 이용하였다면, 이에 대해 규정을 어기고 멋대로 접대해 주어서는 안 된다. 병부에서 나중에 그런 사실을 조사하여 밝혀내게 되면 그 비용을 정식으로 회계 처리하게 인정해 주지 않을 뿐 아니라, 규정을 어겼다는 이유로 처벌을 받기 때문이다. 그래서 가장 중요한 것은 그때그때마다 그러한 원인에 대해 판단을 내려서 가부를 결정해야 한다. 모든 차사는 어떤 길을 통해서 가면 돌아갈 때도 여전히 그 길을 이용해야 한다. 만약 갔던 길로 돌아오지 않으면, 다른 길에 있는 역참에서는 접대가 허용되지 않는다. 만약 마땅히 가야 할 길을 가지만 관도를 통하지 않거나 아니면 옆의 주현으로 빠져나가는 경우 또한 길을 돌아가는 것이나 마찬가지이므로 역시 이에 대해서도 접대가 허용되지 않는다.

종래 차사가 역참에 일단 도착하면, 곧바로 해당 주현의 역참에서 "결코 금전을 갈취하거나 마필을 더 많이 요구하지 않았다"고 써 주는 「보증서」를 받아 챙기는 것이 관례였다. 각 차사는 주현에서 금전 갈취 등의 폐단 때문에 「확인서」를 써 주지 않으면, 나중에 돌아가서 「감합」이나 「화패」를 병부에 반납하기 어려울까봐 염려하였기 때문에, 말에서 내리자마자 증명서를 제시한 다음 곧바로 「확인서」를 챙겼다. 지금은 새로운 규정이 만들어져서 금전 갈취나 마필에 대한 과다 요구는 해당 역참에서 즉시 상부로 보고하는 것이 허용되어 엄격하게 시행되고 있다. 따라서 차사들은 모두 법을 지키지 않을 수 없으므로, 지금은 먼저 「확인서」를 내주어도 무방할 것이다.【무릇 대차가 경과할 경우 그 「감합」에는 병부에서 정한 역참이 모두 정해져 있다. 하지만 가끔 황상의 유지를 받들어 샛길로 빠져 상유를 전달하거나 다른 공무를 처리하는 경우가 있어 다른 주현으로 돌아가기도 한다. 만약 앞의 역참에서 우리 역참으로 보내오는데, [「감합」에 우리 역참의 명단이 없다고 해서] 그 차사를 받아 접대를 해 주지 않으면 대차의 업무 수행을 크게 어긋나게 할 우려도 있다. 따라서 그런 경우에는 반드시 우리에게 오는 차사에게 비록 요구대로 접대를 제공하지만 이러한 비용을 정식으로 장부에 올려 공식 회계처리 과정을 거쳐도 되는지 아닌지 확인해야 한다. 만약 그 차사로부터 증명서를 받는다면 『주소책(奏銷冊)』에 접대 제공을 하게 된 이유를 분명하게 기입할 수 있다. 그렇지 않으면 공식으로 회계 처리를 하였다가 호부에서 퇴짜를 맞기보다는 차라리 손해를 보면서 사적인 접대비용으로 처리해 버리는 편이 낫다. 앞서 그 이유에 대한 판단을 내려 가부를 결정해야 한다고 한 것은 이런 경우를 가리킨다.】

凡大差, 則有兵部差官前站, 隨帶「勘合」、「火牌」, 散差則員役自帶. 一到接替之所, 先抄牌, 後照牌換馬併給口糧. 凡驛遞有驛丞專管者, 卽係驛丞著人料理. 如州縣兼管, 卽著兵房料理. 但衙役作弊玩法者多, 必擇老成謹愼者充之, 庶不悞事. 且差至無時晝夜, 不可擅離抄牌之所, 宜設于市, 俱係馬牌接差, 接牌送抄. 其『抄牌簿』, 用棉連裝釘,[161] 用印記明張數, 掛

161 면연지(棉連紙)는 연사지(連史紙, 連四紙)를 가리킨다. 연사지는 원래 연사지(連四紙)·면연사지(綿連四紙)라 부

內號,[162] 發該驛兵書. 但差使一到, 按某年某月某日某時, 南來某差, 北來某差, 自某州縣某驛, 騎馬幾匹.

如官員則有「勘合」, 按「勘合」內, 某字第某號某官, 前往某處公幹,[163] 由某路驛遞, 騎馬幾匹, 有無人夫, 廩給飯食, 照例應付. 某年月日給等字様, 俱一一塡明簿上. 又註"水陸不兼支"字様. 蓋應馬則不給船, 應船則不給馬之說也. 「勘合」後塡有沿途經過某某州縣, 挨次所到之處, 卽塡"某州縣應付訖", 鈐蓋印信.[164] 如係驛丞管理, 卽塡"某驛用驛訖", 鈐蓋"如官公出."[165] 無印可鈐, 卽照印式四角塡"印隨公出"四字. 所用印信, 要硃跡明白, 又不可倒用. 如印字模糊及用印顚倒, 或遺落未用"公出"失塡者,[166] 大部咨行, 督撫查報, 例有處分, 不可不愼. 其差役「火牌」, 亦照牌逐件塡明. 其馬匹口糧, 照數應付.

但大小各差, 俱有題定省分,[167] 出京大差, 俱有塡定由某路「勘合」. 如差不應行與非「勘合」塡定所行之路, 不可違例混應, 部中査出, 不惟不准開銷,[168] 且有違例處分. 最要臨時斟酌其故以爲行止. 凡差由某路去, 仍由某路回. 如不由去路回, 別路不准應付. 如係應行之路, 不由官道, 又走傍縣, 亦係繞道, 不准應付. 從來差使一到, 例取該州縣驛"並無需索及多騎馬匹"「印結」. 各差恐州縣因其有需索等弊不出「甘結」, 回差之時, 勘、牌難以繳部.[169] 故下馬抄牌, 卽取「甘結」. 但今新例甚嚴, 需索及多騎, 該驛許卽時申報. 故差使亦皆遵法, 便先爲出結, 亦無妨也. 【凡大差經過, 其「勘合」雖遵部定驛遞, 然間有奉旨, 便道傳諭及別公幹稍繞他州縣者. 如前驛送到, 不與接替, 恐忤大差, 須回明來差, 雖照數應付, 應否登報奏銷. 如取有來差

르던 것이 나중에 연사지(連史紙)로 와전되었다. 강서·복건 등성에 생산되며 대나무를 재료로 만드는데, 질이 섬세하고 흰색이며 오래되어도 색이 변하지 않아 귀중한 서적이나 비첩·서화·부채 등에 많이 사용되었다.

162 『내호(內號)』는 『내호부(內號簿)』의 약칭이다. 아문에서 상사의 공문, 각 방의 문서초안 및 모든 차표(差票)의 장부는 모두 두 권을 만드는데, 내택(內宅. 內衙)에 두는 것을 『내호부』라고 한다. 괘호(掛號)는 번호에 따라 책에 등록한다는 뜻이므로 '괘내호'는 『내호부』에 등록한다는 뜻이다.

163 공간(公幹)은 공무·공사를 가리킨다.

164 검개(鈐蓋)는 도장을 찍는다는 뜻이다. 인신(印信)은 공·사 인장의 총칭한다.

165 공출(公出)은 공무 때문에 지현이 잠시 근무지(현아문)를 떠나 이쪽으로 일 처리를 하러 (출장)왔다는 것을 뜻하는 것으로 보인다.

166 유락(遺落)은 빠뜨리다, 놓친다는 뜻이다.

167 제정(題定)이란 제본을 통해 규정된 것이라는 뜻이다. 성분(省分. 省份)은 성(省)을 가리킨다.

168 개소(開銷)는 작정개소(作正開銷)를 가리킨다. 즉 정식 예산항목으로 등재하여 회계처리(奏銷)를 한다는 의미이다. 사전에 이미 그 지출을 허락받지 않은 항목을 기입하여 결산 문서를 제출할 경우 당연히 중앙의 호부에서 퇴짜를 놓고 정식 결산으로서 승인해 주지 않는다.

169 격부(繳部)는 병부에 반납한다는 뜻, 즉 사용한 증명서는 이렇게 중앙정부에 반납된 다음 확인·검토를 거쳐 폐기처분된다는 뜻이다.

憑據, 于『奏銷冊』內載明應付緣由.[170] 否則, 寧賠應付, 不便奏銷, 致干部駁. 此條內所以有斟酌其故, 以爲行止之謂也】

28-05. 말 골라뽑기(撥馬)

무릇 역참의 말은 각기 그 쓰임새를 달리한다. 이른바 '관좌(官坐)'라 불리는 것은 즉 [행정기관의 우두머리인] 관장(官長)이 타는 말이다. 그 말은 반드시 성질이 잘 길들여지고 걸음걸이가 안정적이면서도 빨라야 하며, 모름지기 가장 훌륭한 말을 골라 '일등 관좌'로 삼고, 조금 못한 것은 '차등 관좌'로 삼는다. 이른바 '긴차마(緊差馬)'라 불리는 것은 즉 긴급한 전달·운송을 위한 말이다. 그 말은 반드시 그 성질이 날래고 빨리 달리는 데 능숙해야 한다. 이른바 '소차마(小差馬)'라고 불리는 것은 공문서를 운반하는 말이다. 그 말은 응당 힘이 좋고 인내력이 세야 한다. 이른바 '포마(包馬)' 또는 '타포(馱包)'라고 하는 것은 바로 짐을 나르는 말이다. 그 말은 응당 힘이 세고, 짐을 지는 데 익숙해야 한다. 이른바 '산차마(散差馬)'라고 하는 것은 바로 먼 길을 가는 말이다. 그 성질은 느리면서도 채찍질을 잘 견딜 수 있어야 한다. 이러한 점들이 그 대략적인 차이이다.

따라서 말을 골라 뽑는 사람은 또한 그 적당한 쓰임새를 봐서 알맞게 대응해야 한다. 하지만 말을 골라 뽑는 것은 총리와 차사를 접대하는 마패(接差馬牌)의 직무다. 그 말들은 모두 무리를 나누어서 먹이는데, 마부가 꼴을 먹이는 것을 책임진다. 말을 기르는 마부들은 각기 자신이 키우는 말을 아끼기 때문에, 마구간에서 마부가 신경을 제대로 쓰는 말과 그렇지 않은 말이 섞이게 되는 폐단이 있다. 그러므로 각 마부가 키운 말을 각기 번호를 주어 편성하고, 순서대로 번갈아 임무를 나가게 하면 힘든 것과 편안한 것을 고르게 할 수 있다. 이 방법은 상당히 좋다. 그러나 말을 순서대로 번갈아 나가게 하면 힘든 것과 편안한 것이 고르게 되지만, 마땅한 쓰임새에 맞는 말을 골라 사용할 수는 없게 된다. 모두 한가지

170 주소책(奏銷冊)은 지방에서 중앙으로 올리는 매 연도의 예·결산 보고책을 말한다. 여기에 기입되어야 정규 예산으로 편성되고, 그 지출이 승인될 수 있다.

로 뒤섞어 편성해 버리면, 즉 긴차에 써야 할 말을 산차에 쓰게 되고, 짐 부리는 데 써야 할 것을 관좌로 쓰게 되니, 그 말의 재주와 어긋나게 부리게 될 뿐만 아니라 오히려 일을 망치게 될 가능성이 크다.

따라서 당장 우선 본 역참의 말이 모두 몇 마리인지를 세고, 그 가운데 관좌·긴차·타포·소차·산차를 감당할 수 있는 말이 각기 모두 몇 마리씩인지를 파악해 둘 필요가 있다. 그 가운데 '일등 관좌'는 응당 따로 뽑아야 하며, 마구간을 따로 설치하여 조용하고 외진 곳에서 먹여 키우고 털색에 따라 번호를 매겨 둔다. 나중에 긴요한 대차나 관장이 있을 경우에는 그 순번에 따라 번갈아 일을 맡으러 내보낸다. '차등 관좌'는 긴차·타포·소차·산차 등의 말과 함께 모두 각 마부에게 나누어 주어 먹이게 하되, 말을 각 마부의 이름 아래에 배당하고 털색에 따라 번호를 매겨 두었다가 조별로 뽑아서 내보내면 된다. 그렇게 하면 각 마부가 말을 기르는 편안함과 수고로움이 같아지고, 말도 각각 순번에 따라 나가게 되니, 그 쓰임새 또한 그 재주에 어긋나지 않게 된다.

무릇 관좌용 말은 반드시 성질이 양순하고 걸음걸이가 안정적이어야 한다. 대개 관장은 존귀한 신분에 지위가 무거운 데다가, 또한 좋은 말을 타는 것이 습관이 되어 있다. 만약 차사의 임무를 띠고 가는 긴 여정에서 산과 강을 건너는 노고 외에 둔하고 멍청한 말에서 굴러 떨어지는 일까지 당하게 되면, 자칫하면 깔려 죽을 위험도 있지 않겠는가? 그러므로 말의 걸음걸이는 반드시 안정적이되 넘어지거나 잘못 디디면 안 되고, 달리는 것은 가볍고 민첩하되 느려서는 안 된다. 즉 타는 사람으로 하여금 몸이 편안하면서도 기분이 좋게 만들어야 하는 것이다. 그러나 말을 타고 성내로 들어올 경우 주렴이 흔들리면서 시야가 어지러워지거나, 개나 쥐, 또는 닭이 날아오르는 경우가 있으며, 교외로 나가는 경우 토끼가 뛰어오르거나 꿩이 지나가는 경우와 마주칠 수 있다. 심지어는 지방 병역들이 영접하면서 포를 쏘고 깃발을 흔드는 경우도 있는데, 이때 말이 때로는 놀라서 마구 달림으로써 탄 사람이 다치게 되면, 관계된 바가 어찌 작다고 하겠는가? 그러므로 말은 반드시 10세를 넘겨야 하고, 경험이 많아 노련해야 할 뿐 아니라 본래 덕성이 차분한 것이어야만 비로소 관좌로 선발될 수 있다. 평시에 마부로 하여금 조련하여 숙달되도록 연습을 시킨다면, 또한 인위적인 노력도 여기에 하나의 작은 도움이 되는 것은 아닐까!

긴차의 경우에는 군사 문서를 휴대하거나, 내차(內差)가 조사나 감독을 위해 파견된 경우가 있는데 모두 조금이라도 늦어져서는 안 된다. 따라서 말의 성품은 반드시 날래고 달리기나 더 빨리 달리기에 뛰어나야만, 비로소 그 임무를 맡길 수 있다. 말을 달리게 하면 사람은 반드시 몸을 구부려 앞으로 향하게 하므로, 겨우 몇 리를 가지 않아도 반드시 잠시 숨을 고른 다음 다시 달리게 된다. 만약 말이 지구력 있게 달리는 것을 잘할 뿐 순간 가속력이 좋지 않으면 모는 사람이 쉽게 따분함을 느끼게 된다. 만약 말이 순간 가속력은 좋지만 지구력이 부족하여 달리지 못하면 말 역시 쉽게 피로를 느낀다. 두 가지 다 갖추지 못하면 사람과 말이 모두 피로해져서 멀리 가지 못하는 것이다. 소차의 말에는 공문서를 나르는 아역인 승사(承舍)가 타는데, 대부분 공문서를 운반하는 것이어서 날마다 불과 두 역 정도를 갈 뿐이다. 만약 소차가 빠르게 몰면 말도 반드시 신이 나서 속력을 내겠지만, 말의 힘을 아낄 줄 모르니 쉽게 말을 다치거나 쇠약하게 만든다. 그러므로 반드시 힘이 강하면서도 인내력이 센 말로 느리지도 빠르지도 않은 것 가운데 고르되, 여정을 계산하여 기한에 맞추어 도착하게 하면 충분하다. 어찌 꼭 빠르게 달리는 말을 여기에 내보낼 필요가 있겠는가?

한편 포마는 공문서를 담은 상자를 싣는데, 승사가 개인 물건을 채워 넣거나 아니면 금은을 실어 달라는 청탁을 받아 그 대가를 기대하기도 하는 데다가, 짐 보따리까지 얹기 때문에 무거운 것은 백 수십 근에 가까워진다. 더구나 등에 깔개와 안장까지 올리면 무게가 모두 이백 근에만 그치는 것이 아니다. 따라서 힘이 강하고 짐을 지는 데 익숙하지 않으면 어찌 이 무게를 감당하겠는가? 그러므로 역참에서는 포마를 얻는 일이 가장 어렵다. 말몰이꾼도 평상시에 이 일에 능숙한 경우가 아니면 또한 쉽사리 이 일을 떠맡지 못한다. 지금은 독무가 이런 사정을 잘 알기 때문에 긴요한 공문이 있는 경우에는 무거운 상자가 아니라 대신 판자 사이에 끼워 운반하는 방법을 사용함으로써 말의 수고를 덜어 주고자 한다. 산차의 경우 또한 반드시 성질이 느린 것을 써야 한다. 대부분의 경우 말을 잘 타지 못하는 사람이므로, 사납고 빠른 말을 주어 몰게 하였다가 굴러 떨어져 다칠지도 모르는 것보다는 차라리 우둔한 성질의 말을 주는 것이 그래도 [당나귀를 타게 하는 것보다는] 나을 것이다. 말을 골라 뽑는 사람은 평상시에 각기 당번을 맡기거나 쉬게 하였다가, 때가 되었을 때 제대로 이용한다면 역참에 상당한 도움이 되지 않을까!

凡驛遞之馬, 不同其用. 所謂: '官坐', 卽官長騎坐之馬.[171] 其馬宜性馴良而步穩疾,[172] 須擇其尤者爲頭等官坐, 稍亞者爲次等官坐. 所謂: '緊差馬', 卽急遞之馬. 其馬宜性奮迅而善馳驟.[173] 所謂: '小差馬', 卽賫奏之馬. 其馬宜力長而耐勞. 所謂: '包馬', 卽馱包之馬. 其馬宜力

---

171 관장(官長)은 행정기관의 우두머리나 지휘관을 가리킨다.

172 온질(穩疾)은 안정적이면서도 빠르다는 뜻이다.

173 분신(奮迅)은 원래는 분발하여 빨리 행동하다는 뜻이다. 치취(馳驟)는 빨리 달린다는 뜻이다. 치(馳)나 취(驟)는

强而慣負. 所謂: '散差馬', 卽長行之馬. 其性緩而受鞭策, 此其大較也. 故撥馬者, 亦視其所宜用而應付之. 但撥馬者乃總理與接差馬牌之職掌也. 其馬俱係分派養馬, 馬夫飼秣. 養馬夫各惜其馬, 廬有偏枯不均之弊. 于是將各夫所養之馬, 各編成號數, 挨次輪流出差, 以均勞逸, 此法可爲善矣. 但馬按號挨輪, 勞逸雖均, 而所宜用之馬, 不爲分別. 一例混編,[174] 則有緊差之馬而用之散差, 馱包之馬而用之官坐, 不惟用違其材, 而反爲悞事. 今宜將本驛馬共若干, 內中挑選孰堪官坐若干,[175] 緊差若干, 馱包、小差、散差各若干. 其頭等官坐宜另撥馬, 夫專棚僻靜之處喂養, 仍照毛色編定號數. 俟有緊要大差官長, 挨號輪流, 派出應付. 其次等官坐, 與緊差、馱包、小差、散差等馬, 均匀分派各馬夫喂養, 將各種馬, 于各馬夫名下, 照毛色分編號數, 挨班差撥, 則各夫所養之馬, 勞逸適均, 而各馬各輪, 所用亦不致違其才矣.

夫官坐必欲性良而步穩者. 蓋官長體尊位重, 且乘慣好馬. 若長途跋涉之勞,[176] 而又益以駑劣之顚頓,[177] 不幾厭敝乎?[178] 故步必圓穩而不蹶失, 走必輕捷而不滯夯,[179] 則身安而意爽矣. 然乘之入城市, 或簾掀望颭,[180] 犬竄雞飛, 乘之郊外, 或兎起雉過, 以及地方兵役迎接砲響旗飄, 馬或驚奔而乘者傷墮, 關係豈小耶? 故馬必年逾十歲, 歷練老成而本來德性馴良者, 始可充官坐之選也. 其平時令馬夫調教演習嫻熟,[181] 抑又人功之一助乎!

其緊差或所在軍書與內差探勘,[182] 皆刻難容緩. 必馬性奮迅而善馳善驟者, 方克勝任,[183] 馳則人必俯身前向, 不過數里, 又須略息, 而後急奔. 若止善馳而拙于驟, 人身易倦. 若止善驟而拙于馳, 馬亦易勞. 二者不兼, 人馬俱乏, 不能致遠矣. 至小差之馬, 承舍所乘, 無非賫奏, 日行不過兩站. 若使其馳驟, 彼必喜于速, 至不惜馬力, 易致傷殘. 故必與力强耐勞之馬, 在于不

모두 수레나 말을 빨리 몰다, 말이나 수레가 빨리 달린다는 뜻을 가지고 있어 양자의 뜻을 구별하기는 쉽지 않은 것 같다. 다음 권(제29권 역참부 2「29-02. 말의 사육(喂養)」)에서는 행(行) → 구(驅) → 취(驟) → 치(馳) → 분(犇)의 순서로 속도가 빨라지는 것처럼 묘사하고 있다. 하지만 바로 뒤에서는 취(驟)와 치(馳)는 지구력 있게 달리는 것(馳)과 순간적으로 빨리 달리는 것(驟)이란 의미로 쓰는 게 아닌가 생각되지만, 확실한 판단은 곤란하다.

174 일례(一例)는 '일률적으로, 예외 없이'라는 뜻이다.

175 도선(挑選)은 고르다, 선택하다는 뜻이다.

176 발섭(跋涉)은 산과 내를 (걸어서) 건넌다는 뜻으로 여정이 매우 고달프다는 비유다.

177 전돈(顚頓)은 넘어지다, 엎어지고 자빠진다는 뜻이다.

178 기(幾)는 '가깝다, 멀지 않다, 거의'라는 뜻이다.

179 체항(滯夯)은 걸음걸이가 늦고 민첩하지 못함을 말한다.

180 염흔(簾掀)은 발·주렴이 흔들린다는 뜻이고, 점(颭)은 바람에 날려 사물이 흔들리는 모습, 바람에 물결이 이는 모습 등을 가리키므로 망점(望颭)은 아마 시야가 흔들린다는 뜻으로 보인다.

181 한숙(嫺熟, 嫻熟)은 숙련이라는 뜻이다.

182 내차(內差)는 아마 황궁에서 파견한 차사인 것 같다.

183 승임(勝任)은 충분히 떠맡거나 담당할 수 있다는 뜻이다.

緩不疾之閒, 期于計程可到而止, 又何須急遞之馬爲乎? 夫包馬卽馱賫奏之箱, 承舍實之私物, 幷托其所帶金銀, 以希酬謝,[184] 上又加以行李, 重者幾百數十斤. 益以背夫鞍屜,[185] 不啻二百之外矣. 非力强而慣負者能之乎? 故驛中包馬最爲難得. 卽背夫非素所熟習,[186] 亦不易承. 今督撫知之, 如遇緊要本冊, 用夾板而不用箱,[187] 庶馬力輕省矣. 至于散差, 又必用性緩者. 蓋多不善騎之人, 若與以悍急之乘, 恐致顚仆, 不如駑質之尤勝于蹇衛也.[188] 司撥馬者平日分別停當, 及臨時而應用之, 驛遞其有裨乎!

28-06. 차사 환송(送差)

송차마부(送差馬夫)는 차사를 [다음 역참까지] 보내는 일을 전담한다. 그는 왕래하는 차역·승사들과 낯을 잘 익히고 있어 차사 일행을 맞이할 때 반드시 은근한 정성과 조심을 더할 것이니, [말을 타고 이동하는] 차사는 자연히 기뻐할 것이다. 그래서 당연히 채찍질을 하는 것도 줄어들어 말 또한 차사 때문에 다치거나 하는 위험이 줄어든다. 대개 [말을 타고 이동하는] 차사는 역참을 이용할 때 모두 스스로 안장을 마련한다. 송차마부는 반드시 모든 말마다 각기 다른 모직 천으로 만든 안장깔개(언치)를 준비하여 말을 바꾸어 타는 곳으로 보내 주어야 한다. 그래서 차사가 타고 온 말에서 안장을 내리면 마부는 바로 모직 안장깔개를 얹어 주고 끈으로 잘 묶어서 고정시킨다. 만약 모직 안장깔개를 얹어 주지 않으면, 말 등에 난 땀이 마르지 않아 처마 바람과 찬 기운이 침입하여 허리가 처지고 사타구니 사이가 삐끗하는 병이 날 수 있기 때문이다. 다만 뜨거운 여름날로 아주 무덥고 거친 바람과

184 수사(酬謝)는 예물을 보내어 감사의 마음을 표시한다는 뜻이다.

185 안체(鞍屜)는 안상과 안장깔개를 가리킨다.

186 배부(背夫)는 보통 등짐을 지고 나르는 인부를 가리키는데, 여기서는 아마도 등짐을 지는 일이나 그런 말을 모는 사람을 가리키는 것 같다.

187 협판(夾板)은 두 개의 목판을 말한다.

188 노질(駑質)은 최하등급 말의 우둔한 성질(駑性)을 뜻한다. 건위(蹇衛)는 둔하고 무딘 당나귀를 가리킨다. 당나귀는 힘이 세고 지구력이 강해 사역용·운반용으로 이용되며, 말보다 느리고 안전한 동물로 알려져 있지만, 여기서 왜 갑자기 당나귀가 나오는지는 약간 의아스러운 부분이다.

폭우가 없는 기후에는 안장깔개를 해 줄 필요가 없다.

다만 안장을 내릴 때에는 안장과 안장깔개를 말 등 위에 두고 앞뒤로 밀거나 혹은 손으로 털 방향에 맞추어 수차례 쓰다듬어 줌으로써 찬바람이 들어갈 틈이 없도록 해야 한다. 절대로 땀이 난 말 등 위를 손바닥으로 탁탁 두드려서는 안 된다. 손바람이 말 등으로 들어갈 수 있기 때문이다. 만약 송차마부가 갈 때 안장깔개를 지니고 가지 않으면, 총리가 조사해서 밝혀질 경우 본래 말을 키운 마부도 함께 보고를 올려 처벌을 받게 한다. 임무를 마치고 돌아온 말에 원래 깔아 주었던 안장깔개도 제대로 회수하지 않으면 보고를 올려 송차마부를 처벌하고, 아울러 그 비용을 따로 배상하게 한다. 본래 말을 키운 마부가 이 점을 확인하지 않았을 때에도 총리가 조사하여 밝혀냈을 경우에는 그를 함께 처벌한다.

더욱 아주 못된 송차마부의 경우에는 [차사를 보내는 임무를 마치고 돌아오면서] 말이 객점에 도착하였을 때, 거기에는 낯익은 얼굴들이 많기 때문에 말을 먹이려고 수령해 간 사료 값 비용을 착복하여 무리들과 함께 도박을 하는 데 써 버린다. 대신 말에게는 그냥 풀 한 다발만 주어 먹인다. 그런데 임무를 마치고 빈손으로 돌아오는 것은 모두 기한이 모두 규정되어 있다. 그 차사의 업무가 급한 것이지 아닌지, 지형이 평탄한지 아닌지, 여정이 멀고 가까운지를 모두 참작하여 정한 기한인 것이다. 하지만 그는 도박에 미련을 두어 차마 손을 떼지 못하거나 술 취해서 늦잠을 자다가 기한을 놓칠까 두려워, 길을 떠나면 곧바로 말에게 심한 채찍질을 가해 빠르게 몰아대서, 결국 말이 숨을 헐떡거리고 비 오듯 땀을 흘리게 된다. 그는 또 사료를 먹지 못해 배가 홀쭉해서 제대로 먹이지 않았다는 것이 발각될까봐 더러운 연못이든 썩은 웅덩이든 가리지 않고 말이 물을 잔뜩 마시게 해서 잠시라도 그 진상을 숨기고자 하게 된다.

하지만 말이 달리다 보면 폐가 확장되는데 여기에 더러운 물을 먹이게 되면, 차갑고 나쁜 기운이 폐장에 모이게 되고 배에 통증이 생기고 꾸르륵거리는 소리가 나며, 황달이나 허리마디 등 온갖 병이 나타나게 된다는 점을 모르고 하는 짓이다. 이러한 숨겨진 폐단을 능히 꿰뚫어 보고자 한다면, 말이 돌아왔을 때 따로 한군데에 매어 놓고 그 상태를 확인하는 것이 필요하다. 말이 옆구리에 통증을 느끼고 숨을 헐떡거리는지, 많은 침을 아래로 흘리는데 맑은 색인지, 배가 꺼지면서 똥을 싸는데 그것이 거칠어 제대로 된 먹이를 먹지 못하였음을 보여 주는지 살펴보는 것이다. 만약 문제가 있는 것으로 판단되면 반드시 지현에게 보고하여 따끔한 벌을 가하고 칼을 씌워 대중에게 공개함으로써, 모든 사람들이 이런 일을 경계하게 되고, 아울러 말의 목숨도 건질 수 있을 것이다.

○ [임무를 마치고] 돌아왔을 때 수의가 검사를 하는데 보통 뇌물을 받고 잘못된 일을 함께 감춰 주려고 한다. 말 검사가 끝난 다음에 병이 발작할 경우 수의사도 함께 처벌을 하

면, 자연히 그는 감히 함께 짜고 부정을 저지르지 못할 것이다.

夫送差馬夫專管送差. 蓋彼與往來差承熟識,[189] 見差定要加一分殷勤小心,[190] 差上自然喜悅,[191] 己既不受鞭笞, 馬亦不爲作踐.[192] 凡差上俱係自備長鞍, 其送差馬夫, 必令按馬另帶氈屜,[193] 送到換馬之所. 差上長鞍一卸, 馬夫便將氈屜搭上,[194] 用繩縛好. 若不搭屜, 恐背汗未乾, 爲簷風寒氣所侵,[195] 便成拖腰、拉膀之病.[196] 惟伏天盛熱無疾風、暴雨之候, 不必搭屜. 但卸鞍時, 將鞍連屜在背上, 前後推動, 或手掌順毛撫摩數過, 便風寒不入孔, 切不可將手在汗背上拍拍, 則掌風隨入背矣. 若送差馬夫去不帶屜, 總理查出, 將本養馬夫一併稟責. 回不繳屜, 將送差馬夫, 稟究追賠. 本養馬夫不查, 直待總理查出, 將本養馬夫併責. 更有無賴送差馬夫, 馬送到歇店,[197] 彼處熟識人多, 將領去喂馬草料銀侵剋,[198] 同人賭博, 止將空草一束令囓.[199] 凡送差回空, 例限時日, 其限固皆酌量差之緩急, 地之夷險, 程之遠近而立. 但彼戀賭不放, 酗酒貪眠,[200] 恐違限期, 上路則加鞭飛驟, 馬方氣喘汗流. 彼又懼腸空腹歉, 知爲失喂, 無論汙池腐沼, 令飲一飽其腹, 果然希圖掩飾一時. 不知馬跑肺脹, 飲以汙水, 冷惡斂于肺腸, 而腹痛腸鳴, 肺黃、腰痿,[201] 諸病作矣. 能察其奸者, 馬回另弔一處, 相其神頹, 膁弔氣喘,[202] 涎稠下溺清, 而腹塌出糞, 粗而無料, 則必稟官痛懲枷示, 庶衆知所儆而馬命獲甦矣.

---

189 차승(差承)은 차역·승사(承舍. 공문담당 전담 차역)를 말하는 것으로 보인다.

190 은근(殷勤)은 정성스럽다, 은근(慇懃)하다는 뜻이다.

191 차상(差上)은 아마 말을 타고 가는 차사(差使)를 가리키는 것 같다.

192 작천(作踐)은 망치다, 손상시키다, 유린하다는 뜻이다.

193 전체(氈屜)는 모직(양털)으로 된 안장깔개를 말한다. 전(氈)은 양탄자 등 털로 짠 모직물을 가리키고 체(屜)는 안장 밑에 까는 천, 즉 언치를 가리킨다.

194 탑상(搭上)은 위에 얹는다, 보탠다는 뜻이다.

195 첨풍(簷風)은 처마 바람. 처마 끝이나 밑에 부는 바람을 가리키는 것 같다.

196 타랍(拖拉)은 질질 끌다, 늘어진다는 뜻이다. 타요·납과(拖腰拉膀)는 오늘날의 정확한 병명을 알기 어려우나 허리나 하체(골반 또는 사타구니)에 관련된 병증을 가리키는 것 같다. 남도영(南都泳) 역(譯), 『마경언해』(한국마사회 마사박물관, 2004), pp.146-147에 나오는 '신랭요타(腎冷腰拖)'와 pp.141-144에 나오는 '한상요과통(寒傷要胯痛)'의 증상이 아마 이와 가까운 것 같다. 『마경언해』에 대해서는 다음의 「28-09. 역마 구매(買馬)」 부분의 주를 참조.

197 헐점(歇店)은 객점·여관을 말한다.

198 침극(侵剋)은 착복하다, 가로채다. 떼먹는다는 뜻이다.

199 공초(空草)는 잡초·야초를 가리킨다.

200 후주(酗酒)는 무절제하게 술을 마시다, 폭음(暴飮)한다는 뜻이다.

201 폐황(肺黃)은 황달의 일종인 질병의 명칭으로 서른여섯 가지 황(黃) 가운데 하나라고 한다. 요위(腰痿)도 허리의 마비나 위축과 관련된 병을 가리키는 것으로 보인다.

202 겸(膁)은 보통 가축의 양쪽 허리근육에서 사타구니 사이의 허약하고 부드러운 부분을 가리킨다. 여기서는 말 옆구리를 말한다. 조(弔)는 상통(傷痛)이란 뜻으로 보인다.

○ 有回空時, 令獸醫驗視, 彼素受賄囑, 與之掩飾. 如馬驗後病作, 獸醫併懲, 彼自不敢通同作弊.

28-07. 역참 경비의 지출(廩糧)

역참의 임금과 식량·재료비 등은 역참 병서와 마패가 수령하여 계절별로 지급한다. 총리는 역참의 지출을 감독하며, 지현은 조금이라도 여기에 손을 대서 빼돌려서는 안 된다. 돈을 사용한 내역은 항목별로 장부에 옮겨야 하며, 역시 조금이라도 지출을 거짓으로 보고하거나 빼돌려서는 안 된다. 역참에서 주는 임금에 의지해서 마부들이 입에 풀칠하고 가족을 먹여 살리기 때문이고, 말들 역시 사료를 먹고 배를 채워 살을 찌우기 때문이다. 임금 지급의 경우 관청에서 지불하므로 자연히 감히 적게 내주는 경우는 없지만, 공문 전달의 임무를 맡은 승사에게 역참이 지급하는 식비 지출은 매번 간사한 병서·마패가 아직 아문에서 지급 받지 못하였다고 사칭하면서 억지로 적게 받아 가도록 하거나 아니면 질 나쁜 은으로 지급하여 적당히 메우려고 한다. 채찍으로 맞거나 욕을 먹는 것도 역시 승사는 원치 않는 바이니, 어쩔 수 없이 분노를 품은 채 길을 떠나지 않을 수 없다. 그러다 보면 말에게 화풀이를 하게 되니, 연도에서 말을 심하게 몰면서 그 기력을 아껴 주고자 하지 않게 되고, 조금이라도 말을 듣지 않으면 칼을 뽑거나 돌을 주어 들어 등과 머리를 마구잡이로 두들겨 패니, 말이 어찌 부상을 당하지 않을 수 있겠는가? 이것은 모두 병서와 마패가 못된 짓을 함으로써 지방관의 명성을 크게 훼손시키는 일이다. 응당 엄격하게 관리·경고를 하고 아울러 부지런하게 살핌으로써 만약 이런 일이 있을 경우에는 단호하게 족쳐 죄를 다스려야 할 것이다.

凡該驛廩糧、工料, 管驛兵書、馬牌具領, 按季給發. 總理監看支放,[203] 本官不得絲毫扣短.[204]

---

203 지방(支放)은 여기서는 지방정부나 기구가 돈, 물자 등을 지출하거나 방출하는 것을 가리킨다.

204 구(扣)는 공제한다, 제거한다는 뜻이 있다. 이를테면 구제(扣除)는 총액 가운데 뺀다는 뜻이고, 구극(扣尅. 扣刻. 克扣)은 재물을 일부 잘라서 남김으로써 응당 내놓아야 할 전액을 발급하지 않는 것, 응당 남에게 주어야 할 제물

管理將用過數目, 逐項登簿, 亦不得絲毫冒銷,[205] 絲毫扣短, 庶馬夫藉工食而餬口贍家.[206] 馬匹藉草料而資肥飽. 至于廩給, 官支自不敢少, 惟口糧承舍所支, 每有奸書猾牌, 謊稱在官未領, 託故勒短, 或將低銀搪塞.[207] 雖鞭詈交加, 亦所不顧, 差不得已含怒而行, 則遷怒于馬, 沿途馳驟, 不惜馬力, 稍不就馭, 抽刀拾石, 夾脊和頭, 擊打無算,[208] 馬有不傷者乎? 此皆書、牌作孽,[209] 大損本官聲名, 宜嚴戒管理, 併勤加體察, 如有此等, 斷宜究治.

28-08. 대차 접대(應付大差)

흠차대인(欽差大人)은 모두 내대신(內大臣)이나 내각(內閣)의 고위 관료이므로 우리 주현에 오거나 지나치는 경우 반드시 먼저 관원이 몇 명인지, 수행하는 시종은 몇 명인지, 타고 오는 말은 몇 마리인지를 알아봄으로써 미리 준비할 수 있어야 한다. 날마다 공문을 운반하기 위해 장거리 운행을 하는 것을 제외하고, 관좌·산마는 대차의 수만큼 미리 충분히 준비해 둔다. 교량과 도로 가운데 반드시 수리해야 하는 것은 빨리 수리하도록 하고 강나루에 선착장을 설치해야 하는 것도 빨리 사람을 모아 공사를 서두른다. 대차가 머물 공관은 청소하여 봉인하고, 양털로 만든 채색 융단·침상과 탁자·그릇 등도 빌리거나 구입하여 공급하며, 음식이나 말을 먹일 구유와 여물 등도 미리 갖추어 모두 하나하나 충분하여 모자람이 없게 해 두어야 나중에 때가 되었을 때 목소리를 높여 찾고 독촉하는 일을 피할 수 있다. 시중드는 사람들에 대해서는 미리 조를 나눠서 각기 맡겨진 일을 주어야만 때가 되었을 때 책임을 미루거나 일을 그르치는 것을 피할 수 있다. 가죽 끈이나 새끼줄 등도 반드시 미리 준비해 두어야 한다. 대장장이와 이발사 등도 모두 미리 소집해 두면, 혹시 신이 망가지거나 장신구가 떨어졌을 때 수리공이 바로 고쳐 곧바로 길을 떠나게 할 수 있다.

을 삭감하여 자신의 것으로 삼는 것을 가리킨다. 구단(扣短)도 이런 뜻으로 쓰인 것 같다.

205 모소(冒銷)는 지출을 허위로 보고한다는 뜻이다.

206 공식(工食)은 임금을 가리킨다.

207 당색(搪塞)은 (적당히 얼버무려서) 책임을 회피하다, 어물쩍 넘어간다는 뜻이다.

208 무산(無算)은 '그 수를 헤아리지 않고, 아주 많게'라는 뜻이다.

209 작얼(作孽, 造孽)은 재난을 제조하다, 못된 짓을 하다(作亂, 作惡), 죗값을 받다는 뜻이다.

이러한 모든 사무는 반드시 지현 본인이 세심하게 기획하고, 직접 처리하고, 직접 자기 눈으로 점검해야 한다. 대인이 도착할 무렵이 되면 현의 경계지역으로 나가 영접하거나, 현성 밖에서 영접하는데, 이것은 차사를 살펴 헤아려 결정해야 한다. 이 경우에는 지나친 것이 오히려 모자란 것보다는 낫다. 대차가 공관에 도착한 다음에는 지현 본인이 응당 공관 주변에 머무르면서 시중을 들어야 한다. 필요한 것이 있으면 모두 지현에게 알려 달라고 하여, 있는 것은 내주고 없으면 이 지역은 외지고 가난하여 지금껏 그런 물건은 없다고 완곡하게 대답하면 된다.

대차의 시종을 맡은 아역들이 작은 일로 주현 아문의 아역과 다투거나, 아니면 지현에게 감히 직접 대드는 경우가 있는데, 이 무리들은 원래 아무것도 꺼리는 바가 없으니 어찌 맞상대할 가치가 있겠는가? 마땅히 좋은 말과 부드러운 얼굴로 대하되 엄정한 이치로써 깨우쳐 줌으로써 그들이 수그러진 태도로 물러나게 하면 되며, 대차 본인에게는 그러한 점을 보고하여 호소할 필요는 없다. 떠날 때가 되면 그 수행하는 아역들이 공관의 물건을 망가뜨려 약간 손해를 끼치는 경우도 있는데, 이러한 점 역시 마찬가지로 그 주인에게 들려줄 필요는 없다. 좌우에 있는 사람을 아끼는 경우라면 항상 그들을 변호하는 것이 일반적이기 때문이다. 비록 진상을 조사하여 자기를 수행한 아역들을 엄히 질책하기는 하겠지만, 대차가 속으로는 상당히 기분 나빠 할 수도 있다. 그렇게 되어 자칫 잘못하면 애써 정성을 들인 접대의 성과가 모두 물거품이 버릴 수 있다.

매번 무지한 서역이 지방관에게 이렇게 아뢰는 경우가 있다. "차사에 대한 접대에는 모두 선례가 있으므로, 만약 대접이 너무 성대하면 오히려 말썽을 가져오는 경우도 있고, 너무 약하게 보이게 되면 오히려 깔봄을 당할 수도 있습니다." 따라서 [그 말을 듣고] 대차가 지나갈 때 어떤 지방관은 아주 궁핍하다는 것을 내세우기 위해 다만 청소만 해 둘 뿐 공관에 아무런 별다른 준비도 해 놓지 않고, 주방에서도 겨우 쌀과 장작만 지급하는 것으로 끝내는 경우가 있다.[210] 차사를 한 번 접견한 다음 지현은 바로 현 아문으로 말을 달려 돌아가 버리고, 아역들도 뿔뿔이 흩어져서 겨우 한두 명의 대담하고 때리는 것이 금지되어 있는 마패만을 남겨 두는 것이다. [이런 소홀한 대접을 받게 되면] 대차가 어떻게 크게 화를 내지 않을 수 있으며, 수행하는 아역들이 어찌 사람들을 모독하며 소란을 피우지 않을 수 있겠는가? 대차가 지나가는 경우 다른 주현의 지현들이 모두 접대에 소홀할 때, 자기 홀로 예

210 이와 관련된 문제는 제31권 서정부 2 「31-05. 관청 건물 보수(修葺館署)」에서도 다시 간략히 다루어지고 있다.

절과 의례를 제대로 갖추면 대차는 곧 그 지현이 자신을 몹시 공경한다는 것을 알게 된다는 점을 지현은 제대로 잘 알지 못하는 것이다. 다른 주현의 지현들이 모두 두려워하여 피하면서 나서지 않을 때, 홀로 두루 응대하면서 제대로 접대를 한다면 차사는 그 지현이 상당한 재간이 있음을 알게 될 것이다.

다른 주현의 아역·시중꾼들은 제대로 응대도 못하면서 무턱대고 책임을 미루거나 아니면 어리석은 말로 대들다가 결국 채찍으로 얻어맞거나 칼을 차게 되는 소동을 낳아 이를 수습하느라 엄청난 비용이 들기도 한다. 하지만 그런 곳과는 달리 이 주현에서는 지현이 누구보다도 먼저 앞서 응대를 하고, 각 아역들이 제대로 일을 나누어 맡아 처리한다면, 대차는 큰소리나 불쾌한 표정을 통해 불만을 털어놓는 일 없이 차분하게 감사의 뜻을 표명하고 길을 떠날 것이다. 대저 이런 일을 계획한다고 해도 지현의 정신을 조금 바쁘고 고달프게 하는 것뿐이고, 힘을 쓴다고 해도 지현의 근골을 약간 움직이는 것뿐이며, 낭비한다고 해도 약간의 음식과 여물 따위에 지나지 않는다. 다른 지방의 경우 관원이 몸을 상하고 아역이 능욕을 당하면서도 오히려 많은 돈을 써서야 겨우 풀려날 수 있는 것과 비교해 보면 어느 쪽의 손실이 더 크다고 하겠는가? 그렇지만 지현이 과감하게 직접 앞서 나서면서도 욕을 보지 않는 것은 모든 것들을 미리 준비하고 있기 때문이다. 대차의 접대를 기다리는 경우라면 또한 미리 준비를 철저히 하는 것과 공손한 예절로 존경의 뜻을 드러내는 일만 갖추면 될 뿐이다. 어찌 자질구레한 선례를 따질 필요가 있겠는가!

凡欽差大人,[211] 皆係內大臣[212]、閣部尊官,[213] 經臨州縣, 須先探聽官員幾位[214]、跟隨若干人[215]、

---

211 흠차(欽差)는 황제가 직접 파견하여 황제를 대표하여 중대한 사건을 처리하는 관원, 또는 관직을 가리킨다. 흠차대신(欽差大臣)의 경우에는 황제가 특명을 내리고 아울러 관방(關防)을 지급하는 흠차로서, 권력이 일반 흠차보다 훨씬 크며, 보통 흠사(欽使)로 약칭되기도 한다. 군대를 통수할 경우에는 흠수(欽師)라고 불린다. 대인(大人)에는 여러 뜻이 있으나 여기서는 관계(官界)에서 부하가 상사에 대해 관습적으로 부르는 칭호를 가리킨다.

212 내대신(內大臣)은 청대 만주족의 양황(鑲黃)·정황(正黃)·정백(正白) 3기(三旗) 자제를 선발하여 황제의 시위(侍衛)로 삼고, 훈척대신(勳戚大臣)이 통솔하게 한 경우를 가리킨다. 영시위내대신(領侍衛內大臣) 6인과 내대신(內大臣) 6인이 있어 황제를 앞뒤에서 호위하는 임무를 책임졌다.

213 각부(閣部)는 명·청대 내각(內閣)이나 내각대신의 별칭이다. 명·청대의 내각은 황제를 대신하여 그에게 올라오는 주장(奏章)을 읽은 다음, 그 내용을 요약하고 아울러 그 내용에 알맞은 대책까지도 초안을 잡아 황제에게 보고하는 것(이런 기능을 標擬라고 한다)이 주된 임무였다. 오늘날 우리가 생각하는 '내각(內閣)'과는 전혀 다르다.

214 탐청(探聽)은 알아보거나 물어본다는 뜻이다.

215 건수(跟隨)는 뒤에서 수종한다거나 수종하는 사람을 말한다.

乘馬若干匹, 以便預備. 官坐散馬, 除扣去逐日賫奏長差之馬,[216] 方足預備大差之數. 其橋梁、道路應修治者, 速爲修治, 河津應設渡船者, 速爲調集. 公館之應封貼、掃除,[217] 氈彩、牀桌、器用之應借辦供給, 食用長馬槽棚、草料之應整備,[218] 俱要一一足用無缺, 免致臨時喧呼催索. 至于伺候之人,[219] 預先分撥, 使各有所司, 免致臨時推諉失悞. 其皮條、繩索之類,[220] 俱須預備. 鐵匠、剃頭等人,[221] 俱須傳集, 恐有鞵斷鉸脫,[222] 必要鐵匠修整, 庶便起行.

凡一應事務, 須本官細心籌畫, 親身料理, 親眼查看. 大人將到, 或交界迎接,[223] 郭外迎接, 皆相差酌量, 寧過毋不及. 旣到公館, 本官宜公館左右居坐伺候. 凡有所需, 俱令與本官說知, 有則與之, 無則以地方僻苦, 從無此物, 婉曲回覆. 若跟役因小事與衙役爭角, 或唐突本官,[224] 此輩素無忌憚, 安足與較?[225] 宜和詞愉色, 而以嚴正之理諭之, 使其斂戢而退可也,[226] 不必稟控大人.[227] 及其起行, 跟役將公館動用之物小有損失, 亦不必經聞彼主. 恐愛惜左右者, 每多護局,[228] 雖或查究切責其人, 而未免心中不悅, 則一番殷勤接待, 付之波流矣.

每有無知胥役, 稟白官府: "應付差使俱有舊例, 若待之過盛, 反爲可擾, 示之以弱, 反爲可欺." 故大差經過, 州縣官更裝窮苦, 公館別無預備, 不過掃除, 庖廚供給, 不過米薪. 印官一接之後, 卽飛馳入署, 而衙役亦各星散,[229] 所存者一、二膽大禁打之馬牌而已. 大差安得而不嗔怒, 跟從安得而不凌擾乎? 不知大差經過, 他皆應酬草率,[230] 而此獨禮文備具,[231] 卽知乃官之

---

216 구거(扣去)는 구제(扣除)와 같은 뜻으로 총액에서 (얼마를) 빼낸다는 뜻으로 보인다.

217 공관(公館)은 관원이나 머무르던 숙소를 가리킨다.

218 여기서 정비(整備)는 준비한다는 뜻이다.

219 사후(伺候)는 돌보다, 시중을 든다는 뜻이다.

220 피조(皮條)는 말고삐 등에 쓰는 가죽 끈을 말한다.

221 체두(剃頭)는 체발(剃髮)·이발(理髮)을 말한다. 청조는 한인(漢人)들이 만인(滿人)의 습속에 따르도록 두발의 전반부, 즉 앞이마 부분 머리카락을 모두 밀어내는 두발 풍습을 유지하도록 하였다. 순치(順治) 원년(1644) 청조는 체발령(또는 치발령薙髮令이라고도 한다)을 내렸으나, 한족이 불복하자 잠시 늦추었다가 다음 해 강남을 공략한 다음 체발령을 다시 내리고, 저항하는 사람은 모두 도륙함으로써 이 방침을 고수하였다. "머리를 남기고 싶거든 머리카락을 남기지 말고, 머리카락을 남기고 싶거든 머리를 남기지 말라(留頭不留髮, 留髮不留頭)"는 이야기는 당시의 상황을 잘 알려 준다. 이 풍습은 1912년 청조가 망하고 중화민국이 들어서서 단발령(斷髮令)을 내림으로써 다시 바뀌게 되었다.

222 혜(鞵)는 가죽신, 교(鉸)는 장신구를 말한다.

223 교계(交界)는 두 지방이 서로 이어지는 곳, 경계가 서로 접하는 곳을 가리킨다.

224 당돌(唐突)은 옆으로 부딪치다, 어지럽게 뛰어들다, 모독한다는 뜻이다.

225 교(較)는 교량(較量)·비교(比較)처럼 견주다, 서로의 고저·장단·강약·대소 등을 따져 본다는 뜻이다.

226 염집(斂戢)은 언행을 각별히 삼간다는 뜻이다.

227 품공(稟控)은 윗사람에게 고발하는 것을 가리킨다.

228 호국(護局)은 비호(庇護)를 말한다. 즉 감싸서 지켜 준다는 뜻이다.

229 성산(星散)은 뿔뿔이 흩어진다는 뜻이다.

爲敬已, 他皆畏避不出, 而此獨周旋晉接,[232] 卽知乃官之爲有才. 他皆衙役伺候呼應不靈,[233] 非漫爲推諉, 卽戇言冒觸,[234] 遂致鞭笞扭鎖,[235] 大費調停. 而此獨本官身先荅應, 各役分頭料理, 乃大差聲色不動,[236] 道擾而行.[237] 大低所經畫者, 乃印官之精神, 所勞碌者, 印官之筋骨,[238] 所費去者, 不過飮食、芻秣之物耳.[239] 以視他之官毁體而役遭凌, 反勒多金而始釋者, 其所損爲何如哉? 雖然夫州縣之敢于身先而不辱者, 以其一切有所備耳. 待大差者, 亦求乎其有備與禮文之致敬而已. 何區區例之足云乎!

28-09. 역마 구매(買馬)[240]

무릇 교통량이 많은 역참에서 말을 살 때는 주현이 위치한 장소를 고려해야 한다. 만약 북방에 있어 변경[長城]의 관문(邊口)과 가까운 곳이라면 말의 가격이 조금 쌀 것이다. 남방에 위치한 경우에는 장성의 관문과 상당히 떨어져 있으므로 가격이 매우 비싸다. 말을 판매하는 사람을 고용하여 말을 사러 보내는 경우, 임금과 연도에서 말을 먹이는 비용이나 식대, 그리고 찬바람과 추운 날씨에 긴 여정이 겹쳐 넘어져 죽는 말의 값까지 모두 본전에 넣어 계산하기 때문에 가격은 자연히 낮춰질 수 없다. 역참을 관리하는 사람은 낮은 가격으로 말을 구입하기를 바라므로, 매번 자기 주현에서 몇 마리씩 사들이는데, 간악한 서

---

230 응수(應酬)는 교제·접대를 가리킨다. 초솔(草率)은 경솔하다, 진지하지 못하다는 뜻이다.

231 예문(禮文)은 예악의 의례를 말한다.

232 진접(晉接)은 나아가서 뵙다, 접견하다는 뜻이다.

233 불령(不靈)은 민활하지 못하다, 제대로 작동하지 않는다는 뜻이다.

234 당언(戇言)은 어리석은 말이라는 뜻이다. 모촉(冒觸)은 모범(冒犯)·촉범(觸犯)의 뜻, 즉 거슬리다, 잘못 건드린다는 뜻이다.

235 유쇄(扭鎖)는 쇠사슬로 묶는다는 뜻이다. 유(扭)는 유(杻)와도 통하며, 수갑을 뜻하기도 한다. 본래 손으로 비틀다, 돌린다, 잡다, 감는다는 뜻이다.

236 성색부동(聲色不動)은 부동성색(不動聲色)과 같은 뜻으로 태도가 차분하고 안정되어 있으며, 아무렇게나 감정을 표출하지 않는다는 뜻이다.

237 도요(道擾)는 접대를 받은 다음 남에게 폐를 끼쳤다고 인사말을 하는 것을 가리킨다.

238 노록(勞碌)은 업무가 바쁘고 고되다는 뜻이다.

239 추말(芻秣)은 가축에게 먹이는 여물을 말한다.

240 이 문제는 제32권 승천부 「32-17. 역참의 말 보충 구입(買補驛馬)」에서도 간략하게 다루어지고 있다.

리와 마패들은 관원을 속이고 뇌물을 받아 부상당하였다가 치료를 거친 나이든 말을 직접 농가에서 낳아 키운 새로운 말이라고 속여 구입하게 만든다. 그 외모를 보면 살찌고 체구도 큰 데다가 가격도 상당히 싸다. 하지만 역참에서 임무를 맡겨 몇 번 왕래하다 보면 곧바로 속병이 드러나서 힘든 일로 부리는 것을 감당하지 못함을 알게 된다. 그러므로 차라리 가격이 비싸더라도 새로운 말을 구입하는 것이 나으므로 가격이 싸다고 해서 나이든 말을 사서는 안 된다.

만약 경사 주변에 있는 주현의 경우라면 매번 장성 밖에서 몰고 와 파는 말을 구입하는 편이 낫다. 비록 장성의 관문 지역에서 주둔하는 팔기(八旗) 부대가 먼저 골라서 구입해 가버리지만, 그래도 여전히 꽤 쓸 만한 것들이 남아 있기 때문이다. 하지만 이렇게 남겨진 말을 많이 구입할 때는 보통 무리로 한꺼번에 매매가 이루어지므로 응당 말을 잘 아는 사람을 시켜 어떤 무리가 가장 나은지 살펴본 다음 거래를 하게 해야 한다. 만약 운 좋게 훌륭한 말을 한 마리라도 구입할 수 있다면 충분히 제값을 하기 때문이다. 일반 상인이 무리로 파는 말을 살 때에도 이와 마찬가지다.

무리 중에서 골라서 사는 경우에는 털색(毛色)·다리 힘(脚力)·골격(骨棒)·덕성(德性)의 차이를 따져야 한다. 털 색깔의 경우 순백(純白)·청백(青白)·국화청(菊花青)·쑥잎(艾葉)·포도(葡萄)·까치(喜鵲) 등의 청색이 상급이다. 순적(純赤)·순흑(純黑)·오화(五花)·철청(鐵青)·초황(草黃)·은합(銀合)·표화(豹花)·해류(海騮)·조류(棗騮) 색이 그다음이다. 홍사(紅沙)·회피(灰皮)·잡점(雜點)·난모(爛毛)는 모두 하급의 색이다.

다리 힘을 볼 때는 코가 크고, 가슴이 넓어 [바라보면 두 마리의 오리처럼] 두 부리(鳧) 살이 높게 솟아 있고, 땀골(汗溝)이 깊고, 뒷다리가 개가 쭈그려 앉은 것처럼 굽어져 있고, 걸을 때 앞다리가 올라가면 뒷다리가 열리고, 무릎 관절은 네모나고 한 치(寸)가 넘으며, 다리와 발굽을 잇는 발목이 작고, 굽은 견고하고 두꺼워 엎어 놓은 사발 같고, 배는 아래로 늘어지고 거꾸로 난 털이 흉대(胸帶)를 관통하고, 옆으로 난 근육이 등뼈를 감싸고 있는 것이 상급이다. 이와 반대가 되는 것은 모두 하급 종류다.[241]

---

241 이 부분은 다음에 나오는 「상양마도(相良馬圖)」의 내용을 참조할 수 있는데, 참고로 뒤에 나오는 『마경언해』에도 「좋은 말의 관상을 보는 법(相良馬法)」(pp.35-36)으로 다음과 같은 내용이 실려 있다. "머리는 높고, 낯은 껍질 벗긴 토끼 같고, 눈은 드리운 방울 같고, 눈 아래에 살이 있고, 머리뼈는 둥글고, 귀는 대나무 통을 깎은 것 같고, 볼때기는 너르고, 코는 크게 너르며, 윗입술은 네모나고, 입 어귀는 깊고, 아랫입술은 둥글고, 볼때기 뼈는 둥글고, 목은 길되 어위굽고, 갈기는 잃고 보드라우며 가늘고, 앞으로 보면 우는 닭 같고, 가슴은 평평하고, 몬다위는 높고, 등마루는 평평하고, 길마짓의 살은 두껍고, 갈비뼈는 촘촘하고, 허리는 짧고, 뒤로 보면 개가 쭈그려 앉

골격은 머리·얼굴부분에 뼈가 많아 껍질 벗긴 토끼와 같고, 뺨 쪽의 뼈가 달처럼 둥글게 굽었고, 발굽은 마제은(馬蹄銀) 모양 같고, 안장을 올리는 등마루 부분은 높고 등자(鐙子) 부분 옆구리 살은 두터우며, 세 갈래로 나눠지는 삼차골(三岔骨)은 넓고 둥글고 평평하되 거북이 등처럼 높이 솟지 않았으며, 갈기는 비단실처럼 가늘고, 꼬리는 빗자루처럼 흩어지는 것이 상급의 말이다. 이와 같지 않다면 역시 모두 하급이다.

덕성은 사람의 뜻을 잘 알아채고, 발길질하거나 깨물지 않고, 눈은 날카롭지 않고, 물건을 보고 놀라지 않고, 채찍질을 당하고도 날뛰지 않으며, 소리를 듣고도 무서워하지 않고, 좁은 다리나 깊은 물도 편안하게 건널 수 있고, 서라고 하면 곧 서고, 매어 놓으면 그대로 매어 있고, 무리가 놀라서 날뛰어도 홀로 움직이지 않으며, 채찍질을 하면 가고, 멈추라고 하면 곧 멈추며, 이리저리 오가더라도 사람의 뜻을 거스르지 않는 것이 상급이다. 따라서 [상급의 말은] 눈은 크고 바깥으로 튀어나오고, 눈알에 보랏빛 불꽃이 비치고, 귀는 작으면서도 끝이 뾰족하며, 영리하여 사람의 뜻을 잘 이해하는데, 『마경(馬經)』에서 일찍이 "말은 눈이 크면 대담하고, 귀가 작으면 사람의 뜻을 잘 알아챈다"고 한 것은 바로 이 점을 말한다. 눈에 흰자위가 많으면서 때때로 굴리고, 두 귀 모두 뾰족하면서도 크고, 사람을 보면 낯가림을 하고, 안장을 올리고 등자를 밟고 올라타면 둔하고 모자란 말은 놀라는 경우가 많은데, [이런 말들은] 모두 최하 등급이다.

그러나 이 네 가지 요구 모두를 최상급으로 만족시키는 말을 찾고자 한다면 천하에는 그런 말이 없을 것이다. 요점만을 이야기하자면 역참의 말은 관좌·긴차 및 포차·소차·산

은 것 같고, 무릎 뼈는 둥글고, 종아리뼈는 가늘고, 발굽은 둥글게 크며 바르고, 발바닥뼈는 높고, 꼬리뼈는 짧고, 꼬리는 보드라우며 가늘고, 땀골(汗溝)이 깊고, 불(腎)이 적고, 뒷다리는 비파 같고, 곡지(曲池)는 깊고, 뒷다리는 굽고, 녹절골(鹿節骨)이 가늘고, 뒷굽이 뾰족하고, 배아래 거스른 털(逆毛)이 나고, 배는 평평하고, 등자 살이 두껍고, 앞다리는 곧고, 힘줄이 굵고, 눈은 방울이 드리운 것 같고, 붉은빛이 눈망울에 있고, 눈망울이 분명하고 흰 실이 눈망울에 꿰었으면, 하루 5백 리를 가고, 눈이 붉고 눈시울이 뒤집혀졌으면 달리기를 잘하며, 눈망울에 오채(五彩)가 나면 장수하고, 눈이 크면 염통이 커서[본문의 '眼大則膽大'와 비교하면 염통이 아니라 담이 큰 것으로 보이는데, 원문은 이와 같다 – 인용자] 용맹하여 놀라지 아니하고, 귀가 작으면 간(肝)이 작아 사람의 뜻을 알고, 노루의 머리에 사슴의 귀 같으면 이름을 추풍(騶風)이라 하고, 귀 털이 길이가 한 자이면 값이 천금에 값하고, 귀가 작기가 한 치(一寸)이면 하루 천 리를 가고, 입이 깊고 입 가운데 빛이 붉고 빛나면 천리마이고, 혀는 환도 드리운 것 같고, 빛이 연꽃 같고, 갈비뼈가 열두 개가 넘으면 좋고, 삼산뼈가 평평하면 쉬 살지고, 턱 아래가 깊고, 이마가 반듯하게 평평하고, 귀 아래 팔육(八肉)이 커 분명하고, 눈 아래 곧게 내린 뼈가 곧고, 가슴이 넓어 바라보면 두 오리 같고, 다리 사이가 너르고, 밤눈이 크고, 오줌 줄기가 앞발보다 더 나가며 오줌 눌 제 한 다리를 들고 오줌을 개같이 누면 다 하루에 5백 리를 가고, 네 굽이 둥글고 실하여 우뚝 서고, 뒤 발톱이 양(羊)의 코 밑 수염과 닭의 며느리발톱 같으면 하루 천 리를 가고, 뿔이 둘이 나면 이름을 용의 새끼라 하고, 처음에 나서 몸에 털이 없으면, 이것이 이른바 용(龍)의 종자이고, 눈동자가 둘 있으면 가볍게 여기지 말아야 할 것이다."

차에서 벗어나지 않는다. 따라서 그 말을 선택할 때는 관좌일 경우 그 덕성이 순량하고 걸음걸이가 안정적이며 빠른 것을 택하고, 긴차는 그 다리 힘이 세고 잘 달리는 능력을 갖춘 것을 뽑으며, 포차와 소차는 골격이 크고 힘이 있으며 인내력이 센 것을 뽑고, 산차의 경우에는 다만 채찍질을 견디기만 하면 될 뿐이다. 만약 성질이 사납고 제어하기 어렵거나, 사람을 만나면 발길질하고 깨무는 말, 겁이 많아 잘 놀라거나, 물건을 보면 놀라 달리는 말은 타는 사람의 생명을 위태롭게 할 염려가 있으니 반드시 바로 포기해야지, 계속 길러서는 안 된다. 만약 성질과 힘이 모두 뛰어나고 더군다나 털색까지도 뛰어난 것은 이를 발군의 뛰어난 말로 간주할 수 있으니, 마땅히 상등의 마구간에 따로 두어야지, 어찌 차마 역참의 허드렛일에 쓰이도록 놔둘 수 있겠는가? 그 생김새가 좋지 않아 불길한 말은 머리가 솟았거나, 목이 부드럽거나, 목이 사마귀처럼 생겼거나, 코끼리 코이거나, 입술을 데였거나, 꼬리가 비뚤어졌거나, 관절이 약하거나, 두 콧구멍 사이가 밝지 않은 것 등과 같은 것들이다. 한쪽 발굽이 없거나, 얼굴에 주름이 지거나, 털이 잘못 뭉쳐진 볼품없는 말은 모두 하급의 불길한 부류에 속하는 것이므로, 절대 중요한 일에 충당해서는 안 된다. 이 점은 또한 말을 고르는 사람이 반드시 살펴보아야 할 사항이다.[242]

역참 사무를 맡은 사람은 무리로 사든지 아니면 몇 마리씩 골라 뽑든지 간에 상관없이 관좌·긴차·포차·소차 등 각종 말을 구비해 두고 임무에 따라 골라서 내보낼 수 있어야 한다. 털색과 나이[이빨을 보고 판단한다]를 등록하고, 지현은 모든 말에 대해 모역 모번호라는 낙인을 만들고, 이것을 말의 얼굴에 찍는데, 낙인으로 찍힌 글자는 뚜렷해야 한다. 서리와 마패가 도장을 바꾸어 낙인을 찍는 것을 예방하기 위해서이다. 낙인용 도장은 봉지에

---

242 『마경언해』(pp.37-38)에는 「나쁜 말의 형상을 가리는 법(辨駑馬形狀法)」과 「흉한 말의 관상을 보는 법(相凶馬法)」이 각기 다음과 같이 실려 있다. "머리가 커서 무겁고, 귀가 넓으며 크고, 입 어귀가 얕고, 아랫입술이 빠르고, 볼이 엷고, 목이 굵으며 짧고, 힘줄이 가늘고, 가죽이 평평하고, 털이 굵고, 허구리가 크고, 발굽 아래가 실하고, 발목이 가늘고, 무릎 뼈가 작고, 겨드랑이 아래 살이 빠르고, 옆구리가 아래 갈비뼈가 짧고, 배가 커서 처지고, 뒷다리가 곧고, 등마루가 높으며 곧고, 갈비뼈가 성글고, 삼산뼈가 높고, 꼬리 밑이 높고, 땀 골이 얕아서 분명치 아니하고, 배가 좁으며 허리가 우묵하며, 다리가 굵고, 눈이 양(羊)의 눈이나 코끼리 눈과 같고, 허리가 돼지 허리나 낙타 허리와 같은 것은 다 달리지 못한다." "머리가 희고, 몸이 검고, 갈기가 희며, 이마가 희고, 귀가 희고, 허리가 얼룩덜룩하고, 눈망울이 보얗고, 고리 눈이고, 낯이 짧으며, 살이 비스듬하고, 눈이 깊고 살이 없고, 흰 것이 이마로부터 입에 들었으며, 이름을 일러 유응(兪應)이라 하고, 또 이르기를 적로(的顱)라 하니, 종이 타면 객사하고 주인이 타면 저자에 버리니, 크게 흉한 말이다. 왼편 옆구리에 흰 털이 바로 올라 있으며, 이름을 일러 '칼을 찬 것'이라 하니 사람에게 좋지 아니하다. 흰 말이 네 발이 검고 누런 말이 부리가 희면 다 흉하고, 뒤의 두발이 희면 며느리를 죽인다고 하고, 무릎 뼈가 둥글게 커서 술잔 같으며, 땀 골이 위로 꼬리 밑에 통하였으면 사람을 밟아 죽이며, 눈이 붉고 눈시울이 뒤집어진 것은 잘 달려서 사람을 상하게 한다. 눈 아래 가로 된 털이 있으면 사람에게 이롭지 아니하다."

넣고 붉은 먹으로 봉인한 다음 내서(內署)에 보관한다. 다시 사용할 때에는 반드시 그 봉인을 점검해야 하는데, 이 역시 몰래 낙인을 찍는 폐단이 있을까 염려해서이다. [그런 다음] 각기 말을 나누어 먹이도록 지정된 마부에게 분배하고 그가 정성을 들여 여물을 먹이면, 각종 말이 모두 그때그때의 수요에 적절하게 부응할 수 있을 것이다. 그렇지만 평상시에 반드시 어떤 종류의 말이 모자라는지 조사해야 한다. 관리인은 응당 일찌감치 지현에게 보고해서 미리 사들여 메워야 한다. 만약 모자라게 된 다음에 가서야 갑작스레 말을 구하고자 하면 가격이 비쌀 뿐 아니라 구하기도 어려울 것이다. 말이 부족하여 교대하기에 충분하지 못하면, 지금 있는 말이 분주히 임무에 나서다 피로에 지쳐 다치거나 몸을 상하는 경우가 더욱 빈번히 나타날 것이다.【좋은 말과 털 고르기 방법에 관한 두 폭의 그림과 이빨을 통해 말의 나이를 알아내는 비결을 첨부해 두었다.[243]】

凡衝驛買馬, 視州縣所處之地. 如在北方, 去邊口相近,[244] 則價稍平. 如在南方, 去邊口頗遠, 則價甚昂. 以販馬之人僱赴馬者, 工價、沿途草料、飯食, 及寒冬風雪長途倒斃, 俱須算入本銀, 則價自不得平矣. 司驛者欲圖賤値, 每于本地零收,[245] 奸胥、馬牌瞞官受賄, 將傷殘養好陳馬, 謊稱家生坐槽之馬. 視其外貌, 則臕肥體盛, 而價亦頗廉, 及至行差, 不數往來, 遂內疾舉發, 不堪驅策矣.[246] 所以寧取新馬而價貴, 不市陳馬而價平也. 若在近京省分州縣, 每值口外趕來貿易之馬.[247] 雖住在口八旗挑買, 然尙有遺珠.[248] 但落館之馬,[249] 所買多則論成羣, 宜

243 이 부분은 참고로 「좋은 말의 관상을 보는 위한 그림」만 남겨 두고 모두 생략하였다. 참고로 「이빨을 통해 말의 나이를 알아내는 비결」은 『마경언해』(pp.40-42)에도 실려 있다.

244 변구(邊口)는 장성(長城)에 위치한 관문(邊關)들을 가리키는 것으로 보인다. 장성의 관문은 대부분 구로 칭해지는데 이를테면 고북구(古北口)·희봉구(喜峰口)·장가구(張家口)·살호구(殺虎口) 등이 그것이다. 청초에 문·무관원(팔기 포함)과 신사를 제외하고는 민간에서의 양마(養馬)·승마(乘馬)를 금지하였고, 옹정 8년(1730) 이후에 가서야 그 금지령이 풀린다. 대신 장성 밖에서 국가가 운영하는 차하르(察哈爾) 목장(牧場)에 크게 의지하였다. 물론 장성 남쪽의 관내(關內)에도 군마(軍馬)를 기르는 마창(馬廠)이 설치되어 있었으며, 직예의 보정(保定)·창주(滄州)·밀운(密雲)·장가구(張家口)·열하(熱河), 산동성의 청주(青州)·덕주(德州) 등지에 팔기의 목장이 설치되어 있었다. 사성협(謝成俠), 『중국양마사(中國養馬史)』(科學出版社, 1959) 우관걸(牛貫傑), 「청대마정초탐(淸代馬政初探)」, 『燕山大學學報』 2006-2 등을 참조.

245 영수(零收)는 영세한 단위로 수매한다는 뜻이다.

246 구책(驅策)은 (채찍으로) 휘몰다, 부린다는 뜻이다.

247 구외(口外)는 앞서 나온 변구(邊口)의 밖으로 보통 장성의 북쪽, 장가구(張家口) 이북의 하북성과 내몽고자치구 중부를 가리킨다.

248 유주(遺珠)는 창해유주(滄海遺珠)를 가리킨다. 즉 바다 속의 진주 채취자가 빠뜨리고 채취하지 않은 것이란 의미로 버려지고 쓰이지 않는 매몰된 인재나 경시되는 진품(珍品)을 비유한다.

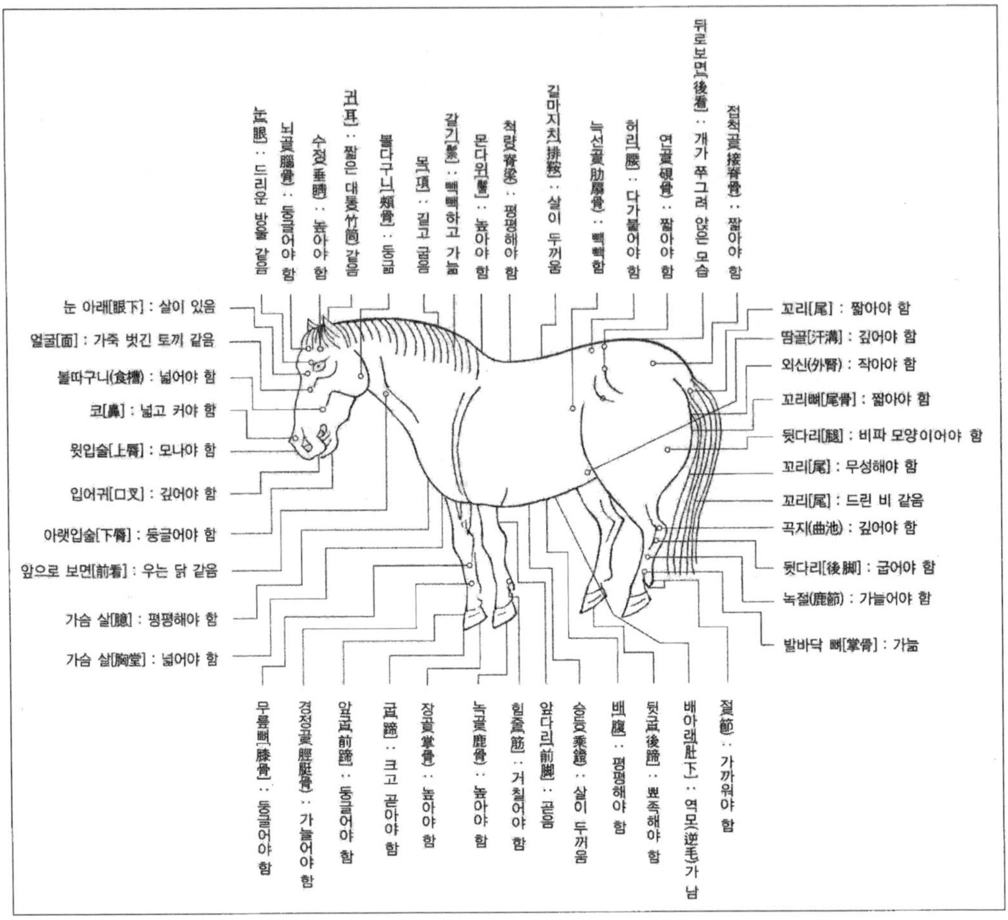

「좋은 말의 관상을 보는 그림」, 남도영(南都泳) 역(譯), 『마경언해』(한국마사회 마사박물관, 2004), p.34에서 인용. 『복혜전서』의 그림 역시 이와 같은 내용이지만, 한글 번역이 있어 이 그림을 빌려 왔다.

令識馬者, 相其某羣差勝, 而爲貿易之. 苟獲一良驥, 便所値夥矣, 卽買販客成羣之馬亦然.

若于羣中挑買, 有論毛色、脚力、骨棒、德性之不同. 毛色以純白、青白、菊花青、艾葉、葡萄、喜鵲等青爲上.純赤、純黑、五花、鐵青、草黃、銀合、豹花、海騮、棗騮次之. 紅沙、灰皮、雜點、爛毛, 皆下色也. 脚力以鼻大, 胸寛兩髡肉隆起, 汗溝深, 後腿彎曲如犬蹲, 行步前起後開, 膝骨方大寸, 踠促小,[250] 蹄堅厚覆地如盂, 腹垂下有逆毛貫胸帶, 横筋夾脊者爲上. 反是皆下

249 낙관지마(落館之馬)는 뜻이 분명하지 않다. 아마도 역참을 관리하는 중앙부서인 마관(馬館)에서 먼저 골라 가고 남은 말들을 가리키는 것이 아닌가 생각된다.

250 원(踠)은 말의 다리와 발굽 사이를 연결하는 굴곡진 곳을 가리킨다.

種也. 骨棒以頭面多骨如剝兎,[251] 頰骨圓曲如月,[252] 蹄腿粗銀,[253] 鞍高, 承鐙肉厚,三岔骨開闊而圓平, 不欲高聳如龜背,[254] 鬃細如絲, 尾撒如帚爲上. 反是亦下種也. 德性以善識人意, 不踶不囓, 眼不尖, 見物不驚, 受鞭不躍, 聞聲不怖, 遇狹橋、深渡安然而過, 立斯立, 繫斯繫, 衆駭奔而已不動, 策之則行, 駐之則止, 往復盤旋而不與人忤者爲上. 故眼欲大而外突, 睛騰紫燄, 耳欲小而尖銳, 性靈能解, 『馬經』所謂[255]: "眼大則膽大, 耳小解人意", 是也. 若白睛多而時轉, 兩眥尖而耳大, 及見人認生,[256] 登鞍認鐙,[257] 皆駑劣多驚, 斯爲最下.

然求其四者, 俱登上選,[258] 則天下無馬矣. 擧其要者而言之, 夫驛遞之馬, 不出官坐、緊差及背包小差、散差而已. 凡操其選者, 官坐, 則取其德性馴良而步趨穩疾, 緊差, 則取其有脚力而兼能馳驟, 背包小差, 則取其骨棒粗有力而善負, 至于散差, 僅備驅策而已. 若夫性悍戾而難制, 逢人踶囓, 膽怯弱而善驚, 見物輒奔, 恐乘之者有性命之憂, 斷宜立棄, 而不可畜也. 若德力俱佳, 更兼毛色異等,[259] 此空羣之選,[260] 自應別之上廐, 又豈忍令供郵傳之用乎? 其之形劣而不吉者, 又有昂頭、軟脖、螳頸、象鼻、燒嘴、歪尾、脆腕、水火不明之陋.[261] 有孤蹄、線臉、惡旋之凶形劣者, 猶可廁之下乘不吉者, 切勿充之上馭. 此亦擇馬者所宜審也.

---

251 골봉(骨棒)은 골격과 같은 뜻이다.
252 협골(頰骨)은 하악골을 뜻한다.
253 제퇴(蹄腿)는 소나 말의 발굽을 가리킨다.
254 고용(高聳)은 우뚝 솟다, 높이 솟아 있다는 뜻이다.
255 『마경(馬經)』은 아마도 백락(伯樂)의 『상마경(相馬經)』을 가리키는 것으로 보인다. 백락은 진(秦) 목공(穆公) 때의 사람으로 이름을 손양(孫陽)이라고 하는데 말의 관상을 보는 데 뛰어났다고 일컬어진다. 초왕의 부탁을 받고 전국을 돌아다니다 결국 천리마를 얻어다 주었다는 고사도 전한다. 당대(唐代)의 한유韓愈)가 『마설(馬說)』에서 "세상에 백락이 있고 나서야 천리마가 있게 되었다. 천리마는 항상 있지만, 백락은 항상 있는 것이 아니다(世有伯樂, 然后有千里馬. 千里馬常有, 而伯樂不常有.)."라고 했을 정도로 그는 좋은 말을 가려내는 데 있어 가장 뛰어난 인물로 평가되고 있는 것이다. 하지만 그가 지은 『백락상마경(伯樂相馬經)』은 수·당대까지 전해 내려오다가 실전(失傳)되었으며, 그 일부 내용만이 여러 문헌에 흩어진 채 남아 있었는데 1973년에서 1974년 초 사이 호남성 장사(長沙)의 마왕퇴(馬王堆) 제2·3호 한묘(漢墓)에서 『상마경(相馬經)』 백서(帛書, 비단에 쓰인 책)가 재발견되어 거의 대부분의 내용이 복원될 수 있었다고 한다. 우리나라에도 『마경초집언해(馬經抄集諺解)』라는 책이 남아 있어 이를 현대어로 옮긴 『마경언해』(南都泳 譯, 한국마사회 마사박물관, 2004)가 출판되어 있다. 『마경초집언해』는 명의 마사문(馬師問)의 『마경대전(馬經大全)』과 조선시대 조준(趙浚) 등찬(等撰), 『신편집성마의방(新編集成馬醫方)』 등에서 발췌하여 『마경(馬經)』 4권을 간행한 후 이를 다시 요약·언해한 것이라고 한다(『마경초집언해』 「해제(解題)」를 참조).
256 인생(認生)은 처음 보는 사람에게 낯가림을 한다는 뜻이다.
257 등안인등(登鞍認鐙)은 안장을 올린 다음 등자를 밟고 말을 탄다는 뜻이다.
258 상선(上選)은 상등품이란 뜻이다.
259 이등(異等)은 일반을 뛰어넘는 것, 특등을 가리킨다.
260 공군(空羣)은 보통을 뛰어넘다, 발군의 것이라는 뜻이다.
261 수화(水火)는 본래 물과 불, 또는 깊은 물과 뜨거운 불로 상징되는 험난한 지경을 비유하지만, 여기서는 말의 두

司驛務者, 不拘羣、買零挑, 總宜官坐、緊差、馱包、小差等馬, 各種俱備, 逐項選出. 登記毛色、歲齒, 本官按匹照某驛字號火印, 卽面爲印烙. 其印烙字樣, 要分明, 恐妨胥、牌抵換印烙過. 其印硃筆封好, 藏之內署, 再用須驗封, 恐有偸烙之弊. 分派喂養馬夫, 勤加飼秣, 則各種之馬, 皆有所應付矣. 然平時須查何項馬不敷應用, 經管人卽宜早禀本官, 預爲購補. 若待缺乏而後倉卒求之, 不惟價貴而難得. 馬少不足更番,[262] 而現在者疲于犇走, 則益見傷殘矣. 【「相良馬」·「旋毛」二圖幷口齒訣, 附 [省略]】

콧구멍 사이의 부위를 가리킨다.

262 경번(更番)은 순번에 따라 교체한다는 뜻이다.

| 제29권 |

역참부 郵政部 2

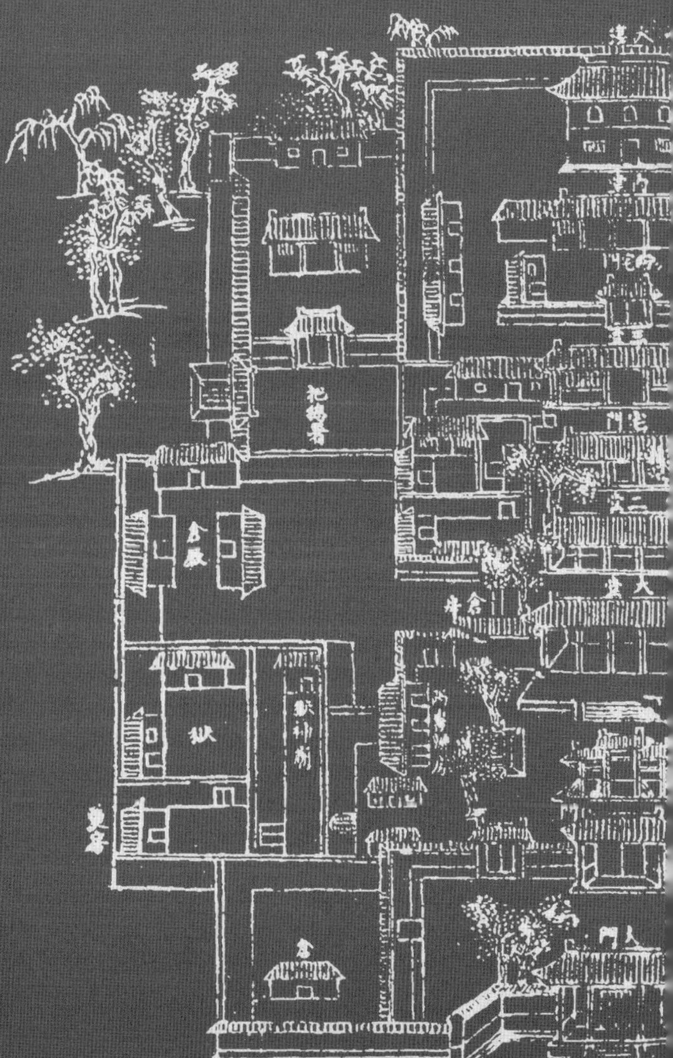

福惠全書

29-01. 중간 역참(腰站)[1]

무릇 아무 일이 없을 때 미리 일이 생길 것을 염려하여 준비함은 지혜로운 사람이라면 포기하지 않는 바이다. 그러므로 아무 일이 없을 때 역참에서 미리 일이 생길 때를 위한 계획을 세우는 것 또한 입법자가 응당 꾀해야 할 바이다. 이렇게 미리 준비를 해 두고 천년만년을 쓰지 않아도 사실 상관이 없다. 왜 그런가? 그것은 바로 역참을 위해서 계획한 것이기 때문이다. 무릇 [전쟁이 터져] 군사문서가 자주 오가고 차사가 아주 자주 지나가는 시절이 되면 역참의 말은 쉽사리 피로해진다. 게다가 당병(塘兵)은 군사정보를 전달하기 위해서 밤낮으로 500리 거리를 달려야 한다. 매 주현의 역참과 역참 사이는 길면 100여 리이고 짧으면 70-80리 정도이니 [말로 달릴 경우] 불과 한 시진[약 두 시간] 정도면 바로 도착할 수 있다. 설사 말을 많이 두고 있다고 하더라도 끊임없이 교대하면서 쉬지 못한다면 어찌 피로한 나머지 쓰러져 죽는 말이 없겠는가? 그러니 아무리 말을 구매하여 보충하는 일에 부지런하더라도 그러한 비용 지출에는 한계가 있고, 각처에서 말을 필요로 하므로 말의 가격도 자연히 올라간다. 지방관은 바야흐로 피로가 쌓여 병에 걸린 탓에 휴가를 얻어야 할 참인데, 어찌 많은 돈을 들여 그 손해를 보충할 수 있겠는가? 그래서 이를 위한 대책으로는 오로지 따로 중간 역참(腰站)을 두어 말의 힘을 절약하는 방법 한 가지뿐이다.

중간 역참을 설치하면 갈 길의 반만 간 다음에 바꾸니 말이 피로해지지 않고 힘이 절약된다. 말이 쓰러지는 경우가 줄어드니 그것을 메우기 위해 들어가는 돈도 절약할 수 있다. 따라서 중간 역참의 설치는 불가불 서둘러 강구하지 않을 수 없다. 중간 역참을 세우는 방법은 원래의 역참 사이의 딱 중간에 있는 땅에 백성의 건물·점포를 빌리고, 햇볕이 잘 들고 바람이 잘 통하는 곳으로 말을 묶어 둘 수 있는 빈 땅을 찾아 설치하는 것이다. 거기에 말구유·솥·사료와 말고삐를 묶어 두는 나무 등을 설치하고, 원래 본 역참에서 파견한 각 마부의 이름 아래 먹여 키우는 말을 고르게 나누어 할당하되, 뽑아서 할당하는 것은 긴

1 요참(腰站)은 역참의 중간참(中間站)으로 휴식하거나 말을 바꿀 수 있다. 또한 요돈(腰頓)이라고도 한다. 한편 이 글은 하장령(賀長齡) 편(編), 『황조경세문편(皇朝經世文編)』 권73 「병정(兵政) 4 마정(馬政)」에 「설요참의(設腰站議)」라는 제목으로 실려 있다. 한편 이보다 작은 규모의 역참 시설에 대해서는 제30권 서정부 1 「30-04. 소역참의 정돈(申飭舖遞)」 및 제31권 서정부 2 「31-04. 패방과 소역참의 건립(建立坊舖)」에서도 간략히 다루어지고 있다.

차·소차·화물용 세 항목의 말로만 한정한다. 안당필첩식(安塘筆帖式)은 반드시 긴차용 상등 말을 써야 하고, 각지의 장군·독무가 군사 정보를 긴급히 보고할 때에도 역시 반드시 긴차용 상등 말을 써야 한다. 따라서 긴차용 말은 가능한 한 많이 준비하도록 힘써야 한다. 긴차용 말이라면 당연히 큰 상자 짐을 싣지 않을 터이니, 화물용 말은 대략 한두 마리만을 준비하여 갑작스러운 필요에 대비하면 충분할 것이다. 긴차용 말은 타는 사람이 많아 부족할지도 모르지만, 소차용 말도 송차마부가 말을 끄는 용도로 쓰는 데 대비해야 하므로 아마 적은 수여서는 안 될 것이다. 그 밖에 일상 공문서를 운반하는 차사나 산차의 말은 모두 보통의 경우처럼 본 역참에서 접대를 하고 다음 역참에 가서 교대를 한다. 다만 긴차만이 중간 역참에서 말을 바꾸는데, 그 송차마부 및 식량·사료 등의 비용은 모두 본역의 마부가 수령한다. 다음 역참까지 보낼 때 중간 역참에서는 송차마부를 바꾸지 않고, 따로 사료도 수령하지 않음으로써 말을 바꾸자마자 떠날 수 있게 하여 조금이라도 시간을 지연시키지 않게 한다.

중간 역참은 또한 반드시 따로 전체를 총괄해서 관리하는 사람을 골라 말을 먹이고 쉬게 하는 일을 감독시키고, 사료를 빼돌리거나 허술한 운영을 하는 일이 없도록 해야 한다. 긴차가 말에서 내리면, 급하게 달렸으므로 말은 땀을 흘리고 호흡이 가파르며, 입에 침이 가득 차 있다. 겨울에는 안장깔개(언치)를 깔아 주고 여름에는 어루만져 주며, 마부가 천천히 끌고 천천히 걷게 하여 숨이 조금 가라앉기를 기다렸다가 고삐를 햇볕이 잘 들고 바람이 잘 통하는 곳에 묶어 두어 쉬게 한다. 땀과 침이 마르고 피로가 풀리고 정신이 상쾌해지기를 기다렸다가 풀을 보여 주면 콧소리를 내면서 먹으려고 한다. 그러한 다음 먼저 풀을 먹이고, 물을 마시기를 기다렸다가 그 이후에야 비로소 사료를 더해서 배불리 먹이면 병이 생기지 않는다. 이것이 중간 역참을 설치하여 말의 힘을 절약할 수 있는 방법의 대체적인 내용이다.

중간 역참에서 말을 먹이는 마부는 따로 모집한다면 급료도 제대로 줄 수도 없고, 또한 다른 사람의 말을 잠시 대신 기르는 것이기 때문에 말의 상태가 어찌 되든 별로 신경을 쓰지도 않을 터이다. 하물며 초보자의 손에 맡긴다면 더욱 말할 것도 없다! 원래 역참의 말은 각 마부의 이름 아래 고르게 뽑아 배정하였고, 그 마부 또한 각 구유에서 고르게 뽑아 배정하였다. 따라서 중간 역참용 말은 뽑혀 나간 마부가 여러 사람을 대신하여 그 말들을 먹이는 것이고 역참에 남아 있는 마부 또한 뽑혀 나간 사람을 대신하여 그 말들을 먹이는 것이므로, 피차간에 서로 두 곳을 돌보면서 마치 한 곳처럼 관심을 갖지 않으면 안 된다. 하물며 총괄적으로 감독하는 사람이 있어 이를 점검하니 먹이고 쉬게 하거나 돈을 떼어 먹거나 제대로 운영을 하지 못하는 문제는 생기지 않을 것이다. 그런데 지금은 승평(承

平)의 시대를 맞아 차사가 왔다 갔다 하는 일도 줄어들어 천하가 바야흐로 태평의 복을 누리고 있으니, 역참 또한 모두 안일한 즐거움을 누리고 있는 형편이다. [이런 세상이라면] 이른바 '중간 역참'이라고 하는 것을 두고 난 다음 천년만년을 쓰지 않아도 전혀 상관이 없는 것이다.

夫于無事之時而設爲有事之慮, 智者之所不廢也. 然則, 于無事時之驛站, 而姑爲有事時之籌策,[2] 抑又立法者所宜計, 置之千萬年, 而不用可也. 何也? 爲驛遞計者.[3] 遇軍書旁午, 差使繁多, 則馬力易勞, 再兼安塘偵報,[4] 晝夜計行五百里. 每州縣驛站, 多者百餘里, 少亦七八十里, 不過時移卽至,[5] 縱所設馬多, 更番不息,[6] 安有不疲殘倒斃者乎?[7] 卽云購補惟勤, 支銷有限,[8] 在處需馬, 價値自昂, 有司方卒瘏在告,[9] 又安有多金以資賠累乎? 計惟有另設腰站, 以節省馬力之一法.[10]

腰站設, 馬至半途卽換, 而力可不疲. 馬力節, 馬之倒少, 而賠累可甦, 則腰站之設, 不可不亟講也. 法宜于本站適中之地,[11] 或賃民房、店宇,[12] 有隙地可以弔晾馬匹之處, 設爲腰站. 安置槽鍘、鍋口、草料[13]、晾椿等項, 將本驛原派各夫名下喂養之馬, 均勻分撥.[14] 所撥者亦止繁

2 주책(籌策)은 헤아려 꾀한다, 준비한다는 뜻이다.

3 역체(驛遞)는 역참을 말한다.

4 당(塘)은 여러 가지 뜻이 있으나 여기서는 역참의 한 종류를 의미하는 것 같다. 『육부성어(六部成語)』의 「병부(兵部) 당병(塘兵)」 조항은 "신(汛)보다 협소한 것을 당(塘), 당보다 협소한 것을 포(鋪)라고 한다(比汛狹小曰塘, 比塘狹小曰: '鋪')."라고 기록하고 있다(『육부성어주해(六部成語注解)』, 浙江古籍出版社, 1997, p.111). 따라서 당졸(塘卒)은 역참의 병졸로 문서를 전달하거나 밤에 순찰을 도는 일을 전담하였으며, 당보(塘報)는 군사정보나 그것을 긴급하게 전달하는 일을 전문으로 하는 사람을 가리키기도 한다. 청대에는 북경에서 각 성까지 역참에 당병이 설치되어 있었으며, 당병을 통해 연도로 번갈아 소식을 전달하였다. '안당'은 아마 '안설당병(安設塘兵)'인 것 같다. 안설(安設)은 설치·배치·포치하거나 장비(裝備)를 갖춘다는 뜻이다. 정보(偵報)는 정찰보고, 즉 군사 첩보를 말한다.

5 시이(時移)는 보통 시대나 시세가 달라졌다는 의미인데, 여기서 시(時)는 아마도 한 시진(약 두 시간)이라는 뜻으로 쓰인 것 같다.

6 경심(更番)은 번갈아 가면서 바꾼다는 뜻이다.

7 도폐(倒斃)는 땅에 쓰러져 죽는다는 뜻이다.

8 지소(支銷. 支消)는 지출·소비를 뜻한다.

9 졸도(卒瘏)는 『시경』「국풍(國風) 빈풍(豳風) 치효(鴟鴞)」에서 나오는 구절에서 비롯된 것으로("予手拮据, 予所捋荼, 予所蓄租, 予口卒瘏, 曰予未有室家") 피로가 쌓여 병이 된다는 뜻이다. 재고(在告)는 관리가 휴가 중에 있다는 뜻이다.

10 절성(節省)은 '절약·절검'이란 뜻이다.

11 적중(適中)은 '어느 한쪽에도 치우치지 않은 한가운데'라는 뜻이다.

12 민방(民房)은 개인에게 속하는 집, 주거를 가리킨다. 점우(店宇)는 상점 건물을 말한다.

13 초료(草料)는 먹이용 사료, 대부분 풀(또는 꼴)을 가리킨다.

14 분발(分撥)은 분파(分派)·분배(分配)라는 뜻이다.

差、小差、馱包三項之馬而巳. 其安塘筆帖式,[15] 定須緊差上馬, 其所在將軍、督撫馳報軍情, 亦須緊差好馬. 故緊差馬務須多設. 旣係緊差, 自無大包箱, 其馱馬或略設一、二疋, 以備不時之需. 其緊差馬恐騎多不足, 小差馬, 聊以備送差馬夫引馬之用, 似亦不可少. 其他平常賫奏差使及散差馬, 俱照常本驛應付,[16] 至彼驛交卸.[17] 惟緊差在腰站換馬, 其送差馬夫及飯食草料銀, 俱係本驛馬夫支領.[18] 送至彼驛, 腰站不換送差馬夫, 亦不更領工料,[19] 以便換馬卽行, 不致耽延片晷耳.[20]

其腰站亦須另擇總理之人, 監看喂養、休息,[21] 不致剋減草料,[22] 並調理失宜,[23] 其緊差旣卸, 馬係跑急, 汗流氣喘,[24] 滿口涎沫.[25] 冬則搭屜, 夏則撫抹, 令馬夫徐步牽行, 俟喘稍定, 弔向晾繩歇息.[26] 俟其汗乾涎解乏,[27] 解神爽,[28] 見草則鼻呼呼然欲食,[29] 然後先以空草喂之,[30] 俟飮水後, 方加料飽喂, 則病不生. 此設腰站以節馬力之大槩也.

至于腰站喂馬夫, 若另行僱募, 工食不資,[31] 且以他人之馬, 蹔爲代養, 休戚無關,[32] 況又寄

---

15 필첩식(筆帖式. 만주어 비터시)은 관명으로 청대 각 아문에서 설치된 저급 문관인데 만한(滿漢) 주장문서(章奏文書)의 번역을 담당하였다. 필첩식은 만주어로 문건·문서를 처리하는 사람, 서기(書記)란 뜻이다. 필첩식은 정식 관원으로 초기에는 5·6품도 있었으나 옹정 이후에는 극소수 주사함(主事銜)을 지닌 6품 필첩식 외에 일반적으로는 7·8·9품이었다. 필첩식은 승진이 비교적 쉽고 빨라 팔기(八旗) 출신의 기인이 출세하는 길(八旗出身之路)이라고 불리기도 하였다.

16 응부(應付)는 사람이나 일에 대해 방법이나 조취를 취하는 것, 응수·접대·지급 등을 가리킨다.

17 교어(交卸)는 직무를 후임자에게 넘겨주는 것, 화물을 내리고 상대방에게 건네주는 것이다.

18 지령(支領)은 지급받는다는 뜻이다.

19 공료(工料)는 여기서는 재료나 사료(飼料)를 가리키는 것 같다.

20 편귀(片晷)는 편각(片刻)과 같은 뜻으로 짧은 시간을 말한다. 귀(晷)는 해시계로 즉 시간을 가리킨다.

21 감간(監看)은 감시·감독한다는 뜻이다.

22 극감(剋減. 克扣. 扣減)은 일부를 떼어 내고 지급한다는 뜻이다.

23 실의(失宜)는 부적당함을 말한다.

24 기천(氣喘)은 호흡이 급박하다거나 어렵다는 뜻이다.

25 연말(涎沫)은 침(口水)을 말한다.

26 헐식(歇息)은 휴식이나 잠을 자는 것을 말한다.

27 해핍(解乏)은 피로를 푸는 것을 말한다.

28 신상(神爽)은 정신이 상쾌하다는 뜻이다.

29 호호(呼呼)는 의성어로 콧소리 등을 가리킨다.

30 공초(空草)는 다른 사료를 섞지 않은 먹이용 풀을 가리킨다.

31 공식(工食)은 기술자·취사원 등 보조인원이나 임금을 가리킨다. 여기서는 후자의 뜻, 즉 임금이란 뜻이고, 부자(不資)는 부족·결핍하다는 뜻이다.

32 휴척(休戚)은 즐거움과 근심, 유리한 조건과 불리한 조건을 말한다. 휴척상관(休戚相關)은 피차지간의 기쁨과 근심걱정이 서로 연관되어 있다는 뜻이며, 휴척여공(休戚與共)은 그러한 것을 함께한다는 뜻이다. 휴척무관(休戚無關)은 피차간의 즐거움과 근심걱정이 아무런 관련이 없다는 뜻이다.

之生手耶![33] 夫站之馬, 旣在本驛各夫名下均勻抽調,[34] 其馬夫亦在各槽均勻派撥.[35] 彼腰站之馬撥去, 馬夫旣爲衆人代養留驛之馬, 現在馬夫亦可爲去人代喂, 不過彼此大家照看兩處,[36] 猶如一處, 自無不關心. 況又有總理人爲之監核, 自不致有喂養、休息、剋減、失宜之憂矣. 若今時値承平,[37] 應付稀少, 則天下方享太平之福, 驛傳咸嬉宴逸之安.[38] 所謂: '腰站'者, 雖置之千萬年而不講, 可也.

29-02. 말의 사육(喂養)

무릇 역참에는 말을 먹이는 일을 전담하는 마부(喂養馬夫)가 있는데, 반드시 경험이 많고 말을 잘 기르는 사람이어야만 쓸 수 있다. 만약 멍청한 초보자가 이 일을 맡아 급료를 축내고 사료를 빼돌리려고 한다면, 말을 먹이고 돌보는 일에 대해 아무것도 모르거나 아니면 전혀 무관심할 터이니 어찌 얼마 되지 않아 말이 병들고 쓰러져 죽게 만들지 않겠는가? 따라서 말을 잘 기르려면 반드시 먼저 마부를 잘 골라야 한다. 마부가 경험이 많고 숙련되어 있으면, 말을 먹이고 돌보는 일은 어렵지 않다. 역참으로 따지자면 만약 정액 마필이 80마리라면, 마부 한 명당 여덟 마리를 기를 수 있고, 이 여덟 마리의 가운데에는 관좌용 한 마리, 긴차용 두 마리, 화물용 한 마리, 소차용 세 마리, 산차용 한 마리가 있다. 이 여덟 마리의 말은 두 칸의 구유로 나눌 수 있는데, 구유 한 칸당 네 마리의 말을 먹일 수 있으니, 구유 두 칸과 말 여덟 마리를 한 마구간에 두어 마부 한 명이 전담할 수 있게 된다. 관좌용 말 여덟 마리는 따로 다른 우리에서 길러 마부 한 명을 보내고, 나머지 긴차용 등 72마리는 9명의 마부에게 담당하게 한다. 9명의 마부 외에 따로 소부(小夫) 4명을 모집하여 나누어 줌으로써 각기 마구간에서 먹이를 준비하고 청소하는 일을 돕게 한다. 이렇게 하면 모

33 생수(生手)는 새로 일을 맡아 잘 알지 못하는 초보자를 가리킨다.
34 추조(抽調)는 뽑아서 보낸다는 뜻이다.
35 파발(派撥)은 임무를 주어 보낸다, 즉 안배·파견 등의 뜻이다.
36 조간(照看)은 돌본다는 뜻이다.
37 승평(承平)은 태평한 시절을 가리킨다.
38 안일(宴逸)은 일락(逸樂)과 같은 뜻으로 한가하고 여유 있다는 뜻이다.

두 마구간 9곳, 구유가 18칸이 되며, 마부 또한 모두 자기 자리가 주어진다. 이렇게 9명의 마부가 각자 도맡은 말을 먹이고 기르면서 서로 일을 미루는 폐단이 없게 하고, 남는 일자리를 줄이는 대신 급료를 후하게 주어 처자를 걱정하는 일이 없도록 하는 방법이 붐비기만 할 뿐 책임 소재가 제대로 구분되지 않는 데다가 사람이 많아 먹여 살리는 부분에 대해서도 인색할 수밖에 없는 경우보다는 낫지 않겠는가?

말을 기르는 방법에 대해 말하자면, 마부가 말을 기르는 것은 유모가 갓난아기를 먹이는 일과 같다. 아기의 배고픔과 배부름, 춥고 더움은 모두 유모가 조절한다. 유모는 아침저녁으로 한결같은 마음을 아기에게 두고 있어야 하므로, 아기가 포대기 속에서 편안하고 즐겁게 웃으면서 아무런 문제가 없어야 책임을 다하는 것이다. 그러니 말을 기르는 사람이 어찌 유모처럼 책임을 다하려 생각하지 않을 수 있겠는가? 말을 기르는 사람이 책임을 다한다는 것은 먹이고 돌보는 일을 적절하게 하여 말이 병에 걸리지 않게 하는 데 지나지 않는다. 먹이고 돌보는 일을 적절히 해서 말이 병에 걸리지 않게 하려면, 아침저녁으로 한결같은 마음을 말에게 두고 있어야만 한다. 즉 제때에 맞추어 물과 꼴을 먹이고, 제때에 맞추어 안장과 재갈을 씌우고 벗기며, 달리고 쉬고 힘들고 편안한 것을 고르게 하고, 추위·더위와 바람·비를 피하도록 하는 것이다.

"제때에 먹고 마시게 한다"는 것은 무엇을 말하는가? 무릇 사료용 콩은 반드시 깨끗한 곳에 저장해야 하고, 꼴은 반드시 높이 쌓아야 하며, 꼴을 잘라 여물을 삶을 때에는 반드시 건조하고 깨끗한 우리에서 해야 한다. 꼴을 자를 때에는 먼저 안의 흙먼지를 털어 내고, 우리 안의 땅을 깨끗하게 치워야 하며, 꼴은 약 반 촌쯤 되는 길이로 자르되 오래된 뿌리가 섞이지 않게 해야 한다. 꼴을 자른 다음 다시 체를 쳐서 가는 풀 쪼가리와 먼지를 없앤 다음 사용하게 한다. 만약 꼴을 많이 베서 쌓아 둔다면 쓸 때마다 다시 체로 치면 된다. 여물을 삶을 때에는 콩을 체로 쳐서 먼지·돌가루·흙덩어리나 썩어서 색이 변한 콩 따위를 제거한다. 사료를 삶는 솥을 깨끗하게 씻고, 새로 길어 온 단 우물물이나 강물을 부어 넣어 삶는데, 쓴 우물물이나 하룻밤 묵은 물은 쓰지 않는다. 푹 익도록 삶아서 쇠 삽으로 뒤집고, 불을 끄고 뜸을 들여 콩 즙을 말린 다음 불은 콩을 손으로 비비면 곧 뭉개지는데, 그런 다음 크고 깨끗한 자리에 펼쳐 놓아 사용한다. 만약 급히 필요하다면, 깨끗하고 차가운 물로 씻어서 사용해도 된다. 꼴과 콩 속에 절대 흙먼지나 털, 거미줄, 닭똥 등이 들어가서는 안 된다. [이 때문에] 역참에 거주하는 마부는 닭이나 거위 등 날짐승을 키워서는 안 된다. 먹이를 줄 때에는 반드시 구유 안의 남은 꼴을 깨끗하게 치우고 난 다음에 새 꼴을 넣어 준다.

말을 먹일 때에는 하루를 가지고 이야기하자면 밤에는 꼴과 사료를 배부르게 먹여야 한다. 진시(辰時. 아침 7-9시)가 되면 말을 끌고 물을 마시게 하러 나가는 데 강이 있으면 강물을 마시게 하고, 넓고 깊은 연못이 있어 물이 맑으면 그걸 마시게 해도 된다. 그렇지 않다면 새로 길어 온 단 우물물을 마시게 하며, 고여 있어 더러운 물이나 탁한 물, 그리고 하루 이상 묵은 물은 절대 마시게 하면 안 된다. 아침에 물을 마실 때에는 조금만 마시게 해야 하며, 마시고 난 다음 끌고 백 보를 걷게 하여 물이 가슴과 위에 머무르지 않고 장에 들어가게 해야 한다. 그리고 말을 햇볕이 잘 드는 곳의 고삐에 묶어 놓고 쉬게 할 때에는 여름이면 그늘에, 겨울이면 양지에 두는데, 무더위가 심하면 여름용 마구간 안에 묶어 놓고 사방의 바람을 맞이하게 한다. 정오가 되면 구유에 묶고 꼴을 조금 먹게 한 다음, 초여름에는 마른 밀기울을, 한여름에는 젖은 밀기울을 섞어서 먹인다. 여름에 말에게 밀기울을 먹이면 열을 내리고 장을 편하게 만들기 때문이다. 다만 너무 많이 섞어서 남기게 하면 안 되는데, 구유 안에 파리와 모기가 꼬이고 쉽사리 쉰내가 나기 때문이다. 다른 달에는 사료용 콩만을 섞는다. 말을 먹인다고 할 때 쓰는 '먹인다(撒和)'는 단어는 너무 배고프게 해서도, 너무 배부르게 해서도 안 된다는 뜻을 가지고 있다. 말을 먹인 다음에는 잠깐 동안 쉬었다가 아침처럼 끌고 가서 물을 마시게 하는데, 낮에도 역시 너무 많이 마시게 해서는 안 된다. 마시게 한 다음에는 다시 햇볕이 잘 드는 곳에 묶어 놓거나 잠시 쉬게 한 다음 빈터로 끌고 가서 나무 장대에 고삐를 묶고 갈기를 빗겨 주고, 털을 깎아 주고, 배와 발의 진흙을 솔로 닦아 주면, 살갗에 부스럼이 생기는 것을 막고 기혈이 통하게 되어 말이 훨씬 기운을 차리게 된다.

따라서 말을 잘 키우는 사람은 하루에 한 번 씻고 털어 주고, 사흘에 한 번 목욕을 시키고, 열흘에 한 번 땅에 풀어놓아 토욕질(흙 목욕)을 시킨다. 솔질을 하고 털을 깎는 것은 사계절 모두 가능하지만, 다만 솔질은 부드러워야 하고 털은 짧지 않게 깎아야 하며 빗질은 성기게 해야 한다. 솔질을 부드럽게 해야 털이 상하지 않고, 털을 짧지 않게 깎아야 살갗이 상하지 않으며, 빗질을 성기게 해야 갈기가 빠지지 않는다. 한여름에는 털을 깎는 일을 가볍게 하고 횟수도 비교적 줄인다. 지나치게 무겁게, 그리고 자주 하면 오히려 살갗에 부스럼이 생기고 열이 나기 때문이다. 땀이 나면 솔질을 하거나 털을 깎으면 안 되는데, 살갗과 털에 바람이 들어가기 때문이다. 사흘에 한 번 목욕을 시키라는 것은 한여름을 말한 것이고, 봄·가을·겨울에는 날씨가 따뜻하고 바람이 없는 날을 골라 목욕을 시킨다. 살갗과 털에 땀이 고여 더러워지면 모두 씻어 내야 한다. 열흘에 한 번 토욕질을 시킨다는 것은 구유에 매어 놓고 타는 일이 적어 살이 찌게 되면 토욕질을 시켜 혈맥이 잘 통하게 하는 것이다. 출장을 갔던 말이 멀리까지 갔다 와서 피로해지면 흙 목욕을 시켜서 뼈와 근육이 풀리게 한다. 그러나 반드시 반쯤 배를 채우고 물을 마시기 전에 흙 목욕을 시켜야 한다. 배가 부르고 물을 마신 후에 흙 목욕을 시키면 내장이 상할 수 있으므로 좋지 않다.

해가 질 무렵 말을 끌고 마구간으로 들어가서 꼴을 한 근 정도 먹인 다음 앞의 경우처럼 끌고 가서 물을 마시게 한다. 다만 저녁때에는 반드시 많이 마시게 해야 하므로 마음껏 마시게 하고서야 멈춘다. 『마경(馬經)』에서 "먹이는 것에는 삼추(三芻)가 있고, 마시는 것에는 삼시(三時)가 있는데, 바로 아침에는 적게 마시고, 낮에는 중간 정도 마시고, 저녁에는 가장 많이 마시는 것을 말한다."라고 한 것은 바로 이 점을 지적하고 있다. 또한 "여름에는 땀이 나고 겨울에는 추우니, 모두 마시는 것을 잘 조절해 주어야 한다."라고 하였다. 대체로 여름에는 사람을 태우지 않고도 땀을 흘리니 응당 물을 적게 마시게 해야 한다. 많이 마시면 차가운 식은땀이 모여 쉽사리 추위를 느끼면서 찬 기운에 노출될 수도 있다. 사람을 태우고 있으면서 물을 마시면 비록 땀을 흘리더라도 길을 가면서 힘을 쓰게 되니 땀이 모이지 않아 말을 상하게 하지 않는다. 그렇지만 추운 겨울에 이르러서는 사람을 태우고 있을 때에도 물을 적게 마시게 해야 한다. 만약 마구간 안에 있으면 낮에는 마시게 해 주면 될 뿐인데, 이것이 바로 그 중간을 헤아려 준다는 것이다.

말 한 마리는 하루에 대략 사료용 콩 작은 되 네 되, 꼴 열다섯 근을 먹는다. 낮에 먹는 꼴은 세 근, 콩은 한 되를 넘겨서는 안 되며, 나머지는 모두 밤에 먹여야 한다. 매일 저녁 불을 켤 무렵 사료를 주는데, 두 시간이 지날 무렵 꼴과 사료를 첨가해 주고 나서야 마부는 잠을 잘 수 있다. 한밤중에 반드시 다시 일어나서 한 번 더 주고, 5경 무렵 해뜨기 전에 다시 일어나 마지막으로 꼴과 사료를 첨가해 준다. 게으르고 잠을 좋아하는 마부는 언제나 잠을 잘 때가 되면 꼴과 사료를 구유에 가득 채워 넣어 한밤중에 일어나는 일을 건너뛰려고 한다. 하지만 말들은 모두 사료를 탐하기 때문에 네 마리가 구유 하나로 먹게 되면 이리저리 부딪치다 쌀이 반은 땅으로 떨어진다. 그러면 말의 배로 들어가는 것은 정작 얼마나 되겠는가? 따라서 게으르고 잠을 좋아하거나, 술을 좋아하여 일을 그르치는 사람이 있으면 칫아내어 쫓아내야만 바림직힐 깃이다!

출장을 나갔다 돌아온 말은 반드시 땀이 마르고 숨이 정상으로 돌아오고, 입가의 침이 말라 지친 상태에서 정신이 제대로 돌아온 후에야 구유로 데려간다. 우선 꼴을 조금 먹이고, 다시 조금 더 넣어 씹게 한 다음 끌고 가서 물을 마시게 하고, 다 마신 후에 비로소 사료를 넣어 주어 먹인다. 자기 마구간에서 어떤 말이 출장을 나갈 것인지 알게 되었는데 긴차가 많을 때라면 시간에 구애받지 않고 차사가 도착하면 바로 떠날 수 있게 조치해야 한다. 따라서 긴차로 쓰일 차례가 된 말은 시간에 구애받지 않고 따로 잘게 썬 꼴과 부드러운 사료를 먹인다. 다만 조금씩 자주 먹여야 하는데, 구유에 가득 담아 배불리 먹게 해서는 안 되고, 그렇다고 뱃속이 빈 채로 달리게 해서도 안 된다. 배가 부른 상태에서 급하게 달리면 반드시 너무 힘을 써서 상처를 입게 되며, 배가 고프면 달리는 데 힘이 없어서 대부분 채찍질을 당하기 마련인데 이러다가 넘어지는 것을 막기 위함이다.

만약 공문을 운송하는 소차의 차례라고 하면 이 경우에도 반드시 일찍 먹이를 먹여야 한다. 그리고 5경이 되면 끌어내어 꼴과 사료가 위장에서 조금 돌도록 하고, 날이 밝은 다음 길을 나서게 한다. 만약 충후한 관원·승사라면 안장을 얹고 몇 리를 천천히 간 다음 말이 대변을 보기를 기다려서야 빨리 달리게 할 것이다. 중간에 말이 목이 말라 물을 마시게 되는데, 물에 닿자마자 급히 마시게 되는 것을 막기 위해 반드시 조금 마신 다음 그 고삐를 들어 올리는 일을 몇 차례 되풀이하고 나서야 비로소 물을 제대로 마시게 한다. 물을 급하게 마시면 기침을 하게 되고, 사료를 급하게 먹이면 체하게 된다. 따라서 배고픈 말은 처음에는 사료를 고르게 섞어 조금 주어야 하고, 한 가지 사료만 허겁지겁 먹게 해서는 안 된다. 물을 마시게 한 다음에도 빨리 달리면 안 되며, 천천히 100보를 걷게 해서 물이 소장에 들어가기를 기다려야만 물을 마시고 체하는 일이 없다.

차사가 말을 바꾸는 곳에 이르면 곧바로 안장을 푸는데, 더운 날에는 손으로 등을 여러 번 쓰다듬어 주고, 그늘지고 시원한 곳으로 끌고 가서 쉬게 한다. 몸에 땀이 마르고 침이 깨끗해지고 피로가 가신 다음에야 비로소 앞서 말한 방법에 따라 먹이를 준다. 사료 콩은 날것으로 먹이면 안 되는데, 날것을 먹이면 소화가 되지 않기 때문이다. 뜨거운 것을 먹여도 안 되는데, 뜨겁게 먹이면 설사를 한다. 겨울에 언 사료를 먹여도 안 되는데, 배가 아프고 병이 생기게 되니, [사료는] 반드시 따뜻한 방에 두거나 꼴 속에 넣어 두어야 한다. 더운 날에 쉰 사료도 먹이면 안 되고, 쉰 물이나 국물을 마시게 해서도 안 된다.

말은 소금기가 부족하면 벽 사이의 흙을 핥아 먹는데, 거기에 소금기가 있기 때문이다. 이럴 때에는 소금물(鹽化水)을 마시게 해야 하는데, 많이 주면 안 된다. 많이 마시면 허리와 배가 상하고, 콩팥이 차가워진다. 찰벼의 볏짚(糯稻草)은 먹이면 안 되는데, 말의 콩팥을 차갑게 만들어 원기를 손상시키고, 비장을 훼손시켜 뚱뚱하게 만든다. 다만 남방의 메벼 볏짚(秈稻草)과 북방의 곡초(穀草)는 말에게 좋으니 오랫동안 먹여도 된다. 마부는 총리 및 수의사와 함께 매일 아침 마구간을 두루 둘러보는데, 말의 오줌이 맑고 대변이 윤기가 있으면 병이 없는 것이다. 만약 오줌이 물처럼 희면, 물 때문에 생긴 병이니 마시는 것을 조절해야 한다. 대변이 묽으면 추워서 생긴 문제이고, 너무 말랐으면 더워서 생긴 문제이니, 그 춥고 더움에 따라서 조절해야 한다. 이른바 "제때에 맞추어 먹고 마시게 한다"는 것은 바로 이런 점들을 가리킨다.

그렇다면 그다음으로 "제때에 맞추어 안장과 재갈을 씌우고 벗긴다"는 것은 무엇을 뜻하는가? 무릇 달려서 몸이 뜨거워진 말은 곧바로 안장을 벗겨서는 안 된다. 막 말에서 내렸을 무렵 우선 안장 끈(肚帶)을 풀어서 느슨하게 해 주고, 왼손을 안장 앞부분의 아래에 넣고 오른손을 안장 뒤의 끝 부분을 잡아서 그 등 부분을 좌우로 가볍게 어루만져 준다. 말에 다시 올라타려면 다시 안장 끈을 묶고, 만약 쉬는 곳에 이르면 다시 이처럼 안장을 움직여 주고, 다시 가슴 띠(扳胸)와 밀치 끈(後鞦)을 채움으로써 땀에 젖은 말의 털을 가볍고 상쾌하게 만들어 준다. 말이 먼 곳에서 왔을 때에는 비록 한참 쉬었다고 하더라도 먹이를 줄 때 바로 재갈을 풀어 주어서는 안 된다. 반드시 풀을 우선 먹이고 물을 마시게 한 다음, 사료를 섞어 주면서 재갈을 벗겨야 한다. 속담에 "여름에는 재갈을 풀어서 먹이지 않고, 겨울에는 안장을 벗기지 않는다"는 말이 있다. 여름에는 날씨가 덥고 말이 배고프고 갈증이 날 때 급하게 물을 마시고 풀을 먹을까봐 재갈을 남겨 그것을 막으려는 것이고, 겨울에 바람이 차면 벗길 때 바람을 맞을까봐 안장 벗기기를 늦추고 덮은 채로 놔두어야 한다는 뜻이다. 복더위 때 안장은 응당 빨리 벗겨 주어야 하고, 장거리를 가면서 혹서에 시달릴 때에는 안장을 한 번 들어 주어서 시원함을 맛보게 해 주면 말이 무더위를 쉽게 풀 수 있다. 속담에 또한 말하기를, "여름에 안장을 벗길 때에는 마치 불을 끄듯이 하라"고 하는데, 다만 처마바람(簷風)을 맞게 해서는 안 된다. 제때에 맞추어 안장과 재갈을 씌우고 벗긴다는 것은 바로 이런 점들을 가리킨다.

그다음으로 "달리거나 쉬는 것, 힘들거나 편안한 것을 고르게 하라"는 것은 무엇을 말하는 것일까? 무릇 말이 길에서 빠르게 달리다 보면, 피로로 인한 상처가 늘어난다. 하지만 오랫동안 쉬게 놔두고 타지 않아도 역시 쉽사리 병이 생긴다. 너무 많이 먹어 살이 찌거나, 물과 꼴이 소화되지 않거나, 콩을 먹고 속이 상하거나, 젖은 곳에 누워 비장이 상하거나, 너무 오래 서 있어 다리를 다치는 일을 피하기 어려운 것이다. 그러므로 피로한 말은 쉬게 하여 그 근육과 뼈를 보호해 주고, 한가한 말은 가끔 사람을 태워 혈맥의 흐름을 부드럽게 해 주어야 한다. 다만 오랫동안 한가하게 지낸 말을 갑작스레 힘들게 해서는 안 되며, 응당 차츰차츰 먼 곳에 갈 수 있도록 조절해야 한다. 오랫동안 힘들었던 말 또한 너무 오랫동안 쉬게 해 주어서는 안 되며, 가까운 곳에 갈 때 늘 타 주어야 한다. 갑자기 힘들게 하면 뼈와 근육이 아직 풀리지 않아 쉽게 지치고, 오랫동안 쉬게 하면 혈맥이 더욱 정체되어 흐르지 않기 때문이다. 따라서 『마경』에서는 "첫 날은 걷고, 둘째 날은 달리고, 셋째 날은 가끔씩 빨리 달리고, 넷째 날은 계속 빨리 달리며, 다섯째 날은 달아나는 것처럼 달리게 해야 하는데, 이 순서가 끝나면 처음부터 다시 시작한다. 이렇게 하면 천 리를 달려도 병이 나지 않는다."라고 하였다. 이것은 바로 말을 타되 차츰 차츰 속도를 높여 가야 하며, 쉬게 하되 너무 오랫동안 놀려 두어서는 안 된다는 것을 뜻한다! 이른바 "달리거나 쉬는 것, 힘들거나 편안한 것을 고르게 하라"는 말은 바로 이런 점들을 가리킨다.

그리고 마지막으로 "추위·더위와 바람·비를 피하도록 한다"는 것은 무엇을 말하는가? 말은 추위를 가장 두려워하고, 그다음으로 더위를 두려워한다. 왜냐하면 추위는 사계절 모두 쉽게 느낄 수 있지만, 더위는 단지 한여름뿐이기 때문이다. 한여름에는 여름용 마구간 안에 묶어 놓으면 되고, 질풍과 폭우를 만날 경우에는 겨울용 마구간으로 옮기면 되는데, 그렇더라도 역시 사나운 비·바람이 말의 살갗에 침투하지 못하게 해야 한다. 처마바람은 또한 도둑바람(賊風)이라고도 한다. 추위와 더위, 피로와 안일의 시기를 막론하고 말은 모두 이 바람을 꺼리므로, 결코 처마 아래에 말을 묶어 두어서는 안 된다. 그 바람이 살갗과 털에 침투하여 병을 얻어도 깨닫지 못하는 것은 마치 도둑이 남의 집에 잠입하여 물건을 훔쳐도 알지 못하는 것과 같다. 때문에 이를 빗대어 도둑바람이라고 하는 것이다. 대개 한겨울 눈 쌓인 땅에 세워 두어서는 안 되고, 들에 풀어놓더라도 궂은 빗속에 오래 두어서는 안 된다. 늦봄이 되어 날씨가 따뜻해지면 마구간에 들인다. 양기가 조금 강해지면 독초가 자라나고, 나쁜 벌레가 잎에 깃들이며, 거미가 거미줄을 치는데 말이 이것들을 잘못 씹어 먹게 되면 병이 나기 때문이다. 따라서 마구간에 비가 새는 곳이 있어 말의 몸에 물이 떨어지게 하면 안 되고, 벽 틈으로 바람이 들어와 잔등에 바람이 스치게 해서는 안 된다.

매일 아침 무렵 말을 끌고 볕을 쪼이러 나가면, 구유 아래의 배설물을 깨끗하게 치우고, 오줌 구덩이들도 평평하게 메운다. 꼴을 먹일 때에는 쓰지 않는 오래된 뿌리나 체를 치다 생긴 풀 쪼가리를 구유 아래 습기가 찬 곳에 펴놓으면 이것들이 물기에 젖어 부드러워지면서 말이 오래 서 있어도 발굽을 상하지 않게 한다. 역참에서 나오는 분뇨 등 쓰레기는 모두 멀리 내다버려야지, 역참 안에 쌓아 두어서는 안 된다. 고약한 냄새가 나기 시작하면 말 또한 병이 들기 때문이다. 말똥을 볕에 말린 후 부수어서 처마 아래 쌓아 두면, 말이 토욕질(흙 목욕)을 하고 싶어 하는데 부드러운 흙이 없을 때 이것을 대신 땅에 펼쳐 주면 매우 좋고, 또한 사료를 삶을 때 땔감 대신으로 쓸 수도 있다. 다만 이런 일을 하려면 마부가 반드시 부지런한 사람이어야 한다. "추위·더위와 바람·비를 피하도록 한다"는 말은 바로 이런 점들을 가리킨다.

말을 키우는 사람이 오로지 이상과 같은 몇 가지 점에 대해 최선을 다한다면, 말을 먹이고 키우는 것은 적절하게 이루어질 것이다. 이를 제외하고는 말을 잘 돌보는 다른 방법이 없다. 또한 [이렇게 한다면] 어찌 말이 병드는 것을 걱정할 필요가 생기겠는가?

○ 무릇 꼴과 콩은 반드시 필요한 것이다. 추수 때 값이 조금 싸니, 이때 미리 구입하여 1년 동안의 수요에 대비해야 한다. 말이 매일 먹는 꼴과 콩이 각각 얼마인지를 계산하되 약간 여유가 있게 해야 한다. 그렇지만 관청에서 콩을 구입하려는 것을 알게 되면 값을 후려치고 저울도 조작을 할까봐 아예 시장에 나타나려 하지 않는다. 만약 차역을 각 향으로 보내 매입하게 하면, 그들은 반드시 꼬투리를 잡아 소란을 피울 것이다. 그러므로 마땅히 향약·지보·기로 등에게 알려서 날짜를 정해 해당 향의 꼴과 콩을 파는 사람들이 짐을 지고 현으로 오게 한다. 지현은 역참의 총리·병서 등에게 지시하여 현장에 입회하여 함께 저울이나 되로 재게 하되, 아울러 무게를 늘리거나 고봉으로 가득 채우게 하는 것을 허용해서는 안 된다. 그리고 시가에 해당하는 현은(現銀)을 해당 향의 지보에게 주어 각각에게 나누어 주게 한다. 향민들이 꼴을 거래할 때마다 담당자들이 수수료를 뜯어내고, 조금이라도 그 뜻에 거슬리면 무거운 저울추를 써서 훨씬 많은 무게를 거두거나, 심지어는 고의로 잡아 두고 지키게 함으로써 결국은 꼴을 버리고 가 버리는 사람까지 있을 정도다. 지현이 제대로 살피지 않은 결과 소민의 원망과 비방을 받으면서 좌우 사람들의 욕심을 실컷 채워 주는 꼴이 되니 잃는 바가 정말 많다.

해당 역참의 병서가 수령한 꼴과 콩은 그 수량에 따라 문서를 갖추어 보고한 다음 보관하고, 또한 총리에게 지시하여 역참 문을 넘어 들어올 때 수량을 세서 훔치거나 숨겨서 모자라게 하는 일이 없도록 한다. 꼴은 잘 쌓는 사람을 시켜 초장(草場)에 쌓아 두도록 하고, 지붕을 정교하게 만들어서 꼭대기에서 물이 새어 썩는 일이 없도록 한다. 콩은 실내에 쌓아 두도록 하되, 문은 열쇠로 잠근다. 꼴과 콩은 매달의 5일[5일·15일·25일]에 한 번씩 내놓아 각 마구간의 마부들이 수령하도록 한다. 총리·병서는 불시에 조사하여 만약 꼴과 사료를 가로챘거나 말이 지치고 여윈 경우에는 즉시 보고하여 엄중하게 처벌할 수 있게 한다. 꼴과 사료를 매번 지급할 때마다 병서는 장부를 만들어 기입을 해야 한다. 그 지급한 액수는 반드시 역참에 들어온 액수와 서로 들어맞아야 하며, 만약 부족함이 있으면 마부가 몰래 훔친 것이니 조사해서 발각되면 원래 지급한 병서와 함께 무겁게 처벌하고, 아울러 모두 배상하게 함으로써 감시가 엄격하지 못했던 허물을 징계한다.

병이 있는 말은 마땅히 다른 곳에 따로 마구간을 두어 수의사가 치료하고 돌보게 하며, 전염되기 쉬우므로 다른 말과 같은 마구간에 두면 안 된다. 늙고 병들거나 다치거나 상처를 입은 말이 있으면 풀어놓아 잘 낫도록 해 준다. 더 이상 일을 맡을 수 없는 경우라면 힘을 다해 일한 지 오래된 말은 중간 정도의 먹이를 주면서 자연스럽게 수명을 다하게 해 준다. 그 외에 나머지는 팔아서 돈으로 바꾸거나, 야외에 풀어 주기도 한다. 그 가운데에는 우연히 약초를 먹고 낫는 경우가 있는데, 이 또한 사료를 절약하는 방법의 하나다. 무릇 계산에 뛰어난 사람은 값을 후려쳐 백성에게 사들임으로써 원망을 사기보다는 차라리 역참의 낭비를 엄격하게 막아 비용을 절약하는 방법을 선택한다. 이 또한 적은 것으로 많은 것을 얻고, 절약함으로써 오히려 늘리는 길이 아니겠는가?

○ 무릇 관좌용 말을 반드시 다른 마구간에서 기르는 것은 능력이 뛰어난 말을 따로 관리해야 하는 점 때문만은 아니다. 역졸들이 마구잡이로 각종 차사 업무에 대응하는 것을 막을 필요가 있기 때문이다. 차사로 온 관원·승사가 좋은 말이 있으면서도 평범한 말을 준다는 것을 알게 되면, 역참에 와서 멋대로 억지 요구를 하거나 아니면 역참의 마부들을 채찍으로 몹시 때리게 된다. 이 때문에 결국 이들의 환심을 사기 위해 마부들이 힘쓰게 되면 반드시 훌륭한 말에게 큰 손상을 입히게 된다. 따라서 반드시 다른 마구간에서 먹이고 키움으로써 소차로부터 욕을 당하는 것을 피해야 한다.

대체로 말의 품격이 뛰어나면 반드시 교만하기 마련이어서 평범한 말들이 여러 가지 면에서 웬만한 인내력을 가지고 있는 것과는 다르다. 따라서 사료는 반드시 잘 익혀야 하고, 꼴 역시 반드시 잘게 썰어야 한다. 이를테면 보리와 같은 경우는 물로 일어서 거친 부분을 제거하고 말에게 먹이면 쉽게 살이 찌는데, 『마경』에서 말하는 '좋은 꼴(善芻)'이란 것이 바로 이런 것이다. 만약 관좌용 말이 오랫동안 쉬게 되면 지현이 출입하면서 타거나 마부에게 시켜서 안장을 올리고 몇 리를 걸어 다니게 한다. 그리고 사흘에 한 번 목욕시키고 열흘에 한 번 토욕질을 시키는 등의 방법을 통해 그 기혈을 소통시켜 주어야 한다. 만약 오랫동안 마구간에 세워 두면 살찌고 병이 생길 뿐 아니라, 느리고 둔해져서 말을 쓸모가 없을 정도로 망치게 된다. 물건을 쓰지 않아서 썩거나 벌레가 먹게 만든다는 것이 바로 이러한 일을 가리킨다. 그러니 "힘들거나 편안한 것을 고르게 하라"는 말을 어찌 소홀히 여길 수 있겠는가?

夫驛遞專有喂養馬夫, 必須積年善養馬者,[39] 方爲可用. 苟或鹵莽生手,[40] 希充斯役, 以圖

---

39 적년(積年)은 오랫동안 또는 오랜 경험과 식견을 갖춘 사람이라는 뜻이다.
40 노망(鹵莽)은 황무지의 잡초를 뜻하며, 거칠다, 대략, 대충이라는 뜻이 여기에서 나온다.

冒濫工食,[41] 剋減草料,[42] 其于喂養、調理之道, 非茫然不識,[43] 則漫弗經心,[44] 幾何而不致馬之疾病、倒斃哉?[45] 故牧馬必先擇夫, 夫若老成熟慣, 而喂養、調理無難矣. 夫以一驛論之, 如額馬八十匹, 每夫可養八匹, 此八馬之中, 官坐一匹, 緊差馬二匹, 馱包馬一匹, 小差馬三匹, 散差馬一匹. 其八馬可分二槽, 每槽可喂四馬, 則二槽八馬, 可置一棚, 使一夫主之. 除官坐馬八匹另棚喂養, 去夫一名, 其緊差等馬七十二匹, 使九夫主之. 九夫外另募小夫四名, 分助各棚煮蚪、掃除之用, 則共爲棚九, 槽十八, 而夫亦可畢用矣. 其九夫喂養, 各有所專, 無互相推諉之弊,[46] 減冗役以厚其工食, 無妻子內顧之憂, 其不愈于紛而無所責成[47]、多而薄其所爲贍養乎?[48]

其喂養之法, 圉人之牧馬,[49] 如乳母之哺嬰兒. 其嬰兒之饑飽、寒熱, 惟乳母之是調, 而乳母之早夜一心, 惟嬰兒之是寄, 必使其襁褓時安笑嬉無恙,[50] 而後乳母之職乃盡. 則其爲圉人者, 安可不思盡職如乳母乎?[51] 然圉人欲求盡職, 不過喂養、調理之得宜, 使馬之無病. 欲求喂養、調理之得宜與馬之無病, 不過早夜一心, 惟馬是寄, 使其水草、飼飲之有時, 鞍勒、脫卸之有候,[52] 馳閑、勞逸之適均,[53] 寒暑、風雨之應避而已矣.

何謂: "飼飲之有時?" 凡料豆須貯淨房,[54] 草須打高垜, 剉草煮料. 須設乾燥淨棚. 遇<剉>草時, 先將草中塵土抖去,[55] 棚內地掃淨, 草<剉>僅半寸許, 老根不宜攙入. <剉>完再用篩, 篩去草屑、細灰,[56] 聽用. 如多<剉>上堆, 每至用時再篩. 遇煮料時, 將豆篩去塵灰、碎石、土

---

41 모람(冒濫)은 자격이 되지 않는데도 함부로 남용한다는 뜻이다.

42 극감(剋減)은 가로챈다, 떼어먹는다는 뜻이다.

43 망연(茫然, 芒然)은 멍청하거나 아는 것이 없는 모습, 또는 뜻을 잃은 모습을 가리킨다.

44 만(漫)은 '산만하다, 방종하다, 멋대로'라는 뜻이고, 경심(經心)은 주의한다, 마음을 쓴다는 뜻이다. 즉 만불경심(漫不經心, 漫不經意)은 제멋대로 하면서 전혀 마음에 두지 않는다는 뜻이다.

45 기하(幾何)는 보통 얼마나라는 뜻으로 반어법의 의문문에 쓰이는데, 여기서는 어찌라는 뜻으로 쓰인 것 같다.

46 투위(推諉)는 책임을 미루다, 변명한다는 뜻이다.

47 책성(責成)은 책임을 지게 하여 임무의 완성을 독촉한다는 뜻이다.

48 섬양(贍養)은 도와서 기른다, 생활에 필요한 것을 공급한다는 뜻이다.

49 어인(圉人)은 『주례』「하관(夏官) 어인(圉人)」에 나오는 관명으로 "圉人掌養馬芻牧之事", 말을 키우고 방목하는 일 등을 관장한다. 나아가서 말을 키우는 사람을 가리키는 용어로도 사용된다.

50 강보(襁褓, 襁緥, 襁葆)는 포대기를 말한다.

51 진직(盡職)은 직책 범위 내의 해야 할 일을 제대로 잘하는 것을 가리킨다.

52 안륵(鞍勒)은 안장과 재갈을 말한다. 탈사(脫卸)는 벗긴다는 뜻이다.

53 적균(適均)은 균등이라는 뜻이다.

54 요두(料豆)는 가축에 먹이는 사료인 검은콩을 가리킨다.

55 진토(塵土)는 미세한 먼지나 더러운 것을 가리킨다.

56 설세(屑細)는 부스러기를 말한다.

塊,[57] 及霉爛變色之豆.[58] 料鍋洗淨, 注新汲甛井水, 或河水煮之, 苦井水及他宿水忌用. 宜煮透熟, 以鐵鏟抄翻, 去火悶乾豆汁, 令豆漲手撚卽爛, 然後以大淨席攤冶, 聽用. 如急用, 宜以淨冷水淘過乃可. 草、豆之中, 切忌灰土及毛髮、蛛網、雞糞等物.[59] 局中所住馬夫, 不可畜養雞、鵝等禽. 喂時須將槽內殘草,[60] 撮去掃淨, 方入新草.[61]

其坐槽之馬, 以每日論之, 夜閒草料喂飽. 至辰時, 將馬牽出飮水, 有河飮河, 有寬大深池,[62] 水淸亦可飮. 否則用新汲甛井水, 惟停汙濁惡及隔宿之水,[63] 切不可飮. 早飮宜少飮, 畢牽行百步, 庶水入于腸, 不致停積胸胃.[64] 拴向晾繩閑息, 夏宜背陰,[65] 冬宜向陽,[66] 盛熱則拴入涼棚, 以迎四面之風. 日亭午, <𥶍>上槽, 以空草少許令嚼, 初夏拌以乾麩, 盛夏拌以水麩撒和之.[67] 夏天馬食麩, 淸熱寬腸. 但不可多拌存剩, 槽中招蠅蚋,[68] 易于餿臭. 其他月止拌以料豆. 所謂: '撒和'者, 不令過饑, 亦不令過飽也. 撒和後, 稍停片時,[69] 仍宜牽飮如前, 晝飮亦不可過多. 飮畢仍拴晾繩, 或略息, 牽向空處, 繫于樁上, 梳其鬃尾,[70] 刨其毛片, 刷去其腹足泥垢,[71] 可以淸皮火,[72] 而疏通氣血, 令馬颯然神爽.[73]

---

57 진회(塵灰)는 먼지 · 재를 가리킨다. 토괴(土塊)는 흙덩어리를 말한다.

58 매란(霉爛)은 곰팡이가 피어 썩는다, 오랫동안 묻어 두고 쓰지 않는다는 뜻이다.

59 회토(灰土)는 흙먼지나 석회토를, 주망(蛛網)은 거미줄을 말한다.

60 잔초(殘草)는 남은 풀을 말한다.

61 『마경언해』(pp.58-59)에는 「말을 치는 법(養馬法)」을 다음과 같이 기술하고 있다. "무릇 말을 먹임에 있어서, 겨울에는 더운 곳에서 하며, 여름에는 서늘한 곳에서 하되, 남쪽에 매는 것이 마땅하고, 북쪽에 내는 것은 마땅치 아니하다. 구유와 외양간을 깨끗이 하며, 새 풀을 가리며 콩과 사료를 까부르며, 만일 익은 콩이거든 새 물에 담가 일어서 먹이고, 새 물을 때때로 먹이되 하룻밤 지난 것은 먹이지 말며, 겨울에 물 먹이기를 그치거든 곧 모름지기 두루 이끌고 다니면 물에 상함이 없다. 묵은 물과 언 콩과 묵은 풀과 모래와 재 티끌과 거미줄과 터럭 등을 가장 꺼리니, 먹으면 곧 여위어 병이 난다. 낮이면 그 형상을 보고, 밤이면 그 숨쉬기를 듣고, 풀과 콩의 많고 적음을 살피며, 질병의 있고 없음을 살펴야, 이것이 이른바 가축을 치는 도(道)다. 만일 오줌이 맑고, 똥이 무르며, 코 기운이 온화하며, 입술과 혀가 맑으며, 털이 광택이나 번번하며, 몸이 건강하고 정신이 맑으며, 머리와 꼬리를 적게 움직이며, 뒷굽을 돌려 쉬면, 이것은 병이 없는 형상이니, 어찌 음식 먹이기를 그 법에 따르지 아니하랴?"

62 관대(寬大)는 면적이나 용적이 크다, 두텁다는 뜻이다.

63 격숙(隔宿)은 하룻밤이 지났다는 것을 뜻한다.

64 정적(停積)은 멈추어 고이거나 쌓인 것이다.

65 배음(背陰)은 햇볕이 닿지 않는 곳, 그늘을 가리킨다.

66 향양(向陽)은 해를 마주보는 곳을 말한다.

67 살화(撒和. 撒花. 撒貨. 撒活)는 몽골어로 살화(撒花)인데, 음식으로 손님을 접대하거나 말에게 먹이를 먹이는 것, 또는 뇌물이나 예물을 바치는 것을 뜻한다.

68 승예(蠅蚋)는 파리와 모기를 말한다.

69 편시(片時)는 편각(片刻)과 같은 뜻으로 잠깐, 짧은 시간을 가리킨다.

70 종미(鬃尾)는 말의 갈기와 꼬리를 말한다.

71 이구(泥垢)는 진흙탕을 가리킨다.

故善牧馬者, 一日一刷刨,[74] 三日一浴, 十日一放<驏>.[75] 夫刷刨四時皆可, 但刷宜軟, 刨宜鈍, 梳宜稀. 刷軟不傷毛, 刨鈍不傷膚, 梳稀不損鬃也. 盛夏刨宜輕而少, 過于重多, 則反生皮火而助熱. 有汗不宜刷刨, 反惹風入皮毛. 三日一浴, 言盛夏也, 春秋冬, 遇天暖無風, 亦月中間浴. 皮毛中汗垢積汗, 皆宜滌去也. 十日一<驏>, 坐槽之馬, 騎少膔肥, 使之<驏>, 而血脈通流, 出差之馬, 馳遠勞之, 使之<驏>, 而筋骨舒和.[76] 然須于半饑未飮之先, 而後可<驏>也. 飽飮之後, 恐傷腸臟, 抑又非宜.

日將西, 乃牽入棚, 以空草令嚼約斤許, 牽飮如前, 但暮飮須多宜, 盡其意而止. 馬經云: "餧有三芻,[77] 飮有三時, 曰: 朝飮少之, 晝飮酌其中,[78] 暮飮極之", 是也.[79] 又曰: "夏汗冬寒, 皆須節飮." 蓋夏月不騎而有汗, 宜節, 多飮則冷停汗斂易感寒而傷陰. 若騎而飮, 雖有汗, 仍途行用力, 汗不爲斂, 無傷也. 至冬寒, 馬在騎, 飮須節. 若閒在棚, 則晝飮可已, 此卽酌其中之謂也.

每馬日約食料豆四小升、草十五斤, 午間撒和, 草不過三斤, 豆不過一升, 餘皆晩喂. 每晩點燈時上料, 至更盡時, 添草料, 而人始睡. 半夜大須起添, 至五更昧爽又起,[80] 將草料添完. 每有馬夫偸懶貪眠, 至睡時, 將草料滿傾槽內, 以省半夜之起. 夫馬皆貪料, 注四馬吻于一槽之中, 東掀西撅, 而草半歸地上, 其入于馬腹者幾何哉? 故夫察其懶惰貪眠, 酗酒悞事者,[81] 黜之,

---

72 피화(皮火)는 피부에 부스럼이 생겨 붉게 바뀌는 피부질환을 가리키는 것으로 보인다.

73 삽연(颯然)은 비바람소리를 형용하는 뜻이지만, 나아가서 신속하다, 빠르다는 뜻도 있다.

74 쇄포(刷刨)는 씻고 털어 준다는 뜻이다.

75 전(驏)은 말이 토욕질하다, 즉 땅에 뒹굴며 몸을 비벼 흙 목욕을 한다는 뜻이다

76 서화(舒和)는 따뜻하고 부드러운 기운을 내뿜다, 따뜻하고 온순하다, 편안하다는 뜻이다.

77 삼추(三芻)는 거칠고 정밀한 정도가 다른 세 종류의 먹이를 가리킨다. 이를테면 북위(北魏) 가사협(賈思勰)의 『제민요술(齊民要術)』「양우마여나(養牛馬驢騾)」에는 악추(惡芻)·중추(中芻)·선추(善芻)를 들고 있는데 배고플 때는 악추를, 배부를 때는 선추를 준다는 식이다.

78 작중(酌中)은 중간을 헤아리다, 적당하게 가운데로 정한다는 뜻이다.

79 『마경언해』(p.59)에는 「세 가지 물 믹이기와 세 가지 사료믹이기(三飮三喂)」에 다음과 같은 내용이 실러 있다. "주리고 목말랐을 제 물을 흡족히 믹이지 말라. 어위있는데 물을 흡족히 믹이지 밀며, 새끼를 배었는데 물을 흡족히 먹이지 말며, 주린 창자에 배불리 먹이지 말며, 문밖에 나갈 제 배불리 먹이지 말며, 먼 데서 왔는데 배불리 먹이지 말지니, 이것이 물 먹이는 법 한 가지이며, 사료 먹이는 법 한가지이다. 흐린 물을 먹이지 말며, 나쁜 물을 먹이지 말 것이며, 거푸 물을 먹이지 말 것이며, 곡식 먹이기를 몸에 마땅히 알맞게 하며, 풀을 모름지기 마땅히 깨끗이 하며, 털과 머리카락을 모름지기 마땅히 가릴 것이니, 이것이 물 먹이는 법 두 가지이고, 사료를 먹이는 법 두 가지이다. 타고 왔는데 물을 능히 먹이지 말며, 죽을 먹인 후에 물을 능히 먹이지 말며, 땀이 있는데 능히 물을 먹이지 말며, 살찌고 큰데 사료를 더 먹이지 말며, 타기를 적게 하는데 사료를 더 먹이지 말며, 더울 때에 사료를 더 먹이지 말지니, 이것이 물 먹이는 법 세 가지이며 사료 먹이는 법 세 가지다. 그 음(飮)하고 외(喂)함에 이 세 가지를 두는 이는 말이 사시에 병이 없을 것이다."

80 매상(昧爽)은 새벽·여명을 가리킨다.

81 후주(酗酒)는 너무 술을 좋아한다, 술에 취해 행패를 부린다는 뜻이다.

其庶幾乎![82]

若差回之馬, 必令汗乾喘定, 口涎旣盡, 乏回神爽,[83] 方可上槽.[84] 先以空草少許令嚼, 再添少許嚼完, 牽去飮水. 飮畢, 方可入料喂之. 如本槽知輪到某馬出差, 若係緊差多時, 不拘時候, 差到卽行. 宜將輪到緊差之馬, 另用細草、爛料, 不時飼秣.[85] 但頻喂頻添, 不可滿槽令飽, 亦不可令枵腹而馳. 飽則急馳, 必致努傷, 饑則奔走無力, 多受鞭箠,[86] 而防失蹶. 若係輪到賫奏小差, 亦須早喂, 至五更便弔起, 使草料在腸胃稍轉,[87] 天明然後登程.[88] 如遇忠厚員承,[89] 登鞍緩行數里, 俟馬拋糞之後, 乃馳. 至中途馬渴飮水, 恐其搶水急飮, 必纔飮須數提其勒而後令飮. 搶水則啌,[90] 搶料則結.[91] 故凡餓馬, 初拌料宜少而匀, 不可令搶純料入口也. 飮水之後, 不可急馳, 俟緩行百步, 水入小腸, 庶無水結之病.

及差到更換之處, 旣卸長鞍,[92] 暑天以手摩背數四, 撵至陰涼歇息.[93] 俟身汗乾, 口涎淨, 勞乏醒,[94] 方可如法飼秣. 凡料豆不可煮生, 生則食之不化. 不可熱喂, 熱食則撒稀,[95] 寒天凍料不可食, 令腹痛成病, 宜置暖房, 或入草中. 熱天餿料,[96] 不可喂, 餿漿不可飮. 馬口淡, 嘗囓牆壁間土, 以其有鹻而鹹也. 每以鹽化水飮之, 不可多. 多則損腰腹,[97] 以成腎冷. 糯稻草不可食,[98] 令馬冷腎敗元, 傷脾損臙. 惟南方之秈稻草,[99] 與北方之穀草,[100] 有益于馬, 可長食. 司牧

---

82 서기(庶幾)는 대체로, 혹시라는 뜻이 있고, 희망이나 다행이라는 것을 가리키는 뜻도 있다.

83 신상(神爽)은 심신(心神)을 가리키거나 정신·심신이 상쾌함, 또는 짐승의 자태가 아주 빼어남(神俊)을 형용한다.

84 『마경언해』(p.60)의 「말이 먼 데서 돌아왔을 때 먹여 기르는 법(馬遠回喂養法)」을 참조. "겨울과 봄에 먼 데서 돌아와 피곤하여 땀이 나거든 길마를 벗기지 말며, 물을 능히 먹이지 말고, 그 숨쉬기를 편안하고 안정하게 하고, 땀이 든 후에 길마를 벗기고, 언치를 처매고, 이따금 먹이면, 말로 하여금 밖으로부터 풍한(風寒)이 들기에 이르지 않게 한다. 먼저 긴 풀을 한 묶음을 먹인 후에 썬 풀을 주고, 한참 후에 또 콩 두서 되와 물 큰 한 말로 썬 풀과 버무려서 먹인다. 길을 갈 제 능히 먹이지 말고, 더욱이 쉴 곳 가까워서는 금기할 것이다."

85 사말(飼秣)은 사료(飼料)를 가리킨다.

86 편추(鞭箠)는 채찍이나 그것을 비유하는 것, 채찍으로 때리거나 독촉하는 것을 비유하는 뜻이다.

87 장위(腸胃)는 장과 위, 또는 중추 부위를 가리킨다.

88 등정(登程)은 길에 오르다, 출발하다는 뜻이다.

89 원승(員承)은 관원(官員)이나 승사(承舍)를 합칭하는 것으로 보인다.

90 강(啌)은 양치질한다, 기침을 한다는 뜻이다.

91 결(結)은 급하게 먹고 체한다, 얹힌다는 뜻이다.

92 사안(卸鞍)은 안장을 내리다, 말에서 내린다는 뜻이다.

93 헐식(歇息)은 휴식이나 숙박을 뜻한다.

94 노핍(勞乏)은 힘들고 지친다는 뜻이다.

95 살(撒)은 배설(排泄)한다는 뜻이고, 희변(稀便)은 묽은 똥, 설사를 가리키므로 살희(撒稀)는 설사를 한다는 뜻이다.

96 수(餿)는 밥이 물크러진다, 쉰다는 뜻이다.

97 요복(腰腹)은 허리와 배, 또는 물체의 중간부분을 가리킨다.

98 나도(糯稻)는 점성이 강한 쌀알, 즉 찹쌀을 가리킨다.

99 선도(秈稻)는 멥쌀을 말한다.

者, 與總理人、獸醫, 每早將棚中徧視, 馬溺淸而糞潤, 則無病矣. 若溺白如水, 則傷水,[101] 宜節其飮. 糞漑則傷冷,[102] 糞燥則傷熱, 因其寒熱而調劑之.[103] 所謂: "水、草飼飮之有時"者, 此也.

何謂: "鞍勒、脫卸之有候"? 凡走熱之馬, 不可解鞍,[104] 方下馬時, 宜將肚帶解鬆,[105] 左手前揷入鞍轎, 右手後持鞍末方, 就其背而左右輕搖之. 騎時再緊肚帶, 若至歇處, 仍搖鞍如前, 再將扳胸及後鞦搭起,[106] 令馬汗毛鬆爽.[107] 馬從遠來, 雖經久歇, 于喂時不可便卸嚼銜,[108] 必以空草令囒, 俟飮後拌料, 乃可去銜. 諺云: "夏不打嚼, 冬不揭鞍." 夏月天熱, 恐馬饑渴,[109] 急搶水草, 留其銜, 以節制之. 冬月風寒, 恐去鞍冒風, 緩其揭, 以護蔽之. 若伏暑之鞍, 又宜急卸, 長途酷熱, 得卸鞍, 一納其涼,[110] 馬之煩溽頓解.[111] 諺又云: "夏月解鞍如救火." 但不宜令受簷風耳. 所謂: "鞍勒、脫卸之有候"者, 此也.

何謂: "馳閒、勞逸之適均?" 夫馬道路奔驟, 固多勞傷,[112] 而久閒不騎, 亦易成病,[113] 未免膘肥料盛,[114] 水草不消, 豆毒攻發, 臥濕傷脾, 立疲損足. 故勞者閒之, 所以養其筋骨, 閒者乘之, 所以和其血脈. 但久閒不宜輒勞, 當由漸而致遠. 久勞又不宜久閒, 當就近而常騎. 恐輒勞而筋骨未舒, 則易乏, 久閒則血脈愈滯而不行. 故馬經云: "一日行, 二日驅, 三日驟, 四日馳, 五日犇, 終而復始, 千里無病." 非乘之有漸, 而閒不宜久乎! 所謂: "馳閒、勞逸適均"者, 此也.

又何謂: "寒暑、風雨之應避"? 夫馬之畏寒爲最, 畏暑次之. 何也? 寒則四時易受, 暑則惟盛夏耳. 若盛夏, 拴入涼棚, 遇疾風暴雨, 卽宜收歸暖棚, 亦不可令狂霾飄霂,[115] 浸灑肌膚.[116]

---

100 곡초(穀草)는 벼나 볏짚을 가리킨다.
101 상수(傷水)는 가축이 물을 조절하지 못해 생긴 병을 가리킨다.
102 개(漑)는 물을 대다, 씻다, 헹군다는 뜻인데, 여기서는 말의 똥이 묽다는 뜻으로 보인다.
103 조제(調劑)는 처방·치료·조절을 뜻한다.
104 해안(解鞍)은 안장을 내리다, 멈춘다는 뜻이다.
105 두대(肚帶)는 말의 배를 감싸면서 안장을 등 위에 묶어 주는 가죽 띠, 즉 안장 끈을 가리킨다.
106 반흉(扳胸)은 말의 목 부분을 감싸는 가죽 띠를 가리킨다. 후추(後鞦)는 말안장에 걸어 꼬리 밑에 연결하는 좁다란 나무막대기인 밀치에 매는 밀치끈을 말한다.
107 송상(鬆爽)은 가볍고 경쾌하다는 뜻이다.
108 함(銜)은 재갈, 즉 말의 아가리에 가로로 물리는 가느다란 (쇠)막대를 말한다.
109 기갈(饑渴)은 배고프고 목마르다는 뜻이다. 욕망을 비유하기도 한다.
110 납량(納涼. 納凉)은 더위를 이긴다는 뜻이다.
111 번욕(煩溽)은 무더위를 말한다.
112 노상(勞傷)은 과도한 피로에 의해 생긴 내상(內傷)을 가리킨다.
113 성병(成病)은 병을 얻다, 병이 생긴다는 뜻이다.
114 요성(料盛)은 사료를 가득 담다, 너무 많이 먹인다는 뜻으로 보인다.
115 광매표목(狂霾飄霂)은 몹시 심한 흙비와 회오리바람을 말한다.
116 침쇄(浸灑)는 물에 적시거나 물을 뿌린다는 뜻이다. 기부(肌膚)는 살갗·피부를 말한다.

其簷風者, 賊風也. 無論寒暑、勞逸, 馬皆忌之, 斷不可拴之簷下. 以其風侵入皮毛, 受病而不覺, 猶賊之潛入人室, 竊物而不知, 是以比之爲賊也. 凡嚴冬不可立于雪地, 野放不可久置霖雨中.[117] 三春咬青遇暄,[118] 遇暄卽收于棚. 陽氣稍盛, 則毒草生郊,[119] 惡蟲棲葉, 蛛凝露, 馬悞囓之而病作矣. 卽棚間有漏, 不可滴于馬身, 牆隙有風, 不可射及馬脊. 每日辰刻,[120] 撁馬就晾, 宜將槽下糞溺掃除潔淨, 溺坑時爲墊平. <劉>草不用老根及篩下草屑, 鋪墊槽下滲濕而軟,[121] 馬立不傷蹄. 局中糞穢,[122] 俱宜遠徙,[123] 不可堆積.[124] 臭氣薰蒸,[125] 馬亦生病. 乾糞曬燥撲碎, 堆向廈內, 遇馬欲放<驏>, 無軟土之地, 將糞屑鋪地, 令<驏>甚佳, 且可代薪煮料. 但須牧夫好勤耳. 此又非"寒暑、風雨應避"之謂乎! 司牧者惟在盡心乎數者, 而喂養調理之宜, 無他道矣, 又何患乎馬之爲病哉?

○ 夫草、豆乃所必需, 于秋收時其價稍賤, 宜預爲收買, 以備一年之需. 計馬每日所食之數, 共該草、豆若干, 寧使稍爲餘溢. 但小民聞知官買, 恐抑値勒秤, 裹足不前. 若差役買之各鄕, 彼必借端騷擾. 宜面諭鄕、地、里耆, 定期某日, 率領該鄕賣草、豆之人, 擔荷到縣.[126] 本官著總理、兵書等, 眼同過秤、過斛,[127] 不許增斤、淋尖.[128] 照依時價現銀, 當鄕、地等, 卽各散給. 每有鄕民交草、收草, 人役需索使費,[129] 稍拂其意, 大秤加收, 甚至留難守人, 竟有棄草而去者. 本官不察, 以小民怨讟,[130] 飽左右之貪囊, 所損多矣.

該局兵書所領草豆, 按數具狀存案, 仍令總理, 于局門過數,[131] 不得偷匿短少. 草令善打垛

---

117 임우(霖雨)는 큰비·궂은비를 가리킨다.

118 삼춘(三春)은 봄의 세 달, 또는 봄의 세 번째 달을 가리킨다. 교청(咬青)은 중국어에서는 깨물어 멍이 든다는 뜻이지만 여기서는 뜻이 분명하지 않다. 우훤(愚暄)은 날씨가 따뜻해진다는 뜻으로 보인다.

119 생교(生郊)는 교외의 들판에서 태어난다는 뜻이다. 『노자(老子)』 4장의 융마생교(戎馬生郊) 고사에서 비롯되는데 원래는 국가의 정치가 제대로 궤도에 오르지 못해 새끼를 밴 암말까지 전쟁에 동원(되어 교외의 들판에서 새끼를 낳게)된다는 것을 가리키며, 여기에서 전란이 끊이지 않는다는 점을 비유하는 뜻도 나왔다.

120 진각(辰刻)은 시각을 말한다. 대략 7-9시 무렵이다.

121 포점(鋪墊)은 여기서는 바닥에 깐다는 뜻이다.

122 분예(糞穢)는 배설물을 말한다.

123 원사(遠徙)는 먼 데로 옮긴다는 뜻이다.

124 퇴적(堆積)은 쌓아서 더미를 만든다는 뜻이다.

125 훈증(薰蒸)은 열이 가해져 찌면서 냄새가 난다는 뜻이다.

126 담하(擔荷)은 어깨에 메거나 등에 지고 운반한다는 뜻이다. 도현(到縣)은 '현이나 현 아문으로'라는 뜻이다.

127 안동(眼同)은 '함께, 입회하여'라는 뜻이다. 과평(過秤)은 저울로 잰다는 뜻이고, 과곡(過斛)은 되나 말로 잰다는 뜻이다. 곡(斛)은 열 말을 가리킨다.

128 임첨(淋尖)은 양곡 등으로 되를 채운 다음 나아가 수북하게 그 위에 더 쌓아 올리게 하는 수법이다.

129 수색(需索)은 갈취·수탈한다는 뜻이고, 사비(使費)는 수수료·뇌물이나 비용 지출을 말한다.

130 원독(怨讟)은 '원한과 비방'이라는 뜻이다.

131 과수(過數)는 수량을 헤아린다는 뜻이다.

者, 堆至草場, 苫蓋周密,[132] 勿令頂心漏水,[133] 以致霉爛. 豆令囤之屋內, 門加封鎖. 草、豆每月五日一放, 各棚馬夫支領. 總理、兵書, 不時察看, 如有剋減草料, 致馬疲瘦者,[134] 立禀重究. 其草料每次支放,[135] 兵書仍立簿登記. 其支數須與入數相符, 如有短少, 卽係馬夫偸竊, 査出倂原領兵書重責, 均賠以懲覺察不嚴之咎.

至于有病之馬, 宜令另地另槽, 醫治調理, 不得與衆馬同棚, 易于傳染. 若老病、殘傷之馬,[136] 縱令養好, 不堪供差, 如曾效力有年, 飼以中芻,[137] 以終天年.[138] 其他宜卽變價,[139] 或縱之野外, 遇食藥草, 間有獲痊者, 此亦節省草料之一端也. 夫善爲計者, 與其抑價取民以斂怨,[140] 寧嚴冒濫于局以節用, 又非以少爲多、以省爲增之道乎?

○ 夫官坐必于另棚喂養者, 不惟德力宜居異等, 須防驛卒混應諸差. 每有員承知局有好馬, 而應之庸騎, 非臨局橫加勒索, 則驛夫痛受鞭笞, 以致欲博歡心, 則必重損良驥. 故須飼之別棚, 以避小差之見辱. 凡馬品貴必驕, 非如駑劣之諸能稍耐. 故料必熟爛, 草必剉細. 如麥汏其粗節, 使馬食之易肥, 『經』曰: '善芻'者, 是也. 如閑久, 本官出入乘坐, 或令馬夫鞴鞍, 遊行數里. 如三日一浴, 十日一<騬>諸法, 以舒通其氣血. 若久立槽閒, 不惟肥病漸作, 亦遲鈍坐廢矣.[141] 故物有不用, 而朽蠹因之者,[142] 此類是也. 勞逸適均之說, 蓋烏可忽諸?

29-03. 수의사 고르기(選獸醫)

말에 병이 있으면 전적으로 수의사가 돌보고 치료하는데 의존한다. 병은 비록 어느 한

132 점개(苫蓋)는 초가지붕을 가리킨다. 주밀(周密)은 빽빽하다는 뜻이다.
133 정심(頂心)은 머리의 가운데 부분, 꼭대기를 말한다.
134 피수(疲瘦)는 피로하여 수척해진다는 뜻이다.
135 지방(支放)은 지급·방출을 뜻한다.
136 잔상(殘傷)은 다치다, 상처를 입는다는 뜻이다.
137 중추(中芻)는 삼추(三芻) 가운데 중간 등급의 사료를 가리킨다.
138 천년(天年)은 자연스러운 수명을 가리킨다.
139 변가(變價)는 변매(變賣)는 팔아서 현금으로 바꾼다는 뜻이다.
140 염원(斂怨)은 원한을 불러일으킨다는 뜻이다.
141 좌폐(坐廢)는 용도가 폐기된다는 뜻이다.
142 후두(朽蠹)는 썩고 좀이 먹는다는 뜻이다.

순간에 드러나지만, 병이 생기는 원인은 평소에 있다. 따라서 좋은 의사는 응당 병이 나기 전에 미리 살피지, 이미 병이 든 다음에 치료하지 않는다. 무릇 병이 드러나고 나서야 비로소 치료한다는 것은 결국 병이 생긴 지 상당히 되었고 겉으로 드러난 것도 한참 지난 다음이라는 뜻이다. 한참 지나 겉으로 드러났으므로 당연히 병은 크고 증세는 위중하여 치료가 힘들 수밖에 없다. 속담에 이르기를 "말은 고삐만 잘못 돌려도 위험하다"고 하는데, 이것은 병을 얻는 것이 아주 쉽고, 그래서 치료는 응당 재빨리 이루어져야 한다는 점을 말해준다. 말의 질병은 종류가 아주 많다. 몸의 외관으로 나타나는 것은 72가지 증상이 있고, 부스럼(瘡毒)으로 나타나는 것은 36종의 피부병(瘡黃)과 5정10독(五疔十毒)이 있으며, 배와 내장(腹臟)에 나타나는 것으로 10종의 염증(十結)이 있고, 눈에 생기는 것으로 결막염(骨眼)과 혼정충(渾睛蟲) 등이 있다. 발굽(蹄頭)에 보이는 것으로 16종의 감염(般痛)이 있으며, 갑작스러운 죽음으로 나타나는 것으로 오절(五絶)이란 각기 다른 병이 있다.[143] 대체로 모두 사료나 춥고 더운 것을 제대로 조절해 주지 못한 결과 오장육부에 문제가 생겨 질병으로 나타난 것이다. 그래서 『마경』에 있는 8증8사론(八症八邪論)은 말의 몸에 차갑고 뜨거운 것과 비고 가득 찬 것의 차이가 있고, 배고픔과 배부름, 노고와 안일에 지나침이 있어 그 결과 병을 얻게 된다고 말하고 있다.

따라서 말에는 5경(經)의 질병이 있고, 이것을 곧바로 입증해 주는 5응(應)의 징후가 있다. 5경은 심장·간·비장·폐·콩팥이고, 5응은 눈·귀·입·코·혀이다. 심장에 질병이 있으면 혀가 반응하는데, 주사(硃砂)처럼 붉은 증상이 이것이다. 간에 질병이 있으면 눈이 반응하는데, 시력을 잃는 증상이 바로 이것이다. 비장에 질병이 있으면 입이 반응하는데, 입술이 웃는 것처럼 올라가는 증상이 바로 이것이다. 폐에 질병이 있으면 코가 반응하는데, 짙은 콧물이 아래로 흐르는 증상이 바로 이것이다. 콩팥에 질병이 있으면 고환이 반응하는데, 말의 생식기가 아래로 처진 다음 줄어들지 않는 증상이 바로 이것이다.

무릇 좋은 의사는 몸 바깥의 부족한 점을 보고 몸 안의 반응을 알 수 있으며, 바깥의 모양을 살펴서 안의 병을 알아본다. 따라서 오로지 그 부족한 부분을 살펴서 미리 조치를 취함으로써 병이 악화되어 치료하기 어려워지는 것을 막고자 하는데, 옛날의 사황(師皇)과 백락(伯樂)이 치료를 맡아도 역시 마찬가지였을 것이다. 그러므로 말에 병이 있고 없음을

143 『마경언해』도 대부분 말의 질병에 관한 기술로 채워져 있지만, 분류나 서술의 방식이 달라 여기에서의 서술과 일치하는 부분은 많지 않다.

알고 싶으면, 바깥으로부터 그 증상을 파악할 수 있다. 질병이 있는 말은 정신 상태가 늘어지고, 귀와 머리가 축 처지며, 털이 그을린 것 같고 옆구리가 처지며, 여물을 먹는 모습도 힘이 없다. 질병이 없는 말은 정신 상태가 생기에 넘치며, 먹이를 빨리 먹고, 가죽과 털에 광택이 나며, 호흡이 고르고, 사지가 가볍고 튼튼하며, 똥과 오줌이 윤기가 나고 맑은 색깔을 보여 준다. 그 겉모습을 살펴보아 병이 있는 것 같으면 재빨리 치료하는 것도 아직 늦은 아니다. 그렇지만 병에는 오장육부에 든 것이 있고, 경락(經絡)에 든 것이 있고, 뼈와 근육에 들어서 살갗에 나타나는 것이 있는데, 이에 대해서는 침을 놓고, 뜸을 놓고, 가르고, 잘라내고, 바르고 닦는 등 치료하는 방법은 하나가 아니다. 그런데 만약 탕약만 조제하여 먹여 약효가 내부에 침투하지 못하는 경우에는 속수무책으로 운명에만 맡겨야만 하는 것일까?

역참의 수의사들을 보면 대부분 제대로 연구도 하지 않으니, 어찌 여러 [의학]서적이나 왕량(王良)·조보(造父)의 이론에 정통할 수 있기를 바라겠는가? 또한 맥박을 잡는 이치도 알지도 못하고 병의 원인에 대해서도 무지하며, 다만 구전된 몇 가지 종류의 처방과 눈앞의 몇몇 증상만을 기억하고 있을 뿐이면서도 '수의사'라고 자칭한다. 침을 놓거나 뜸을 놓고, 가르고 잘라내는 방법에 대해서는 아무것도 알지 못한다. 이런 형편없는 수의사들이 훌륭한 말을 망치는 것은 세상의 돌팔이 의사가 사람을 죽이는 것과 뭐가 다르겠는가? 그러므로 역참을 두고자 한다면 반드시 먼저 좋은 수의사를 찾아야 한다. 수의사가 훌륭하면 말은 새로운 생명을 얻을 수 있고, 말이 새로운 생명을 얻으면 비용을 절약할 수 있다. 말이 귀한 지역에서는 한 마리를 살리면 수십 관(貫)의 금전을 절약할 수 있는데, 1년에 역참 전체에서 쓰러져 죽는 말이 어찌 수십 마리에만 그치겠는가? 만약 그 절반만 살릴 수 있다고 해도 절약할 수 있는 돈이 수백, 수천에 이른다. 그러므로 수의사가 관계된 바가 어찌 사소하다고 하겠는가? 속담에 이르기를 "큰 상을 내걸면 반드시 용감한 사람이 나타난다"고 하였다. 지현이 진실로 그 봉록을 아주 두텁게 해서 수의사를 초빙한다면, 사황·백락 같은 훌륭한 의사들이 이쪽저쪽에서 찾아올 것이니, 어찌 말을 잘 치료할 좋은 의사가 없다고 걱정할 필요가 있겠는가?

이렇게 하여 좋은 수의사를 얻고 돌팔이 수의사를 내쫓은 다음, 모든 말의 질병과 그 아프고 가려움은 수의사가 전담하여 책임지게 해야 한다. 수의사들은 매일 새벽 마구간을 돌아보면서 그 똥과 오줌을 살피고 말의 겉모양을 살펴보고 살이 쪘는지 말랐는지를 조사하여, 조금이라도 문제가 있으면 재빨리 치료해야 한다. 위급한 질병을 만나면 곧바로 신속하게 지현에게 그 병의 원인과 증상, 치료가능 여부를 보고한다. 병이 나으면 그 공을 기록하고, 말이 죽으면 잘못한 바를 살펴 먹여 기른 사람의 책임을 추궁한다. 나을 수 있는 병인데 치료가 효과가 없으면, 그 수의사의 잘못을 기록하고 봉록을 박탈한다. 사용하는 약재나 침과 뜸 등 각종 치료 도구는 미리 저장하여 준비해 두고, 병서(兵書)가 보고서를 올리고 직접 수령하여 계속 수의사에게 지급한다. 지출이나 사용한 내역에 대해서는 각기 장부에 기록하여, 연말마다 병서와 수의사가 함께 검토한다. 병서는 구관·신수·개제·현재(管收除在)의 회계 각 항목 및 구체적으로 사용한 액수의 자세한 내역을 『회계결과보고책(報銷冊)』으로 작성하여 지현에게 보고한다. 현에서는 원래 액수와 대조하여 지급한 것이 적으면 병서에게 책임을 묻고, 사용한 것이 적으면 수의사에게 책임을 물어 그 액수에 따라 배상하게 한다.

이상과 같이 한다면 말을 키우는 사람은 스스로 충분히 주의를 할 것이고 수의사 역시 치료에 열심일 터이니, 말은 쓰러져 죽지 않고 금전도 절약된다. 약재와 도구 또한 부족한 게 없고, 허위 수령의 문제도 쉽게 적발된다. 이렇게 되면 역참 업무를 되살리는 일은 아마 절반은 이루어진 셈이라고 할 것이다. 어찌 다스리는 방법은 사람을 다스리는 데 바탕을 두고 있지 않다고 할 수 있겠는가?

馬之有病, 全賴獸醫看治. 夫病雖作于一時, 而受病在于平日. 故善醫者, 當預察夫受病之先, 而不治乎既病之後. 夫及其病作, 而始治之, 則所受日深, 而所發愈遲. 發遲者, 其病大而勢危不可治矣. 諺云: "馬有轉韁之厄",[144] 言乎受病甚易, 而救治宜早也. 馬之病甚多, 見之身形者,[145] 有七十二症; 見之瘡毒[146]者, 有三十六瘡黃,[147] 五疔十毒[148]; 見之腹臟者, 有十結; 見之目者, 有骨眼、渾睛[149]; 見之蹄頭者, 有十六般痛; 見之卒死者, 有五絕之不同. 大要皆水

144 강(韁. 繮)은 고삐·굴레라는 뜻이다. 전강(轉韁)은 고삐를 바꾸거나 돌린다는 뜻으로 보인다. "말은 고비를 돌릴 때 위험하고 사람은 햇볕을 많이 쬐면 위험하다(馬有轉韁之病, 人有當日之災)"는 속담을 이야기하는 것으로 보인다.

145 신형(身形)은 몸·신체·형체를 말한다.

146 창독(瘡毒)은 여러 가지 부스럼·종기를 말한다.

147 『마경언해』(p.84) 「창과 황의 두 증세가 같지 아니한 논의(瘡黃兩症不同論)」을 참조하면 창은 기운이 쇠한 것으로 피가 괴어 경락에 응체하여 살이 썩어 고름이 된 것이고, 황은 기운이 강한 것으로 피가 성하고 경락에서 떠나 살에 넘쳐 응결하여 어혈(瘀血)이 되어 황수(黃水)가 되는 것이라고 한다.

148 정(疔)은 얼굴에 생기는 작은 종기를 말한다. 못의 모양처럼 작지만 뿌리가 깊은 형태다.

149 골안(骨眼)은 결막염을 가리킨다. 혼정(渾睛)은 혼정충(渾睛蟲) 병을 말하는데 말이나 소의 눈(각막)에 머리카락처럼 가는 모양의 아주 짧은 혼정충이 보이는 질병이다.

穀、寒熱之失宜,[150] 受之臟腑, 而發之病症.[151] 故經有八症、八邪之論, 言馬體有寒熱、虛實之殊, 而適値其饑飽、勞逸之過, 此其所以受病也. 故馬有五經之疾, 而五應適徵之. 五經者, 心、肝、脾、肺、腎也. 五應者, 眼、耳、口、鼻、舌也. 心有疾, 舌則應之, 紅如硃砂,[152] 是也. 肝有疾, 目則應之, 眼不見物, 是也. 脾有疾, 口則應之, 褰唇似笑, 是也. 肺有疾, 鼻則應之, 下流膿涕, 是也. 腎有疾, 腎則應之,[153] 垂縷不收,[154] 是也.

夫善醫者, 視外之所失, 而卽知內之所感, 察外之所形, 而卽知內之所受. 惟因其失而預調之, 使不致于病著而難治, 則古之師皇、伯樂之爲療,[155] 不過如是耳. 然則欲知馬疾之有無, 亦可由外而得其狀矣. 夫有疾之馬, 精神倦怠,[156] 耳拾頭低, 毛焦膁弔, 料草遲細, 是也. 無疾之馬, 精神倍爽, 料草增進, 皮毛光澤, 呼吸勻靜, 四肢輕健, 糞溺潤淸, 是也. 審其狀之有病, 而急爲療之, 猶未爲晩也. 雖然病有受之臟腑者, 有受之經絡者,[157] 有受之筋骨, 發之皮膚者, 則又有爲針、爲烙、爲割、爲取、爲敷洗之不一. 若僅以煎劑而灌飮之,[158] 則參芪之所不達,[159] 亦將束手而聽命乎?[160]

每見局中獸醫不究心,[161] 安覽通元諸書[162]、王良 · 造父集說?[163] 不諳脈理,[163] 不識病源,

---

150 수곡(水穀)은 물과 곡식, 즉 식물이나 음식을 가리킨다.

151 장부(臟腑)는 오장육부를 가리킨다(心 · 肝 · 脾 · 肺 · 腎과 胃 · 胆 · 三焦 · 膀胱 · 大腸 · 小腸). 병증(病症)은 질병을 말한다.

152 주사(硃砂, 朱沙)는 광물의 일종으로 단사(丹砂)라고도 하는데 선홍색으로 안료나 약으로도 쓰인다.

153 신(腎)은 신장을 가리키지만, 외신(外腎, 腎子)은 고환(睾丸)을 가리키기도 한다.

154 수루(垂縷)는 원래 모자 끈을 턱 아래 묶어 모자를 고정시킨 것을 말한다. 끈을 묶고 난 다음 나머지 부분이 아래로 처지는 것을 루(縷)라고 한다. 여기서는 아래로 처진 모습을 비유하고 있다.

155 사황(師皇)은 마사황(馬師皇)을 가리키는데, 황제(黃帝) 때 의사로 말을 잘 고쳤다고 하여 후세에 그를 수의사의 선조로 기린다고 한다.

156 권태(倦怠)는 지치고 게으르다는 뜻이다.

157 경락(經絡, 經落)은 중의학에서 말하는 경맥 · 낙맥으로 기혈(氣血)이 운행하는 통로를 말한다.

158 전제(煎劑)는 탕약(湯藥)을 말한다.

159 참기(參芪)는 신장과 비장을 강화하는 데 쓰는 한약재를 말한다.

160 속수(束手)는 속수무책, 즉 아무것도 할 수 없다거나 저항을 정지한다는 뜻이다. 청명(聽命)은 운명에 맡긴다는 뜻이다.

161 구심(究心)은 힘써 연구한다는 뜻이다.

162 통원(通元)은 근본에 통달(通曉)한다는 뜻으로 보인다.

163 왕량(王良)은 앞서 나온 백락을 말한다. 조부(造父) 역시 옛날의 말을 잘 조정하였다는 사람으로 조(趙)의 선조이다. 주(周) 목왕(穆王)에게 여덟 마리의 준마(八駿)를 바치고 서순(西巡)을 나갈 때 말을 몰아 서왕모(西王母)를 만나게 했는데, 주 목왕이 즐거워 돌아가는 것을 잊고 있을 때 반란이 일어났지만, 하루에 천 리를 가는 말을 몰고 돌아가 반란군을 대파하게 했으므로 주 목왕이 그에게 조성(趙城)을 내렸고, 이로부터 성(姓)을 조(趙)씨로 하게 되었다고 한다. 『사기』 권43 「조세가(趙世家)」를 참조.

但記口傳幾色湯頭,[165] 眼前幾種症候,[166] 便自號曰: '獸醫'. 至于針烙、割取之方, 茫然弗省. 夫庸獸醫之悞驥, 與世庸醫之殺人,亦何異哉? 故欲置驛, 必先訪良獸醫. 獸醫良而馬獲更生, 馬更生而金錢可省. 若馬貴之區, 活一馬, 便省金錢數十貫, 一年之中, 凡驛之倒斃, 何止數十? 能活其半, 便可省錢, 數百千矣. 則獸醫之所係, 豈其微哉! 諺云: "重賞之下,[167] 必有勇夫." 爲有司者, 誠能厚其廩餼,[168] 而招至之, 則師皇西至, 伯樂東來, 又何患獸之果無良醫乎?

得其良而黜其庸, 凡馬之疾痛、疴癢,[169] 皆醫是任. 每淸晨務, 周視各棚,[170] 視其糞、溺, 察其形狀, 觀其肥瘠,[171] 小有失節,[172] 則速爲治之. 遇危疾, 則具呈馳報, 敘明病由及何症, 可否醫治, 愈則記功彙敍, 斃則視其所犯, 而責究廝養之人.[173] 病屬可生, 而療之不効, 本醫記過奪餼. 至于所應用藥料,[174] 及針烙、割取之具, 預爲蓄備, 令兵書具呈親領, 陸續給于本醫. 支發用過, 各登其籍, 每歲終, 兵書與本醫稽覈.[175] 兵書分造管、收、除、在,[176] 並花撒細數『報銷冊』送官.[177] 官照原領磨對, 如支發數少, 責在兵書, 用過數少, 責在本醫, 按數賠補.[178] 如此, 廝養自是經心, 本醫亦勤療治, 馬無倒斃, 而金錢可省, 藥具無缺, 而破冒有稽.[179] 驛務之振興, 思過半矣.[180] 孰爲治法之不本于治人乎?

---

164 맥리(脈理. 脉理)는 맥박의 상태, 의술·의도를 가리킨다.
165 탕두(湯頭)는 한약 처방을 말한다.
166 안전(眼前)은 '눈앞의, 당면한'이라는 뜻이다.
167 중상(重賞)은 두터운 상금과 상품을 말한다.
168 늠희(廩餼)는 정부에서 지급하는 식량 등의 생활물자·보조비·장학금 등을 가리킨다.
169 질병·아양(疾病疴癢)은 질병과 그 아프고 가려움을 뜻한다.
170 주시(周視)는 순시하다, 자세히 둘러본다는 뜻이다.
171 비척(肥瘠. 肥膌)은 살찌고 마른 것을 가리킨다.
172 실절(失節)은 통제나 조절이 잘 안 되는 것을 가리킨다.
173 시양(廝養. 厮役)은 장작을 쪼개고 밥을 한다는 뜻이다. 여기서는 말을 돌보는 사람을 가리킨다.
174 응용(應用)은 수요에 맞추어 사용하도록 제공한다, 지급하여 사용한다는 뜻이다.
175 계핵(稽覈. 稽核)은 검토한다는 뜻이다.
176 관·수·제·재(管收除在)는 『사주책(四柱冊)』의 네 가지 항목을 말하는데, 사주(四柱)는 구관(舊管) 즉 기존의 정액, 신수(新收) 즉 새로운 증액분, 개제(開除) 즉 새로 감소된 부분, 실재(實在) 즉 이상의 계산을 종합하여 현재 남아 있는 액수 이 네 가지를 가리킨다. 즉 구관+신수-개제=실재인 것이다. 『부역전서』를 비롯한 재정이나 전령 관련 회계 장부나 인수인계 문서는 모두 이 『사주청책(四柱淸冊)』 형식으로 이루어져 있다. 제3권 부임부 2 「3-06. 인수인계 방법(淸査之法)」 부분을 참조.
177 화(花)는 비용을 쓰다, 소모한다는 뜻이 있고, 살(撒)은 뿌리다, 산포하다, 분산된다는 뜻이 있다(앞에서도 총액과 대비되는 구체적인 수치·내역을 가리키는 뜻으로 쓰였다). 보소(報銷)는 수령한 돈이나 수지 장부의 항목을 작성하여 상급에게 보고하면서 결산을 승인해 달라고 요청하는 것을 말한다.
178 배보(賠補)는 배상하여 메운다는 뜻이다.
179 파모(破冒)는 거짓으로 보고하여 수령해 가는 행위를 말한다.
180 사과반(思過半)은 이미 태반을 깨달았다거나 사정이 대부분 해결되었다는 것을 뜻한다. 『주역』「계사(繫辭) 하

29-04. 쓰러져 죽은 말에 대한 조사(査倒斃)

역참에서 말이 쓰러져 죽으면, 그 말을 키우던 마부는 문서를 갖추어 지방관에게 보고해야 한다. 「보고서」에서는 다음과 같은 내용이 들어가야 한다.

> 모월 모일 마구간에서 인수받은 모색 털을 가진 말이 모일에 무슨 병을 얻었는데, 수의사가 치료했으나 낫지 않고 모일 역참에서 쓰러져 죽었습니다. 그 증거로 말의 귀를 잘라서 아울러 첨부합니다. 그 가죽은 역참에서 현재 보관하고 있으며, 지시를 기다려서 팔아서 그 대금을 확보할 것입니다. 이상과 같은 내용에 어떠한 날조나 부정도 없었습니다. 마땅히 이상과 같은 사실을 보고해야 할 것입니다.

그리고 날짜 아래에 마부·수의사·병서(兵書)의 이름을 쓰고 서명을 한다. 이 「보고서」는 지현이 비준을 한 다음 보관하는데, 내아(內衙)의 장부에 등록하고, 병방(兵房)으로 내보내 책으로 묶게 하는 것이다. 공무 중 길 위에서 쓰러져 죽은 말은 해당 송차마부가 「보고서」를 올린다. 그 내용은 다음과 같다.

> 모 마패(馬牌)의 지시에 의해 모 마구간의 모 마부가 모월 모일에 수령하여 기르던 모색 말이 있었는데, 모일에 모 차사를 태우고 모처로 가던 중 모병이 발생하여 모처에서 쓰러져 죽었습니다. 이에 말의 귀와 가죽을 증거로 제출하여 올립니다. 이상과 같은 내용에는 어떠한 거짓도 없습니다. 마땅히 이상과 같은 사실을 보고해야 할 것입니다.

만약 임무를 마치고 돌아오는 길에 말이 쓰러져 죽었다면, 앞의 경우와 같이 병의 종류와 죽은 곳, 죽은 이유를 밝혀야 한다. 송차마부가 차사를 떠나보낸 곳에서 [돌아오지 않고] 계속 머무르면서 도박을 하거나 늦잠을 자거나 아니면 또는 술에 취해서 기한에 늦었기 때문에 서둘러 달리다가 병이 나서 쓰러져 죽었을 수도 있고, 혹은 돌아오는 길에 돈을 좀 벌려고 사람이나 짐을 실어 나르다 말이 피로 때문에 병이 생겨 쓰러져 죽었을 수도 있

(下)」의 구절("知者觀其彖辭, 則思過半矣.")에서 비롯되었다.

기 때문이다. 만약 함께 파견된 마부가 있으면 반드시 그 마부가 "이상의 내용이 사실이며, 아울러 결코 함께 짜고 거짓으로 보고하는 일이 없다."라는 「확인서」도 함께 제출해야 한다. 날짜 아래에는 송차마부 외[에도 그]를 파견한 마패, 함께 파견된 마부가 이름을 쓰고 서명을 해야 한다. 지현은 이를 받아 비준하고 보관하는데, 마찬가지로 내아 장부에 등록하고, 병방으로 내보내 책으로 묶게 한다. 그 가죽은 해당 역참의 병서를 통해 팔아 돈으로 바꾸고, 그 돈을 받았다는 「영수증」을 받아 책에 첨부한다.

만약 말이 길에서 쓰러져 죽었는데 동행한 마부의 「서약서」가 없다면, 반드시 숙련된 내정(內丁)을 적당한 아역과 함께 파견하여 비밀스럽게 조사하게 한다. 만약 모처에서 쓰러져 죽었다면 반드시 말의 해골이 남아 있을 터이고, 마부가 급히 달렸거나 짐이나 사람을 태워서 죽음에 이르렀다면 어찌 길에서 보고 들은 사람이 없을 수 있겠는가? 아주 간교한 마부의 경우에는 말고기를 몰래 팔아먹고 말이 쓰러져 죽었다고 거짓말을 하면서 가죽만 들고 와 보고하기도 하는데, 사실이 발각되면 엄중하게 처벌하고 칼을 씌워 대중에게 공개하도록 한다. 또한 아울러 쓰러져 죽은 말이 원래 피로해서 몸이 상해 있었는지를 조사하고, 그렇지 않고 빨리 달리거나 사람을 태우거나 고기를 파는 등의 부정이 있었다면 처벌 외에도 말의 값까지 배상을 시킴으로써 일벌백계의 사례로 삼을 수 있다.

역참에 배정되어 있는 마필의 정액에 대해 보고를 하면 해당 상사는 계절마다, 혹은 연말에 지시를 내려 말의 수에 결손이 있는지, 쓰러져 죽은 말이 있는지를 조사하는데, 규정에 따라 말의 털 색깔과 나이(이빨)를 기록한 장부로 답장보고를 해야 한다. 만약 쓰러져 죽은 말이 있으면 바로 털 색깔을 맞추어 보충해 놓아야 한다. 그래야만 해당 마구간에서 차사의 요구에 부응할 수 있을 뿐 아니라, 상사가 불시에 조사를 나와 보고한 내용과 말의 털 색깔이나 나이가 맞지 않으면 이것을 핑계로 부당한 요구를 할 수도 있기 때문이다. 다만 쓰러져 죽은 말을 너무 많이 보고해서는 안 된다. 보고를 올리면 반드시 가죽을 팔아 얻은 금액도 올려 보내야 하므로, 많은 수를 보고하면 반드시 그만큼의 [가죽 값] 액수를 채워서 올려야 할 뿐만 아니라, 없어진 말을 사서 보충하는 문제에 대해서도 다시 보고를 해야 하는데, 이런 것들이 오히려 일을 더 만들어 내기 때문이다. 만약 정액 외에 주현에서 자체적으로 마련한 말이 쓰러져 죽으면, 해당 마부는 기존 형식에 따라 보고를 해야 하지만, [보고를 받은 다음 지현은] 이에 대해서는 따로 안권(案卷)을 만들어서 내택에 보관함으로써 이후의 검토에 대비하도록 한다. 그리고 가죽은 따로 팔아서 현금으로 바꾼다. 연말이 되면 역참의 『회계보고책(奏銷冊)』을 만들어 보고해야 하는데, 그해에 병방으로 내려 보냈던 쓰러져 죽은 말에 대한 「보고서」철을 다시 내택으로 돌려보내게 해서 지현이 자세하게 검토한다. [그런 다음 지현은] 쓰러져 죽은 말에 대한 「보고서」 가운데 그 가죽을 응당 팔아서 현금으로 바꿔 올려 보내야 하는 것은 원래의 「보고서」를 병방으로 내보내며 [그래서 『회계보고책』에 포함시키게 하고], 보고하지 않아도 되는 [정액 외에 주현에서 스스로 마련한] 마필에 관한 원 「보고서」는 내택에 그냥 보관해도 된다.

凡馬之倒斃在局者, 係何馬夫所養, 該馬夫具呈報官, 呈內敘明: "某月日領到在棚某毛色馬, 于某日得何病, 醫治不痊, 于某日在局倒斃, 取有耳級呈驗,[181] 其皮張現存在局,[182] 聽候變賣,[183] 中間並無扶捏情弊,[184] 理合呈報." 于年月日下, 開列馬夫、獸醫、兵書姓名花押,[185] 本官批准存案, 掛內號, 發房粘卷.[186]

出差在途倒斃者, 該送差馬夫具呈敘明: "某日據馬牌某撥某棚某馬夫, 于某月日領到喂養某毛色馬. 于某日送某差乘坐, 行至某處, 係某病作, 于某處倒斃, 取有耳級、皮張呈驗, 中間並無假捏, 理合呈報." 如係卸差回空倒斃, 亦照前開明病症, 及某處倒斃緣由. 恐送差馬夫留戀卸差之處賭博、貪眠、酒醉遲限,[187] 因而跑急, 病作倒斃, 或回途貪利, 稍帶行客及裝馱行李, 以致勞乏, 病作倒斃, 俱未可定. 如有同差馬夫, 須令同差馬夫出具"並無以上等情及扶同虛捏"「甘結」.[188] 于月日下開列撥差馬牌、同差馬夫姓名花押, 本官批准存案, 掛內號, 發房粘卷. 其皮張發該驛兵書, 收領變價, 「領狀」附卷.[189]

如在途倒斃, 無同差馬夫具結, 須差老成內丁, 同妥役前往密查. 如果係某處倒斃, 必有馬骸骨現存, 如係本役跑急馱客致斃, 道路豈無見聞? 更有奸惡夫, 私賣馬肉, 詐言倒斃, 止帶皮張報驗者, 查實定拿, 重責枷示, 仍查倒斃之馬, 曾否舊有勞傷, 如非勞傷, 且有乘跑馱客、宰賣情弊, 除枷責外,[190] 仍罰賠償, 庶可懲一儆百.[191]

---

181 이급(耳級)은 사른 말의 귀를 가리킨다. 징험(呈驗)은 위로 올려 보고하여 점검을 받는다는 뜻이다.

182 피장(皮張)은 짐승 가죽을 말한다.

183 청후(聽候)는 주의하면서 기다린다, 관부·상급의 결정을 기다린다는 뜻이다. 변매(變賣)는 재물·사람을 팔아서 현금을 얻는다는 뜻이다.

184 정폐(情弊)는 부정이나 부정을 저지르는 상황이다.

185 개열(開列)은 하나하나씩 써 나간다는 뜻이다.

186 발방(發房)은 안건·문서를 공무를 담당하는 각 방 서리에게 넘겨주는 것을 가리킨다.

187 유련(留戀)은 차마 떠나지 못하거나 포기하지 못한다, 미련을 갖는다는 뜻이다.

188 부동(扶同)은 부화뇌동·결탁이라는 뜻이다.

189 영장(領狀)은 관부로부터 돈을 받을 때 제시하는 문서 또는 「영수증」을 가리킨다. 부권(附卷)은 여기서 문서철에 추가한다는 뜻이다.

190 가책(枷責)은 칼을 씌워 심문하고 처벌한다는 뜻이다.

凡驛申額馬, 該管上司, 或每季, 或年終, 票査馬匹有無缺額、有無倒斃, 例開馬匹、毛色、齒冊申覆.[192] 如有倒斃, 卽照毛色購補, 不惟本棚應差, 不宜有缺. 恐上司不時按査, 與所造報毛齒不對, 借端勒索.[193] 但倒斃不宜多報, 報則必解皮張變價銀兩, 且多報則必有曠額之補解、買補之申明,[194] 反滋多事. 如係額外自備之馬倒斃, 該馬夫雖照式呈報, 宜另立卷案, 存宅備査. 及皮張, 另發變賣. 如歲終, 造報驛遞奏銷, 將本年發房倒斃「報呈」卷案, 送宅細査, 除造報倒斃馬匹, 其皮張自應變價申解者,[195] 倒斃原「報呈」, 仍行發房, 其不造報「原呈」, 不必發房, 扣留宅內,[196] 可也.

29-05. 창기 쫓아버리기(逐娼妓)

역참을 이용하는 차사들이 빈번하게 왕래하는 곳은 반드시 큰 도로·상업구역이 있다. 이런 지역에는 언제나 부끄러움을 모르는 무뢰배들이 풍습에 이롭지 않은 영업을 하면서 이곳을 순식간에 꾀꼬리와 제비의 집, 즉 화류가로 만들어 버린다. 역참에서 머무는 차사 등은 반드시 이곳을 찾아 환락을 쫓게 마련이다. 이에 꽃과 나비가 서로 희롱하며, 취해서 미녀를 껴안고 놀다 보면 마치 산속의 한가한 중처럼 해가 중천에 뜰 때에도 여전히 잠에서 깨어나지 못한다. 그러니 늦잠 자다 깨어나면 반드시 놀라서 쏜살같이 색주가를 빠져나오지 않을 수 없다. 마치 협곡의 가벼운 배가 순식간에 천 리를 떠내려 가는 듯하지만, 결국 번개처럼 빠르게 내달리다 보면, 말이 지쳐서 힘이 빠지는 근심을 피하기 어렵다. 설사 애써 힘을 내라고 다그치며 봉우리를 오른다고 해도 말이 피로에 지쳐 쓰러지지 않는다고 보장하기 어렵다.

이런 상황은 실은 들꽃이 벌을 유혹해서 일어난 일이지만, 결국은 이렇게 차사를 경망

191 징일경백(懲一儆百)은 한 사람을 벌줌으로써 뭇사람이 경각심을 갖게 한다는 뜻이다.
192 신복(申覆)은 답장을 올려 보고한다는 뜻이다.
193 차단(借端)은 구실로 삼다, 빌미로 삼는다는 뜻이다. 늑색(勒索)은 위협이나 강박으로 재물을 빼앗는 것을 말한다.
194 광액(曠額)은 공액(空額), 즉 비게 된 몫을 말한다. 신명(申明)은 보고하여 밝힌다는 뜻이다.
195 신해(申解)는 보고하면서 올려 보낸다는 뜻이다.
196 구류(扣留)는 보류한다는 뜻이다.

스럽게 만들어 뛰어난 준마를 망치지 않을 수 없게 된다. [따라서 이러한 폐해를 없애려면] 응당 기생들을 모두 엄히 역참 부근에서 내쫓되, 아예 낙엽을 쓸 듯이 쓸어 버려야 한다. 그래도 여전히 몰래 남아 영업을 하는 경우가 있다면 관련된 사람들을 모조리 엮어서 무겁게 처벌한다. 역참의 말을 제대로 보전할 수 있다면, 차라리 기생들에게 원한을 산다고 해도 어쩔 수 없는 것이다.

凡郵騎接遞之所,[197] 必孔道、鎭集之區,[198] 每有無恥棍豪, 多置狎邪門巷,[199] 遂作鶯巢燕壘,[200] 頓成柳市花街.[201] 凡其驛使停驂,[202] 勢必訪尋賣笑.[203] 于是花迷蝶戀, 醉擁柔鄕,[204] 宛似山中閒衲,[205] 日高三丈而猶眠.[206] 因之夢醒心驚, 星馳華隰,[207] 儼然峽裏輕舟,[208] 片刻一瀉而千里,[209] 縱是迅仝掣電,[210] 難辭竭蹶之虞.[211] 總然力號越峯,[212] 莫保虺隤之患.[213] 實因野豔以招蜂, 遂令狂且而損驥,[214] 宜卽嚴行驅逐, 務須掃葉以無遺.[215] 倘仍暗地潛藏,[216] 定必連

---

197 우기(郵騎)는 역참에서 관물이나 문서를 전달하는 데 제공된 마필이나 공문·우편물을 전달하는 사람을 가리킨다.

198 공도(孔道)는 대도(大道), 사통팔달의 대로를 가리킨다.

199 압사(狎邪)는 행위가 방탕하고 품행이 단정하지 못하다는 뜻으로, 나아가 기원이나 기녀를 가리키기도 한다. 문항(門巷)은 뒷골목을 말한다.

200 앵소연루(鶯巢燕壘)는 꾀꼬리 집과 제비집을 말하지만, 결국 기원(妓院)을 비유하는 말이다.

201 유시화가(柳市花街) 역시 기원이 밀집된 유흥가를 가리킨다.

202 정참(停驂)은 마차의 말을 멈추게 한다, 즉 숙박을 한다는 뜻이다.

203 세필(勢必)은 반드시, 모름지기라는 뜻이다. 매소(賣笑)는 창기나 가녀(歌女), 또는 그들의 행위를 가리킨다.

204 유향(柔鄕)은 여기서는 온유향(溫柔鄕)을 가리킨다. 온유향은 사람을 현혹시키는 미색(美色)이나 그러한 경지·장소를 말한다. 온유향과 대비되는 용어는 사후당(獅吼堂)으로 사나운 아내가 위세를 부리는 집안을 가리킨다.

205 납(衲)은 승려의 옷, 또는 승려를 가리킨다.

206 일고삼장(日高三丈)은 해가 중천에 떴다는 뜻이다.

207 성치(星馳)는 유성처럼 달린다는 뜻이다. 화습(華隰)은 색주가나 번화한 거리를 가리킨다.

208 엄연(儼然)은 마치, 방불하나는 뜻이나.

209 편각(片刻)은 삼깐, 순식간이라는 뜻이다. 일사천리(一瀉千里)는 강물이 아래로 힘차게 흘러가는 모습을 형용한다.

210 체전(掣電)은 섬전(閃電)과 같은 뜻이다.

211 난사(難辭)는 피하기 어렵다, 변명하기 어렵다는 뜻이다. 진궐(竭蹶)은 넘어지고 자빠지면서 허둥지둥 가는 모습, 또는 힘이 다해 지친 모습을 말한다.

212 총연(總然)은 설사, 혹시라는 뜻이다. 역호월봉(力號越峰)은 다음 구절의 '훼퇴(虺隤)'와 연결하여 보면 "척피최외(陟彼崔嵬)"를 가리키는 것임을 알 수 있다.

213 훼퇴(虺隤)는 아주 피로하여 병이 든 모습을 가리킨다. 『시경』「국풍(國風) 주남(周南) 권이(卷耳)」에 나온다("陟彼崔嵬 , 我馬虺隤"). 말을 타고 높은 산을 오르는데 내 말이 아주 피곤해진다는 내용이다.

214 광차(狂且)는 행동이 경망스러운 사람을 가리킨다.

215 무유(無遺)는 '빠짐없이, 남김없이'라는 뜻이다.

216 암지(暗地)는 '몰래, 은근히'라는 뜻이다. 잠장(潛藏)은 숨다, 잠복하다는 뜻이다.

株而重究,[217] 但可保全騋牝,[218] 寧敎怨恨琵琶.[219]

29-06. 부지런한 직접 시찰(勤親察)

역참 총리는 신임하는 가까운 사람에게 맡기지만, 그렇더라도 시간이 지나면서 사정에 익숙해져 부정을 덮어 줄 가능성이 없지는 않다. 따라서 지현은 응당 상대방이 예측하지 못하는 시점에서 불시에 역참을 방문하여 다음과 같은 사항을 상세하게 점검해야 한다. 그 병서와 마패·마부 등이 마음대로 역참을 이탈하지는 않는가? 마구간마다 잘라 놓은 풀과 삶아 놓은 사료가 날마다 먹여야 할 분량에 비해 부족하지는 않은가? 거기에 단단한 흙먼지나 털이 들어 있지는 않은가? 마구간과 역참의 땅은 깨끗하게 청소되어 있고, 말을 묶어 놓는 나무와 끈이 제대로 준비되어 있는가? 콩을 보관하는 방이 잠겨 있는가? 풀을 쌓아 놓은 곳이 열쇠로 잠겨 있는가? 그리고 직접 들어가서 그 쌓아 놓은 모양을 보면 양이 부족하지는 않는가? 여름용·겨울용 마구간 건물에 무너진 곳은 없는가? 말이 지나치게 마르거나, 아프거나 다친 말들이 있는가? 마구간에 있는 말과 일을 맡아 나간 말에 대해서 『파견장부(差簿)』를 조사해 보니 전체 수에서 빠진 것이 있는가?

만약 이러한 점에 대해 각종 문제가 있다면 반드시 그 관리 담당자를 조사하여 무겁게 처벌해야 한다. 병서·마패·마부 등에 대해서는 진정 마음을 다하여 일하고 부지런하게 책임을 하는가를 따져 전혀 잘못을 범하지 않은 사람이 있다면 응당 크게 우대하여 상을 내려야 한다. 이와 같이 하면 한 사람을 징계함으로써 많은 사람들이 경각심을 갖게 하고, 한 사람에게 상을 내림으로써 모든 사람들이 부지런해지도록 만드는 효과가 있다. 그러면 어찌 본 지현의 이러한 지혜로움을 두려워하고 복종하면서 최선을 다해 헌신하지 않는 사람이 있겠는가?

---

217 연주(連株)는 '몽땅, 뿌리째'라는 뜻이다.
218 내빈(騋牝)은 말(큰 말과 암말)을 가리킨다.
219 비파(琵琶)는 악기를 가리키는데, 아마 비파를 타는 창기를 비유하는 것 같다.

驛中總理之人, 雖云親信可托,[220] 但恐日久情熟,[221] 不無狥庇之處. 本官宜示以莫測, 不時猝臨其局, 察其兵書、馬牌夫等有無擅離, 各棚所<剷>之草, 所煮之料, 按日飼秣之數,[222] 有無剋減,[223] 有無生硬灰土、毛髮,[224] 槽閒局地有無掃除潔淨, 晾椿弔繩有無整備, 貯豆之房有無封鎖, 開視其囤堆草之場有無扃閉,[225] 入視其梁約略有無短少,[226] 暖涼棚廠有無頹壞, 馬匹有無羸瘦傷殘,[227] 在棚之馬與出差之馬, 檢勘『差簿』,[228] 有無合數缺少. 如有前項諸弊, 定將本經管查究重治.[229] 至于書、牌、夫役, 有眞正實心任事, 勤勞盡職, 從無過犯者, 宜從優奬賞. 如此, 則懲一人, 而衆皆知儆, 賞一人, 而衆皆知勸, 有不畏服本官之神明,[230] 而黽勉自效者乎?[231]

29-07. 선부와 수레 · 나귀(船夫車驢)

예전에 전쟁[삼번의 난]이 있었을 때 사병과 군마(軍馬)가 징발되고, 수로가 지나는 지방에서는 필요한 선박을 곳곳마다 봉쇄하여 징발하였다. 이 때문에 장사꾼이 발을 묶이고 여행객이 사라졌음은 물론이고, 어선과 낚싯배조차도 수색을 당하지 않는 경우가 없을 정도였다. 더욱이 주현의 간교한 차역들이 [이 점을 이용하여 일부에게는] 뇌물을 받고 봉쇄를 풀어 주기도 하면서 이익을 챙겼기 때문에 봉쇄 · 징발되는 선박에 정해진 수량이 없

220 친신(親信)은 가깝고 믿을 만한 사람이란 뜻이다.
221 정숙(情熟)은 익숙해지거나 친밀해진다는 뜻이다.
222 사말(飼秣)은 사료, 또는 사료를 먹이는 것을 가리킨다.
223 극감(剋減, 克扣)은 일부를 빼먹고 가로채거나 내주지 않는다는 뜻이다.
224 생경(生硬)은 부드럽지 않고 딱딱하다는 뜻이다.
225 경폐(扃閉)는 빗장으로 잠근다는 뜻이다.
226 약약(約略)은 '대략 · 대체로'라는 뜻이다.
227 이수(羸瘦)는 수척하다는 뜻이다. 상잔(傷殘)은 아프고 상처를 입었다는 뜻이다.
228 검감(檢勘)은 검사하여 확인한다는 뜻이다.
229 경관(經管)은 관리, 또는 관리하는 사람을 말한다.
230 외복(畏服) 두려워하면서 복종한다, 경복(敬服)한다는 뜻이다. 신명(神明)은 천지간 모든 신령의 총칭이지만, 여기서는 인간의 정신이나 심사, 또는 지혜로움이나 신통함을 가리키는 것으로 보인다.
231 민면(黽勉)은 진력하다, 노력하다는 뜻이다. 자효(自效)는 다른 사람이나 집단을 위해 자기의 역량이나 생명을 바치는 것을 말한다.

었고, 이로 인한 소란 역시 끊일 날이 없었다. 심지어는 징집된 후 오랜 시간 동안 기다리던 선원들 가운데에는 추위와 배고픔에 시달리다 못해 마침내 배에 불을 지르고 어둠을 틈타 도망가는 경우조차 있었다. 그러한 까닭에 각 성 고위 관료들이 상소를 올려 관선(官船)을 만들어 수요에 부응할 수 있게 해 달라고 요청하였다. [그 결과] 조금 부족함이 있었지만, 필요한 것이 많지 않아 배의 규모에 따라 탈 수 있는 인원을 정함으로써 이전처럼 끊임없이 갈취하는 일은 없어졌다. 배를 끄는 견부(縴夫)에 대해서는 상사가 주현에 문서를 보내면 고용·모집은 조금이라도 지체하기 어려웠기 때문에 주변 향촌의 인구에 따라 할당하여 징발하였다. 이들은 나루터 시장에서 모집된 유민이나 거지 등과 함께 엄격하게 압송되어 빈집이나 묘우(廟宇) 등에 갇혀서 [배를 타고 건너갈] 대병(大兵)이 도착하기를 기다려야만 하였다. 그러나 식량이 충분하지 않은 데다가 밤낮으로 춥고 굶주리고 더러운 냄새가 코를 찌르는 상황에서 많은 사람이 전염병에 걸렸다. 그렇지만 아무리 자비심이 강한 지방관이더라도 감히 이들을 풀어 주자는 의견을 쉽사리 내놓을 수는 없었다.

내가 듣기에, 지금 남창(南昌)의 동지(郡丞)인 사석곤(謝錫衮) 공은 예전에 하북성 천진부(天津府) 정해현(靜海縣)의 지현으로 있을 때 삼번의 난을 평정한 금군(禁軍)이 개선하게 되자, 견부(縴夫)를 징집해서 모두 현성에 모이게 하였다. 공은 평소에 이들이 갇혀 지내면서 대기하는 고통을 잘 알고 있었기에, 모두 풀어 주어 고향으로 돌아가게 하지만 때가 되어 호출하면 즉시 되돌아오겠다고 모인 사람들에게 약속을 하게 하였다. 그리고 열 명의 인부 가운데 한 사람씩을 우두머리로 삼아 인부를 통솔하여 고향으로 돌아가는 호송 책임을 맡게 하였다. 다음 달이 되어 개선병이 이르자 모든 인부들이 과연 다시 돌아왔고 단 한 사람의 도망자도 없었다. 그러한 까닭에 이들이 끄는 배가 마치 한 꾸러미의 물고기처럼 차례차례 순서 있게 전진할 수 있게 하였으므로, [대병을 무사히 건네줄 수 있었었고 그래서] 지방은 편안하여 아무런 소란도 겪지 않았다. 그의 계획이 뛰어나기도 했지만, 또한 평소의 성실함에 감복하고 있었기 때문에 백성들은 차마 그를 속일 수 없었던 것이다.[232]

---

232 섬서성 유림현(榆林縣)의 감생(監生) 출신인(『도광제남부지(道光濟南府志)』 권27 「질관(秩官) 5) 사석곤(謝錫衮)은 따로 전기는 없지만 『청사고(淸史稿)』 열전(列傳) 64 「우성룡(于成龍)」에 그 이름이 나온다. 강희 20년 우성룡이 알현할 때 강희제가 그를 '청관제일(淸官第一)'로 칭찬하면서 속리 중에 청렴한 관리가 있느냐고 묻자 우성룡이 세 사람을 드는데, 그 가운데 한 사람이 사석곤이었다. 사석곤이 청렴한 관리로서 직예순무였던 우성룡에게 높은 평가를 받았음을 여기에서 알 수 있다.

오호라! 무릇 천하의 지방관은 반드시 사석곤 공처럼 진실하여 평소에 백성으로부터 믿음을 얻고 있어야만 감히 [대기하는 인부들을] 풀어 주자는 이야기를 할 수 있었을 것이다. 그렇지 않다면 그들은 한 번 돌아간 다음에는 반드시 모두 때에 맞추어 돌아오지는 않았을 터이다. 그렇게 되었을 경우 대병이 모여 소란을 피우면서 지방관이나 백성 모두 그 때문에 큰 피해를 입지 않았겠는가?

그런데 군대가 육로를 이용하게 되면, 식량과 말먹이를 운반하고 무기와 장비를 나르는 일은 남방에서는 모두 인부를 쓰지만, 북방에서는 대부분 수레와 나귀를 이용한다. 인부는 돈이 있으면 대신할 사람을 찾아서 고용할 수 있지만, 수레와 나귀는 미리 갖추지 않으면 어떻게 제공할 수 있겠는가? 매번 지방관이 사방으로 「지시공문(差票)」을 내어 독촉 업무를 떠넘겨도 도무지 변통할 방법이 없다. 그 결과 서역들이 수작을 부려 이런 부담을 돈 좀 있는 사람들에게 떠넘기게 되고, 그 결과 수레·나귀가 없는 사람들은 뇌물로 때워 넘어갈 수 있지만 수레·나귀가 있는 사람은 도리어 큰 부담을 지면서도 이를 피할 수 없게 되었다. 결국 백성은 아예 마차 바퀴를 부수고 말발굽을 자르는 식으로 대응하여 무거운 피해를 벗어나고자 하게 된다. 만약 이러한 일이 다시 또 이어진다면, 그때에는 귀신에게라도 이 운반의 책임을 맡겨야 한다는 말인가?

다행히 지금 천하는 태평하여 일이 없고 사해는 안정되었으니, 선부나 수레·나귀가 예전처럼 빈번하게 징집되는 일은 더 이상 없을 것이다. 역참에서 제공하는 것이라고 해 봐야 기껏 왕래하는 산차와 세금 운송, 범인 등의 압송 임무에 불과하다. 여기에 필요한 배는 부두의 아행에게 지시하여 차사의 운송을 책임질 배를 미리 고르게 할당해 두었다가 번갈아 임무에 나서게 하면, 차사가 도착하는 즉시 출발할 수 있어 때가 닥쳐서 지연되거나 책임을 떠미는 일이 없을 것이다. 지방관은 역참에서 지급할 임금을 옮겨 써서 나루터의 우두머리(埠頭)가 선호(船戶)와 함께 아문에 와서 직접 눈서를 올려 수령해 가게 하되, 결코 그 액수를 모자라게 지급함으로써 가난한 백성에게 피해를 입혀서는 안 된다. 소차의 견부는 원래 규정상 연도 지방에서 돌아가면서 뽑아 쓰게 되어 있다. 따라서 지현은 미리 고시하여 해당 지보가 상가와 일반 민호에게 공평하게 분배함으로써 차사가 도착하면 즉시 임무 교대에 나설 수 있게 지시해야 한다. 규정에 따르면 수로 역참을 이용하는 경우 견부를 제공하지 않는다.

수레·나귀가 많이 필요한 경우에는 병부에서 미리 공문을 보내거나 앞 지방의 독무가 미리 주현관에게 통보를 해 온다. 그러면 지방관은 주변 향촌의 인구에 따라 장두·향약·지보에게 지시하여 신사의 가구를 면제해 주는 것 외에는 나머지 모든 사람에게 고르게 할당한다. 필요한 수레·나귀의 많고 적음을 보고 할당할 민호의 많고 적음을 결정하는데, 적으면 100가에 수레 한 대, 25가에 나귀 한 마리를 할당하고, 많으면 50가에 수레 한 대, 10가에 나귀 한 마리를 할당한다. 또한 운송 거리를 보고 고용 임금의 많고 적음을 결정한다. 수레·나귀가 있는 집에서는 수레·나귀를 내어 본인이 내야 할 몫을 충당하고, 수레·나귀가 없는 집에서는 본인에게 할당된 몫에 따라 돈을 낸다. 이렇게 해서 모은 결과 남는 수레·나귀가 있으면 다음에 올 차사에게 할당하여 제공하고, 이런 식의 할당이 한 바퀴를 돌면 다시 처음부터 시작하여, 이것을 고정된 규칙으로 삼는다.

국가의 정규 예산을 옮겨 써서 지출해야 할 경우에는, 경내 주민들의 수레·나귀를 이용하는 것에 대해 향약·지보들이 모두 자세한 명단을 만들어 보고하도록 한다. 상업구역에서 징발하여 사용할 수레·나귀에 대해서는 당지 아행이 모두 명단을 만들어 보고하도록 한다. 그러면 지현은 그 지출이 적절한 것인지 점검한 다음, 향약·지보·아행에게 지시하여 각기 [현재의 보유상황에 대한] 「확인서」를 제출하도록 하고, 수레·나귀를 끄는 인부들에게는 고용 시가대로 지급하고, 액수대로 지급한 다음 「영수증」을 받아서 확인도장을 찍어 보관함으로써 결산보고에 대비한다.

만약 세금 운송이나 범인 압송 등이라면 필요한 것이 제한적이라 연도의 점포에서 제공하는 것이 전례인데, 만약 그것이 조금 많은 경우라면 연도의 민호에게 도움을 받을 수 있다. 따라서 당지의 향약·지보에게 지시하여 점포 몇 가구에 수레·나귀 얼마를 할당하고, 민호 몇 가구에 수레·나귀 얼마를 할당하게 하면 되는 것이다. 그렇지만 우선 점포에 대한 할당이 끝난 다음에 민호에게 할당을 하며, 반드시 점포에 두 차례 순서가 돌아올 때 민호에는 한 차례만 순서가 돌아오게 한다. 이것은 점포는 모두 잡민(雜民)이 운영하는 것으로 영업을 통해 어느 정도 수입을 올리지만, 일반 민호는 모두 곤란에 처한 가난한 백성이기 때문에 지나치게 큰 부담을 줘서는 안 되기 때문이다. 무릇 모든 일을 미리 준비하면 그때가 되었을 때 소란을 피우지 않아도 되고, 모든 일을 고르게 처리하면 고생과 즐거움이 어느 한쪽에 치우치지 않게 된다. 이것을 위해서는 위에 있는 사람이 때와 장소에 따라서 아주 적절하게 분배하기 위해 힘써 계획해야만 한다. 서역들이 꼬투리를 잡아 돈을 뜯거나 하게 되면 마차·나귀의 공급을 맡게 된 백성의 부담은 더욱 무거워진다. 이러한 서역들은 마치 해충과 같은 무리들이므로, 응당 신속하게 제거하여 곡식이 무사히 자랄 수 있게 해야 할 것이다.

向者軍興之際,[233] 兵馬徵調,[234] 凡水路經過地方, 所需船隻, 在在封拿.[235] 無論商賈阻羈,[236] 行旅斷絶, 卽漁舟、釣艇,[237] 靡不搜羅.[238] 更有州縣奸差, 受賄賣放,[239] 因之爲利, 封捉旣無定數, 騷擾亦無寧晷.[240] 甚至集候多時, 舟工凍餓, 遂有縱火焚船而星遁者.[241] 以故各省大吏具疏請造官船,[242] 以資應付.[243] 稍有不足, 所需無幾.[244] 又定有按船坐人之限, 不致如前追索之無已也.[245] 至于拉船縴夫, 上司行文州縣, 僱募刻難遲緩, 四鄕按煙撥派夫丁,[246] 與津市所僱游乞,[247] 嚴行差押,[248] 或閉之空舍, 禁之廟宇,[249] 以候大兵之至. 然而飯食不充, 晝夜凍餒, 臭穢薰蒸, 多成疾疫, 雖有慈憫之仁侯,[250] 莫敢輕議乎疏縱.[251]

鴻聞之, 今南昌郡丞,[252] 謝公諱錫袞者,[253] 向在河屬之靜海令時,[254] 値滇、黔勘定,[255] 凱旋

233 향자(向者)는 '종전·이전'이라는 뜻이다.

234 병마(兵馬)는 사병과 군마, 또는 군대나 전쟁을 가리키기도 한다. 징조(徵調)는 인원이나 물자의 징집, 징발이란 뜻이다.

235 재재(在在)는 '처처에, 도처에'라는 뜻이다. 봉나(封拿)는 움직임을 차단하고 그 자리에서 징발한다는 뜻으로 보인다.

236 조기(阻羈)는 저지당해 머무르면서 나아가지 못함을 가리킨다.

237 조정(釣艇)은 낚시 배를 말한다.

238 수라(搜羅)는 찾아 모으다, 수집하거나 수색한다는 뜻이다.

239 매방(賣放)은 뇌물을 받고 몰래 풀어 준다는 뜻이다.

240 영귀(寧晷)는 안정된 시간, 편안한 시간을 말한다.

241 종화(縱火)는 방화, 즉 불을 놓는다는 뜻이다. 성둔(星遁)은 밤을 도와 도망친다는 뜻이다.

242 구소(具疏)는 상소문을 갖추어 올려 의견을 진술한다는 뜻이다.

243 응부(應付)는 사람이나 물자에 대해 방법이나 조치를 취한다. 지급·공급한다는 뜻이다.

244 무기(無幾)는 그리 많지 않다는 뜻이다.

245 추색(追索)은 쫓아가서 뽑아낸다, 독촉한다는 뜻이다.

246 여기서 연(煙)은 연호(烟戶), 즉 인호(人戶)·민호(民戶)·호구(戶口)를 가리킨다.

247 진시(津市)는 나루터의 시장을 말한다.

248 차압(差押)은 압송한다는 뜻이다.

249 묘우(廟宇)는 사묘(祠廟. 寺廟), 즉 사원·도관·사당 등의 종교시설을 가리킨다.

250 자민(慈憫. 慈愍)은 인자하고 가엽게 여긴다는 뜻이다.

251 소종(疏縱. 疎縱)은 놓아준다, 풀어 준다는 뜻이다.

252 군승(郡丞)은 군수의 좌이(副貳)를 가리킨다. 군의 장관은 군수(郡守)로 군의 정사를 수지하는데, 진한 시대에 군현을 설치하면서 군에 수(守)·승(丞)·위(尉) 각 1인을 두었다. 군수는 백성을 다스리고, 군승은 이를 보좌하였는데, 송대 이후 군은 부(府)로 바뀌었지만, 지부는 여전히 군수로 불리기도 하였다. 따라서 군승은 아마 지부의 좌이관인 동지(同知)를 가리킨다.

253 휘(諱)는 이미 작고하거나 아니면 살아 있는 웃어른(尊長)의 이름, 성함을 가리킨다.

254 하속(河屬)은 여기서는 하북(河北), 즉 직예성(直隷省)을 가리킨다. 하북성이란 명칭은 1928년 이후에 사용된다). 정해현(靜海縣)은 천진부(天津府) 소속이다. 영(令)은 현령(縣令), 즉 지현을 가리킨다.

255 전·검(滇·黔)은 각기 운남성(雲南省)과 귀주성(貴州省)을 가리킨다. 전은 전지(滇池)를 가리키는데, 곤명호(昆明湖)·곤명지(昆明池)라고도 하며, 운남성의 곤명시 서남쪽에 있다. 여기서 비롯되어 전(滇)은 운남을 가리키는 말로 사용된다. 검(黔)도 검다는 뜻이지만, 귀주성의 별칭으로도 사용된다. 경내에 검령산(黔靈山)·검령하(黔靈河) 등이 있기 때문이라고 한다. 여기서 전검은 삼번을 가리키는데, 이 지역은 특히 삼번의 난의 주역이었던 오삼계

禁旅,[256] 調集縴夫,[257] 雲集城邑. 公素知禁閉之苦,[258] 乃與羣民約, 悉縱之歸, 俟至期聞呼卽至, 十夫以一夫爲長統之, 命鄉、地押回. 逾月 凱旋兵至, 衆夫果畢集,[259] 無一逃者, 以故舟師魚貫而進,[260] 地方安堵無譁.[261] 雖公之經畫有術,[262] 亦平日之誠信感孚,[263] 民自不忍欺耳. 嗚呼! 夫天下有司, 必得如公誠信素孚于民, 而後可以言縱. 否則, 一去而未必如期而至, 大兵屯集呼擾,[264] 官民不大受其害耶?

若夫師行陸路, 搬運糧芻,[265] 馱載甲械,[266] 南方俱用人夫, 北方多用車驢. 人夫有錢尙堪雇覓,[267] 車驢無具, 何以供應? 每見有司四出「差票」, 一任催拘, 而全無變通, 以致胥役作弊, 差分賣富,[268] 無車驢者, 反得折乾而不問,[269] 有車驢者, 因之疊累而難辭.[270] 遂至民間析輪斮蹄, 以避重害. 設後有繼至, 豈能神輸而鬼運乎?

幸今天下太平無事, 四海乂安,[271] 船夫、車驢, 無復有從前之紛集矣. 供應者不過來往散差與餉鞘、解犯耳.[272] 其船隻責令埠牙,[273] 將應當差之船, 預先均派, 輪流應付,[274] 差至卽行, 毋

(吳三桂)의 기반이었다. 감정(勘定)은 무력으로 평정한다는 뜻이다. 여기서는 삼번의 난이 진압된 것을 가리킨다.

256 금려(禁旅)는 금군(禁軍), 즉 궁성이나 경사를 지키는 임무를 맡은 부대를 말하지만, 송대 이후에는 중앙에서 직접 장악하는 정규군을 가리키기도 한다. 청대의 경우 금위군 성질의 부대는 금려팔기(禁旅八旗) 또는 경기(京旗)라고 하는데 경사에 주둔하던 팔기부대를 가리킨다.

257 조집(調集)은 골라서 모으다, 징발한다는 뜻이다.

258 금폐(禁閉)는 구금·봉쇄를 말한다.

259 필집(畢集)은 모두 모인다는 뜻이다.

260 주사(舟師)는 수군이나 선부·선원을 가리킨다. 여기서는 대규모 군대를 강 건너로 옮기는 선박 집단을 가리키는 것으로 보인다. 어관(魚貫)은 물고기를 한 꾸러미로 꿴 것처럼 하나하나씩 차례대로 진행한다는 뜻이다.

261 안도(安堵)는 안거(安居), 즉 편안하게 머문다는 뜻이다. 무화(無譁)는 시끄럽게 떠들지 않다, 차분하여 조용하다는 뜻이다.

262 경화(經畫, 經劃)는 경영하여 준비한다는 뜻이다.

263 감부(感孚)는 감동시켜 믿고 따르게 만든다는 뜻이다.

264 둔집(屯集)은 집결이라는 뜻이다. 호요(呼擾)는 어지러움과 소란을 말한다.

265 반운(搬運)은 운송, 운반을 뜻한다.

266 태재(馱載)는 가축에 짐을 지운다는 뜻이다. 갑계(甲械)는 병기를 가리킨다.

267 고멱(雇覓)은 돈을 써서 도와줄 사람을 찾는다는 뜻이다.

268 매부(賣富)는 부를 과시하다, 호화롭고 사치스러운 시늉을 한다, 있는 티를 낸다는 뜻이다. 여기서는 아마도 돈이 좀 있는 사람을 가리키는 것 같다.

269 절건(折乾)은 금은 재물 등으로 뇌물을 건네주는 것을 가리킨다.

270 첩루(疊累)는 누적된다는 뜻이다.

271 예안(乂安)은 태평·안정이란 뜻이다.

272 향초(餉鞘)는 지방정부가 세금으로 거둔 은냥을 중앙정부에 담아 옮기던 나무통을 말한다. 나아가 거두어들인 세금을 뜻하기도 한다. 해범(解犯)은 압송하는 범인이란 뜻이다.

273 책령(責令)은 책임을 주어 지시한다는 뜻이다.

274 윤류(輪流)는 '순서대로 번갈아서'라는 뜻이다.

得臨時耽延、推諉.[275] 應官動站項給値者,[276] 著埠頭同船戶當堂具呈親領,[277] 毋得短少,[278] 致累貧民. 其小差縴夫, 例係沿途地方撥換, 本官宜預先出示, 飭令該地方, 照鋪店、烟戶, 從公酌派,[279] 差到卽行接替.[280] 如係下水, 例不給縴夫. 其車輛、驢頭需用多者,[281] 例有部行, 或前途督撫, 預咨知會州縣官,[282] 須照四鄉烟戶, 著令莊頭、鄉地, 除紳衿本戶優免外, 其餘盡行派出. 視所用車驢之多寡, 以定所派烟戶之多寡, 少則或百家派一車, 二十五家出一驢, 多或五十家出一車, 十家出一驢. 又視所送程途之遠近,[283] 以定僱募價値之多寡. 如有車驢之家, 認出車驢, 抵其本戶應出之値, 無車驢之家, 照本戶所派之値, 以幫貼之.[284] 如有存剩車驢, 俟有後差, 照派供應, 完日週而復始,[285] 永爲定例.

應動正項開銷者,[286] 本境居民車驢, 約、地盡行開報, 鎭、集攬載車驢,[287] 該牙行盡行開報. 本官親身點驗堪用者, 卽令約、地、牙行, 各出現在「甘結」, 本車驢夫照依僱募時價具領,[288] 如數給發, 批領過硃存案,[289] 以備報銷. 若餉鞘及遞解人犯經過, 所需有限,[290] 例係沿途鋪店供送,[291] 稍多則沿途烟戶協濟, 仍飭該鄉、地, 將鋪店若干家, 派車驢若干, 烟戶若干家, 派車驢若干. 先儘鋪店用完, 然後續用烟戶, 必鋪店輪差二次, 烟戶方輪一次, 以鋪店皆係雜民, 營運尙有生息,[292] 而烟戶則俱困處窮黎,[293] 未堪多累也. 夫凡事豫則臨時無擾, 凡事均則苦樂無

275 추위(推諉)는 책임을 미룬다, 변명한다는 뜻이다.
276 응관(應官)은 관청의 부세·요역 요구에 응한다는 뜻 또는 응대하는 관리라는 뜻이다. 항(項)은 경비·자금이란 뜻이 있다.
277 구정(具呈)은 위로 올리는 상행문(上行文)인 청원서(呈文)을 갖춘다는 뜻이다.
278 단소(短少)는 '부족·결핍'이라는 뜻이다.
279 종공(從公)은 '공정하게'라는 뜻이다.
280 접체(接替)는 임무를 교대해 준다는 뜻이다.
281 여두(驢頭)는 나귀를 말한다.
282 지회(知會)는 통지·통보라는 뜻, 또는 그 문서를 가리킨다.
283 정도(程途)는 노정·도로를 뜻한다.
284 방첩(幫貼)은 도와주다, 보태 준다는 뜻이다.
285 주이부시(週而復始)는 한 바퀴를 돌면 다시 순환한다, 끊임없이 계속 순환한다는 뜻이다.
286 정항(正項)은 정세(正稅), 정규 예산 항목이란 뜻이다. 개소(開銷)는 지출한 항목, 비용에 대해 결산처리, 즉 보소(報銷)를 말한다. 보소는 수령한 돈이나 수지 장부의 항목을 작성하여 상급에게 보고하면서 결산을 승인해 달라고 요청하는 것이다.
287 남재(攬載)는 실어서 운반한다는 뜻이다. 요점을 기록한다는 뜻도 있다.
288 구령(具領)은 문건 등을 수령한다는 뜻이다.
289 과주(過硃. 過朱)는 도장을 찍는다는 뜻이다.
290 체해(遞解)는 범인을 먼 곳으로 압송할 때 연도의 관청에서 번갈아 그 책임을 맡는 것을 말한다. 인범(人犯)은 소송안건의 범인 및 그와 관련된 사람을 가리킨다.
291 공송(供送)은 제공하여 전송한다는 뜻이다.
292 영운(營運)은 경영·운영·생계 등을 말한다. 생식(生息)은 생존·이자·수익 등을 가리킨다.

偏, 是在上之相時因地、殫心經畫而已.[294] 至于胥役借端需索,[295] 俾供應之民, 累中加累, 此蟊賊之類也.[296] 合亟剪除之,[297] 以穡嘉穀,[298] 可耳.

29-08. 노역형 죄수의 통제(稽査徒犯)

역참으로 보내진 노역형 죄수(徒犯)는 그 사람됨이 하나같지는 않다. 도적질 때문에 잡혔으나 감형된 사람도 있고, 살인사건 때문에 잡혔지만 종범으로 [사형에서 좀 더 죄가 가벼운 노역형] 판결을 받은 사람도 있으며, 관리나 권세가 있는 무뢰배였으나 뇌물죄에 걸려 노역형에 처해진 사람도 있다. 상사 아문에서 압송하여 관련 문서와 함께 본 주현의 아문에 도착하면, 본 주현에서는 그들을 인계받았다는 「인수증」과 함께 역참에 도착한 날짜를 함께 기록하여 상사 아문에 답장해야 한다. 그리고 차역을 따라 보내면서 역참에 공문을 내려 역참에서 인수하였다는 「인수증」을 받아 와 보고하게 하며, 이 문서는 형방에 내려 보내 보관하게 한다. 만약 그 죄수의 범죄 정상과 죄목이 가증스러운 데다 외모도 거칠고 흉포한 경우라면, 마땅히 규정대로 족쇄를 채우고 노역을 시키며, 역참에서 재우되 멋대로 떠나지 못하게 하며, 아침저녁으로 부지런하게 점검해야 한다. 만약 그가 도망을 쳤지만 고향으로라도 돌아갔으면 수배 문서를 보내 잡아오면 되지만, 먼 곳으로 숨을 뿐만 아니라 나아가 불법을 저지르기라도 한다면, 해당 역참도 당연히 피해를 입지 않겠는가?

만약 이역(吏役) 출신으로 글자를 알고 일도 처리할 줄 아는 사람이라면 글을 쓰고 등록하는 일을 맡겨 역참 일을 돕게 하되, 적당히 급료를 주어 그 노고를 위로한다. 만약 권세 있는 무뢰배라면 반드시 평소의 행동에 거리낌이 없었던 것을 상사가 지명수배로 잡아

293 곤처(困處)는 곤란한 처지나 거기에 빠진다는 뜻이다. 궁려(窮黎)는 가난한 백성을 말한다.

294 상시인지(相時因地)는 시기를 관찰하고 지방에 따라서 판단한다는 뜻이다. 탄심(殫心)은 마음을 다하여 최선을 기울인다는 뜻이다.

295 수색(需索)은 갈취·강탈을 뜻한다.

296 모적(蟊賊)은 싹을 먹는 해충, 비유하여 백성이나 국가를 해치는 사람을 가리킨다.

297 전제(剪除)는 자르다, 제거하다는 뜻이다.

298 가곡(嘉穀)은 쌀, 또는 오곡이다.

들여 노역형에 처함으로써 징계한 경우일 것이다. 그는 지위와 재산이 있으므로 반드시 아는 사람을 찾아내 편지를 보내 미리 청탁해 올 것이다. 일찍이 관직에 있었던 사람으로서 사대부 지위에 있는 사람은 법적으로 처벌 받는 것이 당연하지만, 그래도 대체로 위로해 줄 필요가 있다. 만약 멀리 타향으로 온 것이라 가지고 온 짐이 아주 가볍다면, 반드시 약간의 도움을 주어 추위와 배고픔을 면하게 해 주어야 한다.

그렇지만 이 두 종류의 범인들은 정상 규정에 따라 묶어 두기에 곤란하므로, 응당 역참의 병서와 마패, 해당 지역의 향약·지보 및 이웃에게 비밀리에 지시하여 아침저녁으로 몰래 살펴서 사사로이 노역형 장소를 떠나지 못하도록 해야 한다. 만약 문서를 갖추어 고향의 가족들을 만난다는 명목으로 휴가를 청하더라도, 이를 허가하여 돌아가게 해 주어도 된다는 규정은 없다. 그러나 만약 정말 간절하고 절실하게 요청을 한다면, 반드시 신분이 확실한 사람이 「보증서」를 제출하면서 그로 하여금 기한 내에 돌아오게 하겠다는 보증을 선 다음에야 비로소 허가를 해 줄 수 있다. 그렇지 않고 풀어 주어 고향에 돌아가게 해 주었는데 일을 일으킨다면, 담당관은 그렇게 풀어 준 허물에 대해 변명할 여지가 없다.

만약 노역형 연한이 다 차서 해당 죄수가 문서를 갖추어 지현에게 올리면, 지현은 문서를 갖추어 원래 노역형을 내린 아문에 보고하고, 아울러 원적지에 호송하여 돌려보낸 다음 「인수증」을 받아 와서 보관해 두어야 하지만, 이 일의 처리는 그래도 주현의 선례를 살펴서 실행해야 한다. 무릇 노역형 기한이 다 차면, 이제는 바로 죄가 없는 사람이 되는 것이니, 돌려보낼 때는 관원 출신이라면 당연히 우대하는 예절을 갖추어 음식을 대접하고 노자를 주어 대접함으로써 그 치욕을 씻어 주어야 한다. 그렇다면 평소에 체면을 차렸던 권세 있는 무뢰배에게도 역시 따로 배려를 해 주고, 재물을 보내 위로해 줌으로써 기쁜 마음을 갖도록 해야 한다. 어찌 이들로부터 좋은 말을 들으려고 하는 일이겠는가! 실로 군자의 충후한 마음가짐은 응당 이렇게 해야 하기 때문이다.

凡著驛徒犯,[299] 其人不一. 有因盜賊而末減者[300]; 有因命案而從擬者[301]; 有官吏、豪棍

---

299 도범(徒犯)은 노역형(徒刑)을 받은 죄수를 가리킨다. 노역형(徒刑)은 일정 기한 자유를 박탈하고 아울러 다른 지방으로 보내 노역(勞役)에 종사하게 하는 형벌로 유기형과 무기형이 있다. 『당률소의(唐律疏義)』「명례(名例)」에 의하면 "도는 노예를 말한다. 생각건대 노예로 삼아 욕보이는 것이기 때문이다(徒者奴也, 蓋奴辱之)."라고 한다. 이 형벌은 춘추·전국시대에 출현하였으나, 북주(北周)에서 처음으로 도(徒)라는 이름이 붙었고, 형기는 대체로 1-5년이었다. 수대(隋代)에 정식 오형(五刑)의 하나가 되었으며, 송대에는 장형(杖刑)으로 대신 되기도 하였다. 원대에는 5등급으로 나뉘고 장형이 부가되었으며, 명·청대에도 비슷하였다(1년에서 3년까지 반년단위로 체가되며, 곤장도

犯贓而發配者.[302] 上司差押,[303] 連文解到,[304] 本州縣具「收管」倂著驛月日申覆,[305] 隨差役票行該驛,[306] 取著驛「收管」回報, 發房存案. 如其人情罪可惡,[307] 相貌凶戾,[308] 宜照例帶鐐, 令作工役,[309] 在驛宿歇, 不許擅離, 早晚勤加查點. 恐其脫逃回籍, 猶可關提,[310] 若竄遠方, 仍爲非法, 不累及該驛乎? 如吏役有識字及能事者, 令其書寫登記, 相幫料理驛務, 量給工食,[311] 以恤其勞. 若係豪棍, 必平日所行無忌, 上司訪拿發配示懲,[312] 其人自有身家, 必索相識書函, 爲之先容囑託.[313] 至于曾經出仕, 名列衣冠,[314] 雖法令之宜加, 亦大體之當恤, 倘其遠在他鄉, 行李蕭索,[315] 更須略爲資助,[316] 免淪凍餒.[317]

但二者未便拘以常例, 仍宜密諭管驛書·牌、本處鄉·地及所居鄰佑, 早晚潛爲稽察, 毋致私離配所.[318] 如具呈請假, 歸里省親名色,[319] 無批准令回之例, 或哀懇情切,[320] 必得有身家的

60대에서 각기 10대씩 체가되었다). 청대 노역형은 보통 해당 성의 역참 일꾼으로 일하거나 수부(水夫)·화부(火夫) 등의 잡역을 맡게 하였다. 노역형을 포함한 오형에 대해서는 제12권 형명부 2「12-04. 오형(釋五刑)」 부분을 참조.

300 말감(末減)은 보다 가볍게 형벌이 내려지거나 감형된다는 뜻이다.

301 명안(命案)은 사람의 목숨에 관련된 안건, 즉 살인(사망)사건을 말한다. 종의(從擬)는 아마도 주범이 아닌 종범(공범)으로 판결을 받은 것을 말하는 것으로 보인다.

302 호곤(豪棍)은 권세 있는 무뢰·대악당을 말한다. 범장(犯贓)은 부정한 방법으로 재물을 취득하거나 뇌물을 수수한 죄를 가리킨다. 발배(發配)는 범인을 머나먼 변경 지방으로 압송하여 배치하는 것(노역형이나 유배형 등)인데, 여기서는 노역형을 가리킨다.

303 차압(差押)은 압송이라는 뜻이다.

304 해도(解到)는 압송되어 도착하였다는 뜻이다.

305 「수관(收管)」은 범인을 압송하여 넘겨받은 다음에 주는 문서, 즉 「인수증」이다. 신복(申覆)은 검토를 요청한다는 뜻, 또는 회답하여 보고한다는 뜻이다.

306 표행(票行)은 표라는 공문을 하달한다는 뜻이다.

307 정죄(情罪)는 범죄 상황, 즉 정상(情狀)과 죄목(罪目)을 말한다.

308 흉려(凶戾)는 흉폭하고 거칠다는 뜻이다.

309 공역(工役)은 토목공정이나 잡일, 또는 그 일을 하는 사람을 말한다.

310 관제(關提)는 수배문서(關)를 보내 체포한다, 잡아 온다는 뜻이다. 관(關)은 바로 범인을 체포하기 위해 각지로 보내는 공문을 말한다.

311 양급(量給)은 적당히 지급한다는 뜻이다. 공식(工食)은 기술자나 취사원등의 인원, 또는 임금을 말한다.

312 시징(示懲)은 징계 의사를 표시한다는 뜻이다.

313 선용(先容)은 먼저 사람을 통해 소개나 추천을 하는 것을 가리킨다. 촉탁(囑託)은 부탁·청탁을 말한다.

314 의관(衣冠)은 옷과 모자이지만, 고대에는 사(士) 이상만 모자를 썼으므로 신사나 사대부 또는 문명과 예교(禮敎)를 가리키기도 한다.

315 소색(蕭索)은 쓸쓸하다, 처량하다, 초라하다는 뜻이다.

316 약위(略爲)는 대략, 약간이라는 뜻이다. 자조(資助)는 재물을 가지고 돕거나 제공한다는 뜻이다.

317 동타(凍餒)는 추위와 굶주림을 말한다.

318 배소(配所)는 유배당한 장소를 말한다.

319 귀리(歸里)는 고향에 돌아간다는 뜻이다. 성친(省親)은 부모나 기타 웃어른을 찾아뵌다는 뜻이다. 명색(名色)은 명목, 명의라는 뜻이다.

320 애간(哀懇)은 슬프고 간절하다는 뜻이다. 정절(情切)은 감정이 절실하거나 진실하다는 뜻이다.

保具結,[321] 定限回銷,[322] 方可准允. 否則放歸致生事端, 該管官難辭疏縱之咎.[323] 若其年限已滿, 本犯具呈本州縣, 具文申覆原發衙門併關解原籍,[324] 取「收管」存案, 仍查本州縣舊例而行. 夫其徒限已滿, 卽爲無罪之人, 及其將返也, 無論仕流宜加優禮,[325] 設飲餽贐,[326] 以湔其恥辱, 卽豪强之輩, 素修體面者, 亦宜別示周旋,[327] 贈勞撫慰,[328] 以生其感悅. 此豈要譽于若輩哉![329] 實君子忠厚存心之應爾也.[330]

321 적보(的保)는 확실하고 믿을 수 있는 보증인이나 점포를 말한다.
322 회소(回銷)는 돌아와서 (임무나 임무를 지시한 문서를) 말소한다는 뜻이다.
323 소종(疏縱)은 느슨하게 풀어 두었다는 뜻이다.
324 관해(關解)는 공문(關)과 함께 호송하여 돌려보낸다는 뜻이다.
325 사류(仕流)는 관리나 관직에 있었던 사람을 가리킨다.
326 설음궤신(設飮餽贐)은 먹고 마실 것을 대접하고 노잣돈을 주는 것을 말한다.
327 주선(周旋)은 교제 · 응수 · 배려 등의 뜻이다.
328 증로(贈勞)는 재물을 보내 위로를 표시한다는 뜻이고, 무위(撫慰)도 위로한다, 안위한다는 뜻이다.
329 요예(要譽)는 영예를 얻는다는 뜻이다. 약배(若輩)는 그들, 이들이라는 뜻이다.
330 존심(存心)은 마음가짐이라는 뜻이다.

제30권

서정부 庶政部 1

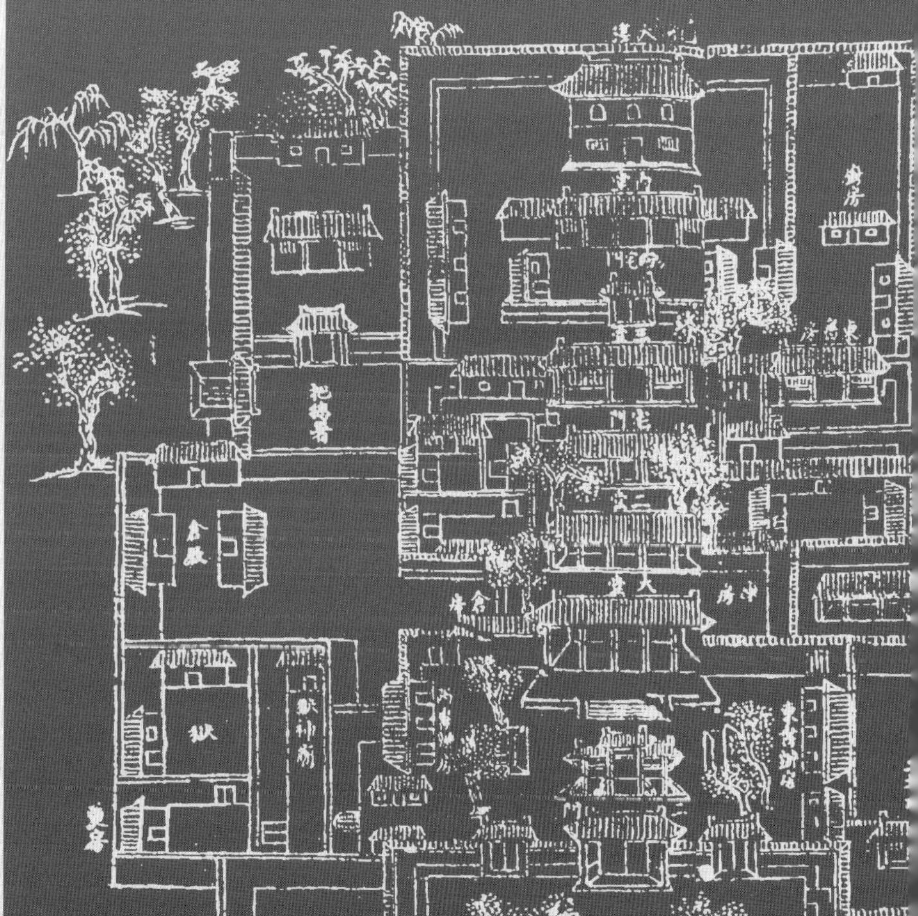

福惠全書

30-01. 총론(總論)

무릇 지방관은 한 지역을 관할하게 되면, 그 지방의 이익·폐해와 정치의 흥쇠, 그리고 외관의 치장이나 백성의 구휼 등에 대하여 크고 작거나 세밀하고 상세한 것을 막론하고 그 경영에 주의를 기울여야 한다. 지방관이 한 가지 이익을 일으키면 그 지방은 한 가지 혜택을 입게 되고, 한 가지 업무를 제대로 처리하면 그 치적에 한 가지가 더 추가된다. 만약 기한에 맞춰 세금을 거두고 장부를 기입하는 일에 대해서만 아주 열심히 노력하고 "내 일은 여기서 이미 끝났고, 다른 것은 업무평가에 상관없으니 더 이상 신경을 쓰지 않겠다"고 한다면, 그것은 정말로 문제가 있는 태도라고 하지 않을 수 없다. 이를테면 지방관이 건물을 수리할 때, 사무실과 계단은 손님을 접견하는 곳이기 때문에 열심히 단청과 옻칠을 하여 화려한 외관을 보이도록 꾸미면서, 자신이 자고 쉬는 거처나 부엌·욕실·축사에 대해서는 기울어지고 물이 새도록 방치하면서도 꺼리지 않는 것과 같다고 할 것이다. 만약 어느 날 갑자기 대들보가 부러지고 벽이 무너져 여기에 머물던 주인과 노복이 다치고 소·양이 죽는다면, 어찌 아름답게 꾸민 사무실이나 계단이 홀로 남아 손님이 둘러보며 감탄하는 기회를 줄 수 있겠는가?

따라서 큰일에 힘쓴다고 해서 작은 일을 소홀히 해서는 안 되며, 자기 자신에 대해 완벽한 것을 추구하려면 또한 반드시 외부 사람에 대해서도 그러한 자세를 가져야만 한다. 오로지 큰일에만 열심이고 작은 일은 아예 제쳐 두거나, 자신에 관한 것은 열심히 추구하지만 다른 사람에 대해서는 전혀 도외시한다면, 모든 일은 그 작은 것 때문에 도리어 아주 큰 피해로 연결될 염려가 있다. 이른바 "한 알의 불씨가 광야를 불사른다"는 속담이 바로 그런 뜻이다. 인자한 마음이 외부의 다른 사람에게까지 미치고 아울러 올바름으로 자신을 닦아야 한다는 것을 가리켜 이른바 "한 가닥 착한 마음이 하늘을 감동시킨다"고 한다. 위정자는 큰일과 작은 일, 자신과 타인 사이에서 양쪽 모두에 힘을 쓰면서 백성의 행복과 이익을 추구해야 하지, 대들보가 부러지고 벽이 무너져도 좋다는 식으로 건물을 수리하는 사람 같은 자세를 가져서는 안 된다. 업적을 챙기고 선행을 쌓는 문제의 경우 어찌 감히 스스로 꾀할 수 있겠는가?

나는 지금부터 각종 행정사무에 대해 대략 열 가지 남짓한 항목을 들고자 한다. 모두 지방의 이익과 폐단, 정치의 흥쇠, 외관의 치장과 백성의 구휼에 대한 것으로 지방관이 응당 유념해야 할 사항들이다. 여기에서부터 어떻게 더욱 미루어 늘릴 수 있는지는 또한 지방관이 행정사무나 백성의 이해관계에 대해 얼마나 계속 최선을 다하는 마음을 갖고 있는지에 달려 있다.

夫州縣司牧一方, 其地方之利弊, 政事之張弛,[1] 與彼文飾觀瞻,[2] 愛惜生命, 罔論巨細、纖悉,[3] 皆當留意經營. 一利興, 地方便受一事之福, 一務擧, 政理便見一端之績.[4] 若其期會簿書,[5] 勤勞鞅掌,[6] 遂謂: "吾事已畢", 此外無關考成, 不復置念," 辟之繕室者,[7] 廳事、階除爲賓客接見之地,[8] 勤施丹雘髹采,[9] 以博華美之觀, 而私寢、燕閒之居,[10] 庖湢、牲牢之舍,[11] 任其欹傾滲漏而不之恤.[12] 一旦棟摧壁壓, 主僕受傷, 牛羊遭殞, 其爲廳事階除之美, 豈能獨存而更邀賓客之一顧乎?

故勤其大者, 不可忽其小, 全乎己者, 尤必及乎物. 苟惟大之克勤而小或弗慮, 己之是究而物不爲圖, 夫事有因其小而適以害其大, 所謂: "一星之火, 可以燎原." 仁有及乎物, 而正以修乎己, 所謂: "一念之善, 可以格天."[13] 爲政者, 于大小、己物之間, 所當兼務, 以求福利乎民, 毋致如繕室者之有待于摧壓, 可也. 至于爲績爲善, 豈所敢自計乎? 鴻今于庶務畧擧十餘條,[14] 皆其利弊、張弛、觀瞻、生命, 所當留意者. 由是類推之, 又在賢侯敷治勤民無已之盛心爾.[15]

1 장이(張弛. 張施)는 활시위를 당기고 늦추는 것을 말하며, 사물의 진퇴 · 흥폐를 비유하기도 한다.
2 문식(文飾. 文飭)은 장식 · 수식 · 화장을 한다는 뜻이다. 관첨(觀瞻)은 외관 · 체통을 가리킨다.
3 섬실(纖悉)은 세밀하고 상세하다는 뜻이다.
4 정리(政理)는 탁월한 정치 업적, 정치나 정치를 하는 방법을 말한다.
5 기회부서(期會簿書)는 규정된 기한 내에 정령을 실시한다는 것으로 대부분 조정이나 관부의 재물 출입에 관련된 사무를 가리킨다. 즉 세금을 거두거나 하는 일을 기한에 맞추어 실행한다는 뜻이다.
6 앙장(鞅掌)은 사무가 번잡하고 바쁘다거나 열심히 일한다는 뜻이다.
7 벽(辟)은 비(譬)와 통한다. 즉 비유한다는 뜻이다. 선실(繕室)은 건물을 수리한다는 뜻이다.
8 청사(廳事)는 관청의 사무실, 청당(廳堂)을 가리킨다. 계제(階除)는 계단을 가리킨다.
9 단확(丹雘)은 진사(辰砂), 즉 적색 안료(顔料)의 일종을 가리킨다. 휴채(髹采)는 옻칠 색깔, 즉 붉은색은 많고 검은색을 적은 채색을 가리킨다.
10 연간(燕閒. 燕間. 燕閑)은 휴식 · 휴가를 뜻한다.
11 포벽(庖湢)은 부엌과 욕실을 말하며, 생뢰(牲牢)는 가축을 말한다.
12 의경(欹傾)은 비스듬하다, 기울어져 있다는 뜻이다. 삼루(滲漏)는 물이 스며들어 떨어진다는 뜻이다.
13 격천(格天)은 상천(上天)과 감정이 통한다, 하늘을 감동시킨다는 뜻이다. 격천철지(格天徹地) 역시 천지를 감동시킨다는 뜻이다.
14 서무(庶務)는 각종 사무, 정무를 가리킨다.
15 부치(敷治)는 치리(治理), 즉 다스리는 것을 말한다. 근민(勤民)은 백성의 사무에 대해 마음과 힘을 다한다는 뜻이다. 성심(盛心)은 깊고 두터운 아름다운 마음이다.

30-02. 개선 사항 보고(條陳興革)[16]

무릇 새로운 지방관이 부임하면 지방의 이익·폐해에 대해서 항목별로 의견을 작성[하여 보고]하게 되는데, 첫째는 종전의 누적된 폐해를 없애고 본관이 새로운 것을 꾀하기 위해서이다. 둘째는 상관이 처음 부임했을 때 소속 지방에서 일으키거나 폐지해야 할 사안에 대해 물어오게 되는데, 상세하게 항목을 갖추어 보고함으로써 백성의 기쁨과 슬픔에 대해 알게 되기를 기대하는 것이다. 그러한 건의는 또한 지현의 재능과 식견을 상관에게 내보일 수 있는 기회가 되기도 한다. 그러나 일에는 이곳에서는 적합하지만 저곳에서는 적합하지 않은 것이 있고, 지금은 적합하지만 나중에는 적합하지 않는 것이 있으니, 반드시 그 일의 처음과 끝, 옛날과 지금을 심사숙고하여 적절하지 않은 바가 없게 해야 한다.

또한 반드시 신사나 백성의 의견에 가장 확실하게 들어맞아 모두가 찬동하는 것을 찾아낸 다음에야 실제로 이익을 일으키거나 폐단을 제거하는 일을 시작할 수 있다. 비록 거기에 대해 불편한 바가 있어 몰래 저지하는 사람도 있으나, 의연히 시행하면서 주위 눈치를 보아서는 안 된다. 왜 그런가? 그 일의 이로움은 수많은 사람들이 함께 누릴 수 있지만, 그 불편함은 오로지 한두 사람만이 느끼기 때문이다. 그러므로 작은 일은 스스로 시행해도 괜찮으며, 큰일은 상사에게 요청하거나 아니면 상사가 의견을 물었을 때 이것을 가지고 답변을 해도 된다. 이른바 "한 가지 일을 일으켜서 그 이로움이 무궁하고 영원토록 후환이 없어야 그 일을 시작한 사람의 마음도 크게 위안을 얻는다"는 말은 바로 이런 점을 가리킨다.

혹시라도 이렇게 하지 않고 자신의 능력을 자랑스럽게 여기면서 즐겨 자기 생각만을 내놓아 자세하게 의견을 구해 볼 틈도 없이 경거망동을 한다면, 그 일을 이미 바꾸어 치운 다음 백성이 받는 고통은 도리어 훨씬 심해질 것이고, 이러 저리 어긋나는 것이 많아 새로운 일도 효과적으로 추진하기 어렵다. 그런 다음 후회해도 이미 때는 늦고, 단지 헛되이 불필요한 원망과 소란을 늘릴 뿐 아니겠는가? 따라서 새롭게 일을 일으켜서 아무런 이익도 없는 것보다는 차라리 일을 줄여 백성을 편안하게 하는 편이 낫다. 왜 그런가? 현재의 폐해는 백성이 이미 익숙한 것으로 받아들이고 있기 때문에 그래도 그 범위가 한정되지만,

16 이 글은 하장령(賀長齡) 편(編), 『황조경세문편(皇朝經世文編)』 권23 「이정(吏政) 9 수령(守令) 하(下)」에서 「심흥혁(審興革)」이란 제목으로 실려 있다.

바야흐로 새로 생겨나는 일은 갑작스럽게 시행되면서 모두를 놀라게 해 그 폐해가 훨씬 더 커질 수 있기 때문이다.

옛날 송의 경력(慶曆, 1041-1048. 宋 仁宗의 연호) 연간에 원호(元昊)가 변경을 침범하였는데, 관군이 불리해지자 섬서(陜西)의 백성을 끌어다 향궁수(鄕弓手)로 삼아 향리를 지키게 하였다. 이것은 원래 지방 방어를 위한 계책이었다. [그런데] 얼마 되지 않아 이들이 모두 대부분 변경을 지키는 병사로 차출되었기 때문에 섬서 백성의 고통과 곤란은 감당할 수 없을 정도로 훨씬 커졌다. 나중에 한기(韓琦)는 섬서의 민간에서 자원한 의용(義勇) 가운데 세 사람당 한 명씩만 병사를 차출해도 20만 병력을 보탤 수 있으며, 이것을 가지고 양조(諒祚. 즉 元昊의 아들)를 놀라게 만들어 감히 침범하지 못하게 할 수 있다고 건의하였는데, 이것은 임시 방편의 계책에 지나지 않았다. 한기는 또한 「조서」를 공포하는 「방문(榜文)」을 내려 영원토록 섬서 백성을 변경 수비병으로 차출하지 않겠다고 약속해 줄 것을 황제에게 요청하였지만, 사마광(司馬光)이 반대하여 결국 뜻을 이루지 못하였다. 한기는 자기가 있으니 어찌 황제의 조칙이 신뢰받지 못하겠는가 하고 생각하였던 것이다. 하지만 이후 10년도 되지 않아 이 지역 백성이 차출되어 군사용 물자를 운반하는 일은 거의 일상적인 것이 되어 버렸다.

왕안석(王安石)은 상평전(常平錢) 수십만으로 청묘전(靑苗錢)을 삼아 민간에 빌려 줌으로써, 주대(周代)의 조세 제도를 모방하여 백성으로부터 2할의 이자를 받고자 하였다. 백성은 돈을 빌려 농사에 보탤 수 있고, 나라에서는 이자를 얻어 변경용 군사비용에 보탤 수 있다고 청하였던 것이니, 이 제도가 훌륭하지 않았던 것은 아니다. 하지만 처음에는 백성이 자원하여 청묘전을 빌렸지만 나중에는 강제로 할당되었고, 그렇게 빌린 돈을 갚을 수 없자 상환을 독촉하는 호통에 떠밀려 백성은 재산을 넘기고 아내를 팔아넘기는 등 하루도 편한 날이 없게 되었다. 한기는 송의 명신이며, 왕안석도 시대를 풍미한 학자인데 어찌 일부러 백성에게 고통을 주려고 하였겠는가? 이것은 결국 그 처음만 보고 그 끝까지는 헤아려 보는 데 미치지 못하였으며, 혼자만의 생각을 뽐낼 뿐 다른 사람과 함께 의논하지 않았기 때문이었다. 재상이 국정을 꾀하는 일을 잘 하지 못하면 그 화가 천하에 미치며, 지방관이 정사를 꾀하는 일을 잘 하지 못하면 그 화가 주현에 미치니, 어찌 신중하지 않을 수 있겠는가!

또한 최근 주현의 공무에 관한 사례를 가지고 이야기해 보자. 내가 담성현에 부임해 있을 때 상사께서 호부의 지시를 받들어 새로 개간한 황무지(荒田)를 조사해서 보고하라고 하였다. 그 결과에 따라 가급(加級)과 기록(紀錄) 등의 장려(議敍)가 주어지니 [그 황무지에 대해] 즉각 세금을 매기기 시작하라는 것이었다. 나는 담성현 백성이 누차 가뭄과 홍수의 피해를 당하여 유망(流亡)하였던 것과 지진으로 압사를 당했던 고통을 생각하였다. 간간이 새로 개간된 땅이 경작되면서 생업에 복귀한 가난한 백성이 입에 풀칠을 할 수 있게 되었지만, [상부에 보고한 결과] 갑작스럽게 과세대상으로 오르게 된다면 향촌 백성에게 다양한 명목으로 부담이 주어질 것이고, 그렇게 되면 슬픔에 빠진 기러기와 같은 백성이 또다시 바람을 타고 날아가 버릴 터였다. 그래서 차마 백성의 생계를 빼앗아 내 자신의 관직 생활에 보태는 짓은 할 수 없다고 여겨 다음과 같이 문서를 갖추어 보고하였다.

> 담성현은 산을 등지고 강에 접하고 있어서 가뭄과 홍수가 아주 빈번하게 발생하였습니다. 그래서 이전부터 오랫동안 버려진 황무지와 물에 잠긴 땅, 모래로 덮여 버린 땅은 이미 경작할 수 없게 되었고, 최근 사람들이 버린 황무지는 모두 다 무성하게 잡초가 자라 이 때문에 현의 토지세에 구멍이 나서 메워야 하는 부분이 적지 않습니다. 이제 바야흐로 경작할 사람들을 불러 모으고 있으니, 주인 있는 땅은 주인이 다시 복귀하고 주인 없는 땅은 개간을 원하는 자가 나타나기를 기다려서 곧바로 보고를 올리고 규정에 따라 과세의 대상으로 삼겠습니다.

담성현 백성은 이런 소식을 듣고 매우 감격하고 기뻐하지 않을 수 없었다. 지현이 공명을 중시하지 않고 우리 백성을 사랑하며 돌보아 준다고 생각하였던 것이다. 그런데 얼마 지나지 않아, 조정에서는 갑자기 투항해 온 병사들을 황무지가 많은 곳에 보내 정착시켜 그 땅을 개간하겠다는 정책을 취하게 되었다. 중앙에서는 산동성에서는 기수현(沂水縣)·비현(費縣)·담성현(郯城縣) 등지를 그 대상으로 논의하였다. 상부의 공문이 일단 도착하자마자 담성현 백성은 놀라 어찌할 바를 몰랐다. 장차 이미 경작되고 있는 경지(熟地)를 차지하고 황무지는 내버리려 하는 다툼이 끊이지 않게 될 터였다. 나는 이에 그러한 정책이 가져올 불편함과, 황무지는 모래에 덮인 것이 많아 개간할 수가 없고 경작지에는 병사들이 와서 살 집을 지을 땅도 거의 없어 이 두 가지 방안이 모두 현실성이 없다는 뜻을 상세히 갖추어 위에 보고하였다. 산동 순무께서는 이 주장을 그럴듯하다고 생각하시어 마침내 내가 보고한 내용을 인정하고 기수현·비현의 황무지에만 투항한 병사들을 안치시켰으므로, 담성현의 백성은 상당한 소란을 피할 수 있다. 내가 앞서 [바로 위에 인용한 것처럼] 상사에게 문서를 올려 보고하였을 때, 이제 바야흐로 경작할 사람들을 불러 모으고 있다고 한 것은 모든 땅이 주인 없는 황무지는 아니라는 뜻이었고, 모래로 덮여 버린 땅이 경작하기 어렵다고 한 것은 그것들이 모두 다 경작할 수 있는 땅은 아니라는 뜻으로 해석될 수 있었으므로, 바로 이제와 같은 상황이 되더라도 투항한 병사들이 정착할 수 있는 땅은 없다는 내

주장이 통할 수 있었던 것이다.

이런 일이 있은 다음 나는 지방을 위해 마음을 쓸 때에는 약간은 두루 뭉실하고 원만한 주장을 내세워 다른 방향으로 해석할 수 있게 하는 것이 중요하고, 상관에게 문서를 올려 보고를 할 때에는 전후의 맥락이 서로 연결되도록 하는 것이 가장 중요하다는 점을 깨닫게 되었다. 만약 단지 지방의 고통을 간절하게 늘어놓는 것만 생각하여 무턱대고 단정을 해 버렸다면 나중에 가서는 그 주장의 방향을 바꾸기가 어려웠을 터이다. 이것은 자기주장을 잘 내세우면서도 아울러 사려 깊은 고려를 한 것이라고 볼 수 없다. 이를테면 이전 보고에서 백성이 흩어져 달아나 아무도 개간하지 않는다고 보고하였다면, 담성현은 바로 투항한 병사를 안치시키는 데 가장 적당한 곳으로 지정되지 않을 수 없었을 것이다. 또한 그랬다면 [나중에 그런 상황은 아니라고] 아무리 열심히 매달려 이리저리 호소했더라도 어찌 상관의 마음을 움직일 수 있었겠는가? 따라서 어떤 일에 대해서 조사하여 보고할 때에도 그 전후 관계와 처음과 끝을 고려하지 않으면 안 된다. 하물며 관할 지역에서 큰일을 일으키거나 폐단을 제거하겠다고 하는 경우 어찌 가볍게 논의하면서 자세히 검토해 보지도 않고 결정할 수 있겠는가?

또한 보다 최근의 개인적인 사례를 들어 보자. 새로 부임한 지방관은 기세를 타고 힘써 자신의 명성을 넓힘으로써 상관에게 잘 보이고자 노력하는 경우가 자주 있다. 그래서 전량(錢糧)·모선(耗羨) 및 아문에 관련된 모든 누규(陋規)를 몽땅 없애 버리는 경우가 많다.[17] 이를 보고 백성은 처음에는 청렴한 지방관이라고 칭송하지 않는 경우가 없다. 하지만 [이렇게 비정규적인 지현 수입의 통로인 누규를 차단해 버리면] 상관에게 예물을 보내고, 빈객을 접대하고, 처자들을 먹여 살리고, 막우(幕友)에게 봉급을 주고, 예상하지 못했던 여러 가지 비용을 처리하는 등 [돈을 써야 할] 아주 급한 일들이 번갈아 들이닥치게 되는데, 이에 대해서 아무런 조치를 취할 수 없게 된다. 그래서 결국 부임 직후에 없애 버렸던 누규를 점차 다시 되살리게 된다. 이렇게 되면 신사·백성의 비난과 원망이 교차하면서 그들은 지방관이 백성을 착취한다고 생각하게 된다. 오늘날에 다시 부활시킨 것이 사실 과거에 없앴던 것이니 따지고 보면 늘어나거나 줄어든 점은 전혀 없다는 점을 모르는 것이다. 그러나 백성은 이미 [누규가] 없어진 상황에 익숙해져 있는데 갑자기 부활시킨다면, 그것은 바로 오늘날 새로 만들어 시행하는 것과 어찌 같다고 여기지 않겠는가? 백성이 원망하고 비방하지 않기

17 이 문제에 대해서는 제3권 부임부 2「3-09. 누규 혁파(革陋規)」에서 이미 언급된 바 있다.

를 바란다고 해도 어찌 할 도리가 없다.

그러므로 관청 업무에 익숙한 사람은 지방사무에 대해서 일으키거나 폐지하는 일을 쉽사리 논의하지 않을 뿐만 아니라, 지방관이 평소에 청렴함을 유지하기 위한 수단인 누규 역시 한꺼번에 몽땅 없애려고 하지 않는다. 그렇다면 지방의 이익이나 폐단, 아문의 낡은 관행들은 그대로 두고 문제로 삼아서는 안 된다는 말인가? 물론 "그렇지는 않다." 해악이 너무 심한 것을 제거하고, 이익은 오래도록 유지될 수 있는 것을 찾아야 하는데, 낡은 관행 가운데서도 이미 문제가 안 되는 것은 유지시키되 너무 지나친 것은 없애면 되는 것이다. 그렇지만 만약 "백성에게 폐해가 되는데도 없애지 않고, 이익이 있는데도 일으키지 않으며, 이미 거두어들이던 것은 그대로 따르고, 좀 지나친 것도 없애지 않겠다"고 한다면, 지방 사회가 어찌 이렇게 하는 일 없이 자리만 차지하는 지방관에게 안심하고 의지할 수 있겠는가?

夫新官到任, 條陳地方利弊,[18] 一以除從前之積累, 建本任之新圖. 又有上司下車之始,[19] 咨訪各屬之所宜興革者, 條晰具詳, 冀以知閭閻之休戚,[20] 卽其建白亦以覘本官之才識.[21] 然事有宜于此而不宜于彼者, 有宜于今而不宜于後者, 蓋必絜一事之始終、久近而深思遠慮,[22] 罔弗攸宜. 又必訪求最確合紳衿、百姓之議, 而衆見僉同,[23] 然後爲興爲革. 雖或他有所不便, 陰相阻撓, 亦毅然行之而不顧. 何者? 利爲千萬人之所共, 而不便乃一、二人之所獨也. 故小則可以自行, 大則請之大吏, 或以仰副上官之淸問.[24] 所謂: "興一事, 而利及無窮, 永無後患, 而愜始者之心, 乃可大慰也."

苟或不然, 自矜一己之能, 喜爲獨出之見, 未暇詳求, 輕擧妄動, 及其事已更張, 民之受累反深, 勢將扞格難行,[25] 然後悔之靡及, 不徒滋擾怨乎? 故與其興事而無益, 毋寧省事而民安. 何者? 見在之害, 民相安于故常,[26] 其害猶爲有底,[27] 方新之害, 民共駭于創行, 其害將更無窮

18 조진(條陳)는 조목별로 진술하는 것 또는 그렇게 의견을 진술하는 것을 가리킨다.
19 하차(下車)는 처음 즉위하거나 부임하는 경우를 가리킨다.
20 기(冀)는 기(冀)처럼 바란다는 뜻이고, 휴척(休戚. 休慼)은 기쁨과 슬픔을 가리킨다.
21 첨(覘)은 보다, 엿보다는 뜻이다. 건백(建白)은 보통 나라 일에 대한 건의나 진술을 가리킨다.
22 혈(絜)은 헤아린다는 뜻이다.
23 첨동(僉同)은 일치하여 찬동한다는 뜻이다.
24 청문(淸問)은 자세하게 물어본다는 뜻이다.
25 한격(扞格)은 서로 저촉되다, 용납되지 않는다는 뜻이다.
26 고상(故常)은 관례·상례·습관을 뜻한다.
27 유저(有底)는 바닥이 있다는 뜻이다. 또는 잘 알고 있어 자신이 있다, 든든하다는 뜻도 있다.

也. 昔宋慶曆間, 以元昊犯邊,[28] 官軍不利, 籍陝西之民, 以爲鄕弓手,[29] 使守護鄕里, 原爲地方防禦計耳. 未幾而盡刺戍邊,[30] 陝民苦累滋甚, 已不堪言. 後韓魏公建議,[31] 于陝西義勇三丁刺一, 可益兵二十萬, 以震讋亮祚,[32] 使不敢內侵, 亦不過一時權宜計也.且請降敕榜,[33] 與民約永不充戍, 而司馬光爭之不得.[34] 魏公以爲已在夫何憂詔言之不信.[35] 後不十年, 而沿邊運餉, 率以爲常矣. 王安石請以常平錢數十萬,[36] 作靑苗錢,[37] 貸之民間, 倣周官國服之制,[38] 以收民二

---

28 원호(元昊, 1004-1048)는 탕쿠드인(党項人)으로 서하(西夏. 또는 夏)의 개국 황제다. 보통 이원호(李元昊)라고 부르는데, 이(李)는 당나라에서 투항한 서북의 탕쿠드족에게 내린 사성(賜姓)이다. 1032년 즉위한 원호는 1038년 오늘날의 은천(銀川) 부근인 흥경부(興慶府)를 수도로 삼아 '대하(大夏. 또는 大白高國)'를 세우고 정식으로 황제를 칭하였다. 송에서는 이를 서하(西夏)라고 불렀는데, 원호의 '서하'는 오늘날 중국의 서북지역에 자리를 잡아 송과 세 차례의 전쟁을 벌여 모두 승리를 성공을 거두었다. 서하의 주체는 탕쿠드 강족(党項羌)이나 이원호 일족은 탁발선비(拓跋鮮卑) 출신이라고 한다. 원호가 당(唐)에서 내린 성인 이(李)나 송(宋)에서 내린 성인 조(趙)가 아닌 원(元)을 성씨로 삼은 것은 북위(北魏)의 효문제(孝文帝) 때 탁발선비가 황성(皇姓)을 원(元)으로 바꾸었던 것을 이어받았다고도 한다.

29 궁수(弓手)는 송대 차역(差役) 명목 가운데 하나로 궁전수(弓箭手)라고도 칭한다. 신종 때 이 차역은 고역(雇役)으로 바뀌었다.

30 미기(未幾)는 '머지않아'라는 뜻이다. 자(刺)는 병졸의 징발과 모집을 가리킨다. 송대에는 병졸에게 글자를 (문신으로) 새겨 표기로 삼았기에 이런 명칭이 나왔다.

31 한위공(韓魏公)은 한기(韓琦, 1008-1075)로, 그는 오늘날 하남성(河南省)에 속하는 상주(相州) 안양(安陽) 출신인데, 북송대의 관료이자 명장으로 알려져 있다. 1040년 한기가 섬서성에서 군사를 통솔하고 있을 때 당시 이곳 백성은 "군중에 한 사람 한기가 있으니 서쪽 도적들은 간담이 서늘하네. 군중에 한 사람의 범중엄이 있으니 서쪽의 도적들은 놀라서 간담이 부서지네(軍中有一韓, 西賊聞之心膽寒. 軍中有一范, 西賊聞之驚破膽.)."라고 하면서 두 사람이 서하의 침공에 함께 대항한 것을 칭송하여 '한범(韓范)'이라고 불렀다고 한다. 이후 한기는 범중엄이 주지하였던 정치개혁인 유명한 '경력신정(慶曆新政)'에도 참가하였으며, 나중에는 10년 동안 재상의 자리에 있기도 하였다. 한기는 '근정애민(勤政愛民)'한 관료이자, '현신양장(賢臣良將)'으로서 잘 알려져 있다. 위공(魏公)은 봉호(封號)이며, 유작은 『안양집(安陽集)』으로 정리되어 있다.

32 진섭(震讋)은 놀라서 두려워한다는 뜻이다. 양조(亮祚)라고 되어 있지만 양조(諒祚)가 정확한 것 같다. 원호의 아들인 의종(毅宗, 1048-1067 재위) 소영황제(昭英皇帝)를 가리킨다.

33 방(榜)은 내다 붙이는 문서나 명단을 뜻하므로, 칙방(敕榜)은 황제의 조칙을 방문(고시)으로 내다 붙인다는 뜻이다.

34 사마광(司馬光, 1019-1086). 북송의 사학가이자 관료로 자는 군실(君實)이고, 섬서성(陝西省) 하현(夏縣) 속수향(涑水鄕) 출신이어서 속수선생으로도 불린다. 시호는 온국공(溫國公)이다. 1066년부터 1084년까지 약 20년간 유명한 『지치통감(資治通鑑)』의 저술에 전념하였으며, 왕안석(王安石)의 신법(新法)에 반대한 구법당(舊法黨)의 영수로도 유명하다.

35 원문에는 '이재(已在)'라고 되어 있다. 여기서는 '기(己)'가 모두 '이(已)'로 인쇄되어 있지만 실제로는 '기(己)'로 해석해야 뜻이 통한다.

36 왕안석(王安石, 1021-1086)은 봉호가 형국공(荊國公)으로 강서성(江西省) 임천(臨川) 출신의 북송 관료이자 사상가·문장가로 유명하다. 보통 왕형공(王荊公)이나 임천선생(臨川先生)으로 불리며, 『왕임천집(王臨川集)』·『임천집습유(臨川集拾遺)』 등의 저작이 남아 있다. 1058년 왕안석은 송 인종에게 만언서를 올려 시정의 폐단을 지적하면서 개혁을 요구하였고, 1069년 신종의 재위 기간 중 참지정사(參知政事)로서 청묘법(靑苗法)·농전수리법(農田水利法)·모역법(募役法) 등의 신정을 제안하였고, 다음 해 재상의 자리에 올랐다. 하지만 신법에 반대하는 지주나 관료 등 보수파(舊法黨)의 저항으로 개혁은 제대로 추진되지 못한 채 오히려 일반 백성에게 불리한 영향만을 주었다고 일컬어진다.

分之息, 民得錢以助耕農, 官得息以資邊餉,[39] 未爲法之非善也. 不知始以情願, 而旣以抑配,[40] 冒費無償,[41] 而迫于催呼, 鬻産賣妻, 殆無虛日.[42] 夫韓魏公有宋名臣,[43] 王安石一朝學者, 豈忍有心以累民哉! 蓋見其始, 未及慮其終, 矜乎獨, 未肯謀于衆耳. 宰相謀國之不臧,[44] 禍流天下, 司牧謀政之不臧, 禍瀰州邑,[45] 可不愼乎!

卽以近時州縣之公事言之, 鴻任郯時, 上官奉部文查報開墾荒田, 議敍加級,[46] 卽陞.[47] 鴻思郯民屢遭水旱流亡及地震壓死人丁之苦, 間有新墾, 乃復業窮民以資糊口, 而遽卽陞科, 里社多端派擾, 則哀澤之鴻.[48]

又將飄羽而去矣.[49] 于是不忍奪百姓之贍養,[50] 博一已之功名, 乃具文申報云: "郯地負山瀕河, 旱潦頻臻. 昔日老荒、瀰漫、砂磧, 已不可耕, 近日逃亡之荒, 鞠爲茂草,[51] 賦多賠累.[52] 方今現在招徠, 俟有主一經復業, 無主情願開墾者, 卽行申報, 照例起科." 郯民聞之, 不勝感悅, 以

---

37 청묘전(靑苗錢)은 왕안석이 제정한 것으로 농민이 자원하여 정부로부터 돈을 빌리고 수확한 다음 이자를 덧붙여 납부하는 방법이었다. 원래의 목적은 농민이 고리대의 수탈을 받는 것을 막고자 함이었다.

38 국복(國服)은 나라에 복무한다, 나라에 조세를 납부한다는 뜻이다.

39 변향(邊餉)은 변량(邊饟, 邊粮)이라고도 한다. 변경에 주둔하는 군대용 물자 내지는 양곡을 말한다.

40 억배(抑配)는 강제적인 할당을 뜻한다.

41 여기서 모비(冒費)는 공무를 사칭하여 강제 할당한 부담을 가리키는 것 같다.

42 허일(虛日)은 일이 없는 날을 가리킨다.

43 여기서 유(有)는 왕조의 명칭 앞에 쓰이는 말머리 단어다.

44 장(臧)은 착하다, 좋다, 두텁다는 뜻이다.

45 미(瀰)는 물이 세차게 흐르다, 넘친다는 뜻이다.

46 곽송의(郭松義) 주편, 『청조전사(淸朝全史)』(遼寧人民出版社, 1995) 제3권 제2장의 「강희제의 경제정책과 그 성과」 제1절 「황무지개간」, pp.84-99 부분을 참조하면, 강희제 때의 황무지 개간 장려 정책에 대한 장려(議敍) 조치는 가급과 기록이 언급되어 있다. 방행(方行) 등 주편, 『중국경제통사(中國經濟通史) 청대경제권(淸代經濟卷)』 상(上)(經濟日報出版社, 2000)의 제1장 1절 「청초 토지의 황무 상황과 청정부의 간황정책」, pp.33-84 부분을 보아도 마찬가지다. 순치 14년에 제정되고 강희 연간에 수정된 「간황권징칙례(墾荒勸懲則例)」에 따른 업적 평가에도 개간된 토지 면적의 크기에 따른 차이가 있을 뿐 모두 가급과 기록으로만 의서(議敍)가 기록되어 있다. 여기서 의서는 이부에서 논의하여 공적의 크기에 따라 장려를 해 주는 것을 가리키고 가급(加級)은 본래의 품급 위에 1등을 상으로 내려 주는 것이다. 기록(紀錄)은 그 공로를 책에 써넣어 기록해 주는 것을 가리킨다.

47 즉승(卽陞)은 바로 뒤에 나오는 거즉승과(遽卽陞科)를 가리키는 것으로 보인다. 즉 개간된 황지를 아무런 유예기간도 주지 않고 곧바로 과세 대상으로 삼는다는 것이다.

48 애홍(哀鴻)은 슬피 우는 기러기를 가리킨다. 『시경』 「소아(小雅) 홍안(鴻雁)」의 구절("鴻鴈於飛, 哀鳴嗸嗸.")에서 비롯되어 고향을 떠나 떠도는 사람들을 가리키는 말이 되었다. 따라서 애홍편야(哀鴻遍野)라는 말 역시 도처에 고향을 떠나 떠도는 이재민이 있다는 것을 비유하는 말이다.

49 표우(飄羽)는 바람에 깃털을 날린다, 즉 난다는 뜻이다.

50 섬양(贍養)은 생활에 필요한 것을 공급해 주는 것을 가리킨다.

51 국(鞠)은 여기서는 '모두, 다'라는 뜻이다.

52 배루(賠累)는 손해를 배상한다는 뜻인데, 여기서는 경작자가 없는 땅에 부과되는 세금을 주현에서 물어내는 상황을 가리킨다.

爲父母不重功名, 而愛養我民也. 未幾忽發投誠官兵,[53] 于荒田多處, 令其安揷開墾, 部議山東于沂、費、郯等處. 上行一至,[54] 郯民震駭無措,[55] 將來占熟棄荒, 爭鬩無已. 鴻乃具詳歷陳其不便, 且荒田多砂磧不可墾, 就田蓋造室廬無地,[56] 兩議居其二.[57] 大中丞以爲然,[58] 遂允詳而止分撥沂、費, 民乃免于騷擾.[59] 夫鴻向者具申,[60] 現在招徠開墾, 非盡無主之荒也, 所云砂磧難耕, 非皆可種之土也, 正若爲今日, 投誠不可安揷地耳. 然後知爲地方措意,[61] 貴在虛圓而可復,[62] 爲上司申文, 貴在前後相關. 若止顧敷陳痛切,[63] 一味說煞,[64] 使後之難以轉移, 是未見立言之善, 而思慮之周也. 若鴻前此所覆, 但云百姓流亡, 無人開墾, 則安揷投誠, 正其宜耳. 雖復極力斡旋, 又安能動上官之聽耶? 夫査報一事, 猶須前後始終顧慮如此. 況夫興革之大, 豈可輕議而不加審處乎?

更以近時之私例言之, 每見州縣新硎自勵,[65] 務博聲譽, 以見重上司, 錢糧羨耗、衙門一切舊規, 盡皆裁革, 百姓未始不稱廉父母矣. 迨乎上官餽送[66]、賓客應酬, 以及妻子之饔飧[67]、幕友之修俸[68]、意外之補苴,[69] 交相告急, 設措無從.[70] 于是昔之所裁革者, 而漸次施行, 乃紳衿、

---

53 투성(投誠)은 귀순·투항을 뜻한다.

54 상행(上行)은 상급의 지시나 명령을 말한다.

55 무조(無措)는 대응할 방법이 없다, 어찌할 줄 모른다는 뜻이다.

56 취전(就田)은 경작에 종사한다는 뜻이다.

57 보통 "이자필거기일(二者必居其一)"이라고 하여 둘 가운데 하나를 반드시 선택해야 한다는 성어가 많이 쓰이므로(『맹자』 「공손추 하」 "前日之不受是, 今日之受非也; 今日之受是, 則前日之不受非也. 夫子居一于此矣."), '양의거기이(兩議居其二)'는 두 가지 논의 모두가 맞다, 옳다는 뜻으로 쓰인 것 같다.

58 중승(中丞)은 한대(漢代) 어사대부(御史大夫) 휘하의 관직명인데, 명·청대에는 순무(巡撫)를 가리키는 호칭으로 사용되었다.

59 이와 관련된 상황은 제5권 부임부 4 「5-01-03. 「투항해 온 반군출신 관병을 이주·안착시키는 것을 면제해 달라는 요청(請免投誠移駐官兵)」과 「5-02-05. 연주부 채 지부에게 올리는 품첩(上兗州府蔡太尊)」에서도 다루어지고 있다.

60 향자(向者)는 '종전에, 방금 전에'라는 뜻이다.

61 조의(措意)는 마음을 쓴다, 주의한다는 뜻이다.

62 여기서 허원(虛圓)은 약간 모호하고 두루 뭉실하여, 얼마든지 다른 해석의 가능성을 남겨 둔다는 뜻으로 보인다.

63 부진(敷陳)은 늘어놓는다, 논술한다는 뜻이다. 통절(痛切)은 아주 간절하다는 뜻이다.

64 일미(一味)는 '맹목적으로, 객관적 조건을 돌보지 않고, 단순하게, 줄곧'이라는 뜻이다. 설살(說煞)은 단정한다는 뜻이다.

65 신형(新硎)은 '신발어형(新發於硎)'에서 나온 말로 방금 숫돌로 간 칼, 즉 날카로운 칼을 뜻하는데, 처음 날카로움을 드러낸다는 것을 비유하기도 한다. 여기서는 신임 지현을 가리킨다. 자려(自勵)는 스스로 힘쓴다, 노력한다는 뜻이다.

66 궤송(餽送)은 궤증(餽贈)과 마찬가지로 선물을 보낸다는 뜻이다.

67 옹손(饔飧)은 아침밥과 저녁밥을 말한다.

68 수봉(修俸)은 아마 봉록을 말하는 것 같다.

69 보저(補苴)는 메운다, 꿰맨다는 뜻이다.

70 설조(設措)는 준비·조치를 가리킨다.

士庶群然怨謗交騰, 以爲父母之侵削我民也. 不知今之所復, 卽向之所裁, 有何增益于其間哉? 然而民旣安于所裁矣. 忽然而復之, 則其所復者, 非卽同今之所創乎? 欲民之不爲怨謗, 不可得也. 故老于吏事者,[71] 微獨關于地方之事,[72] 未可輕議興革, 而官長平昔養廉之具,[73] 亦未宜一槪蠲除也.[74] 然則地方利弊、衙門舊規, 將聽之而不問耶? 曰: "非也". 害去其太甚, 利求爲可久. 而舊規存其可安, 汰其過濫而已. 若謂: "民有弊而弗除, 有利而弗興, 與己所取而是循, 所濫而弗剔," 地方又安賴此尸位素飧之牧宰也哉?[75]

30-03. 아두(衙蠹)·지곤(地棍)의 지명체포(訪拿蠹棍)[76]

무릇 아문의 부패 아역과 지역 무뢰배들이 감히 부정을 저지르면서 창궐하는 것은 반드시 그 관장(官長), 즉 지현이 어리석고 겁이 많은 데다가 법을 제대로 집행해서 징벌하지 못하기 때문이다. 그런데 만약 재간이 뛰어난 지현이라면 평소 일하는 모습으로 보건대 또한 어찌 이런 무리들이 지방에 해를 끼치는 것을 용납하겠는가? 부임 초기에 혹은 피해자가 고발하거나 아니면 백성이 공동으로 고발을 할 경우 지방관이 이들을 체포하여 심문하고, 그 죄의 경중을 헤아려서 처벌하는 것은 그다지 어려운 일이 아니다. 그러나 대단히 교활한 아역이나 권세를 자랑하는 악당은 그 평소의 권모술수가 지방관의 재능과 지혜를 가리기에 충분하고, 그 평소의 횡포가 어리석고 나약한 사람을 위협하기에 충분할 정도다. 그래서 사람들은 은근히 그들을 비호하면서 아예 말을 하지 않거나, 아니면 두려워 꺼리는

71 이사(吏事)는 정치나 아문·관청의 사무를 말한다.
72 미독(微獨)은 뿐만 아니라는 뜻이다.
73 평석(平昔)은 종래·지난날·과거라는 뜻이다.
74 견제(蠲除)는 폐지·면제한다는 뜻이다.
75 시위소손(尸位素飧)은 시위소찬(屍位素餐)과 같은 뜻으로 자리에 앉아 있으면서 아무 일도 하는 것이 없다, 봉록을 받아먹으면서 제대로 직무를 수행하지 못한다는 뜻이다. 시위(屍位)는 일을 하지 않으면서 자리만 차지하고 있다는 뜻이고, 소찬(素餐)은 관료로서 제대로 일을 못하면서 헛되이 식록(食祿)을 받아먹는다는 뜻이다.
76 이 부분에 대해서는 제3권 부임부 2「3-01. 아역 부리기(馭衙役)」, 제4권 부임부 3「4-02. 참을성 키우기(忍性氣)」 및 제5권 부임부 4의「5-02-05. 연주부 채 지부에게 올리는 품첩(上兗州府蔡太尊)」에 나오는 유정완(劉廷琬) 안건을 참조. 또한 제17권 형명부 7「17-05. 도적 체포(緝捕)」에 나와 있는 왕가섭(王可習) 관련 사건의 내용이나 제20권 형명부 10「20-01. 흉악범(兇犯)」도 관련이 된다.

바가 있어 감히 나서지 못한다. 이렇게 되면 피해자 가운데 누가 고발할 것이며, 백성 가운데 또 누가 공동으로 고발을 할 수 있겠는가?

[이러한 상황에 대처하려면] 지현은 몰래 물밑으로 탐문하여 정보가 가볍게 누설되지 않도록 신중을 기해야 하고, 다른 업무를 가장하여 나갔다가 직접 그들을 체포해서 감옥에 가두고 곧바로 방문(榜文)을 붙여 고시해도 좋다. 그렇게 해서 오랫동안 원한을 품어 왔던 피해자들에게 알리면, 어찌 뛰쳐나와 그들의 죄악을 고발하지 않겠는가? [그런 다음] 재판을 통해 진상을 밝혀내고 「진술서」와 「사건조서」를 작성한 다음 모든 죄목을 열거하여 상부에 두루 보고하고, 그 재가를 기다려서 판결을 내린다. 비록 이 악당들을 위해 대신 변명하면서 다방면으로 연줄이 동원되는 경우가 있다고 하더라도, 처음 재판에서의 자백과 증언이 이미 확정적이니 결코 결과를 뒤흔들지 못할 것이다.

다른 한편 부패한 아역이 여전히 아문에 둥지를 틀고 들어앉아 있다면 곧바로 붙잡아 가두는 일이 뭐가 어렵겠는가? 이미 은퇴를 하였더라도 그의 심복과 일당들이 날마다 지현의 좌우에서 엿보고 있으므로 지현의 어떠한 거동이든지 두루 알지 못함이 없다. 따라서 그런 경우 이를 체포하여 족치려면 반드시 앞서의 방법에 따라야만 비로소 그들이 그물을 빠져나갈 염려가 없다. 다만 아역이 법을 어겨 처벌을 받게 되면, 지방관 역시 그러한 일을 제대로 살펴서 잡아내지 못하였다는 감독 소홀의 처분을 당연히 받게 된다. 이 경우 전에 일하였던 아역이 현재는 다른 곳에서 일하고 있다면 응당 적절하게 조치하여 전·후임 동료 사이에 우의를 해쳐서는 안 될 것이다. 만약 그 죄를 용서할 수 없는 경우이라면 법으로 다스려도 괜찮지만, 반드시 상부에 보고할 필요는 없다. 혹은 조금 그물의 한 쪽 면을 열어 주는 것처럼 처분하되, 그 일족과 향약·지보로 하여금 공동보증을 서게 하고, 엄격하게 처벌을 한 다음 칼을 씌워 대중에게 공개한다. 아울러 그가 사취한 장물은 찾아서 원주인에세 돌려주고, 그로부터 「영수증」을 받아 보관한다. 그리고 또한 창고 감독이나 자선사업, 빈민구제 등의 항목처럼 공무에 드는 비용을 그에게 떠맡겨 수리나 기부를 통해 재산을 모두 탕진하는 벌을 줌으로써 이후 이런 재신을 믿고 다시 행패를 부릴 생각을 할 수 없도록 만들어야 한다. 하지만 지현은 이 과정에서 절대로 조금이라도 이익을 취함으로써 남에게 비난의 구실을 주어서는 안 된다.

무릇 새로운 지현이 처음 부임하면서 이렇게 쇠퇴한 모습을 보인 상황에서 크게 한 번 위세를 떨쳐 쇄신하는 모습을 보여 주지 않는다면, 간악한 무리들은 경계하여 수그러들 줄 모를 것이며, 착하고 겁 많은 사람들은 더욱더 능욕을 당하게 될 것이므로 이러한 조치는 부득이한 것이라 하지 않을 수 없다. 그렇지만 간사한 아역이나 무뢰배들이 모두 처벌되고 나면 이러한 살벌한 분위기 다음에는 반드시 따뜻한 봄 햇살이 뒤따르지 않으면 안 된다. 그래서 지현은 응당 향리의 인품이 두텁고 덕이 높은 사람들을 방문하여 크게 예우하면서 그들을 장려해 줄 필요가 있다. 또한 아역들 가운데 소심하고 법을 두려워하며 평소에 특히 열심히 일하는 사람에게는 두터운 상을 내려 격려해야 한다. 이렇게 지극히 공정하고 사사로움이 없는 지현의 마음이 백성의 눈앞에 분명하게 드러날 수 있다면, 어찌 지현의 위세를 두려워하면서도 그 덕에 감동을 받지 않는 사람이 있을 수 있겠는가!

夫衙蠹、地棍之敢于作奸而猖獗者,[77] 必其官長庸懦而不能執法以懲也.[78] 若夫精明之吏, 卽其平素有爲,[79] 又烏容此而貽害地方乎? 牧宰莅任之初, 或因被害之告發, 或因百姓之公擧, 拘而訊之, 酌其罪之輕重, 以爲懲處, 斯亦無難矣. 然而神奸積蠹、巨憝豪惡,[80] 其平日之權術足以牢籠才智,[81] 平日之强横足以恐嚇庸愚, 非曲爲狗庇而不言, 則有所畏憚而不敢. 如是而被害誰爲告發, 百姓又誰爲公擧哉? 是在官長潛爲密訪, 愼毋輕泄, 托名他務, 而親爲擒獲之, 閉之囹圄, 卽爲榜告. 其被害之含冤蓄恨久矣, 有不踴躍而赴控者乎? 硏審情眞, 供招立案,[82] 列款通詳,[83] 候批定擬,[84] 雖有惡黨代爲解釋, 多方夤緣,[85] 彼初審之供、證已定, 不得而動搖矣.

若夫奸蠹尙盤踞衙門, 何難立就拘執? 若已經告退, 彼之腹心、羽翼, 日在官左右以爲窺伺, 凡有擧動, 罔弗周知. 故欲其擒治, 亦必如前法, 庶無漏網之虞矣. 但衙役犯, 則本官自有失察之處分. 若舊任現在仕途者, 猶宜酌法, 以無傷前後同寅之雅. 若罪不可宥, 以法治之可也, 無庸申報.[86] 或網開一面,[87] 令其族屬、鄕地, 仝具公保, 重責枷示. 其所詐之贓, 追給原主, 具領

---

77 아두(衙蠹)는 부정한 이익을 추구하는 아문의 이역에 대한 멸칭(蔑称)이며, 지곤(地棍)은 지비(地痞), 즉 현지의 무뢰배나 건달을 말한다.

78 용나(庸懦)는 용렬하고 겁이 많다는 뜻이다.

79 유위(有爲)는 작위(作爲), 즉 행위나 성취가 있다는 뜻이다.

80 거대(巨憝)는 원흉·대악당이란 뜻이다.

81 뇌롱(牢籠)은 덮다, 농락하다, 제한한다는 뜻이다.

82 「공초(供招)」는 범인의 자백(진술)과 사건의 정상을 기록한 「사건조서」를 가리키는데, 여기서는 그것을 작성한다는 뜻이다.

83 열관(列款)은 항목별로 늘어놓는다는 뜻이고, 통상(通詳)은 하급에서 상급으로 두루 보고하여 알리는 것, 또는 그 문서를 말한다.

84 후비정의(候批定擬)는 상사의 비준을 기다려 판결을 내린다는 뜻이다.

85 인연(夤緣)은 연락한다, 연줄을 탄다, 뇌물을 쓴다는 뜻이다.

86 무용(無庸)은 할 필요가 없다는 뜻이다.

87 망개일면(網開一面)은 원래 망개삼면(網開三面)에서 나온 것으로 보인다. 『사기』 권3 「은본기(殷本紀)」에 나오는 은 탕왕이 들의 사방에 그물이 쳐진 것을 보고 삼면의 그물을 제거하여 짐승에게까지 덕을 베풀었다는 고사에

存案.[88] 仍視公用所需, 如監倉、養濟、賑貧等項, 罰其修葺捐助,[89] 以罄乃貲財, 使不得有所恃而復思狂騁. 但官切勿絲毫染指,[90] 以滋人口實.

夫新官初蒞, 當此積弱之餘,[91] 不大有以振剔之, 則奸惡無所儆戢, 而良懦愈致欺凌, 抑亦不得已之擧耳. 若夫蠹豪旣經懲創, 肅殺之後, 必有陽春.[92] 宜訪其鄕曲之謹厚有德者, 優其禮而奬之, 胥役之小心畏法、勤勞素著者, 厚其賞而勸之. 則至公無我之心, 有以共白于其衆, 又安有不憚其威而感其德者哉!

30-04. 소역참의 정돈(申飭舖遞)[93]

무릇 포체(舖遞), 즉 소역참을 두는 것은 각 아문의 공문을 전달하는 업무를 위해서이다. [공문에는] 본 주현에서 상사에게 보고하는 문서도 있지만, 교통 요충지라서 이 성에서 저 성으로 전송하거나 북경의 중앙정부에서 나온 공문은 반드시 매일 밤낮으로 300리(里) 거리를 가야 한다. 문서가 도착한 지방에서는 소역참의 책임자인 포사(舖司)가 공문 봉투 위에 "모일 모시에 도착하여, 곧바로 전송하였다."라고 기입해야 한다. 만약 전달이 지체되거나 문서가 훼손되면, 반드시 조사하여 처벌하는 것이 정례이다. 하지만 이런 임무를 맡는 사람들은 모두 가난한 백성으로서 교외의 쓰러져 가는 형편없는 건물에 머물면서 비와 눈, 바람과 서리 속에서 분주하게 뛰어다녀야 하므로 그 춥고 배고픈 고통은 차마 말로 표현할 수 없을 정도다. 그들이 바라는 것은 단지 자그마한 임금으로 생계에 보태려는 것뿐이다. 그런데 지현은 보통 그들을 아주 천한 무리라고 보아 임금 따위는 늦추어 주어도

서 비롯되었다. 따라서 '망개삼면'은 관대함, 은혜를 베푼다는 것을 비유하게 되었다.

88 구령(具領)은 문서를 갖추어 수령한다는 뜻이다.

89 수집(修葺)은 수리한다는 뜻이고, 연조(捐助)는 재물을 기부하여 돕는다는 뜻이다.

90 염지(染指)는 (불법적인) 이익을 나눠 갖는다, 또는 어떤 일에 참가한다는 뜻이다.

91 적약(積弱)은 아주 허약하다, 또는 장기적으로 허약하다는 뜻이다.

92 숙살(肅殺)은 엄혹하고 쌀쌀한 모습이나 엄혹한 분위기를 말한다. 양춘(陽春)은 따뜻한 봄 햇살로, 덕정이나 은택을 비유한다.

93 이 문제는 제31권 서정부 2「31-04. 패방과 소역참 건립(建立坊舖)」부분을 참조.

되는 것이라고 여기면서 절반은 공제하고 나머지 반만 지급하든지, 아니면 지급을 늦추다가 독촉을 받은 다음에야 내주는 식이다. 포사(舖司) 역시 포병(司兵. 즉 舖兵)들이 응당 받아야 할 부분을 가로채서 자기 배를 채운다.

이 때문에 포병들은 비록 포역(舖役)에 이름을 걸어 놓고 있지만, 대부분은 딴 곳에서 일하면서 생계를 꾸린다. 그러니 매번 공문이 도착할 때마다 그대로 내던져 두어 층층이 쌓이거나 며칠이 지나도록 기한을 어기기 일쑤다. 그렇지 않으면 남에게 부탁하여 대신 보내는데, 부탁 받은 사람이 제대로 일을 끝내지 않고 도중에 버리는 경우도 조사 결과 누차 발각되기도 하였다. 이 모두가 포병들이 먹고사는 문제에만 몰두하여 결국은 관부의 문서 전달을 그르치게 한 것이다. 비록 엄격하게 무거운 처벌을 내리려고 해도 이 찢어진 옷을 입은 허약한 사람들을 보면 또한 어찌 차마 그럴 수 있겠는가?

지방관을 위한 방안을 제시한다면, 우선 그 포병의 임금은 반드시 액수대로 창고에서 지급해야지, 전량이 부족하다는 핑계로 얼렁뚱땅 넘겨서는 안 된다. 아울러 포사에게 반드시 포병의 수에 따라 제대로 지급하고, 조금이라도 모자라서는 안 된다고 엄중하게 경고해야 한다. 지현은 간혹 지나가다 소역참에 들르면, 불시에 포사와 포병을 불러 실제로 얼마를 받는지 물어보도록 한다. 만약에 포사가 중간에 가로챘다면 무겁게 처벌하고 추징해서 돌려받아야 한다. 이렇게 해서 일단 생계를 보장해 준 다음, 소역참의 포병들도 계속 다른 곳에서 일하거나 멋대로 근무지를 떠나지 못하게 막아야 한다.

공문이 도착하면, 모처의 모인이 모일 모시에 모 아문으로 공문 몇 각(角)을 보냈는지, 그리고 그 각면(角面)에는 안에 문서가 몇 건 있는지를 기록하고, 이것을 모두 『등록장부』에 분명하게 올리고 나서 신속하게 다음 목적지로 보내야 하며, 예전처럼 그대로 내던져 두거나 아니면 남에게 돈을 주어 부탁하게 해서는 안 된다. 만약에 보내온 공문이 마모되어 훼손되거나 밀봉한 곳을 뜯은 흔적이 있다면, 전달한 사람 본인의 「확인서」 등 증거를 받아 근거로 남겨 두어야 한다. 그래야만 나중에 조사하여 추궁할 때 책임소재를 분명하게 가릴 수 있다.

[역참의] 관할 범위가 바뀌는 곳에 보내는 경우에도 해당 소역참에서 "모일 모시에 공문 몇 각을 인수받았다"는 증서를 받아 나중에 따로 지체되거나 중도에 버려지는 경우가 생겼을 때 본 역참의 책임과 관련이 없음을 입증할 수 있어야 한다. 만약 나중에 조사하여 본 주현 관할 소역참의 잘못이라는 것이 발각되면 가중하여 처벌한다. 이렇게 하면 포병들도 감히 지연시키거나 책임을 미루지 못할 것이며, 공문도 또한 신속하게 전달될 것이다. 【무릇 긴요한 문서는 응당 따로 전담할 적절한 아역을 파견해야 하지, 소역참을 통해서 보내서는 안 된다. 본지의 간사한 무리가 몰래 훔쳐보거나 중간에서 제대로 전달되지 않고

지체되는 것을 막기 위해서이다. 이전에 어떤 지현이 순무께 올려 보내는 공문을 발송했는데, 본지의 못된 생원이 이를 몰래 개봉한 다음 지현의 나쁜 행적을 늘어놓은 문서를 끼워 넣은 적이 있다. 비록 순무께서는 이것이 간사한 사람의 소행임을 짐작했지만 그래도 그 지현이 평소에 허술하고 게을렀다는 것을 충분히 알 수 있었다. 결국 그 지현은 탄핵되어 파직되었다. 이것은 모두 공문을 직접 병방(兵房)에 내려 보냈을 뿐 포사가 직접 수령하게 만들지 않았기 때문에 벌어진 일이었다. 무릇 매일 내보내야 하는 공문은 내아에서 각(角)별로 관리하며, 각마다 문서 건수대로 등록을 마친 다음 해당 방으로 보내어 번호를 붙이게 한다. 그래서 다음날 아침 조회에서 이것들을 돌려받을 때 지현은 현장에서 공문이 모두 몇 각이고, 각마다 몇 건인지 확인하고 각의 표면에 쓰여 있는 수와 대조한 다음 각마다 따로 봉인하여 각 별로 포사에게 주어 직접 수령하게 한다. 그다음 각 역참로의 포병에게 나누어 주어 신속하게 전달시키는 것이다. 포사는 사병의 우두머리가 되므로 성실하고 신중한 사람을 골라 충당해야 하며, 오랫동안 일해 간교해진 무리는 쫓아내고 따로 사람을 뽑아야 한다. 이렇게 하면 공문이 매일 제대로 전달되는지 점검할 수 있고, 업무를 맡은 사람은 책임을 미룰 수 없어 자연히 감히 서로 짜고 부정을 저지르지도 못할 것이다.】

夫舖遞之設,[94] 蓋以供送各衙門之公文者也. 有本州縣申報上司之文, 其在衝途,[95] 有彼省傳送鄰省及京部院之文, 每晝夜須行三百里. 凡所到地方, 舖司于公文套上塡明[96]: "某日某時到, 卽爲前送." 如有稽遲擦損, 定行査究, 此定例也. 但充斯役者, 皆貧苦之民, 棲身于曠郊敗舖之中, 犇走于雨雪、風霜之下,[97] 饑寒困頓,[98] 已不堪言. 所望者些須之工食以資衣飯,[99] 而本官每視若輩爲至賤之人,[100] 工食爲可緩之物, 非扣減止給其半, 卽兒欠以聽其

94 포(鋪)는 포체(舖遞)·포사(鋪舍)라고도 하며 청대 우역(郵驛) 기구의 하나로 가장 소규모의 역참이다. 다른 역참과는 달리 말이 배치되어 있지 않고 포병(鋪兵)이 도보로 공문을 전달하는 일을 맡았다. 청대에는 각 성 요지의 청·주·현에 보편적으로 포사를 설치하여 포부(鋪夫)·포병(鋪兵)을 두어 공문의 전달을 맡겼다. 각 성 독무가 주현에게 내리는 지시나 각 성 사이에 오고가는 일상적인 자문(咨文) 등의 문서는 모두 포(포체)에서 담당하여, 당(塘)이나 포(鋪)의 병부(兵夫)가 달려서 전달하였으며, 함부로 역마를 이용한 전달을 할 수 없었다. 포사의 임금·식량 등은 호부(戶部)의 전량주소(錢糧奏銷)에 귀속되었다. 포(鋪)보다 더 큰 것은 당(塘), 당보다 더 큰 것은 신(汛)이라 한다.

95 충도(衝途)는 대로, 교통의 요지를 말한다.

96 포사(鋪司)는 역참을 주관하는 인원을 말한다. 전명(塡明)은 메워 넣다, 기입하다는 뜻이다.

97 분주(犇走)는 소가 놀라 달리는 것처럼 바쁘게 다닌다는 뜻이다.

98 곤돈(困頓)은 고통과 곤궁·피로를 말한다.

99 사수(些須. 些需)는 약간·조금이라는 뜻이다.

100 약배(若輩)는 이들, 이 사람들을 말한다.

追.[101] 夫爲舖司者, 又侵短其司兵之所有而呑肥之, 以故名雖掛于舖役, 而身多趁食他方.[102] 每公文送到, 沉擱層累,[103] 積日淹期,[104] 卽或倩人代送, 受託不終, 棄擲中途, 屢經查勘. 凡此皆因糊口之爲謀, 遂致官書之是誤. 雖欲嚴加重懲, 而見此孱羸襤褸,[105] 又安忍乎?

爲司牧計者, 其司兵工食, 斷宜如數庫給, 不得以欠糧抵兌.[106] 仍嚴飭舖司, 須照司兵按名足給, 不得侵短分毫. 本官或道經舖次,[107] 不時呼司兵而訊之, 如舖司侵扣, 重責追還. 各舖兵旣獲資生, 不得仍行趁食, 擅離汛地.[108] 公文一到, 仍將某處某人, 于某日時, 送到某衙門公文若干角,[109] 某角面開內若干件, 俱登記『號簿』明白, 星馳前送, 不得仍前沉擱及僱倩他人. 如送到公文擦損及封口有開拆痕跡, 隨取本人「甘結」存據,[110] 庶日後查究責有攸歸. 至于送到交割之處,[111] 仍取該舖"于某日時收到公文幾角收管"存據, 庶別有稽遲棄擲, 與本舖無涉. 若後經查出, 係本管舖遞失悞者, 倍加懲處. 如此, 則司兵自不敢耽延推卸,[112] 而公文亦可早爲馳達矣. 【凡緊要文書應耑差妥役, 不可槩由舖遞, 以防本地奸人偸看及他處沉擱. 向有縣公發出賫送撫院公文,[113] 爲本地憊衿私開,[114] 夾入縣公劣蹟款單.[115] 雖撫軍知奸人所爲,[116] 而縣公平日之疏庸可見矣,[117] 卒被糾落職,[118] 此皆因公文徑發該房, 未經舖司親領耳. 凡每日應發某文, 署內按角. 每角按件掛號訖, 發該房上號. 早堂領文時,[119] 本官當堂驗明幾角, 某角幾

---

101 태흠(兌欠)은 아마도 전액을 지급하지 않고 일부만 주거나, 지불을 늦춘다는 뜻 같다. 태(兌)는 바꿔 준다, 지급한다는 뜻이고, 흠(欠)은 모자란다, 부족하다는 뜻이다.

102 진식(趁食, 趂食)은 생계를 도모한다는 뜻이다.

103 침각(沉擱)은 내버려 두다, 내던져 둔다는 뜻이다.

104 엄기(淹期)는 기한을 어기거나 늦춘다는 뜻이다.

105 잔영(孱羸)은 마르고 허약하다는 뜻이고, 남루(襤褸)는 의복이 찢어지고 문드러진 모습을 가리킨다.

106 저태(抵兌)는 저환(抵換)과 같은 뜻으로 다른 것으로 대신한다, 메운다는 뜻이다.

107 포차(舖次)는 바로 포체·포사·소역참을 가리킨다.

108 신지(汛地)는 보통 군대의 주둔지를 말한다. 여기서는 역참을 가리킨다.

109 각(角)은 옛날 공문서를 세던 단위다.

110 존거(存據)는 존류증거(存留證據)나 예금증서를 가리킨다.

111 교할(交割)은 인수인계를 할 때 쌍방의 관련사항을 설명하여 수속을 완료하는 것을 뜻하는데, 여기서는 인수인계가 이루어지는 곳, 즉 관할구역이 바뀌는 곳을 가리키는 것 같다.

112 추사(推卸)는 책임을 미루다, 회피한다는 뜻이다.

113 현공(縣公)은 춘추시대 초의 군주가 왕을 칭하자 현대부(縣大夫) 역시 공(公)으로 참칭(僭称)하였다고 하는 고사에서 비롯된 말로 보인다. 여기서는 물론 지현을 가리킨다. 무원(撫院)은 순무 또는 순무의 아문을 가리킨다.

114 비금(憊衿)은 못된 생원(生員, 秀才)을 가리킨다.

115 열적(劣蹟)은 좋지 못한 행각이나 비리를 뜻하며, 관단(款單)은 명단·목록을 말한다.

116 무군(撫軍)도 순무의 별칭이다.

117 소용(疏庸, 疎庸)은 허술하고 어리석다는 뜻이다.

118 낙직(落職)은 파면을 뜻한다.

119 조당(早堂)은 관청에서의 아침 업무 처리나 그 시간을 가리킨다.

件, 與角面數對, 逐角實封, 按角交付鋪司, 親手領去, 隨令分發各路鋪兵馳送. 其鋪司爲司兵之首領, 須擇老成謹愼者充之, 其積年奸猾者, 革逐另募. 則文書逐日有所稽考, 而典守者無所推諉, 自不敢通同作弊矣】

30-05. 소금밀매 단속(嚴緝私販)[120]

무릇 소금밀매업자(鹽徒)의 사염(私鹽) 판매는 모두 소금 생산지(鹽場) 부근의 못된 무리와 조정(竈丁)이 내통하여 내다파는 것이다. 밀매업자는 싼 소금으로 이익을 얻고, 염장의 조정은 소금을 몰래 팔아 이익을 얻는다. 밀매업자들이 나다니는 곳에는 반드시 장물아비(窩家)가 있으며, 향촌 백성은 사염을 먹는 것이 관염(官鹽)에 비해서 훨씬 싸기 때문에 서로 다투어 사염을 사고자 한다. 그래서 밀매업자들 또한 팔기 쉽다는 이유로 사염을 아예 고정자산(恒業)으로 간주하기도 한다. 비록 주현에서는 규정상 사염을 단속하는 포쾌(捕快)·민장(民壯)이 있지만, 밀매업자들 또한 관례적으로 이들에게 정기적으로 상납하는 뇌물이 있으므로 사염은 성행하고 관염은 날로 적체된다.

그런데 보다 큰 규모의 밀매업자들을 남방에서는 큰 배를 몰고 다니고, 북방에서는 수많은 나귀의 등짐을 이용하는데 칼과 화살·총포 등으로 무장한 채 대낮에도 공공연히 돌아다니기 때문에 주변 마을에서는 그들이 그냥 지나가도록 놔둔다. 포쾌·민장도 감히 이들을 조사하거나 막지 못한다. 더욱 괴이한 것으로는 특허 상인, 즉 관상(官商)들이 염과(鹽課)를 납부하여 [소금 구입·판매 허가증인] 「염인(鹽引)」을 수령한 다음, 소금 생산지에 가서 소금을 사는 경우다. 예를 들어 직예(直隸)의 천진(天津)과 산동(山東) 낙구(濼口. 오늘날 濟南市의 북부)의 염상(鹽商)들은 허가받은 각 주현의 「염인」 액수(額引)만큼 생산지에 가서 소금을 사들인 다음 운반·판매한다. 지현의 경우 규정상 「염인」을 소화한 액수가 업무평가에 반영이 되기 때문에 백성이 사 먹도록 감독·독촉하지 않을 수 없다. 그런데 염상이 더 많이 팔고자 욕심을 부려 오히려 몰래 사염을 사서 관염에 충당하면, 관염은 더욱 소화되기

120 염세 부분에 대해서는 제8권 전곡부 「8-02-09. 염세(鹽課)」 부분을 참고.

어려워진다. 그러면서도 백성이 사염을 많이 먹기 때문에 관염이 적체된다는 것을 구실로 내세워 지현은 염상의 사정을 봐주기 위해 백성에게 관염을 사먹으라고 독촉하는 것이 마치 정규 세금을 독촉하는 것과 같다. 이것이 바로 북방의 간사한 염상들이 관염을 빌려 사염을 팔아치우는 폐해다.

한편 강회(江淮)와 양절(兩浙) 지역 염장의 경우에는 규정상 소금을 염장에서 싣고 강이나 운하로 내리는 것을 관리해 주는 패거리가 있다. 그중에 못된 무리들이 무뢰배들과 짜고 사염을 사들여 돛대가 줄을 이을 정도로 많은 배로 실어 나른다. 이들은 공개적으로 염상의 깃발을 꽂고 관인(官引)을 소지하면서 불법 운송을 은폐하는데, 장강과 운하를 통해 사방으로 물길이 통하니 감히 어떻게 막아 볼 도리가 없다. 또한 가끔 가다 대담한 대규모 소금상인은 관원에게 뇌물을 주고 결탁해서 규정보다 훨씬 많은 소금을 싣고 공공연하게 소금 운반을 점검하는 체험소(掣驗所)를 통과한다. 이런 소금을 관염과 똑같이 곧바로 판매지역으로 운반해 가서 팔거나, 아니면 따로 이를 운반하는 사람들에게 넘겨 다른 상인에게 팔면서 몇 배의 이윤을 취하기도 한다. 이것이 남부 지방의 간사한 염상이 「염인」을 빌려 사염을 판매하는 폐해다.

그런데 지현이 백성의 밀매를 막는 것은 쉽지만, 대규모 밀매업자 일당의 밀매를 막는 것은 어렵다. 북방의 염상이 관염을 빌려 사염을 파는 것을 막기는 쉽지만, 남방의 염상들이 「염인」을 빌려 사염을 파는 것을 막기는 어렵다. 왜 그런가? 백성의 소금밀매를 근절하려면, 반드시 먼저 판매지의 장물아비(窩家)를 단속해야 한다. 장물아비를 막으면 밀매가 이루어지지 않고, 밀매가 이루어지지 않으면 민간에서 사염을 살 수 없다. 그러면 관염을 먹지 않으려 한들 어찌 가능하겠는가? 밀매가 근절되면 관염은 저절로 소화되니, 그리 어렵지 않은 일인 것이다. 장물아비를 근절하려면 보정·십가장에게 집집마다 하나하나씩 조사하도록 엄명하여, 사염을 쌓아 둔 경우가 있으면 곧바로 잡아오게 해야 한다. 만약 이를 게을리하면서 단속하지 않는다면 알면서도 고발하지 않은 이웃과 함께 연좌시켜 무겁게 처벌한다. 체포한 밀매업자에게는 힘써 사염을 어느 곳에서 샀는지를 심문하여 그것을 판 사람도 함께 처벌한다. 밀매업자가 경내에 들어오면 반드시 거쳐 가는 곳이 있는데, 응당 이와 같은 요충지를 막고 단속하는 데 힘을 들이면 그들은 자연히 쉽사리 나다니지 못할 것이다. 이렇게 하면 사염은 금지하지 않아도 저절로 근절된다.

대규모의 밀매업자 일당들이 지방을 거쳐 가는 경우, 새로운 조례에서는 이를 강도사건에 비추어 처벌하도록 규정하고 있다. 어찌 경내에서 공공연하게 다니는 것을 용납할 수 있겠는가? 그러나 두세 명의 포역만으로는 감히 이들 흉범을 막을 수 없다. 지나가는 향촌에서 만약에 조금이라도 저항을 한다면, 이들이 떼거지로 마을의 집을 무너뜨리거나 불태우든지, 아니면 나중에 약탈을 통해 보복을 하기 때문이다. 재능과 담력이 있는 지현이라면 평소에 보갑을 엄격히 정돈하고 미리 보정·십가장·장두 등에게 지시하여 대규모 소금밀매업자 일당이 경내로 들어오는 것을 발견하면, 한편으로는 장정들을 소집하여 무기를 들고 막아내게 하면서, 다른 한편으로는 신속히 현 아문에 보고하게 해야 한다. [그러면] 지현은 직접 병사들을 거느리고 그곳으로 신속히 달려가며, 각 마을에서는 딱따기를 울리고 신호탄을 쏘면서 일제히 모여들어 지원을 해 주도록 한다. 만약 밀매업자들이 두려워하여 다른 곳으로 넘어가면, 엄히 지키면서 다시 돌아오지 못하게 한다. 만약 이미 경내로 들어왔다면, 크게 기세를 부풀려 장정을 다수 소집하고 총포를 설치하며, 화살이 닿는 정도의 거리를 두고 삼면에서 그들을 포위하되, 가볍게 교전에 나서서는 안 된다. 그들은 지현과 향민 대중이 엄정하게 차비를 갖추어 침범할 수 없음을 알게 되면 반드시 소금을 실은 나귀를 버리고 비어 있는 쪽으로 도주할 것이다. 그들이 도망가면 그뿐이고, 끝까지 추격해서 잡으려고 할 필요는 없다.

획득한 나귀와 소금은 적당하게 헤아려 상으로 지급하되, 순무나 도대에게 보고할 때는 사염을 획득하였다는 이야기만 해야지, 경솔하게 "소금밀매업자들이 무기를 들고 대항하였고 관원이 추격하여 체포하였다"는 구절 따위를 넣어서는 안 된다. 그렇지 않으면 괜히 상사의 반박과 조사 지시가 내려져 일거리만 늘어나기 때문이다. 만약 소금밀매업자들이 무리의 수를 믿고서 체포에 저항하면서 병사와 장정들을 죽이거나 다치게 한다면 이는 곧 강도와 다를 바가 없으니, 응당 힘을 합쳐 체포하는 데 힘써야 한다. 무기를 들고 체포에 저항하거나 남을 다치게 한 범인 등에 대해서는 오로지 [도망가지 못하고] 현재 [잡혀 남아] 있는 사람과 피살된 사람의 경우에만 한정해서 처벌하되, 단 확실한 자백을 받아 내어 나중에 말을 바꾸지 못하게 하는 편이 좋다.

도망간 나머지 범인들이 그 수가 많지 않고, 또 잡힌 밀매업자들이 그들에 대해 자백을 하지 않는다면 또한 끝까지 추궁하지 않아도 된다. 율례에 따르면 밀매업자들이 10명 이상 모여 체포에 저항하고 사람을 다치게 하면, 실제로 무기를 들지 않았다고 하더라도 종범(從犯)으로 처리하여 충군형에 처한다. 이 경우에는 "소금밀매업자를 덮쳐 사염을 나획하였지만, 범인을 잡지는 못한 경우에는 추적하지 않아도 된다"는 사례를 끌어다 적용할 수는 없다. 대규모 밀매업자를 엄격하게 차단하여 그들이 이쪽의 상태를 알고 피하면서 우리 경내로 들어오지 않게 하는 것이 상책이다. 일단 들어오면 그들을 포위하여 소금을 버리고 도망가게 하는 것이 그다음의 중책이다. 부득이하게 그들과 교전하여 사상자가 발생하고, 체포·압수 상황이 벌어지면 이것을 상사에게 보고하여 중앙에까지 제본(題本)을 올리는데 이것은 가장 하책이다. 요컨대 밀매업자들은 이 지역을 거쳐 다른 곳으로 가서 이익을 얻으려고 하는데, 지금 온 무리들이 이 지역을 거치면서 모두 손해를 입게 된다면, 그 뒤에 오는 무리들이 무엇 때문에 힘들게 이 지역을 거치려 하겠는가? 이것이 바로 대규모 밀매업자 일당들을 막지 않아도 저절로 사라지게 하는 방법이다.

북부 지방의 염상들이 사염을 사서 몰래 관염으로 충당하는 것은 관염이 경내에 도착해도 관원이 이를 검사하지 않기 때문이다. [이를 막기 위해서는] 본 주현에 할당된 「염인」 얼마와 1인당 규정된 소금 양 얼마, 그리고 주변 향촌의 가구 수 얼마 등을 함께 계산하여 가구당 인구 수와 규정된 「염인」의 소금 양에 따라 일률적으로 할당하여 주변 향촌의 향장·장두에게 넘기고 가구별로 이를 사서 먹게 하는 방법을 우선 첫 번째로 들 수 있다. 이 경우 관염이라 하더라도 백성이 스스로 자유롭게 살 수 있어야지, 주변 향촌에 나누어 할당한다면 거의 세금 부과나 마찬가지가 아닌가 하는 질문을 던질 사람도 있을 것이다.

한편 염상에게 허용된 분량의 소금은 매년 한두 차례 운반되어 판매되는데, 판매지에 도착하면 곧바로 운반해 온 관염이 얼마인지 관부에 보고한다. 그러면 지현은 곧바로 「고시」를 내어 소금가게(鹽店) 문 앞에 운반해 온 관염이 얼마인지를 내걸고, 성향의 향약·지보·장두 등에게 알려 가구 수에 따라 며칠부터 시작하여 될 수 있으면 신속히 소금가게로 와서 시가에 따라 공정하게 사 가게 한다. 물론 염상이 일부러 그 가격을 올리지 못하게 막아야 하며, 또한 기한을 정하여 모월 모일까지 판매를 완료하도록 해야 한다. 염상은 매달 민간에서 관염을 얼마만큼 사 갔는지 지현에게 보고하는데, 정해진 기한이 되면 지현은 염상이 제출한 『소금판매장부』를 점검한다. 만약 아직 판매가 완료되지 않았으면 다시 「고시」를 내어 빨리 사라고 독촉함으로써 「염인」을 소화시켜 지방관의 업무평가에 도움이 될 수 있게 해야 한다. 그렇지 않으면 지현이 소금을 사 가지 않은 가구를 엄밀히 조사하고 사염을 먹은 것으로 간주하여 무겁게 처벌해야 한다. 만약 정해진 액수가 모두 팔렸다면 염상으로 하여금 운반해 온 「염인」의 내역을 보고하여 지현의 점검을 받게 하고, 지현은 문서를 갖추어 운반해서 판매한 「염인」에 확인 날짜를 기입한 다음 상부에 반납하여 파기 처분의 수속을 밟게 한다.[121] 관염을 모두 판매한 뒤인데 점포가 다시 문을 열고 소금을 판다면 이것은 바로 사염을 사서 이윤을 추구하는 것이다. 주변 사람이 고발하거나

121 이 과정도 아주 복잡한 내용을 담고 있는데, 이에 대해서는 제8권 전곡부 「8-02-09. 염세(鹽課)」 부분을 참고.

지현에 의해 발각된다면 반드시 상부로 보고하고 법에 따라 처벌해야 한다. 이것도 또한 한 가지 방법이다.

종래 지방관들은 연말이 될 때마다 「염인」의 소화를 확인한 문서를 그냥 염상에게 주어 직접 염운사(運道)에게 제출하게 하면서 「염인」을 직접 점검하지 않았다. 그러하므로 염상이 「염인」을 숨기고 사염을 은폐하면서 이익을 보는 일이 없다고 어찌 보장할 수 있겠는가? 이제 관염이 정액대로 모두 소화되면 사용이 끝난 「염인」을 곧바로 [지현에게 반납하게 하여] 지현이 점검한 다음 염운사에게 올려 보내는 방식을 취한다면, 염상에게는 몰래 팔아치울 사염이 없어지고, 백성도 억지로 관염을 더 사먹는 어려움에서 벗어날 수 있다. 이렇게 하면 관염을 빌려 사염을 파는 폐해가 두절될 수 있다.

그런데 남방의 염상은 각 성으로 운반하여 판매하는데, 반드시 장강(長江)이라는 큰 강을 통해서 다니게 되므로 연도의 주현에서 검사할 수 있는 바가 아니다. 그러므로 사염을 막는 책임은 거의 모두 순염어사(巡鹽御使)나 염법도 등이 져야 할 것이 아닌가! 상인들은 「염인」을 수령하면 소금 생산지로 가서 소금을 산다. 소금 생산지의 조정은 단지 「염인」의 내용에 따라서만 상인에게 소금을 팔 수 있으며, 몰래 만든 소금을 끼워 넣는 것은 금지되어 있다. 염상이 규정 외로 소금을 구입한 것이 발각되면, 그것을 판매한 조정도 함께 처벌을 받는다. 만약 체험소에서 소금의 양을 검사한 이후 그것이 통과되면 즉각 「염인」의 한 귀퉁이(截角)를 잘라 낸다. 그리고 길일을 골라 운송 선박을 출발시키는데, 그 이후에도 [앞서 서술한 것처럼 불법으로] 여전히 배를 몰면서 염상의 깃발을 꽂고 장강·운하 등지를 다니는 경우가 있다면, 곧바로 체포하여 압송·처벌함으로써 아예 그 뿌리를 뽑아야 한다. 해마다 이미 사용한 「염인」을 기한 내에 보고·반납하게 하여, 염상이 갖고 있으면서 부정을 저지르게 해서는 안 된다. 조정이 남은 소금을 불법적으로 팔지 않고, 체험소에서 염상이 끼워 넣은 소금을 엄격하게 조사하면, 사염은 소금 생산지 밖으로 유출될 수 없다. 「염인」을 규정에 따라 모퉁이를 떼어 낸 다음 반납하고, 밀매에 대해서 철저하게 법을 적용하여 처벌하면 상인이 부정을 저지를 수 없다. 이것이 「염인」을 빌려 사염을 유통시키는 폐해를 바로잡을 수 있는 방법이니, 또한 무엇이 어렵겠는가?

무릇 이상과 같은 네 가지 폐해가 모두 없어지면, 관염은 적체되지 않고 「염인」은 제대로 소화될 것이며, 나라의 재정도 이에 따라 풍족해질 것이다. 하지만 가난한 무뢰배들이 살길이 막막한 경우 한 되, 한 말의 소금을 밀매해서 조금이나마 목숨을 연장해 보고자 하는 경우가 있다. 그래서 『대청률(大淸律)』에는 "가난한 병사나 백성이 어깨에 메고 등으로 지고 다니며 [소금을 팔거나], 쌀과 바꾸어 생계를 유지하고자 하는 경우에는 꼭 체포할 필요는 없다"는 구절이 들어 있다. 오늘날 소금밀매를 단속하는 포역들은 소금밀매업자의 큰 무리는 제쳐 두고 이러한 조무래기 밀매업자를 잡는 데 전념하고 있다. 지방관들도 법령을 준수한다고 하면서 이런 가난한 사람들까지 모두 처벌하는데, 이것은 지나치게 율법 조문대로 집행하는 것이 아닐까? 옛말에 이르기를 "율법에는 대법(大法)을 두고 있지만, [집행할 때는] 도리를 보아 인정을 따라야 한다."라고 하였다. 하물며 율법조항에도 이들을 용서해 주는 구절이 있으니, 나귀에 소금을 싣고 밀매하면서 이익을 좇는 대규모 소금밀매업자들과 동일시해서는 곤란한 것이다. 바라건대 이런 사람들을 모두 내버려 둠으로써 태평성대의 관대한 풍속을 밝혀 주었으면 한다.

夫鹽徒販私,[122] 皆係附近有産鹽處所奸民與場丁,[123] 通同私易. 奸民利得賤鹽, 場丁利其售貨. 其私販所至之地, 又必有窩家,[124] 而鄕村小民食私, 較食官頗賤, 故群相爭買. 而販私者亦因其易售, 而視爲恒業.[125] 雖州縣例有緝私捕壯,[126] 而私販亦例有納壯常規,[127] 于是私鹽盛行, 而官鹽日壅. 然更有大夥鹽徒, 南方撐駕大船,[128] 北地多驢馱負, 弓刀、炮火, 白晝公行, 莊郵任其經過, 捕壯不敢稽攔. 其尤可怪者. 官商納課領引,[129] 到場買鹽者也. 如直隸天津、山東濼口之商所認各州縣額引,[130] 在場買鹽運行.[131] 州縣例有銷引考成, 不得不督責民間買食. 其如本商貪圖多賣, 反暗買私鹽而充官鹽, 以致鹽多難消. 又藉口民多食私而令官壅, 竟有州縣狗商情面, 追比等于正供,[132] 此北地奸商借官行私之弊也.

---

122 여기서 염도(鹽徒)는 보통 염효(鹽梟)라 불리는 소금밀매업자를 말한다. 사(私)는 사염(私鹽)을 말하는데, 관염(官鹽)과 대비되는 말로 염세를 납부하지 않고 몰래 스스로 운반하여 판매하는 소금을 말한다. 중국에서 소금은 역대로 정부의 전매품이었으므로, 세금도 내지 않아 민간에서 훨씬 싼값에 구입할 수 있었던 사염(私鹽)이나 그것을 운반하는 밀매업자는 역대 왕조에서 항상 골칫거리였다.

123 장정(場丁)은 염장의 조정(竈丁)을 가리킨다. 조정은 소금 생산자(煮鹽工)를 가리킨다.

124 와가(窩家)는 와주(窩主)·와호(窩戶)로도 불리는데, 범죄인이나 장물·금지품 등을 숨겨 주는 사람이나 집을 가리킨다.

125 항업(恒業)은 가정의 고정적인 산업·재산을 가리킨다.

126 포장(捕壯)은 쾌포(快捕)나 염포(鹽捕) 등 소금밀매를 단속하는 임무를 맡은 인원과 민장(民壯), 즉 징발되거나 모집되어 복역하는 장정(壯丁)을 가리킨다. 쾌장(快壯)이나 반장(班壯) 역시 청대 주현아문의 전위병(前衛兵) 역할을 하는 사람들을 가리킨다.

127 상규(常規)는 통상적으로 상납하는 누규(陋規), 즉 일종의 뇌물을 가리킨다.

128 탱가(撐駕)는 배를 몬다는 뜻이다. 탱(撐)은 배를 저어 나아간다는 뜻이고 가(駕) 역시 몬다는 뜻이다.

129 관상(官商)은 염상처럼 국가로부터 특허권을 부여받은 상인을 말한다.

130 액인(額引)은 미리 정해져 있는 행염지(行鹽地)에서 판매할 소금의 분량을 가리킨다.

131 운행(運行)은 소금을 운반해서 판매한다는 뜻이다. 식염을 운반해서 판매한다는 행염(行鹽)과 같은 뜻이다.

132 추비(追比)는 기한을 정해 임무나 문제의 처리를 맡기고, 기한을 넘기면 처벌하는 것을 말한다. 정공(正供)은 국

如江淮[133]、兩浙之商,[134] 例有管理上場、下河等夥計,[135] 其不肖之徒, 糾合無賴買私, 連檣運載, 明揷店口旗號, 執持官引以爲影射,[136] 江河四達, 莫敢伊何.[137] 又間有大膽豪商, 賄通官長, 綑載多觔, 公然行掣,[138] 徑同額鹽一體, 裝往地頭發賣,[139] 或解子別售他商,[140] 以取倍稱之息. 此南方奸商借引行私之弊也.

然而州縣官禁小民之私販易, 禁大夥之私販難, 禁北商之借官行私易, 禁南商之借引行私難. 何也? 欲絶小民之私販, 必先嚴賣地之窩家, 窩家絶而私販不行, 私販不行而民間無可買. 雖欲不食官鹽得乎? 夫私販絶而官鹽自消無難也. 其絶窩家, 宜嚴飭保正、十家長逐戶挨查, 如有囤私, 立行拿解. 倘玩而不察, 與鄰佑知而不擧, 一併連坐重究. 其拿獲私販, 務訊買之何所, 併究所賣之人. 私販入境, 必有所來之地, 務當扼要查拿, 彼自難容輕涉. 如是, 私鹽不禁而自絶矣.

至于大夥鹽徒經過地方, 新例照盜案處分,[141] 豈容入境公行? 然而二三捕役, 莫敢攖兇. 所

가의 창고에 들어가는 미곡이란 뜻으로, 바로 정규 부세를 가리킨다.

133 강회(江淮)는 장강(長江)과 그 북쪽의 회하(淮河), 또는 그 사이의 지역을 가리킨다. 여기서는 당시 최대의 염구인 회북(淮北)·회남(淮南)의 양회(兩淮) 염구를 가리키는 것으로 보인다. 양회 염구에서 생산된 소금은 원래 강소·안휘·강서·호남·호북·하남 등 장강 중하류의 6성으로 운반·판매되었다.

134 양절(兩浙)은 절동(浙東)과 절서(浙西)의 합칭으로 절강성을 가리키기도 한다. 항주만(杭州灣)으로 흘러드는 전당강(錢塘江) 이남은 절동이고 이북은 절서인데, 송대의 양절로(兩浙路)는 강소성 장강이남 부분과 절강성을 포함하였다. 여기서 양절(兩折)은 절강 염구를 가리키는 것으로 보이는데, 여기에서 생산된 소금은 강소·절강·강서·안휘 4성에 판매되었다.

135 상장(上場)은 여기서는 짐을 부두 위로 끌어올리는 것이다. 하하(下河)는 짐을 배 위로 부리는 것을 가리키는 것 같다. 과계(夥計)는 점포에 고용된 품앗이 노동자나 아랫사람, 또는 같이 일하는 동료 사이의 호칭으로 형제나 친구와 같은 뜻이기도 하다.

136 영사(影射)는 거짓으로 사칭하다, 속이다, 은폐한다는 뜻이다.

137 이하(伊何)는 여하(如何)라는 뜻이다. 막감이하(莫敢伊何)는 막가내하(莫可奈何)·무가내하(無可奈何)·불가내하(不可奈何)와 같은 뜻으로 어찌 할 도리나 방법이 없다는 뜻이다.

138 행체(行掣)는 체험(掣驗)과 같은 말로 추출해서 검사한다는 뜻이다. 염상이 판매하는 소금에 대한 검문 조치를 가리킨다. 염상이 몰래 염인 액수보다 많은 소금을 운반하는 것을 적발하기 위해 관잡(關卞)과 위원(委員)을 특설하여 수시로 점검하는데, 소금 화물 가운데 임의대로 추출하여 무게를 재서 검사하였다.

139 지두(地頭)는 당지·본지·지방이라는 뜻이다.

140 해자(解子)는 해차(解差)로 호송원·운반인을 가리킨다.

141 『강희간(康熙刊) 정례성안합휴(定例成案合鐫)』(東京大 東洋文化硏究所 所藏) 권8 「호부(戶部) 과정(課程)」의 「흥판사염(興販私鹽) 십인이상판사병경과각관처분서안(十人以上販私並經過各官處分成案)」(『現行則例』) 조항(3b)에 비슷한 내용이 보인다("査定例, '旗人兵民聚衆十人以上, 帶有軍器, 興販私鹽, 失于覺察者, 將失事地方專管官員革職, 兼轄官降二級, 俱留任限一年緝拏'等語. 應將專管寶坻縣照例革職留任, 限一年緝拏. 通永道因公出境, 應將盜案初參例, 免其處分, 仍限一年緝拏"). 그리고 『흠정(중수)육부처분칙례(欽定(重修)六部處分則例)』(上海: 圖書集成印書局, 光緖16年) 권21 「염법(鹽法) 나획사염의서(拏獲私鹽議敍)」조항에 따르면 "一. 私鹽經由地方, 並無販賣情事, 經別處發覺者, 係小夥, 將失察過境之印捕官罰俸六個月[公罪], 係大夥, 將失察過境之印捕官罰奉一年. 一. 私鹽出境、過境、入境, 經武職汛員及交界處所之州縣能將人鹽並獲者, 槪免本境官實察處分. 如本境印捕官僅獲

過鄕邨, 稍或拒阻, 非恃衆劈棚焚屋, 卽日後行刦報仇. 夫有才膽官長, 素嚴保甲, 須預飭保正、十家長、莊頭等, 凡探有大夥鹽徒將入本境, 一面整備壯丁,[142] 持械堵截, 一面飛報本州縣, 親率兵壯, 星馳其處, 各村莊鳴梆放銃, 齊集救援. 如鹽徒恐而他往, 嚴守毋令入境. 若已入境, 須大張聲勢, 多集壯丁, 裝架坐砲, 相距箭地, 三面圍之, 毋輕與交鋒. 彼知官衆嚴整不可犯, 必棄驢向空方而遁. 然彼遁則已, 不必窮追. 將所獲驢鹽, 除酌量給賞外, 止以拿獲私鹽申報院、道, 不宜輕敍"鹽徒帶械、官兵追捕"之語, 以滋駁查多事也. 若鹽徒恃衆拒捕, 殺傷兵壯, 卽與强盜無異, 務須協力擒拿. 其持械拒捕、傷人等犯, 止以現在及被殺者爲斷, 但要審取確實供招, 勿令日後游移爲妥.

至于脫逃餘犯, 爲數無多, 衆鹽徒不爲供出, 亦可不必窮究. 以律例內, 鹽徒聚衆十人以上, 拒捕傷人, 雖不曾下手, 仍爲從論充軍,[143] 不得比于"販私獲鹽不獲人者不追"之例也.[144] 夫大夥嚴行堵截, 使聞鋒而避, 不入吾境, 上也. 入而圍之, 使棄鹽而遁, 次也. 不得已而抗敵交鋒,

---

鹽斤而人犯未獲, 僅獲人犯而鹽斤未獲者, 將失察處分減等議結."(10ab)이라고 되어 있어 소금밀매업자가 경유한 지방의 지방관이 감독 소홀로 처벌을 받는 것은 확인이 된다. 심서성(沈書城) 집(輯), 『칙례편람(則例便覽)』(乾隆庚戌序. 『四庫未收書輯刊』, 北京出版社, 2007의 第二集 第27冊 所收)의 권19 「염정(鹽政)」에도 「大夥私鹽議處議敍」·「小夥私鹽議處」·「失察私鹽經過」등의 항목이 있지만, 정확하게 일치하지는 않는다. 「실찰사염경과(失察私鹽經過)」조항에서는 "(續纂)失察私鹽經由地方, 並無販賣情事, 經別處發覺者, 係大夥, 將地方專管官罰奉一年, 小夥罰俸六個月"(13ab)이라 실려 있을 뿐이다.

142 정비(整備)는 준비한다는 뜻이다.

143 『대청률례(大淸律例)』 권13 「호율(戶律) 과정(課程)」(『律』 141.05). 條例. "**一. 凡豪强鹽徒, 聚衆至十人以上, 撑駕大船, 張挂旗號, 擅用兵仗、響器, 拒敵官兵, 若殺人及傷三人以上者, 比照强盜已行得財律, 皆斬. 爲首者, 仍梟首示衆. 傷二人者, 爲首斬決. 爲從, 絞監候. 傷一人者, 爲首斬監候, 爲從實發雲·貴·兩廣極邊煙瘴充軍.** 凡得贓包庇之兵役, 俱擬斬監候. 私售之竈丁及窩頓之匪犯, 俱發伊犁、烏魯木齊等處爲奴. 其雖拒敵不曾殺傷人, 爲首絞監候, 爲從流三千里. 若貧難軍民, 將私鹽肩挑背負, 易米度日者, 不必禁捕."(p.253) 또한 도광판 『대청률례』(장영쟁 등 표점·교열, 『대청률례』, 天津古籍出版社, 1995, p.259)에는 독자적인 조례로서 다음 내용이 추가되어 있다. 이 부분은 위 구절이 10인 이상을 규정한 것이지만, 여기에는 10인 이하 부분이 추가되어 있다. "凡兵民聚衆十人以上, 帶有軍器興販私鹽, 拒捕殺人及傷三人以上之案, 爲首並殺人之犯, 斬決. 傷人之犯, 斬監候. 未曾下手殺傷人者, 發近邊充軍. 傷二人者, 爲首斬.下手者, 絞, 俱監候. 傷一人者, 爲首絞監候. 下手者, 實發雲·貴·兩廣極邊煙瘴充軍. 爲從俱滿流. 若拒捕不曾傷人者, 爲首實發雲·貴·兩廣極邊煙瘴充軍. 爲從滿流. 其雖帶有軍器, 不曾拒捕者, 爲首發近邊充軍, 爲從流二千里. 若十人以下, 拒捕殺人, 不論有無軍器, 爲首者斬, 下手者絞, 俱監候. 不曾下手者, 發近邊充軍. 傷至二人以上者, 爲首斬監候, 下手之人絞監候. 傷止一人者, 爲首絞監候, 下手之犯, 杖一百, 流三千里. 其不曾下手者, 俱仍照私鹽律, 杖一百, 徒三年. 若拒捕不曾傷人者, 爲首杖一百, 流三千里. 爲從照私鹽本律, 擬徒. 其不帶軍器, 不曾拒捕, 不分十人上下, 仍照私鹽律, 杖一百, 徒三年. 若十人以下, 帶有軍器, 不曾拒捕者, 爲首照私鹽擬徒本罪加一等律, 杖一百, 流二千里. 爲從, 杖一百, 徒三年. 其失察文武各官, 交部議處. 有拏獲大夥私販者, 交部議敍."

144 『대청률례(大淸律例)』 권13 「호율(戶律) 과정(課程)」(『律』 141.00). "凡犯[[無引]私鹽[凡有確貨是不必贓之多少]者, 杖一百、徒三年, 若[帶]有軍器者, 加一等[流二千里鹽徒]. 誣指平人者, 加三等[流三千里]. 拒捕者, 斬[監候]. 鹽貨、車船、頭匹入官. [道塗]引領[秤手]牙人及窩藏[鹽犯]寄頓[鹽貨]者, 杖九十、徒二年半. [受雇]挑擔馱載者[與例所謂肩挑背負者不同], 杖八十、徒二年. 非應捕人告獲者, 就將所獲私鹽給付告人充賞. [同販中]有[一人]能自首者, 免罪, 一體給賞[若一人自犯而自首止免罪不賞仍追原贓]. **若[私鹽]事發止理見獲人鹽[如獲鹽不獲人者不追, 獲人不**

以致殺傷, 有所擒獲, 申報具題, 斯最下也. 總之, 鹽徒經過, 乃欲假道他往, 以圖射利, 今來者已爲虧折, 而後者又何苦而由斯徑耶? 此大夥鹽徒, 將不禁而自阻矣.

其北地之商買私暗充官鹽, 由于引鹽到境, 官不爲稽考也. 夫本州縣額引若干, 每引額鹽若干, 合計四鄉烟戶若干, 按每戶丁口之數, 與額引鹽斤之數而均派之, 分發四鄉鄉長、莊頭, 按戶買食. 此其一. 或謂雖係官鹽, 聽民自買, 若行分發, 鄰于攤派. 本商額鹽每年或一次二次運行, 卽將運到引鹽若干斤呈報到官. 本官卽出示, 張掛本店門首卽運到引鹽若干斤, 諭城鄉約地、莊頭, 照烟戶于某日爲始, 速付本商店內, 照時價公平買賣. 本商不得故昂其値, 酌定限期于某月日買完, 本商每月將民間買過引鹽若干呈報州縣. 俟定期買完之日, 將本商賣『鹽底簿』弔查.[145] 如尙未買完, 再行出示, 催令民間速買, 以便銷引, 而副考成. 否則本州縣嚴查未買人戶, 定以食私重究. 如已照數買完, 卽令本商將運過引目送驗,[146] 具文運引塡明批解月日繳銷.[147] 引鹽賣完之後, 本店又復開張,[148] 或潛行私賣, 卽係買私網利.[149] 或傍人首告, 或本州縣查出, 定行申報, 按律究擬. 此又其一. 向來地方官, 每于歲終, 將銷引文書徑交本商自投運道,[150] 而引未嘗寓目,[151] 保無匿引影射私鹽者乎? 今引鹽按額完銷, 運引卽行驗解,[152] 商無暗賣之私, 民息多買之累. 此借官行私之弊, 可以杜絶矣.

若夫南方之商運行各省, 定由長江大河而去, 非沿途州縣之可稽查也. 其弭私之責, 殆在巡鹺使者之與運道乎![153] 商人領引, 赴場買鹽. 竈丁只照引目聽買, 不許將私煎夾帶. 查出本商餘鹽, 併究所賣竈丁. 若批驗所掣摯之後, 將引卽行截角, 于擇吉開行之後,[154] 仍有駕船挿旗江河行走者, 卽爲查拿解究, 務盡根株. 每年行銷舊引, 剋期報繳, 不得留藏本商, 以滋影射. 夫竈丁不賣餘鹽, 掣所嚴查夾帶, 則私鹽不得出場. 引目照例截繳, 私販盡法窮究, 則商人無

獲鹽者不坐]."

145 조(弔, 吊)는 거두어들이거나 다시 반납을 받는다(提取. 收回)는 뜻이다.

146 인목(引目)은 화물 명단을 가리킨다. 여기서는 염인을 가리킨다.

147 격소(繳銷)는 반납하여 말소시킨다는 뜻이다.

148 개장(開張)은 영업을 개시하다, 펼치다, 확대하다, 열다는 뜻이다.

149 망리(網利)는 이익을 얻는다, 독차지한다는 뜻이다.

150 운도(運道)는 아마 운사(運司)를 말하는 것 같다. 명·청대에는 소금 생산을 하는 성에 염운사(鹽運使)를 두었는데 정식 명칭은 도전염운사사염운사(都轉鹽運使司鹽運使)였고, 운사(運使)라고 불리기도 하였다. 어떤 곳은 염법도(鹽法道)를 두기도 하였으나, 산동성에는 해당되지 않는다.

151 우목(寓目)은 눈으로 본다는 뜻이다.

152 험해(驗解)는 점검하여 잘못이 없음을 확인한 다음 보낸다(解送)는 뜻이다.

153 순차(巡鹺)는 순염(巡鹽)과 같은 의미다. 순염은 순염어사(巡鹽御史)나 염운사(鹽運使)를 가리키는 것 같다.

154 택길(擇吉)은 길일(吉日)을 선택한다는 뜻이다.

所容奸. 此借引行私之弊, 可以立清矣, 而又何難乎?

夫四者之弊既除, 官鹽無壅, 額引可銷, 國課亦因之而裕矣. 然貧窮游手, 無以資生, 聊借升斗之私,[155] 以少延性命. 故律有: "貧難軍民, 肩挑背負,[156] 易米度日者, 不必禁捕"之文.[157] 今緝役舍大夥而專拿此輩, 有司遵功令而倂究貧人,[158] 此亦狗法之太過乎? 語云: "律設大法, 理[禮]順人情."[159] 况又律文所有, 而非馱載射利者比. 吾願一切置之, 以昭盛世寬大之風可也.

30-06. 중대안건의 처리(承審欽件)[160]

무릇 황상이나 중앙의 육부, 상사로부터 처리를 지시 받은 안건(案件)은 대부분 살인·강도에 관한 의혹이 크거나 처리가 골치 아픈 살인·강도 사건이기 마련이다. 상관은 어느 주현의 지현이 재능이 있다고 하여 특별히 이 사건을 재판하도록 지시를 내리기도 한다. 하지만 [나서서 처리하였다가는] 특별한 정세를 방해한다는 미움을 받을 수도 있고, 이리저리 굴리다 기한을 넘기면 처벌받기도 하며, 결과에 대해 반박·재심 지시가 떨어지는 번거로움도 있고, 형벌의 가볍고 무거움을 잘못 판결하여 문책을 받는 수도 있다. 다른 사람을 위하여 일을 대신 처리하지만, 오히려 허물은 본인에게 돌아올 가능성이 크다. 또한 공동으로 현장을 조사하기 위해 [다른 지역으로] 찾아다니다 보면 그야말로 자신이 다스리는 지방의 공무를 그르치기 십상이다. 특히 무익한 일이니, 어찌 재주를 뽐내 자랑할 필요가 있겠

155 승두(升斗)는 되와 말로 아주 적은 분량(의 양곡이나 봉록)을 비유하기도 한다.

156 견도(肩挑)는 어깨에 메고 운반한다는 뜻이다.

157 『대청률례(大淸律例)』 권13 「호율(戶律) 과정(課程)」(『律』 141.05). "一. 凡豪强鹽徒, 聚衆至十人以上, 撑駕大船, 張挂旗號, 擅用兵仗、響器, 拒敵官兵, 若殺人及傷三人以上者, 比照强盜已行得財律, 皆斬. 爲首者, 仍梟首示衆. 傷二人者, 爲首斬決. 爲從, 絞監候. 傷一人者, 爲首斬監候, 爲從實發雲·貴·兩廣極邊煙瘴充軍. 凡得贓包庇之兵役, 俱擬斬監候. 私售之竈丁及窩頓之匪犯, 俱發伊犁、烏魯木齊等處爲奴. 其雖拒敵不曾殺傷人, 爲首絞監候, 爲從流三千里. 若**貧難軍民, 將私鹽肩挑背負, 易米度日者, 不必禁捕.**"

158 공령(功令)은 법령·법규를 말한다.

159 대법(大法)은 기본법칙이나 국가의 중요한 법령이나 근본법, 또는 기강을 말한다. 이 구절은 『후한서』 권25 「탁로위유열전(卓魯魏劉列傳) 탁무(卓茂)」에 나온다("茂笑曰: '**律設大法, 禮順人情**. 今我以禮教汝, 汝必無怨惡; 以律治汝, 何所措其手足乎? 一門之內, 小者可論, 大者可殺也. 且歸念之!'").

160 이 부분은 제20권 형명부 10 「20-01. 흉악범(款犯)」 부분의 보충설명에 해당된다.

는가? 차라리 구실을 대고 완곡하게 거절하는 편이 엄청 신경을 쓰면서도 처벌을 받게 되는 것보다는 낫다.

凡欽·部·憲件,[161] 類皆命、盜疑難大案. 上司以某州縣爲有才, 而特爲批審.[162] 然而有情勢阻撓之嫌,[163] 有展轉逾限之罰,[164] 有核擬駁審之煩, 有問失出入之處分.[165] 事爲他人代庖, 而咎則本身自任. 且或會勘之奔馳,[166] 適悞地方之公務, 殊屬無益, 何必擅能,[167] 莫若托故以婉辭, 免致勞神而受過.

30-07. 규정 외의 잡세(額外雜辦)[168]

잡판(雜辦)이라는 것은 정규 세금 외에 사안의 필요에 따라 따로 거두는 것이다. 이를테면 중앙부서의 지시에 따라서 [무언가를] 운반하거나 구입(採買)해야 하는 따위의 일을 가리킨다. 비록 거기 들어가는 비용을 정규 예산항목에서 가져다 지출해도 좋다고는 하지만, 실제로 조정으로 올려 보내거나 지방에 남겨 쓰는 전량의 기해(起解)·존류(存留)는 모두 용도가 확정된 항목으로 구성되어 있어, 사실 다른 항목을 끌어다 옮겨 쓰기 어렵다. 그래서 만약에 다시 [정규예산으로 처리하게 해 달라고] 겁 없이 요청한다면, 상관 또한 지현이 재주가 없다고 여겨 쉽게 싫어하는 마음을 갖게 될 것이다. 더군다나 기한 역시 매우 촉박

161 흠부헌건(欽部憲件)은 황제, 중앙정부의 육부, 상관(欽·部·憲)으로부터 직접 처리의 지시를 받은 중대 안건을 말한다.

162 비심(批審)은 검토해서 확인하거나 심사·재판을 한다는 뜻이다.

163 조요(阻撓)는 저지하거나 암중으로 파괴하여 발전하거나 성공하지 못하게 하는 것을 가리킨다.

164 전전(展轉)은 이리저리 왔다 갔다 한다, 몸을 돌리다, 걱정 때문에 잠을 못 이룬다는 뜻이다.

165 문실출입(問失出入)은 재판에서 형벌을 주어서는 안 되는데 형벌을 주거나 죄가 가벼운데 처벌이 무겁거나 또는 그 반대의 경우 등 부적절한 재판 결과를 가리키는 것으로 보인다. 이를테면 실입(失入)은 죄가 가벼운데 잘못하여 무겁게 처벌하는 것을 가리키며, 실출(失出)은 죄가 무거운데 잘못하여 가볍게 처벌하는 것을 가리킨다(『육부성어주해』, p.167).

166 회감(會勘)은 회동사감(會同查勘), 즉 만나서 함께 조사·답사를 한다는 뜻이다.

167 천능(擅能)은 재주를 자랑하다, 뽐낸다는 뜻이다.

168 잡세에 대해서는 제8권 전곡부 3 및 잡과부 「8-02-19. 잡세 징수 여론(雜徵餘論)」에서도 이미 다루어진 바 있다. 또한 제32권 승천부 「32-06. 잡세 검사(查稅契)」에서도 다루고 있다.

하면 지현 한 사람의 힘으로 도저히 처리할 수가 없어 어쩔 수 없이 우선 각 리(里)에 맡겨 비용을 각기 나눠서 준비하게 하고, 나중에 지출한 부분에 대해 따로 문서를 갖추어 상부의 비준을 받게 된다.

예를 들어 내가 담성현에 있을 때 중앙부서의 지시로 포차(砲車)에 쓰는 목재를 구입해야만 했던 사례가 있었다. 나는 곧 신사들을 청하여 성황사(城隍祠)에서 함께 논의하고, 먼저 국고에서 40냥을 내어 배년이장들에게 넘겨주고, 지시에 따라서 액수대로 고르게 할당하여 목재를 구입·운반하게 하였다. 그때 사용한 액수는 호부에서 결산 처리를 허용해 주기를 기다렸다가 호부에 올려 보내야 할 전량에서 빼내 충당할 예정이었다. 목재를 구입한 다음 그것을 제출하고 확인을 받아오게 하는 「수령확인문서(批回)」를 주고, 주변 향촌에서 모두 노련하다고 하는 향리의 어른(里耆)들을 1명씩 뽑아 호부로 목재를 운송하여 제출하게 하였다. 그러나 느릅나무(榆木)가 큰 것이 매우 적어서, 구매하여 자르고 운반하는 비용이 이미 은 100여 냥을 내려가지 않았다.

그런데 이를 운반해서 [북경의] 호부로 가지고 갔더니, 호부에서는 그것을 방치해 두고는 받아 주지 않았다. 호부의 서리(書辦)와 공장(工匠)의 우두머리 등이 서로 짜고 반드시 현금을 내고 이미 자신들이 갖추고 있는 재료를 사서 제출해야 한다고 우겼는데, 그 재료값은 본지에서 구매한 것보다 몇 배가 더 비쌌다. "운반해 가져온 목재가 규격에 맞지 않아 쓸모가 없다"고 하였기 때문에, 퇴짜를 맞고 다시 규격에 맞는 목재로 바꾸자면 결국 군수용품의 조달을 그르쳤다고 조사·탄핵을 받을 수밖에 없었다. 사실 그들이 말하는 이미 갖추고 있는 재료는 지방 각지에서 채매(採買)하여 올려 보낸 것으로 필요한 수량보다 훨씬 많았다. 그래서 이 업무를 관리하는 사람들은 이것을 다시 팔아 이익을 챙기기도 하였다. 실제 이런 일은 간교한 서역들이 처음 공문을 보낼 때부터 일찌감치 염두에 두고 있었던 것이었다.

결국 목재를 운반해 간 사람들은 어쩔 수 없이 여러 방면으로 돈을 얻거나 빌릴 수밖에 없었다. 목재를 사들이는 가격과 모든 비용을 제외해도 다시 200여 금이 넘는 돈이 들어갔던 것이다. 그런데 연말에 결산보고를 하였을 때에는 겨우 7냥 남짓한 정도만 정규 예산에서의 지출이 승인되었으므로, 앞뒤로 따져 보아 들어간 300여 금은 대체 어디서 메울 수 있었겠는가? 민간에 부과하려 해도 백성은 이미 예산항목에서 지출하라는 공문이 있었다는 점을 알고 있었다. 관원에게 벌충하게 하려 해도 관원의 박봉으로는 한계가 있었다. 그렇다고 지출이 허용된 7냥만 백성에게 나눠 준다고 하더라도 실제 들어간 비용은 이에 비해 단지 열 배, 백 배 많은 데 그치지 않았다. 그러니 지현이 중간에 가로챘다고 백성이 의심하지 않기를 바란다고 해도 어떻게 가능하겠는가?

그 무렵 각 주현의 간사한 백성은 분분히 상사에게 고발하여 지현에게 멋대로 못된 죄목들을 씌우려 하였다. 사실 이런 종류의 일은 지방에서 흔히 벌어졌다. 민간에서 많은 비용을 내는 것은 정말 안타까운 일이긴 하다. 그렇다고 걸핏하면 지현이 이런 비방을 받게 된다면, 어찌 그 자리에 있으면서 부끄러움을 느끼지 않겠는가? 나는 호부의 지출 승인 문서가 도착한 날 신사들을 불러 모아 공문을 보여 주었다. 이전에 지출했던 40냥은 기해할 전량에서 빼서 충당하는 것을 승인받았지만, 그래도 여전히 30여 냥을 국고에 보충해 넣어야 하는데, 백성의 지출이 이미 컸기 때문에 내가 봉급을 헌납하여 모자라는 액수를 채우겠다고 밝혔다.

하지만 그래도 또한 백성이 그것만으로 납득하지 않을까 우려하였다. 그래서 다시 목재를 구입하는 비용이 크게 낭비된 상황을 순무·포정사에게 자세하게 보고하여, 제본(題本)을 올려 국가에서 지출을 승인한 액수를 늘려 달라고 간청하였다. 이에 대한 순무·포정사의 승인 문서가 내려왔을 때, 그 내용을 대로변에 방문으로 붙여 고시하였다. 그 결과 신사·백성도 또한 지방관이 최선을 다했음을 믿게 되었고, 결국 다른 곳처럼 시끄럽게 지현을 비방하는 일도 없었다. 이미 지출한 현은은 앞뒤로 사용한 경우 모두 향리 어른들이 담당하였던 데다가, 지현은 전혀 간여하지 않았기 때문이다.

그렇지만 백성의 부모가 되는 지현이 그들이 조세와 요역으로 상당히 곤란을 겪고 있는 데다가 거듭되는 빈번한 가뭄과 홍수로 피폐해져 있음을 알면서도, 예상 밖의 부담이나 온갖 구실을 갖춘 징수로 간교한 서리·아역이 악랄한 수탈을 하도록 놔둔다면, 백성의 고혈은 남는 게 얼마나 있겠는가? 마치 어린아이가 아프면 부모가 된 사람이 계속해서 어루만져 주고 끝없이 돌보아 주어야 하는 것과 같은데, 만약 [떼를 쓴다고] 때리기라도 한다면 [어린아이가] 어찌 참아 낼 수 있겠는가? 그러므로 지방에서 어쩔 수 없이 이러한 급작스러운 부담을 떠맡게 된다면, 오로지 지현이 절대로 부낭한 이익을 얻기 위해 끼어들어서는 안 되며, 이장·서역이 그것을 빌미로 돈을 거둔다고 소란을 피우는 것을 엄금하는 수밖에 없다. 그렇게 해야만 백성을 살리고 그들의 비난을 피할 수 있다.

夫雜辨者,[169] 于正賦之外, 而因事以起者也. 如奉部文搬運採買等事,[170] 雖云用過准動正

169 잡판(雜辦)은 규정된 부세 이외에 특수한 사정 때문에 추가로 징수하는 부세를 가리킨다.
170 반운(搬運)은 떠맡아 비교적 장거리인 다른 지방으로 운송한다는 뜻이다. 채매(採買)는 골라서 구입한다, 구매한다는 뜻이다. 채선(採選)·채판(採辦)과 같은 뜻으로 상공(上貢)해야 할 물품이 부족하면 관부에서 돈을 내어 구

項開銷,[171] 然錢糧起解、存留, 俱有定款, 難容那借.[172] 若再行瀆請,[173] 上司又以本官無才致生輕厭. 且限期甚迫, 非一手足可辦, 不得不委之各里, 分頭整備, 俟用過之後, 另文報銷.[174] 如鴻在郯時, 奉部文採買砲車木料一事.[175] 鴻卽傳請紳衿, 于城隍祠公議, 先發庫銀四十兩, 合該年里長公領, 照來文按數均派, 採買運解. 其用過若干, 俟大部允銷, 卽從應納大糧扣抵.[176] 買完, 本縣出具「批文」,[177] 四鄕僉議老成里耆各一人, 赴部投交. 然而楡木大者甚少, 採買斷制及水脚諸費,[178] 已不下百餘金.

及解至大部, 停閣不收.[179] 書辦、作官等通同作弊,[180] 必須用價買彼見成之料, 而其價較本地採買昂溢數倍. 否則謂: "解來木料, 違式無用", 仍行駁換, 以遲悞軍需査參. 夫彼見成之料, 乃各處採買, 數多浮于所用, 故經管諸人因之轉售分肥. 是則奸書、猾役于行文之始, 早已籌及于此也. 乃解木之人, 不得不多方揭貸, 除售値及一切使費, 又不下二百餘金. 迨年終奏銷, 僅准開銷七兩有奇, 則前後所費之三百餘金, 將何著落乎?[181] 以爲派之民間, 民已知動項之有文, 以爲賠之有司, 有司廉俸之有限. 乃止以允銷七兩之數, 分發于民, 比之所用, 已不啻什佰倍蓰, 而欲民之不疑官長之尅扣者, 幾何哉?

于時, 各州縣之刁民,[182] 紛紛上司具控, 以不肖之名, 妄加官長. 夫諸如此類, 地方常有. 雖民間多費, 固屬可矜, 若動令官長受謗, 何以居此而無媿乎? 鴻于開銷到日,[183] 傳集紳衿, 出

매하는 것이나 조정에 진공(進貢)하는 토산물을 가리키기도 한다.

171 준동정항개소(准動正項開銷)는 정항, 즉 정규예산을 옮겨 쓰는 것을 나중에 정식으로 회계 처리하여 줌으로써 정식 예산의 일부로 인정해 주겠다는 뜻이다. 다시 말해 관련된 비용을 정규 예산 항목으로 승인해 주겠다는 중앙정부의 승낙을 가리킨다.

172 나차(那借. 挪借)는 본래의 용도와는 바른 방면으로 옮겨 쓴다는 뜻이다.

173 독(瀆)은 지나치다, 번쇄(煩瑣)하다, 망치다, 어지럽힌다는 뜻이 있는데, 독청(瀆請)은 무례하게 또는 버릇없이 요청한다는 뜻이다.

174 보소(報銷)는 수령해서 사용한 자금이나 수지장부에 항목을 기입하여 목록을 만들고 상부에 보고하여 검토와 비준(核銷)을 요청하는 것을 말한다.

175 포차(砲車. 礮車)는 대포를 싣는 수레를 말한다.

176 구저(扣抵)는 대신 충당하여 때운다는 뜻이다.

177 「비문(批文)」은 상급이나 유관 부분에서 비준한다고 답변해 주는 문자나 문건을 가리키는데, 여기서는 「비회(批回)」, 즉 「수령확인문서」를 가리킨다.

178 수각(水脚)은 수로를 통한 운송의 경비를 말한다.

179 정각(停閣)은 정각(停擱)과 같은 뜻으로 방치한다, 내버려 둔다는 뜻이다.

180 서판(書辦)은 문서 처리를 담당하는 속리(屬吏)를 가리킨다. 작관(作官)은 장작(匠作), 즉 공장(工匠)의 우두머리를 가리킨다.

181 착락(著落)은 안배하다, 안치하다, 또는 믿을 만한 근거나 내원이라는 뜻이다.

182 조민(刁民)은 간사하고 못된 백성이라는 뜻이다.

183 개소(開銷)는 보소(報銷)와 같은 뜻이다.

部文相示, 比前發之四十, 除扣抵大糧, 尙須補庫三十餘兩, 但念民費實多, 鴻爲捐俸, 代償庫項. 然又慮百姓之不爲彼陳情也.[184] 于是復以買價多費情形, 詳請院司, 懇乞題增, 及院司批詳旣下, 榜示通衢. 夫紳衿百姓, 亦諒父母之心殫, 而卒不致如他處之嘖嘖者. 以旣發現銀, 卽前後所用, 皆里耆經手, 而縣官絶未寓目也.[185]

然爲民父母者, 知百姓實多窮困租稅、力役, 已疲于水旱之頻仍, 而意外之輸將及加之借端之苛斂,[186] 奸胥、猾役, 需索誅求, 百姓脂膏, 寧有幾乎? 譬之子嬰痛苦, 爲父母者, 方且拊摩顧復之無已,[187] 若又從而笞之, 豈忍也哉? 故凡地方不得已而際此飛差,[188] 惟是官無染指, 而嚴禁里、胥科擾, 則甦民免謗, 其庶幾乎![189]

30-08. 재해 피해의 보고(申報災傷)[190]

무릇 지방에서 홍수나 가뭄, 메뚜기 피해를 당하면 지현은 곧바로 직접 가서 조사해 보아야 한다. 현 경내 전체가 재해를 입었는지, 아니면 일부 지역만 재해를 입었는지 이장·지보로 하여금 문서를 올려 보고하게 하며, 반드시 신사와 향촌의 어른(里耆)도 함께 불러 모아 대책을 의논해야 한다. 만약 상사에게 보고하게 되면, 한편으로는 보고한 내용에 따라 독무가 제본(題本)을 올리고, 다른 한편으로는 관원을 파견하여 [해당 주현의 지방관과 함께] 실지조사를 시킨다.[191] 그렇게 되면 이들을 접대하는 비용이 들고, 규례를 주어야 하는 비용이 들어가며, 상사의 아역에게 종이 값이니 책값이니 하는 명목으로 비용을 지출해야 한다. 호부에서 검토하여 세금 감면을 승인해 주는 과정에서도 일을 떠맡아 처리하는 사람

---

184 진정(陳情)은 고충을 호소하거나 자신의 생각을 밝힌다는 뜻이다.
185 우목(寓目)은 눈으로 본다는 뜻이다.
186 수장(輸將)은 부세를 납부한다는 뜻이다. 또는 도움이나 기부를 뜻하기도 한다.
187 방차(方且)는 게다가, 또다시, 여전히라는 뜻이다. 부마(拊摩)는 더듬다, 어루만진다는 뜻이다. 고복(顧復)은 거듭해서 둘러본다는 뜻, 나아가 부모의 양육을 비유한다.
188 비차(飛差)는 여기서는 국가가 급하게 시행을 요청한 차역(差役) 부담을 말한다.
189 서기(庶幾)는 대체로, 거의, 혹시, 다행히 등 희망과 기원을 가리키는 뜻을 품고 있다.
190 재상(災傷)은 천재인화(天災人禍)가 가져온 손상을 가리킨다.
191 보통 인근 주현의 지현 등이 이런 일을 맡는 것이 보통이다.

에게 주는 비용도 들어간다.

그러므로 재해 피해를 보고하여 판정을 받는 등급과 비율에 따라 면제받게 될 전량의 액수가 얼마쯤인지를 계산한 다음, 재해를 보고하여 피해를 인정받는 과정에서 들어갈 비용과 서로 비교해 보아야 한다. 만약 들어가는 비용이 적고 면제받는 것이 많으면 응당 보고를 해야 하고, 비용은 많고 면제받는 것이 적다면 신중을 꾀하여 경거망동함으로써 「공동보고서」를 번거롭게 일을 만들면서도 백성에게는 아무런 이익도 없게 해서는 안 된다. 그렇지만 응당 이장·지보로부터 재해로 인정될 정도가 아니라는 보고서를 받아서 보관해 둠으로써, 지현이 재해상황을 위로 보고하지 않았다고 뭇사람이 험담을 하는 일을 피해야 한다. 만약에 재해가 응당 보고해야 할 정도라면, 곧바로 위에 보고한다. 재해 피해를 한 달이 넘어 늦게 보고하면, 규정상 처분을 받게 되어 있다. 실지조사는 관례상 역시 상관이 다른 관원을 임명하여 위임하게 되어 있으므로, 지현이 먼저 실지조사를 한 다음 보고하는 순서를 기다렸다가 지체되어 오히려 스스로 허물을 자초하는 일이 있어서는 안 된다.【'한 달'이라는 것은 이장·지보가 보고를 올리는 것과 지현의 보고가 순무·포정사에게 도착하는 기간이 한 달을 넘어서는 안 된다는 뜻이다. 그렇지 않으면 규정상 탄핵을 받게 되어 있다. 지현은 재해 소식을 들으면 응당 먼저 혼자 말을 타고 달려가 신속히 답사하고, 그 다음에야 이장·지보가 「보고서」를 올리는 것을 허락해야 하는데, 반드시 사흘 이내에 보고를 완료케 하여 규정을 어기는 허물을 자초하지 않아야 한다. 이것은 지현이 단지 「보고서」에만 의거하여 위로 보고하되 스스로 반드시 답사할 필요는 없다고 말하려는 것이 아니다.】 만약 먼저 상사에게 보고하고 상사가 중앙정부에 제본을 올렸는데, 재해가 아닌 것으로 조사 결과가 판정이 되더라도, 여전히 이러한 판정을 근거로 제본을 올려 안건을 종료시킬 수 있다. 그렇지만 만약 재해로 인정을 받는다면 규정에 따라 재해 정도에 따라 세금 감면을 받는다. 호부의 문서가 도착하면 분명하게 확실한 재해 조사를 한 다음, 해당 도(圖)·리(里) 각 구역의 전량 원액에 비추어 전량을 감면시켜 준다. 이 과정에서 경작지를 황무지로 인정하거나, 가난한 사람은 빼놓고 부유한 사람들만 면제해 주거나 하여 백성이 조정의 은택을 고르게 누리지 못하게 해서는 안 된다. 이것 또한 지방관의 책임이다.

夫地方遇有水旱、蝗蝻, 印官卽宜親查. 或闔境爲災,[192] 或偏隅受害, 里、地公呈擧報, 便須

192 합경(闔境)는 경내 전체의 지방을 가리킨다.

傳集紳耆共議. 凡經申報上司, 一面據詳具題, 一面委員踏勘. 其間供應有費, 規禮有費,[193] 上房紙張、造冊有費,[194] 大部承行覆免有費.[195] 要當計所報災傷分數, 與應蠲錢糧分數若干, 較之各項使費共若干. 若費少而蠲多則宜報, 若費多而蠲少, 則愼勿輕擧, 以滋勞擾而無利于百姓. 宜更取里、地不成災免報「公呈」存案,[196] 公呈存案, 免致群口反議印官之不上陳也. 若災宜申報, 立卽具詳. 查遲報災傷一月以外, 例有處分.[197] 至于踏勘, 例亦上司委員, 固無俟印官先踏勘而後申報, 以致遲延, 自貽其咎也. 【所云: '一月', 就里、地具呈以及印官申報到院司之日, 要不出一月以外耳. 否則, 例有參罰. 印官聞災, 應先單騎速勘, 方准里、地具呈, 須于三日內具申, 庶無違例之愆. 非云州縣止據呈轉申, 而不必踏勘也】 若先經申報具題後,勘不成災,[198] 仍可據不成災題結.[199] 若旣成災, 照例按分蠲免. 部文一到, 宜嚴查眞荒, 照該圖 · 里坵段原額錢糧扣免, 毋致以熟作荒, 停貧免富,[200] 使小民不得均沾朝廷實惠. 是又司牧者之責也.

---

193 규례(規禮)는 관리나 차역들이 교묘한 명목을 세워 갈취하는 누규(陋規), 즉 일종의 뇌물로 아주 종류가 번다하다.

194 상방(上房)은 여기서는 상사아문의 방(房)을 가리킨다. 즉 상사 아문의 아역들을 말하는 것이다.

195 승행(承行)은 상부의 지시를 받아 그 업무를 떠맡아 처리한다거나 그 일을 맡는 사람을 가리킨다. 복면(覆免)은 아마도 재해에 따른 견면(蠲免)과 그에 따른 답장 등의 과정을 가리키는 것 같다.

196 청대의 경우 지방에 가뭄·홍수·바람·우박·벌레 등의 재해가 발생하면 독무가 관원에게 위탁하여 피해 정도를 실지조사를 하게 하는데 이것을 감재(勘災)라고 한다. 피해 정도가 60% 이상이면 성재(成災)로, 50% 이하면 불성재(不成災)로 판단하여 독무에게 보고하고, 독무는 이것을 기한 내에 상주해서 보고해야 한다. 여름에는 6월, 가을에는 9월까지 보고가 완료되어야 하였다. 나아가 관원을 파견하여 해당 주현관과 함께 재해구역을 조사하고 재해정도를 파악하여 포정사·도대에게 보고하게 하였다. 성재로 파악되면 정식으로 전량의 견면을 주청할 수 있었고, 재해의 정도에 따라 견면의 폭이나 완징 여부 등이 결정되었다.

197 심서성(沈書城) 집(輯), 『칙례편람(則例便覽)』(乾隆庚戌序. 『四庫未收書輯刊』, 北京出版社, 2007의 第二集 第27冊 所收)의 권22 「재진(災賑)」(1a)에 의하면 보고가 늦었는데 반월·1개월 이내라면 벌봉 6개월·1년의 처분, 1·2개월 이상이라면 강1·2급 조용, 3개월 이상이라면 혁직의 처분을 받게 되어 있다(一. 夏災不出六月下旬, 秋災不出九月下旬, 先將被災情形題報. 如州縣詳報到省在限外而扣算程途日期, 尙未逾限者, 免其揭參. 如遲報逾限半、一月以內者, 罰俸六個月、一年. 逾限一、二個月以外者, 降一、二級調用. 逾限三月以外者, 革職.).

198 감불성재(勘不成災)는 실지조사의 결과 재해 정도가 50% 이하라서 재해가 난 것으로 볼 수 없다는 판정을 받는다는 뜻이다.

199 제결(題結)은 제본을 올려 (범법 관리를 압송하여) 안건을 완료시키는 것을 말한다.

200 정면(停免)은 원래 면제의 중지라는 뜻의 단어이지만, 여기서는 정지와 면제의 뜻으로 쓰였다.

| 제31권 |

서정부 庶政部 2

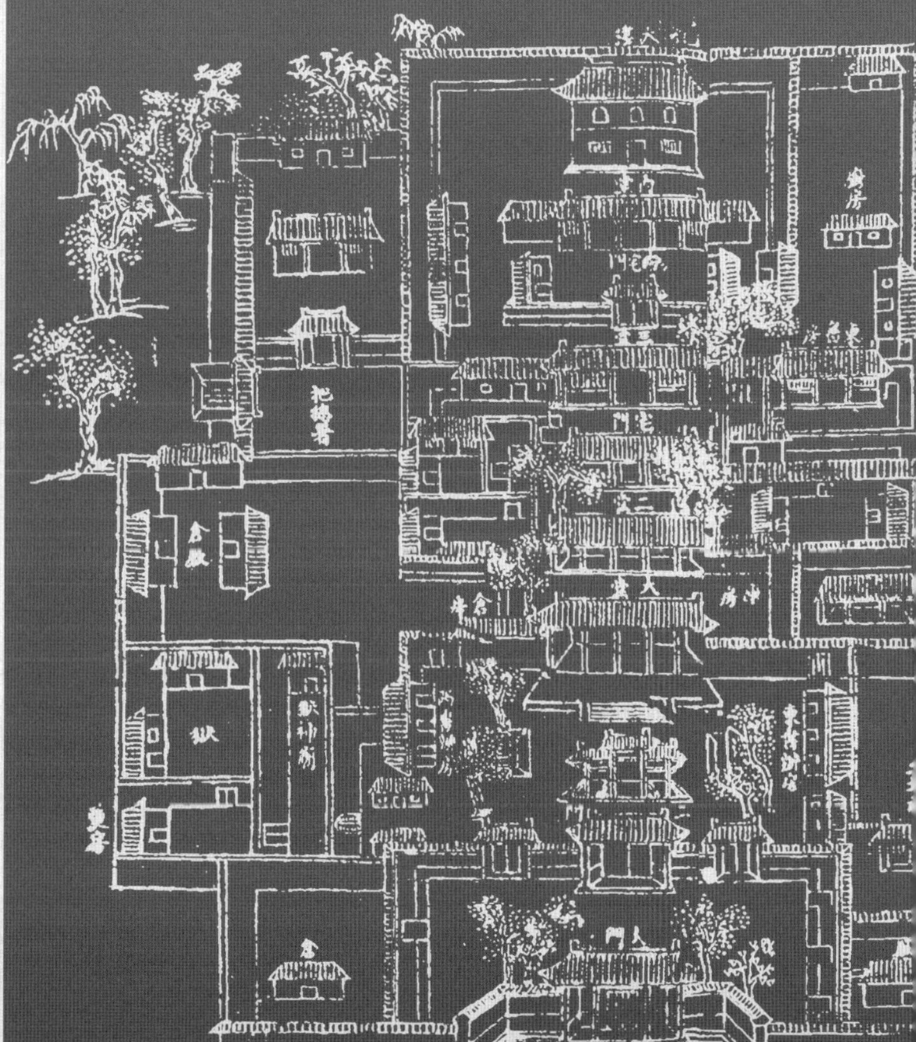

福惠全書

31-01. 조운선 운행 협조와 독촉(漕船催儹)[1]

무릇 운하(運河)에 가까운 주현은 조운선(漕運船)이 북쪽으로 양곡을 운반하고, 또 빈 배로 돌아오는 것에 대해 규정에 따라 그 운행을 감독하고 독촉할 책임이 있다. 매년 조량(漕糧)을 실은 배가 통과할 때에는 반드시 미리 공방(工房)의 민장(民壯)을 미리 뽑아서 밤낮으로 하안(河岸)에서 기다리게 해야 한다. 조량을 실은 배가 본 주현 경계 내에 들어오면, 그 대열(幫)의 선두 배를 찾아 「신고문서(報單)」를 요구하는데, 그 문서에는 "모성(省) 모위(衛) 모방(幇)의 운관(運官) 모인이 모년의 모량을 수령하여 운반하는데, 이 대열 배는 모두 몇 척이고, 기정(旗丁) 모모는 모두 몇 명이며, 모월 모일 모시에 경내에 들어와 모처에 도착하였습니다."라는 내용이 기입되어 있어야 한다. 주현에서는 이들이 잠시 정박하거나, 항구에 이르러, 양미(糧米)를 몰래 팔아넘기거나 개인적인 화물을 싣는 일을 모두 막아야 한다. 만약 이러한 일이 있으면 바로 지방관에 보고를 올리게 하여 잡아다 처벌함과 동시에 상부에 보고를 한다. 조운선이 경내를 벗어날 때에도 다시 「신고문서」를 요구하는데 입경할 때와 마찬가지로 "모일 모시에 모처에 도착하여 출경합니다."라는 내용이 기입되어야 한다.

매일 아침 어제 지나간 각 대열 조운선의 「신고문서」는 모두 모아 지현에게 전달되어야 하며, 지현은 규정된 기한에 맞추어 책을 작성하여 해당 관하청(管河廳)이나 그 상관인 관하도(管河道)에게 알려, 그들이 하도총독(河道總督)에게 보고할 수 있게 해야 한다. 보고하는 입경 일시는 너무 이르게 기입되어서도 안 되고, 출경 일시가 너무 느리게 기입되어서도 안 된다. 조운선이 하루에 가야 하는 거리는 정해진 범위가 있기 때문에 출경 일시가 너무 느려 하도총독에 의해 발견되었을 경우 지현이 독촉에 힘을 쏟지 않았다는 허물을 뒤집어쓰게 되기 때문이다. 게다가 조운선이 정박하거나 기정 등이 조량을 팔아넘기고 사적인 물품을 배에 싣거나 한 일이 다음 경유지 어디에서인가 발각되면서, 그들이 본 주현에서 조량을 팔아넘기고 다른 물품을 실었다고 자백이라도 해 버리면 모두가 골치 아프다. 특히 예기치 못한 화재라도 발생하게 되면 지방관은 이에 연루되어 처벌을 받는다.

경내의 운하 물길 가운데 간혹 진흙이 쌓여 수심이 얕아지거나 물길이 좁아지는 곳이 있다. 물이 많을 때에는 진흙이 쌓여 수심이 얕아진 곳에 표시용 장대를 세워, 조운선이 이

1 이와 관련된 문제는 제8권 전곡부 3 및 잡과부 「8-01-06. 조운선 출발 독촉(嚴勒開儹)」에서도 언급된 바 있다.

를 눈으로 확인하면서 깊은 곳으로 통과하여 지나갈 수 있게 해야 한다. 반면 물이 적을 때에는 좁고 깊은 웅덩이에 진흙이 쌓여 만들어진 펄이나 모래톱이 생긴 물굽이가 있어 꾸불꾸불 지나가기 힘들기 때문에, 응당 하부(河夫)들의 인도로 조운선이 피해 나갈 수 있는 길을 알려 주어야 한다. 만약 본 주현에서 제대로 주의를 기울이지 않아서 조량을 싣고 올라가는 배가 얕은 곳에서 부딪치거나 지체되어 버리면, 이것을 빌미로 조운선에서 공갈을 치는 수가 많다. 즉 선체에 물이 새서 조량미가 젖었다고 구실을 대거나, 아니면 하부의 배로 옮겨 싣는 것을 요구하는 등 멋대로 협박하고 공갈을 치면서 일부러 조운선을 더욱 지연시키는 것이다. 조금이라도 비위를 거슬러 화가 나게 하면, 그때마다 공문을 작성하여 상부에 보고해 버리기 때문에 조량미를 상하게 하고 조운선을 지연시켰다는 허물은 반드시 지방관에게 돌아온다. 따라서 표지 장대를 꽂아서 물길을 제대로 알려 주는 일은 절대 소홀히 해서는 안 된다. 만약 공방과 하부가 이 일을 제대로 처리하지 못하면 반드시 엄중하게 처벌해야 한다. 하도의 관할은 규정에 따르면 주동(州同)과 주부(主簿)의 담당이니, 주현의 지방관이 공문을 보내 분명하게 지시한다면 반드시 조운선은 왕래하는 가운데 편안하고 무사할 것이고, 이것은 또한 지방관에게도 다행스러운 일이다.

凡近運河州縣, 漕船重運、回空,[2] 例有催儹之責.[3] 每歲遇漕艘通行之時,[4] 便須預撥工房民壯,[5] 晝夜守候河干.[6] 遇漕艘入本州縣界內, 卽索本頭船「報單」, 單上塡明: "某省某衛某幇運官某人, 領兌某年某糧,[7] 本幇船共若干隻,[8] 旗丁某某若干名,[9] 于某月日時入境, 抵某處訖." 不許停泊片刻,[10] 及至口岸,[11] 偸賣糧米, 裝載私貨. 如有此等, 立刻禀官,[12] 拿究申報. 俟船至

---

2 조선(漕船)은 조운에 쓰이는 선박을 가리킨다. 조운선이라고도 한다. 조운의 과정 가운데 남쪽에서 조량미를 북쪽으로 운반하여 가는 것을 '중운(重運)'이라 하고(일반적으로 반년 정도가 걸린다), 경사 지역으로 조량을 운반하여 하역한 다음 다시 빈 배로 돌아가는 것을 '회공(回空)'이라고 한다(『육부성어주해』, p.62).

3 조운선이 지나는 연도의 지방관은 그 운행을 감독하고 독촉할 책임이 있었는데, 이를 일컬어 '찬중최공(趲重催空)'이라 불렀다. 즉 북으로 싣고 올라가는 중운을 도와주고, 다시 빈 배로 돌아가는 회공을 독촉한다는 뜻인데, 이것을 줄여서 최찬(催趲. 催儹)이라고 한다.

4 조소(漕艘) 역시 조선 · 조운선이다.

5 공방(工房)은 주현아문의 육방(六房) 가운데 하나로 건축 및 수리 작업과 군수품 처리 등을 맡았다. 민장(民壯)은 징발이나 모집으로 차역에 복무하는 장정을 가리킨다.

6 하간(河干)은 하안이나 하변, 즉 강 언덕을 말한다.

7 영태(領兌)는 수령과 운반을 뜻한다.

8 방선(幇船)은 함께 이동하는 조운선 집단, 즉 선단(船團)을 말한다.

9 기정(旗丁)은 조운을 담당하는 병정을 가리킨다.

10 편각(片刻)은 잠깐 · 잠시라는 짧은 시간을 말한다.

出界地方, 仍索「報單」, 塡寫如前: "于某日時, 抵某處出境訖." 每早將昨日各幫船「報單」彙繳本官, 以便照例限造冊, 申報該管河廳,[13] 或管河道,[14] 轉報總河.[15] 所報入境日時, 不得塡先太早, 出境日時, 不得塡後太遲. 以漕船日行, 立有定限, 恐出境太遲, 總河查出, 本州縣有催儹不力之咎. 且漕船停泊, 不惟旗丁等賣米裝貨, 前途他處發覺,[16] 供出裝賣地方, 均有未便. 尤恐火燭有不虞之戒,[17] 地方官乃干連受罰矣.[18]

本境河道, 或有淤淺窄隘之處.[19] 水大時, 宜于淤淺處, 揷立標竿,[20] 使漕船憑爲眼目, 以便由深通行走. 水小時, 其窄泓有泥灘、沙灣,[21] 屈曲難行,[22] 宜使河夫導引知所趨避.[23] 若本州縣漫不留心, 重運一經擦淺阻泓, 便生圖賴,[24] 非云走漏濕米, 卽索夫船盤剝,[25] 任其勒詐, 故意耽延, 稍觸其怒, 彼輒具文申報, 則壞米遲船之咎, 必有所歸矣. 故揷標指泓, 斷斷不可少也.[26] 如工房、河夫貽悞, 定行重究. 管河例係州同[27]、主簿,[28] 亦須牒行申飭,[29] 必往返之間,[30]

---

11 구안(口岸)은 제방·항구를 말한다.

12 입각(立刻)은 즉각·방금이라는 뜻이다.

13 관하청(管河廳)은 관하도(管河道) 소속 관하동지(管河同知)·관하통판(管河通判) 등의 관서를 가리킨다.

14 관하도(管河道)는 정사품의 관원(道員)으로 지방관으로서 하도 업무를 겸무하거나 전담한다(『청사고(清史稿)』 권116, 「직관(職官) 3 외관(外官) 도(道)」, pp.3352-3353).

15 총하(總河)는 바로 하도총독(河道總督)으로, 청대 황하와 운하 등의 수로를 총괄하던 지방관을 가리킨다. 명대에는 총하시랑(總河侍郞)이었는데, 청초에는 하도총독으로 바뀌었다. 줄여서 총하·하신(河臣)이라고도 부른다. 옹정 연간에는 동하(東河)·북하(北河)·남하(南河) 등으로 분설되기도 하였다.

16 전도(前途. 前塗. 前塗)는 장차 이르게 될 앞길, 다음 장소를 말한다.

17 불우(不虞)는 예상하지 못한 것이라는 뜻이다.

18 간련(干連)은 연루·견련·관련이라는 뜻이다.

19 착애(窄隘)는 좁다, 협소하다는 뜻이다.

20 표간(標竿)은 표시용 장대를 말한다.

21 홍(泓)은 물이 깊고 넓은 모습이나 깊은 물, 또는 물이 넓고 깊어지는 것을 가리킨다. 니탄(泥灘)은 물속이나 물가에 진흙이 쌓인 펄이나 평지를 말한다. 사만(沙灣)은 모래가 쌓인 물굽이를 가리킨다.

22 굴만(屈曲)은 구불구불하다, 굽어지다는 뜻이다.

23 하부(河夫)는 하도를 관리하는 부역(夫役)을 가리킨다. 부역(夫役)은 징발이나 고용을 통해 부려지는 사람들을 말한다. 추피(趨避)는 달리면서 피한다는 뜻이다.

24 도뢰(圖賴)는 저뢰(抵賴)즉 자신의 착오나 책임을 인정하기를 거부한다, 또는 다른 사람이 나쁜 짓을 하였다고 거짓말을 한다, 남의 것을 자기 것이라고 우긴다는 뜻도 있다. 즉 발뺌하거나 우긴다는 뜻이다. 자세한 내용은 제15권 형명부 5 인명(人命) 중 「15-01. 도뢰(圖賴)」를 참조.

25 반각(盤剝)은 끌어내린다는 뜻이다. 즉 큰 배에 무겁게 실린 쌀을 끌어내려 작은 배 위로 옮겨 싣는 것을 말한다(『육부성어주해』, p.62).

26 단단(斷斷)은 '단연코, 절대적으로, 확실하게'라는 뜻이다.

27 주동(州同)은 주동지(州同知), 즉 지주(知州)의 부직(副職)이다. 관하청(管河廳)의 책임자는 보통 동지(同知)나 통판(通判)이었다.

28 주부(主簿)는 한대(漢代)에는 중앙이나 군현의 관서에서 문서관리와 사무 처리를 관리하던 관직이었다. 명·청대에는 주현 아래에 설치되는 좌이관(佐貳官)의 하나다.

平安無事, 亦地方官之幸也.

31-02. 제방의 연례 보수(河隄歲修)

무릇 운하에 가깝거나 수리(水利)와 관련된 주현에는 매년 운하 제방에 대한 보수 공정이 규정되어 있어, 연중 보수(歲修)에 투입되는 하부(河夫) 인원 및 그들의 임금 정액이 정해져 있다. 그 사무를 관리하는 사람은 주동(州同)·주부(主簿)이지만, 이와 관련된 업무평가를 받는 사람은 주현의 지방관이다. 매년 관하도·관하청이 한두 차례에 걸쳐 직접 순시하여 점검하는데, 조금이라도 규격에 맞지 않으면 바로 반박과 힐문이 뒤따르게 된다. 만약 제방이 무너지거나 구멍이 뚫리기라도 한다면 [지방관은] 탄핵을 받아 처벌 대상이 되므로, 단지 물이 흘러 넘쳤다고만 보고하고 긴급하게 보수해서 쌓아야 한다. 혹시 조운선이 지나가는 곳에 옆에서 물이 들어와 안으로 쏟아지기라도 하면 조운선을 끌고 앞으로 견인하는 일은 쉽지 않다. 아마 보고 책임을 맡은 사람이 위소(衛所)의 하급 무관이라면, 주현에서 천천히 이를 보완하는 것을 기다려 주지는 않을 것이다. 따라서 지방관은 응당 주의를 기울여 이 문제를 관리해야 한다. 오로지 좌직(佐職), 즉 주동·주부의 말만 믿었다가 나중에 스스로를 그르치는 일이 있어서는 안 된다.

그런데 소위 '[제방] 수리 작업(工程)'에는 제방의 아래쪽이 넓고 두터운 경우가 있고, 강물의 흐름이 곧고 깊게 흐르는 경우가 있으며, 제방 안쪽의 땅이 얕고 평평한 경우가 있는데, 이런 경우는 그 제방을 수리하는 일이 쉽고, 또 결과도 오래간다. 그러나 제방 아래쪽이 좁고 얇은 경우가 있고, 하류의 흐름이 굽이치면서 제방에 부딪히거나 토사가 쌓이는 경우가 있으며, 제방 안쪽의 땅이 낮고 가파른 경우가 있는데, 이러한 경우 제방을 보수하기 어렵고 또 쉽게 무너진다. 왜 그런가? 제방 아래쪽이 넓고 두터우면 제방을 차례대로 높이면서도 기초공사를 생략할 수 있고, 하류의 흐름이 곧고 깊으면 불어난 물이 곧바

---

29 첩(牒)은 관부에서 쓰는 공문의 한 종류다. 소속 계통이 다른 일종의 대등한 관계에 있는 지위 사이에 오가는 평행문(平行文)이다. 신칙(申飭)은 정돈·지시·칙령이란 뜻이다.

30 왕반(往返)은 오고간다, 왕래한다는 뜻이다.

로 흐르면서 제방에 부딪히지 않으며, 제방 안쪽의 땅이 얕고 평평하면 제방은 쉽게 북돋아 두텁게 만들 수 있고 동혈식 배수로를 만드는 데 힘을 절약할 수 있다. 그런데 만약 제방의 아래쪽이 엷고 좁거나, 하류의 흐름이 부딪치거나 토사가 쌓이거나 제방 안쪽의 땅이 낮고 가파른 경우는 그 반대다. 이른바 '[제방] 수축 작업(修築)'이라는 것은 엷고 좁은 곳을 보태어 넓고 두텁게 만드는 것이고, 굽이치고 부딪히는 곳은 그 형세를 따라 제방을 쌓아 튼튼하게 만드는 것이며, 막히고 쌓인 곳은 준설하여 깊이 흐르되 멈추지 않게 하는 것이고, 낮고 가파른 곳은 북돋아서 두텁게 함으로써 무너지지 않게 하는 것이다.

그 제방 전체가 흐트러지거나 무너지고 제방뿌리가 단단하지 않은 경우에는 반드시 새로 제방을 쌓아 올려야 한다. 그 쌓아 올리는 방법은 제방 길이가 얼마, 필요 인부가 몇 명인지를 헤아려 정하고, 인부마다 일부씩 나눠 준 다음 각기 책임지고 일을 떠맡게 한다. 인부들이 쌓아 올리는 제방은 비록 맡는 부분은 나눠지지만 책임은 함께 지게 함으로써 제방을 반드시 하나처럼 쌓게 해야 하며, 견실하거나 느슨함, 두텁고 엷음, 높고 낮음의 차이가 있게 해서는 안 된다. 이래서 공사를 감독하는 사람은 수시로 공사 현장을 순찰해야 한다.

제방뿌리 부분의 느슨한 흙은 응당 평평하게 깎고, 절구공이로 단단하게 다져야 한다. 제방 양쪽은 가능하면 큰 참죽나무와 두꺼운 가시대나무를 깊고 촘촘하게 박아 넣어 흙이 밖으로 떨어지지 않게 막고, 가운데는 단단히 다지되 아울러 벽돌이나 돌로 메우며, 건초나 썩은 소나무 등이 들어가게 해서는 안 된다. 흙을 한 층 한 층 쌓을 때마다 절구공이나 돌을 써서 꼭꼭 다진다.[31] 이렇게 층층마다 절구공이 돌로 땅을 다져야 흙은 비로소 아주 단단하게 뭉친다. 제방의 형태는 반드시 아래는 넓고 위는 좁으면서 완만하게 위로 경사져서 올라가야 하며, 대략 꼭대기의 평평한 곳은 너비가 약 2장(丈), 가장 아래쪽은 너비가 5장 정도가 되어야 한다. 제대로 경사진 비탈로 만들면 파도의 충격을 받지 않고, 아래쪽이 넓으면 제방 몸체가 우뚝 서서 오래 버틸 수 있다. 제방의 윗면은 또한 마땅히 둥글고 평평해야 하는데, 가운데 윗부분을 약간 솟아오르게 하여 꺼져서 함몰하지 않게 한다. 사람이나 가축이 날마다 다니다 보면 점차 가운데가 우묵하게 들어가고, 거기에 물이 고여 제방을 망가뜨리기 때문이다. 새로운 제방과 낡은 제방이 연결되는 부분은 반드시 안과 밖

31 이른바 판축법(板築法)을 가리키는 것으로 보인다. 판축은 성벽을 쌓는 도구인데, 판(板)은 좁은 나무판자를 축(筑)은 절구공이(杵)를 가리킨다. 성벽을 쌓을 때 양쪽에 나무판자를 대고 가운데 흙을 메운 다음 절구공이 돌로 다지는 방법으로 한 층 한 층씩 쌓아올리는 것이다.

두 부분이 하나로 녹여 붙인 것처럼 합쳐져 흔적이 없어야 하며, 둥글고 평평하고 단단하고 두터워야 하며, 들쑥날쑥하거나 깎여 나가거나 우묵하게 패이게 해서는 안 된다. 물이 그곳에 멈추거나 굽이치면서 감돌면 쉽게 구멍을 뚫고 물을 새게 만들기 때문이다.

제방 공사가 완료되는 날에 지현이 직접 점검하러 나가서 크고 긴 철침을 사용해서 제방에다 꽂은 다음 다시 침을 뽑는데, 그때는 손목을 돌리면서 힘주어 마찰을 해서는 안 되며, 그 구멍에 물을 가득 부어 그것이 스며들어 없어지지 않아야만 비로소 그 제방은 튼튼한 것이라고 할 수 있다. 만약 손목을 돌리면서 마찰을 시킨다면 침으로 판 구멍이 눌려서 단단해지면서 물이 아주 오랫동안 스며들어 없어지지 않을 터인데, 이것은 흔히 시공자가 눈속임으로 사용하는 간교한 수법이다. 제방에 물이 스며들어 단단하지 못한 것이 확인되면 그 부분을 맡은 인부들을 엄중히 문책하며, 다시 한 번 그 부분을 절구공이로 다지게 하는 벌을 준다. 또한 공사 감독을 맡은 공방에 대해서도 엄중하게 문책하고, 아울러 [그렇게 된 경우] 관하도 아문으로부터 공사 감독을 엄격히 하지 못하였다는 허물을 지적받게 되는 점에 대해 다시 한 번 경고한다.

제방 안쪽 평탄한 비탈 아래에는 누은 버드나무(臥柳)를 많이 심어서 제방 뿌리 부분을 보호하게 하는데, 버드나무가 크게 자라면 베어 버리고, 작은 것만 남겨 둔다. 제방 꼭대기 가까운 곳과 제방 윗면에 버드나무를 심는 것은 좋지 않은데, 나무가 자라면 뿌리가 깊어지고 그것이 비바람에 흔들리면 제방 몸체도 역시 영향을 받게 되기 때문이다. 매년 버드나무를 베는 임무를 부과하면서 담당자가 감시하게 하는데, 자른 버드나무 가지 묶음이 몇 단인지 헤아려서 분명하게 보고하고 쌓아 놓게 하되, 훔쳐 가거나 썩어 문드러지지 않게 하여 다음에 제방을 수축할 때 쓰도록 한다. 새로운 제방이 완성된 초기에는 응당 사람들이 그 위를 밟고 지나다니지 못하게 막아야 한다. 두어 차례 눈·비나 겨울을 거친 다음에야, 즉 두 해 정도가 시나야 아마 문제가 없을 것이다. 하지만 수레는 제방에 손실을 입히기 가장 쉬우므로 반드시 영구히 통행을 금지해야 하며, 반드시 제방 바깥쪽에 따로 길을 하나 만들어 통하게 해야만 지나기는 여객들이 방해를 빋지 않고, 제방 역시 피해를 입지 않을 것이다.

무릇 제방 옆면에는 조운선이 정박할 때 만들어 쓰는 구멍이 생기는데, 응당 수시로 그 구멍을 메우고 단단하고 평평하게 만들어 빗물이 스며들지 못하게 해야 한다. 제방 안쪽에는 또한 파도가 사납게 쳐서 늑대 굴 같은 구멍이 생기는데, 이 역시 응당 미리 보수하고 튼튼하게 다져 두어야 한다. 그래서 봄철에 물이 처음 불어나는 때(桃汛)부터 마지막으로 입추(立秋) 무렵 물이 불어나는 시기(秋汛)까지 파도가 몰아쳐서 구멍이 뚫리게 되면 재빨리 메우고, 막기 어려워지는 일이 발생하게 해서는 안 된다. 만약 장마 비가 계속되어 강물이 가득 불어나면, 응당 하부들을 모아 가장 취약한 제방 부근에서 짚 다발, 버드나무 가지묶음, 돌과 흙, 호미·괭이 등을 다량으로 갖추는 동시에 간단한 움막집을 짓게 하고, 거기에서 인부들을 지정하여 밤낮으로 돌아가며 지키도록 해야 한다. 일단 제방이 터진 곳이 생기면 응당 신속하게 제방을 보호하는 재료(埽)를 투입하여 틈이 더욱 벌어져 제방이 붕괴되는 것을 막아야 한다. 그 강변 바닥의 낮은 곳에는 평소에 응당 견고한 동혈식 배수로를 다수 만들어 두어 물을 밖으로 빼냄으로써 용솟음치는 강물의 기세를 죽여야 하는데, 이 또한 제방 보호를 위한 보조적인 방책이기도 하다. 만약 연중 보수 공정에 대해 진정으로 지방관이 마음을 다해 감독하고, 인부·아역 등이 제방을 두텁게 하는 데 온 힘을 기울이고, 아울러 수시로 살펴서 사사건건 예방조치를 취한다면, 어찌 그래도 견고하지 않는 제방이 있겠는가?

한편 정원이 고정되어 있는 하부는 봄·가을에 제방을 수축하는 책임이 있고, 물이 깊은 웅덩이에 표지 막대를 꽂아 놓는 책임이 있으며, 제방을 북돋고 구멍을 메우는 책임이 있고, 제방에 버드나무를 심는 책임이 있으며, 큰물이 나서 수위가 올라가면 움막을 짓고 제방을 지켜보는 책임이 있다. 따라서 1년 내내 쉬는 날이 거의 없으며, 이들 대부분은 또한 가난한 백성이라 생계에 의존하는 것은 단지 이 일에 종사하여 받는 임금뿐이다. 그런데 상급 하도 관리가 순시하는 경우 상납을 하는 규례 비용이 있고, 감독하는 경승에게는 식비, 책값, 종이 값 등의 비용이 들어간다. 거기에다 만약 지방관까지 끼어들어 여기서 다시 얼마를 가로채면 하부들이 받는 임금이 얼마나 되겠는가? 거기에서 필연적으로 발생하게 되는 폐단은 하부 한 사람이 다른 하부의 몫까지 함께 받아먹는 것이다. 이런 식으로 남의 것까지 받아먹다 보면, 반드시 실제 하부의 정원에는 결손이 생길 수밖에 없고, 정원에 결손이 생기면 실제 수리작업을 할 때 사람이 모자란다. 남의 몫까지 챙긴다고 해도 하부에게 어찌 다른 사람을 고용하여 모자람을 채울 여유가 있겠는가?

지방관은 그런 연고를 깊이 잘 알기 때문에, 제방이 조금 지탱할 수 있다고 여기면 연중 보수 작업도 바로 정지하거나 생략해 버린다. 하지만 그렇게 차일피일 미루다가 오랜 시간이 지났는데 불행하게도 장마에 물이 불어나 제방이 무너지기라도 하면, 속수무책으로 앉아 그저 탄핵 처벌을 기다리는 신세가 될 수도 있다. 나는 탄핵을 받고 나서야 다방면으로 그 문제를 해결하고자 애쓰는 것보다는 차라리 하부의 임금을 정해진 액수대로 지급하는 편이 훨씬 낫다고 생각한다. 그래서 하도 관리가 순시할 때 상납하는 누규는 그대로 떼어 놓는다 하더라도, 경승의 식비와 종이 값 따위는 억지로 받아가지 못하도록 엄격히 지시하고, 정원에 있는 하부는 명단 책자를 만들어 인원을 점검하고 서로 상호보증을 서게 함으로써 인원의 결손이 없게 해야 한다. 만약 이렇게 할 수 있다면 하부는 생계 유지 비용을 얻을 수 있으니 자연히 남의 명의까지 도용하는 일은 없어질 것이다. 또한 비록 대충 일을 하거나 나태한 경우 엄격한 법으로 다스리더라도 장차 힘을 다해 더욱 노력할 것이지 감히 지방관을 원망하지 않을 것이다. 따라서 제방 공정의 연중 보수에 최선을 다하고자 한다면, 반드시 하부에 결원이 없고 그 임금을 깎지 않는 것에서부터 시작해야 한다.

夫近運河及有關水利之州縣, 例有隄岸歲修工程,[32] 有額設歲修之河夫,[33] 每年有額設河夫之工食. 董其事者, 則在州同、主簿, 而考其成者, 則在州縣印官. 每歲經管河道、河廳, 或一次、二次按臨查勘,[34] 稍不如式, 則駁詰隨之.[35] 一遇坍塌、冲決,[36] 參罰攸係. 故申報止稱漫水, 亟爲修築. 若漕艘所經, 橫流內注,[37] 難以牽挽而前, 恐申報者則在衛弁,[38] 而不待州縣之徘徊補救也.[39] 故正印官宜留心經畫, 毋專聽之佐職, 以自貽悞.

然所謂: '工程',[40] 有岸址寬厚者, 有河流身直深通者, 有岸外地淺而平者,[41] 則其堤易修而

---

32 하공(河工), 즉 운하나 황하 등의 제방을 수리하고 물길을 여는 치하공정(治河工程)은 세수(歲修)·창수(搶修)·영안(另案)=대공(大工) 등으로 구별된다. 세수는 기존의 제방 등 수리시설(여기에는 堤·壩·埽·牐,·涵·垣坡 등의 구별이 있다) 가운데 낡은 곳을 보수하는 일상 작업을 가리키며, 보통 겨울에 물 높이가 떨어진 다음 시행한다. 창수는 도신(桃汛. 淸明節이 지난 다음 약 20일 이후 최초로 다가오는 큰물)부터 입추(立秋)때까지 복신(伏汛)·추신(秋汛) 등으로 잇따라 나타나는 수면 높이의 상승 현상에 대처하여 임시적으로, 부정기적으로 대처하여 제방 등 수리시설을 수리하는 것을 가리킨다. 여기서의 신(汛), 또는 신기(汛期)는 강물이나 운하·바닷물의 수위가 위로 올라가는 시기를 가리킨다. 영안(대공)은 세수나 창수 등으로 대응할 수 없는 큰 공사를 가리킨다. 이에 대해서는 『대청회전(大淸會典)』 권60 「공부(工部) 도수청리사(都水淸吏司)」 부분을 참조.

33 『대청회전사례(大淸會典事例)』 권903 「공부(工部)」에 따르면 하부는 산동의 경우 운하요부(運河徭夫) 75명 반, 삽부(牐夫) 1,336명, 천부(淺夫) 1,153명 반, 패부(壩夫) 98명, 교부(橋夫) 52명, 도부(渡夫) 2명 등의 정원이 있었다. 또한 운하 대준설(運河大浚)에는 6,024명 반을 정액으로 모집하고, 소준설(運河小浚)인 경우는 1,255명을 모집하는 것으로 정해져 있었다. 또한 지역마다 하부의 구체적인 명칭이나 정원도 달랐다.

34 안림(按臨)은 순시(巡視)·순사(巡查)를 말한다.

35 박힐(駁詰)은 반박과 힐문을 뜻한다.

36 담탑(坍塌. 倒塌)은 붕괴되다, 무너지다, 파괴된다는 뜻이다. 충결(沖決)은 물이 제방 따위를 무너뜨리는 것을 가리킨다.

37 횡류(橫流)는 물이 제 곬을 흐르지 아니하고 옆으로 꿰져 흐르는 것을 가리킨다.

38 위변(衛弁)은 위소(衛所)의 하급 무관을 가리키는 것으로 보인다.

39 부대(不待)는 기대하거나 기다리지 않는다는 뜻이다. 배회(徘徊)는 왔다가 다시 돌아간다거나 돌아왔다가 다시 움직인다는 뜻이다. 방황하거나 이러 저리 옮기는 모습을 가리키기도 하고, 반대로 천천히 또는 서서히 가는 모습을 가리키기도 한다. 보구(補救)는 보완·만회라는 뜻이다.

40 공정(工程)은 원래 토목건축을 가리킨다.

41 뒤에도 계속 나오지만 여기서 제방의 안쪽과 바깥쪽은 일반적인 표현과는 달리 물이 흐르는 쪽을 바깥쪽, 그 반

可久. 有岸址薄窄者, 有河流折衝淤阻者,[42] 有岸外地低而斗者,[43] 則其堤難修而易壞. 何以言之? 岸址寬厚, 隄第增高而基工可省, 河身直深通, 漲流順達而水不激堤, 岸外地淺平, 堤足易培而涵洞省力.[44] 若岸址薄窄, 河流衝淤, 岸外地低斗者, 則反是. 所謂: '修築', 薄窄者則幫之使寬厚, 折衝者則順其勢而築之使堅, 淤阻者則濬之使深通而不停溢, 低斗者則培之使厚而不致崩頹.[45]

其有通長朽壞,[46] 而堤根不固者, 則必重新興築. 其興築之法, 計工長若干,[47] 用夫若干, 每夫分其丈尺,[48] 使各有責成.[49] 各夫所築之工, 雖有分工而無分,[50] 堤要使修築如一, 而無堅鬆、厚薄、高低不一之殊. 是在監理者而時爲巡視之. 堤根浮土務要剗平,[51] 夯硪堅實.[52] 堤兩傍務要大椿、厚笆,[53] 深釘密攔, 使土不外卸, 而中可堅硪, 併塡磚石, 惟柴草浮鬆,[54] 不宜塡入. 每土一層, 夯硪一層. 如是層層夯硪, 土力方能膠固.[55] 其堤形須下寬上窄, 漸斜坡而上,[56] 約頂平二丈,[57] 底闊五丈. 坡斜則不受浪頭衝激, 底濶則堤身竪立經久.[58] 堤面須圓平, 使中稍隆起, 不可低陷, 使人畜日行而漸凹, 積水壞堤. 其新舊堤接筍之處,[59] 務要裡外融合無痕, 圓平堅

대편을 안쪽으로 부르고 있는 것으로 보인다.

42 절충(折衝. 折沖)은 원래 적의 전차를 뒤로 물러나게 한다, 즉 적을 제압하여 승리한다는 뜻이다. 충(衝)은 충차(沖車)로 전차의 한 종류다. 여기서는 파도나 물살이 제방에 부딪친다는 뜻으로 쓰인 것 같다.

43 저두(低斗)는 여기서 낮게 기울어진다, 삐뚤어지다, 구부러진다는 뜻으로 쓰인 것 같다. 두(斗)는 가파르다, 험하다는 뜻의 두(陡)와도 통한다.

44 함동(涵洞)은 일종의 동혈식(洞穴式) 수리시설로 갑문을 통해 수량을 조절한다.

45 붕퇴(崩頹)는 무너진다, 쓰러진다는 뜻이다.

46 통장(通長)은 전체 길이를 가리킨다. 후괴(朽壞)는 썩어 문드러진다는 뜻이다.

47 공장(工長)은 공단장(工段長)과 같은 뜻으로 건축이나 수리 등의 공정에서 구체적인 상황에 따라 구분하는 시공 조직을 가리킨다.

48 장척(丈尺)은 장과 척으로 길이나 깊이를 비유한다.

49 책성(責成)은 책임지고 임무를 완성하게 한다.

50 무분(無分)은 자기 몫이 없다, 구별하지 않는다는 뜻이다.

51 부토(浮土)는 지표층의 토지를 가리킨다.

52 항아(夯硪)는 두드려서 다진다는 뜻이다. 항(夯)은 힘을 써서 든다는 뜻이거나, 뭇사람이 함께 들었다가 내려치면서 바닥을 다지는 공구를 가리키기도 한다. 이것은 대부분 나무로 만들었다. 아(硪)는 바위, 또는 돌로 두드려 다진다는 뜻이다.

53 대춘(大椿)은 큰 나무기둥을 가리킨다. 후바(厚笆)는 두터운 가시 있는 대나무를 말한다.

54 자초(柴草)는 연료용 나뭇가지·잡초·볏짚 등을 말한다.

55 교고(膠固)는 아주 단단하다는 뜻이다.

56 사파(斜坡)는 경사진 언덕을 말하다.

57 장(丈)은 길이의 단위로 열 자, 즉 10척(尺)이다.

58 경구(經久)는 오래간다는 뜻이다.

59 접순(接筍)은 접순(接榫)과 같은 뜻으로 자루의 머리가 서로 마주한다는 것이다. 즉 서로 맞물리거나 연결되는 것을 비유한다.

厚, 不得閃離[60]、薄削、缺凹, 使水停折激蕩,[61] 而易于穿漏.

工完之日, 印官親爲察勘, 用大長鐵針, 錐札入堤, 拔針不得使手搖磨,[62] 以水灌滿孔中, 不致消滲,[63] 方爲堅實. 若用手搖磨, 針孔揠緊,[64] 水可良久不消, 此作工者之奸弊也. 堤滲水不堅, 定將所分工夫役重責, 仍罰另行夯硪. 併監理工房重責, 仍申飭河衙督察不嚴之咎. 堤裡坦坡之下, 多栽臥柳,[65] 以護堤根, 稍大則伐之, 但留小者. 近堤頂及面, 俱不宜栽柳, 恐樹長根深, 風雨搖撼,[66] 損動堤身. 每年科伐柳枝, 令經管監視, 計束若干, 報明堆貯, 毋使偸竊、朽爛, 以備修築之用. 其新堤初成, 宜禁人畜踐履, 俟兩雨雪蟄伏之後,[67] 便無礙矣. 然車輛最易損堤, 更須永禁, 宜于堤裡另築一道以通之, 庶行旅無阻, 而堤亦無害.

凡堤面有漕船停泊橛眼,[68] 宜不時塡塞堅平, 毋致雨水滲入. 堤外有浪激狼窩,[69] 宜預行補築堅實, 勿致三春桃汛,[70] 入秋伏漲, 濤浪攻穿, 猝難堵塞.[71] 如遇霪雨連綿,[72] 河流漲盛, 宜集河夫, 于單薄之處,[73] 多備柴草、柳束、土石、鋤钁之類, 派定人夫,[74] 搭蓋窩舖,[75] 晝夜防守. 一經衝決, 宜急下帚堵塞,[76] 毋致開潰. 其河身低下之處,[77] 平時宜多作堅固涵洞, 使水外洩, 以

---

60 섬리(閃離)는 조금이라도 차이가 있어 서로 꼭 들어맞지 않는다는 뜻이다.

61 정절(停折)은 멈추거나 감돈다는 뜻이다. 격탕(激蕩. 激湯)은 충격을 받아 흔들린다는 뜻이다.

62 요마(搖磨)는 손목을 돌려서 힘을 줌으로써 구멍이 커지게 만든다는 뜻으로 보인다.

63 소삼(消滲)은 물이 빠지거나 스며들어 사라진다는 뜻으로 보인다.

64 아(揠)는 압(壓)과 같은 뜻, 즉 누른다는 뜻이므로 아긴(揠緊) 역시 마찬가지의 뜻일 것이다.

65 와류(臥柳)라는 특별한 버드나무의 종류가 있는 것은 아니므로, 버드나무의 누운 형상을 가리켜 이렇게 부른 것으로 보인다.

66 요감(搖撼)은 동요시킨다, 뒤흔든다는 뜻이다.

67 우설(雨雪)은 진눈깨비를 말하지만, 여기서는 그냥 비와 눈을 가리키는 것으로 보인다. 칩복(蟄伏)은 동물이 겨울잠을 자면서 움직이는 않는 것을 가리키므로 겨울을 뜻하는 것으로 보인다.

68 궐안(橛眼)은 나무막대를 지면에 꽂아 생긴 구멍을 말한다.

69 낭와(狼窩)는 늑대 굴을 말하는데, 아마 파도에 깎여 패인 구덩이나 동굴 같은 것을 가리키는 것 같다.

70 삼춘(三春)은 봄의 세 달(正月孟春, 二月仲春, 三月季春)이나 봄의 세 번째 달 즉, 늦봄(暮春)이나 삼년을 가리키기도 한다. 도신(桃汛)은 도화신(桃花汛)으로 봄의 큰물을 가리킨다. 봄에 눈이 녹고 비가 내리면서 강물(황허)의 수위가 크게 올라가는데, 때마침 복숭아꽃이 활짝 피는 시기라서 이렇게 부른다.

71 도색(堵塞)은 막는다는 뜻이다.

72 음우(霪雨)는 오랜 비, 장마를 가리킨다. 연면(連綿)은 끊이지 않고 연속한다는 뜻이다.

73 단박(單薄)은 원래 옷이나 이불 등이 적고 얇다는 뜻인데, 여기서는 아마 제방이 가장 충실하지 못한 허약한 부분을 가리키는 것 같다.

74 파정(派定)은 지정한다는 뜻이다.

75 와포(窩舖. 窩鋪)는 임시로 지어서 바람이나 비를 막기 위한 지붕이나 움막을 가리킨다.

76 여기서 추(帚)는 소(埽)를 가리키는 것 같다. 소는 치하 공정에서 볏짚·갈대·돌덩어리·나뭇가지 등으로 둥글게 묶고 말아 기둥 모양으로 만들어서 터진 곳을 막거나 제방을 보호하는 물자를 가리킨다. 또는 소로 만들어진 물을 막는 건축물이나 제방을 가리키기도 한다. 하소(下埽)는 제방 수축의 재료를 아래로 내린다는 뜻이므로 소를 투입하여 제방을 강화한다는 뜻이다.

殺奔騰之勢,[78] 抑亦補偏救弊之策也. 夫歲修工程, 誠能官吏實心監理, 夫役加工盡力, 而又時時查看, 事事預防, 則堤猶有不堅固者乎?

然而額設河夫, 有春秋修築之責, 有揷竿指泓之責, 有培墊狼窩、撅眼之責,[79] 有種柳之責, 有大水泛漲搭舖守堤之責. 一歲之中, 暇時無幾,[80] 且類皆窮民, 所賴資生者,[81] 止此數金之工食而已. 其間官河巡查, 規禮有費, 經承監修飯食、造冊、紙張有費. 若印官又行剋扣, 則所領幾何? 其弊必致有併夫而食者, 夫併而名額則缺, 額缺而修築需人, 其夫寧更有餘資以爲僱募乎? 官長深知其故, 苟歲修稍可支持,[82] 便爲停省, 及至遷延日久, 不幸而雨霪河漲, 堤岸衝潰, 將束手而坐受其參罰矣. 鴻以爲與其待參而多方補救, 莫若廪餼按數支給, 使巡查規禮, 聽其扣存,[83] 經承飯食、紙張, 嚴飭不許需索, 其額夫造冊點卯, 取連名互結, 不許短少. 如此, 則各夫糊口有資, 自不敢併夫而悞用. 苟有疏玩,[84] 雖嚴法繩之, 彼將弩力自奮,[85] 而不敢加怨于官長矣. 故欲河堤工程歲修而盡力, 又必自河夫不缺額, 工食不剋扣始.

31-03. 도로 정비(平治道塗)[86]

무릇 왕래하는 도로는 비록 산간벽지의 주현이라 하더라도 마땅히 수리하여 평탄케 함으로써 수로·육로 모두 장애를 없애야 한다. 하물며 교통 요지의 큰 도로는 어떠하겠는가! 무릇 하천이 흐르는데 물이 깊고 넓으면 마땅히 관청에서 나루터를 설치해야 하며, 예산의 어느 항목을 절약해서 그 비용으로 지급한다. 물이 얕고 좁으면 다리를 놓는데, 그

77 하신(河身)은 하상(河床)과 같은 뜻으로 하류의 양안 사이에 물이 담겨 있는 강바닥을 가리킨다.
78 분등(奔騰)은 솟구쳐 오른다는 뜻이다.
79 궐안(撅眼)은 앞서 나온 궐안(橛眼)과 같은 뜻이다.
80 가시(暇時)는 한가한 시간을 말한다.
81 자생(資生)은 삶에 도움이 된다는 뜻이다.
82 지지(支持)는 지탱한다, 지급한다, 대응한다는 뜻이다.
83 구존(扣存)은 떼어서 남겨 둔다는 뜻으로 보인다.
84 소완(疏玩)은 허술하거나 나태하다는 뜻이다.
85 노력(弩力)은 노력(努力)과 같은 뜻이다.
86 이와 관련된 사항은 제26권 교양부 2 「26-05. 뽕나무와 느릅나무 심기(植桑榆)」에서도 언급된 바 있다.

크고 작음을 헤아려 기부금으로 충당한다. 그리고 길이 멀고 잠시 걸음을 멈출 만한 인가가 없는 곳에는 역참 정자(郵亭)를 설치하여 여행자가 좀 쉬면서 피로를 풀게 해 줘야 한다. 만약 교외지역이 평탄하고 광활하면 대로 양쪽에 부근의 거민과 향약·지보에게 느릅나무·버드나무·소나무를 많이 심도록 권장하여, 더운 날에는 더위를 피하고 추운 달에는 땔감으로 쓸 수 있게 한다. 그 나무는 심은 사람이 주인이 되며, 관청에서는 상관하지 않는다. 주변 사람이 멋대로 베어 가면 처벌하며, 만약 땅주인이 있으면 주인이 심게 한다. 주인이 심지 않으면 관청에서 방안을 마련하여 나무를 심되, 관청 나무가 되니 땅의 주인이 멋대로 벌목하지 못하게 한다. 이렇게 하면 즉 지현의 업무 성과가 크게 늘어나지 않음이 없으며, 지나가는 사람들이나 사는 사람들 모두 의지하는 바가 있게 된다.

夫往來道路, 雖山僻州邑,[87] 猶須修葺平坦,[88] 使水陸無阻, 況衝劇之孔道乎! 凡有溪河之處,[89] 深廣則宜設官渡,[90] 于何項節省而給以工食. 淺狹則建造橋梁, 酌其大小而爲之捐募. 至于途遠無人烟可止者, 宜建郵亭,[91] 令行旅少爲憩息, 以甦勞困. 如郊野夷曠,[92] 于大路兩傍, 勸附近居民及鄉、地人等, 多栽楡、柳、山松,[93] 使炎天可以避暑, 寒月可以爲薪. 其樹仍屬所植之人, 而官不與焉. 傍人擅取者有罰. 或地有所主, 卽令主栽. 如主不栽, 官設法栽植, 卽爲官樹, 地主不得擅伐. 如此則政績無所不張,[94] 而行者、居者均有所賴矣.

---

87 산벽(山僻)은 산속의 외딴 곳이라는 뜻이다.
88 수즙(修葺)은 건축물을 수리한다는 뜻이다.
89 계하(溪河)는 계곡을 흐르는 시냇물을 말한다.
90 관도(官渡)는 관청에서 설치한 나루터를 말한다.
91 우정(郵亭)은 여기서는 작은 역참을 말하는 것 같다.
92 교야(郊野)는 현성 밖의 지역을 가리킨다. 이광(夷曠)은 평탄하고 탁 트여 있다는 뜻이다.
93 산송(山松)은 소나무를 말하는데, 마미송(馬尾松)이라고도 한다.
94 정적(政績)은 관리의 업무 성적을 가리킨다.

31-04. 패방과 소역참 건립(建立坊舖)[95]

무릇 주현에는 유명한 현인과 관련된 유명한 고적이 있다. 마치 사람이 아름다운 얼굴을 갖추고 있고 몸에 아름다운 의복을 걸치고 있으면서도 드러내지 않는다면, 거무튀튀한 얼굴에 더덕더덕 기운 옷을 입고 새끼줄로 허리띠를 삼고 있는 꼴이나 마찬가지다. 그러면 어찌 그 아름다운 눈동자와 얼굴, 구름을 걷어 낼 듯 높고, 찬란한 햇빛을 비추는 것처럼 고상한 그 자태를 엿볼 수 있겠는가! 따라서 학식이 깊고 넓으며 품행이 단정한 군자라면 선철(先哲)이 남긴 기풍과 가르침을 듣고 선현(先賢)의 그 드높은 경지를 엿보면, 그에 대해 큰 미련을 가지면서 흠모하지 않는 경우가 없다. 하물며 직접 이곳에 부임한 지방관이라면 어찌 이러한 흔적을 찾아 모으고 나아가 표창하는 경사스러운 일에 나서지 않을 수 있겠는가? 그러므로 거주지가 혹시 외진 곳에 있었다면 그 아름다운 이름을 큰길 옆에 방을 만들어 붙여 두고, 그 흔적이 현성과 가까운 지역이라면 그에 관련된 옛 이야기를 큰 비석에 새겨 넣는다. 아름다운 이야기라면 반드시 이렇게 기록해 놓음으로써 초야에 묻혀 있었다고 해서 선현의 흔적이 퇴색되게 해서는 안 된다.

그리고 소역참인 포사 역시 주현의 상황을 알려 주는 표지판이 되기도 한다. 따라서 응당 5리, 10리마다 하나씩 설치하되 [현성에서] 30리에 이르러서야 그것을 멈춘다. 그렇게 함으로써 나그네들이 우뚝 솟아 있는 현의 성벽 모습을 올려 보기도 전에 이미 언덕과 들판에 설치된 역참 정자를 알아보게 되니, 이런 일은 [백리를 다스리는 제후나 마찬가지인] 지현의 위엄과 능력을 크게 과시해 주는 것이 되지 않을까? 이른바 "백정이 소를 잡을 때 매끄럽게 칼날을 놀리는 것처럼, 번잡하고 중요한 업무를 처리하면서도 이런 여유가 있다"는 점이 여기서도 드러나는 것이다!

夫州邑之有名賢名蹟. 如人之有美眉目,[96] 身之有美衣冠, 而不表而出之, 是與黔面黧

---

95 패방(牌坊)은 충효나 정절을 표창하기 위한 것으로 효자·절부(節婦)등 남의 모범이 될 만한 행위나 공로가 있는 사람을 표창하고 기념하기 위해, 또는 미관(美觀)을 위해 세운 문짝 없는 문을 가리킨다. 한편 명현 제사에 대해서는 제24권 전례부「24-13. 명현 제사(崇祀名賢)」에서, 소역참에 대해서는 제30권 서정부 1「30-04. 소역참의 정돈(申飭舖遞)」에서도 다루어진 바 있다.

96 미목(眉目)은 눈썹과 눈동자, 나아가 얼굴을 가리킨다.

顔、被鶉帶索者等耳.[97] 而烏睹其秋瞳芝宇,[98] 切雲曜日之都哉![99] 故博雅君子,[100] 聞先哲之遺風,[101] 攬昔賢之勝槪,[102] 不勝流連而羡慕之.[103] 況牧宰之躬莅是邦, 而不訪求搜採, 以爲表章之盛事乎?[104] 故或里居幽僻,[105] 則爲榜芳名于周道,[106] 跡鄰近地, 則爲標逸事于豐碑.[107] 但期有美之必登, 莫令遺賢而削色.[108] 至于馳傳舖舍, 亦州邑之標幟也.[109] 宜五里、十里一設, 以至三十里舖而止, 使行旅未瞻雉堞之連雲,[110] 先識津亭之峙野,[111] 不猶爲百里侯壯其威采乎?[112] 所謂: "游刀有餘,[113] 治劇以暇"者,[114] 此其一班耶![115]

---

97 검(黔)은 검은색을 가리킨다. 검민(黔民)·검수(黔首)·검려(黔黎)는 평민·백성을 가리킨다. 검은 수건으로 머리를 감싸고 있기 때문이라는 것이다. 여(黧)는 검으면서 누런색, 누렇게 바란 검은색을 가리킨다. 여흑(黧黑)이나 여농(黧農)은 이런 안색을 한 농민을 가리킨다. 순의(鶉衣)는 더덕더덕 기운 옷, 순의백결(鶉衣百結)은 누더기옷, 더덕더덕 기운 옷을 말한다. 피순(被鶉)은 그런 옷을 입고 있다는 뜻이다. 대색(帶索)은 새끼줄로 허리띠를 삼는다는 것으로 가난하고 힘든 상황을 형용한다.

98 추동(秋瞳)은 말 그대로 가을 눈동자인데, 미녀를 가리키는 말로 보인다. 같은 뜻의 추모(秋眸)는 가을 물결처럼 맑고 밝은 눈동자를 나타내며, 추파(秋波) 역시 미녀의 눈동자와 눈빛을 가리키는데 아마 비슷한 뜻 같다. 지우(芝宇)는 『신당서(新唐書)』 권194 「원덕수전(元德秀傳)」에 나오는 고사에서 비롯되었다고 한다. 즉 "방관은 매번 덕수를 볼 때마다 탄식하여 말하였다. '자지(紫芝)의 눈썹과 이마를 볼 때마다 명리를 탐하는 마음을 모두 잊게 된다'(房琯每見德秀, 嘆息曰: '見紫芝眉宇, 使人名利之心都盡.')." 자지(紫芝)는 원덕수의 자(字)인데, 원덕수는 효자인 데다가 청렴하고 백성을 위하는 관료로도 유명하였다. 결국 이 지우(芝宇)는 사람의 얼굴에 대한 경칭으로 사용하게 되었는데, 보통 편지글에 많이 쓰인다.

99 절운(切雲)은 위로 푸른 구름을 문지를 정도로 높은 모자를 뜻한다. 『초사(楚辭)』 「구장(九章) 섭강(涉江)」의 구절("帶長鋏之陸離兮, 冠切云之崔嵬.")에서 비롯되었다. 요일(曜日)은 찬란한 햇빛을 가리킨다. 도(都)는 아름답다 뜻, 또는 그렇다는 찬미나 칭송이다.

100 박아(博雅)는 학식이 깊고 넓으며 품행이 단정하다는 뜻이다. 또는 문장의 내용이 풍부하고 아름답다는 뜻이다.

101 유풍(遺風)은 선대나 선인이 남긴 풍교(風敎)를 가리킨다.

102 승개(勝槪. 勝槩)는 아름다운 경치나 경계를 가리킨다.

103 유련(流連)은 유락에 빠져서 돌아갈 줄 모른다, 차마 버리지 못하고 계속 미련을 갖는다는 뜻이다.

104 표장(表章)은 표창(表彰)과 같은 뜻이다.

105 이거(里居)는 관리가 늙거나 은퇴하여 고향으로 돌아간다는 뜻, 또는 주소나 거주지·관적을 가리키기도 한다. 유벽(幽僻)은 그윽하고 외진 곳이라는 뜻이다.

106 방명(芳名)은 아름다운 이름, 남의 이름에 대한 미칭을 말한다. 주도(周道)는 여기서는 큰길을 말한다.

107 일사(逸事)는 흩어져서 사라짐으로써 사람들이 알지 못하는 사적, 또는 정식 기록에 남아 있지 않은 것들을 가리킨다. 풍비(豐碑)는 공덕을 기록하여 찬양하는 크고 높은 석비를 말한다.

108 유현(遺賢)은 벼슬하지 아니하고 초야(草野)에 묻혀 있는 현인(賢人)을 가리킨다. 삭색(削色)은 감색(減色)과 같다. 즉 광채나 색채가 줄어든다, 손색이 있다는 뜻이다.

109 표치(標幟)는 기호·표지·모범을 뜻한다.

110 치첩(雉堞)은 성벽 위의 짧은 담장, 나아가 성벽을 가리킨다. 연운(連雲)은 하늘의 구름과 서로 이어진다는 뜻으로 넓고 먼 것을 형용한다.

111 진정(津亭)은 나루터 옆의 정자를 말한다. 치야(峙野)는 언덕과 벌판을 말한다.

112 백리(百里)는 제후의 봉지 또는 한 현의 관할지역, 즉 현을 뜻하기도 한다. 따라서 이것은 지현을 가리키기도 한다. 백리후(百里侯)·백리군(百里君)·백리재(百里宰) 역시 마찬가지 뜻이다.

113 여기는 유도유여(遊刀有餘)로 되어 있지만 보통 유인유여(遊刃有餘. 游刃有餘)·유인여지(遊刃餘地)라고 쓴다. 『장자(莊子)』 「양생주(養生主)」편에 나오는 유명한 '포정해우(庖丁解牛)'의 고사를 가리킨다. 전국시대 양의 백

31-05. 관청 건물 보수(修葺館署)[116]

무릇 교통 요지에 위치한 주현은 당연히 상사나 사자의 왕래가 많다. 하지만 궁벽한 지방에도 또한 가끔 상급 관청의 포정사·안찰사께서 시찰하러 오는 경우가 있고, 신사가 지현을 방문하러 오는 경우도 있다. 그런데 만약 이들이 머물 관사가 거칠고 쓸쓸한데다가 머물 곳이 변변치 않다면, 어찌 그들을 공경하는 뜻을 보이면서 제대로 된 행정을 펼칠 수도 있겠는가? 옛날 선양공(單襄公)이 진(陳)을 지날 때 그 지방관이 음식도 제공하지 않고 시골에서는 숙소도 주지 않았기 때문에, 그것을 보고 선양공은 진이 반드시 망할 것이라는 점을 알았다. 또한 정(鄭)의 자산(子産)은 진(晉)에 사자로 갔을 때, 제후인 자신을 노예들의 숙소와 같은 곳에 머무르게 하고 예물도 받아 주지 않고 노천에 방치하자 관사의 담벽을 허물어 말과 수레를 끌어들였으며, 그 결과 조문자(趙文子)가 사죄를 하였다. 주의 제도에 비추어 보면 귀국(貴國)의 빈객이 도달하면 적국(敵國)의 빈객과 비교하여 등급을 하나 높여서 더욱 경건하게 대접하고, 천자의 사자(王使)가 도달하면 귀국(貴國)의 빈객으로 간주하여 모두 중앙정부의 장관이 이 일을 맡고 그 일을 상경(上卿)이 감독하였다. 이런 것들이 모두 주변 나라와 사이좋게 지내고, 큰 나라를 공경하며, 천자의 사자를 삼가 존중하는 예법이었다.

지금 주현에서는 시험장을 이용하여 감찰 직무를 띠고 방문하는 상관의 시찰에 대비하는데, 응당 해마다 수리를 하고 색칠을 새로 해야 한다. 모든 연회용 설비와 용기·깃발·의장(儀仗)·악단(樂人) 및 가마꾼의 의복·모자 등을 미리 두루 만들어 두고, 장부를 만들어 등록한 다음, 창고에 저장하여 대비하게 해야 한다. 보관 문제는 창고의 서리가 맡고, 병방·공방이 이를 감독하여 유실되거나 훼손되지 않도록 한다. 지나가는 차사나 빈객이

정(庖丁)이 어느 날 왕 앞에서 소를 잡았다. 그 모습을 가만히 지켜보던 왕은 포정의 낡은 칼과 유연한 손놀림에 탄성을 질렀다. 포정은 "부단한 노력으로 도가 텄기 때문에 19년 동안 바꾸지 않은 칼로도 살과 살 사이 넓은 틈이 있는 듯 소를 잡는다"고 담담히 말하였다. 여기에서 최선을 다해 어떤 일에 능통한 사람은 여유 있게 상대방을 압도한다는 뜻을 가리키게 되었다. 즉 '유인유여'는 솜씨 있게 일을 처리하다, 힘들이지 않고 여유 있게 일을 처리한다는 뜻이고 식은 죽 먹기라는 표현인 것이다.

114 치극(治劇)은 아주 막중하고도 번잡한 사무를 처리한다는 뜻이다.

115 일반(一班)은 사물의 어떤 작은 부분을 비유한다.

116 이와 관련된 문제는 제28권 역참부(郵政部) 1 「28-08. 대차 접대(應付大差)」에서도 다루어진 바 있다.

찾아왔는데 가난에 찌든 지역이라 숙소로 제공할 수 있는 그럴듯한 방 한 칸이 없다면, 응당 현성 밖의 큰길가에 위치한 넓고 청결한 여관을 잡아 숙소로 제공하여 혼잡함을 피할 수 있게 한다. 차사나 빈객이 도착하기 직전 그 일을 담당하는 인원·아역에게 미리 통지하여, 청소를 하고 가구 등을 배치하며, 모든 접대나 식사 제공, 이를테면 말과 여물을 준비하거나 수레를 손볼 일꾼까지 갖추지 않는 것이 없게 만들어 둔다. 그래서 차사나 빈객이 도착하면 마치 집에 있는 것처럼 편안하게 느낄 수 있도록 크고 작은 일에 대해 두루 관심과 배려를 베푼다면, 이것이 바로 전성시대 서주의 훌륭한 제도와 같은 것이 아니겠는가!

일부 지방관은 힘써 황량하고 구차한 모습을 보임으로써 빈곤하고 곤란한 지방 사정을 드러내고자 하는 경우가 자주 있다. 그렇게 한다면 지방관 자신이 [부임한 다음] 쇠락하고 피폐한 상황을 떨치고 일어나 모든 방면의 업무가 제대로 성과를 거두었다는 점을 과연 어디서 보여 줄 수 있겠는가? 따라서 옛날 나라를 가진 사람은 빈객이 도달했을 때 감히 준비가 안 되어 있는 것 때문에 천자나 제후로부터 죄를 얻고자 하지 않았다. 그러니 어찌 오늘날의 주현에서 스스로 불경함을 자초하여 상사나 차사·빈객으로부터 허물을 살 필요가 있겠는가?

凡州邑處于衝途, 上司、使客往來自多,[117] 卽簡僻之區, 亦時有方面監司按部,[118] 與仕紳見訪.[119] 若館舍荒凉, 居停卑陋,[120] 何以展恭敬, 而成政理乎?[121] 故單子過陳,[122] 因宰不致餼, 里不授館, 而知陳必亡. 子産如晉,[123] 因諸侯舍于隷人, 輸幣委之暴露,[124] 乃壞其垣而納車馬, 趙文爲之謝罪.[125] 考之周制, 貴國賓至, 視敵國之賓,[126] 班加一等而益虔, 王使至,[127] 視貴國

117 사객(使客)은 사자나 차사를 가리킨다.

118 방면(方面)은 지방의 군정요직이나 장관, 또는 사방이나 방향을 가리킨다. 감사(監司)는 감찰을 책임진 관리로 안찰사(按察使)나 포정사(布政使) 등을 가리킨다. 안부(按部)는 소속 지방을 순시한다는 뜻이다.

119 견방(見訪)은 겸사로 나를 방문해 준다는 뜻이다.

120 거정(居停)은 기거하는 장소, 또는 기우(寄寓)를 가리킨다.

121 정리(政理)는 위정지도(爲政之道)나 정치, 탁월한 정치 업적을 말한다.

122 선자(單子)는 주(周)의 제후국 가운데 하나인 선(單)의 양공(襄公)을 가리킨다. 제26권 교양부 2「26-05. 뽕나무와 느릅나무 심기(植桑楡)」 부분을 참조.

123 여(如)는 간다는 뜻이다.

124 수폐(輸幣)는 예물을 보낸다는 뜻이거나 내놓는 예물을 말한다.

125 이것은『좌전』양공(襄公) 31년조에 나오는 기사에서 비롯된 이야기다. 요약하자면 노(魯) 양공(襄公)이 죽은 해에 정(鄭)의 자산(子産)이 진(晉)에 갔는데, 진의 평공(平公)은 상사(喪事)가 있다고 해서 그를 접견해 주지 않았다. 그러자 자산은 자신이 머무는 빈관 담장을 모두 무너뜨려 수레와 마차를 끌어들였다. 이를 책망하자, 자산은 춘추5패 가운데 하나였던 진 문공(文公) 무렵에는 빈관이 크고 높은 것이 마치 왕궁과도 같았고 그에 대한 접대

之賓, 皆官正蒞事,[128] 而監之上卿.[129] 所以修鄰好, 敬大邦, 而恪尊天使也.

今州邑設有察院,[130] 乃備憲節之經臨者,[131] 宜歲時修葺彩繪,[132] 一應供帳、器用與旗幟、執事[133]、樂人、輿皂衣帽,[134] 俱預製整齊, 造冊點記, 貯庫備用, 令庫書收掌, 兵·工房照看, 毋致遺失、毀壞. 其過差、使客經臨, 如地方凋瘠,[135] 無有閒房可備館舍,[136] 宜擇關廂寬大潔淨客寓,[137] 免其雜差. 于使客將臨之際, 該管人役, 預爲知會,[138] 掃除鋪設,[139] 一應供給膳餐、廩餼. 如司馬陳芻、工人展車之屬,[140] 無不備具. 使賓至如歸, 大小莫不懷愛,[141] 是非儼然成周之盛制乎! 往往有司務爲荒陋, 以形瘠苦,[142] 然則維衰振敝,[143] 而諸務畢擧者, 果何在哉? 故古之有國者, 不敢以賓至無備, 獲罪于天王、諸侯. 今之爲州邑者, 又可以自甘褻越,[144] 取咎

도 아주 주도면밀하였다는 사실을 들면서, 지금 진의 왕궁은 몇 리나 뻗어 있지만 제후들이 머무는 곳은 마치 노예들의 숙소와 같고, 문은 좁아 수레가 들어갈 수 없을 정도인 데다가, 접견 시간조차 예상할 수 없으니 담장을 무너뜨리지 않으면 예물을 수납할 공간이 없고 오히려 큰 죄를 얻게 될까 그렇게 하였다고 답변하였다. 이러한 언변을 통해 자산은 조문자(趙文子)의 사과와 접견을 얻어 냈다.

126 시(視)는 여기서는 비교한다는 뜻이다.

127 왕사(王使)는 주왕, 즉 천자가 보낸 사자를 가리킨다.

128 관정(官正)은 관리의 우두머리를 말한다. 이사(蒞事)는 일을 처리한다, 업무를 본다는 뜻이다.

129 상경(上卿)은 천자나 제후의 경(卿) 가운데 상·중·하 3등에서 가장 존귀한 위치에 있는 경을 가리킨다. 또한 조정의 대신을 가리키는 말로도 쓰인다. 한편 여기 나오는 내용은 『국어(國語)』「주어(周語) 중(中)」에 나오는 구절에서 비롯되었다("周之『秩官』有之曰: '敵國賓至, 關尹以告, 行理以節逆之, 侯人爲導, 卿出效勞, 門尹除門, 宗祝執祀, 司里授館, 司徒具徒, 司空視塗, 司寇詰姦, 虞人入材, 甸人積薪, 火師監燎, 水師監濯, 膳宰致饔, 廩人獻餼, 司馬陳芻, 工人展車, 百官以物至, 賓入如歸. 是故小大莫不懷愛. 其貴國之賓至, 則以班加一等, 益虔. 至於王吏, 則皆官正莅事, 上卿監之. 若王巡守, 則君親監之.' 今雖朝也不才, 有分族於周, 承王命以爲過賓於陳, 而司事莫至, 是蔑先王之官也.").

130 찰원(察院)은 명·청대의 도찰원(察院)을 가리키기도 하고, 순안어사(巡按御史. 巡按察院)나 그 어사(御史)가 밖에서 일하는 머무는 아문을 가리키기도 한다. 여기서는 시험장(考場)을 가리키는 것으로 보인다. 지방의 과거(科擧) 등 교육 관련 업무를 담당하는 학정(學政)이 대부분 어사출신이어서 이 찰원은 동시에 시험장을 의미하기도 하였다.

131 헌절(憲節)은 어사 등이 지니는 부절(符節)을 가리킨다.

132 채회(彩繪)는 채색으로 그림을 그린다는 뜻이다.

133 집사(執事)는 관원이나 시종을 뜻하기도 하지만, 의장(儀仗)을 가리키기도 한다.

134 여조(輿皂)는 가마꾼 등의 천역(賤役)을 가리킨다.

135 조척(凋瘠)은 가난에 찌든 수척한 모습을 말한다.

136 관사(館舍)는 손님을 접대하는 빈관이나 관서(官署)를 가리킨다.

137 관상(關廂)은 성문 밖 큰 거리나 부근 지구, 성곽 부근의 건물을 가리킨다.

138 지회(知會)는 통지하다, 알린다는 뜻이다.

139 포설(鋪設)은 설치·안배한다, 방에 가구 등을 진열한다는 뜻이다.

140 이 구절("司馬陳芻, 工人展車")은 앞서 인용한 『국어』「주어 중」에 나온다. 사마(司馬)는 말을 키우는 마부(圉人)의 직무를 말하며, 진추(陳芻)는 말먹이용 꼴을 제공한다는 것이다. 전차(展車)는 마차를 살펴보고 손본다는 뜻이다.

141 회애(懷愛)는 관심을 갖고 떠받든다는 뜻이다.

142 척고(瘠苦)는 가난하고 여윈 모습을 가리킨다.

143 쇠폐(衰敝)는 쇠패(衰敗)와 같은 뜻으로 쇠락하고 피폐해짐을 가리킨다.

于上司、使客乎?

31-06. 방문자 보고(城門報單)[145]

무릇 현성 소재지가 성(省)·부(府)의 아문과 함께 자리 잡고 있는 곳에서는 관원의 왕래나 여객들의 출입이 너무 많아 그에 대한 정보를 파악·보고하는 일이 분명 어려울 수밖에 없다. 하지만 규모가 작고 외진 곳의 주현에서는 교통 왕래가 많은 큰 도로 주변이 아니라면 신사나 상인이 왕래하는 수가 얼마 되지 않는다. 따라서 성문에 도착하였을 때 바로 지현에게 보고하는 것이 가능하다. 신임 지방관은 취임하자마자 바로 「고시」를 내어 문을 지키는 사병(門軍)에게 현성에 거주하는 신사나 백성의 친척·벗이 입성하는 경우에는 확실하게 성명을 물어보되 지현에게 보고할 필요가 없지만, 만약 본 지현을 방문하러 온 빈객이라면 응당 다음 사항을 확실히 물어보아 조치를 취하도록 지시해야 한다. 즉 어느 관직에 있고, 성명이 무엇인지, 관적(籍貫)은 어느 곳인지, 어느 곳을 거쳐 이곳을 지나가는지, 아니면 바로 이곳을 목적지로 삼아 온 것인지, 이제 어느 숙소에서 짐을 풀고 쉴 예정인지를 하나하나 물어 확인하는 것이다. 그다음 그에게 숙소로 돌아가 잠시 머물면서 보고를 받은 지현이 방문하기를 기다리라고 요청하는 것이다. 한편 그 사병은 곧바로 방문자 명단을 신속하게 비밀리에 보고함으로써, 직접 가서 만나 볼 만한지 아닌지 지현이 직접 판단할 수 있게 해야 한다. 만약 말을 타고 무기를 소지한 사람이라면 일단 그의 진입을 가로막고, 성 바깥으로 나가 말을 날리도록 하게 한다. 공무로 현성에 들어오는 사람 역시 응당 어느 임무를 띤 누구인지, 군영에 가는 것인지, 지현의 아문에 가는 것인지를 물어 확인한 다음 사병은 즉시 보고를 올려야 한다. 어기면 엄중하게 처벌한다.

대개 빈객이 지현을 찾아오거나, 친한 친구가 지나가다 찾아온 경우라면 차마 냉담하게 모른 채 하고 보내 버릴 수는 없다. 혹은 친지가 멀리서 찾아왔을 때에도 반드시 희망

144 자감(自甘)은 마음속으로 원한다는 뜻이다. 설월(褻越)은 오만하고 경솔하여 무례한 것을 가리킨다.

145 보단(報單)은 여기서는 방문자의 명단을 보고한다는 뜻이다. 이 문제는 제4권 부임부 3 「4-11. 손님 맞기(待游客)」에서도 이미 다루어진 바 있다.

을 품고 왔을 것이다. 친한 벗이라면 정말로 본인이 기쁘게 맞이할 사람이니, 어찌 가는 길을 막고 머물게 하지 않을 수 있겠는가? 친지의 경우에도 또한 의리상 거절하기 어렵고, 마땅히 금전적인 도움을 줄 수 있어야지, 하필 그가 먼저 내게 베푸는 것을 기다린 다음에야 비로소 답배를 하겠는가? 그렇지만 전혀 면식이 없는 사람이 돌아다니다가 우연히 들려 얼굴을 보기를 원한다면, 그가 꼭 날 만나러 온 것도 아니고, 나 역시 알지 못하였다는 죄를 피할 수 있으니, 그렇지 않아도 청빈하게 보내는 지현의 형편에 이러한 쓸데없는 무리한 접대는 생략해도 될 것이다. 하지만 반드시 미리 문을 지키는 사병에게 지시하여 조심스럽게 완곡하게 그런 뜻을 알리게 해야지, 고지식하게 험한 말을 내뱉어 그로부터 죄를 얻어서는 안 된다. 일단 그런 일이 발각되면 함께 처벌하되 용서하지 않는다.

夫邑治處于省會[146]、郡城, 其冠蓋往來[147]、行旅出入, 固槩難探報.[148] 若簡僻州縣, 非如通衢孔道, 其仕紳、商販, 往來無幾, 則城門可以時至而時報也. 新官蒞任之始, 卽宜出示, 申飭守門門軍, 除在城紳民、親友入城, 問明免報外, 如係拜訪本州縣賓客,[149] 一到城門, 卽須問明, 是何仕宦、姓諱、何處籍貫, 或往某處至此經過, 或徑來此, 現在何店家安歇, 逐一問明, 仍請回寓暫駐, 俟報明本官, 自行拜謁. 該門軍卽行寫單密報,[150] 應否拜會, 以憑本州縣定奪.[151] 如有騎馬帶械之人, 卽行攔阻行客,[152] 說令城外行走. 有公事入城者, 亦應問明何差何人, 或到營, 或到縣, 門軍卽時稟報, 違者重究. 蓋賓客見顧,[153] 或好友經過, 未忍恝然而去.[154] 或親知遠至, 必懷希望而來. 好友乃吾所歡接, 豈無投轄之留?[155] 親知亦誼所難拒,當盡解驂之

146 읍치(邑治)는 읍의 치소(治所), 즉 아문이 있는 곳을 말하므로 현성(縣城)을 가리킨다. 성회(省會)는 성의 수도를 말하며, 군성(郡城)은 지주(知州)가 있는 주의 치소가 있는 주성(州城)을 말한다.

147 관개(冠蓋)는 관원의 관복과 수레 등을 가리킨다. 관(冠)은 예모(禮帽)를, 개(蓋)는 차개(車蓋)를 가리킨다. 나아가 관직이나 사자·귀관(貴官) 등을 가리키기도 한다.

148 탐보(探報)는 첩보·정보를 말한다.

149 방문(訪問)은 보통 위로나 안부의 차원에서 상대방을 방문하는 것이고, 배방(拜訪)은 상대방을 찾아 도움을 청하거나 의견을 청취할 때 많이 쓰인다.

150 밀보(密報)는 비밀리에 알린다는 뜻이다.

151 정탈(定奪)은 가부나 거취를 결정한다는 뜻이다.

152 난조(攔阻)는 가로막는다는 뜻이다.

153 견고(見顧)는 나를 봐준다, 찾아 준다, 알아준다는 뜻이다.

154 괄연(恝然)은 아무런 관심을 갖지 않는 모습, 냉담한 모습을 가리킨다.

155 투할(投轄)은 『한서』 권 92 「유협전(游俠傳) 진준(陳遵)」에서 비롯된 것으로, "준은 술을 좋아하여 매번 크게 한 번 마실 때마다 손님이 방 안에 가득 차면, 그때마다 문을 걸어 잠그고 손님이 타고 온 수레의 비녀장을 뽑아 우물 속에 던져 버림으로써 급한 일이 있더라도 결국 가지 못하게 하였다(遵耆酒, 每大飮, 賓客滿堂, 輒關門, 取客

意,[156] 又何必待彼先施,[157] 而始爲答拜乎?[158] 至于素無相識, 游展浪投,[159] 彼旣無他徑之由, 我亦得卸不知之罪, 則飮氷茹蘖之餘,[160] 又可省此無益之應酬矣.[161] 然須預飭門軍, 小心婉稟, 不得以戇氣粗言開罪,[162] 一經査出, 倂究不貸.

31-07. 좌이관의 남형(佐貳濫刑)

무릇 지방관의 속관(屬官)인 좌이관(佐貳官)이 백성의 소송을 함부로 접수하는 것은 『대청률(大淸律)』에서 분명하게 금지하고 있다. 그러나 민간의 말다툼이나 작은 싸움이 발생할 때마다 함부로 지현에게 고발하기는 곤란하므로, 단지 좌이관에게 「청원서(稟文)」를 갖추어 올리기도 한다. 이 또한 억울한 불만을 풀 방법이 없어 아깝지만 조금이나마 돈주머니를 풀어 좌이관에게 술 한 잔 마실 값을 보태 주는 것이다. 좌이관은 얄팍한 봉급의 한계가 너무 뚜렷하므로 자그마한 이익이라도 취하여 생계에 보태려고 하지 않음이 없다. 그렇지만 응당 피고·원고 양측을 소환하여 도리로써 설득하고, 친우들의 증거나 도움을 빌

車轄投井中, 雖有急, 終不得去.).”라는 고사에서 나왔다. 할(轄)은 수레굴대 양쪽의 비녀장을 가리키며, 투할은 이 때문에 은근히 손님을 머무르게 한다는 뜻을 가리키게 되었다.

156 해참(解驂)은 마차의 말을 풀어서 남에게 준다는 것으로 재물로 남의 급한 일이나 곤란을 풀어 준다는 뜻이다. 『사기』 권62 「관안열전(管晏列傳)」에서 나오는 “안자가 밖에 나갔다가 월석부 현이 오라에 묶여 있는 것을 길에서 만나자 마차의 왼쪽 말을 풀어서 주고 그를 석방시켰다(越石父賢, 在縲紲中. 晏子出, 遭之塗, 解左驂贖之.).”라는 고사에서 비롯되었다.

157 선시(先施)는 『예기』 「중용(中庸)」에 나오는 구절로 “벗에게 구하는 바가 있다면 먼저 베풀어라(所求乎朋友, 先施之)”는 네에서 나왔나. 즉 앞서 찾아보고 예물을 바친다는 뜻이다.

158 납배(答拜)는 답례로 방문하여 인사하는 것을 가리킨다.

159 유전(游展)은 정처 없이 떠돈다는 것이고, 낭투(浪投)는 아무렇게나 던진다는 뜻이다.

160 음빙(飮冰)은 아주 놀랍고 초조하다는 것을 형용하는데, 『장자(莊子)』 「인간세(人間世)」의 구절(“今吾朝受命而夕飮冰”)에서 비롯되었다. 여기서 명령을 받고 정치에 종사한다거나 나라를 위해 근심하는 마음을 갖는다는 뜻이 나왔지만, 아울러 생활이 청고(淸苦)한 것을 가리키기도 한다. 여얼이나 식얼은 나무 그루터기에서 난 움을 먹는다는 것으로 비슷한 뜻이다. 음빙여얼(飮冰茹蘖)은 음빙식얼(飮冰食蘖)과 같은 뜻으로 생활이 청고(淸苦)하고 사람됨이 청백(淸白)하다는 뜻인데, 당 백거이(白居易)의 「삼년위자사(三年爲刺史)」라는 시의 구절에서 나왔다(“三年爲刺史, 飮冰復食檗. 唯向天竺山, 取得兩片石. 此抵有千金, 無乃傷淸白.”).

161 응수(應酬)는 교제와 왕래, 또는 접대를 가리키며 억지로 대응한다는 뜻도 있다.

162 당기(戇氣)는 어리석거나 외고집을 피운다는 뜻이다. 조언(粗言)은 거친 말이나 이야기, 개죄(開罪)는 죄를 얻는다는 것을 뜻한다.

려 분쟁을 해결해 주면서, 그때마다 종이 값 정도를 받는 정도에 그쳐야 한다. 이것 또한 "율법에는 대법(大法)을 두고 있지만, [집행할 때는] 도리를 보아 인정을 따라야 한다"는 말이 가리키는 뜻이기도 하다.

그런데 어찌 멋대로 [좌이관들이] 권세를 휘두르면서 경솔하게 형벌을 가하고 채찍으로 때린 다음, 또다시 목과 손·발에 형구를 채우는 따위의 횡포를 부리게 할 수 있다는 말인가? 이것을 어찌 "아주 방자하여 거리낌이 없다"고 하지 않을 수 있겠는가? 심지어는 지방관의 지시를 호랑이처럼 꾸짖는 도구로 삼기도 하며, 권세가 있는 신사가 청원서라도 올리면 마치 여우처럼 살랑거리면 그의 부탁을 들어준다. 나아가 마구잡이로 사람을 감옥에 가두고 제멋대로 학대하기도 한다. 이것을 두고 이른바 "호랑이에게 날개를 달아 주었다"고 한다.

무릇 지방관을 위해서 생각한다면, 일이 생기고 난 다음에 질책을 함으로써 [좌이관에게] 같은 동료로서의 우의에 상처를 주기보다는 사전에 앞서 완곡하게 경고함으로써 스스로 경계하게 하는 편이 훨씬 낫다. 그래도 이러한 경고를 전혀 염두에 두지 않는다면, 재판에 대해 쉽사리 지시를 내리지 말고 응당 관련 서역을 소환하여 엄격하게 질책한다. 만약 조금이라도 자신을 아끼는 사람이라면 두려워하면서 행동을 삼가지 않는 경우가 없을 것이다. [지방관이 스스로 모범이 되어] 곧은 자세를 취한다면, 그림자 [즉 좌이관] 역시 저절로 곧바른 모습을 보일 것이다. 또한 진실로 지방관이 소송을 없애 백성을 편하게 만들고자 하며, 평소에 이러한 자애로운 뜻을 항상 품고 있다면, 비록 탐욕스럽고 포악한 무리라 할지라도 역시 겸손하고 차분하게 바뀔 것이니, 그렇게 되면 어찌 감히 말썽을 피우면서 횡포를 부리는 좌이관이 나타날 수 있겠는가!

夫衙官濫受民詞,[163] 律有明禁. 然每有民間口角、爭鬨小事, 不便瀆控于印官.[164] 而但具稟于佐貳,[165] 亦有憤懣無洩,[166] 欲令稍傾慳橐,[167] 而爲衙官作壺榼之需,[168] 爲衙官者, 因廉俸之

---

163 아관(衙官)은 속관(屬官), 하속(下屬) 소관(小官), 즉 좌이관(佐貳官)을 가리킨다. 좌이관은 본래 주무관은 보좌하는 관원을 가리킨다. 지부·지주·지현의 보좌관인 통판(通判)·주동(州同)·현승(縣丞) 등을 가리키며, 그 품급은 주무관보다 약간 낮다. 지현의 좌이관은 현승(縣丞)과 주부(主簿) 등이 있다. 수령관(首領官)은 좌이관보다 한 등급 낮은 하급 이역(吏役)이다.

164 독공(瀆控)은 마구잡이로 소송을 한다는 뜻이다.

165 품(稟)은 아뢴다는 뜻이지만 「청원서(탄원서)」를 가리키기도 한다.

166 분만(憤懣)은 불만·분노를 말한다.

167 견(慳)은 절약하다, 인색하다, 또는 많지 않다, 희소하다는 뜻이다. 탁(橐)은 돈주머니를 말한다.

168 호합(壺榼)은 병과 통, 즉 술이나 차를 담는 그릇을 가리킨다. 또는 술과 안주를 갖추어 놓고 술을 마신다는 뜻도

有限,[169] 不無冀錙銖以資薪水.[170] 然宜召兩造而以理諭之,[171] 使親友、證佐爲之處釋, 以聊受其紙張而已. 此亦"律設大法, 理[禮]順人情"之意也.[172]

夫何擅作威福,[173] 遽爾加刑鞭撻之餘,[174] 又施三木,[175] 豈不謂之: "肆無忌憚"乎?[176] 甚有假堂上之批詞, 以爲虎嚇之具, 因勢衿之呈送, 遂爲狐媚之行.[177] 因而濫禁監倉,[178] 恣其凌虐, 是所謂: "傅虎而翼者"矣.[179]

夫爲堂官計,[180] 與其有事而加飭, 有傷同寮之雅, 莫若先事而婉戒,[181] 使知自儆之優. 倘漫不爲意, 堂詞未可輕批,[182] 宜召該書嚴加切責.[183] 若少自知愛, 未有不惕然斂戢者矣.[184] 雖然表正則影自直,[185] 苟堂官息訟寧民, 慈祥素抱.[186] 雖貪暴之徒, 亦將化爲廉靜,[187] 敢更有多事而肆虐者哉![188]

있다.

169 염봉(廉俸)은 여기서는 저렴한 봉록을 가리킨다.

170 치수(錙銖)는 아주 작거나 적은 수량 또는 돈을 가리킨다. 치(錙)는 보통 1냥의 1/4을 가리키고, 수(銖)는 1냥의 1/24을 가리킨다.

171 양조(兩造)는 소송의 쌍방, 즉 원고와 피고를 말한다.

172 이 구절은 앞 권의 「30-05. 소금밀매 단속(嚴緝私販)」에 이미 인용된 바 있다.

173 위복(威福)은 통치자의 상벌(賞罰)을 주는 권력을 말하는데, 보통 당권자가 권세를 휘두른다는 뜻으로 쓰인다.

174 거이(遽爾)는 갑작스레·돌연·경솔하게라는 뜻이다. 편달(鞭撻)은 채찍으로 때린다, 책벌(責罰)한다는 뜻이다.

175 삼목(三木)은 범인의 목과 손발에 가하는 세 종류의 형구(桎, 梏, 械)를 가리킨다.

176 사무기탄(肆無忌憚)은 제멋대로 아무 거리낌 없이 행동한다는 뜻이다.

177 호미(狐媚)는 은근한 수단으로 사람을 미혹시킨다는 뜻이다.

178 감창(監倉)은 여기서는 감옥을 가리킨다.

179 부호이익(傅虎而翼)은 호랑이를 도와 날개를 달아 준다는 뜻이다. 호익(虎翼), 즉 위호첨익(爲虎添翼)이라고도 하는데, 포악한 기세를 조장하여 더욱 강하게 만든다는 뜻이다. 호익리(虎翼吏)는 잔인한 관리를 가리킨다.

180 당관(堂官)은 원래 명·청대 중앙 각부의 장관을 통칭하는데, 각 아문의 대당(大堂)에서 업무를 처리하는 데서 나온 말이다. 하지만 각 부 이외 독립기구의 상관을 가리키기도 하므로, 지현이나 지부 역시 당관이라고 부르기도 한다.

181 선사(先事)는 '사전에, 일이 있기 전에'라는 뜻이다.

182 당사(堂詞)는 여기서는 재판에 대한 지현의 판결문이나 소송 관련문서를 가리키는 것으로 보인다.

183 절책(切責)은 엄한 말로 질책한다는 것이다.

184 척연(惕然)은 두려워하거나 근심하는 모습, 경각심을 갖는 모습을 말한다. 염집(斂戢)은 행동거지를 삼가다, 조심한다는 뜻이다.

185 표정(表正)은 몸으로써 모범이 되어 바로잡는다는 뜻이다.

186 자상(慈祥)은 자애롭고 따뜻하다는 뜻이다. 소포(素抱)는 평소의 포부·뜻을 가리킨다.

187 염정(廉靜)은 겸손하고 차분하다는 뜻이다.

188 다사(多事)는 문제나 말썽을 피우거나, 그런 것이 많다는 뜻이다. 사학(肆虐)은 멋대로 횡포를 부리다, 박해를 가한다는 뜻이다.

31-08. 관문과 나루터의 엄격한 단속(嚴飭關津)[189]

관문을 설치하는 뜻은 경계(境界)를 굳건히 하려는 데 있다. 그런데 관문을 지키는 이졸(吏卒)들은 사적으로 세금을 매겨 상인에게 거두는 경우가 많다. 그래서 은전(銀錢)을 갈취하든지 아니면 화물 일부를 빼앗음으로써 관문을 상인이 매우 꺼려 하는 곳으로 만들었다. 심지어는 도둑이나 범죄자를 색출한다는 명목으로 부녀자가 지나가는 경우에도 반드시 수레를 멈추게 하고 장막을 들춰 보면서 경박하게 희롱하거나 협박을 하여 결국 돈을 얻지 못하면 절대 그냥 지나가게 해 주지 않는다.

나루터를 설치하는 뜻은 왕래를 원활하게 하는 데 있다. 그런데 배를 모는 부역(夫役)들은 항상 무리를 지어 횡포를 부린다. 혹은 가축의 머릿수를 따져 배 삯을 부르던지, 아니면 화물을 가지고 배 삯을 따지는데, 가마나 영구(靈柩)를 만나기라도 하면 제멋대로 값을 높여 부른다. 눈이나 비가 와서 길이 진탕이 되면, 반드시 많은 사람이 끌어올린 다음에야 비로소 배에 오를 수 있게 된다. 그때 강가에 있는 무리가 모두 같은 패거리인데, 그들에게 도움을 얻도록 뱃사공에게 시켜도 이 패거리들은 수수방관하면서 야유를 보내고 돌아보지도 않는다. 나그네는 앞으로도 먼 거리를 가야 하는데 날이 저물고 머물 곳을 찾기 어려울까 염려하지 않을 수 없다. 강 양쪽은 모두 황량한 벌판이라 여관도 없다. 그래서 어쩔 수 없이 분함을 참고 소리를 삼키면서 그들이 제멋대로 욕심을 채우게 해 줄 수밖에 없다. 결국 갈취당하는 돈이 동전 몇 관(串)이나 은 몇 냥에 이른다. 더구나 황하(黃河)나 장강(長江) 등 큰물의 흐름이 험한 곳에서는 처음에는 모두 그럴 듯한 말로 속여서 배에 오르게 한다. 그런데 배는 작고 사람은 많아 거의 발을 디딜 수 없을 정도로 태우는데다가, 다른 한 쪽에는 나귀와 말까지 뒤섞여 있다. 더구나 강 한가운데에 이르러서는 배를 멈추고 돈을 더 달라고 요구한다. 사람들은 바람과 파도에 말들이 놀라 배를 흔들면 순식간에 배가 뒤집혀 빠져 죽을까 두려우니, 각기 목숨을 구하고자 어찌 금전을 아까워할 수 있겠는가? 그러니 뱃사공의 요구를 들어주지 않는 경우가 없다.

이렇게 백성을 괴롭히는 무리들을 어찌 엄히 다스려 금지하지 않을 수 있겠는가? 관문

---

189 관진(關津)은 수·륙 요도의 관잡(關卡. 세금 거두는 곳)이나 그곳 관리를 말한다. 수로와 관련된 문제에 대해서는 제23권 형명부 13 보갑 3 「23-10. 어촌 보갑(漁埠編保)」 부분을 참조.

을 지키는 이졸에 대해서는 마땅히 관리자에게 공문을 보내 종전의 폐단을 확실하게 제거하라고 지시를 해야 한다. 만약 관설 나루터라면 뱃사공에게 이미 정해진 임금이 있을 것이니, 그들이 강변을 지키고 있다는 점을 고려하여 객상의 화물을 실어 주는 사람들에게는 적당하게 술값 정도를 쥐어 주되, 아무 상관없는 사람이 금전을 요구하게 해서는 안 된다. 만약 민간 나루터라면 원래 정해진 임금이 없으니, 뱃사공의 성명을 관청에 보고하게 하고, 짐꾸러미당 운임에 2문, 한 사람당 1문을 넘지 않게 통제한다. 다만 황하·장강 같은 큰 강에는 세 배를 받게 하지만, 이런 규정을 응당 나루터 입구에 비석으로 세워 두루 알릴 수 있어야 한다. 지현은 불시에 몰래 시찰을 나가서 만약 금지령을 어기고 더 많은 돈을 뜯어내는 사람이 있다면, 즉시 엄격하게 처벌하고 칼을 씌워 대중에게 공개한다. 이렇게 함으로써 간교한 무리들이 두려움을 알게 되고, 나그네들은 기뻐하게 될 것이니, 이 또한 인정의 한 부분이 될 것이다.【이 조항은 『미신편(未信編)』에 사뭇 상세하게 기록되어 있기 때문에, 거기서 많이 채록하였다.】

設關之意, 在于固疆圉.[190] 而守關吏卒, 遂多立私稅以抽商, 非需索銀錢, 卽抽其貨物, 使商賈視爲畏途. 甚有借盤奸詰宄之名,[191] 婦女經由, 必令停車褰帷,[192] 輕薄恐嚇, 非得錢不肯放行. 設渡之意在于通往來, 而操舟夫役,[193] 每結黨而橫肆,[194] 或按頭畜論價, 或照貨物論錢, 一遇轎車、靈柩,[195] 則隨意勒索, 每當雨雪泥濘之時,[196] 必多人抬舁,[197] 始克登舟, 而岸傍皆伊黨類, 任其呼倩, 反袖手椰榆而不顧.[198] 彼行旅旣慮長途日暮難以羈程,[199] 兩厓皆屬荒原,[200] 又無宿店, 不得不忍氣呑聲, 任其飽壑,[201] 竟有詐錢數串、銀數兩不等者. 至于黃河、大江巨浸險

190 강어(疆圉)는 변경·변계 또는 변방(邊防)을 가리킨다.
191 반힐(盤詰)은 조사하여 묻다, 조사하다, 물어보면서 검사한다는 뜻이다. 빈사(盤査)와 같은 뜻이다.
192 건유(褰帷, 褰幃)는 휘장을 들추어 본다는 뜻이다.
193 조주(操舟)는 배를 몬다, 또는 뱃사공이라는 뜻이다.
194 횡사(橫肆)는 방자하게 논다, 횡포를 부린다는 뜻이다.
195 영구(靈柩)는 죽은 사람을 담은 관을 말한다.
196 이녕(泥濘)은 더러운 진흙·진창을 말한다.
197 태여(抬舁)는 태우다, 싣는다는 뜻이다.
198 수수(袖手)는 소매 속에 손을 감추는 한가한 모습, 또는 그 일에 참가할 수 없거나 하지 않는 경우를 가리킨다. 야유(椰榆, 揶揄)는 비웃다, 희롱한다는 뜻이다.
199 일모(日暮)는 해질 무렵, 저녁 무렵을 말한다. 기정(羈程)은 가는 길을 멈춘다는 뜻이다.
200 황원(荒原)은 황량한 들판을 말한다.
201 학(壑)은 물구덩이나 산골짜기를 말한다. 여기서는 욕심을 비유하는 것 같다.

溜之處,[202] 始則哄人上船,[203] 不論舟少人多, 幾無容足,[204] 且偏驢馬參雜.[205] 行至中流, 停舟索錢, 人畏風波馬驚震撼, 而覆溺之患, 祗在須臾,[206] 遂爾各求性命,[207] 安惜金錢, 乃至無求而不得.

此等厲民之徒,[208] 安可不嚴行禁飭? 于守關吏卒, 當移會本管,[209] 痛除前弊. 若官渡既有工食,[210] 念其守候河干,[211] 有馱脚客貨者,[212] 量給酒資, 散人不許要錢.[213] 若私渡原無工食, 船戶姓名報官, 每馱限以二文, 每人限以一文, 惟黃河大江, 給增三倍. 均宜立碑渡口, 通行曉諭. 本州縣仍不時密察, 如有違禁多索, 立時重責枷示, 則奸徒知儆, 行旅感悅, 是亦仁政之一端也. 【此條『未信編』述之頗詳, 故多採錄之[214]】

---

202 거침(巨浸)은 큰물이나 큰 강을 말한다.

203 홍인(哄人)은 사람을 즐겁게 하다, 환심을 사다, 유혹한다는 뜻이다.

204 용족(容足)은 발을 디딘다, 또는 아주 좁다는 뜻이다.

205 참잡(參雜)은 뒤섞여 있다, 혼잡하다는 뜻이다.

206 수유(須臾)는 아주 짧은 시간을 말한다.

207 성명(性命)은 생명을 말한다.

208 여민(厲民)은 백성을 해친다는 뜻이다.

209 이회(移會)는 평행문(平行文)의 일종인 공문서나 그것을 보낸다는 뜻이다. 본관(本管)은 주관하는 사람, 관리자나 담당자를 말한다.

210 관도(官渡)는 관청에서 설치한 나루터를 말한다.

211 하간(河干)은 강변·강안을 말한다.

212 타각(馱脚)은 가축을 몰아 짐을 나르는 사람을 가리킨다.

213 산인(散人)은 평범하고 쓸모없는 사람, 할 일 없이 노니는 사람이란 뜻이다.

214 반표찬(潘杓燦)의 『미신편(未信編)』에 대해서는 제16권 형명부 6 인명 하 「16-01. 각종 사상(死傷)의 검사(驗各種死傷) 상(上)」 부분을 참조. 여기서의 서술은 실제 『미신편(未信編)』 제6권 「기무(幾務) 하(下) 칙관진(飭關津)」에 있는 내용을 거의 그대로 따왔다("設關之意, 在固封疆. 而守關吏卒, 多立私稅以需索, 每令商賈視爲畏途. 且有借盤詰之名, 按人收錢者, 甚至婦女經由, 勤其停車掀轎, 輕薄恐嚇, 非得銀一、二錢不肯放行. 設渡之意, 在通往來. 而操渡之夫役, 每結黨而肆橫, 或按頭畜論價, 或照貨物要錢. 一遇車轎靈柩, 則隨意勒詐, 竟有詐錢數串銀數兩者. 蓋因渡口多無旅店, 進無他途, 止又不能, 於是忍氣以飽其壑. 更若黃河大江巨浸險溜之處, 彼則哄人上船, 唯知人衆錢多, 不論本船任載與否. 船小載重, 每遭沉溺之慘. 更有一種至惡船戶, 招人且不論錢, 行至中流, 停舟索値, 人皆畏風波而惜時日, 遂爾無求不得. 此等厲民, 爲上者安可不一禁飭. 故於關卒當移會本管列榜嚴禁. 官渡之有工食者, 約限人貨, 定以犒勞酒資. 私船之無工食者, 將船編號, 人夫報名, 亦限人貨, 定以平價. 宜各立碑, 申曉朔望同遞"並無勒索措詐"結狀. 如有違禁, 官弁據實揭參, 人夫互相連坐, 除可職行之外, 有涉上憲, 勢借權顯者, 必詳請院司毅然行之." 관잠서집성편찬위원회(官箴書集成編纂委員會) 편(編), 『관잠서집성(官箴書集成)』 제3책(黃山書社, 1997), 60a(p.190)).

31-09. 부녀자의 분향 금지(禁婦女燒香)

부인과 미혼 여성은 삼가 규방을 지키는 것이 올바른 이치다. 그러나 후세의 풍속은 옛것을 본받지 않아 부녀자들이 즐겨 놀러 나다니게 되었다. 결국은 요란한 분장과 아름다운 복장으로 산과 물을 찾아다니면서 화려한 배와 멋진 가마를 타고, 여러 신선과 부처에게 분향하러 다닌다. 그러니 젊은 남정네 패거리들과 뒤섞이지 않을 수 없고, 승려·도사의 방에서 희롱하며 놀게 되는 것은 말할 필요도 없다. 꽃이 유혹하면 나비가 날아들고, 무더기로 핀 꽃 속에 혼이 달아나니, 색귀와 음마가 쾌락의 구렁텅이로 유혹한다. 길거리 옆에서의 희롱은 경박한 대꾸로 이어지고, 이후의 풍류는 더 이상 걷잡을 수 없게 번진다. 하지만 시비를 자세하게 따지자면, 이는 곧 스스로 그 치욕을 찾은 것이 아니고 무엇이겠는가?

더욱 가증스러운 일은 남편들이 부끄러움도 없이 오로지 돈을 받고 아내를 팔아넘기는 일이다. 음탕한 부녀자는 이런 기회를 빌려 연애 상대를 물색하고, 심지어는 남편을 부근에 데리고 다니면서, 남자를 만나면 희롱을 하면서 아주 즐거워하고 상대와 눈이 맞으면 비녀를 건네주면서 만남을 기뻐한다. 이래서 더욱 정성을 들여 예쁘게 치장하니, 청루(青樓)의 창기가 웃음을 파는 것과 뭐가 다르겠는가? 이 때문에 거족·명문의 남자가 순식간에 기원의 유객(遊客)으로 바뀌어 버린다.

만약 이러한 세태를 엄금하지 않는다면, 장래에 풍속을 망치는 것이 도대체 어디에서 끝나겠는가? 마땅히 크게 「고시」를 내걸어 먼저 깨우친 다음, 그래도 듣지 않으면 나중에 잡아들이는 방법을 써야 한다.

> 감히 이전과 같이 부녀자가 외출하여 한가로이 노닐고 절에 들어가 분향을 한다면, 신사 가문인 경우에는 그 노복들을 엄히 잡아 족치고, 서민 가정이라면 그 남편을 엄히 잡아들이며, 부녀자들이 경내에 노닐게 한 승려나 도사는 무겁게 처벌하고 칼을 씌워 대중에게 공개한다.

비구니(尼姑)·여도사(道姑)·점생이(卦姑) 등 '삼고(三姑)'와 박물장수(牙婆)·매파(媒婆)·여자무당(師婆, 巫婆)·포주(虔婆)·약파(藥婆)·산파(産婆)라는 '육파(六婆)'는 바로 음란함을 자극하는 뚜쟁이이자, 방탕한 풍류를 이끄는 중개인이다. 그 못된 꼬임수에 넘어가면 정숙한 부녀자들도 감정이 흔들려 간교한 함정에 빠지고, 존귀한 집안도 모두 뒷문이 열려 남자가 멋대로 왕래하게 되는데, 그것은 바로 이들 부녀자로부터 뭔가를 뜯어내려는 의도이다. 이 또한 마땅히 크게 고시를 내걸어서 금지령을 내려야 한다.

비구니나 여도사는 조용히 암자나 도관에서 수행을 해야 하지, 멋대로 인가에 들어가 구걸해서는 안 된다. 산파는 애를 받는 것 이외에 구실을 대고 다시 찾아가는 것을 허락하지 않는다. 불륜을 알선하는 매파는 단연코 내쫓아서 경내에 머무르지 못하게 한다. 해당 향약·지보로 하여금 엄격히 조사하게 해서 만약 이를 어기거나 저항하여 따르지 않는 경우가 있으면 즉시 보고하여, 체포·처벌할 수 있게 해야 한다.

이렇게 한다면 퇴폐한 풍속이 조금이라도 바로 잡히고, 규방은 내외의 구분을 엄격히 하게 될 터이니, 아름다운 풍속이 이루어지고 여인네들은 요조숙녀의 덕을 갖추게 될 것이다.

婦人、女子,[215] 謹守閨門,[216] 理之正也. 後世風俗不古, 婦女好爲遊冶.[217] 遂爾盛粧豔服,[218] 玩水遊山, 畵舫、香輿,[219] 朝神禮佛. 雜遝于少年之羣, 嬉戲于僧道之室, 固無論. 花迷蝶戀, 魂斷芳叢,[220] 色鬼、淫魔,[221] 攝歸懽洞, 卽路傍之諧謔,[222] 難辭輕薄尖唇. 去後之風流,[223] 莫禁顚狂.[224] 細論是非, 自取其賤辱乎?[225] 更可恨者, 丈夫無恥, 專爲賣弄其妻.[226] 巾幗多淫,[227] 借此物色所愛,[228] 甚至郎隨身畔,[229] 見人調戲喜非常,[230] 婦被情牽, 贈彼釵鈿欣有遇.[231] 于是增姸

215 여기서 부인(婦人)은 기혼여성, 여자(女子)는 미혼 여성을 가리킨다.
216 규문(閨門)은 부녀자가 거처하는 장소나 부녀를 가리킨다.
217 유야(遊冶)는 놀러 나가 즐거움을 찾는다는 뜻이다.
218 수이(遂爾)는 '이에, 마침내'라는 뜻이다. 성여염복(盛粧豔服)은 아마 성장염복(盛妝豔服)의 뜻일 것이다. 『홍루몽(紅樓夢)』 제97회에 나오는 구절에도 '성장염복(盛妝豔服)'이라 하고 있다. 그 뜻은 화려한 분장·장식과 아름다운 복장이란 것이다.
219 화방(畵舫)은 장식이 아름다운 놀잇배를 말한다. 향여(香輿)는 안에 향로를 설치한 작은 정자, 즉 향정(香亭)을 말하는데, 들어 올릴 수 있다. 축제(賽會)나 장례 시에 사용한다.
220 혼단(魂斷)은 단혼(斷魂)과 같은 뜻으로 아주 슬프거나 격동된 모습, 또는 죽음을 가리킨다. 방총(芳叢)은 무더기로 핀 꽃이라는 뜻이다.
221 색귀(色鬼)는 여색을 좋아하는 사람을 비하하는 말이다. 음마(淫魔) 역시 마찬가지다.
222 해학(諧謔)은 희롱조를 띤 말장난을 말한다.
223 거후(去後)는 이후라는 뜻이다.
224 전광(顚狂)은 정신병자의 광란, 행동거지가 미친 듯하다, 또는 방탕하고 통제되지 않는 모습이란 뜻을 가지고 있다.
225 자취죄려(自取罪戾)는 스스로 죄과를 부른다는 뜻이다.
226 매롱(賣弄)은 돈이나 뇌물을 받고 권리를 파는 따위로 농간을 부리던 일을 말한다.
227 건귁(巾幗)은 부녀자들의 머리 수건과 장식을 말한다. 즉 부녀자를 대칭하는 것이다.

飾媚,[232] 何殊倚市之青樓?[233] 因而巨族、名門竟化勾欄之碧帽.[234]

若不嚴爲禁革, 將來敗俗安窮, 宜大張榜示, 先諭後拿: “敢有仍前婦女出外閑遊, 入寺燒香,[235] 紳衿之家, 嚴拿僕從, 庶民之家, 嚴拿夫男, 并容留僧道,[236] 重責枷示.” 其三姑、六婆,[237] 卽誨淫之媒使,[238] 風月之牽頭.[239] 逞其邪說,[240] 縱令貞婦也情搖落彼奸圈,[241] 任是侯門皆狗竇,[242] 若男子縱其來往, 是欲受妻孥之封贈者也.[243] 亦宜張榜示: “優尼、道姑, 應靜修菴院, 不許擅入人家抄化.[244] 穩婆除收生外,[245] 不許托故重來.[246] 花婆斷宜驅逐,[247] 不許容留本境. 著該約、地嚴査, 如有違抗不遵, 卽時稟報, 以憑拿究.” 如此, 則頽風少正,[248] 閨帷嚴內外之分,[249] 美俗可成, 士女盡關雎之德矣.[250]

---

228 물색(物色)은 찾다, 고르다, 수색한다는 뜻이 있다.

229 신반(身畔. 身伴)은 신변(身邊)이라는 뜻이다.

230 조희(調戲)는 희롱하다, 조롱하다, 놀다는 뜻이다.

231 채전(釵鈿)은 비녀 등의 머리장식을 말한다. 채(釵)는 차(叉)와 같은 뜻으로 비녀를 가리키며, 전(鈿)은 금은이나 옥으로 만든 꽃모양의 머리장식을 가리킨다.

232 연미(姸媚)는 아름답고 사랑스러운 여자, 또는 아름답고 사랑스러움을 가리킨다.

233 의시(倚市)는 의시문(倚市門)으로 상업을 경영한다거나, 창기가 웃음을 판다는 뜻이다. 청루(青樓)는 기원(妓院)·창관(娼館)을 말한다.

234 구란(勾欄)은 송·원대에 백희잡극(百戲雜劇)을 연출하던 장소를 말하는데 나중에는 기원(妓院)을 가리키게 되었다. 벽모(碧帽)는 뜻이 불명하지 않은데, 아마 기원에 드나드는 손님을 가리키는 것 같다.

235 소향(燒香)은 신불(神佛)에 예배하는 일종의 의식으로 향을 향로에 꽂고 경건함을 표시한다.

236 용류(容留)는 용납하다, 받아들인다는 뜻이다.

237 삼고·육파(三姑六婆)는 비구니(尼姑)·여도사(道姑)·점쟁이(卦姑)라는 ‘삼고(三姑)’와 박물장수(牙婆)·매파(媒婆)·여자무당(師婆. 巫婆)·포주(虔婆)·약파(藥婆)·산파(産婆. 穩婆)라는 ‘육파(六婆)’를 가리킨다.

238 회음(誨淫)은 남에게 음욕이 일도록 유혹한다는 뜻이다.

239 풍월(風月)은 남녀 사이의 애정, 또는 풍류방탕을 말한다. 기녀나 창기를 뜻하기도 한다. 견두(牽頭)는 머리를 끌다, 남녀의 비정상적인 관계를 이어 주는 사람을 가리킨다.

240 영(逞)은 나쁜 목적을 마음먹은 대로 이루다, 달성한다는 뜻이다.

241 종령(縱令)은 ‘설사·가령’이라는 뜻, 또는 방임한다는 뜻도 있다. 권(圈)은 둥근 고리, 주위의 경계, 전통적인 수법이나 격식 등을 가리킨다.

242 후문(侯門)은 제후의 문으로, 부유하고 권세 있는 집안을 가리키기도 한다. 임시(任是)는 ‘설령·가령·비록’ 또는 ‘물론, 상관없이’라는 뜻이다. 구두(狗竇)는 개구멍이란 뜻이다.

243 처나(妻帑. 妻孥)는 처자나 아녀를 가리킨다. 봉증(封贈)은 원래 관작을 그 부모와 조부·증조부에게 수여하는 것을 말하는데, 여기서는 무언가 선심을 쓰는 것을 비유하는 것으로 보인다.

244 초화(抄化)는 구걸하거나 모은다는 뜻이다.

245 수생(收生)은 애를 받는 것을 말한다.

246 탁고(托故)는 어떤 원인을 빈다, 구실로 삼는다는 뜻이다.

247 화파(花婆)는 아마 비정상적인 남녀 관계를 중개하는 여성(뚜쟁이)을 가리키는 것 같다.

248 퇴풍(頽風)은 타락한 풍기를 말한다.

249 규위(閨幃. 閨帷)는 규방의 장막이란 뜻으로, 부녀자가 거주하는 곳이나 그와 관련된 사물, 처자 등을 가리킨다.

250 관저(關雎)는 『시경』의 첫 부분에 나오는 「국풍(國風) 주남(周南)」의 「관저(關雎)」편을 가리키는데, 여기에 유명

31-10. 노비 학대 금지(禁凌錮僕婢)

인생에 비록 귀천은 있지만, [같은 사람이므로] 그 성정(性情)이나 육체는 결국 똑같기 마련이다. 이를테면 사람은 자기 자식이라면 욕하고 나서는 아이가 괴로워할까 걱정하고, 때리고 나서는 아이가 아파할까 걱정할 것이다. 그런데 만약 사들여 온 노복이라고 해서 한 마디라도 뜻에 맞지 않으면 그냥 욕을 하고, 한 가지라도 마음에 들지 않는다고 곧바로 때린다면, 그것은 노복만은 사람 자식이 아니라고 생각해서 그러는 것일까? [노복은] 단지 부모가 빈곤하여 양육할 수 없기 때문에 팔아서 비천한 사람이 된 것일 뿐이다. 주인된 사람은 모르는 것도 가르쳐 주고, 못하는 일은 양해해 주어야 한다. 추우면 옷을 주고 배고프면 먹을 것을 주며 병에 걸리면 약품과 치료를 베풀어 주어야 한다. 힘써 부지런히 보살펴 주고, 춥고 배고픈 것을 못 본 체하거나 염려하고 고통스러워하는 것을 못 들은 체해서는 안 된다. 주인이 이렇게 은혜를 베풀면서 양육한다면 노복 또한 어찌 양심이 없겠는가? 베풀어 준 은혜에 깊이 감격하면서 마치 부모처럼 주인을 모실 것이다. 혹시 나태해지고 노는 것을 좋아해서 때를 그르치거나 일을 망치게 되면 주인이 매로 다스리더라도, 또한 그가 반성하여 고치도록 경각심을 갖게 하는 것일 뿐이다. 스스로 후회해도 할 말이 없을 터인데, 어찌 감히 마음속으로 주인에게 원망을 품겠는가?

그런데 심한 경우에는 주인이 바르지 못하여, 어리고 미색이 뛰어난 노복의 부인이나 노비에게 침을 흘리면서 다른 사람들 몰래 희롱하고 멋대로 음란한 짓을 하려 한다. 이에 대해 조금이라도 부끄러워하며 저항하거나 피하면서 따르지 않으면, 느닷없이 잘못을 저질렀다는 구실을 대고 마구잡이로 채찍질을 하면서 학대하는 등 결국 반드시 강제로 뜻하는 바를 이룬 다음에야 그것을 멈춘다. 설사 남편이 이를 알고 분함을 품더라도 보복할 도리가 없으니 결국 피차간에 서로에 오점을 남기는 음모를 꾸미거나, 아니면 해뜨기 전 캄

한 군자와 요조숙녀에 대한 언급이 나온다. 따라서 황육홍의 맥락에서는 '요조숙녀'의 덕을 다하는 것을 가리킨 것으로 보인다. "구욱구욱 물수리새 물가에서 노니네. 아리따운 아가씨는 군자의 좋은 배필. 올망졸망 마름풀은 이리저리 흐르는데, 아리따운 아가씨는 자나 깨나 그리워하네. 찾아봐도 만나지 못해 자나 깨나 그리워하네. 아득한 그리움에 밤새도록 뒤척뒤척. 아리따운 아가씨와 거문고를 벗을 삼지. 올망졸망 마름풀을 이리저리 고르는데, 아리따운 아가씨와 종과 북을 치면서 즐기지(關關雎鳩, 在河之洲, 窈窕淑女, 君子好逑. 參差荇菜, 左右流之, 窈窕淑女, 寤寐求之. 求之不得, 寤寐思服. 悠哉! 悠哉! 輾轉反側. 窈窕淑女, 琴瑟友之. 參差荇菜, 左右采之, 窈窕淑女, 琴瑟友之. 參差荇菜, 左右芼之, 窈窕淑女, 鐘鼓樂之.)."

캄한 밤에 처참한 살인극이 벌어진다. 혹은 주인이 이런 일이 밖으로 새는 것을 막기 위해 아예 남편을 제거하여 후환을 없애려는 마음을 먹으면, 결국 그 남편을 죽음으로 몰아넣고 차분하게 자기 욕심을 채울 수 있게 된다. 하지만 귀신이 알고 있으니, 어찌 염라대왕의 눈밖에 벗어날 수 있겠는가?

또한 비녀(婢女)가 간혹 왕공(王公)의 총애를 입게 되었다가 본부인의 질시를 받게 되면, 종일토록 불법적인 형벌과 고문을 당하다 결국 원한을 품고 자살하는 경우도 가끔 있다. 이것은 모두 가장이 존비(尊卑)를 살피지 않고 위세를 믿고 음악(淫惡)한 일을 벌였기 때문에 비롯된 일인데, 결국은 냉혹한 응보를 받게 될 것이다. 가문은 나날이 쇠퇴하고 생활은 날로 궁핍해져, 머지않아 아들·손자·부인·딸 또한 다른 사람의 노복·노비가 되지 않으리라는 법이 없다. 이 어찌 슬프고 두려운 일이 아니겠는가!

옛날의 예법을 따져 보면 아들은 서른이 되면 아내를 맞이하고, 딸은 스물이 되면 혼인을 시켰다. 대개 옛날에는 백성의 풍속이 소박하여 남녀가 힘써 경작하고 누에를 키우는 데 힘을 썼고, 게다가 그 혈기를 길러 반드시 한창 왕성해지던 기세가 안정을 이룬 다음에야 비로소 혼인을 시켰다. 이것은 인륜을 중요시하고 아울러 자손을 낳아 키우는 일을 번성시키기 위함이었다. 그런데 지금의 부모는 딸이 아직 결혼할 나이가 되지 않았는데도 이미 너무 나이가 많다고 생각하는 경향이 있다. 따라서 부모는 사랑하는 딸자식을 위해서 혹은 아직 포대기에 쌓여 있을 때 혼인을 약속하거나, 아니면 열다섯이 되면 곧 시집을 보내야 한다는 식으로 이야기한다. 오로지 청춘의 꽃다운 시절이 오래 머무르지 않을까 두려워하고, 아름다운 젊은 시절의 미모가 쉽게 시들어질까 염려할 뿐이다. 이 또한 "딸자식을 사랑하고 어여삐 여기는 것이 그야말로 지극한 것"이라고 하지 않을 수 없다.

그런데 [같은 여자이지만] 어찌하여 규방의 시녀나 주인의 좌석 뒤에 시중드는 노비에 내해서는 젊은 얼굴이 반쯤 시들어도 혼인 때가 되었음을 생각해 주지 않는 것일까? 곧 바로 흰머리가 드리울 때인데 여전히 혼자 이불을 쓰는 모습이니, 어찌 처지는 다르지만 사람의 감정은 미친기지라는 점에 생각이 미치지 못하는 것일까? 강 위에 산비둘기 울음소리는 활짝 핀 꽃 사이를 누비는 나비처럼 봄을 느끼게 하는데, 세월은 쏜살같이 흘러, [이 시녀도] 창문 앞 화장거울을 부끄럽게 열어 치장을 하면서 주렴 아래에서 노래를 불러줄 사내를 기다리는 나이가 된다. 만약 그 젊은 여성의 꽃다운 마음이 확 터지기라도 하면 마치 버들개지가 회오리바람을 쫓는 것처럼 서글픈 결과를 피하기 어렵다. 때늦은 정염은 헛되이 슬픔만 가져오고, 마침내 떨어진 꽃잎이 차디찬 섬돌에 쌓인다. 이로부터 사람다운 앞날은 아예 끊기니, 어찌 부부 사이의 아름다운 감정을 알 수 있겠는가?[251] 또한 후사(後嗣)는 아예 끊겨 자손의 봉양을 받을 길은 영원히 없다. 이런 사정을 이야기하자니 정말 눈물이 떨어지고, 듣고 있자니 마음이 슬프다.

따라서 주인 된 사람은 아랫사람을 부리되 응당 너그러워야 하며, 바르게 몸가짐을 갖고, 아래 사람을 긍휼히 여기되 마땅히 넓게 은혜를 베풀고, 반드시 제때에 짝을 지어 줘야 한다. 공자께서 가라사대, "무릇 남이 내게 하기를 원하지 않는 바를 남에게 베풀어서는 안 되는 것"이 서(恕)의 도(道)라고 하셨다. 또한 "나라에서든 집에서든 남이 원망하지 않게 하는 것"이 인(仁)의 효용이라고 하셨다. 무릇 이렇게 집안을 거느리는 사람이 인서(仁恕)를 가슴 속에 두지 않는다면 어찌 끊이지 않는 오랜 축복을 누릴 수 있겠는가? 지방관은 처음 그 지역에 부임하면 마땅히 이러한 뜻을 백성에게 깨우쳐 주어야 한다. 이 또한 어진 은혜가 두루 미치고, 가능한 한 많은 사람들을 불쌍히 여겨 구휼하고자 하는 아름다운 업적이 될 것이다.

人生雖有貴賤, 性情、皮肉, 總是一般. 如人自家兒子,[252] 罵著便怕他惱, 打著便怕他疼. 若是買來僕廝,[253] 一言不合意便罵, 一事不順心便打, 不知其獨非人子乎? 祗緣父母貧窘, 不能養活, 致令失身于下賤耳.[254] 爲家主者, 彼所不知, 宜教導之, 彼所不能, 宜體諒之. 寒則與之衣, 饑則與之食, 疾病則與之醫藥. 勤其看視,[255] 毋令凍餓而弗顧,[256] 毋令患苦而弗聞. 主人恩養如此, 彼獨豈無良心? 自是感戴深恩, 有同父母縱. 或懶惰嬉遊, 失時悞事,[257] 加之笞責,[258] 亦不過戒其省改, 彼將自悔無詞, 又豈敢啣怨于心耶?[259]

甚有主人不正, 垂涎僕婦少艾[260]、婢女姿容,[261] 背人調戲,[262] 妄起邪淫,[263] 稍或含羞自

251 이 부분은 약간 모호한 내용이라 의미 파악이 어려운데, 노비·시녀가 뒤늦게 애정에 말려들었다가 결국은 버림을 받는 슬픈 이야기를 묘사하는 것으로 보인다.
252 자가(自家)는 자기를 가리킨다.
253 복시(僕廝)는 종·노복이나 하인을 말한다. 복은 종, 시는 하인을 가리킨다.
254 실신(失身)은 생명이나 정조를 잃는다는 뜻도 있지만, 신체가 통제를 잃는다는 뜻도 있다. 여기서는 후자의 뜻이다. 하천(下賤)은 비천하거나 비열하다 또는 그러한 지위로 떨어진다는 뜻이다.
255 간시(看視)는 살핀다, 묻다, 진단하다, 돌본다는 뜻이다.
256 동아(凍餓)는 추위와 배고픔을 말한다.
257 실시(失時)는 시간을 놓치거나 그르치다, 때를 만나지 못하다, 농사시간을 그르친다는 뜻이다.
258 태책(笞責)은 볼기를 쳐서 처벌한다는 뜻이다.
259 함원(啣怨)은 함원(銜怨)으로 원한을 품는다는 뜻이다.
260 수연(垂涎)은 먹고 싶어 침을 흘린다, 아주 갖고 싶어 한다는 뜻이다. 소애(少艾)는 젊고 아름답다, 또는 젊고 아름다운 여자를 말한다.
261 자용(姿容)은 외모를 말한다.
262 배인(背人)은 다른 사람을 피한다는 뜻이다.

拒,[264] 避嫌莫從,[265] 遽加過失之條, 大肆鞭箠之毒,[266] 必强遂所求而後已. 設其夫知而懷憤, 報復無從, 非修彼此點汚之謀,[267] 卽興早夜戕害之慘.[268] 倘又惡奴事洩, 主萌斬草除根之心,[269] 卒致其夫于死地, 而安意饜飫于此一臠也.[270] 鬼神有知, 豈能逃冥冥之察乎?[271] 至于婢女蒙王公之錯愛,[272] 觸主婦之妬腸, 終日非刑拷掠,[273] 每令含愧輕生,[274] 此皆家長不顧尊卑, 挾威恃勢, 釀成淫惡之端, 致招刻薄之報.[275] 家門日見凌替,[276] 衣食漸至蕭條,[277] 未幾而子若孫[278]、妻若女又爲他人之僕厮、媵婢矣.[279] 可不哀哉! 可不畏哉!

考諸古禮, 男子三十而娶, 女子二十而嫁. 蓋古時民風朴愿, 男女以力作耕桑爲務,[280] 而且養其血氣, 必在于方盛旣定之後,[281] 始可婚娶, 所以重人倫而繁嗣育也.[282] 今之女子, 標梅之詩未賦,[283] 傷春之什已裁.[284] 故父母之愛弱息,[285] 或襁褓而納徵,[286] 或及笄而曰嬪.[287] 惟恐靑春之

---

263 사음(邪淫)은 사악한 방탕이나 간음을 말한다.

264 함수(含羞)는 얼굴에 부끄러움을 띤 모습을 가리킨다.

265 피렴(避嫌. 避慊)은 혐의를 피한다는 뜻이다.

266 대사(大肆)는 아무 거리낌 없이 어떤 활동을 진행한다는 것을 뜻한다.

267 점우(點汙)는 훼손·오염·모독 등을 가리키는데, 점오(點汚) 역시 비슷한 뜻으로 생각된다.

268 조야(早夜)는 해뜨기 전을 말한다. 장해(戕害)는 해치다, 죽이거나 다치게 한다는 뜻이다.

269 참초제근(斬草除根)은 삭초제근(削草除根)·잔초제근(剗草除根)과 마찬가지로, 풀을 벨 때 뿌리까지 뽑는다는 뜻으로 화근을 철저히 제거하여 후환을 남기지 않는다는 것을 비유한다. 『좌전』 은공(隱公) 6년조의 "국가를 운영하는 사람이 악을 보기를 농부가 풀을 제거하는 것처럼하여 베어서 쌓아 두고 그 뿌리를 잘라 버려 다시는 자라지 못하게 한다면, 착한 사람들이 믿을 것이다(爲國家者, 見惡如農夫之務去草焉, 芟夷蘊崇之, 絶其本根, 勿使能殖, 則善者信矣)."라고 하는 기사에서 비롯되었다.

270 염어(饜飫)는 식품이 아주 풍부하다, 충분히 입맛을 만족시킨다는 뜻이고, 일련(一臠)은 한 덩어리, 또는 네모나게 썬 한 덩어리의 고기를 말한다.

271 명명(冥冥)은 어둡고 캄캄한 모습, 어둠이나 밤 등을 가리킨다.

272 착애(錯愛)는 겸사(謙詞)로 상대방의 관심과 애호를 받는 것을 표시한다.

273 비형(非刑)은 부당한 형벌이라는 뜻이다. 즉 형률에 들어맞지 않거나, 율법 규정 외로 시행하는 잔혹한 고문·형벌을 가리킨다. 고략(拷掠)은 치고 때린다는 뜻, 보통 형사적 심문을 가리킨다.

274 경생(輕生)은 자신의 생명을 아깝게 여기지 않는다, 자살한다는 뜻이다.

275 각박(刻薄)은 냉혹하고 무정하다는 뜻이다.

276 능체(凌替)는 쇠락·쇠퇴를 뜻한다.

277 소조(蕭條)는 적막하고 쓸쓸하다, 쇠퇴한다, 쇠락한다는 뜻이다.

278 자여손(子與孫)은 아들과 손자를 통틀어 이르는 말로 자약손(子若孫)과 비슷한 뜻이다. 약(若)에도 급(及)·화(和)·혹(或)·이(而) 등의 뜻이 있다.

279 잉비(媵婢)는 시집가는 데 따라온 비첩, 또는 비첩을 가리킨다.

280 경상(耕桑)은 경작하고 누에를 키우는 것, 즉 농사를 가리킨다.

281 방성(方盛)은 바야흐로 기세가 한창 일어난다는 뜻이다.

282 사육(嗣育)은 생육(生育)·양육(養育)을 뜻한다.

283 표매(標梅. 摽梅)는 여자가 이미 결혼한 나이에 도달하였음을 말한다. 『시경』 「소남(召南) 표유매(摽有梅)」의 구절("摽有梅, 其實七兮; 求我庶士, 迨其吉兮.")에서 비롯되었다. 표매(摽梅)는 매실이 익으면 떨어지는 것을 가리키는데, 이것을 통해서 여자가 이미 결혼 연령에 도달하였음을 비유하게 된 것이다.

芳歲難留,[288] 紅粉之韶華易盡,[289] 亦可謂: "體貼、嬌憐之殷且至"矣.[290]

夫何房中侍婢,[291] 座後雙環,[292] 朱顔半損,[293] 未知桃夭之期?[294] 白髮將垂, 猶抱孤衾之影,[295] 獨不思物異情同. 河上春鳩感候,[296] 並花間之晴蝶, 歲徂年逝,[298] 窗前鸞鏡羞開,[299] 等簾下之歌紈.[299] 若其芳心欲綻,[300] 難禁飄絮逐狂風,[301] 晩艶徒傷, 竟委殘紅塡冷砌.[302] 從此人道儼然終

---

284 상춘(傷春)은 봄날이 다가오면서 생겨나는 근심과 고민을 말한다. 또는 봄날에 형벌을 시행하는 것을 천시(天時)를 거스르는 것이라 하여 상춘이라고 부르기도 하였다. 십(什)은 시편(詩篇)을 말하는데,『시경』의 아(雅)·송(頌)을 10편 단위로 묶어 '십(什)'이라 한 데서 유래된 말이다.

285 약식(弱息)은 유약한 자녀, 특히 여아를 가리킨다.

286 강보(襁褓. 襁保. 襁葆)는 어린아이를 등에 지는 넓은 띠와 이불을 가리킨다. 보통 포대기라고 한다. 납징(納徵)은 납폐(納幣)란 뜻으로 혼례의 예식 가운데 하나다. 납폐(納幣)는 남자 쪽에서 길일을 선택하여 여자 쪽에 혼인을 통보하는 납길(納吉) 다음에, 날짜를 택해 글을 갖추고 여자 쪽에 빙례(聘禮)를 보내는 것을 가리킨다.

287 급계(及笄)는 비녀를 꽂는다는 뜻으로『예기』에 따르면 15세에 비녀를 꽂는다고 하였는데, 거기에서 여자가 15세가 되는 것을 급계라고 부르게 되었다. 빈(嬪)은 시집간다는 뜻이다. 또한 궁정의 여관(女官), 천자와 제후의 희첩(姬妾), 또는 부인의 미칭(美稱)이란 뜻도 있다.

288 방세(芳歲)는 꽃피는 봄, 좋은 시절을 비유한다.

289 홍분(紅粉)은 연지와 분을 말하며, 나아가 미녀를 비유한다. 소화(韶華)는 아름다운 시절, 봄빛 또는 청년시절을 가리킨다.

290 체첩(體貼)은 달라붙다, 세심하게 몸으로 느낀다, 동정과 관심을 가지면서 마음에 품는다는 뜻이다. 교련(嬌憐)은 총애하고 아까워한다는 뜻이다.

291 방중(房中)은 여기서는 실내, 규방이라는 뜻이다. 또는 부인을 가리키기도 한다. 시비(侍婢)는 시녀·하녀를 가리킨다.

292 쌍환(雙環)은 한 쌍의 옥가락지 또는 귀걸이를 가리킨다. 여기서는 아마 모시는 주인의 의자 뒤에 나란히 서 있는 시비의 모습을 가리키면서, 주인을 모시는 것을 비유하는 것처럼 보인다.

293 주안(朱顔)은 붉고 아름다운 얼굴, 즐거운 얼굴, 미녀나 미색, 청춘 시절을 가리키기도 한다.

294 도요(桃夭)는『시경』「주남(周南) 도요(桃夭)」편을 가리키는데, 남녀가 혼인 이후 즐겁게 지내는 것을 찬미하고 있다. 여기서 결혼을 뜻하는 말로 쓰이게 되었다.

295 고금(孤衾)은 한 벌의 이불을 가리키며, 흔히 독신을 비유한다.

296 춘구(春鳩)는 산비둘기(斑鳩)를 말한다. 춘구(春鳩)가 나오는 가장 유명한 구절은 당나라의 왕유(王惟)가 지은 '춘중전작(春中田作)'이란 오언율시인데, 그 첫 구절은 "집 위에 산비둘기가 울면, 마을 가에 살구꽃이 하얗게 만발하네(屋上春鳩鳴, 村邊杏花白)"라는 구절이다. 봄이 온 것을 안 산비둘기가 울기 시작하면 복숭아꽃이 피기 전에 먼저 살구꽃이 하얗게 만발하는 봄날의 정경을 노래한 것이다.

297 조서(徂逝)의 조나 서는 모두 간다는 뜻으로 조서는 죽다, 멀리 가다, 흘러간다는 뜻이다. 여기서는 세월이나 시간이 빨리 흘러간다는 뜻으로 사용된 것 같다.

298 난경(鸞鏡)은 화장용 거울(妝鏡)을 말한다. 울지 않는 봉황새(鸞)를 울리기 위한 방법으로 같은 무리를 보여 주기 위해 거울에 비추어 보았다는『태평어람(太平御覽)』권916의 고사에서 비롯되었다고 한다.

299 가환(歌紈)은 여인을 위해 노래하는 한량을 가리키는 것으로 보인다. 환고(紈袴. 紈絝.紈褲)는 섬세한 흰 비단으로 짠 바지로, 보통 귀족자제를 가리키는 용어로 쓰인다. 즉 환고자제(紈袴子弟)는 부유한 가정 출신으로 제대로 된 일에 힘을 쓰지 않는 자제들을 가리킨다.

300 방심(芳心)은 여자의 마음을 가리킨다. 탄(綻)은 옷이 터지다, 꽃봉오리가 벌어진다, 터진다는 뜻이다.

301 표서(飄絮)는 유서(柳絮), 즉 버들개지를 가리킨다.

302 잔홍(殘紅)은 시든 꽃, 떨어진 꽃을 가리킨다.

絶,[303] 何知夫婦之恩情?[304] 後嗣斬矣無傳, 永斷子孫之供養, 言之可爲涕出, 聞者靡弗心酸.[305]

故爲之主人者, 馭下當寬, 而必持身以正,[306] 恤下宜溥, 而必匹偶以時. 子曰: "己所不欲, 勿施於人," 恕之道也. 又曰: "在邦無怨, 在家無怨," 仁之效也."[307] 夫有是家者, 烏可不以仁、恕居心,[308] 而延綿遠之祚哉![309] 宰牧蒞斯土, 宜以此意曉諭其民, 是亦仁恩徧逮, 矜恤惟宏之盛擧也.[310]

31-11. 가짜 은 제조 금지(禁造假銀)[311]

민간에서 이용하는 화폐는 오로지 은냥과 동전뿐이다. 동전은 때로는 지방에 따라 [다른 지방의 동전을] 쓰기에 불편한 경우가 있지만, 은냥은 천하에서 두루 쓰인다. 이 때문에 간사한 무리들이 태연히 화로를 만들고 전문적으로 가짜 은을 만들어 우매한 백성을 속인다. 거기에는 매백(梅白)·첩석(貼錫)·삽연(揷鉛)·관연(灌鉛)·대충(對衝)·염소(鹽燒)·전병(煎餠) 등 다양한 방법이 있으며, 납을 섞거나 구리를 섞는 차이도 있다. 심지어 정은(鼎銀)이라는 것이 있는데 이를 "바람을 맞으면 사라지는 것(見風消)"이라 부르며, 가짜 원보(假元寶)라는 것은 바닥에 움푹 들어간 무늬가 있어 정말 진짜와 같고, 가짜 은 막대(假銀條)는 눈처럼 하얗고 밝게 빛나는데, 왜막대(倭條)라고도 한다. 이 세 가지에는 아예 조금도 은이 섞여 있지 않다.

---

303 엄연(儼然)은 엄숙하고 장중한 모습, 진실하고 분명한 모습이나 비슷한 모습을 가리킨다.

304 은정(恩情)은 은애(恩愛)의 감정을 말한다.

305 심산(心酸)은 마음속으로 비통해한다는 뜻이다.

306 지신(持身)은 몸가짐을 말한다.

307 『논어』「안연(顔淵)」편에 다음과 같은 구절이 있다. "중궁이 인에 대해 묻자 공자께서 말씀하셨다. '대문을 나서면 사람을 대할 때에는 공경하고 겸손해야 하며, 백성의 힘을 쓸 때는 충분히 삼가고 공경해야 한다. 무릇 남이 내게 하기를 원하지 않는 바를 남에게 베풀어서는 안 된다. 나라에서든, 집에서든 남이 원망하게 해서는 안 된다.' 중궁은 말했다. '저는 비록 총명하지 못하지만, 반드시 이 말씀을 지키고자 합니다.'(仲弓問仁. 子曰: '出門如見大賓, 使民如承大祭. 己所不欲, 勿施於人. 在邦無怨, 在家無怨.' 仲弓曰: '雍雖不敏, 請事斯語矣')." 효(效)는 모범·최선·효과다.

308 거심(居心)은 마음가짐을 말한다.

309 면원(綿遠. 緜遠)은 구원(久遠)·요원(遙遠)·만장(漫長)의 뜻이다. 즉 아주 멀거나 길다는 뜻이다.

310 성거(盛擧)는 성대한 활동, 좋은 일을 말한다.

311 이 문제는 제6권 전곡부 1 「6-02-14. 관은장 폐지(革官銀匠)」 부분에서도 다루어지고 있다.

만약 상인이 멀리서 와서 장사를 하는데, 이렇게 위조된 은냥을 받으면 또한 자본의 손실을 입으면서 헛된 수고를 한 것이 되지 않겠는가? 그렇게 되면 장차 상인들이 발걸음을 멈추고 들어오지 않을 터이니, 물가는 갑자기 치솟고 백성은 모두 곤란을 겪게 된다. 한편 농민도 1년 내내 부지런히 일해 논밭에서 얼마간의 곡식을 거두고, 그것을 팔아 은을 마련함으로써 1년 동안의 공·사 비용으로 삼고자 한다. 곡식 값이 쌀 때 파는 경우 겨우 1석에 은 1, 2전을 얻는 데 지나지 않는다. 그런데 만약 가짜나 저질 은냥을 받게 되면 풍년에 자기만 큰 흉작을 맞이한 격이니, 농민들 또한 그 피해를 입는다.

마땅히 큰 종이로 「고시」를 내어 다음과 같이 지시를 내려야 한다.

민간에서 소규모로 사용하는 은의 품질은 백성이 편하도록 은 성분이 90% 함량 이상이면 유통을 허용한다. 그러나 모든 객상은 화물을 팔거나, 미곡을 매매하거나, 베나 비단 등을 매매할 경우 반드시 순도가 높은 진짜 은냥을 사용해야 한다. 앞에서 열거한 바와 같은 가짜나 질이 낮은 각종 은냥은 모두 엄금하여 유통을 허용하지 않는다. 본 주현의 경내에서 은을 가공하는 포호(舖戶)는 마땅히 「확인서」를 직접 제출한 다음에야 비로소 은을 녹여 가공하는 것을 허용한다. 이 밖에 불법적인 무리는 모두 다른 지역으로 내쫓아 경내에 머무르지 못하게 한다. 「확인서」를 제출한 각 점포가 감히 권세가의 힘을 빌리거나, 시장의 무뢰배들과 짜거나, 아니면 지방의 지보 등과 연락하거나, 타락한 서리에게 의지하거나 하면서 여전히 가짜나 저질 은냥을 만든다면 누구든 이를 고발할 수 있게 한다. 혹은 본 지방관이 불시에 순찰하여 적발되면 경우 즉시 잡아들여 엄중하게 문책하고 큰칼을 씌운 다음 율법에 따라 판결을 내릴 것이다.

민간에서 멋대로 가짜나 저질의 은냥을 사용하는 경우에도 아울러 함께 무겁게 징벌하고 결코 용서하지 않는 방법 역시 불법의 무리를 징벌하고 백성의 고통을 줄이는 선정(善政)의 하나다.

民間所利用者, 惟銀與錢而已. 錢或有地方不便行使者, 銀則通用于天下. 乃有奸徒, 安立爐竈, 專造假銀, 欺騙愚民. 有梅白、貼錫、挿鉛、灌鉛、對衝、鹽燒、煎餅,[312] 種種不一, 有攙鉛、

312 이 모든 것은 저질 은을 만드는 방법인 것 같다. 그 자세한 내용은 지금으로서는 확인이 곤란하지만, 주석(錫)이

攙銅之互異. 甚有鼎銀, 謂之: '見風消', 有假元寶,[313] 底面紋窩,[314] 宛如足色,[315] 有假銀條, 雪色光瑩, 謂之: '倭條'. 此三者, 更無分毫銀氣. 若商賈遠來貿易, 得此僞造之物, 不亦虧本而徒勞乎?[316] 將有裹足不入, 而物價頓昂, 百姓均受其困矣. 至于農夫終歲勤動, 以獲田中斗石, 冀糶銀以償一年公私之用. 當其穀賤之時, 每所賣石不過銀一、二錢, 乃更低假, 不竟豐年之大歉耶, 是農民又受其傷矣.

宜大張示諭:

> 民間零星使用銀色, 聽從民便,[317] 自九成以至紋足.[318] 一切客商貿易貨物, 糴糶米穀, 買賣布帛等類, 務要足色眞紋,[319] 如前低假各種, 一槩嚴禁, 不許行使. 煎銷舖戶在本境者,[320] 須投其「甘結」, 方許煎銷. 此外奸徒, 嚴行驅逐, 不許容留. 具結各舖, 敢有倚藉勢豪, 勾連市棍, 交通總地, 夤緣蠹胥,[321] 仍前煎銷低假, 許諸色人等首告.[322] 或本官不時巡察, 立拿重責大枷, 按律究擬."

民間擅用低假者, 一併重懲, 倍罰不貸, 亦一創奸甦困之善政也.

나 납(鉛) 등 다른 금속을 많이 섞는 방법을 통해 은의 함량을 되도록 줄이고자 하는 것들이다.

313 원보(元寶)는 화폐의 명칭으로 보통 연호를 붙여서 사용한다. 원보라는 명칭은 당대(唐代)의 개원통보(開元通寶)를 개통원보(開通元寶)로 오독(誤讀)한 데서 비롯된 이름이라고 한다. 여기서는 이러한 동전을 말하는 것이 아니라 마제형(馬蹄形) 은정(銀錠)을 가리킨다.

314 문(紋)은 말발굽 모양의 은 원보(元寶) 표면에 있는 주름무늬(皺紋)를 가리킨다.

315 완여(宛如)는 '마치'라는 뜻이다. 족색(足色)은 금·은의 순도(成色)가 충분하다는 뜻이다. 순도, 즉 성색(成色)은 금속화폐에 포함된 금속의 순도(純度)를 가리킨다.

316 휴본(虧本)은 원금·본전에서 손해를 본다는 뜻이다.

317 청종(聽從)은 따른다는 뜻이다.

318 구성(九成)은 여기서는 9/10나 90%를 가리킨다. 문은(紋銀)은 청대에 통용되던 표준적인 은냥을 말하는데, 성색(成色)이 가장 좋은 것이다. 액수가 큰 경우 보통 말발굽 모양으로 녹여 만들고, 표면에 주름무늬(皺紋)가 있어 마제은(馬蹄銀)·문은(紋銀)이라고 하며, 보문(寶紋)·족문(足紋)이라고도 부른다.

319 진문(眞紋)은 성색이 좋은 은자를 말한다.

320 전소(煎銷)는 녹여서 가공한다는 뜻이다.

321 인연(夤緣)은 달라붙다, 연락하다, 관계를 맺어 이용한다는 뜻이다.

322 제색인등(諸色人等)은 각양각색의 지위·직업이나 신분을 지닌 사람들을 가리킨다.

31-12. 경작용 소 도살 금지(禁宰耕牛)

무릇 소는 사람을 대신하여 논밭을 갈아 줌으로써 농사일의 쓰임에 대비해 준다. 따라서 만약 사람들이 제멋대로 소를 도살하게 하면 백정이나 시장 중개인이 고기와 피를 팔아 이익을 얻을 것이고, 뼈와 뿔·가죽·근육은 역시 상인들이 사방에 팔아 이익을 얻을 것이다. 이렇게 되면 살아 있는 소가 결코 도살당하는 수보다 많을 수 없으니, 힘써 논밭에서 경작하는 농부가 장차 쟁기와 보습을 부리는 데 무엇을 의존할 수 있겠는가? 무릇 백성은 먹는 것을 하늘로 여기고, 농사는 소를 그 주된 힘의 원천으로 여긴다. 따라서 율례에서는 개인적으로 소를 도살하는 것을 금지하면서 소를 죽이지 말라고 분명히 경고하고 있다. 이 모든 것은 소가 농사에 쓰이는 것을 중시하는 것이고, 또한 힘들여 일하면서 백성을 먹여 살리는 노고를 불쌍히 여겨서이다. 죽은 다음에 소가 보복을 한다거나 원한을 품는다는 것 따위는 사소한 문제에 지나지 않는다. 마땅히 「고시」를 통해 다음과 같은 사실을 두루 깨우쳐 주어야 한다.

> 소는 너희를 대신하여 농사짓는 데 힘쓰고 너희 백성이 먹고 살 수 있도록 도와주기 때문에 멋대로 도살해서는 안 된다. 촌장·향약·지보 등은 서로 잘 감시하되, 만약 멋대로 경작용 소를 도살한다면 공동으로 조사하여 확인한 다음, 관청에 와서 지적하여 고발해야 한다. 점검 결과 사실임이 확인되면, 율법에 따라 처벌할 것이며, 이런 일을 용납하거나 숨긴 사람 또한 아울러 처벌한다. 만약 늙고 병들어 더 이상 쓸모가 없거나 이미 죽은 소는 마땅히 지보 등에게 분명히 사실을 밝히고, 그것이 과연 사실임이 확인이 된다면, 「보증서」를 함께 갖추어 관청에게 보고한 다음 도살하여 식용으로 판매하는 것을 허락한다. 만약 소 주인과 공모하여 허위로 날조하였다가 발각되면 함께 처벌을 받는다. 율례에 따르면 "무릇 경작용 소를 몰래 도살하고 불법으로 외양간이나 정육점을 열거나, 사정을 알고도 소를 판매하거나 도살하면 함께 죄를 물어 1개월 동안 칼을 씌우는 형벌에 처한다." "재범이나 상습범이라면 그 칼을 씌우는 형벌은 면하되, 이들을 가까운 부대(近衛)로 압송하여 충군형(充軍刑)에 처한다. 만약 훔쳐서 도살하였거나 팔아버린 경우에는 초범과 재범을 불문하고 1개월 동안 칼을 씌우는 형벌에 처하고, 앞서의 경우와 마찬가지로 발견(發遣)의 형벌에 처한다."

이상의 내용을 방문 안에 넣어 마땅히 널리 알릴 수 있어야 한다.

夫牛所以代人而耕, 以備農功之用者也. 若聽人宰殺, 屠、儈得以資血肉之利,[323] 而骨角、皮筋, 又商賈以之網利于四方. 是生者不勝其殺者之多, 彼力作南畝之夫,[324] 又將奚賴以勤耒耜乎?[325] 夫民以食爲天, 農以牛爲力, 故律例禁私宰,[326] 明旨戒勿殺, 皆所以重農用, 而憫其服勞資民食也.[327] 至于冥報、厭忌之說,[328] 猶其末者耳.

宜出示通行曉諭:

> 牛代爾農服勞, 爲爾民資食之故, 不可擅行宰殺. 莊頭、鄕地等互相覺察,[329] 如有擅宰耕牛者, 卽公同驗明, 赴官擧首,[330] 審實照律問罪, 容隱者幷究. 若老病不堪使用及死者, 須向鄕地等說明, 驗其果眞, 投結報官, 許宰殺食賣. 如扶同假捏,[331] 發覺幷究. 按律例, "凡宰殺耕牛, 幷私開圈店,[332] 及知情販賣牛隻與宰殺者, 俱問罪, 枷號一個月"發落.[333] "再犯累犯者, 免其枷號, 發附近衛充軍. 若盜而宰殺及貨賣者, 不分初犯再犯, 枷號一個月, 照前發遣."[334]

示內宜以此曉之.

---

323 도쾌(屠儈)는 백정과 시장의 거간꾼인 시쾌(市儈)를 가리킨다.

324 남무(南畝)는 농사용 토지를 말한다. 남향 토지는 농작물의 성장에 유리하므로 대부분 남향으로 경지를 개발한 데서 비롯되었다.

325 뇌사(耒耜)는 땅을 일구는 농구, 쟁기와 보습을 말한다. 뇌(耒)는 자루이고, 사(耜)는 아래의 땅을 일구는 부분이다.

326 『대청률례』 권21 「병률(兵律) 구목(廐牧)」(『律』233.00. 233.02). 「재살마우(宰殺馬牛)」 "1. 凡私宰自己馬、牛者, 杖一百; 駝、 騾、 驢, 杖八十, 筋、 角、皮張入官. 誤殺及病死者, 不坐." 그리고 條例. "1. 凡宰殺耕牛, 並私開圈店及販賣與宰殺之人, 初犯, 俱枷號兩箇月, 杖一百; 再犯, 發附近充軍. 殺自己牛者, 計隻, 照盜牛例治罪. 故殺他人牛者, 仍照律, 杖七十、徒一年半. 若係隻重於本罪者, 亦照盜牛例治外, 俱免刺, 罪止杖一百、流三千里. 其殘老病死者, 勿論."(pp.347-348)

327 복로(服勞)는 일하면서 힘을 쓴다는 뜻이다.

328 명보(冥報)는 죽은 다음에 보복하는 것을 말한다. 염기(厭忌)는 증오와 질시를 말한다.

329 각찰(覺察)은 발각·적발이라는 뜻이다.

330 거수(擧首)는 지석하여 고발한다는 뜻이다.

331 부동(扶同)은 부화뇌동한다, 한패가 된다는 뜻이다.

332 권점(圈店)은 외양간이나 정육점을 말하는 것 같다. 권(圈)은 둥글게 막는다는 뜻이다.

333 가호(枷號)는 범인에게 칼을 씌우고 죄상을 기록한 다음 대중에게 보이는 것을 말한다. 발락(發落)은 처리·처치한다는 뜻이다.

334 발견(發遣)은 청대에 창설된 형벌의 일종으로 범인을 변강지구의 주방관병(駐防官兵)에게 주어 노예로 삼는 형벌이다. 충군형보다 더 엄중한 형벌로 대부분 정치범에 적용되었다. 황제의 명령 없이는 종신토록 벗어날 수 없었다.

31-13. 버려진 영아 키우기(育養嬰兒)[335]

무릇 하늘은 생명을 아끼는 것을 덕으로 삼고, 인자한 사람은 측은하게 여기는 마음을 자기 마음으로 삼는다. 따라서 봄은 초목에 처음 싹이 트는 시절이므로 초목을 죽이는 쌀쌀한 기운의 서리나 눈이 내리지 않으며, 만물이 바야흐로 성장하는 것을 응당 소중히 여겨야 하므로 산과 들에서 사냥과 낚시도 해서는 안 된다. 동·식물과 날짐승·물고기조차 이렇게 아끼고 보호하는데, 하물며 사람은 더 말할 것이 있겠는가! 그런데 가난한 백성 가운데 자식이 생기면 양육할 힘이 없다고 아기를 버리는 경우가 많다. 헤아려 보면 송대 순우(淳祐) 연간에는 자유국(慈幼局)을 창설하여 버려진 어린 아기가 있는데 민간에서 거두어 키우고 싶어 하는 경우가 있으면, 관부에서 가난한 부인들을 요청하여 자유국에 모은 다음 아기에게 젖을 먹이고, 그 대가로 돈과 미곡을 지급하였다. 이렇게 함으로써 조정은 고아를 불쌍하게 여겨 돌보는 정치를 널리 베풀 수 있었다. 또한 후한의 가표(賈彪)가 신식(新息)의 현장(縣長)이 되고, 정혼(鄭渾)이 소릉(邵陵)의 현령(縣令)이 되어 백성이 어린 아기를 버리는 것을 금지시켰다. 그 결과 거두어 키운 수가 천여 명이니, 백성은 그 자녀들에게 '가(賈)'라는 이름을 짓고, '정(鄭)'이라는 자(字)를 주게 되었다. 이런 경우는 지현이 고아를 불쌍하게 여겨 돌보는 정치를 베푼 경우다. 모두 서민의 자식이니 내 기쁨과 슬픔에 무슨 관계가 있느냐라고 어찌 말할 수 있겠는가?

무릇 어린 아기를 버리는 일은 북경이나 성의 수도에 많고, 산간벽지에서는 간혹 있을 뿐이다. 왜 그러한가? 도시에는 사람들이 많이 모여 살기 때문에 버려진 아기가 발견되는 경우가 많지만, 산간벽지에서는 이리저리 퍼져 있어 버려진 다음 발견되는 경우가 적다. 그래서 사람들이 흩어져 사는 곳에서는 버려진 아기를 모두 거두어들이는 데 힘이 미치지 못하지만, 사람들이 밀집된 도시에서는 이러한 일이 충분히 가능하다.

따라서 [주현의 현성에는] 응당 넓고 통풍이 잘 되는 높은 곳에 버려진 아이들을 거두어 키울 수 있는 육영당(育嬰堂)을 건립해야 한다. 예컨대 송대의 자유국처럼 의로움을 좋아하는 신사들에게 요청하여 그 일을 감독하게 하고, 지현이 봉급을 털어 솔선수범하면, 보좌관들이나 신사·부자들도 기꺼이 돕고자 나설 것이다. 그리고 아기를 줍는 일을 맡는 사람

335 한편 이와 관련된 문제는 제26권 교양부 2 「26-10. 고아와 빈민 구휼(卹孤貧)」에서도 다뤄진 바 있다.

(拾工)을 고용하여 성내의 구석구석으로 파견함으로써 매일 새벽에 나가 [버려진 아이를 찾는 일을 하면서] 날이 저물면 돌아오게 한다. 매년 12명을 육영(育嬰) 모임의 회수(會首)로 삼아 달마다 한 사람씩 번갈아 그 달의 사무를 맡게 한다. 그러나 회수가 밤낮으로 항상 그곳에 상주할 시간이 없으니, 반드시 노련하고 덕이 있는 사람을 골라 본당에서 거주하면서 짧은 시간이라도 자리를 뜨지 않고, 모든 사무를 돌볼 수 있게 한다. 거두어들인 어린 아기들은 고용한 젖어멈에게 주어 계속 키우게 하는데, 그 보수인 은과 미곡이 조금이라도 넉넉하지 않은 바가 있으면 좋은 마음이 장차 좋은 끝을 맺지 못할까 두렵다. 따라서 반드시 명망과 덕이 높은 여러 선생들이 각기 좋은 일에 나서 다방면으로 자금을 모금하도록 권장함으로써 운영에 필요한 자금이 풍족하고 부족함이 없게 해야 한다. 더 많은 자금이 쌓이면 비옥한 토지를 구입하여, 해마다 거두어들이는 곡식을 보관하고 남는 부분을 사람을 쓰는 비용으로 하면, 육영당은 아마도 영구적으로 운영될 수 있을 것이다!

육영당을 건립할 때에는 바깥에 대문을 세우고 그 주위는 담장으로 두른다. 앞에는 대당(大堂)을 건립하여 문창제군(文昌帝君)을 모시면서 제사지내고, 뒤에는 객당(客堂)을 짓는데 두 처마에 각기 세 기둥으로 한다. 장부 관리와 출납·회계의 사무는 모두 이곳에서 하게 한다. 본당의 좌측에는 창고를 짓고, 우측에는 부엌을 지으며, 그 삼면에는 어린 아기 숙소(乳舍) 몇 칸을 짓고, 매 칸마다 젖어멈 3명을 두니, 30칸이라 한다면 즉 젖어멈 90명을 둘 수 있다. 어린 아기 숙소 뒤에는 마땅히 각기 빈터를 두어, 더운 계절에는 통풍이 잘 되게 한다. 살갗에 부스럼이 생기면서 헐거나 종기가 나기 쉬우니 열기가 찌는 것을 막기 위함이며, 또한 빨래를 해서 햇볕에 말리기에도 편하다. 한편 어린아이 숙소 뒤는 약간 먼 곳에 화장실 몇 칸을 지어, 젖어멈들이 이용하게 한다. 그 숙소의 양쪽 행랑에는 각기 총문(總門) 하나씩을 설치하고, 늙은 부인 두 명을 고용하여 밤낮으로 열고 닫는 것을 맡음으로써 관계없는 사람들이 아무렇게나 들어오지 못하게 한다. 젖어멈마다 본당에서 거주와 음식을 제공하는 외에, 또한 매달 은 3전이나 5전을 보수로 지급하여 가계살림에 보태게 한다. 하지만 반드시 마땅히 중개인의 보증이 있어야 하며, 전례에 따라 고용증서를 작성하게 하여, 내력이 불명한 사람을 들이는 폐단을 막는다. 또한 젖어멈이 자신의 집에서 아이를 받아 젖을 먹여 키우는 경우나, 본당에 빈방이 없을 때에는 그때를 살펴 처리하되, 매월 쌀 세 말을 지급한다. 고용의 보수는 육영당에 있건 밖에 있건 이와 같이 한다.

육영당에 거주하면서 일을 감독하는 사람은 마땅히 사흘마다 한 번씩 아이의 영양 상태를 관찰하고 부스럼이나 병이 없는지를 검사한다. 만약 마르고 질병이 있으면 그 담당 젖어멈이 젖이 적거나 아기를 돌보는 것이 부적당한 것이니, 훈계하여 더욱 조심스럽게 아기를 돌보도록 하되, 반드시 의원을 불러 진료를 시킨다. 젖어멈이 젖이 적으면 바로 내쫓고 다른 사람으로 바꾸는데, 젖어멈이나 아기가 질병이 있으면 반드시 아이와 젖어멈 모두를 의원에게 보내어 진단을 받게 한다. 혹시 의원이 자발적으로 와서, 또는 미리 초빙하여 이들을 진찰하게 한다면 계절마다 사례를 할 수 있으며, 연락을 받으면 반드시 달려올 수 있게 함으로써 조금이라도 지체하여 그르치는 일이 없게 한다.

비록 어디서나 육영당을 설치하기는 하지만, 그 숙소가 조악하고 습기가 차고 좁고 어두운 데다가 앞뒤로 특히 빈 공터가 없으면, 여름에는 덥고 겨울에는 추우며 기운이 찌고 더러움이 쌓여 온갖 부스럼과 옴, 전염병이 발생하여 어른·아이가 모두 감염되는 경우가 많다. 또한 어린 아기의 영양 상태를 잘 살피지 않고, 젖어멈들이 오로지 돈을 벌겠다는 욕심만 채워 아기가 아프건 말건 나와 무슨 상관이 있느냐 하는 식으로 나오면, 쇠약해서 고질병에 걸려 죽는 아이가 도대체 얼마나 될지도 모른다. 이렇게 되면 아이가 버려져서 죽는 것과 거두어 길러지다가 죽는 것은 다만 나중이냐 먼저냐 하는 시간문제가 될 뿐이다. 이 어린것들을 불쌍히 여기는 마음이 실질적인 효과를 거둘 수 있겠는가!

회수 및 덕망이 높은 여러 선생들은 무릇 모금 권장에 따라 즐겨 베풀고자 하는 사람들을 매달 특정한 날에 모이게 하여 기부를 받는다. 그 경우 사흘 전에 회수 및 여러 선생은 육영당의 초청장을 써서 그들에게 참가를 요청한다. 그리고 모임 날 아침 일찍 육영당에 와서 그달의 담당자가 본당에 음식상을 차려 놓고 삼가 손님을 기다린다. 그 음식상은 상마다 그릇이 다섯 개를 넘겨서는 안 되며, 후식 한 가지와 한 그릇의 탕을 더한 다음에 끝을 냄으로써 돈을 낭비하지 않고 오래 지속되게 하겠다는 뜻을 보여 주어야 한다. 술을 대접하지 않는 것은 일을 공경하게 처리겠다는 취지로, 통쾌하게 마시자는 모임이 아니기 때문이다. 다만 아주 추울 때에는 세 잔의 술을 돌린다. 수행하여 온 사람들에게는 물린 상을 넘겨주어 배부르게 밥을 먹임으로써 굶주린 배로 여기저기 다니게 하지 않게 해야 한다. 이 또한 아랫사람들을 잘 보살피는 도리이기도 하다.

기꺼이 기부한 금전은 본당에 상주하는 담당자 및 그 달의 회수가 함께 거두고, 이름에 따라 등록하고, 거둔 액수를 총계를 내어 결산하고 그것을 동료들에게 공개하며, 각 회수가 그것을 검토하고 공증하는 서명을 한다. 그 달에 거둔 미곡이 얼마, 쓴 것이 얼마, 현재 남아 있는 것이 얼마, 거두어 기르는 어린 아기가 몇 명, 외부로 입양된 아기가 몇 명, 병들어 죽은 아기가 몇 명, 현재 남아 있는 아기가 몇 명인지 하는 점을 구관(管)·신수(收)·개제(除)·실재(在)의 항목으로 구분하여 장부를 작성한다. 그리고 다음 달에 함께 모이는 날에 공개적으로 다음 회수에게 넘겨주어 이어받게 하는데, 은전은 상자에 담아 액수대로 넘겨주고, 곡식은 창고에 저장하는데 그 수량대로 점검하여 넘긴다. 이른바 "공무이므로 주고받는 일이 분명해야 한다"는 것이다.

고용되어 아기를 찾는 사람의 수는 지방의 크기에 따라서 그 많고 적음을 결정한다. 대략 현성 내외를 4등분하여 반드시 8명을 쓰는데, 크기가 작은 경우에는 4명을 써도 된다. 한 사람마다 손수레 한 대를 보유하는데, 위에는 나무 시렁이 있어서 겨울에는 덮어서 따뜻하게 하여 차가운 바람을 막고, 여름에는 시원한 휘장을 펴서 뜨거운 햇빛을 막는다. 혹여 죽은 아이가 있을 때에도 거두어 돌아오되, 깨끗한 땅을 골라 매장함으로써 똑같이 대우해 준다는 어진 인정을 보여 준다. 육영당에서 자란 아기를 민간에서 데려다 키우고자 하면, 또한 모임이 있는 날을 기다려 그 달의 회수와 육영당 담당자가 입양을 원하는 사람의 성명과 관적·거주지·직업 등을 물어서 확인하고, 장부에 등록하여 이후의 점검에 대비한다. 버려진 아이들은 대체로 남자 아기가 적고 여자 아기가 많다. 계집아이를 데려다 키우는 사람 가운데에는 키워서 팔아넘김으로써 돈을 얻고자 하는 경우가 있으니, 양민과 천민을 막론하고 담당자는 마땅히 신중하게 살펴보아야 한다.

매년 문창제군(文昌帝君)의 탄생일에는 지현이 제사단을 차리고 관련된 사람들을 불러 모은 다음, 올해 기꺼이 기부를 한 사람들의 성명과 은전·곡식의 수량, 거두어 양육하는 남녀 아기의 수를 갖추어 신단에 아룀으로써 착한 일을 한 사람에게 반드시 복이 돌아가게 한다. 어린 아기가 장성하면, 지방관의 자를 따서 자를 지어 준다. 마치 가표와 정혼의 백성처럼 그 이름을 이름으로 삼고 그 자를 자로 삼게 하여 인자한 은혜와 백성에게 베푼 정치가 무궁하게 전달됨을 보여 주는 것이다.

그러나 나는 여기서 육영 사업의 대략만을 기술하였을 뿐이다. 때와 장소에 따른 상세한 계획과 조치를 마련하여 유감이 없게 하는 일은 현명한 지방관의 몫이 될 것이다.【조그마한 주현은 전량이 넉넉하지 않기 때문에, 아기를 줍는 인원을 성문 바깥까지 고용하기는 힘들다. 그래서 따뜻한 감실(龕室) 하나를 설치하여 아기를 키우기 힘들어하는 사람들이 스스로 그곳에 아기를 두게 하는 것 또한 힘을 아끼는 편한 방법이 될 수 있다.】

夫上天以好生爲德,[336] 仁人以惻隱爲心. 故春當草木初萌, 而肅殺之霜雪不降,[337] 物方長

336 호생(好生)은 생명을 아끼고 죽이는 것을 좋아하지 않는다는 뜻이다. 상천(上天)은 하늘·천상(天上), 또는 천신(天神)을 가리킨다.

337 숙살(肅殺)은 쌀쌀한 가을 기운이 풀이나 나무를 말려 죽인다는 뜻이다.

養宜惜，而山澤之漁畋不加.[338] 動植、禽魚，猶應愛護，况于人乎！乃有貧民生子，力不能贍，因而棄置者多矣. 攷之宋淳佑間,[339] 創慈幼局,[340] 有遺棄小兒，民間願收養者，官爲倩貧婦就局乳視，官給錢米. 如令此，朝廷弘恤孤之政也. 又漢賈彪爲新息長,[341] 鄭渾爲邵陵令,[342] 禁民不擧子，養活者千數,[343] 其子女致以賈爲名，鄭爲字. 此邑令邺孤之政者也.[344] 寧得謂此庶人子也，而與我休戚何與哉![345]

夫遺棄子女，惟京·省城市爲多，其山僻蕞爾,[346] 或間有之，何也? 以城郭人烟繁聚，故所棄祇見其多，而山僻鄕邨散處，所棄祇見其少也. 然散處者，力未能畢收，繁聚者，功可以盡致.[347] 宜于寬曠亢爽之處,[348] 起建育嬰堂. 如宋之慈幼局，延請紳衿好義者,[349] 董其事，父母官捐俸倡首,[350] 而寮佐、紳衿、富民樂助之.[351] 僱拾工,[352] 派定方隅,[353] 每日黎明出拾，日昃

338 어전(漁畋)은 고기잡이와 사냥을 가리킨다.
339 순우(淳佑)는 사실 순우(淳祐)가 맞다. 순우(淳祐) 연간은 남송 5대의 황제 이종(理宗)의 치세(1241-1253)를 가리킨다.
340 자유국(慈幼局)은 송대에 설치된 버려진 어린아이를 거두어 키우던 기관이다.
341 가표(賈彪. 147-168)는 후한(後漢) 환제(桓帝)때의 사람으로 정릉(定陵) 출신이며, 자는 위절(偉節)이다. 현신(賢臣)·충신(忠臣)의 도리를 보여 주는 인물로 자주 인용되며, 수많은 버려진 유아들을 죽음에서 구한 유능한 관료이기도 하였다. 신식(新息)은 여남군(汝南郡. 현재의 河南省 息縣) 소속으로 후한의 가표가 현장(縣長)으로 이곳을 다스리게 되었는데, 백성이 가난하여 자식을 기르지 않는 사람이 많아 그는 이를 엄금하고 살인죄처럼 다스렸다. 성의 남쪽에서는 살인한 강도가 있었고, 북쪽에서는 부인이 자식을 죽인 사람이 있었는데, 그 사건현장에 나가서 조사하려 하자, 아역들이 그를 남쪽으로 인도하려 하였다. 그는 노하여 말하기를, "도적이 사람을 해치는 것은 통상 있는 일이지만, 어미와 자식이 서로 죽이는 것은 하늘을 거역하고 도를 어기는 것이다"면서 수레를 북쪽으로 달리게 하여 자식을 죽인 어미의 죄를 다스렸다. 이에 도적도 제 손을 뒤로 묶고 자수하였다. 이후 수년간에 자식을 기르는 사람이 천 명이나 되었는데 그들은 모두 "우리 아이는 가부(賈父)가 낳아 준 것이다"고 하여 아들은 가자(賈子), 딸은 가녀(賈女)라고 이름을 지었다고 한다(『후한서』 권67 「당고열전(黨錮列傳)」, p.2216).
342 정훈(鄭渾. 189-227)은 자는 문공(文公)으로 하남 개봉(開封) 사람이었고, 조조(曹操)가 총애한 관료였다. 소릉(邵陵)의 현령으로 임명된 그는 당시 백성이 천하가 안정되지 않아 농사에 주의하지 않고 아이를 키우려 하지 않는 것을 보고 적극적으로 농업을 장려하는 한편 아이를 버리고 키우지 않는 것을 엄중하게 처벌하였다. 이렇게 하여 백성의 생활을 개선시킴으로써 좋은 평판을 얻었고, 백성은 태어난 아이를 모두 정(鄭)으로 자(字)를 짓게 되었다고 한다(『삼국지』 권16 「위지(魏志) 16」, p.509). 소릉(邵陵)은 지금의 호남(湖南) 소양(邵陽)을 가리킨다. 진·한대 이후 인구 1만 호 이상의 현에서는 '현령(縣令)'이라 불렀고, 1만 호 이하의 현에서는 '현장(縣長)'이라고 불렀다.
343 양활(養活)은 양육하다, 키운다는 뜻이다.
344 읍령(邑令)은 현령, 즉 청대의 경우 지현을 가리킨다.
345 휴척(休戚)은 즐거움과 근심을 말한다. 즉 유리한 처지와 불리한 처지를 가리킨다.
346 최이(蕞爾)는 아주 작다는 뜻이다.
347 진치(盡致)는 아주 자세하고 섬세하게 한다, 극점에 이른다는 뜻이다.
348 관광(寬曠)은 넓고 탁 트인 곳, 항상(亢爽)은 지세가 높고 넓은 곳을 가리킨다.
349 연청(延請)은 요청·초빙한다는 뜻이다.
350 창수(倡首)는 앞서서 제창한다는 뜻이다.
351 요좌(寮佐)는 보좌관·속관을 말한다.
352 습공(拾工)은 버려진 어린 아기를 찾아오는 일을 맡는 사람을 말한다.

而歸. 每年十二人爲會首,[354] 每月輪一人, 每值一月之事. 然會首未暇夙夜在堂,[355] 又必聘選一老成有德者,[356] 居住本堂, 不離時刻, 以便照管本堂一切諸務. 其所收嬰兒, 與所僱乳婦, 日積月增,[357] 而僱値之銀·米, 稍爲不敷, 則善念將有不終之懼.[358] 又必碩望盛德諸先生,[359] 分在盛擧, 多方勸募, 俾用度充裕而不匱,[360] 更得多金買膏腴之田,[361] 歲收籽粒, 獲其贏餘, 以資僱値, 則行之庶其永久乎!

其起建育嬰堂, 外立大門, 而周繚以垣墻. 前建大堂, 祀奉文昌帝君,[362] 後建客堂, 兩廡各三楹, 司籍、出納、會計之事,[363] 皆在焉. 堂左爲倉廩, 右爲庖室, 而兩堂三面, 造乳舍若干間, 每間可住乳婦三人, 以三十間計之, 可住乳婦九十人. 舍後宜各留一空院, 使暑月通風, 免致熱氣鬱蒸, 易成瘡癤,[364] 且便于澣渥、晒晾.[365] 又于舍後稍遠間, 置厠居數間, 以便乳婦起如.[366] 其乳舍兩廂, 各置總門一, 關僱老婦二人, 司早晚啓閉, 毋令閑雜人擅入. 每乳婦, 除本堂居住飮食, 仍月給銀三錢或五錢爲僱値, 以資其家用. 須憑媒保,[367] 照例立雇劵, 以防來歷不明之弊. 亦有乳婦在家受僱乳養者, 或堂無間舍, 臨時酌行, 但每月給米三斗. 僱値如是, 無論在堂、在外.

---

353 방우(方隅)는 네 방향과 네 모서리를 가리킨다. 변강이나 변두리를 가리키기도 한다.

354 회수(會首)는 민간 조직인 회의 발기인이나 주지인. 회두(會頭)라고도 한다.

355 숙야(夙夜)는 아침과 저녁, 밤낮을 말한다.

356 빙선(聘選)은 모집하여 선발하였다는 뜻이다.

357 일적월루(日積月累)는 장시간 축적한다는 뜻이다.

358 선념(善念)은 좋은 마음, 착한 마음을 말한다.

359 석망(碩望)은 이름 높거나 명망이 큰 사람을 가리킨다.

360 불궤(不匱)는 다하지 않다, 모자라지 않다는 뜻이다.

361 고유(膏腴)는 토지가 비옥하다, 음식물이 기름지고 맛있다는 뜻이다. 혹은 부귀나 부귀가문을 가리키기도 한다.

362 문창제군(文昌帝君. 文昌君. 文昌帝)은 인간의 녹적(祿籍)이나 문장(文章)을 주관한다고 하는 도교의 신이어서, 과거(科擧) 등이 있는 해에는 수험자가 특히 신봉하였다. 문창제군은 원래 문창군(文昌君)으로 일컬어졌는데, 바로 재동제군(梓潼帝君)을 가리킨다. 재동제군은 성명이 장아자(張亞子)로 촉(蜀)의 칠곡산(七曲山)에 거주하였는데 신(晉)을 위해 관직에 나섰다가 전몰(戰沒)하였고, 사람들이 그를 위해 묘를 세웠다. 당·송대에 이르러서는 영현왕(英顯王)으로 봉해졌다고 하며, 도가(道家)에서는 상제(上帝)가 재동에서 문창부(文昌府)의 일과 인간의 녹적(人間祿籍)을 담당하도록 명을 내렸다고 주장하여, 원대에 제군(帝君)으로 승격되었으며, 천하의 학교에서도 역시 제사를 지내게 되었다고 한다. 문창(文昌)은 원래 성좌(星座) 이름으로 6성으로 이루어져 있으며, 북두칠성 앞에 반월형을 이루고 있다.

363 사적(司籍)은 장부나 도서를 관리하는 의미이거나 그 사람을 가리킨다.

364 창절(瘡癤)은 부스럼 병(瘻瘤), 또는 작은 종기나 부스럼이 나는 피부질환을 말한다.

365 한악(澣渥)은 빨래한다는 뜻이다. 쇄량(晒晾)은 햇볕에 쪼여 말린다는 뜻이다.

366 기여(起)는 일어선다, 원래의 자리에서 떠난다는 뜻이고, 여(如)는 간다는 뜻이므로, 여기서는 측간을 이용한다는 말이다.

367 매보(媒保)는 품앗이를 소개하는 사람 또는 중매인을 말한다.

其住堂管事者, 須三日一視小兒肥瘦及有無瘡疾. 如瘦而有疾, 卽係本婦少乳, 併調視失宜,[368] 便應戒諭,[369] 令其勤愼看養, 亟須延醫視治. 婦少乳則黜之另替, 但乳婦小兒有疾, 須兒婦兩科醫家, 專司胗視,[370] 或本醫發心,[371] 或預爲延訂, 按季作可酬謝, 務令聞而卽至, 庶無遲悞之患. 每有育嬰堂雖設, 其乳舍卑濕狹暗, 前後殊無隙地, 夏熱冬寒, 氣蒸穢積, 瘡疥疾癘,[372] 大小均嬰.[373] 而兒之肥瘠, 不爲省覽, 乳婦惟利金錢, 有何痛癢,[374] 羸疾而死者,[375] 不知凡幾. 如是, 而兒之死于遺棄, 與死于收養, 止爭遲早耳, 有何矜恤之爲功哉!

其會首及碩德諸先生,[376] 凡有所勸募樂施者, 每月擇定某日會收, 于三日前各會首及諸先生, 卽各用本堂「知單」傳請.[377] 于是日早臨本堂, 值月者就本堂設饌恭候. 其饌每桌不過五簋, 一點、一湯加餐而罷,[378] 毋過費以示可久. 不必用酒, 所以敬事,[379] 非爲劇飮也.[380] 惟盛寒則三爵及之.[381] 跟從卽以所撤者犒之, 飯令飽, 勿使枵腹奔馳,[382] 亦用恤下之道. 其樂施金錢, 住堂管事及值月會首同收, 按名登記, 于收數後, 結一大總, 以示同事, 各會首公押備照.[383] 其一月收過銀 · 米若干, 用過若干, 現存若干, 收養嬰兒若干, 抱養去若干, 病斃若干, 現在若干, 悉照管、收、除、在造冊.[384] 于次月會收之日, 當衆交代下月會首接管, 銀用匣貯, 按數稱交, 米用倉貯, 按數驗付, 所謂: "公事宜授受分明"也.

其拾工, 視地方之廣狹, 以定多寡. 大約城內外各分四隅, 須用八人, 少亦四人. 每人手車一輛, 上置木架, 冬覆暖幕, 以禦風寒, 夏被凉帷, 以障暑日. 遇有死兒, 亦收之歸, 擇淨地埋

---

368 실의(失宜)는 적절하지 못하다는 뜻이다.
369 계유(戒諭)는 경고하여 깨우쳐 준다는 뜻이다.
370 진시(胗視)는 병을 살펴보다, 진단하다(診)는 뜻이다.
371 발심(發心)은 마음이 움직이다, 자발적으로 원한다, 결심한다는 뜻이다.
372 창개(瘡疥)는 부스럼과 옴, 질려(疾癘)는 유행성 전염병, 염병(瘟疫)을 가리킨다.
373 영(嬰)은 원래 여자의 목걸이라는 뜻이고, 나아가 에워싸다, 범하다, 건드리다, 더하다는 뜻이 있는데, 여기서는 병에 감염된다는 것을 가리키는 것으로 보인다.
374 통양(痛癢)은 아프고 가려운 것이라는 뜻이다. 여기서는 이해관계를 비유한다.
375 이질(羸疾)은 쇠약해서 병이 난다, 또는 고질(痼疾)이라는 뜻이다.
376 석덕(碩德)은 덕망이 큰 사람, 대덕(大德)을 가리킨다.
377 「지단(知單)」은 연회나 집회를 위한 「통지명단」, 「초대장」을 말한다.
378 점(點)은 떡(糕餠)과 같은 소식(小食) · 점심(點心)을 말한다.
379 경사(敬事)는 정중하고 신중한 처사 또는 공경하게 받든다는 뜻이다.
380 극음(劇飮)은 통음(痛飮) · 호음(豪飮)이라는 뜻이다.
381 성한(盛寒)은 엄동설한을 말한다. 삼작(三爵)은 세 잔의 술을 말한다. 작(爵)은 참새모양(雀形)의 술잔이다.
382 효복(枵腹)은 빈 배, 굶주림을 말한다.
383 공압(公押)은 공동으로 서명 · 날인한다는 뜻이고, 비조(備照)는 대조하여 맞추어 본다는 뜻이다.
384 관 · 수 · 제 · 재(管 · 收 · 除 · 在)에 대해서는 제3권 부임부 2 「3-06. 인수인계 방법(清査之法)」을 참조.

瘞,[385] 以昭一視之仁. 其所育嬰兒, 民間情願抱養者, 亦示期于會收之日, 値月及管事問明姓名、籍貫、住址、作何生理, 登記于簿, 以備査考. 大約遺棄諸兒, 男少女多, 每有抱養女孩者, 長成希賣銀錢, 不問良賤, 主事者宜詳察畀之. 每歲文昌帝君聖誕之日, 本州縣官設醮一壇, 大集在事諸君, 將歲中樂施姓名、銀·米以及收養男女嬰兒之數, 備申神聽, 使善信福有攸歸. 其嬰兒長成者, 卽以賢父母之字字之,[386] 亦如賈、鄭兩公之民, 以名名子, 以字字子之意, 以示仁恩惠政傳諸無窮也. 然鴻僅述育嬰之大略如此. 至于因時因地經畫措置之詳, 俾無遺憾, 是在司牧賢侯審定,[387] 而酌處之耳. 【僻小州邑, 錢糧不敷, 拾工難僱于大門外, 設一暖龕, 使無力育養者自置之, 亦一省便之法也】

31-14. 어린 아기 익사시키기 금지(禁溺子女)

무릇 이제 막 부모의 품에서 태어난 어린 아기를 강물 속에 내던져 넣는다는 일이 어찌 있을 수 있다는 말인가! 대개 빈곤함 때문에 스스로 키울 수 없고, 또한 젖을 먹이다 보면 일하는 데 방해가 되고, 강보에 싸서 키우다 보니 비용이 만만치 않다. 그래서 애 하나 때문에 두 사람이 고생하느니 차라리 노인만이라도 잘 모시자고 어린 아기를 버리게 된다. 그렇기는 하지만 부모가 된 사람으로서 차마 하기 어려운 일이다. 아이를 들판에 버리면 그 울음소리를 듣고 측은하게 여겨 오히려 살릴 수 있는 기회가 있으므로, 아예 흐르는 물에 갓난아기를 내던져 가라앉힘으로써 영원히 다시 살 길이 없게 만드는 것이다. 주현의 큰 부모가 된 지방관으로서 어찌 그 친부모에게 큰소리를 쳐서 금지하지 않을 수 있겠는가?

옛날에 여중관(余仲寬)이 [복건의] 순창(順昌) 지역을 다스렸는데, 어린아이를 죽이는 것을 금지하는 문장을 지음으로써 향민들이 아이를 죽이지 못하게 하였다. 그 결과 세월이 지나 이로 인해 목숨을 건진 아이가 천여 명에 이르렀다고 한다. 무릇 인자한 사람의 한 마디가 수많은 어린아이들의 혼을 건져 내어 하백(河伯)의 손으로부터 빼앗았으니, 그 복

---

385 매예(埋瘞)는 매장(埋葬)이나 연몰(湮沒)을 말한다.

386 현부모(賢父母)는 여기서 지방관을 가리킨다.

387 심정(審定)은 심사하여 결정하거나 판정한다는 뜻이다.

과 덕을 어찌 다 이루 헤아릴 수 있겠는가! 속담에 “호랑이가 비록 악하지만 제 새끼는 잡아먹지 않는다”고 하였다. 그 자애로운 마음이 여전히 남아 있음을 말하는 것이다. 지금 백성 가운데 가난한 사람이 많은데, 어린 아기를 차마 버리겠다고 하는 사람은 짐승인 호랑이보다도 못하다. 우리의 현명한 지방관들 역시 여중관의 문장을 쫓아 백성을 감동시킬 수 있고, 그래서 이 어린 아기들을 온전히 자라도록 키울 수 있게 한다면, 산 것을 먹지 않는 추우(騶虞)라는 동물의 어진 성품을 노래함으로써 지방관의 인자한 풍모를 칭송하는 일이 그칠 날이 없지 않을까!

夫出之毛裏,[388] 而置之波濤者, 豈得已哉! 蓋因貧不能自贍, 而又乳哺以妨力作,[389] 襁褓以費營求,[390] 故與其爲一以累二, 毋寧存老而棄小. 雖然爲父母者亦忍矣. 棄之中野, 聞呱聲而動惻, 猶有可活之機, 付之橫流杳孩赤,[391] 以沉踪永無再生之路. 乃州邑大父母, 寧不爲其生父母而疾呼以禁乎?[392]

昔余仲寬之宰順昌也,[393] 乃作禁殺子文, 勸其鄕人無得殺子. 歲月之間, 活者千計, 夫仁人一言, 擧無限幼稺之魂, 而奪之于馮夷之手,[394] 其福德可勝量哉! 諺云: “虎雖惡, 不食其子.” 言慈愛之心尙存也. 今之民貧者多矣. 恐忍其子, 不虎若也. 我賢侯其亦跡仲寬之文而感動之, 則凡此之蒙長養,[395] 以遂其生者, 卽非歌騶虞,[396] 以頌仁風于無巳乎!

---

388 모리(毛裏)는 부모의 은혜를 비유한다. 『시경』 「소아(小雅) 소변(小弁)」에 나오는 구절에서 비롯된다(“不屬於毛, 不離於裏”). 모(毛)는 밖에 있어 양(陽)으로 아버지, 리(裏)는 안에 있어 음(陰)으로 어머니를 가리킨다.

389 유포(乳哺)는 젖을 먹여 키우다, 기른다는 뜻이다.

390 영구(營求)는 찾다, 모색한다, 추구한다는 뜻이다.

391 해적(孩赤)은 갓 태어난 영아를 말한다.

392 질호(疾呼)는 소리 높여 외친다, 높은 소리로 호소한다는 뜻이다.

393 순창현(順昌縣)은 복건성(福建省) 연평부(延平府) 소속 주현이다. 여중관과 관련된 고사는 구준(邱濬), 『대학연의보(大學衍義補)』(林冠群 等 校點, 京華出版社, 1999 中冊, p.706) 권82 「치국평천하지요(治國平天下之要) 숭교화, 광교화, 이변속(崇敎化, 廣敎化, 以變俗)」에 나오는 기사이다(“余仲寬宰劍之順昌, 時閩俗生子多至三四子, 則後皆不擧, 爲其資産不足以贍也. 若女則不待三往往溺之, 建劍尤甚. 仲寬乃作戒殺子文, 召諸鄕父老爲人信服者, 列座廡下, 以奉置醪醴, 親酌飮之, 出其文, 使歸勸其鄕人無得殺子. 歲月間活者以千計, 轉運判官曹輔上其事, 朝廷嘉之, 就改仲寬一官仍令再任, 復爲立法, 推行一路.”). 여중관이 영아살해의 풍속을 개탄하여 그것을 경계하는 글을 지어 권고하였고, 그 결과 천 명 이상의 아이를 구하였기에 조정에서 다시 연임시켜 그 일을 확장시켰다는 내용이다.

394 풍이(馮夷)는 전설 속의 황하신(黃河神), 즉 하백(河伯)이나 수신(水神)을 가리킨다.

395 장양(長養)은 자랄 수 있게 키워 준다는 뜻이다.

396 추우(騶虞)는 전설 속의 의로운 동물로 마음이 어질어 살아 있는 것을 먹지 않는다고 한다.

31-15. 구조선 설치(建救生船)

옛날에 송교(宋郊)는 개미에게 다리를 놓아 주어 형제가 모두 조정에 들어 출세하였고, 양보(楊寶)는 꾀꼬리를 구해 주어 자손이 대를 이어 삼공(三公)의 자리에 올랐다. 한 마리 미물(微物)이라도 그 보답이 아주 무거웠던 것이다. 만약 배가 침몰하여 물에 빠진 사람을 구해 준다면, 그 복은 또한 얼마나 크겠는가! 무릇 주현이 강과 호수 근처에 있고 왕래하는 선박들이 수시로 험한 바람과 풍랑을 만나는데, 그 파도 속으로 들어가 목숨을 구조한다고 생각해 보라. [물에 빠져] 놀란 혼백이 어쩔 줄 모르고 스스로 놀라서, 뱃전을 끌어당기면서 구해 달라고 소리치는 함성을 지를 것이니, 이를 멀리서 듣는 것은 얼마나 참담한 일인가! 만약 작은 배 한 척이라도 갖다 대지 않는다면, 어찌 손을 뻗어 구조할 수 있겠는가?

따라서 제대로 된 군자라면 지방관은 응당 앞장서서 봉급을 털어 의로운 일에 보탬으로써 중생을 널리 구제하는 것을 원칙으로 삼아야 한다. 측은지심을 가진 어진 이들 역시 뒤를 이어 기꺼이 도울 것이니, 이러한 현명한 기풍이 위태로운 나루를 위기에서 구해 주고 선박들이 잘 움직이도록 이끌어 줄 것이다. 하지만 무너진 벼랑이나 깎아지른 절벽인 곳, 그리고 접근이 힘든 물가와 광풍이 몰아치는 곳에서는 혹은 5명이나 10명이 함께 지키면서 자리를 비우지 않고 망을 보게 해야 한다. 비가 오건 바람이 불건 마치 적군의 갑작스러운 기습을 막아 내는 것처럼 해야 하는 것이다. 혹시 위급한 상황에서 생명을 구한 경우에는 그 보상이 7층 불탑을 세운 것 이상이며, 조금이라도 시간을 지체하여 그르친 경우에는 그 죄가 사람을 도랑에 밀어 넣는 것에 대한 벌과 같을 것이다. 그렇지만 이들에게는 응당 한 달마다 그 보수를 지급함으로써 배고픈 상태에서 일을 하는 일은 없게 해야 한다.

昔宋郊渡蟻,[397] 而兄弟身登廊廟,[398] 楊寶縱雀,[399] 而子孫世並公孤,[400] 一物之微, 其報至

---

397 이 고사는 명말 풍몽룡(馮夢龍)이 편집한 백화체 단편소설집(1624년 완성)인 『경세통언(警世通言)』 권5 「송교도희점고괴(宋郊渡蟻占高魁)」 등에 나온다. 송대의 송교(宋郊)·송기(宋祁) 형제는 어려운 집안에서 태어나 어렵게 공부하여 한꺼번에 과거에 급제하였다. 형제가 같이 대학에서 공부할 때 한 승려가 그들의 관상을 본 다음 송교가 장원을 차지하고 동생인 송기도 합격할 것을 예상했는데, 시험이 끝난 후 그 승려는 송교를 만나 수백만의 생명을 구한 덕분이라고 칭송하였다. 송교가 생각해 보니 어느 날 큰비가 내렸을 때 개미집이 물에 쓸리는 것을 보고 대나무로 다리를 짜서 구해 준 적이 있었다. 시험성적이 발표될 때 동생인 송기가 원래 장원이 될 예정이었는데, 황태후가 동생이 형의 앞에 와선 안 된다고 하여 송교를 장원으로, 동생 송기를 10등으로 바꿈으로써 결국 승

重. 若救人于覆溺之中者,[401] 則福祚又當何如哉! 夫州邑地處江湖之濱, 而往來舟楫,[402] 時罹風濤之險,[403] 想其入浪求生, 驚魂自傷于無路, 扳舷望救呼聲,[404] 共慘于遙聞.[405] 若其一葦之蔑加,[406] 安可援手而獲濟?[407] 故愷悌君子,[408] 倡捐俸之義擧, 宏普度以作慈航.[409] 惻隱仁人, 追樂助之, 賢風拯危津而操寶筏.[410] 但屬崩崖斷岸之區,[411] 與夫絶渚驚颷之地,[412] 或五或十守同斥堠之不離.[413] 若雨若風, 防比敵師之驟至.[414] 倘急援一命, 賞逾七級之旌.[415] 如遲悞片時,[416] 罪等納溝之罰.[417] 仍應計月以酬傭, 勿令枵腹而供事矣.

려의 예언도 정확하게 들어맞았다.

398 낭묘(廊廟)는 궁궐 건물과 태묘, 즉 조정(朝廷)을 가리킨다.

399 후한(後漢) 때 홍농(弘農) 사람 양보(楊寶)가 큰 부엉이에게 물려 상처를 입고 개미에게 둘러싸인 꾀꼬리를 간호하여 구해 준 다음 치료해 주고 날려 보냈는데, 꿈에 황의동자(黃衣童子)가 나타나 절을 하며 "나는 서왕모(西王母)의 사자로 봉래(蓬萊)에 심부름을 가다 화를 당하였는데 그대의 도움으로 살아났습니다. 흰 고리(白環) 네 개를 주어 감사를 표하니 앞으로 그대의 자손이 삼공(三公)에 오를 것입니다."라고 하였다. 과연 양보의 아들 양진(楊震), 손자 양병(楊秉), 증손자 양사(楊賜), 현손 양표(楊彪)가 모두 그대로 되어 "4대에 걸쳐 태위가 되면서 공덕이 이어졌다(四世太尉, 德業相繼繼)."라고 일컬어졌다는 것이다. 이 이야기는 오균(吳均)의 『속제해기(續齊諧記)』 등에 나오며, 양보의 아들 양진은 『후한서』 권84 「양진전(楊震傳)」에 전기가 있다. 이것을 함환보은(銜環報恩)의 고사라고 한다.

400 공고(公孤)에서 공은 삼공(三公), 고는 특(特)이란 뜻으로 공보다는 낮고 경보다는 높다는 뜻인데, 소사(少師)·소부(少傅)·소보(少保)의 삼소(三少)로 모두 조정의 고위 대신을 가리킨다.

401 복익(覆溺)은 침몰을 뜻한다.

402 주즙(舟楫)은 배와 노, 즉 선박이나 선박을 모는 것을 가리킨다.

403 풍도(風濤)는 풍랑, 또는 험난한 처지를 가리킨다.

404 반현(扳舷)은 뱃전을 끌어당긴다는 뜻이다.

405 요문(遙聞)은 멀리까지 들린다, 멀리서 냄새를 맡는다는 뜻이다.

406 일위(一葦)는 『시경』 「위풍(衛風) 하광(河廣)」에 나온다. "누가 황하가 넓다 하는가? 한 묶음의 갈대면 건널 수 있는데(誰謂河廣, 一葦杭之)." 여기서 일위는 물 위에 띄워서 건너게 할 수 있는 한 묶음의 갈대를 말하는 것인데, 일위는 작은 배를 대칭하는 용어가 되었다. 멸가(蔑加)는 가해지지 않는다는 뜻이다.

407 원수(援手)는 손을 잡는다는 뜻이다. 획제(獲濟)는 구조에 성공하다, 구조를 받는다는 뜻이다.

408 개제(愷悌. 愷弟)는 용모(容貌)와 기상(氣像)이 화평(和平)하고 단아하다는 뜻이다.

409 보도(普度. 普渡)는 불교용어로 널리 법력을 베풀어 중생이 보편적으로 해탈을 얻게 한다는 뜻이다. 자항(慈航) 역시 불교용어로 부처(佛)를 가리킨다. 보살이 자비로운 마음으로 백성을 이끄는 것이 마치 배로 무리를 이끌고 생사고해(生死苦海)를 벗어나게 하는 것과 같다는 데서 나온 뜻이다.

410 보벌(寶筏)은 불교어로 중생을 인도하여 고해(苦海)를 건너 피안(彼岸)에 도달하게 하는 불법을 비유한다.

411 단안(斷岸)은 강변의 절벽을 말한다.

412 절저(絶渚)는 접근이 힘든 물가를 말하는 듯하다. 경표(驚颷. 驚飆)는 회오리바람·광풍을 말한다.

413 척후(斥候. 斥堠)는 정찰이나 정찰용 토보(土堡)를 가리킨다.

414 취지(驟至)는 누차 또는 갑작스레 도착한다는 뜻이다.

415 칠급지정(七級之旌)은 아마도 칠급부도(七級浮屠)을 가리키는 것 같다. "사람 목숨을 하나 구하는 것은 칠급부도를 세우는 것보다 낫다"고 하는 불경의 이야기를 말하는 것이다. 칠급부도는 7층으로 이루어진 우주의 공간을 형상화한 불탑을 말한다.

416 편시(片時)는 편각(片刻) 즉, 아주 짧은 시간을 말한다.

417 납구(納溝)는 추구(推溝)처럼 도랑에 밀어 넣는다는 뜻이다. 『맹자』 「만장(萬章) 하(下)」에 "이윤은 천하의 백성

31-16. 메뚜기 유충 박멸(捕滅蝗蝻)[418]

무릇 메뚜기의 유충이 자라는 것은 대부분 홍수가 난 다음 뒤이어 가뭄이 찾아오는 해에 일어나는 경우가 대부분이다. 물고기 알처럼 땅에 깔려 있다가 날씨가 따뜻해지면 위로 올라와 도처에서 만연하니, 푸른색 농작물을 모조리 먹어치운다. 비록 곤충이라고는 하지만 실제로는 하늘이 내려 보낸 것이므로, 만약 경건하게 제사를 지내면서 기도한다면 혹시 바람을 따라 다른 데로 가 버릴 수도 있고, 설사 무리를 지어 모여 있다고 하더라도 농작물을 전혀 망치지 않는 경우도 있다. 이것은 내가 담성현에 있을 때 누차 시험해 보고 확인하였던 일이다. 그러나 인근 현에서 왔을 때에는 정성이 통할 것도 같지만, 본지에서 생겼을 때에는 [신에게 이런 사정을 호소하는 일이] 사뭇 통하기 힘들다.[419]

메뚜기를 제거하려면 불 속에 넣거나 아니면 깊은 구덩이에 묻음으로써 반드시 살아 있는 것들을 박멸하고, 남은 무리가 되살아나 번성하지 못하게 해야 한다. 혹은 가난한 백성이 메뚜기를 잡아 온다면 그 분량을 헤아려 곡식을 보상으로 주어도 좋다. 과연 그렇게 해서 무거운 재앙을 피할 수 있다면, [백성도] 내심으로는 죽으로 대신하는 것을 원할지도 모른다. 다행히 지방관이 일찌감치 이에 대해 주의를 할 수 있다면, 모든 백성이 사전에 알아서 예방하는 것도 기대할 수 있다.

夫蝗蝻之生,[420] 多應洪水之年又繼旱乾之歲, 則魚卵布地, 遇暖而升, 到處蔓延, 望青而蝕.[421] 然而物雖蟲類, 實有神司, 若其虔祀以求, 亦或隨風而去, 縱卽聚族以處, 依然禾稼不傷.[422] 此鴻在郯屢試而有驗者也. 但鄰境之來, 似可誠通, 本地之生, 頗難情諭. 非畀彼于炎火, 卽瘞乃于深坑, 務期噍類盡除,[423] 莫使遺孽復熾.[424] 若或窮民能撲, 計斗石以出粟爲償,

---

가운데 한 사람이라도 요순의 은택을 입지 못한 경우가 있는 것은 마치 자신이 그들을 도랑에 밀어 넣은 것처럼 생각하였다((伊尹)思天下之民, 匹夫匹婦, 有不與被堯舜之澤者, 若己納之溝中.).”라는 구절이 있다.

418 메뚜기 문제에 대해서는 제24권 전례부「24-05. 성황신 경배(敬禮城隍)」 부분을 참조할 수 있다.

419 본 지역에서의 악정(惡政) 때문에 메뚜기 재해가 발생하였기에 그렇다는 의미인 것 같다.

420 황남(蝗蝻)은 메뚜기의 유충(幼蟲)을 말한다.

421 식(蝕)은 원래 글자가 독(鐲)으로 죽, 주충(蛀蟲), 갉아먹다는 뜻이 있는데, 여기서는 마지막의 뜻으로 보인다.

422 의연(依然)은 여전히, 또는 사념하거나 미련을 갖는 모습을 말한다. 화가(禾稼)는 곡물을 통칭한다.

423 초류(噍類)는 살아 있는 사람이나 동물을 가리킨다.

424 유얼(遺孽)은 남아 있는 나쁜 놈이나 세력. 후예, 남겨진 죄과를 말한다.

果其重災可移, 雖肺腸亦願糜以代.[425] 幸司牧之早爲留意, 庶群黎之先事預防.[426]

425 폐장(肺腸)은 허파와 창자를 가리키지만, 내심이나 생각을 비유하기도 한다. 이 부분은 사실 분명한 뜻이 무엇인지 파악하기 어렵다.

426 군려(群黎)는 만민·백성을 말한다.

| 제32권 |

승천부 升遷部

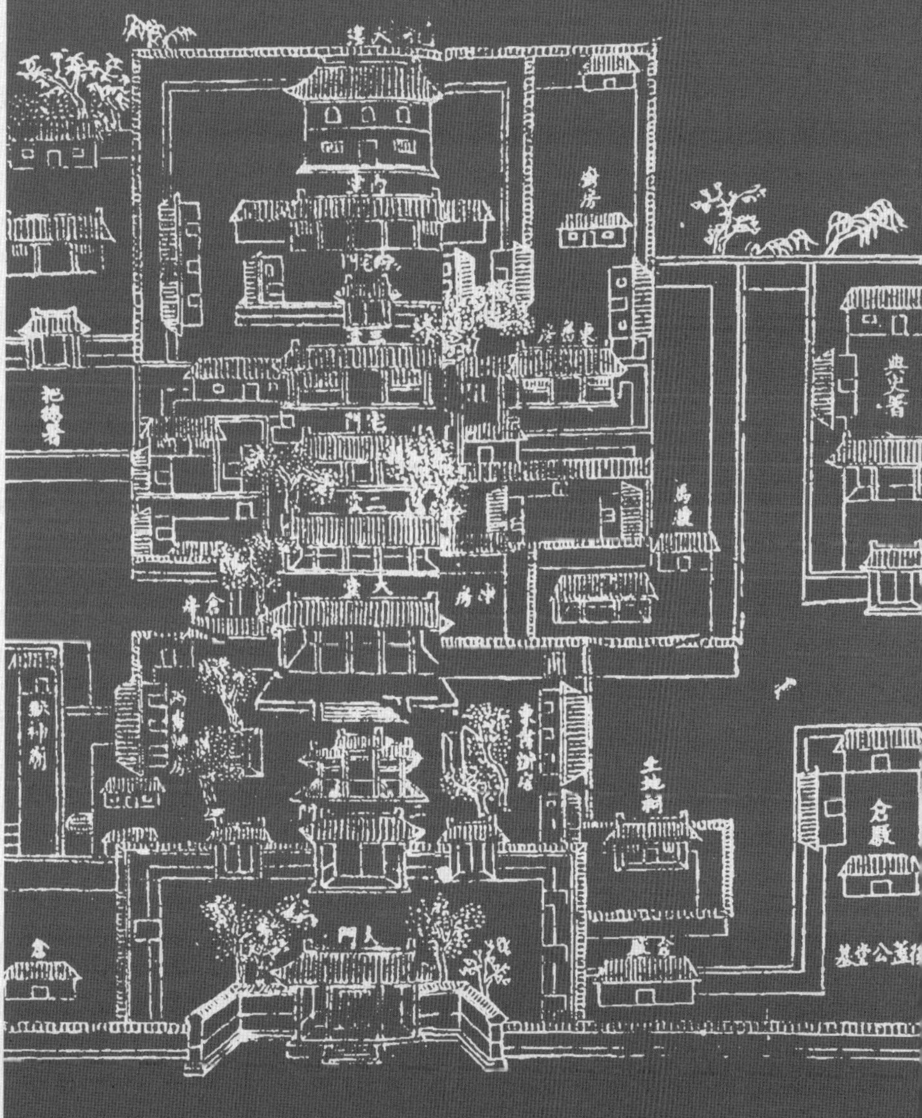

福惠全書

32-01. 총론(總論)

지방관은 하루 종일 문서를 다루면서 바쁘게 업무에 시달리다 보니 단지 권세를 운용에만 의지할 뿐, 뒷수습을 제대로 준비할 겨를은 없다. 다행스럽게 승진하거나 전임하게 된다면, 이임하기 전에 여유가 있을 때 고요한 밤에 가슴에 손을 얹고 과연 지방에 행복을 가져다주었다면 무슨 일이었는지, 백성에게 은혜를 베풀었다면 누구에게인지 스스로에게 물어볼 수 있다. 혹시 행복을 가져다주지는 못하였고 은혜도 베풀어 주지는 못하였는데, 저지른 잘못이 많고 원한 품은 사람이 적지 않다면, 간교한 백성이나 못된 무뢰배 가운데 들고 일어나 따지는 사람이 있을지도 모른다. 지방관은 예전으로 돌아가 바로잡기는 어렵다 할지라도, 그 시점에서는 일을 수습할 방도를 마련해야 한다. 그 정무가 전곡·형명과 관련된 것이고, 지방관 스스로가 꾀한 일이었다면 조금이라도 소홀함을 남겨서는 안 된다. 신사나 아역들과 관련된 일이면서 다른 사람에게 영향을 미친 경우라면 더욱 각별히 주의를 쏟아 처리해야 한다. 차라리 떠난 다음에 원망하게 할 여지를 남겨 둘지언정, 당장 떠날 즈음에는 절대로 흠을 만들어서는 안 되는 것이다.

비록 감히 [지방관이 떠나지 못하도록] 백성이 수레의 끌채에 매달리거나 바퀴 앞에 드러눕는 일(攀轅臥轍)을 말하거나 백성이 관리를 좀 더 머물게 해 달라고 길을 막고 황제에게 요청하는 일(借寇)이 되풀이되기를 바라지는 못하지만, 혹시나 백성에게 [못된 지방관이 떠날 무렵에 분풀이하려고] 문을 막고 담벼락을 부수는 따위의 수모를 당하지 않고, 함께 감사의 노래를 부르며 지방관을 칭송하는 환송이라도 받을 수 있다면 그야말로 충분할 것이다.[1] 모시던 상관과의 작별에 즈음해서는 세 번 신임을 받았음에도 불구하고 여전히 담장을 따라 황공해하는 모습으로 걸었던 고보(考父)처럼 공손해야 할 것이고, 새로 부임한 동료에 대해서는 세 번 영윤(令尹)을 맡았지만 오로지 기존 업무를 후임자에게 알려 주는 데만 신경을 썼던 자문(子文)을 본받아야 할 것이다. 그렇게 하면 대체로 멀고 가까운 곳, 위아래가 모두 편안하게 거문고와 두루미처럼 서로 어울릴 것이고, 앞뒤와 처음과 끝 모두 청렴

1 이 점에 대해서는 이 권의 「32-12. 가족 보내기(發家眷)」에도 언급하고 있다. 한편 실제로 황육홍이 담성현 지현으로 근무하다가 "부친상을 당해 초상을 치르기 위해 남쪽으로 떠나게 되자, 어린아이와 백발노인까지 떠나는 수레의 끌채를 붙잡고 바퀴를 막으면서 아쉬워하였고, 삼반·육방의 아역들 역시 소리치면서 눈물을 뿌렸다." 『복혜전서』 제3권 부임부 2 「3-01. 아역 부리기(馭衙役)」를 참조.

한 지방관의 업무수행에 부끄러운 바가 없을 터이니, 이 또한 아름답지 아니한가?

夫司牧之官, 終日鞅掌于簿書,[2] 卒瘏于政事,[3] 祇憑風力之操持,[4] 未暇計籌于善後.[5] 及一旦幸獲陞遷,[6] 離任有日,[7] 而淸夜捫心自問,[8] 造福于地方者何事, 施惠於百姓者何人. 恐福之未或造, 惠之未或施, 作孽旣多, 含怨不少, 而奸民、黠棍將有起而議之者矣.[9] 司牧者于此, 縱難挽救于從前,[10] 猶可彌縫于今日. 其政關錢穀、刑名, 謀之乎己者, 毋使稍留缺畧.[11] 事涉紳衿、庶役及之乎人者, 尤須格外周旋諸寧存去後之思,[12] 切勿惹瀕行之玷.[13] 雖不敢云攀轅臥轍,[14] 冀吾民借寇之求,[15] 或亦得免窒戶壞磚,[16] 爲共歌推謝之去,[17] 斯可矣. 至于事臨別之上

---

2 앙장(鞅掌)은 직무가 번잡하여 아주 바쁘다, 열심히 일한다는 뜻이다. 부서(簿書)는 재물의 출납장부, 나아가서는 관청의 문서나 장부 전체를 가리킨다.

3 졸도(卒瘏)는 도췌(瘏悴)와 같은 뜻으로 피로하고 파리하다, 병들다는 뜻이다.

4 풍력(風力)은 기개와 박력, 위세나 권세를 가리킨다. 조지(操持)는 장악·장관(掌管)·조작·운용·준비·몸가짐 등을 뜻한다.

5 계주(計籌)는 계획하여 준비한다는 뜻이다. 선후(善後)는 일이 생긴 다음 남겨진 문제를 잘 처리하는 것, 또는 결과가 아름답게 하는 것을 가리킨다.

6 승천(陞遷)은 상급으로의 승진과 동급 다른 지역으로의 이동을 뜻한다.

7 유일(有日)은 '많은 날' 또는 '머지않아'라는 뜻이다.

8 문심(捫心)은 가슴을 어루만진다는 뜻으로 반성한다는 것을 비유한다.

9 힐곤(黠棍)은 못된 무뢰배나 건달·불량배를 말한다.

10 만구(挽救)는 위험이나 불리한 상황에서 구해 낸다는 뜻이다.

11 결략(缺略)은 결점이나 불완전함을 말한다.

12 격외(格外)는 '각별히·달리·별도로'라는 뜻이다. 주선(周旋. 周還)은 두루 돌보다, 두루 살핀다는 뜻이다. 제(諸)는 지(之)와 어(於), 또는 지(之)와 호(呼)의 합음(合音)이다. 거후(去後)는 '이후'라는 뜻이다.

13 빈행(瀕行)은 출발시간이 임박하다, 곧 출발하려 한다는 뜻이다.

14 반원와철(攀轅臥轍)은 수레의 끌채 위에 올라다기나 수레비퀴 앞에 드러눕는다는 뜻으로 『후한서』 권56 「열전 후패전(侯霸傳)」과 『후한서』 권106 「열전 순리전(循吏傳) 맹상(孟嘗)」에 나오는 고사에서 비롯되었다. "(후한) 갱시 원년 사자를 보내 후패를 소환하였더니 백성과 노약자들이 서로 붙잡고 통곡하면서 사자의 수레를 가로막거나 아니면 길을 막고 누워서 호소하였다. '제발 우리 후 군수가 1년 더 다시 머무를 수 있게 해 주십시오'(更始元年, 遣使徵霸, 百姓老弱相攜號哭, 遮使者車, 或當道而臥. 皆曰: '願乞侯君復留期年.')."라고 하였다는 이야기와 "(맹상이) 병이 들어 상서를 올려 사직을 요청하자 경사로 다시 소환되기에 이르렀는데, 서리와 백성이 수레에 올라가지 말라고 요청하였다. 맹상은 이래서 도저히 앞으로 나갈 수 없자, 향민의 배를 타고 야밤에 숨어서 떠났다(以病自上, 被徵當還, 吏民攀車請之. 嘗旣不得進, 乃載鄕民船夜遁去.)."라는 고사가 합쳐서 '반원와철'은 백성이 훌륭한 지방관을 만류하거나 비린을 갖는 일을 가리키게 되었던 것이다.

15 차구(借寇)는 『후한서』 권46 「열전(列傳) 구순전(寇恂傳)」에 나오는 구절에서 비롯되었다. "구순은 일찍이 영천 태수를 지낸 적이 있는데 업적이 아주 훌륭하였고, 나중에 이임하였는데, 건무 7년 광무제가 남쪽으로 외효를 정벌하러 갈 때 이를 수행하면서 영천에 이르렀는데, 백성이 길을 막고 광무제에게 아뢰었다. '폐하로부터 차순 태수를 1년 더 빌리고 싶습니다'(恂曾爲潁川太守, 頗著政績, 后離任, 建武七年光武帝南征隗囂, 恂從行至潁川, 百姓遮道謂光武曰: '願從陛下復借寇君一年.')." 여기에서 '차구(借寇)'는 지방에서 훌륭한 관리에게 떠나지 말라고 만류하는 것을 가리키게 되었다.

官, 宜如循墻考父, 三命滋恭,[18] 款新任之同寅, 比之令尹子文, 舊政必告.[19] 庶乎遠邇、上下咸安, 琹隺以相隨,[20] 前後、始終無愧圖書之數卷,[21] 不亦美乎?

32-02. 전량의 청산(淸錢糧)

임기 동안의 전곡과 관련하여 매년 『주소청책(奏銷淸冊)』을 작성하지만, 상부에 올려 보내거나 지방에서 지출하는 항목에는 여유 있는 자금을 급한 쪽에 옮겨 쓰거나 지출이 초과되어 잠시 다른 데서 빌려오는 경우가 없을 수 없다. 그래서 종전의 『주소청책』을 보면 비록 큰 항목별로는 대충 정산이 되지만, 전체 세부항목을 차근차근 따져 보면 여전히 분명하지 못한 부분이 많을 수밖에 없다. 옮겨 쓴 자금은 반드시 채워 넣어야 하는데, 만약 백성의 세금 미납이 있다면 납부를 재촉해 구멍을 채워 넣어야 하고, 벌충해야 하는 부분

16 질호괴전(窒戶壞磚)은 문을 막고 담벼락을 무너뜨린다는 뜻인데, 특별한 전고가 있는 것 같지는 않다.

17 추사(推謝)는 감사를 드리면서 물러난다, 거절한다, 사양한다는 뜻이다.

18 『사기』 권47 「공자세가(孔子世家)」에 따르면 "공자의 조상 정고보(正考父)는 대공(戴公)·무공(武公)·선공(宣公)을 보좌하면서 세 번 서임을 받았는데, 그때마다 더욱 공손한 태도를 보였다. 그래서 그의 솥(鼎)에는 이런 말이 새겨져 있다. '첫 번 서임을 받을 때는 머리를 숙였고, 두 번째는 절을 하였으며, 세 번째는 허리를 굽혔다. 담장을 따라 황공해하는 모습으로 걸었지만 감히 나를 모욕하지 않았다. 이 솥에 죽을 내 입에 풀칠할 뿐이다'(及正考父佐戴、武、宣公, 三命滋益恭. 故鼎銘云: '一命而僂, 再命而傴, 三命而俯. 循牆而走, 亦莫敢余侮. 饘於是, 粥於是, 以餬余口.')."(李成珪 編譯, 『史記. 中國古代社會의 形成』, 서울대학교출판부, 1987, p.430) 순장(循牆)은 길 가운데를 비워 두고 담장을 따라 가는 모습으로 공손하거나 두려워하는 모습을 가리킨다.

19 이것은 『논어』 「공야장(公冶長)」편에 나오는 고사를 가리킨다. "자장이 묻기를 '초나라 영윤 자문은 세 번 출사해 영윤이 됐을 때도 기뻐하는 기색이 없었고 세 번 물러났을 때도 노여워하는 기색이 없었으며, 옛 영윤의 정사를 반드시 새 영윤에게 알려 주었다고 하는데, 어떻습니까?' 공자께서 말씀하셨다. '충성스럽구나'(子張問曰: '令尹子文, 三仕爲令尹, 無喜色, 三巳之無慍色, 舊令尹之政, 必以告新令尹, 何如.' 子曰: '忠矣.')."

20 금각(琹隺)은 금학(琴鶴)과 같은 뜻인 것 같다. 금(琹)은 금(琴)과, 각(隺)은 학(鶴)과 통한다. 금학은 거문고와 두루미로 옛사람들은 거문고와 두루미가 서로 친하고 잘 어울린다고 보면서 청고(淸高)나 염결(廉潔)의 상징으로 보았다. 상수(相隨)는 서로 따르고 의존한다, 수반한다는 뜻이다.

21 도서(圖書)는 서적·강역·판도 등의 도판과 호적 등의 책자를 말한다. 즉 도적(圖籍)처럼 지도와 호적, 강토와 인민, 나아가서는 국가정권을 가리키기도 한다. 흔히 관직을 은퇴한 다음 귀향하는 청렴한 관리의 모습은 "몇 권을 책을 상자에 싸서 돌아가는 것"으로 묘사되는데(이를테면 명대 왕세정(王世貞)의 『봉명기(鳴鳳記) 임후하주(林遇夏舟)」에 나오는 "數卷圖書帶篋歸"라는 구절), 아마 이것을 가지고 지방관이나 그 책무를 빗대어 말하는 것으로 보인다.

이 관원이나 아역과 관련된 것이라면 이들로부터 추징하거나 채우게 해서 창고로 되돌려 보내야 한다. 상부로 올려 보내는 기해 항목은 조목조목 정액을 맞춰 조금의 남김도 없어야 하고, 지방에 남겨 쓰는 존류 항목도 하나하나 정리해서 역시 액수에 오류가 없어야 한다. 그래야만 임기 동안 맡아서 처리한 자금이나 문제에 대한 업무평가가 제대로 이루어질 뿐만 아니라, 이임할 때 인수인계의 확실한 근거가 된다.

지방에 남겨 쓰는 항목 가운데 아역의 임금에 혹은 공무로 인해 초과로 지출되거나, 아직 아문에서 지급을 하지 않는 경우가 있다. 초과 지출된 경우 가난한 아역이 배상하기도 어려우니 액수가 적다면 대신 메워 주고 액수가 많다면 다른 것과 바꿔치기해서 메우게 한다. 그리고 아직 지급하지 않은 경우는 지급할 액수 전체를 조사해서 아역이 가난하면 메워 주고, 여유가 있으면 [지급하지 않은 채] 「영수증」을 받아 증거로 보관한다. 이런 일은 정리에 따른다면 응당해야 할 일이지만, 결국 평상시에 골고루 은혜를 베풀었다면 이때 와서 어찌 이렇게 꼼꼼히 따질 필요가 있겠는가?

하지만 이렇게 하지 않으면 기해·존류 항목이 제대로 정리되지 않고 옮겨 쓰거나 결손 금액이 채워지지 않아 신임 지현이 이것으로 트집을 잡을 수도 있다. 또한 [앞서 서술한 것처럼 받지 않은 채 「영수증」만 내놓아] 임금을 지급받지 못한 무리 가운데 간교한 경우는 기회를 틈타 신의를 배신하여 지방관 대신 아역을 고발하면서 그들이 부정을 저질러 가로챘다고 사칭할 것이다. 만약 신임 지현과 조금이라도 맞지 않는 부분이 있다면, 그가 이 문제를 자루로 삼아 흔들게 될 것이다. 이렇게 되면 그 문제를 조정하는 데 비용도 많이 들어가고, 고발하는 문서라도 올라가면 지방관으로서의 명성에도 상당히 흠집을 잡히는데, 이런 것이 모두 바로 여기에 달려 있다. 하지만 이런 일들은 임기가 다 차기 이전부터 신경을 써두어야 하며, 늑장을 부렸다가는 나중에 창졸간에 처리할 겨를이 없어 허둥댈까 염려된다.

任內錢穀, 每年雖有『奏銷淸冊』,[22] 然解、支款項, 不無移緩就急[23]、支透暫挪,[24] 以致從前

22 주소(奏銷)는 청대 각 주현이 매년 전량 징수의 실제 금액을 호부에 보고하여 황제에게 상주하도록 하던 것을 가리킨다. 각 성에서는 매년 전량의 수입과 지출에 대해 기한에 맞추어 보고해야 했는데, 이 주소 시기가 되면 포정사는 각 주현의 보고에 근거하여 『지정주소청책(地丁奏銷淸冊)』을 만들었고, 독무는 이것을 검토한 다음 도장을 찍어 『황책(黃冊)』으로 만들어 호부에 보고하였다. 호부는 각 성의 이러한 보고를 종합하여 전국의 세출·세입을 검토한 다음 황제에게 보고하였다. 『청책(淸冊)』은 목록, 청산 문서를 가리킨다.

23 이완취급(移緩就急)은 느슨한 일을 제쳐 두고 우선 급하게 해야 할 일을 처리한다는 뜻이지만, 여기서는 급한 용도가 있는 항목으로 급하지 않은 자금을 옮겨 쓴다는 뜻이다.

奏冊, 逐項雖淸, 而節次通盤, 猶多未楚. 須將所移之項, 在民欠者, 催完補孔, 透那之數,[25] 在官役者, 追補還倉. 必起解條條如額, 旣無毫忽之遺, 存留款款皆淸, 亦無多寡之謬. 不惟全任內經手之考成,[26] 卽可作離任交盤之定案.[27] 至于存留一項, 惟各役工食, 或因公事而透支, 或尙在官而未給. 透支者,[28] 窮役難償, 少則代賠, 多則抵兌別役.[29] 未給者, 通査給數, 貧則補與, 殷則取領批存.[30] 或亦情理之宜行, 總須平日之恩均, 何致玆時之較量?[31] 否則解、支不淸, 那、空無補,[32] 致滋新任之留難,[33] 而未給之奸徒, 乃乘機負義, 不告官而告役, 指稱作弊侵呑. 新任稍有不洽,[34] 用是持其柄而搖之, 則調停多費, 申揭損聲,[35] 皆于是乎在矣. 然此務而留心于瓜期將屆之前,[36] 恐遲則時日倉卒, 料理之弗遑耳.

---

24 지투(支透)는 지출이 수입을 초과한 것을 가리킨다. 잠나(暫那)는 잠시 다른 용도로 옮겨 쓴다는 뜻이다.

25 투나(透那)는 지투((支透. 또는 透支)와 나용(挪用)을 가리킨다.

26 경수(經手)는 경관(經管)·승판(承辦)이나 그것을 맡은 사람을 가리킨다.

27 교반(交盤)은 전임자가 이임할 때 장부·문서·공공기물 등을 분명하게 정리하여 후임자에게 넘겨주는 것, 즉 인수인계를 말한다. 정안(定案)은 문제나 사건에 대한 결론이나 결정, 최후의 판결, 정론(定論)을 가리킨다.

28 투지(透支)는 지출이 수입을 초과한 액수, 미리 임금이나 이자를 지불하는 것을 가리킨다. 투지은(透支銀)은 정액지출(額支)을 초과한 실제 사용액(實用之款)이나 또는 몰래 가로채 자기 뱃속을 채우는 돈을 가리키기도 한다.

29 저태(抵兌)는 바꿔치기해서 대신하는 것(抵換)을 가리킨다.

30 비존(批存)은 증거를 위해 남겨 둔다는 뜻이다.

31 자(玆)는 이에(此, 這)라는 뜻, 또는 지금, 현재라는 뜻이 있다. 교량(較量)은 상의하여 결정하다, 고핵하여 검증하다, 비교하다, 실력을 겨루다, 계산한다는 뜻이다.

32 나공(那空)은 옮겨 쓴 것(挪用)과 결손(亏空)을 말한다.

33 유난(留難)은 일부러 꼬투리를 잡아 가지 못하게 잡아 둔다는 뜻이다.

34 불흡(不洽)은 융합하지 못한다는 뜻이다.

35 신게(申揭)는 위로 올리거나 고발하는 것 또는 그 문서를 가리킨다. 신(申)은 보통 상급을 향해 보고하거나(申報. 申牒), 고발하거나(申控), 호소하거나(申訴) 아니면 설명하거나 해석(申解)한다는 뜻으로 쓰이는 경우가 많다. 게(揭)의 경우 천명하거나 공포한다, 게시한다(揭發), 탄핵한다(揭參), 남의 단점을 드러낸다거나 결점이나 착오, 죄행을 폭로한다(揭挑. 揭短)는 뜻으로 쓰이는 경우가 많다. 게첩(揭帖)에 대해서는 제4권 부임부 3「4-12. 여러 문서의 양식(文移諸式)」을 참조. 여기서도 상관에게 부하의 부족한 부분을 지적하는 일종의 사신(私信)처럼 쓰이는 사례가 보인다.

36 과기(瓜期)는 원래 1년 동안 술수(戌守)한다는 뜻인데, 관리의 임기가 다 찼다는 것을 가리키거나, 관리의 취임이나 여자의 출가시기를 가리키게 되었다. 이 이야기는 『좌전』 장공(莊公) 8년조의 기사에서 나왔다. "제의 양공(襄公)이 연칭·관지보를 계구에 보내 지키게 하였다. 오이가 익는 시절이었기에, '내년 오이가 익는 시절이 되면 바꿔 주겠다'고 하였다. 1년 동안 머물며 지켰지만 바꿔 준다는 명령은 내려오지 않았다. 바꿔 줄 것을 요청했지만, 허락이 떨어지지 않자, 그들은 반란을 꾀하게 되었다(齊侯使連稱、管至父戍葵丘. 瓜時而往, 曰: '及瓜而代.' 期戍, 公問不至. 請代, 弗許. 故謀作亂.)."

32-03. 인수인계 문서 작성(造交盤)

무릇 인수인계할 사항은 한두 가지가 아니며, 관련 장부마다 각기 그 작성의 책임을 진 고참 아역 즉, 경승(經承)이 있다. 작성해야 할 것으로는 『지정량책(地丁粮冊)』·『잡항전량책(樸項錢粮冊)』·『창곡책(倉穀冊)』·『역참마부·마필책(驛遞夫馬冊)』·『중대안건책(欽部憲件冊)』·『수감자인명책(監犯花名冊)』·『장물·벌금·물품책(貯庫賍罰什物冊)』·『사염처분책(私鹽變價冊)』 등이 있다. 하지만 전곡의 인계가 가장 중요한 만큼 여기서는 잠시 전량만 가지고 이야기하고자 한다.[37]

수년 동안의 임기 중 전량에 대해서는 응당 매년 말 기해·존류 항목을 『실징책(實徵冊)』에 비추어 정산해야 한다. 기해할 것은 올려 보낸 다음 「수령확인문서」를 받아 오게 하며, 존류 항목으로 지출하는 것은 지출한 다음 「영수증」을 받아 각기 장부 뒤에 첨부함으로써 한 푼이라도 모자라거나 넘침이 없게 하여 『[주소]청책』을 작성한다. 이것이 바로 1년 동안의 [지방재정 회계용] 『원장부(底冊)』가 된다. 만일 백성의 미납분이 있다면 『원장부』에 기입해서 다음 해가 되기를 기다려 징수를 시작한다. 우선 먼저 아직 작은 미납분부터 채워 나가면서 지난해에 모두 완결되지 못한 빈틈부터 메운다면, 1년 동안의 전량 문제를 완벽하게 처리할 수 있을 것이다. 올해도 이와 같이 하고, 내년에도 다시 이와 같이 한다. 이렇게 해서 재임 기간 동안 완결처리가 되지 않은 것이 없는데, 단지 이임하는 올해 이미 징수하여 완납·미납된 부분과 기해·존류의 실제 액수에 대해서만 이임할 때를 기다려 비로소 총액을 확정지으면 된다. 기해 항목의 경우 「확인문서」를 대조하고, 만약 돌아오지 않은 확인문서가 있을 경우, 『인수인계책』의 해당 항목 아래에 분명하게 기록해 둔다. 존류 액수는 영수증과 대조하여 확인하는데, 1년 전체를 정산하되 이임하는 날까지만 계산하고 하루라도 더 지출하는 일이 없게 한다. 그렇지 않으면 후임관·상사의 반박과 퇴짜를 맞을 수 있기 때문이다. 올해 징수한 전량 가운데 응당 기해해야 할 것이 있지만 아직 주소(奏銷)의 마감 시한이 이르지 않았다면, 응당 [올려 보내지 말고 지방에 그대로] 대충 남겨 두고 실제로 당고(堂庫)에 존재하는 은냥으로 삼아 신임 지현에게 인계해야 한다. 또한 징수해야 할 전량도 완납 시기가 아직 이르지 않았다면, 역시 마찬가지로 대충 남겨 두어 미납

37 전량의 징수에 관한 문제는 이 책의 제6·7권 전곡부에 자세하게 나와 있다.

항목으로 삼아서 신임 지현에게 넘겨주고 그가 계속해서 징수할 수 있게 한다. 그렇지 않으면 신임관이 이제 막 부임한 단계에서 옮겨 쓸 자금이 전혀 없을 터이므로, 후임관은 전임관이 아무런 여지도 남겨 두지 않았다고 미워하면서 투덜댈 것이다.

夫交盤不止一事, 而造冊各有經承.[38] 其應造者, 有『地丁粮冊』, 有『襍項錢粮冊』, 有『穀冊』, 有『驛遞夫馬冊』, 有『欽·部·憲件冊』, 有『監犯花名冊』,[39] 有『貯庫賍·罰·什物冊』, 有『私鹽變價冊』.[40] 而錢穀之交盤爲尤重, 今姑以錢粮言之. 夫節年任內錢粮, 自應每年終將解、支款項照『實徵冊』查筭.[41] 應解者解, 掣獲「批廻」.[42] 應支者支, 取具「領狀」,[43] 各附卷, 不使分毫虧透, 攢造『淸冊』.[44] 此卽一年之『底冊』也. 如有未完民欠, 註明『底冊』, 俟來歲開徵.[45] 先令補完尾欠,[46] 以足去年未完倉口, 則一年之錢粮徹底全完矣. 今年如是, 來年復如是. 在任之年, 無有不淸, 惟本年之經徵完、欠與解、支實數,[47] 尙待將卸事之時, 方能煞定總數. 其解數查照「批廻」,[48] 如批未獲, 卽于『交盤冊』本項下註明. 其支數查照「領狀」, 通筭一年, 扣至卸事之日爲止, 不得多支一日, 恐接任官與上司駁查. 本年錢粮微完應解者, 若未抵奏銷之限, 尙宜畧存作實在存庫銀兩,[49] 交代新任. 若經徵銀粮, 未抵應全完之期. 亦宜畧存作未完民欠,[50] 交代新任接徵. 否則, 新任甫莅, 無項可動, 未免見嫉前官不留餘地,[51] 以此介介耳.[52]

---

38 경승(經承)은 주현의 이역 가운데 가장 경력과 지위가 높은 사람을 가리킨다.
39 화명(花名)은 보통 화호(花戶), 즉 납세자의 명단을 가리킨다.
40 변가(變價=變賣)는 팔아서 현금으로 바꾸는 것을 말한다.
41 사산(查筭)은 사산(查算)과 같은 뜻으로 검사하여 계산한다는 뜻이다.
42 체획(掣獲)은 취득한다, 받아서 확보한다는 뜻이다.
43 「영장(領狀)」은 해당 관부로부터 받는 「영수증」을 말한다.
44 찬조(攢造)는 모아서 종합하여 만든다, 제작한다는 뜻이다.
45 개징(開徵)은 부세의 징수를 개시한다는 뜻이다.
46 미흠(尾欠)은 아직 미납되거나 상환되지 않고 남아 있는 자투리 액수를 말한다.
47 완흠(完欠)은 완납과 미납·체납을 말한다.
48 사조(查照)는 검사·검토·점검한다는 뜻이다. 또한 공문에서 상대방의 문건의 내용에 주의하라거나 아니면 그대로 따라서 하라고 할 경우에도 쓰이는 용어다.
49 실재존고은량(實在存庫銀兩)은 실제로 현 아문의 당고에 보관되어 있는 현은(現銀)의 액수를 말한다.
50 미완민흠(未完民欠)은 아직 완납되지 않은 납세자의 미납분이란 뜻이다.
51 견질(見嫉)은 미움을 당한다, 즉 미워한다는 뜻이다.
52 개개(介介)는 고민거리가 있어 잊지 못한다, 사이가 벌어진다는 등의 뜻이 있다.

32-04. 창곡 검사(查倉穀)

창고 곡식은 본래 구휼 활동에 대비하기 위한 것이다. 종전에는 기부를 받거나 아니면 벌금으로 충당하였으므로 원래 고정된 분량이 없었다. 따라서 지방관은 이임할 무렵 마무리가 되지 않은 것은 납부를 독촉하여 마무리하도록 하고, 도저히 낼 여력이 없다면 그 요청을 취소한다고 포고하여 못된 이장·차역 등이 중간에 가로채지 못하도록 하였다. 그런데 지금은 상평창에 연납으로 기부된 미곡을 규정에 따라 성의 포정사에게 보고하고 그 「영수증」을 받으면, [포정사를 통해] 호부에서 보고를 받고 검토한 다음 그것을 「[연납]증명서」로 바꾸어 발행해 준다. 또한 매년 토지 면적에 따라 곡식을 내도록 권유하여, 해당 지방관이 그것을 독무에게 보고하면 그것을 종합해서 다시 조정에 보고하므로, 한 톨의 낟알이라도 모자람이 용납되지 않는다. 또한 묵은 곡식을 내고 새것으로 바꾸거나, 봄에 곡식을 내다 팔고 가을에 다시 사들이는 경우에도 나가고 들어가는 내용이 반드시 분명히 정리되어야 한다. 이임할 때는 매년 연납을 받거나 기부를 받은 액수 및 곡식을 사거나 판 액수에 대해서는 전임자로부터 물려받은 것이 있는지 없는지, 현임관이 다른 항목으로 끌어다 옮겨 써 지출한 적이 있는지 등에 대해서 확실하게 『사주청책(四柱淸冊)』에 기록해 두면서 매년 똑같은 내용의 장부 두 권을 마련하고, 다른 항목으로 옮겨다 쓴 「지시공문」이나 「영수증」 등을 확보해서 문서철에 첨부해 인수인계에 대비해야 한다. 실재 창고에 있는 곡식의 수량에 대해서는 미리 직접 점검한 다음 봉인하여 서역들이 기회를 틈타 몰래 훔쳐 가는 일을 방지한다. 만일 현임관이 다른 용도로 옮겨다 쓴 일이 있다면 바로 곡식을 사들여 메움으로써 인수인계에 결손이 있게 해서는 안 된다. 일부 후임관의 경우 매정하게도 사들여서 메우는 것을 기다리지 않고 순식간에 결손이 있다고 상부에 보고해 버리므로, 그렇게 되면 현임관은 상당히 체면을 잃게 된다.

夫倉穀所以備賑者也. 從前或捐或罰, 原無定額. 故官將卸事, 未完者催交結件, 力不贍者, 註銷出示,[53] 以免里蠹、原差中飽.[54] 今則常平捐納米穀,[55] 例報藩司領「實收」,[56] 呈部監

---

53 주소(註銷)는 문서에 기록되어 있는 사항의 효력이 끝나 그것을 취소·말소한다는 뜻이다.

54 이두(里蠹)는 이갑의 일을 하면서 부정을 저지르는 이장이나 갑수 등 직역을 부정적으로 지칭하는 말이고, 원차(原差)는 어떤 업무 때문에 가장 먼저 파견된 차역을 가리킨다.

換給「執照」.[57] 每年照地畝勸輸穀石, 本州縣具詳, 督撫彙題,[58] 雖顆粒, 難容虧短. 至于出陳易新、春糶秋糴, 則收納定要分明. 于卸事時, 將每年捐納勸輸, 以及糶糴之數, 有無前任舊管,[59] 以及本任動用開除,[60] 備造『四柱清冊』,[61] 每年一様二本, 有無動支「牌票」、「領狀」,[62] 粘卷候代.[63] 其實在倉穀, 預先自行盤驗封固,[64] 更防胥役乘機偸竊. 如有本官那移, 卽須買補, 毋令交代盤查虧少. 有等不情之人,[65] 弗待買補, 遽以虧少具申,[66] 則失體面矣.

32-05. 당고 검사(查庫貯)

지방관이 새로 부임하면 전임관이 넘겨 준 당고(창고) 『물품장부』를 받게 된다. 따라서 어떤 아문으로 물건을 보낸 일이 있거나 현임관 재임 시에 당고 물품에 변동이 있었으면, 이에 대해서는 반드시 해마다 창고의 보관 내역에 대한 『홍부(紅簿)』를 점검하고, 그 내용

---

55 상평(常平)은 쌀값을 조절하던 일종의 방법을 말하는데, 창고를 지어 곡식을 저장하였다가 곡식 값이 내려갈 때 후한 값으로 사들이고, 올라갈 때 싼값으로 파는 것으로 한(漢) 선제 때 경수창이 창안하였다. 이와 관련된 문제점에 대해서는 이 책의 제27권 황정부 부분을 참조. 연납(捐納)은 돈이나 곡식 등 재물의 기부를 통해 일정한 공명(학위나 관직이나 관함)을 얻는 것을 가리키고 있다. 연납에 대해서도 마찬가지 부분을 참조.

56 「실수(實收)」는 실제 수입, 현재의 수입이라는 뜻도 있지만, 관고에 은냥을 납부한 다음 받는 증명서, 즉 「영수증」을 가리키기도 한다.

57 「집조(執照)」는 관부에서 발행하는 증거문서, 어떤 일이나 사항에 대한 허가를 해 주는 「증명서」를 말한다.

58 휘제(彙題)는 종합해서 보고하는 「제문(題文)」을 황제에게 올린다는 뜻이다.

59 구관(舊管)은 원래 있던 것, 즉 전임자로부터 물려받은 것을 말한다.

60 개제(開除)는 지출을 말한다.

61 『사주청책(四柱清冊)』은 구관(舊管) 즉 기존의 정액, 신수(新收) 즉 새로운 증액분, 개제(開除) 즉 새로 감소된 부분, 실재(實在) 즉, 이상의 계산을 종합하여 현재 남아 있는 액수 이 네 가지(구관+신수-개제=실재) 분류에 맞추어 정리한 장부다. 『부역전서』를 비롯한 재정이나 전량관련 회계장부나 인수인계문서는 모두 이 사주청책 형식으로 이루어져 있다.

62 「패표(牌票)」는 관부에서 모종의 구체적인 목적을 위해 발행하는 고정된 격식을 갖춘 서면 명령 내지는 증명용 도구나 문서를 말한다. 차역은 명령을 집행할 때 이것을 근거로 삼는다.

63 후대(候代)는 후교대(候交代)를 가리키는 것 같다. 즉 교대를 기다린다는 뜻이다.

64 반험(盤驗)은 철저히 조사하여 점검한다는 뜻이고 봉고(封固)는 밀봉한다는 뜻이다.

65 유등(有等)은 어떤 사람들(有些, 有的)이라는 뜻이다. 부정(不情)은 인정에 맞지 않다, 정리에 맞지 않다, 매정하다, 각박하다는 뜻이다.

66 구신(具申)은 상부에 보고한다는 뜻이다.

에 따라 똑같은 장부 두 권을 마련하여 인수인계에 대비한다. 창고 물품은 미리 하나하나 확실하게 점검해 둘 필요가 있다. 만일 물건이 바꿔치기되거나 유실이 되었다면 이는 곧 당고 서리(庫書)가 가로챈 것이니, 엄격하게 추궁하여 배상케 해야 한다. 후임관에게 반드시 인수인계할 물품은 살인사건의 흉기, 절도사건 증거물, 사염 처분대금, 상사가 처리를 지시한 속죄금, 황상·상사로부터 처리 지시를 받은 중대안건 때문에 응당 위로 올려 보내 조사를 받아야 할 물품 등이다. 만일 주현에서 알아서 처리할 재판 관련 물품이거나 중요하지 않지만 당고에 보관하는 물품이라면 인수인계 문서에 굳이 기입해 넣을 필요가 없다. 그리고 원래의 당고 『홍부』를 반납받아 [효력을] 말소시키고, 인수인계를 할 때 신임관이 이를 점검·확인하게 한다.

本官新任, 有前官交下貯庫之物冊. 有無某衙門解繳及本任貯庫等物,[67] 須查節年貯庫『紅簿』,[68] 照數備造淸冊一樣二本, 候代. 其庫物預先逐件査點明白. 如有抵換、遺失,[69] 卽係庫書侵盜, 嚴行究追. 其應交代者, 人命之兇器, 盜賊之賍仗,[70] 私鹽之變價, 上司之贖鍰,[71] 與欽·憲重案之應解審等物.[72] 如係自理及無緊要存庫之物,[73] 不必造入交盤. 宜將原庫簿繳銷,[74] 俟交代時, 聽新官盤驗.

---

67 해격(解繳)은 호송하여 인도하다, 또는 올려 보내서 교부하거나 제출한다는 뜻이다.

68 『홍부적책(紅簿赤冊)』은 청대 지방관이 징수할 지정전량의 수량을 기록한 장부다. 청대 수현에서는 전량 징수를 『홍부(紅簿)』에 기록했는데 매년 10월 안으로 다음 해에 징수분의 『홍부(紅簿)』를 포정사에게 보내 확인을 받고 징수하기 전에 돌려받는다. 『홍부』는 문자 그대로의 의미로는 상관이 붉은 먹으로 권점(圈點), 즉 동그라미나 점을 가한 장부라는 뜻이다.

69 저환(抵換)은 다른 것으로 바꿔치서 대체한다는 뜻이다.

70 장장(贓仗. 賍仗)은 죄증, 범죄의 증거를 말한다.

71 속환(贖鍰)은 속죄용(贖罪用) 은전(銀錢)이나 돈으로 속죄한다는 것을 가리킨다.

72 해심(解審)은 올려 보내서 심사나 검토를 받는다(解送審訊)는 뜻이다.

73 자리(自理)는 상사에 보고할 필요 없이 스스로 맡아서 판결을 내리고 처리하는 사법안건을 말한다.

74 격소(繳銷. 繳消)는 반납하여 말소시킨다(繳回注銷)는 뜻이다. 격(繳)은 (되돌려) 내놓는다, 교부한다는 뜻이고, 소(銷)는 파기, 말소한다는 뜻이다.

32-06. 잡세 검사(査稅契)[75]

지방 잡세는 『[부역]전서(全書)』에 정액이 기재되어 있는 것은 당연히 매년 정액에 따라 「수령확인문서」를 갖추어 함께 상부로 기해해야 하며, 정해진 액수가 없는 경우는 단지 매년 기존 선례에 따라 약간 늘리거나 줄여서 「약식 수령확인문서(小批)」와 함께 상부로 기해하면 된다. [기해한 다음 돌려받은] 「수령확인문서」는 모두 문서철에 첨부하여 보관한다. 이임에 즈음해서는 재임 기간 동안 해마다 올려 보냈던 세은(稅銀)에 대해 똑같은 내용의 장부 두 권을 마련하여 인수인계를 기다리는데, 이때는 「수령확인문서」까지 함께 제출하여 점검을 받는다. 매년 거둔 세은에 대한 『원장부(底簿)』 및 교체해서 발급해 준 「아첩(牙帖)」은 모두 반납을 받아 점검해야지, 담당 서역의 사무실에게 남겨 두어서는 안 된다.

부동산거래세(田房稅契)의 경우 평소 간사한 아행(牙行)들이 대부분 거래 사실을 숨기고 보고하지 않는 경우가 많다. 따라서 승진을 통보받은 다음에는 관아(官牙)들에게 엄격히 지시하여 아직 거래세를 내어 증명을 받지 않은 경우에는 즉각 거래세를 내도록 하되, 대신 반드시 부가징수분(戥耗)을 면제해 주어야만 관아 등이 세금 납부에 나서는 경우가 많을 것이다. 가난한 아역들의 경우에는 지방관이 이임할 때 은혜를 베풀어 달라고 하면서 [거래세를 내지 않은] 「부동산거래 증명서(稅契)」에 직인을 찍어 줄 것을 요구하는데, 이에 대해서는 적당하게 참작하여 은혜를 베풀어 줘야 한다. 그렇지 않으면 숨기고 보고하지 않을 것이니, 인정을 돌보지 않고 법대로 집행한다고 하더라도 일 처리에는 크게 도움이 되지 않는다. 정해진 액수가 없는 세은(稅銀)의 경우 비록 좀 남는 액수가 있지만, 이러한 잉여로 부족한 행정경비 등을 채워야 하고, 또한 본 주현이 소속되어 있는 상급의 부(府)나 상급 관청의 서역인 경승에게 해마다 일정한 액수의 상납을 해야 하기 때문에, 지방관에게 실제로 남는 것은 별로 없다. 하지만 선례에 따른 누규는 결코 빠뜨려서는 안 된다. 만약 이를 조금 아끼겠다고 나섰다가는 [상부로 문서를 올렸을 경우] 누차 퇴짜를 맞거나, 아니면 경고하는 지시나 명령이 떨어지면, 결국 세금을 숨기거나 빼돌리는 간악한 부정을 조장하게 될 것이다. 이에 대해서는 알아 두지 않으면 안 되므로, 아울러 여기서 언급해 두었다.

75 잡세에 대해서는 이미 제8권 전곡부 3 및 잡과부, 그리고 제30권 서정부 1 「30-07. 규정 외의 잡세(額外雜辦)」에서도 다룬 바 있다.

地方襍稅,『全書』載有定額者, 每年自應照額起批差解,[76] 無定額者, 每年止照舊例, 畧爲增減, 起「小批」差解.[77] 其批俱粘存案. 卸事時, 將任內節年解過稅銀, 備造淸冊一様二本, 候交代, 連批送驗. 其每年收稅『底簿』及更換牙帖,[78] 俱宜查繳, 不得存留該房.[79] 其田·房稅契,[80] 奸牙平日多隱狥不報,[81] 宜于報陞之後,[82] 嚴諭官牙, 將未經稅契者, 卽速報稅, 須免其戥耗,[83] 庶官牙人等攬稅者多. 至貧矜商役, 例于印官卸事時, 乞恩討印,[84] 亦宜酌從以示加惠. 否則延匿不報, 雖却情執法,[85] 亦無補于事也. 無額稅銀, 雖有贏餘, 但以羡補不足, 而本府及經承俱歲有常規,[86] 州縣官所存無幾,[87] 然例有之規, 斷不可少. 若稍爲吝惜, 非屢行駁査, 卽發示申飭,[88] 以長奸猾隱漏之弊.[89] 不可不知, 故併及之.

32-07. 중대 안건 종결(結欽憲件)

본관의 임기 내 살인·강도나 부정한 재물 추징과 같은 중요 안건으로 황상이나 중앙정부가 처리를 지시한 안건은 규정에 따라 당연히 처리 시한이 있고, 늦어지면 탄핵 처분을 받는

76 비(批)는 여기서는 「비회(批廻)」, 즉 「수령확인문서」를 가리킨다. 따라서 기비(起批)는 반송용 「수령확인문서」를 갖추어서 올려 보낸다는 뜻이다. 차해(差解)는 전달한다, 넘겨준다는 뜻이다.

77 「소비(小批)」는 앞서 나온 「수령확인문서」의 일종을 가리킨다.

78 『저부(底簿)』는 『저책(底冊)』과 같다. 즉 원본 장부는 보통 두 권을 만들어 하나는 위로 보고하고, 나머지 하나는 남겨 두어 저책으로 삼는다. 아첩에 대해서는 제8권 전곡부 3 및 잡과부를 참조.

79 해방(該房)은 관련 서역의 사무실을 가리킨다. 이 경우는 당연히 호방(戶房)일 것이다.

80 이에 대해서는 제8권 전곡부 3 및 잡과부를 참조.

81 은순(隱狥)은 숨겨서 봐준다는 뜻이다.

82 보승(報陞)은 분명하지는 않지만, 승진을 통보받는 것을 가리키는 것으로 보인다.

83 등모(戥耗)는 작은 저울로 무게를 달 때의 차액이지만, 여기서는 또는 그러한 차액을 감안하여 정액보다 더 거두는 세액을 가리키는 것으로 보인다. 이를테면 화모(火耗)와 비슷한 개념인 셈이다.

84 토인(討印)은 세금을 냈다는 확인을 해 주는 붉은 도장이 찍히지 않은 「백계(白契)」를 법적 효력이 있는 「홍계(紅契)」로 바꾸기 위해 「거래증명서」에 붉은색 관인(官印)을 찍어 달라고 요청하는 것을 말한다.

85 각정(却情)은 '인정을 돌보지 않고, 매정하게'라는 뜻으로 보인다.

86 여기서 본부(本府)는 주현이 소속되어 있는 부(府)를 가리킨다. 상규(常規)는 통상적으로 상납하는 누규(陋規), 즉 일종의 뇌물을 가리킨다.

87 무기(無幾)는 그다지 많지 않다는 뜻이다.

88 신칙(申飭)은 경고하거나 질책, 지시를 한다는 뜻이다.

89 은루(隱漏)는 숨기거나 빼먹는다는 뜻이다.

다. 만일 임기 내에 이를 마무리하지 못한다면 승진에 장애가 있으므로, 응당 심사해서 보고해야 할 것은 신속하게 심사·보고하고, 추징해야 할 것은 신속히 추징하도록 한다. 만약 직계존속의 상을 치르기 위해 이임하게 되어 사안을 마무리 짓지 못하면 이임관의 사례에 따라 나중에 새 관직에 임명될 때 안건별로 벌봉(罰俸) 1년의 처벌을 받는다. 상사가 처리를 지시한 안건에 대해서는 재빨리 심사·보고함으로써 마무리 지어야 한다. 이임할 때는 황상·중앙정부의 지시를 받았지만 완결되지 못한 안건, 상사의 지시를 받았지만 완결되지 못한 안건에 대한 『간명책(簡明冊)』을 같은 것으로 두 권 만드는 한편, 원래의 문서철을 점검하여 인수인계를 대비한다. 만약 상사의 지시로 처리해야 하는 속죄금 문제가 있을 때 추징해야 할 것 역시 장부로 만들어 넘겨줌으로써 후임관이 이어서 징수를 독촉할 수 있게 한다.

本任內有命盜及追贓重案, 事關欽·部者, 例有定限, 遲延參處.[90] 若任內未完, 有礙陞任, 應審報者,[91] 速行審報, 應追比者, 速行追比. 若丁憂事故離任,[92] 未完事件, 照離任官例, 于補官之日,[93] 每案罰俸一年. 其批審憲件, 亦宜速審詳結.[94] 于卸事時, 將欽·部未完事件, 幷憲批未完事件, 各造『簡明冊』一樣二本, 並原卷檢明, 候代.[95] 如有憲件贖鍰, 應追比者, 亦造冊交與接管催解.[96]

---

90 참처(參處)는 탄핵하여 처분한다는 뜻이다.

91 심보(審報)는 심사해서 보고한다는 뜻이다.

92 정우(丁憂)는 직계 존속의 상사(喪事)를 만났을 때 상을 치르기 위해 3년 동안 관직을 벗어나는 것(그리고 결혼하거나 시험에 응시하거나 연회에 참가하지 않는 것)을 가리킨다.

93 보관(補官)은 관직을 보수(補授)한다는 뜻인데 보(補)는 관직에 빈자리가 있을 때 인원을 선발하여 보충한다는 뜻인데, 신임관이 아니라 기존 관원이 (잠시 관직에서 벗어나 있다가) 다시 새로 보직을 받는 경우를 말한다. 즉 새로 관직을 받는다는 뜻이다.

94 심상(審詳)은 심리하여 위로 보고한다는 뜻이다.

95 원권(原卷)은 원래의 안권(案卷), 즉 문서철을 말한다.

96 접관(接管)은 관리를 이어받는다는 뜻이다. 최해(催解)는 해송(解送), 즉 세금이나 돈·범인 등을 위로 올려 보내도록 독촉하는 것을 말한다.

32-08. 감창 정리(淸監倉)

감금되어 있는 죄인은 수시로 『인명책』과 대조하면서 점검해야 하는 것이지, 반드시 이임일을 기다려서 해야 하는 것은 아니다. 하지만 이임에 즈음하여 깨끗이 조사·정리하는 것은 신임관에게 인계하기 위해서이다. 감옥에는 사형이 결정되어 처결을 기다리는 죄범, 충군형을 받아 배치를 기다리는 죄범, 중요 사건에 연루됐지만 아직 판결이 나지 않은 죄범은 모두 그 『[수감자]인명책』을 같은 것으로 두 권을 작성하여 인수인계에 대비한다. 그 죄범들은 반드시 사건별로 실제 숫자를 확실히 조사하고, 지방관이 직접 현장에 가서 점검해야 한다. 즉 한 사람 한 사람 모두 원래 사건과 관련된 인물인지, 나이나 생김새, 목소리 등이 기록과 서로 일치하는지를 점검해야 한다. 이것은 간교한 서역들이 기회를 틈타 부정을 저지를까 우려해서이다. 몸을 움직이지 못하는 폐질(廢疾) 환자나 벙어리를 죄범과 바꿔치기하는 경우가 있기 때문이다. 따라서 형방 서역과 옥졸에게 엄격하게 지시하여 이들을 엄격하게 손·발을 묶어 놓고 주의 깊게 단속하면서 신임관의 점검을 기다리도록 한다. 조정·상사로부터 처리를 지시받아 부정한 재물을 추징하거나 속죄금을 받아야 하는 죄범의 경우도 응당 각기 『인명책』을 만들어 규정에 따라 신임관에게 넘겨줌으로써 [그가] 계속 추징할 수 있게 해야 한다. 지방관 본인 수준에서 직접 처리한 소송이나 감금 또는 장물 추징을 한 범인에 대해서는 모두 공당에서 공개적으로 하나하나 처리하여 말소시킴으로써, 나중에 서리나 차역들이 구실을 만들어 돈을 뜯어내기 위한 소란을 피우지 못하게 한다.

監羈人犯,[97] 時宜弔簿淸理,[98] 固不俟卸任日爲然也. 然卸任淸查, 以便交代新官. 其獄中有題結死罪候決之犯,[99] 有軍徒候遣之犯,[100] 有重案未結之犯, 俱應備造『花名淸冊』一樣二本候代. 其各犯須逐案查明實數, 親身詣監, 逐名點驗是否原案之人, 年貌、聲音是否相對. 恐奸

97 감기(監羈)는 감금·구류를 뜻한다.

98 조부(弔簿)는 장부를 반납받는다, 되돌려 받는다는 뜻이다.

99 제결(題結)은 제문(題文)을 올려 (중앙정부의 심의과정을 거쳐) 그 판결이 확정되었다는 뜻이다.

100 군도(軍徒)는 충군형(充軍刑)을 가리킨다.

胥乘機作弊, 將廢疾[101]、瘖啞者抵換.[102] 仍嚴飭刑胥、獄卒, 嚴加鎖銬,[103] 謹愼隄防,[104] 以候新官查驗. 其部憲追賍追贖之犯, 亦應各造『花名冊』, 照式交代承追.[105] 其自理詞訟, 監羈及追罰之犯, 一槩當堂逐釋註銷,[106] 免致胥差滋擾.

32-09. 소송 마무리(簡詞訟)

승진을 통보받은 다음에도 살인·강도·도인과 같은 중요 사건은 당연히 종전처럼 접수하고 처리해야 한다. 하지만 그 밖의 소송 가운데 사소한 다툼이나 혼인·토지 등의 문제와 관련된 것, 또는 몇 마디 말로 판결을 내릴 수 있는 것은 곧바로 처리한다. 혹시라도 관련되는 문제가 좀 더 복잡하면 향약·지보나 친척·친구들이 공정하게 중재하여 풀도록 한다. 만약 이임할 때가 가까우면 당연히 결코 가볍게 사건을 접수해서는 안 된다. 바야흐로 인수인계의 문제를 처리해야 할 시기가 되므로, 곧바로 심의할 겨를이 없어 괜히 원고나 피고·증인·관련자들을 불러다 놓고 꾸물대면서 기다리게 하여, 돈을 들이고 시간만 낭비하게 될 뿐이기 때문이다. 나아가 서역들은 이 기회를 틈타 구실을 만들어 돈을 갈취하거나 지방관을 빌려 속임수를 쓰기도 한다. 심한 경우에는 간사한 서리가 몰래 뇌물을 가지고 지방관을 솔깃하게 만들어 원한을 품은 사람들이 복수로 분을 풀게 해 주고자 하는 경우도 있다. 지방관은 곧 떠날 터인데 한두 가지 일을 약간 가볍게 또는 무겁게 판결한다고 해도 역시 큰 피해는 없을 것이라고 생각하게 만드는 것이다. 하지만 이것은 패소한 측이

---

101 폐질(廢疾)은 잔질(殘疾) 때문에 일을 하지 못한다는 것, 또는 그런 사람을 말한다. 법률적으로 보면 잔질(殘疾)은 지체가 불구가 되거나, 머리에 상처가 생겨 머리카락이 모두 빠지거나, 눈 한쪽이 실명하거나, 두 귀가 귀머거리가 되는 것인데, 폐질(廢疾)은 잔질에서 그다음 단계로 넘어간 경우다. 이를테면 치매나 실명, 허리나 한쪽 다리가 부러진 것 등을 가리킨다. 이보다 심한 것은 독질(篤疾) 즉 엄중한 질환으로 두 눈이 실명하거나 두 다리가 부러지거나, 미치거나 한 경우다.

102 음아(瘖啞)는 '벙어리'라는 뜻이다.

103 아마 쇄고(鎖銬)와 같은 뜻일 것이다. 쇄고는 손과 팔을 묶는 형구를 가리키는데, 여기서는 통제나 속박이라는 뜻으로 보인다.

104 제방(隄防)은 단속하다, 방비한다는 뜻이다.

105 조식(照式)은 '그대로, 원래대로, 양식에 맞추어'라는 뜻이다.

106 당당(當堂)은 '공당(公堂)에서 심리(審理)하는 현장에서, 또는 당장에'라는 뜻이다.

결코 달게 받아들이려고 하지 않으며, 반드시 신임관을 기다렸다가 무고하여 끌어들인 사람이나 뇌물을 준 사람을 고발할 것임을 알지 못하는 것이다. 이렇게 되면 사실 지방관이 떠날 짐을 꾸리기도 전에 이미 다시 「고발장」이 만들어지고 있는 셈이니, 이 또한 큰 오점이 되지 않겠는가? 따라서 이러한 유혹은 단호히 거절해야 한다.

報陞之後, 其人命、盜逃重案, 自應照常准理.[107] 其餘雀角細事, 以及戶婚、田土, 或可片言剖決者,[108] 卽與剖決, 或有牽連,[109] 卽批令鄕地、親友從公處釋.[110] 若卸事將近, 更不宜輕准. 時方料理交代, 未暇卽審, 以致原、被、證、佐諸人, 羈遲守候,[111] 費錢失時, 而胥役且得借端需索, 指官誆詐. 更有奸吏以暮夜之金,[112] 聳動本官,[113] 爲怨家報仇雪憤. 以爲時將去任, 卽一、二事稍爲出入, 亦無害耳. 不知輸家豈能甘服,[114] 必待新官告理扳連、過付之人.[115] 是官未及束裝, 而訟牘已形矣,[116] 不亦大玷乎? 此斷宜拒絶者也.

---

107 조상(照常)은 '평상시와 마찬가지'라는 뜻이다. 준리(准理)는 접수하여 처리한다는 뜻이다.

108 편언(片言)은 '몇 마디 말'이라는 뜻이고, 부결(剖決)은 결단을 내리다, 가른다는 뜻이다.

109 견련(牽連)은 관련이나 연결·연루 등을 뜻한다.

110 종공(從公)은 '공정하게'라는 뜻이다. 처석(處釋)은 처리하여 풀다, 화해시킨다는 뜻이다.

111 기지(羈遲)는 머물게 해놓고 시간을 끈다는 뜻이다. 수후(守候)는 지킨다, 기다린다는 뜻이다.

112 모야(暮夜)는 밤, 또는 암중(暗中)이라는 뜻이지만, 모야금(暮夜金), 또는 각금모야(却金暮夜)는 한대(漢代)의 고사에서 비롯되었다. 동한의 동래태수(東萊太守) 양진(楊震)이 경창읍(經昌邑)을 지나는데 읍령 왕밀(王密)이 밤에 황금 10근을 가져와 바치면서 "밤중이라 아무도 알지 못한다"고 하였지만, 양진은 "하늘이 알고, 신이 알고, 내가 알고, 당신이 아는데 어찌 아는 사람이 없느냐?"면서 황금을 물리쳤다는 것이다. 이로부터 '모야금'은 몰래 뇌물을 바치는 것, '각금모야'는 관리의 청렴함을 가리키게 되었다(『후한서』 권54 「양진열전(楊震列傳)」, p.1769).

113 용동(聳動)은 감동시키거나 격려한다, 종용한다, 솔깃하게 만든다는 뜻이다.

114 수가(輸家)는 도박이나 격투에서의 패자를 말한다.

115 반련(扳連)은 억지로 무고하여 끌어들인다는 뜻이고, 과부(過付)는 쌍방이 거래를 하는데 중간 사람이 뇌물을 전달하는 것을 말한다.

116 송독(訟牘)은 소송문서를 말한다.

32-10. 서리 지현 요청(請署篆)[117]

승진을 하게 되면 이에 대해 상사도 통보를 받았겠지만, 부근 성성(省城)의 총독·순무·포정사·안찰사 등 상사에게 마땅히 직접 감사의 뜻을 전해야 한다. 거리가 멀다면 우선「품계」형식의 서신을 올려 감사의 뜻을 전한다. 가까운 곳의 도대·지부에게도 역시 직접 가서 감사를 표해야 한다. 조정·상사의 처리 명령을 받은 중요 안건에 대해서는 얼굴을 마주하였을 때 바로 어떻게 결말을 지을 것인지 지시를 요청하여, 그에 따라 처리한다. 만일 새로 부임할 관직이 이부의 선발을 통한 승진인데 임지가 너무 멀어 곧바로 가지 못한다면, 반드시 잠시 동안 임무를 대신 맡을 사람을 세우게 해 달라고 요청해야 한다.[118] 만약 지방 업무 가운데 아직 완결되지 못한 것이 있는데, 사정을 전혀 모르는 이가 부임하게 되면 곧바로 수많은 어려움을 겪을까 우려해서이다. 이웃 지방관이나 보좌관으로 평소 의기투합한 사람이 있다면, 그를 대리인으로 삼아 달라고 요청해도 무방하다. 만일 지방이 제법 부유한 곳이면 즐거이 그 요청을 따르지 않을 사람이 없을 터이다. 순무·포정사께서 평소에 좋게 봐주셨다면 직접 얼굴을 마주하였을 때 간청을 한 다음에 비로소 문서를 꾸려서 대리인을 요청하는 것이 좋다. 임기 내 전곡과 형명과 관련된 인수인계 문서는 제대로 잘 챙겨 두어 임시로 일을 맡아 줄 서리(署理) 지현이 당도하는 날을 기다려 곧바로 꼼꼼하게 넘겨준다면 임기를 제대로 마무리 지을 수 있다. 괜히 필요 이상 임지에 연연하였다가 다시 도인 문제나 강·절도 같은 사건에 부딪히면 도리어 거기에 계속 얽매이게 될 수도 있다.

○ 서리 지현에 대해서는 포정사가 보고를 올려 순무의 허락이 떨어지면, 바로「감사서신」·「홍비(紅批)」와 차역을 갖추어 영접하겠다고 청한다. 만일 서리 지현으로 오는 사람이 부의 동지(同知)나 통판(通判)이라면 또한 상사에 해당되므로 영접할 때 각종 의례 형식에 특별히 신경을 씀으로써 그가 기쁜 마음으로 좋은 감정을 갖[고 기꺼이 일할 수 있]게 해야 한다.

陞任之後, 上司旣有知照, 附近省會督撫、藩臬, 卽宜親謝. 遠則或先具「稟啓」致謝. 其就

117 서전(署篆)은 서인(署印)과 같은 뜻으로 관인(官印)은 모두 전자체(篆文)로 새겨졌기 때문에 이런 말이 생겼는데, 임시로 지방관의 직무를 대신한다는 뜻이다.

118 황육홍 자신이 담성현·동광현의 지현을 지낸 다음 북경의 경관(行人이란 관직)으로 발탁이 되는 행운을 누렸기 때문에 여기에는 그 자신의 경험이 반영되어 있는 것으로 보인다.

近道府, 亦應親往面謝. 凡有奉到部·憲要件, 面時卽宜請示, 作何歸結, 以便遵行. 如新官大選推陞,[119] 距任地寫遠, 不能卽至, 須詳請委署. 若地方事尙有未完, 恐生手一至, 便有許多刁難.[120] 鄰寅僚佐,[121] 平日有情誼相契者,[122] 不妨爲之商請.[123] 若地頗殷饒,[124] 未有不樂從者, 撫軍、方伯,[125] 素好垂靑,[126] 亦卽面爲稟懇, 方具文請署. 其任內錢穀、刑名交盤冊卷, 料理齊備, 待署篆到日, 肯卽周旋交代, 便可結一任之局. 恐久戀地方, 又遇逃人、盜案, 反爲沾滯矣.[127]

○ 其署印官, 方伯具詳, 撫軍批允, 卽宜備「吉啓」、「紅批」[128]、差役迎請,[129] 如係本府郡丞、別駕,[130] 又屬上司, 其迎請各色儀文,[131] 尤爲加謹, 使其喜悅, 更自用情也.[132]

32-11. 신임관 응접(接新官)

신임관이 경사에서 처음 관직을 제수받아 부임하는 경우라면, 임지가 경사에서 멀 경

---

119 여기서 대선(大選)은 이부가 정식 과정을 통해 관직을 수여하는 것을 가리킨다. 추승(推陞)은 아직 임기가 다 차지 않았는데(명대), 순서에 따라(청대) 승진하는 것을 말한다.

120 조난(刁難)은 고의로 사람을 어렵게 만든다는 뜻이다.

121 인인료좌(隣寅僚佐)는 이웃 지방의 지방관이나 속관·보좌관 등을 뜻한다.

122 상계(相契)는 상합(相合)과 같은 뜻으로 서로 뜻이 잘 맞는다, 깊은 왕래가 있다는 뜻이다.

123 상청(商請)은 협의하여 신청한다는 뜻이다.

124 은요(殷饒)는 부유하다는 뜻이다.

125 무군(撫軍)은 순무(巡撫)의 별칭, 방백(方伯)은 포정사(布政使)의 별칭이다.

126 수청(垂靑)은 청안(靑眼)으로 본다, 즉 중시하거나 아낀다는 뜻인데, 청안은 검은 눈동자를 가리킨다. 백안(白眼)의 경우는 이와 정반대의 뜻이다.

127 첨체(沾滯)는 얽매인다, 집착한다는 뜻이다.

128 「길계(吉啓)」는 축하의 뜻을 전하는 서신이라는 뜻이다. 「홍비(紅批)」는 원래 붉은 종이를 사용한 문서양식으로, 신임 지현에게 보내는 부임축하용 문서나 명첩(名帖. 紅帖이라고도 한다)을 가리킨다. 제1권 출사부 「1-13. 영접하러 온 아역 대하기(待接役)」 부분을 참조.

129 영청(迎請)은 영접하다, 빙청(聘請)한다는 뜻이다.

130 군승(郡丞)은 군수(郡守)의 보좌관이지만, 군은 명·청대에는 부(府)를 의미하므로 여기서는 지부(知府) 바로 밑의 보좌관 동지(同知. 정오품관)를 가리키는 것 같다. 별가(別駕)는 청대에는 통판(通判. 정육품관)이나 주판(州判. 종칠품관)의 별칭이었지만, 여기서는 정칠품인 지현의 상사라고 바로 뒤에 표현되고 있으므로 통판을 가리키는 것 같다.

131 의문(儀文)은 의례의 형식을 말한다.

132 용정(用情)은 진실한 감정으로 상대한다, 관심을 갖는다, 호의를 보인다는 뜻이다.

우 선례에 따라 영접하고, 가깝다면 직접 경사로 가서 접촉해도 된다. 다른 지방에서 승진하여 부임하는 경우라면 또한 선례에 따라 그 거리가 가깝고 먼 것에 따라 영접을 한다. 신임관의 부임을 축하하는 「환영서신」에서는 반드시 그 이름과 거기 관련된 피휘자(避諱)나 인용에 쓰는 전고(典故)를 확인해 보아야 하는데, 나중에 의심을 받거나 괘씸죄를 얻을까 염려해서이다. 서신에 쓰는 어휘의 사용은 스스로를 낮추어 겸손하며 완곡해야 하고, 맨 처음의 영접을 담당한 아역이 휴대하여 가게 한다. 신임관이 부임할 때 비록 서리 지현이 인수인계하기로 하였다고 하더라도, 아직 출발 전이라면 마땅히 야외에서 자리를 마련해 예의를 갖춰 축하함으로써 친절함을 보여 주어야 한다. "인수인계와 관련이 없으니 대충 넘어가도 좋을 것이다."라고 말해서는 안 된다. 나중에라도 다시 신임관이 문제가 있다고 전임관을 찾게 된다면, 재임한 기간이 오래되었으니 아무런 실수나 잘못이 없다고 보장할 수 있겠는가?

新任係京選者, 遠則照例迎接, 近則可直接至京. 係推陞者, 亦照例視遠近而迎. 其「迎啓」須檢點名諱,[133] 與引用典故, 恐涉嫌疑開罪. 措詞宜卑謙婉曲, 令頭接衙役帶去.[134] 臨任時, 雖或署篆接受交代, 如尙未啓行,[135] 仍應設席迎風, 備儀致賀, 以申款洽.[136] 毋謂: "交代無關, 可以疏畧", 而去後按求舊官,[137] 在任多年, 保無絲毫之滲漏乎?

32-12. 가족 보내기(發家眷)[138]

지방관이 경관(京官)으로 승진되거나 아니면 다른 성의 동지(同知) · 지주(知州)로 승진할 경

---

133 「영계(迎啓)」는 부임을 환영하는 서신을 말한다. 명휘(名諱)는 존장이나 존경하는 분의 이름이다. 생전에는 명(名), 사후에는 휘(諱)라고 구분하기도 한다.
134 두접(頭接)은 가장 먼저 영접하러 온다는 뜻이다.
135 계행(啓行)은 출발하다, 길을 떠나다, 시작한다는 뜻이다.
136 관흡(款洽)은 친밀함, 또는 친절함을 뜻한다.
137 안구(按求)는 조사하여 찾는다는 뜻이다.
138 이 권의 맨 앞 「32-01. 총론(總論)」에서도 관련된 서술이 이루어지고 있다.

우, 혹시 가족들을 임지로 먼저 보내는 것이 불편할 수도 있다. 만일 어떤 이유가 있어 해임되는 것이라면 가족들을 고향에 보내는 일은 당연히 가장 먼저 해야 한다. 배나 수레를 스스로 마련할 수 있고 명령도 제대로 먹힐 때인 데다가, 장차 이임할 때 행장을 꾸리면서 이리저리 잔뜩 묶어서 실으면 길에서 꼴사나워 보이는 모습을 피할 수 있기 때문이다. 이삿짐을 호송하기 위해 파견되는 아역은 평소 부리던 노련한 사람을 써야 하며, 집에 도착하면 마땅히 노자돈을 주어 위로하고, 빨리 되돌아가게 해야지 오래 머무르게 해서는 안 된다.

○ 근자에 듣기로는 못난 관리가 이임하면서 떠나려 할 때 지방민들이 원한을 품고 결국은 성문을 닫은 채 내보려 하지 않았던 경우가 있었다고 한다. 또 거리에서 소란을 피우면서 몰려들어 관리 부인의 옷을 벗기고 수레에 따르는 시종을 구타하였다고 한다. 오호라! 관리 노릇을 이렇게 하였다면 어찌 부끄럽지 않겠으며, 어찌 두렵지 않겠는가! 감히 여기에 함께 적으니 지방관이 된 사람들은 응당 주의를 기울여야 할 것이다.

夫官係陞遷京職及外省丞牧,[139] 家眷或未便先行.[140] 如係事故解任, 家屬歸里, 斷宜先行. 不惟舟車猶是自行辦理, 呼應尙靈, 且免臨時搬運行裝, 紛紜綑載, 道路觀之未雅. 所遣護送衙役, 須平時老成使令之人,[141] 抵家卽宜犒賞路費,[142] 令其早還, 不可久留.

○ 近聞有不肖官員, 離任起行, 地方含恨, 竟閉城門, 不容放行. 且更喧擁市衢, 褫夫人之衣, 而毆及輿從者.[143] 嗚呼! 居官至此,[144] 可不恥哉!, 可不畏哉! 敢並記之, 俾司民牧者, 宜着眼也.

139 승(丞)은 중앙·지방의 부직·보좌관으로 여기서는 부승(府丞)인 터이므로 동지(同知)에 해당될 것이다. 목(牧)은 주목(州牧)이므로 지주(知州)를 가리킨다.
140 가권(家眷)은 처자식 즉, 가족을 말한다. 가속(家屬) 역시 마찬가지다.
141 사령(使令)은 부린다는 뜻, 또는 사환이나 노비나 종복을 말하기도 한다.
142 호상(犒賞)은 노고를 치하하면서 상을 주는 것을 말한다.
143 여종(輿從)은 말이나 수레의 시중꾼을 말한다.
144 거관(居官)은 관직을 담임한다는 뜻이다.

32-13. 등록 안건 말소(銷號件)[145]

임기 내에 전량·소송·잡세와 같은 안건으로 독촉하거나 구인하기 위해 파견한 원래의 차역(原差)에게는 모두 그들이 받았던 「지시공문」이 있으며, 각 방(房)에는 모두 그 공문을 번호대로 등록해 둔 『등록장부』가 있다. 이임할 때가 되면 경승·원차에게 지시하여 떠맡아서 독촉하던 안건에 대해서는 신속하게 마무리를 짓도록 엄격하게 지시하고, 어느 하루를 잡아 전체적인 총결산을 하도록 한다. 독촉하여 마무리 지어야 하는데도 아직 여전히 완결되지 않은 안건이 있으면 기한을 정해 마감점검·독촉을 하면서 다른 날에 다시 마무리하게 한다. 나머지 여유가 있어 관대하게 면제해 주어도 될 것들은 모두 취소시키고, 공고를 해서 이를 널리 알린다. 이러한 안건 처리를 위해 발행된 「차표(差票)」는 [용도가 끝났으므로 회수하여] 모두 [갈고리('√') 표시를 위에 함으로써] 폐기처분을 하고, 내아(內衙)로 가지고 들어와야 한다. 지현 스스로 처리한 사법안건이나 잡다한 차역, 아세·잡세·부동산거래세 등의 『등록장부』는 모두 마감점검을 한 후 폐기처분을 하고, 역시 아울러 내아로 가지고 들어와야 한다. 이것은 이런 문서들을 외아(外衙)에 남겨 두었다가 나중에 다른 말썽이 늘어나는 것을 피하기 위해서이다.

凡任內催拘錢粮、詞訟、稅襍事件,[146] 原差俱有承票,[147] 各房俱有『號簿』.[148] 于將卸事之時, 諭令經承、原差, 將承催號件, 嚴行催結, 定于某日通比.[149] 應催結者, 尙有未完, 仍勒限嚴催赴比,[150] 另日再銷. 其餘可寬免者, 盡行註銷, 出示曉諭. 其「差票」勾抹,[151] 隨帶入內衙. 如自理倂襍差、牙·襍·稅契諸『號簿』, 比銷之後,[152] 亦隨交帶入, 免留在外, 以滋日後口實.

---

145 호건(號件)은 관청에서 심리하는 안건, 일련번호를 매겨 등록해 놓은 문서를 가리킨다.

146 구최(拘催)는 잡아다가 납입을 독촉하여 다짐을 받는 것이다.

147 승표(承票)는 공문인 표를 받는다는 뜻이다. 표(票)는 증빙으로 삼는 문서(「지시공문」)를 말하며, 관부에서 사람에게 전달하여 구인하거나 할 때 사용하는 증명서다.

148 『호부(號簿)』는 『등록장부』, 즉 번호순서대로 내역(여기서는 문서수발)을 기록해 둔 장부를 가리킨다.

149 통비(通比)는 총괄적인 검토, 총결산을 뜻한다. 비(比)는 마감점검이란 뜻이 있다.

150 부비(赴比)는 관부에서 기한을 정하여 조세 등을 추징하면서, 기한을 넘기고도 내지 않는 경우에 대하여 곤장으로 치는 등의 처벌을 가하는 것을 말한다.

151 구말(勾抹)은 말소·파기한다는 뜻이다. 즉 갈고리('√') 표시를 위에 함으로써 그 문서의 효력을 말소하는 것을 말한다.

32-14. 문건 회수(弔案卷)

임기 내 황상과 중앙정부·상사의 지시로 처리한 안건과 살인·강도와 같은 중요안건으로 이미 완결된 각 사안의 문서철은 모두 거두어들여 종전에 이어붙인 곳과 도장을 찍어 봉인한 부분에 문제가 없는지, 모두 몇 건인지를 상세하게 점검한다. 그리고 중앙정부·상사의 지시로 처리하였으나 아직 완결되지 않은 안건의 경우, 원래 올린 답장보고의 초안을 이어 붙여 만든 문서철이 모두 몇 건인지를 검사하고, 아직 심리가 끝나지 않은 살인·강도 같은 중요 안건은 몇 건인지를 검사한다. 이때 반드시 각 사건의 「구두진술」과 지방관의 「심리의견」을 세심하게 검토하여, 원래의 「보고공문(詳文)」과 서로 들어맞는지를 확인해야 한다. 만일 「구두진술」과 「심리의견」 가운데 글자가 잘못되어 「보고공문」과 맞지 않는 부분이 있다면 반드시 똑같이 되도록 수정해야 한다. 원고·피고의 「소송문서」와 「탄원서」·「반박문」, 전후 심리과정에서 얻은 「구두진술」·「진술조서」·「심리의견」 및 「지시공문(牌票)」 가운데 응당 남겨 두어야 할 것은 남기고 빼버릴 것은 뺀 다음, 모두 날짜 순서에 따라 이어지는 곳에 도장을 찍어 봉인해서 보존한다. 이렇게 하여 후임관이 안건을 이어받아 심리하거나 아니면 파견된 관원(委員)과 함께 처리할 경우 혹시 간사한 서리가 일부러 바꿔치기를 하거나 혼란스럽게 처리하는 것을 피하기 위해서이다.

이상 각 안건들을 모두 해당 방으로 보내 해당 경승이 수량대로 수령하여, 해당 방에서 보존하도록 지시한다. 「영수증」은 문서철에 붙여 보관시키는데, 본관이 자세히 점검함으로써 해당 경승이 전임관이 회수·검토하다가 외아로 내보내지 않았던 안건을 숨기거나 뒤섞어 농간을 부리는 폐단을 막기 위해서이다. 지현 수준에서 스스로 처리하였던 소송에서 민간의 혼인·부동산과 관련된 안건 가운데 응당 보존해야 할 것들은 그 「구두진술」·「판결초안」을 양식에 맞추어 첨부해 보존함으로써, 나중에 다시 분쟁이 발생했을 때 이전 문서철을 가져다 증빙자료로 삼을 수 있게 해야 한다. 꼭 보존해야 할 문서가 아니라면 모두 지방관이 보관하면서 나중의 참고에 대비하되, 반드시 외아의 아역에게 넘겨줄 필요는 없다.

152 비소(比銷)는 최종적인 마감점검(比)과 용도가 폐기된 문서의 정리·말소(銷)를 뜻하는 것으로 보인다.

凡本任內欽·部·憲件幷命盜重案已經完結各案卷, 通弔詳查從前粘連、印縫無差,[153] 共若干件. 其未完結之欽·憲件, 將原行詳覆底案粘連成卷,[154] 共若干件, 其未經審結命·盜重案若干件. 須將各案「口供」、「看語」, 細加檢看,[155] 要與原「詳文」相合. 如供、看內有字語差錯不對「詳文」者, 須改正如一. 原、被「狀詞」、「呈」、「禀」, 前後審取「口供」、「招」、「看」及牌票, 應存者存, 應刪者刪, 俱挨順月日, 粘連用印存案, 使後官接審, 或委員會勘, 免致奸胥抽換,[156] 及混亂不淸也.

以上各件, 俱應發房, 悉令該經承照數具領,[157] 批發存房.[158] 「領狀」粘卷存貯, 本官備照,[159] 以免該承遺匿混賴前任弔查未經發出之弊.[160] 其自理詞訟內, 民間戶婚、田土, 應存案者, 其「口供」、「審語」, 照式粘存, 以備日後興爭, 弔取前卷爲憑. 如不應存案文卷, 悉繳貯本官備查, 不必發房.

32-15. 형구 파기(毁刑具)

무거운 칼과 큰 곤장을 두는 것은 백성에게 해를 끼치는 못된 아역과 무뢰배에게 경고하면서 위엄을 드러내기 위함이지, 어찌 항상 쓰는 형구가 되겠는가? 따라서 그것을 그냥 두고 파기하지 않았다가, 지방관이 화가 치밀었을 때 위세를 부리다가 백성의 목숨을 해치게 되면, 누구의 잘못이겠는가? 만일 재임 중에 이러한 것이 있었다면, 이임할 때 마땅히 모두 불살라 그 흔적을 없애야 한다. 그렇게 함으로써 벼락같은 위엄과 비·이슬 같은 은

153 통조(通弔)는 모두 반납을 받는다, 가져온다(提取)는 뜻이다. 점련(粘連)은 이어 붙인다는 뜻이고, 인봉(印縫)은 도장을 찍어 밀봉한다는 뜻이다.

154 상복(詳覆)은 상세하게 검토하다, 또는 그 결과를 위에 보고한다는 뜻이다.

155 검간(檢看)은 검사하여 살펴본다는 뜻이다.

156 추환(抽換)은 일부를 뽑아서 다른 것과 바꿔치기한다는 뜻이다.

157 조수(照數)는 일정한 수량에 따른다는 뜻이다. 구령(具領)은 문서를 갖추어 수령한다는 뜻이다.

158 비발(批發)은 어떻게 처리할지 지시를 써서 내려 보낸다는 뜻이다.

159 비조(備照)는 대조하여 맞추어 본다는 뜻이다.

160 유익(遺匿)은 빠뜨려서 숨긴다는 뜻이다. 혼뢰(混賴)는 자신의 책임이나 착오를 인정하지 않고 남에게 책임을 전가하는 것, 또는 남의 것을 자신의 것으로 삼는 일을 가리킨다.

택을 함께 보여 주면서 천지와 같은 인애(仁愛)의 마음을 드러내는 것이다.

夫重枷、大板之設, 所以警蠹、棍,[161] 而示威嚴也, 豈常用之具乎? 若存而弗毀, 恐有乘怒騁威, 以戕虐民命者, 是誰之孽耶? 如在任有此, 于謝事之時,[162] 宜盡行焚燬, 以滅其跡, 則雷霆、雨露、天地仁愛之心也.[163]

32-16. 문서양식 준비(備文冊)

이임할 때는 마땅히 쓸 수 있는 빈 장부나, 장문(長文)의 「영수증」이나 「보증서」 양식, 그리고 홍 · 백색 「명첩」이나 「품게(稟揭)」, 봉투 같은 부류 등을 모두 양식에 따라 지방관의 직인을 찍고 그 숫자를 기록하여 보관해 둠으로써 한동안의 필요에 대비할 수 있게 해 두어야 한다. 그렇게 하지 않으면 나중에 신임관에게 직인을 빌려 써야 하는 하는데, 이렇게 아주 번잡한 일을 피하기 위해서이다.

卸事之時, 須將空白應用簿冊、長文領 · 結,[164] 幷紅 · 白「手本」[165]、「稟揭」[166]、封函之類,[167] 俱宜照式用印記數收貯, 以備一時之需, 免致向新官手借印, 殊覺煩難也.

---

161 두곤(蠹棍)은 백성에게 해를 끼치는 아역이나 악질 무뢰배를 가리킨다.

162 사사(謝事)는 사직한다, 세상을 뜬다는 뜻이다.

163 뇌정(雷霆)은 벼락 또는 그러한 위력이나 분노를 가리킨다. 우로(雨露)는 비와 이슬, 또는 은택(恩澤)을 가리킨다.

164 장문(長文)은 따로 특별한 뜻이 있는 것 같지는 않다. 아마 긴 내용이 들어가는 것을 의미하는 것처럼 보이며, 영(領) · 결(結)은 「영수증」이나 「보증서」 양식을 말하는 것 같다.

165 「수본(手本)」은 여기서는 윗사람을 뵐 때 사용하는 명첩(名帖)을 가리킨다. 이것은 편지를 쓸 때 서신에 첨부하기도 하는데, 상대방은 항상 돌려주어야 한다.

166 「품게(稟揭)」는 상행문(上行文)인 공문의 일종을 가리킨다.

167 봉함(封函)은 편지봉투와 편지를 가리킨다.

32-17. 역참의 말 보충 구입(買補驛馬)[168]

역참의 말은 그 수가 정해져 있으니, 인수인계를 할 때도 반드시 정액대로 해야 한다. 하지만 승진 소식이 들리면 곧바로 바로 말을 사서 보충하는 편이 좋다. 이임 시기까지 기다린다면, 말 주인들이 기회를 틈타 높은 값을 부르며 억지를 부릴 것이기 때문이다. 게다가 질병이나 상처를 입었다가 완치가 된 말을 사게 되는 수도 있는데, 바쁘다 보면 제대로 검사해서 골라내기도 어렵다. 하지만 신임관은 종래 건강하고 튼튼한 말을 요구해 왔기 때문에, 질병이나 상처를 알아보면 어찌 쉽사리 인수받고자 하겠는가? 그렇게 되면 허투로 돈을 낭비한 셈이 되지 않겠는가? 보충하여 사들인 말들은 반드시 낙인을 찍어 별도의 마구간에서 먹이면서 인수인계를 기다리게 해야 한다. 만일 역참에 들여놓게 되면, 다시 업무에 시달리느라 감당할 수 없을 정도로 피폐해질 것이기 때문이다. 또한 모자라는 말을 일시에 사서 메우기 힘든데 신임관이 차라리 현금으로 넘겨 달라고 한다면, 시가에 따라 은으로 지불하는 것이 훨씬 낫고, 양쪽 모두 서로 편한 방법이 될 것이다. 다만 인수인계 때에 단지 신임관에게서 역마를 접수하였다는 「확인서」만 받기만 하면, 말이 많고 적거나 있거나 없거나 하는 문제는 본인이 신경을 쓸 바가 아니게 된다.

凡驛馬有額設之數, 交代定須如額. 但有陞信, 卽宜購補馬匹. 若待臨時, 馬主乘機勒索高價. 且有養好傷殘之馬, 倉卒難容檢擇, 而新官從來務要膘壯强健者,[169] 其看出傷殘, 豈肯收受? 不徒費金錢乎? 所買補之馬, 須卽加印烙, 另槽餵養, 以候交代. 若一入驛中, 又將疲敝不堪矣. 更有新利于拆色,[170] 如缺額一時難買, 莫若照市値算銀, 亦兩便之道. 但止取收到驛馬「印結」, 則多寡有無, 皆非我所計矣.

---

168 이 문제는 제28권 역참부(郵政部) 1 「28-09. 역마 구매(買馬)」에서도 이미 다루어진 바 있다.

169 무요(務要)는 반드시 하기 바란다는 뜻이다.

170 원문은 '탁색(拆色)'이라 되어 있는데 아마 절색(折色)인 것 같다. 절색은 원래 세금을 징수할 때 본래 거두게 되어 있는 실물 대신 은전이나 다른 물자로 대체하여 징수하는 것을 가리킨다.

32-18. 포행·아행 포고(論舖行)

장차 이임하려 할 때 반드시 포행(舖行)과 매판(買辦)에게 다음과 같은 포고를 내려야 한다.

본 지현은 부임 이래 매일 필요한 곡식이나 채소를 비롯해 베나 비단, 기타 여러 물품들은 모두 문은(紋銀)을 즉각 지불하면서 시가에 따라 구입해 왔으며, 조금이라도 외상으로 사거나 값을 깎은 적이 없었다. 이제 떠날 때가 다가오면서 물자 구매를 담당하는 매판(買辦)이 기회를 틈타 부정을 저지르면서 포행의 물건 값을 외상으로 하거나 깎아 내리려 한다면, 즉시 본 지현에게 소리쳐 고발할 수 있도록 허용하여, 그들을 무겁게 처벌하고, 너희도 제대로 배상을 받게 해 줄 것이다. 너희 포행에서는 꾹 참고 스스로에게 피해를 감수하였다가, 나중에 본 지현이 너무 늦게 말하였다고 허물을 잡아서는 안 된다.

將卸事時, 須出示曉諭舖行及買辦人等[171]:

本州縣自蒞任以來, 其日用米麵、菜蔬, 以及布帛、襍物, 俱係現發紋銀, 照市價平買, 並無絲毫賒取、短抑. 卽今離任伊邇,[172] 恐有買辦乘機作弊, 賒短舖行價值, 許卽時喊稟本州縣,[173] 以憑重究追償.[174] 爾舖行毋得隱忍自累,[175] 致咎本州縣言之不早也.

---

171 여기서 포행(舖行)은 점포·상점을 가리킨다. 매판(買辦)은 물자 구매를 담당하면서 잡무를 겸임하던 차역(差役)을 가리킨다. 매판에 대해서는 제2권 부임부 1「2-19. 매판 정하기(定買辦)」를 참조.

172 이이(伊邇)는 '가까이, 머지않아'라는 뜻이다.

173 함품(喊稟)은 소리 지르면서 호소한다는 뜻이다.

174 추상(追償)은 이왕의 부채를 상환하게 한다는 뜻이다.

175 자루(自累)는 스스로에게 피해를 끼치게 하는 것을 말한다.

32-19. 빌린 물품 반납(還借辦)[176]

장차 이임하려 할 때 각 포행과 공방(工房)의 담당자에게 다음과 같은 포고를 내려야 한다.

본 지현이 부임한 이래 빌려 쓴 모든 기물과 가구 등 물품에 대해 모두 정확한 수량을 기록해 포고문 뒤에 나열함으로써 본인들이 직접 확인하고 찾아가게 하려 한다. 이미 집안사람들에게 함부로 기물들을 움직이지 말고, 본 지현이 아문을 나설 때까지 기다리라고 엄히 지시해 두었다. 해당 포행은 각자 기다렸다가 원래의 숫자대로 회수해 감으로써 스스로 일을 그르쳐서는 안 된다. 만일 아역들이 억지를 부리면서 돌려주지 않는다면 본 지현에게 와서 소리쳐 고발할 것을 허용한다. 이를 통해 책임을 추궁하고 물품을 반환하게 할 것이다.

將卸事時, 宜出示曉諭各舖行及工房經手人等:

本州縣自蒞任以來, 所有借辦什物、傢伙等項,[177] 俱開有細數, 列于示後, 以便本人認取.[178] 已嚴諭家人, 不許擅動, 俟本州縣出衙門之時. 爾舖行各宜伺候, 照數搬回, 毋得自悞. 倘有衙役勒掯不還, 許赴本州縣喊禀, 以憑責究追給.

176 차판(借辦)은 빌려 쓴다는 뜻이다. 또는 도시거민에 대한 잡항 부담 가운데 하나로 관부에 무상으로 일정한 용품을 제공하는 것을 뜻하기도 한다.
177 가화(傢伙)는 여기서는 가구나 기물, 악기 등을 가리킨다.
178 인취(認取)는 확인하여 취득한다는 뜻이다.

32-20. 이역 포상(賞吏役)

재임기간이 길었다면 각 담당 경승들은 자연스럽게 지현이 은혜를 내려 줘 혜택을 받기를 기대할 것이다. 충성스럽고 건실한 이역에 대해서는 사소한 일이라고 경솔하게 처리해서는 안 된다. 또 본 지현이 이임할 때 가지고 가기 어려운 거칠고 무거운 목기, 오래된 병풍, 해진 상자 따위는 힘써 일한 차역의 우두머리나 문지기, 물 긷는 사람, 청소부, 주방 일꾼 등에게 수량을 적절하게 조절하여 골고루 상으로 나눠 준다. 이는 한편으로는 그들의 수고를 보상해 주기 위함이고, 또 한편으로는 그들이 나중에 원망하는 마음을 품지 않게 하기 위함이다.

夫在任多年, 各有該管經承,[179] 自能乞恩沾惠. 其忠厚朴實者, 不敢以瑣事輕干. 本官于離任時, 所有難携粗重木器及舊屛、敝簏之類, 或效力班頭與守門皂隷[180]、挑水、打掃、火夫,[181] 酌量多寡, 均匀賞給. 一以酬勞, 一以使若輩叨去後之思也.[182]

32-21. 신사와의 작별 인사(辭鄉紳)

재임기간 동안 상당히 오랫동안 왕래를 하였고 평소에도 명절 때 선물을 주고받는 신사들에 대해서는 이임하게 될 때 응당 그 지위 고하와 교분의 깊이에 따라 간단하게나마 작별의 성의를 표시해야 한다. 응당 예방(禮房)에 지시하여 현재 경사나 지방에서 현직으로 근무하는 현임관, 관직에서 휴가를 얻어 집에서 쉬고 있는 사람은 물론이고 거인·공생·감생·생원 등의 신사로 평소 왕래가 있었던 사람들을 모두 조사하여 그 명단을 작성

179 해관(該管)은 장관(掌管), 즉 담당이라는 뜻이다.
180 반두(班頭)는 아문 차역의 우두머리 또는 차역을 가리킨다.
181 도수(挑水)는 물을 진다는 뜻이다. 화부(火夫)는 주방에서 일하거나 화로 등을 담당하는 일꾼을 말한다.
182 도(叨)는 탐낸다, 함부로 한다는 뜻이다.

한 다음 내택으로 보내게 한다. 또한 내택에 보관하고 있던 『명절선물장부』를 상세히 조사하여, 그 가운데 지위가 높은 이를 위해서는 술과 음식·재물과 편액을 마련하고 직접 찾아가 감사의 인사를 올린다. 그다음으로 교분이 좀 두터운 이들에게는 술과 음식·편액을, 그다음은 편액만을 보내면서 각기 사람을 보내 인사를 올린다. 편액은 금색 테두리에 검은색 글씨로 만들지만 여러 종류로 하는데, 모두 지나간 일에 대해 아름답게 꾸며 떠받드는 내용이다. 나머지 반드시 보내야 하는 게 아닌 경우까지 두루 다 보낼 필요는 없다. 이웃 고을에 반드시 감사의 뜻을 전하고 싶은 이가 있다면 역시 적당하게 헤아려 행함으로써 이별에 앞선 깊은 정감의 교류에 정성을 다해야 한다. 다만 음식이나 술·편액의 경우 모두 제 값을 지불해서 사야 하며, 「영수증」을 근거로 받아 둔다. 편액을 만드는 장인에게도 역시 적당한 보수를 주어야 한다. 요컨대 뒷마무리가 응당 깔끔해야 하며, 몇 푼의 돈을 아끼겠다고 상인들에게 원망을 사서는 안 된다.

夫鄕紳在任相與有年,[183] 素承歲時餽問,[184] 其將離任, 自應視爵位之崇卑與交情之厚薄, 而畧申別敬.[185] 宜命禮房, 將本治鄕紳, 現任京外及告致閑住在家, 以及擧、貢、監、衿居恒往來者, 通行查開摺子送宅.[186] 再將宅內『歲時禮節底簿』詳查, 其爵尊者, 或備盃幣、羊酒、扁額,[187] 親詣致謝. 稍厚者, 羊酒、扁額, 再次扁額, 俱差人致謝. 扁額金緣墨字之不一, 俱鼓吹往送.[188] 其餘不應送者, 未能徧及. 如鄰境有應致意者, 亦酌量行之, 以盡臨岐繾綣之忱而已.[189] 但羊酒、扁木, 俱給與價値, 取領存據, 製扁匠役, 亦給飯資.[190] 總之, 善後宜周, 勿因惜小費,

---

183 유년(有年)은 '여러 해'라는 뜻이다.

184 궤문(餽問)은 음식이나 물건을 보내어 위문한다는 뜻이다.

185 별경(別敬)은 회뢰(賄賂) 즉, 일종의 뇌물을 간접적으로 부르는 명칭이다. 그 명목은 아주 번다한데, 이를테면 여름에 보내는 것을 얼음 값, 즉 빙경(冰敬)이라 하고, 겨울에 보내는 것은 연탄 값, 즉 탄경(炭敬)이라 한다. 여성에게 보내는 것은 화장품 값, 즉 장경(妝敬)이라 한다. 학자에게 보내는 것은 문의(文儀), 경사에 보내는 것은 희경(喜敬), 연말이나 명절에 보내는 것은 연경(年敬)이나 절경(節敬), 문지기나 하인에게 주는 것은 문경(門敬)이라고 한다.

186 접자(摺子)는 여러 겹으로 접어서 종이책을 만들고, 표지는 두꺼운 종이로 하는 것이 일반적이다. 보통 장부에 많이 쓰인다.

187 배폐(杯幣)는 바치는 술·음식과 재물을 가리킨다. 양주(羊酒)는 양과 술, 또는 상이나 증여하는 물품을 범칭하기도 한다.

188 여기서 고취(鼓吹)는 부추기다, 떠받든다는 뜻인 것 같다. 따라서 지나간 일에 대해 아름답게 포장하여 떠받드는 내용이라는 것으로 보인다.

189 임지(臨岐)는 기로에 선다는 뜻, 즉 작별할 때 쓰는 말이다. 견권(繾綣)는 얽매어 감도는, 굳게 맺혀 풀리지 않는, 떨어질 수 없는 등의 뜻으로 감정이 깊고 두터움을 표현한다.

190 반자(飯資)는 반전(飯錢), 즉 밥값으로 일의 대가를 가리킨다.

而致歛怨商民也.

32-22. 문묘·사당 참배(辭文廟常祀)[191]

문묘는 바로 이 지역 교화의 중심지이며, 성황신은 이 고장 복덕(福德)을 주재하는 분이기 때문에, 지현은 매월 초하루·보름에 여기에서 공경하게 제사를 드리면서 우러러 의지한다. 그러니 어찌 관인의 끈(印綬)을 풀고 떠나는 수레에 오르면서 머리를 조아리고 작별인사를 올리지 않을 수 있겠는가? 이임하기 전에 길일을 잡아 문묘와 성황당, 그리고 정기제사를 지내는 사묘(祠廟)를 공손히 참배하도록 한다. 사당을 수리하고 치장하는 작업은 응당 평소에 이루어져야 한다. 만일 떠나갈 때가 되서야 생각이 난다고 갑작스레 공사를 일으킨다면 일 처리가 대충 이루어지면서 그 결과가 오랫동안 버티지 못하는 꼴을 피하지 못한다.

文廟乃本治敎化之宗, 城隍乃是邦福德之主. 州縣朔、望所敬禮而仰賴者也.[192] 詎解綬登車, 而不稽首告謝乎?[193] 于離任前, 擇吉恭謁文廟、城隍及常祀諸祠廟. 至于修葺、藻飾, 平日宜然. 若待瀕行動念, 倉卒興工, 則未免草率從事, 弗克堅久矣.

32-23. 아문 나서기(出衙)

서리 지현이 직무를 넘겨받으면, 아문에 들어와 살지 아닌지 여부와 관계없이 마땅히

191 상사(常祀)는 정기적인 제사를 가리키지만, 여기서는 그러한 제사를 올리는 사당을 가리키는 것 같다.
192 앙뢰(仰賴)는 기댄다, 의지한다는 뜻이다.
193 계수(稽首)는 일종의 궤배례(跪拜禮)로 이마를 땅에 대는 것으로 구배(九拜) 가운데 가장 공경한 것을 가리킨다.

공관을 일찌감치 정리하거나, 아니면 민가를 빌려 나가 주어야 한다. 그래야만 수리하여 신임관을 기다릴 수 있기 때문이다. 아문을 비울 때에는 반드시 모든 장소를 직접 점검해 보아야 한다. 벽에 글씨 따위가 붙어 있다거나 남이 봐서는 안 될 것이 있어 아역이나 후임관이 습득하게 되면 나중에 우스꽝스럽게 될 수도 있기 때문이다. 또한 감추어 두었던 중요 문건을 잊어버렸다가 다시 들어가서 찾아오는 것도 또한 상당히 불편하다.

○ 아문의 창이나 문·부엌·찬장 등은 모두 백성의 피와 땀으로 만들어진 것이고 지현의 가족들은 이를 빌려 몇 년 동안 쉴 수 있었다. [지현으로서의 임기를] 돌이켜 보았을 때 백성의 생활에 진실로 혜택이 미쳤다면, 음식이나 잘 자리에 대해 아무런 부끄러움도 없었을 것이다. 만약 그렇지 않다면 천장을 쳐다보면서 방황하면서, 응당 흐르는 식은땀으로 등을 적실 것이다. 감히 이미 만들어진 건물을 훼손하여 백성의 금전에 다시 피해를 끼친단 말인가! 마땅히 집안사람들에게 쓸데없이 속설을 믿지 말고, 함부로 기둥 하나 나무 한 조각도 훼손시켜서는 안 된다고 일러둬야 한다. 발각되면 반드시 무겁게 처벌한다는 포고를 삼당(三堂)에 붙여 모두 삼가 지키게 해야 한다.

署官攝篆,[194] 無論進衙居住與否, 總宜早葺公館, 或借賃民房移出, 庶便修理, 以候新官. 其出衙時, 須各處親加檢看, 恐有字跡粘貼墻壁及不當人見之物, 衙役及後官拾得, 留作話柄.[195] 且有藏匿要件遺忘, 再爲入取, 更覺未便也.

○ 其衙門窓隔門戶, 以及櫥竈等類, 皆係民膏民力所成, 而本官眷屬藉以栖息者, 歷有年所.[196] 若反而思之, 苟有惠澤及民, 飮食、寢處, 庶無餘媿. 否則仰屋徬徨,[197] 應汗流浹背. 寧敢毁已成之工, 又累百姓金錢乎! 宜嚴諭家人, 毋得妄信俗說, 擅毁一椽寸木, 査出定行重責, 出示實貼三堂,[198] 共加遵守可也.

---

194 섭전(攝篆)은 관직을 대리한다는 뜻이다. 전(篆)은 전자(篆字)로 새겨진 관인(官印)을 가리킨다.

195 화병(話柄)은 얘깃거리·화두를 말한다.

196 연소(年所)는 연수(年數)를 말한다.

197 앙옥(仰屋)은 누워서 집의 대들보를 쳐다본다는 뜻으로 아무런 방도가 없다는 뜻이다. 아주 고민하면서 생각하는 모습을 가리키기도 한다.

198 실첩(實貼)은 확실하게 붙인다는 뜻이다. 삼당(三堂)은 정원이나 세 [번째] 건물을 뜻하는데, 여기서는 지현 아문과 내택(내아)의 건물을 가리키는 것 같다.

32-24. 인수인계(交代)

무릇 『인수인계책』을 완성하면 현임관은 하나하나 자세하게 대조하면서 검토해야 한다. 이 일이 완료되면, 재임할 동안 각 방으로부터 "마무리 짓지 못한 전량 안건이 전혀 없다"는 「확인서」를 받아 근거로 보관하고, 신·구 지방관이 인수인계를 하는 날을 기다린다. 그런 다음 각 방에서 똑같이 두 권씩 제작한 『인수인계책』과 「수령확인문서」·「영수증」철 총 몇 건 모두를 속관(寮佐)에게 요청하여 함께 직접 전달하게 한다. 신임 또는 서리 지현은 점검해 보고 아무 문제가 없을 때야 비로소 『인수인계책』 앞면에 '받았다(收)'는 글자를 쓰고 서명을 하며, 전임관은 '주었다(交)'는 글자를 쓰고 서명하여, 각기 한 권씩을 근거로 보관한다. 신임관은 다시 직인을 찍은 「보증서」 한 장을 전임관에게 건네주고, 그다음 이미 인수인계를 완료하였다는 「보증서」를 자신의 여러 상관에게 보고한다. 이렇게 하고 나면 전임관은 바로 먼 길을 떠날 수 있다.

凡『交盤冊』造成, 本官逐款磨對. 旣淸, 于在任時, 先取各房"並無未完錢糧事件"「甘結」存據, 俟新舊交代日. 然後將各房攢造『交盤冊』, 每一樣二本, 幷批領卷宗,[199] 共若干件, 傳請寮佐, 眼同親交.[200] 新任、或署任, 彼必査明無舛, 方將交盤冊前頁面, 新官寫'收'字用押, 舊官寫'交'字用押, 各執一本存據. 新官再出一「印結」, 付與舊官. 然後出已經交代文書「印結」, 申報各上臺, 則舊官可以翩然長往矣.[201]

32-25. 상사에게 인사하고 새 부임지로 가기(辭上司赴新任)

신임관이 이미 인수인계를 하였다고 보고하면 전임관은 반드시 상급의 지부·도대·포정사·안찰사의 「확인문서」를 받은 다음 순무에게 보고한다. 경사의 관직, 즉 경관(京官)으

199 권종(卷宗)은 안권, 즉 분류·보존된 문서를 말한다.
200 안동(眼同)은 '함께, 같이, 즉 직접 입회하여'라는 뜻이다.
201 편연(翩然)은 '빠르게, 바로'라는 뜻이다.

로 승진하는 경우는 순무가 이부로 자문(咨文)을 보낸다. 다른 지방으로 가서 승진하여 가는 경우라면 이부에서 증명서를 순무에게 자문으로 보내 본인에게 전달하게 함으로써 새로 부임할 수 있게 한다. 그렇지만 상사에게 고별인사를 할 때에는 예절·의장 면에서 응당 보통 때보다 더욱 두텁고 더욱 삼가는 자세를 가져야 한다. 근무지를 떠나면 바로 소속이 다른 관원이므로 대충 해도 된다고 해서는 안 된다. 매번 상사에게 죄를 얻을 때마다, 결국은 항상 끝이 좋지 않은 잘못을 저지르는 셈이니, 어찌 경계하지 않을 수 있겠는가?

新官既經交代申報, 舊任必由府、道、藩、臬出結報院.[202] 陞京職, 則院給咨吏部. 陞外任, 則吏部發憑咨院, 給付本官, 以便到新任. 然辭別上司, 禮節、儀文, 尤宜從厚加謹. 毋謂離任便係客官, 可以大意而行. 每每獲罪上司,[203] 致有不終之失, 可不戒哉?

○ 부록:「품계(禀啓)」: [생략][204]

○ 출판사 금릉 종서당의 안내문[205]

이 책은 갑술(1694)년 겨울의 첫째 달(음력 시월)에 이루어졌고, 기묘(1699)년의 여름의 둘째 달(음력 오월)에 출판되었습니다. 쪽수를 계산하면 모두 761쪽이고 글자 수는 27만 3,930자입니다. 써서 새긴 것이 아주 정교하고 교감도 자세하게 이루어졌기에, 어느 한자 흘려 쓰거나 잘못되고 빠진 것이 없습니다. 하지만 사방의 이익을 꾀하는 못된 무리들이

202 출결(出結)은 이미 일이 완료되었거나 사정이 확실하다는 것을 증명하는 것을 말한다.

203 매매(每每)는 매번, 누차, 언제나, 모든 등의 뜻이다.

204 이 부록의「품계」는 주변의 상관·동료에게 보내는 인사성이 강한 문장으로 따로 한 권 분량을 차지하고 있다. 하지만 본서의 내용과는 큰 관계도 없고, 화려하지만 난해한 형식적인 문장에 지나지 않는다. 번역을 하자면 상당히 큰 수고를 들여야 하지만 대부분 아무런 참고가 되지 못하는 내용이라 생략하였다.

205『복혜전서』는 경서당판본(敬書堂版本. 初版)과 종서당판본(種書堂板本. 二版) 두 계통으로 나눠진다. 실제로는 보다 많은 판본이 존재하였을 터이지만, 현재 필자가 구득한 판본 다섯 종류는 모두 이 부분에서 '種書堂'이라 표기하고 있든지, 아니면 이 부분이 수록되어 있지 않는 것 두 가지다.

몰래 멋대로 가져다 다시 출판하는데, 종이나 조판이 엉망이고 글씨 흔적이 모호하고 뒤죽박죽 섞이게 만들어 가짜가 진짜를 어지럽힘으로써, 읽는 사람의 눈에 쉽게 들어가지 않을까 두렵습니다. 만약 이러한 무리가 있으면 현직에 있는 관원이나 신사 여러분께서 풍기와 교화를 유지하고 공공의 악을 함께 드러내 주는 차원에서 금릉(金陵)의 본당에 통보해 주신다면, 즉시 달려가서 고발하여 몽땅 잡아들이도록 하겠습니다. 종서당(種書堂)에서 삼가 알립니다.

是書成於甲戌歲之孟冬, 梓於己卯歲之仲夏, 計頁凡柒佰陸拾壹字, 凡貳拾柒萬參仟玖佰參拾. 寫刻精工, 校讐詳覈, 無一字潦草訛脫. 誠恐四方壟利奸徒, 私竊翻刊, 紙板粗惡, 字蹟糢糊舛錯, 以贗亂眞, 令觀者難以入目. 如有此輩, 懇乞當道大人縉紳先生, 維持風敎, 共彰公癉, 幷賜聞金陵本堂, 立馳鳴究, 啣戢無旣. 種書堂 謹啓.

참고문헌

1. 사료 및 공구서

姜聲尉 編著, 『漢文辭書한글音順索引』(學古房, 1992)
구범진, 『조선시대 외교문서: 명청과 주고받은 문서의 구조분석』(한국고전번역원, 2013)
南都泳 譯, 『마경언해』(한국마사회 마사박물관, 2004)
藍鼎元 지음(미야자키 이치사다 해석, 차혜원 옮김), 『녹주공안: 청조 지방관의 재판기록』(이산, 2010)
박원호 등, 『명사식화지역주』(소명출판, 2008)
法制處, 『古法典用語集』(법제처, 1979)
徐元瑞 原編, 鄭光 等譯, 『이학지남(吏學指南)』(태학사, 2002)
송철의 · 이현희 · 장윤희 · 황문환, 『역주 증수무원록언해(增修無寃錄諺解)』(서울大學校奎章閣韓國學研究院 韓國學共同研究叢書 4. 서울대학교출판부, 2004. 2006)
王與, 『新註無寃錄』(王與 지음, 최치운 외 주석, 김호 옮김, 『신주무원록(新註無寃錄): 억울함을 없게 하라』, 사계절출판사, 2003)
李成珪 編譯, 『史記: 中國古代社會의 形成』(서울대학교출판부, 1987)
張養浩, 『三事忠告』(정애리시 역, 『삼사충고』, 푸른산, 1993. 새물결, 1999. 소림, 2005)
鄭光 等, 『이학지남(吏學指南)』(태학사, 2002)

葛洪, 『神仙傳』
葛洪, 『抱朴子』
高文達, 『近代漢語詞典』 上 · 下(知識出版社 1992)
顧炎武, 『日知錄』(顧炎武 著, 黃汝成 集釋, 『日知錄集釋』, 上海古籍出版社, 1988)
官箴書集成編纂委員會 編, 『官箴書集成』 全10冊(黃山書社, 1997)
邱遠猶 主編, 『中國近代官制詞典』(北京圖書館出版社, 1991)
邱濬, 『大學衍義補』(林冠群 等校點, 上 · 中 · 下, 京華出版社, 1999)
羅貫中, 『三國[志通俗]演義』(『중국기본고적고(中國基本古籍庫)』 데이터베이스. 이하 『중국기본고적고』로 약칭)
駱寶善, 『駱寶善評點袁世凱函牘』(岳麓書社, 2005)
內藤乾吉 原校, 程兆奇 點校, 程天權 審定, 『六部成語注解』(浙江古籍出版社, 1997)
雷夢麟 撰 , 『讀律瑣言』 30卷(中國史學叢書三編. 臺北: 臺灣學生書局, 1986影印)
雷榮廣 等, 『淸代文書綱要』(四川大學出版社, 1990)
唐浩明, 『唐浩明評點曾國藩家書』(岳麓書社, 2002?)

戴璐, 『藤陰雜記』(『중국기본고적고』)

戴鞍鋼 · 黃葦 主編, 『中國地方志經濟資料匯編』(漢語大詞典出版社, 1999)

董仲舒, 『春秋繁露』

馬建石 等, 『大淸律例通考校注』(中國政法大學出版社, 1992)

明淸檔案通覽委員會, 『明淸檔案通覽』(中國檔案出版社, 1999)

武樹臣 主編, 『中國傳統法律文化辭典』(北京大學出版社, 1999)

閔庚堯 編著, 『中國古代公文簡史』(檔案出版社, 1988)

潘杓燦, 『未信編』(官箴書集成編纂委員會 編. 全10冊. 黃山書社, 1999의 第3冊, 또는 國家圖書館影印室 編, 『明淸法制史料輯刊』 第1編 (全37冊). 國家圖書館出版社, 2008 所收)

裵燕生 等編著, 『歷史文書』(第二版. 中國人民大學出版社, 2009)

司馬光, 『溫國文正公文集』(四部叢刊景宋紹興本, 『중국기본고적고』)

徐珂, 『淸稗類鈔』(中華書局, 1984)

徐東 輯, 丁日昌 選評, 『牧令書輯要』(同治七年 江蘇書局刊)

徐梓 編注, 『官箴: 做官的門道』(中央民族大學出版社, 1996)

薛允升 撰, 『讀例存疑』(光緖三十一年 京師刊本)

星斌夫 編, 『中國社會經濟史語彙』(正 · 續 · 三篇. 山形: 光文堂書店, 1965, 1976, 1988)

邵之棠 輯, 『皇朝經世文統編』(臺北: 文海出版社,1973, 1980. 淸光緖辛丑年[1901]秋月 上海寶善齋石印本)

宋慈, 『洗寃[集]錄』(宋慈, 羅時潤 · 田一民 譯釋, 『細寃集錄今譯』, 福建科學技術出版社, 2005)

睡虎地秦墓整理小組, 『雲夢睡虎地秦墓竹簡』(文物出版社, 1978)

沈書城 輯, 『則例便覽』(乾隆庚戌序. 『四庫未收書輯刊』, 北京出版社, 2007의 第二集 第27冊 所收)

沈之奇 撰(懷效鋒 · 李俊 點校), 『大淸律輯註』 上 · 下(法律出版社, 2000)

楊廷福 等編, 『淸人室名別稱字號索引增補本』 上 · 下(上海古籍出版社, 2001)

梁淸海 等編著, 『古今公文文種匯釋』(四川大學出版社, 1992)

呂本中, 『官箴』

倪師孟 等纂, 『(乾隆)吳江縣志』(中國方志叢書 華中地方 第163號. 成文出版社, 1975)

吳均, 『續齊諧記』(『중국기본고적고』)

吳秀之 等修, 曹允源 等撰, 『吳縣志』(中國方志叢書. 華中地方 第18號. 民國22年鉛字本. 成文出版社, 1970; 中國地方志集成. 江蘇府縣志輯 11, 江蘇古籍出版社, 1991)

王肯堂 原釋, [淸] 顧鼎 重輯. 『王儀部先生箋釋』(30卷. 康熙三十年顧鼎刻本. 四庫未收書輯刊編纂委員會 編, 『四庫未收書輯刊』, 北京出版社, 2000 所收. 史部 第01輯 第25冊)

王明德 撰, 何勤華 等點校, 『讀律佩觿』(法律出版社, 2001)

王先謙, 『思益堂集』(『중국기본고적고』)

王世貞, 『鳴鳳記』(『중국기본고적고』)

王植, 『崇德堂稿』(8卷)

王植, 『崇德堂集』(『四庫全書總目提要』. 『중국기본고적고』)

王樵 · 王肯堂 箋釋, 『大明律附例箋釋)』(30卷. 附錄 『點檢屍傷指南』, 『醫救死傷法』)

牛平漢 主編, 『明代政區沿革表』(中國地圖出版社, 1997)

牛平漢 主編, 『清代政區沿革綜表』(中國地圖出版社, 1990)

劉向, 『說苑』(『중국기본고적고』)

陸贄, 『翰苑集』(『四庫全書』 集部 別集類. 『중국기본고적고』)

李桓 輯, 『國朝耆獻類徵初編』(共720卷. 臺北: 明文書局, 1985)

張我德 等編, 『清代文書』(中國人民大學出版社, 1996)

中國第一歷史檔案館 編著, 『清代文書檔案圖鑑』(岳麓書社, 2004)

陳榮華 等主編, 『江西歷代人物辭典』(江西人民出版社, 1990)

『現行則例』(康熙18年, 例文 290條)

黃六鴻 箸, 周保明 點校, 『福惠全書』(廣陵書社, 2018. 이 책은 원고를 출판에 넘긴 지 한참 후에 나와 교정에 참고하지는 못하였다)

『皇朝文鑑』(四部叢刊景宋刊本. 『중국기본고적고』)

『淮南子』

『後漢書』

『欽定[嘉慶]大清會典事例)』(沈雲龍 主編, 『近代中國史料叢刊』 第3編 第68輯. 臺北: 文海出版社, 1992)

『欽定[光緒]大清會典)』(『續修四庫全書』 史部 政書類. 794. 上海古籍出版社, 2002)

『欽定[光緒]大清會典事例』(『續修四庫全書』 史部 政書類 798-814. 上海古籍出版社, 2002)

『欽定[重修]六部處分則例)』(上海: 圖書集成印書局, 光緒 16年)『現行則例』(康熙 18年, 例文 290條)

『皇朝文鑑』(四部叢刊景宋刊本. 『중국기본고적고』)

『淮南子』

『後漢書』

『欽定[嘉慶]大清會典事例)』(沈雲龍 主編, 『近代中國史料叢刊』 第3編 第68輯. 臺北: 文海出版社, 1992)

『欽定[光緒]大清會典)』(『續修四庫全書』 史部 政書類. 794. 上海古籍出版社, 2002)

『欽定[光緒]大清會典事例』(『續修四庫全書』 史部 政書類 798-814. 上海古籍出版社, 2002)

『欽定[重修]六部處分則例)』(上海: 圖書集成印書局, 光緒 16年)

寺田浩明 編, 『讀例存疑電子版』(http://www.terada.law.kyoto-u.ac.jp/dlcy/index.htm)

山腰敏寬 編, 『中國歷史文書讀解辭典』(汲古書院, 2004)

佐伯富 編, 『福惠全書語彙解』(京都: 同朋舍, 1975)

Djang, Chu(章楚), *A Complete Book Concerning Happiness and Benevolence*, The University of Arizona Press, 1984

Hirth, F., 『新關文件錄(*Textbook of Modern Documentary Chinese*)』(1911. 臺灣成文出版社影印, 1968)

Hucker, Charles O., *A Dictionary of Official Titles in Imperial China*, Stanford University Press, 1985

Jiang, Yonglin, *The Great Ming Code/Da Ming lü*(translated and introduced by Jiang Yonglin), University of Washington Press, 2005

Jones, William C.(translation with the assistance of TianQuan Cheng, Yonglin Jiang), *The Great Qing Code*, Oxford University Press, 1994

Kerby, William C., Lin Man-houn eds., *States and Economy in Republican China: A Handbook for Scholars*, Harvard University Press, 2000. 2 Vols.

Kuhn, Philip H. and J. K. Fairbank, *Introduction the Ch'ing Document, Part 1 Volume 1-2*(*Reading Document: the Rebellion of Chung Jen-Chieh*), Revised Edition, 1993

Reed, Bradly W., *Talons and Teeth: Country Clerks and Runners in the Qing Dynasty*, Stanford University Press, 2000

Spence, Jonathan D., *The Death of Woman Wang*, Viking Penguin, 1978 → (조너선 스펜스 지음, 이재정 옮김, 왕여인의 죽음, 이산, 2002)

2. 저서

나까무라 시게오(임대희 등 옮김), 『판례를 통해서 본 청대 형법』(서경, 2004)

나퀸, 수잔 등 지음(정철웅 옮김), 『18세기 중국사회』(신서원, 1998)

남정원(藍鼎元) 지음(차혜원 옮김), 『녹주공안: 청조 지방관의 재판기록』(이산, 2010)

도미야 이타루 지음(손승회 옮김), 『동아시아의 사형』(영남대학교출판부, 2014)

閔斗基, 『中國近代史硏究: 紳士層의 思想과 行動』(일조각, 1973)

빌, P. E. 지음(정철웅 옮김), 『18세기 중국의 관료제도와 자연재해』(대우학술총서 81. 민음사, 1985)

스펜스, 조너선(설순봉 옮김), 『왕여인의 죽음』(이화여자대학교출판부, 1995)

스펜스, 조너선(이재정 옮김), 『왕여인의 죽음』(이산, 2002)

스펜스, 조너선(이준갑 옮김), 『강희제』(이산, 2001)

吳金成 외, 『명청시대사회경제사』(이산, 2007)

이스트만, 로이드 E.(이승휘 옮김), 『중국사회의 지속과 변화: 1550-1949』(돌베개, 1999)

정광 · 정혜승 · 양오진, 『이학지남(吏學指南)』(태학사, 2002)

조영헌, 『대운하와 중국 상인: 회양지역 휘주 상인 성장사 1415-1784』(민음사, 2011)

조지만, 『조선시대의 형사법: 대명률과 국전』(景仁文化社, 2007)

차혜원, 『저울 위의 목민관: 명대 지방관의 인사고과와 중국사회』(서강대학교출판부, 2010)

티모시 브룩 외 지음, 박소현 옮김, 『능지처참: 중국의 잔혹성과 서구의 시선』(너머북스, 2010)

狹間直樹 等(신일철 옮김), 『데이타로 보는 중국근대사』(신서원, 1999)

Ch'u Tong-tsu, *Local Goverment in China under the Ch'ing*, Stanford University Press, 1962 → (瞿同祖, 『淸代地方政府』, 法律出版社, 2003)

Jiang, Yonglin, *The Mandate of Heaven and the Great Ming Code*, University of Washington Press, 2011

Mungello, D. E., *Drowning Girls in China: Female Infanticide since 1650*, Rowman & Littlefield

Punlihshers, Inc, 2008

Rowe, Willam T., *Saving the World: Chen Hongmou and Elite Consciousness in Eighteenth-Century China*, Stanford University Press, 2001(陳乃宣 等譯, 『救世: 陳宏謀與十八世紀中國的精英意識』, 中國人民大學出版社, 2013)

Spence, Jonathan D., *The Death of Woman Wang*, The Wylie Agency Ltd, 1978(이재정 옮김, 『왕여인의 죽음』, 이산, 2002)

賈靜濤, 『中國古代法醫學史』(北京: 群衆出版社, 1984)

葛劍雄 主編, 劉海峰 等著, 『制度文明與中國社會: 學優則仕-教育與科學』(長春出版社, 2004)

葛劍雄 主編, 郭建 著, 『制度文明與中國社會: 五刑六典-刑罰與法制』(長春出版社, 2004)

高浣月, 『清代刑名幕友研究』(中國政法大學出版社, 1999)

郭成偉 主編, 『官箴書點評與官箴文化研究』(中國法制出版社, 2000)

郭成偉 · 關志國, 『清代官箴理念對州縣司法的影響』(中國人民大學出版社, 2009)

郭松義 主編, 『清朝全史』(遼寧人民出版社, 1995)

郭潤濤, 『官府 · 幕友與書生: "紹興師爺"研究』(中國社會科學出版社, 1996)

管軍軍, 『中國古代的"皇杖"』(中國法制出版社, 2006)

瞿同祖, 『清代地方政府』(法律出版社, 2003 ← Ch'u Tong-tsu, *Local Goverment in China under the Ch'ing*, Stanford University Press, 1962)

那思陸, 『清代中央司法審判制度』(北京大學出版社, 2004)

那思陸, 『清代州縣衙門審判制度』(中國法政大學出版社, 2006)

段自成, 『清代北方官辦鄉約研究』(中國社會科學出版社, 2009)

黨江舟, 『中國訟師文化: 古代法律現象解讀』(北京大學出版社, 2005)

樓祖詒, 『中國郵驛發達史』(中華書局, 1940)

毛建華, 『烏紗 · 龍袍 · 大堂: 中國古代官場風俗』(中華民俗文化叢書. 四川人民出版社, 2003)

方行 等主編, 『中國經濟通史 清代經濟卷』(經濟日報出版社, 2000)

柏樺, 『明代州縣政治體制研究』(中國社會科學出版社, 2003)

柏樺, 『明清州縣官群體』(天津人民出版社, 2003)

傅宗懋, 『淸制論文集』 上 · 下(臺灣商務印書館, 1977)

謝成俠, 『中國養馬史』(科學出版社, 1959)

歲有生, 『清代州縣經費研究』(鄭州: 大象出版社, 2013)

常越男, 『清代考課制度研究』(北京大學出版社, 2010)

蘇亦工, 『明清律典與條例』(中國政法大學出版社, 2000)

孫家紅, 『清代的死刑監候』(社會科學文獻出版社, 2007)

楊樹藩, 『中國文官制度史』 上 · 下(黎明文化事業股份有限公司, 1982)

楊樹藩, 『清代中央政治制度』(臺灣商務印書館, 1978)

艾永明, 『清朝文官制度』(商務印書館, 2003)

倪玉平,『淸代漕糧海運與社會變遷』(上海書店出版社, 2005)
吳吉遠,『淸代地方政府的司法職能硏究』(中國社會科學出版社, 1998)
吳愛明,『淸督捕則例硏究』(南開大學 博士學位論文, 2009)
吳欣,『淸代民事訴訟與社會秩序』(中華書局, 2007)
魏光奇,『有法與無法: 淸代的州縣制度及其運作』(商務印書館, 2010)
劉子揚 編著,『淸代地方官制考』(紫禁城出版社, 1988)
李文治·江太新,『淸代漕運』(中華書局, 1995)
李治亭,『中國漕運史』(臺北: 文津出版社, 1997)
林乾,『淸代衙門圖說』(中華書局, 2006)
張硏,『淸代縣級政權控制鄕村的具體考察: 以同治年間廣寧知縣杜鳳治日記爲中心』(大象出版社, 2011)
張小也,『官·民與法: 明淸國家與基層社會』(中華書局, 2007)
臧嶸,『中國古代驛站與郵傳』(商務印書館, 1997)
鄭秦,『淸代法律制度硏究』(中國法政大學出版社, 2000)
鄭學檬 主編,『中國賦役制度史』(廈門大學出版社, 1994)
曹强新,『淸代監獄硏究』(湖北人民出版社, 2011)
趙世瑜,『吏與中國傳統社會』(浙江人民出版社, 1994)
趙曉華,『晩淸訟獄制度的社會考察』(中國人民大學出版社, 2001)
主客,『臀部的尊嚴: 中國笞杖刑罰兒文化』(花城出版社, 2002)
周保明,『淸代地方吏役制度硏究』(上海書店出版社, 2009)
陳丹,「『福惠全書』硏究」(華東師範大學: 華東師范大學, 2014, 博士論文)
陳鋒,『陳鋒自選集』(武漢: 華中理工大學出版社, 1999)
陳鋒,『淸代鹽政與鹽稅』(第二版. 武漢大學出版社, 2013)
陳惠馨,『淸代法制新探』(臺北: 五南圖書出版股份有限公司, 2012)
何平,『淸代賦稅政策硏究 1644-1840』(中國社會科學出版社, 1998)
許穎,『淸代文官行政處分程序硏究』(中國社會科學出版社, 2011)
斯普林克爾, S. 著(張守東 譯),『淸代法制導論』(中國政法大學出版社, 2000)

梅原郁 編,『中國近世の法制と社會』(同朋舍, 1993)
夫馬進 編,『中國訴訟社會史の硏究』(京都大學學術出版會, 2011)
山本英史,『淸代中國の地域支配』(慶應義塾大學出版會, 2007)
岩井茂樹,『中國近世財政史の硏究)』(京都大學學術出版會, 2004)
入江啓四郞,『支那新聞の讀み方(中國報紙硏究法)』(タイムス出版社, 1936)
滋賀秀三 編,『中國法制史基礎資料の硏究』(東京大學出版會, 1993)
佐伯富 編,『福惠全書語彙解』(京都: 同朋舍, 1975)

3. 논문

金暻綠, 「明代 公文制度와 行移體系」, 『明清史硏究』 26, 2006

김형종, 「清代國家權力의 性格: 財政史的 觀點에서의 理解」, 『東亞文化』(서울대 동아문화연구소) 45, 2007

김형종, 「명·청대 중국의 관잠서: 황육홍(黃六鴻)과 『복혜전서(福惠全書)를 중심으로」, 『다산과 현대』 제7호, 2014. 특집논문 「동아시아의 지방통치와 공공성: 『목민심서』를 중심으로」

閔斗基, 「清代의 幕友에 대하여」, 『中國近代史研究: 紳士層의 思想과 行動』(일조각, 1973)

表敎烈, 「清代 前期 漕運의 弊端: 運軍의 存在樣態를 중심으로」, 『省谷論叢』 26下, 1995

龔汝富, 「略論中國古代官箴的政治智惠」, 『中國人民大學學報』 2006-1

龔汝富·劉江華, 「從黃六鴻『福惠全書』看清代州縣吏治的經驗智慧」, 『江西財經大學學報』 2011-2

郭潤濤, 「試論淸代州縣衙門設置幕府的原因」, 『學術硏究』 1990-4

杜金, 「清代高層官員推動下的'官箴書'傳播: 以陳宏謀·丁日昌爲例」, 『華東政法大學報』 2011-6

杜金, 「清代皇權推動下'官箴書'的編纂與傳播: 以『欽頒州縣事宜』爲例」, 『學術硏究』 2011-11

鄧建鵬, 「清代訟師的官方規則」, 『法商研究』 2005-3(第107期)

鄧建鵬, 「清代訴訟費用研究」, 『清華大學學報』 2007-3(第22卷)

鄧建鵬, 「清代州縣訟案和基層的司法運作: 以黃岩訴訟檔案爲研究中心」, 『法治研究』 2007-5

鄧建鵬, 「清代官代書制度研究」, 『政法論壇』 26-6, 2008

劉軍平·錢智剛, 「清代州縣司法官任用制度探析: 以『福惠全書』爲視角」, 『湖南科技學院學報』 2014-12

劉秀生, 「清代縣政管理的百科全書: 評黃六鴻『福惠全書』及其爲官之道」, 方行 主編, 『中國社會經濟史論叢』(北京: 中國社會科學出版社, 2005)

陸平舟, 「官僚·幕友·胥吏: 清代地方政府的三維體制」, 『南開學報』 2005-5

孫嘉悅, 「從黃六鴻『福惠全書』窺見清代州縣司法制度」, 『蘭台世界』 2013-33

時運生, 「中國古代的爲官之道- 古代'官箴'述論」, 『人文雜志』 1996-6

王雪華, 「清代官弱吏强論」, 『武漢大學學報』 2008-3

王化平, 「中國古代的官箴」, 『文史知識』 2006-10

牛貫傑, 「清代馬政初探」, 『燕山大學學報(哲學社會科學版)』 2006-2

劉秀生, 「清代縣政管理的百科全書: 評黃六鴻『福惠全書』及其爲官之道」, 方行 主編, 『中國社會經濟史論叢: 吳承明交手九十華誕紀念文集』(北京: 中國社會科學出版社, 2006)

周保明, 「明清官箴文獻略論」, 『圖書館情報論壇』 2010-2

陳小葵, 「論明清時期的'胥吏之害'」, 『青海師範大學學報』 2008-1

陳兆肆, 「清代法律: 實踐超越表達—以衙役群體運作班房爲視角—」, 『安徽史學』 2008-4

陳曉敏, 「清代州縣衙門文書制度一瞥: 讀『福惠全書』札記」, 『檔案与建設』 1986-4

彭酌森, 「中國歷代官箴文獻與傳統吏道思想」, 『古籍整理研究學刊』 1990-4

胡祥雨, 「"逃人法"入"順治律"考: 兼談"逃人法"的應用」, 『清史研究』 2012-8

胡元德, 「一部堪做古代應用寫作教材的官箴書: 『福惠全書』應用文体介紹」, 『應用寫作』 2013-11

胡元德,「從『福惠全書』看清代衙門來往文書: 秦國經先生『清代文書簡介: 各衙門的來往文書』續貂」,『辦公室業務』2013-17
黃卓權,「'淡新檔案'的認識與運用: 淸代衙門文書的遊戲規則」,『新竹文獻』34, 2008

夫馬進,「明淸時代の訟師と訴訟制度)」(梅原郁 編,『中國近世の法制と社會』, 同朋舍, 1993 소수)
山根幸夫,「福惠全書 解題」, 小畑行簡 訓點,『福惠全書』(東京: 汲古書院, 1973 所收)
山本英史,「黃六鴻の編審論」, 同著,『清代中國の地域支配』(慶應義塾大學出版會, 2007)

찾아보기

[사항]

ㄱ

ㅊ

[인명]

[지명]

[서명]

옮긴이 소개

김형종(金衡鍾, Kim, Hyoung-chong)

현 서울대학교 인문대학 동양사학과 교수(전공: 중국근대사)

1982.3. 서울대학교 인문대학 동양사학과 졸업
1984.8. 동 대학원 졸업(석사) 「상해에서의 신해혁명의 전개과정: 혁명세력과 각 계층의 대응」
1997.8. 동 대학원 졸업(박사) 「청말 강소성의 신정과 신사층」
1988-1990 서울대학교 인문대학 동양사학과 조교
1990-1994 서울대학교 인문대학 동양사학과 강사
1989-1994 한국외국어대학교 사학과 강사
1993-1994 성심여자대학교 국사학과 강사
1997 한림대학교 사학과 강사
1998.9. 서울대학교 인문대학 동양사학과 조교수
2002.10. 서울대학교 인문대학 동양사학과 부교수
2008.10. 서울대학교 인문대학 동양사학과 교수

저서

저서 『淸末新政期의 硏究: 江蘇省의 新政과 紳士層』(서울대학교출판부, 2002)
저서 『1880년대 조선-청 공동감계와 국경회담의 연구』(서울대학교출판문화원, 2018)
공저 朴漢濟 등, 『아틀라스 中國史』(사계절, 2007)
공저 兪長根 등, 『중국의 청사공정 연구』(동북아역사재단, 2008)
공저 정혜중 등, 『중국 역사학계의 청사 연구 동향』(동북아역사재단, 2009)
공저 김형종 등, 『중국의 청사 편찬과 청사 연구』(동북아역사재단, 2010)
공저 배경한 엮음, 『동아시아 역사 속의 신해혁명』(한울, 2013)
공저 유인선 엮음, 『사료로 보는 아시아사』(위더스북, 2014)
공편 근대한국외교문서편찬위원회, 『근대한국외교문서』 제3-11권(동북아역사재단, 2012, 서울대학교출판문화원, 2013-2015)

역서

편역 『1880년대 조선-청 국경회담 관련 자료 선역』(서울대학교출판문화원, 2014)
편역 『서문으로 보는 중국의 역사 사상』(위더스북, 2017)
역서 金衡鍾, 『中國現代思想史論』(한길사, 2005. ← 李澤厚, 『中國現代思想史論』)
공역 金衡鍾 等, 『新中國史』(까치, 2005. ← J.K. Fairbank, *China: A New History*)
공역 朴漢濟·金衡鍾, 『진인각의 최후 20년』(사계절, 2008 ← 陸建東, 『陳寅恪的最後二十年』)
공역 김형종·배우성 등, 『국역≪淸季中日韓關係史料≫』 1·2·3·4·5(동북아역사재단, 2012, 2013, 2016, 2018, 2020)

논문

「上海에서의 辛亥革命의 展開過程: 革命政權과 各政治勢力의 對應」, 『東洋史學硏究』 20, 1984

「辛亥革命의 展開」, 서울대학교 東洋史學硏究室 編, 『講座中國史』 6(知識産業社, 1989)

「辛亥革命에서의 反帝問題의 認識과 實踐: 革命瓜分論과 革命派의 對應」, 『東洋史學硏究』 20, 1990

「江蘇教育總會小論」, 서강대학교 동양사연구실 편, 『東아시아歷史의 還流』(지식산업사, 2000)

「淸末 革命派의 '反滿'革命論과 '五族共和'論」, 『中國現代史硏究』 12, 2001

「近代中國에서의 傳統과 近代: 淸末民初 西學受容 試論」, 『인문논총』(서울대학교) 50, 2003

「1990年代以來の韓國における淸代政治史硏究の動向」, 『中國史學』 14, 2004

「韓國의 學術硏究 東洋史 第4章 明淸-近現代」, 『韓國의 學術硏究』(大韓民國學術院, 2006)

「淸代國家權力의 性格: 財政史的 觀點에서의 理解」, 『東亞文化』 45, 2007

「淸代後期 江北社會의 이해: 張謇과 江淮行省의 設置問題를 중심으로」, 『東亞文化』 47, 2009

「吳祿貞과 『延吉邊務報告』: 100년 전의 '東北工程'?」, 『역사문화연구』 35, 2010

「淸末 革命派의 내셔널리즘: 吳祿貞과 『延吉邊務報告』」, 『中國近現代史硏究』 第54輯, 2012

「吳大澂과 淸·러 東部國境勘界」, 『中國近現代史硏究』 第60輯, 2013

「명·청 시대 중국의 관잠서: 황육홍(黃六鴻)과 복혜전서(福惠全書)』를 중심으로」, 『다산과 현대』 7, 2014

「최근의 명청대 한·중관계사 연구와 '신청사': 연구동향의 분석과 전망」, 『동북아역사논총』 53, 2016